주역독해

천명에 따라
인생의 완성을 이루는 길

강기진 지음

김영사

변화와 불변을 아우르는
세상 만물의 존재법칙

주역이란 '주周나라의 역易'이라는 말인데, '주周'를 빼고 '역경易經'으로 부르기도 한다. 사실 원래의 역경은 주나라가 아닌 은殷나라(기원전 1600년경~기원전 1046년경)의 점인占人들이 정립해낸 것이다. 그러다가 은나라를 멸하고 들어선 주나라가 자신들의 이름을 붙여 주역이라 명명했기에 오늘날 주역이라는 이름이 더 익숙한 것뿐이다.

역경을 정립해낸 은나라는 '점의 왕국'이라고 할 법한 나라였다. 당시 은나라는 중원을 석권했고 그 지배력이 양쯔강 이남에까지 미쳤는데, 그 힘이 모두 점에서 나왔다. 은나라는 국가의 대소사를 모두 하늘의 뜻을 물어 결정했다. 군사를 일으켜 이웃 부족을 정벌할지 말지, 새로운 읍락을 조성할지 말지, 특정 장소에 학교를 세울지 말지 등을 점을 쳐서 결정했고, 올해 풍년이 들지, 비는 언제 내릴지 등을 점을 쳐서 물었다.

이런 사정은 동서양이 어느 정도 비슷했다고 할 수 있다. 아테네를 비롯한 고대 그리스의 도시국가들도 이웃 국가와 전쟁을 할지 말지를 델포이의 신탁을 물어 결정했다. 그러므로 고대의 국가 경영에서 점이 중요한 역할을 했음은 어느 정도 비슷했다고 할 수 있지만, 은나라의 경우는 점을 훨씬 체계적으로 관리했다는 사실이 다르다.

강기진

||||||||||||||||||||||||||||||||||||

역학자. 태극사상연구소 소장으로 재직하면서 사상체질연구소 소장 및 한국 작명교육협회 회장을 맡고 있다. 서울대학교 법과대학 사법학과를 졸업하고 서강대학교 사학과에서 박사 과정을 수료했다. 일찍이 '일음일양지위도―陰―陽之謂道'라는 주역 구절을 접한 순간 사로잡혀서 줄곧 이를 화두 삼아 주역에 천착해왔다.

주역은 사람이 쓴 책이 아니다. 상고시대의 점인들이 갑골점을 통해 내려받은 하늘의 계시를 오랜 세월에 걸쳐 축적하다 보니 현재와 같은 문장으로 형성된 것이다. 점인들 중 누구도 현재와 같은 문장이 나올 줄 몰랐다. 그러므로 주역은 인간에 의해 창작된 것이 아닌, 진정한 하늘의 계시다. 그 내용은 인간의 삶과 이 세상에 대한 하늘의 뜻을 담고 있다. 저자는 이러한 주역의 가치를 올바르게 전하고자 여러 집필 활동과 강연을 활발하게 펼치고 있다. 유림방송 〈강기진의 주역산책〉, EBS 교양강좌 〈평생학교〉, MBC 라디오 〈여성시대 양희은, 김일중입니다〉 등에 출연했으며, 대표 저서로 《오십에 읽는 주역》《삶이 불안할 땐 주역 공부를 시작합니다》 등이 있다. 주요 논문으로 〈훈민정음과 태극의 철학〉〈통행본 《주역》과 백서 《주역》 괘명의 의미 비교 시론〉〈필사본 《향약구급방》의 유전〉 등이 있다.

태극사상연구소 홈페이지: www.hansasang.org
연구소 대표 이메일: info@hansasang.org
유튜브 채널: 태극사상연구소

주역독해

일러두기

- 이 책은 《주역독해 상경》(위즈덤하우스, 2017), 《주역독해 하경》(위즈덤하우스, 2018) 의 합본 전면 개정판이다.

- 단행본, 정기간행물은 《 》로, 편, 논문, 시조, 방송 프로그램 등은 〈 〉로 표기했다.

- 본문에서 《주역》 《역경》은 겹화살괄호를 모두 생략했다.

- 인명, 지명, 작품명 등의 외래어는 국립국어원 표기법을 따르되 몇몇 경우는 관 용적 표현을 참고했다.

- 일부 표기와 맞춤법은 저자의 표현을 따랐다.

- 경문經文에 부기한 한자의 독음은 《주역언해周易諺解》 '선조본宣祖本'의 발음을 기 준으로 삼되, 저자의 생각을 반영해 일부 수정했다.

- 왕필王弼의 주석은 대부분 《주역주周易注》, 정이程頤의 주석은 《이천역전伊川易 傳》, 주희朱熹의 주석은 《주역본의周易本義》에서 인용했다. 이 경우 인명 외에 출 처 명기를 생략했고, 간혹 다른 출처에서 나온 경우에만 명기했다.

- 필요한 경우 괘명 옆에 괘 순서를 괄호 안에 표기했다. 예를 들면 다음과 같다. 예시) 건乾괘(1), 건乾(1)의 길.

- 〈주〉에는 한문 원문이나 자료의 출처, 심화 학습을 위한 참고 사항 등을 담았다. 그러므로 일반 독자라면 〈주〉를 찾아보지 않고 그냥 쭉 읽어나가도 된다.

은나라에는 이 모든 점을 주관하는 점인占人 집단이 있었고, 왕은 이들의 우두머리였다. 은나라는 국가의 대소사를 모두 점을 쳐서 결정했기에 왕은 하늘의 계시를 해석하는 권한을 독점함으로써 국가를 지배할 수 있었다. 또 은나라에 복속된 여러 읍국邑國(고대 도시국가)들은 자국의 점인을 모두 은나라의 수도로 보내야 했다. 은나라 왕은 이들 점인 집단의 우두머리가 됨으로써 여러 읍국에서 친 점에 대한 유권해석을 내렸고 이를 통해 지도력을 발휘했다.

'점령占領'이라는 단어는 이런 은나라의 제도에서 기원한 말이다. 점령을 글자 그대로 풀이하면 '점으로 영도한다'는 뜻인데, 은나라의 제도를 생각하면 이 같은 단어가 어째서 '어떤 지역을 정복한다'는 의미인지 이해할 수 있다. 즉 은나라 왕은 정복한 나라들을 점으로 영도했으며, 왕의 권위와 지도력은 점에 대한 해석이 들어맞아야 유지될 수 있었다.

그렇다면 왕이 이끄는 점인 집단이 가만히 앉아서 점만 치지는 않았을 것이다. 일찍이 카를 마르크스Karl Heinrich Marx는 이집트의 제사장들이 천문 관측을 통해 나일강의 범람 주기를 정확히 예측할 수 있었기에 최고 권력자가 됐을 것이라고 언급한 바 있다. 이와 유사하게 은나라의 점인들 역시 천문을 관측하고 강의 범람 주기를 계산하며 이웃 부족에 대한 온갖 정보를 수집했을 것이다. 주역에는 "밀운불우 자아서교密雲不雨 自我西郊"라는 표현이 중요한 상징으로 등장한다. 빽빽한 구름이 아직 비를 내리지 않은 채 서쪽 교외에서 다가오고 있다는 뜻이다. 이는 당시 점인 집단이 강우에 대한 점을 맞히기 위해 구름을 공들여 관찰했던 정황을 반영하는 표현일 것이다.

오늘날의 사정은 어떨까? 정치, 경제, 사회 어느 분야든 리더라면 누구나 자신에게 선견지명이 있음을 입증하려 무진 애를 쓴다. 그들은 리더의 권위와 권력이 미래를 예측하는 능력에서 나온다는 사실을 본능적으로 안다. 이를 모른다면 그의 권력은 오래가지 못할 것이다. 오늘날 싱크 탱크라고 불리는 여러 연구 집단이 하는 일은 리더가 미래를 잘 예측할 수 있도록 보좌하는 일이라고 할 수 있다. 그렇게 보면 고대의 점인 집단은 오늘날의 싱크 탱크였던 셈이다.

결국 인간 사회의 본질은 그리 달라지지 않았다. 예나 지금이나 권력은 '예측'의 정확성에서 나온다. 그러므로 현대의 각 분야에서 활약하는 점인들(정치가, 관료, 경제학자, 기업가 등)은 자신들이 내놓는 점의 예측력을 높이기 위해 심혈을 기울인다. 그와 꼭 마찬가지로 과거의 점인들도 자신들이 내놓는 점의 예측력을 높이기 위해 애썼고, 그같은 노력의 일환으로 점친 결과를 체계적으로 관리했다. 점친 기록을 그냥 버리는 것이 아니라 점으로 물은 일의 내역, 나타난 계시, 그에 대한 왕의 해석을 함께 기록해 보관했다. 이후 실제 결과가 나타나면 그것을 추가로 기록해 보관했다. 그리고 한 해가 끝나면 결과가 나온 점에 대해 적중 여부를 집계했다. 틀린 것은 모두 버렸지만 들어맞은 점은 나중에 비슷한 점을 칠 때 참고하기 위해 계속 보관했다. 이 과정을 매년 되풀이했고 그렇게 쌓인 결과를 비슷한 내용끼리 분류해 함께 매어두었다.

점인들은 이와 같은 노력을 10년, 100년이 아니라 수천 년 동안 대를 이어가며 계속했다. 그 결과 은나라의 점인들은 주역의 전신인 《귀장역歸藏易》이라는 텍스트를 탄생시켰다. 이후 주나라가 이를 계승해 '주역周易'을 성립시킴으로써 오늘날까지 그 텍스트가 전해진 것이다.

비슷한 내용끼리 분류하는 작업을 수없이 반복하면서 점인들은 그것이 총 64가지 범주로 수렴된다는 사실을 발견했다. 이를 '64괘'라고 부르는데, 주역에서는 우리가 인생길을 걸어갈 때 마주칠 수 있는 여러 가지 길로 제시된다. 길의 종류가 64가지라는 것은 사람이 세상을 사는 동안 맞닥뜨리는 일이 이 64가지뿐이라는 이야기이니 그 목록을 살펴보는 것 자체가 흥미롭다.

또한 점인들은 각 범주에 속하는 여러 점을 체계적으로 관리하면서, 어떤 범주든지 거기에 속한 점들은 모두 여섯 단계로 나뉜다는 사실도 발견했다. 이는 64가지 길 모두가 각각 6단계의 변화를 거친다는 말이다. 일찍이 헤겔Georg Wilhelm Friedrich Hegel은 정반합의 3단계를 제시한 바 있고, 기승전결의 4단계 역시 우리에게 익숙하다. 반면 역경은 인간 세상의 변화는 어떤 것이든 6단계를 거친다고 제시한 셈이니 이 역시 그 자체로 흥미롭다.

결국 오늘날 우리 손에 들려 있는 역경 텍스트는 총 64가지 길로 나뉘고, 각각은 여섯 단계(이를 '6효'라고 부른다)의 변화를 거치며 진행된다. 이를 인생살이라는 측면에서 보면, 사람이 인생길을 걸어갈 때 마주치는 길에는 64가지 종류가 있고, 각각의 길에는 여섯 굽이가 있다는 말이다. '굽이굽이 굴곡진 인생'이라는 말을 쓰는데, 사람이 인생길에서 마주칠 수 있는 굴곡은 64가지 길에 여섯 굽이, 총 384굽이인 셈이다.

〈그림 1〉은 한 가족이 되는 길인 가인家人괘(37)를 사례로 제시했다. 가인은 글자 그대로 '가족'이다. 하지만 혈연으로 맺어진 가족만 가리키는 것은 아니다. 전통시대의 가家에는 가신家臣들이 있었다. 즉 전통시대의 '가'는 가주家主를 중심으로 맺어진 혈연을 넘어선 조

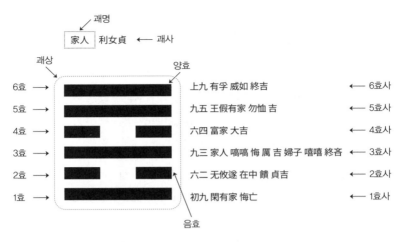

직체였다. 그러므로 가인의 길이 제시하는 통찰은 오늘날로 치면 조직을 구성하는 원리에 해당한다.

가인은 조직 중에서도 매우 긴밀한 관계를 맺은 조직, 즉 한 가족을 이룬 조직을 가리킨다. 한 가족을 이룬 조직이란 죽어도 같이 죽고 살아도 같이 사는 공동운명체를 말한다. "우리는 한배를 탄 몸이다"라고 말할 때 한배를 탄 사람들이 바로 공동운명체다. 혈연으로 맺어지지 않은 어떤 조직이 한 가족을 이루기는 쉽지 않다. 가인괘는 그러려면 어떻게 해야 하는지 원리를 설명한다.

〈그림 1〉에서 보듯 역경의 괘 하나는 여섯 개의 효爻로 구성되어 있는데, 각각의 효는 음효거나 양효다. 각 효에는 그에 해당하는 효사爻辭가 달려서 여섯 단계로 이루어진 변화의 흐름을 제시한다. 아래부터 1효, 2효, 3효순으로 시간의 흐름을 나타내며, 효가 바뀔 때마다 변화가 새로운 단계로 진입한다. 괘명卦名 옆에는 괘사卦辭가 달

려서 여섯 개 효사의 내용을 종합해 변화의 전체적 양상을 설명한다. 결국 하나의 괘에는 일곱 개의 문장이 달린 셈이다.[1] 이 일곱 문장을 총칭할 때는 괘사와 효사를 합쳐 괘효사卦爻辭라고 부른다.

〈그림 1〉과 같이 하나의 괘에는 괘효사와 괘상卦象이 같이 제시되며, 이것이 역경의 특색을 이룬다. 같은 유교 경전이라도 《시경詩經》 《서경書經》 《논어論語》 등은 글로만 이루어졌는데 역경은 글 외에 괘상이 덧붙어 있다. 이 괘상이 존재하는 이유에 대해 〈계사상전繫辭上傳〉은 다음과 같이 설명한다.

> 글은 말을 다하지 못하고 말은 뜻을 다하지 못한다. 그러한즉 성인의 뜻 그조차 나타낼 수 없음에랴! 이에 성인이 상象을 세움으로써 뜻을 다하신 것이다.
>
> 書不盡言 言不盡意 然則聖人之意 其不可見乎 聖人立象以盡意
>
> 《주역》 〈계사상전〉 12장

말로 설명할 수 있는 내용을 글로 전달하려면 그 내용을 다 표현하지 못해서 답답한 경우가 많다. 그런데 생각해보면 말이라는 표현 수단 역시 한계가 많다. 말로 내 마음을 있는 그대로 다 전달할 수 있는가 생각해보면 어림도 없다. 따라서 글 외에 별도로 상象을 세웠다고 한다. 언어만으로는 그 표현 수단의 한계 때문에 성인이 전달하고자 하는 뜻을 다 담아낼 수 없기에 상을 별도로 세웠다는 것이다. 이처럼 역경에는 글 외에 괘상이 또 있어서 글로 다하지 못하는 뜻을 확충하는 점이 특색인데, 괘상이 어떤 방식으로 기능하는지는 앞으로 이 책에서 소개하는 여러 괘의 사례로 확인할 수 있다.

〈그림 1〉에서 가인괘의 괘효사를 볼 때 두드러지는 특징은 문장이 매우 짧다는 점이다. 한문이 표의문자임을 고려하더라도 사람이 한 가족(조직)을 만드는 과정에서 벌어지는 모든 변화를 고작 60자로 서술한 것이니 너무 짧다고 할 수 있다. 일곱 문장에 60자이므로 한 문장당 열 자에 못 미친다. 이는 다른 괘의 경우도 매한가지여서 64괘 전체로도 450개 문장에 4000여 자에 지나지 않는다고 한다. 사람이 인생살이에서 겪을 수 있는 모든 변화를 담는데 4000여 자라고 하면 역시 너무 짧다.

사정이 이렇게 된 이유는 역경의 괘효사가 극단적인 추상 작업의 결과물이기 때문이다. 예를 들어 가인의 길에 담긴 내용은 점인들이 미래를 예측하고자 수천 년간 집요하게 노력한 결과물이다. 점인들은 가家의 탄생 과정을 숱하게 반복해서 관찰했다. 다음번에 유사한 점을 칠 때 참고해 점괘를 맞추려는 일관된 목적하에 수천 년간 치열하게 관찰한 것이다.

그 결과 맞는 점은 다음에 참고하기 위해 계속 보관했지만, 틀린 점은 계속 삭제했다. 일시적으로는 들어맞더라도 이후에 틀린 사례가 나타나면 또 삭제했다. 점을 쳤는데 특정 구절이 실현되지 않았다면 그 구절을 삭제했고, 특정 글자가 실현되지 않으면 그 글자를 삭제했다.

이처럼 필요 없는 글자나 구절을 지우는 과정을 '산삭刪削'이라고 한다. 수천 년간의 산삭 과정을 거친 끝에 남은 것이 〈그림 1〉의 괘효사인 것이다. 그러니 괘효사가 그처럼 짧아질 수밖에 없다.

이상의 경과를 보면 역경은 점치는 과정에서 '저절로' 모습을 드러냈다는 중요한 사실을 알 수 있다. 그러니까 역경은 사람이 쓴 책이 아니다. 수천 년간 대를 이어가며 역경을 관리했던 점인들은 오늘날과 같은 형태로 문장이 완성되리라고 생각지도 못했다.

한글을 쓰는 우리 한국인들은 어떻게 저절로 문장이 완성될 수 있을까 의아할 수 있다. 한글에는 토씨와 어미가 있어서 그럴 수 없기 때문이다. 하지만 역경은 그림문자인 갑골문을 통해 정립된 것이다. 갑골문으로 이루어진 문장은 일종의 그림 카드를 연속으로 나열한 것과 같다. 그러므로 갑골문은 어떻게 모아도 문장이 된다. 기본 속성이 그림이기 때문에 문장 중의 특정 구절이나 글자를 삭제해도 남은 글자들만으로도 문장이 되는 것이다.

이처럼 역경은 점을 치는 과정에서 거듭된 검증을 통해 하늘이 그 뜻을 드러낸 부분만 남겨졌다. 결국 역경은 하늘이 쓴 책으로 볼 수 있다. 이런 측면에서 역경은《베다》와 비교된다. 힌두교에서는 자신들의 경전인《베다》가 하늘의 계시라고 주장하지만, 그 주장을 들어보면 신으로부터 직접 듣고서 썼다는 것이니 어쨌든 사람이 쓴 것이다. 이 점에서 역경이야말로 진정한 하늘의 계시라고 할 수 있다.

또 하나 중요한 사실은, 역경에 담긴 말씀은 수천 년간 점을 치는 동안 한 번도 틀리지 않은 말씀들이라는 것이다. 우선 수천 년간 수십, 수백만 번 점치는 동안 한 번도 틀리지 않은 말씀들이 있다는 게 놀랍다. 그렇다면 이 말씀들은 무엇인가?

그것은 하늘이 계시한 세상 만물의 존재법칙이다. 세상 만물의 존재법칙이기 때문에 세상 만물에 관한 점을 칠 때 한 번도 틀리지 않고 계속 들어맞은 것이다. 이처럼 역경에는 세상 만물의 존재법칙이 담겨 있다. 역경易經은 역易에 대한 경전이라는 뜻인데, 여기서 '역' 이 바로 세상 만물의 존재법칙을 뜻한다.

이러한 세상 만물의 존재법칙에는 우리 인간 세상이 어떻게 존재해야 하는지, 그 존재법칙이 담겨 있다. 동시에 나는 어떻게 살아야 하는지, 하늘이 계시한 나의 존재법칙이 담겨 있다. 그래서 공자孔子가 그렇게 열심히 역경을 탐독한 것이다. 역경에는 인간 세상의 존재법칙이 담겨 있고, 나는 어떻게 살아야 하는지 그 법칙들이 담겨 있기 때문이다. 이러한 나의 존재법칙을 따를 때 우리가 삶에서 느끼는 걱정과 불안을 극복할 수 있을 것은 당연하다.

〈그림 1〉 가인괘의 괘효사로 돌아가 보면, 그 내용은 수천 년간 온갖 종류의 가家가 탄생하는 과정에서 한 차례의 예외도 없이 매번 들어맞았던 법칙이다. 그러므로 가를 이루고자 하는 사람이면 반드시 따라야 하는 가의 길[도道]이며, 가의 존재법칙인 것이다. 역경은 64가지 범주 각각에 이 같은 법칙을 담고 있다. 64가지 범주마다 각각 일정한 길이 있고, 마땅한 존재법칙이 있는 것이다.

지금까지 살펴봤듯 역경의 기본 성격은 점치는 책이 맞다. 하지만 그 과정에서 거듭된 검증을 통해 하늘이 그 뜻을 드러낸 세상 만물의 존재법칙이 담겨 있다. 그러므로 유교의 최고 경전 대우를 받기에 이른 것이다.

'역경易經'이라는 명칭을 영어로 번역할 때는 'Book of Changes'라고 쓴다. '변화에 대한 책' '변화의 법칙이 담긴 책' 정도의 의미가 되겠다. 易(역) 자를 자전에서 찾아보면 '바꿀 역'으로 나오는데, 바꾼다는 것이 변화를 의미하는 데 따른 번역이다.

'Book of Changes'라는 영어 제목 역시 역경의 성격을 잘 보여준다. 즉 역경은 변화에 대한 책이자 변화의 법칙이 담긴 책이다. 이는 존재가 굳어 있는 게 아니라 끊임없이 변화·발전하는 측면을 반영한 명명이다. 세상 만물은 끊임없이 변화·발전하고 있다. 아이가 변하지 않으면 어른이 될 수 없고, 남녀가 변하지 않으면 부부를 이룰 수 없다. 이런 변화가 불안을 야기하기도 하지만, 어쨌든 세상 만물은 발전을 이루기 위해 끊임없이 변화하지 않을 수 없다. 그러므로 역경에 담긴 만물의 존재법칙은 그대로 변화의 법칙에 해당하는 것이다.

하지만 존재가 끊임없이 변화·발전하는 이유는 변치 않는 하나를 이루고자 함이지, 변화만을 위한 변화인 것은 아니다. 결국 최종적으로 역易의 성격은 변화와 불변을 함께 아우르는 세상 만물의 존재법칙인 것이다.

상경의 길 (1~30괘)

1. 건乾	2. 곤坤	3. 둔屯	4. 몽蒙	5. 수需
6. 송訟	7. 사師	8. 비比	9. 소휵小畜	10. 리履
11. 태泰	12. 비否	13. 동인同人	14. 대유大有	15. 겸謙
16. 예豫	17. 수隨	18. 고蠱	19. 림臨	20. 관觀
21. 서합噬嗑	22. 비賁	23. 박剝	24. 복復	25. 무망无妄
26. 대휵大畜	27. 이頤	28. 대과大過	29. 감坎	30. 리離

하경의 길 (31~64괘)

31. 함咸	32. 항恒	33. 둔遯	34. 대장大壯	35. 진晉
36. 명이明夷	37. 가인家人	38. 규睽	39. 건蹇	40. 해解
41. 손損	42. 익益	43. 쾌夬	44. 구姤	45. 췌萃
46. 승升	47. 곤困	48. 정井	49. 혁革	50. 정鼎
51. 진震	52. 간艮	53. 점漸	54. 귀매歸妹	55. 풍豐
56. 려旅	57. 손巽	58. 태兌	59. 환渙	60. 절節
61. 중부中孚	62. 소과小過	63. 기제旣濟	64. 미제未濟	

차
례

들어가며
변화와 불변을 아우르는 세상 만물의 존재법칙　　**4**

상경　1·2　건乾 : 곤坤
　　　　　1. 건 – 큰일을 이루려 굳세게 힘쓰다　　**24**
　　　　　2. 곤 – 천명에 따라 존재의 목적을 완성하다　　**52**
　　　　　건·곤 – 그 영원한 순환　　96

　　　　3·4　둔屯 : 몽蒙
　　　　　3. 둔 – 때를 기다리며 힘을 기르다　　**104**
　　　　　4. 몽 – 일단 부딪치며 나아가다　　**119**

　　　　5·6　수需 : 송訟
　　　　　5. 수 – 지지 세력을 구하며 다툼을 피하다　　**134**
　　　　　6. 송 – 공적 절차를 통해 다투다　　**146**

　　　　7·8　사師 : 비比
　　　　　7. 사 – 큰 조직을 지휘해 목표를 달성하다　　**158**
　　　　　8. 비 – 큰 조직의 결속을 다지다　　**170**

　　　　9·10　소휵小畜 : 리履
　　　　　9. 소휵 – 굴레를 씌워 길들이다　　**180**
　　　　　10. 리 – 놓아주어 이행하게 하다　　**194**

11·12 태泰 : 비否
　　　 11. 태 – 소통이 잘되어 태평하다　　　　　　 204
　　　 12. 비 – 불통의 상황을 견디다　　　　　　　 216

13·14 동인同人 : 대유大有
　　　 13. 동인 – 뜻있는 동지를 규합하다　　　　　 228
　　　 14. 대유 – 최대한 크게 어우르다　　　　　　 237

15·16 겸謙 : 예豫
　　　 15. 겸 – 스스로 사양해 마음을 얻다　　　　　 252
　　　 16. 예 – 기미를 포착해 미리 행하다　　　　　 265

17·18 수隨 : 고蠱
　　　 17. 수 – 윗사람을 따르며 배우다　　　　　　 276
　　　 18. 고 – 윗사람의 잘못을 바로잡다　　　　　 287

19·20 림臨 : 관觀
　　　 19. 림 – 나아가 직책에 임하다　　　　　　　 298
　　　 20. 관 – 물러서서 사태를 관망하다　　　　　 308

21·22 서합噬嗑 : 비賁
　　　 21. 서합 – 강제로 동화시키다　　　　　　　 320
　　　 22. 비 – 다채로움을 인정해 방임하다　　　　 329

23·24 박剝 : 복復
　　　 23. 박 – 거듭 박탈이 닥쳐오다　　　　　　　 338
　　　 24. 복 – 진리의 회복을 추구하다　　　　　　 349

25·26 무망无妄 : 대휵大畜
　　　 25. 무망 – 진실무망함으로 나아가다　　　　　 360
　　　 26. 대휵 – 시선을 넓혀 크게 도모하다　　　　 370

27·28 이頤 : 대과大過
　　　 27. 이 – 먼저 내실을 다지다　　　　　　　　 382
　　　 28. 대과 – 큰 과오를 감수하며 감행하다　　　 392

29·30 감坎 : 리離
　　　 29. 감 – 시련을 자기 성찰의 계기로 삼다　　　404
　　　 30. 리 – 위기에 맞서 올바른 규범을 세우다　　417

하경

하경에 들어가며　432

31·32　함咸 : 항恒

31. 함 – 함께하다　442
32. 항 – 한결같이 주관을 지키다　456

함·항 – 불변응만변不變應萬變　467

33·34　둔遯 : 대장大壯

33. 둔 – 때를 알고 물러나다　476
34. 대장 – 씩씩하게 돌파하다　486

35·36　진晉 : 명이明夷

35. 진 – 공동체의 마음을 얻고 나서 규범을 확립하다　496
36. 명이 – 공동체의 규범을 먼저 확립하고 마음을 얻다　507

37·38　가인家人 : 규睽

37. 가인 – 한 가족이 되다　522
38. 규 – 갈라서서 새 상대를 찾다　534

39·40　건蹇 : 해解

39. 건 – 반목을 견디며 지혜롭게 처신하다　546
40. 해 – 반목을 해소하다　556

하늘과 땅 사이 사람의 길 – 천지인天地人 삼재三才　568

41·42　손損 : 익益

41. 손 – 손실을 끊어내다　576
42. 익 – 이익을 거두다　594

손익이라는 것, 그것은 왕王 된 자의 일이로다!　606

43·44　쾌夬 : 구姤

43. 쾌 – 반대파와 결판을 내다　612
44. 구 – 반대파와 교접해 한 몸을 이루다　623

45·46　췌萃 : 승升

45. 췌 – 공감을 바탕으로 권력을 확립하다　636
46. 승 – 먼저 권력을 잡고 나서 공감을 얻어내다　650

47·48　곤困 : 정井

47. 곤 – 제도와 규범에 따라 갈등을 해결하다　664
48. 정 – 제도와 규범을 보수해 갈등을 해결하다　679

49·50 혁革 : 정鼎
    49. 혁 – 혁신·개혁·혁명으로 나아가다　694
    50. 정 – 전통을 회복하다　704

51·52 진震 : 간艮
    51. 진 – 전격적인 충격요법을 쓰다　716
    52. 간 – 버티며 하지 않다　725

53·54 점漸 : 귀매歸妹
    53. 점 – 점진적으로 높여가며 협상을 주도하다　738
    54. 귀매 – 불리한 조건을 감수하다　750

55·56 풍豐 : 려旅
    55. 풍 – 관계를 더욱 풍성하게 강화하다　762
    56. 려 – 목표를 좇기 위해 나그네를 자처하다　774

57·58 손巽 : 태兌
    57. 손 – 대세를 따라 자기 뜻을 굽히다　788
    58. 태 – 남의 영향력에서 벗어나다　800

59·60 환渙 : 절節
    59. 환 – 도道를 찬란하게 선포하다　814
    60. 절 – 절제하여 머무르다　824

61·62 중부中孚 : 소과小過
    61. 중부 – 믿음을 다지다　836
    62. 소과 – 믿음을 다소 과하게 실천하다　849

63·64 기제旣濟 : 미제未濟
    63. 기제 – 원대한 목표를 달성하다　864
    64. 미제 – 목표 달성이 지연되다　877

부록 1. 주역의 개요　893
부록 2. 주역 관련 출토 문물　894
부록 3. 자주 쓰이는 표현　896
부록 4. 팔괘의 속성　908
부록 5. 리일분수理一分殊　922

주　924
참고문헌　936
표, 그림, 해설 목록　939
찾아보기　941
인명 찾아보기　946

믿음을 갖고 도道에 머무르기를 밝음으로써 하면 무슨 허물이 있겠는가.

有孚 在道以明 何咎

상경

건乾 : 곤坤

큰일을 이루려 굳세게 힘쓰는 길과
천명에 따라 존재의 목적을 완성하는 길

1

건乾 큰일을 이루려 굳세게 힘쓰다

乾 元亨 利貞
건 원형 리정
건乾의 길은 으뜸으로 형통하리라. 정貞해야 이로우리라.

初九 潛龍 勿用
초구 잠룡 물용
처음에 양이 오니, 잠룡의 상象이로다. 작용하지 말라.

九二 見龍在田 利見大人
구 이 현 룡 재 전 이 견 대 인
양이 둘에 이르니, 모습을 드러낸 용이 전田에 있는 상이로다. 대인을 만나야 이로우
리라.

九三 君子 終日乾乾 夕惕若 厲 无咎
구 삼 군 자 종 일 건 건 석 척 약 려 무 구
양이 셋에 이르니, 군자의 상이로다. 종일 건乾하고 건乾하다가 저녁때는 조심하면 위
태롭더라도 허물은 없으리라.

九四 或躍在淵 无咎
구 사 혹 약 재 연 무 구
양이 넷에 이르니, 간혹 연못에서 도약을 해야 허물이 없으리라.

九五 飛龍在天 利見大人
구 오 비 룡 재 천 이 견 대 인
양이 다섯에 이르니, 날아야 할 용이 하늘에 오른 상이로다. 대인을 만나야 이로우리라.

上九 亢龍 有悔
상 구 항 룡 유 회
극상의 자리에까지 양이 오니, 항룡의 상이로다. 후회가 있으리라.

用九 見群龍 无首 吉
용 구 현 군 룡 무 수 길
양 기운을 쓸 때는, 모습을 드러낸 군룡이 우두머리 자리를 다투지 않아야 길하리라.

주역은 전체가 64괘로 이루어져 있는데 그중 절반인 32괘는 양陽의 성질을 띠며, 나머지 절반은 음陰의 성질을 띤다. 건乾은 여섯 효가 모두 양으로 이루어진 순수한 양 기운의 결정체로서 32개 양괘를 대표하는 존재다. 여섯 효가 모두 음으로 이루어진 곤坤은 32개 음괘를 대표한다. 그러므로 주역 전체의 내용이 이 두 괘에 다 들어 있다고 할 만큼 건과 곤은 풍부한 의미를 담고 있다.

양 기운의 결정체인 건乾은 우리 우주를 구성하는 두 기운인 음과 양 중에서 양의 작용이 어떤 것인지를 보여준다. 양의 가장 기본적 성질은 팽창하는 것이다. 양은 끊임없이 팽창하려고 한다. 그러므로 건괘가 대변하는 존재의 법칙은, 오류의 가능성을 무릅쓰고 거칠게 말하자면 '성장의 법칙'이라고 할 수 있다.

건乾은 강건한 것이다.

乾 健也

〈설괘전〉 7장

하늘의 행함은 강건한 것이니, 군자는 이로써 스스로 굳세게 힘을 쓰면서 그칠 줄을 모른다.

天行 健 君子以自彊不息

〈상전〉

무릇 건은 움직이지 않을 때는 오로지 하며, 움직였다 하면 곧게 나아 간다. 이로써 큰 것을 낳는 것이다.

夫乾 其靜也專 其動也直 是以大生焉

<계사상전> 6장

이상의 여러 주역 전문傳文이 건의 도道가 어떤 특성을 갖는지 잘 설명해주고 있다(주역의 전傳에 대해서는 아래 박스의 해설을 참고 바란다).

건의 도道는 강건한 것이며, 군자는 이러한 하늘의 성정을 본받아 스스로 굳세게 힘을 쓰며 그칠 줄을 모른다[자강불식自彊不息]고 한다. '自彊不息'에서 息(식)은 '이만하면 됐다' 하고 지금까지 이룬 성취 에 만족하면서 행위를 그치는 것을 말한다. 그러므로 군자가 하늘의 성정을 본받아 '자강불식'한다는 말은, 만족할 줄을 모르고 계속해서 더 많은 성취를 추구한다는 말이다. 왜 그러는 것일까? 위에서 <계사 상전>이 적절한 대답을 주고 있다. 큰 것을 낳기 위해 그러는 것이다. 인간 세상에 건의 도가 존재하지 않는다면, 우리 인류는 큰일을 이루 지 못할 것이라는 말이다. 이를 통해 건의 도는 '성장을 추구하는 길' 이라는 사실을 알 수 있다.

주역의 구성

주역은 상경上經·하경下經 및 10편의 전傳으로 구성되었다. 상경은 건乾에서 리離까지 30개의 괘를 담고 있고, 하경은 함咸에서 미제未濟 까지 34개의 괘를 담고 있다. '전'은 경經의 의미를 풀어 해설한 주석서 를 가리키는 말이다. 10편의 '전'은 후대에 작성된 것으로 '경'이 아니지 만, 유학자들에 의해 그 가치를 인정받아 한대漢代 이후로는 주역이라는 제목 아래 한 권의 책으로 묶였다. 10편의 '전'은 '역전易傳'으로 부르거나, 또는 역경에 날개를 달아주었다는 의미에서 '십익十翼'으로 부르기도 한다. 다음과 같이 7종 10편으로 구성되어 있다(10편 각각에 대한 설명은 〈부록 1. 주역의 개요〉 참조).

〈단전象傳〉 상·하 2편
〈상전象傳〉 상·하 2편
〈문언전文言傳〉
〈계사전繫辭傳〉 상·하 2편
〈설괘전說卦傳〉
〈서괘전序卦傳〉
〈잡괘전雜卦傳〉

건의 괘효사가 전하는 내용을 살펴보면, 어떤 새로운 것이 탄생해서 성장할 때 적용되는 법칙을 담고 있는데, 이와 같은 건의 도道는 여러 사물에 두루 적용된다. 어떤 새로운 것이 탄생해서 성장하는 과정이기만 하면 그 대상이 무엇이든 두루 적용되는 것이다. 크게는 한 나라를 세우는 데도 적용된다. "육룡이 나르샤"로 시작하는 〈용비어천가龍飛御天歌〉가 조선의 건국 과정을 건의 도 여섯 단계에 빗대 육룡의 활약으로 묘사한 것도 그 때문이다. 그런가 하면 새로운 사업을 시작하거나 새로운 프로젝트를 시작할 때도 건의 도를 적용할 수 있고, 사람의 일생에도 건의 도가 적용된다. 건의 도 여섯 단계는 그대로 우리 인생에서 펼쳐지는 이야기가 되는 것이다.

그러므로 건의 도는 우리들 각자가 자신의 인생에서 제대로 성장을 이루려면 어떻게 해야 하는지 시사점을 준다. 나의 삶을 온전하게 살고 싶다면 어떻게 해야 하는지, 내 인생에 부여된 잠재력을 100퍼센트 발휘하려면 어떻게 해야 하는지에 대한 답을 역경에서 찾아볼 수 있다. 결국 역경이 들려주는 건의 도 여섯 단계는 그대로 우리 인생에서 펼쳐지는 이야기가 된다. 이게 정말 내 인생 얘기가 맞는지 한번 대조해보시기 바란다. '내 인생이 정말 이러한가?' 이런 자세로 읽을 때 주역이 전하고자 하는 메시지가 제대로 와닿을 것이다.

종교철학자이자 목사 김흥호는 건의 도가 예수나 공자의 일생에 그대로 들어맞는다고 했는데,[2] 이는 독자 여러분의 인생에도 들어맞을 것이다. 왜냐하면 주역이 수천 년이 지난 지금도 읽히고 있기 때문이다. 읽어봐도 공감이 가지 않았다면 진작에 사라졌을 것이다.

初九 潛龍 勿用
초 구 잠 룡 물 용
처음에 양이 오니, 잠룡의 상象이로다. 작용하지 말라.

건의 효사에 '용'이라는 상징이 등장하는 이유는, 건의 도가 여러 사물에 두루 적용되기 때문이다. 새로운 사업, 프로젝트, 사람의 일생, 건국의 과정 등에 두루 적용된다는 점을 생각해보면, 어떤 구체적 묘사로 건의 도를 서술할 수 없다는 사정을 이해할 수 있다. 그 결과 건의 괘효사는 용의 승천 과정이라는 상징을 동원해서 성장의 법칙을 표현하고 있다.

서두에 등장하는 "초구初九"의 '구九'는 음양陰陽 중에서 양陽 기운을 상징한다. 이는 주역의 시초점(시초를 이용해 치는 점)을 칠 때 6, 7, 8, 9 네 가지 숫자가 나오는 데서 연유한 것이다. 숫자에서는 홀수가 양에 해당하기 때문에 7과 9가 양인데, 양은 팽창하는 성질이 있으므로 두 홀수 중에서 큰 수인 9를 취해서 양을 상징하도록 한 것이다. 이에 따라 "초구初九"는 '처음에 양이 있다'는 의미가 된다.

우선 양효 하나가 이제 막 놓인 건의 제1단계는 아직 용의 잠재력을 실현하지 못한 잠룡潛龍 상태이니 작용하지 말라 조언하고 있다. 아직 나설 때가 아니니 경거망동하지 말라는 말이다. '~하지 말라[勿]'는 표현은 주역에 등장하는 여러 표현 중에서 가장 강력한 경고다. 그러므로 이는 아무리 못 참겠다 싶은 일이 있더라도 절대 나서면 안 된다는 단언이다. 잠룡은 역량이 턱없이 부족한 상태다. 그러므로 섣불리 나섰다간 소중한 미래를 망쳐놓을 뿐이기에 그와 같이 경고하는 것이다.

하지만 이는 혈기 왕성한 잠룡에겐 쉬운 일이 아니기에, 1효사의 조언은 생각보다 단순하지 않다. 예를 들어 가랑이 사이로 기어갔다는 대장군 한신韓信의 일화를 생각해보자.

그는 군사를 이끌고 싸웠다 하면 반드시 승리했던 전쟁 영웅이다. 그가 있었기에 한고조 유방劉邦은 항우項羽를 꺾고 통일의 대업을 이룰 수 있었고, 한신은 그 공로로 고향 땅 초나라의 왕으로 봉해진다. 하지만 젊은 시절 한신은 고향 땅에서 치욕을 겪었다. 병법을 익히며 천하의 명장이 되겠다는 포부를 지녔던 그는 늘 큰 칼을 옆구리에 차고 다녔는데, 하루는 이를 보고 불량배들이 시비를 걸었다. 칼을 찬 한신을 비웃으며 "용기가 있다면 그 칼로 나를 찔러라. 못하겠다면 내 가랑이 사이로 기어가라"라고 시비를 건 것이다. 그런데 한신은 그들을 한번 쳐다보고는 무릎을 꿇고 그 가랑이 사이를 기어서 지나갔다. 이를 보고 성 안팎의 사람들이 그를 겁쟁이라 비웃은 것은 당연하다.

이는 젊은 한신에게는 더없는 치욕이다. 하지만 큰 뜻을 품은 사람은 작은 치욕을 이겨내야 한다. 그가 칼로 불량배를 찔렀다면 치욕을 면할 수는 있겠지만, 그렇게 해서 살인죄를 범했다면 그가 품었던 청운의 꿈은 망가졌을 것이다.

이런 한신의 일화는 "잠룡물용潛龍勿用"하라는 주역의 조언 그 자체라고 할 수 있다. 하지만 젊은 혈기에 굴욕을 견딘다는 것이 쉽지 않음을 인식할 필요가 있다. 작은 자존심에 상처를 입었다고 쉽게 무너지는 경우를 주변에서 자주 보지 않을까? 한신에게 시비를 건 시정잡배 같은 이들이 우리 주위에 한둘이 아니지 않은가. 그러므로 자존심이 있고 기개가 높을수록 그것을 다스릴 수 있어야 한다.

"잠룡물용潛龍勿用" 네 글자는 수천 년의 세월 동안 깎여나가는 과정을 거친 후에 남은 것이다. 그러므로 글자 하나하나마다 수천 년 세월의 무게를 싣고 있는 '무거운' 글자들이다. 이처럼 주역의 문장을 대할 때는 한 글자 한 글자의 의미가 무거운 것일 수 있다는 점을 염두에 두고 읽어야 한다.

"잠룡물용潛龍勿用"하라는 조언은 인생살이에서 두루 적용이 가능한 조언이다. 주역의 제1효는 대체로 '준비기'에 해당한다. 그 도道를 펼치기 위한 준비 작업이 물밑에서 이루어지는 단계다. 상품 판매로 치면 신제품 출시 전이고, 사업으로 치면 사무실을 열기 이전이다. 이 단계에서는 '때'가 이르기까지 기다릴 줄 아는 것이 무엇보다 중요하다고 조언하고 있다. 이 세상에서 얼마나 많은 일이 준비가 미진한 상태에서 성급하게 착수했다가 실패했을까? 때가 무르익을 때까지 참으면서 기다리는 것이 쉽지 않기에 주역은 '물용勿用'하라고 단언하며 경계하는 것이다.

九二 見龍在田 利見大人
구 이 현 룡 재 전 이 견 대 인

양이 둘에 이르니, 모습을 드러낸 용이 전田에 있는 상이로다.
대인을 만나야 이로우리라.

괘상에서 1효에 이어 2효에 또다시 양이 놓인 것은, 2단계에서 양
기운이 그만큼 자라났음을 상징한다. 그에 따라 용은 잠룡 단계를 벗
어나 현룡見龍 즉, 모습을 드러낸 용으로 발전한다. "모습을 드러낸
용이 전田에 있다"는 말은, 용이 이제 막 문명 세계의 가장자리에 진
입했음을 가리킨다. 여기서 '전'은 사각형으로 구획이 정리된 땅을
가리킨다. 대자연은 다 둥글둥글해서 사각형은 존재하지 않는다. 그
러므로 사각형으로 정리된 땅이란 사람의 손길이 닿은 곳을 의미한
다. 즉 자연 상태를 벗어난 인간의 영역이다. 그 때문에 田(전) 자는
밭을 의미하기도 하고 사냥터를 의미하기도 한다. 사냥터 역시 인간
의 손길이 닿아 관리되는 땅이기 때문이다.

〈그림 2〉는 읍을 중심으로 형성되었던 고대 도시국가인 읍국의 개
념도다. 역경은 이러한 읍국을 배경으로 이야기를 풀어나가기 때문
에 이 개념도에 실린 글자들이 역경에 자주 등장한다. 개념도에서 읍
은 문명 세계의 핵심이다. 읍은 성곽으로 둘러싸인 시가지 안에 사람
들이 모여 사는 곳으로, 질서가 잡혀 있어 사람들이 그를 준수하며
살아가는 곳이다.

성곽 밖은 교郊다. 교외, 도시 근교 등의 표현에서 알 수 있듯 교는

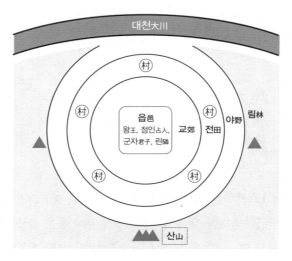

그림 2 주역 시대의 읍국邑國 개념도

도시의 주변부를 의미한다. 이곳 교는 왕이 하늘에 바치는 제사를 올리는 공간이며, 읍의 백성들이 참여하는 축제가 벌어지는 공간이기도 하다. 교를 벗어난 곳에 바로 전이 있다. 여기서 밭을 갈고 사냥을 한다. 전의 영역에는 군데군데 촌락[村]이 자리 잡았다.

전을 벗어난 곳은 들[野]이다. 이와 관련해 '야합野合한다'는 말이 있는데, 들에 나가서 사통하는 것이 야합이다. 성곽 안이나 촌락에 있는 자기 집이 아니라 남의 눈에 띄지 않는 들에 나가 남몰래 사통하는 부당한 행위가 야합인 것이다.

숲[林]은 들에서도 벗어난 곳에 있다. 오늘날의 낭만적 이미지와 달리 고대의 숲은 위험 지대였으며, 역경이 정립되던 시절에 숲은 통행 불가 지대였다. 쇠도끼가 없던 청동기시대에는 숲속 나무를 제압할 방법이 없었다. 그에 따라 고대의 숲은 아름드리 거목이 빽빽하게 자라 길도 없고 한낮에도 어두컴컴한 곳, 함부로 들어갔다간 길을 잃고 헤매다 호랑이, 곰, 늑대 등의 맹수에게 물려 죽기 십상인 곳이다.

결국 〈그림 2〉에서 전田까지가 인간의 손길이 닿는 문명 세계다. 전을 벗어난 지역은 문명이 아닌 야만 세계다. 그러므로 용이 전에 모습을 드러냈다는 것은, 이제 간신히 문명과 야만의 경계를 넘어 문명 세계에 막 진입했다는 뜻이다. 아직은 문명의 중심지인 읍에 들어가지 못한 상태다. 그러므로 현룡은 잠룡에서 벗어나 처음으로 용의 모습을 드러냈지만 아직은 힘이 미약한 존재다. 역경은 이때 필요한 것이 대인大人을 만나는 일이라 조언한다.

대인은 소인小人에 대비해서 쓰이는 말로, 자신의 사리사욕이 아니라 대의에 따라 행동하는 사람을 가리킨다. 그는 진실되며 덕이 있는 사람이다. 반면 소인은 소아小我에 집착하면서 오로지 눈앞의 이익과 자신의 안위만을 기준으로 행동하는 사람을 가리킨다. "대인을 만나야 이롭다"는 조언은, 소인을 잘못 만나는 일이 없도록 하라는 조언이기도 하니 주의가 필요하다.

건의 길 2단계의 현룡은 이제 막 문명 세계에 첫발을 내디딘 신출내기 상태다. 아직 역량이 부족하므로 그를 잘 이끌어줄 선배나 상사, 스승을 만나는 것이 중요하다. 사리사욕 없이 그를 올바른 방향으로 이끌어줄 대인을 만나야 하는 것이다. 만약 이때 대인이 아니라 소인을 만나게 되면, 그가 끌고 가는 방향은 미숙한 현룡의 성장을 위한 길이 아니라 그 자신의 사리사욕을 채우기 위한 길일 터이니 유의할 일이다.

대인을 만나는 것이 이롭다는 조언을 다른 각도에서 보면, 혼자 열심히 노력하는 것으로는 일이 되지 않는다는 말이기도 하다. 그러므로 2단계에 놓인 사람은 자신을 올바른 방향으로 이끌어줄 수 있는 대인을 찾아 나서는 것이 혼자 열심히 노력하는 것보다 더 중요하다는 사실을 명심해야 한다.

또한 점인들의 관찰 결과 건의 길 2단계에는 대인을 만나라는 조언 하나만 남았다는 사실에 대해서도 생각해보자. 창업의 2단계, 건국의 2단계, 인생의 2단계를 위한 조언은 이것 말고도 무수히 많을 것이다. 하지만 점인들의 지속적 검증을 통과해 살아남은 조언은 이것 하나뿐이다. 이는 무엇을 의미할까?

예를 들어 창업의 2단계를 위한 조언은 여러 가지가 있을 수 있다. 그 조언들은 각각의 특수한 경우에는 들어맞을 수 있지만 모든 경우에 들어맞는 것은 아니다. 그러므로 내 경우에는 맞지 않을 수 있으니 그 많은 조언을 모두 다 지켜야 하는 것은 아니다. 그중에는 나에게 맞지 않는 것도 있기 때문이다. 반면 점인들이 남긴 대인을 만나야 한다는 조언은 모든 경우에 들어맞는 것이다. 그러므로 이는 반드시 지켜야 하는 철칙이다.

九三 君子 終日乾乾 夕惕若 厲 无咎
구 삼 군 자 종 일 건 건 석 척 약 려 무 구
양이 셋에 이르니, 군자의 상이로다. 종일 건乾 하고 건乾 하다가 저녁때는 조심하면 위태롭더라도 허물은 없으리라.

건의 도가 3단계에 이르니 양이 셋에 이름으로써 용의 역량이 더 강화되었다. 그에 따라 이제는 군자의 상이라 말하고 있다. 군자란 성인聖人은 못 되지만 성인을 본받는 삶을 살려고 노력하는 사람을 가리킨다. 자신은 부족한 사람이므로 직접 성인의 경지에 올라갈 수는 없겠지만, 최소한 성인을 흠모해서 그 가르침을 따르는 삶을 살겠노라 다짐하고 노력하는 사람이 군자인 것이다. 이 '군자'는 주역이 상정한 세상의 주인공이므로 앞으로 계속 등장하게 된다. 주역이 제시하는 조언은 모두 군자를 위한 것이다.

군자는 앞서 〈그림 2〉에서 읍邑에 거주하는 존재다. 그러므로 3효에서 군자에 대해 말한다는 것은, 앞서 2효에서 전田에 모습을 드러냄으로써 문명 세계에 첫발을 내디뎠던 현룡이 이제 한 단계 더 성장해 문명 세계의 중심인 읍내로 진입했음을 반영한다.

"종일終日"의 '일日'은 해다. 그러므로 종일이란 해가 떨어질 때까지, 즉 해가 떠 있는 낮 동안의 시간대를 가리킨다. 이때는 양 기운이 충만한 시간이다. 그러므로 양 기운의 상징인 용(여기서는 군자)에게 해가 떠 있는 낮이란 주변 여건이 자신에게 우호적인 상황을 의미한다. 이러한 시기에 군자는 적극적으로 나아가도 되며 응당 그리해야 한다.

건乾은 여기서 동사로 쓰여서 '건의 도를 다한다' 정도의 의미가 된다. 건의 도는 자신의 성장을 추구하는 것이므로 "군자가 건하고 건한다"는 것은 열심히 성장을 추구한다는 말이다. 또한 "건은 강건한 것[乾 健也]"이라는 〈설괘전〉 7장의 풀이처럼 군자가 강건한 태도로 성장을 추구한다는 뜻이기도 하다. 강건하다는 것은 의견 대립이 있을 때 쉽게 물러서지 않고 자기주장을 강하게 펼쳐나가는 것을 말한다. 그러므로 군자가 해가 비치는 낮 동안에 건하고 건한다는 말은, 원래 지향했던 목표인 성장을 이루기 위해 이처럼 강건한 태도로 굳세게 노력하고 또 노력해야 한다는 말이며, 동시에 그렇게 무럭무력 성장하고 있다는 말이기도 하다. 건의 도 3단계는 무럭무럭 성장하는 시기이며, 또 그런 성장을 달성하기 위해 열심히 노력해야 하는 시기인 것이다.

2단계와 달리 대인을 만나라는 조언이 없는 것은 3단계에서는 스스로의 노력이 더 중요함을 의미한다. 2단계의 현룡은 본인의 역량이 아직 미약했기에 자신을 잘 이끌어줄 좋은 선배·상사·스승을 만나는 것이 중요했다. 하지만 이제 한 단계 더 성장한 3단계의 군자는 스스로 성장을 이룰 역량을 갖췄기에 주위의 도움보다는 본인의 노력이 더 중요하다. 군자가 스스로 굳세게 힘을 쓰면서 그칠 줄을 모른다[自彊不息]고 했던 〈상전〉의 설명은 특히 이 시기에 해당하는 것이라고 할 수 있다. 그러므로 특히 이 시기는 남들이 이래라저래라 하는 말에 귀 기울일 때가 아니다. 결국 자기가 갈 길은 자기 스스로 개척해야 한다는 뜻이다. 건의 길에서 3단계는 각자가 자기 인생을 열심히 살아야 하는 시기이며, 이 시기에는 열심히 사는 만큼 빠른 성장이 이루어지기도 한다.

단 위험한 순간이 있으며 그때는 조심해야 한다. 효사의 저녁[夕]이 위험한 순간을 상징하는 표현이다. 저녁은 해가 지는 때다. 즉 양 기운이 스러지고 음 기운이 강해지는 때다. 군자는 양 기운을 대표하는 존재이기에 음 기운이 강해지는 저녁은 군자에게 비우호적인 상황을 의미한다. 그러므로 이때는 군자도 조심해야 한다. 위험한 순간이 다가왔는데도 그런 줄 모르고 계속 나아가면 위기에 처할 수 있다. 대신 이런 순간에 조심하기만 하면 위태롭더라도 허물은 없을 것이라 한다.

이는 군자가 자기 성장을 이루기 위해 굳세게 노력하면서도 때와 장소를 살피는 자세를 갖춰야 함을 말하는 것이다. 자신에게 우호적인 상황과 비우호적인 상황을 구별할 줄 아는 지혜를 갖춰야 하는 것이다. "굳세게 힘을 쓰면서 그칠 줄을 모른다"고 해서 천둥벌거숭이처럼 천방지축이어서는 곤란하다. 대신 상황을 구별해 대처하는 지혜가 갖춰졌다면, 설령 위태로운 일이 발생하더라도 허물은 없을 것이라고 격려하고 있다. 허물이란 상처가 아문 뒤에도 남는 흉터를 가리키는 말이다. 그러므로 허물은 없을 것이라는 말은, 당장은 상처를 입고 괴로워하는 아픔이 있을 수도 있겠지만, 시간이 지나면 그 상처는 흉터를 남기지 않고 깨끗하게 아물어서 두고두고 불명예로 남지는 않을 것이라는 말이다.

종합적으로 건의 길 3단계는 홀로 서서 스스로의 노력과 실천을 바탕으로 성장하면서 자기의 길을 개척해가는 시기다. 3단계에 이르러 대인을 만나라는 조언이 사라진 것은, 2단계와 달리 여기서는 남한테 기대려고 해서는 안 된다는 뜻이다. 자기의 성장 잠재력을 모두 펼치려면 처음에는 반드시 스승에게 배워야 하지만 나중에는 결국 홀로 서야 한다는 의미다. 남에게 기대는 것으로는 자기 성장을 완수할 수 없기 때문이다. 결국 홀로서기가 필수인데 여기에는 위태로움이 따를 수밖에 없다. 이때 상황을 구별해 대처하는 지혜가 갖춰졌다면 설령 위태로운 상황이 발생하더라도 허물로 남는 일은 없을 것이다. 그러므로 이런 지혜를 갖추는 것이 스승으로부터 독립해 홀로 서기 위한 조건이다. 이를 통해 위기를 극복하고 나면 사람이 단단해진다. 이처럼 단단해졌을 때라야 비로소 홀로서기에 성공한 것이며 이로써 3단계를 완수하는 것이다.

九四 或躍在淵 无咎
구 사 혹 약 재 연 무 구
양이 넷에 이르니, 간혹 연못에서 도약을 해야 허물이 없으리라.

4단계에서는 용이 승천하려고 도약을 해야 허물이 없다고 한다. 건의 길 4단계는 3단계의 위기를 극복한 후 찾아오는 도약의 시기다. 이때는 위기를 극복했다는 사실에 만족해 안주하지 말고 도약을 감행하는 것이 중요하다. 여기서 "간혹[或]"이라는 말은 기회가 왔을 때 그렇게 하라는 말이다. 도약이란 지금까지 발을 딛고 서 있던 땅에서 펄쩍 뛰어올라 한 단계 위의 새로운 차원으로 올라서는 것을 말한다. 용이 도약에 성공하면 구름을 딛고 하늘에 오른다. 그 후 용은 더는 지상을 기어다니지 않게 된다. 이전과는 다른 차원에서 살게 되는 것이다.

역경은 4단계에서 이 같은 도약을 시도하라 조언한다. 반면 앞서 3단계에서 도약을 시도하는 것은 금물이다. 4단계에 이르면 양효가 하나 더 놓임으로써 군자의 역량이 더 강화된다. 이는 3단계에서 부지런히 성장을 이룬 결과다. 도약은 반드시 이런 탄탄한 성과를 바탕으로 한 연후에 시도할 수 있는 것이며, 4효사에 등장하는 연못이 바로 그 탄탄한 성과를 상징한다. 이 연못은 용에게 안전한 공간으로 용연龍淵을 가리킨다. 연못에서라면 도약을 시도하다 실패해서 나동그라지더라도 치명상을 입지 않는다. 망신스럽기는 하겠지만 툭툭 털고 일어나 기운을 차린 후 다시 도전하면 그만이다. 몇 번 시도하면 성공할 수 있을 것이며, 성공하면 하늘로 오르게 된다.

그러므로 용에게는 반드시 자기 연못이 있어야 한다. 이 같은 용연은 건의 길 2·3·4단계에 걸쳐서 완성된다. 따라서 사람이 젊은 시절에 해야 할 일은 우선 대인을 만나서 배우고(2단계) 홀로서기(3단계)를 달성하는 것이다. 그다음 4단계에 이르면 도약을 하기 위한 발판이자 안전지대가 되어줄 용연을 구축하는 것이다. 그런 뒤에는 현실에 안주하지 말고 박차고 도약해야 한다. 만약 4단계에 이르렀는데도 도약을 시도하지 않으면 그 사람은 자기 인생의 소임을 달성할 수 없다. 새로운 나라를 세우려던 이성계와 정도전의 꿈은 결실을 거두지 못하게 되는 것이다. 그러므로 자기 인생에서 뭔가 이루고 싶은 것이 있다면 4단계에서 도약을 시도해야 한다.

이는 세속적 성공만을 말하는 것이 아니다. 가령 영혼의 성장을 이루고자 하는 경우 그 여정에서 4단계에 이르면 땅의 세계에서 펄쩍 뛰어올라 하늘의 세계에 이르러야 한다. 신화학자 조지프 캠벨Joseph Campbell은 신화에 등장하는 영웅이 바로 우리들 자신이라는 사실을 적절하게 지적한 바 있다. 내가 나의 인생을 온전하게, 나에게 주어진 잠재력을 전부 발휘하고 사는 것. 이것이 바로 신화에 등장하는 영웅의 업적이라는 얘기다. 그러므로 자신의 인생을 충실하게 살아낸다는 것, 인생에 부여된 잠재력을 전부 발휘해서 온전한 삶을 산다는 것은 단순한 얘기가 아니다.

흔히 팔자타령을 많이 하지만 사실 팔자가 꼬이는 것이 문제이지 팔자 자체는 누구에게도 부족하지 않다. 건의 길 2단계에서 대인을 만나지 못하는 것, 3단계에서 홀로 서지 못하는 것, 4단계에서 도약하지 못하는 것 등이 모두 팔자가 꼬이는 사례에 해당한다.

특히 역경이 한 차원 높은 세계로 뛰어오르는 도약을 땅(연못)에서 하늘로의 승천에 비유한 것은 그 나름의 함의가 있다. 점인들의 관찰 결과 그 전과 후는 하늘과 땅 차이라는 것이다. 인생의 4단계가 왔는데 도약을 시도하지 않으면 용은 하늘로 오를 수 없다. 평생 땅 위를 기어다니다 생을 마쳐야 한다. 이는 용의 온전한 삶이 아니기에 유의할 일이다.

九五 飛龍在天 利見大人
구 오 비 룡 재 천 이 견 대 인
양이 다섯에 이르니, 날아야 할 용이 하늘에 오른 상이로다. 대인을 만나야 이로우리라.

4단계의 도약이 성공해 용이 드디어 하늘에 올랐다. 비구름을 몰고 하늘을 훨훨 날아다니는 진정한 용의 삶을 살게 된 것이다. 이제 용의 온전한 삶을 누리면 된다. 여기서 흥미로운 점은 또다시 대인을 만나라는 조언이 등장하는 것이다. 지난 3단계와 4단계에서는 대인을 만나라는 조언이 없었다. 이는 그 단계들의 소임이 혼자 할 몫이라는 말이다. 4단계의 도약 역시 누가 도와줄 수 있는 성질의 일이 아니며, 군자 스스로 해내야 하는 일인 것이다.

이에 비해 2단계와 5단계에서는 독불장군처럼 혼자 하고자 하면 실패하며, 반드시 대인을 만나 조력을 얻어야 성공할 수 있다고 말한다. 단 양자의 성격은 조금 다르다. 지난 2단계에서 필요한 대인이 미약한 자신을 이끌어줄 선배·상사·스승이라면, 5단계의 대인은 이제 하늘에 오른 주인공의 리더십을 보완해줄 현명한 후배·부하·참모·후원자 들이다.

2단계와 5단계에서 대인을 만나는 것이 중요한 이유는 이렇게 생각할 수도 있다. 2단계와 5단계는 모두 용이 새로운 차원으로 막 올라선 시기다. 2단계는 전田이라는 문명 세계의 외곽에 새로이 진입한 시점이고, 5단계는 지상을 떠나 하늘로 올라간 시점이다. 용으로서는 익숙지 않은 새로운 차원에 진입한 시기이므로, 5단계에서도 역시 타인의 조력이 절실히 필요한 것이다. 여기에서도 대인을 만나라는 조언 하나만이 남았다는 사실 또한 주목할 만하다.

上九 亢龍 有悔
상 구 항 룡 유 회
극상의 자리에까지 양이 오니, 항룡의 상이로다. 후회가 있으리라.

上(상)은 보통 '위'라고 새기지만, 원래는 단순한 '위쪽'의 의미가 아니었다. 上의 어원을 찾아보면, 一(일) 위에 짧은 一을 덧대거나, 丶(점 주)를 덧대서 그 어떤 위치보다도 하나 더 높은 곳을 나타내는 글자였다. 즉, 어떤 위치보다도 더 높은 곳, '가장 높은 곳'을 의미하는 글자인 것이다. 그러므로 '상구上九'는 극상의 자리에 양이 놓였음을 의미한다.

다음으로 항룡亢龍의 항亢 역시 '높을 항'인데 그 자형을 보면 역시 一(일) 위에 丶(주)를 덧대서 그 어떤 위치보다도 하나 더 높은 곳을 나타낸다. 그러므로 항룡은 비룡飛龍으로서 하늘을 나는 것에도 만족하지 못하고, 한 단계 더 높은 곳까지 올라간 용을 가리킨다. 도약을 감행하기 전 지상 세계에 머물던 3단계에서는 하늘을 올려다보며 비룡의 삶을 꿈꾸었다. 도약에 성공해서 하늘에 올라 비룡의 삶을 살 수만 있다면 더 바랄 것이 없으리라 생각했다. 그런데 막상 하늘에 올라와보니 자기 옆에 다른 비룡들이 있는 것이다. 비룡의 삶에 익숙해지자 이제는 저들보다 더 높은 곳에 오르고 싶은 욕심이 발동한다. 결국 그 욕심으로 인해 한 단계 더 높은 곳까지 올라간 용, 극상의 자리인 6단계까지 올라간 용이 항룡이다. 역경은 그 같은 항룡에게는 후회가 따를 것이라 경고한다.

이는 이카로스의 날개를 떠올리게 하는 대목이다. 그냥 하늘을 나는 것에 만족하지 못하고 더 높은 곳까지 올라가다가 태양에 너무 가까워져서 날개의 밀랍이 녹아내려 추락하고 마는 것이다. 항룡은 이처럼 과욕을 부린 용이다. 용의 잠재력은 5단계에서 모두 발휘되었다. 비룡이 비구름을 몰고 나타나 지상을 내려다보며 호령하면, 지상의 미물들은 덜덜 떨며 비룡을 숭배한다. 용은 자신의 잠재력이 실현된 5단계에서 만족하고 삶을 누렸으면 가장 좋았다. 하지만 항룡은 여기에 만족하지 못하고 더 높은 곳으로 올라가려고 한 것이다. 우리가 속한 우주는 이러한 과욕을 용납하지 않고 반드시 응징하는 쪽으로 결이 나 있다. "후회가 따를 것"이라는 역경의 경고는 바로 이러한 우리 우주의 결을 반영한 것이다.

역사의 기록을 점검하고, 또 당신 자신이 경험한 테두리 안에서 일어난 일들을 회상하면서 사적인 삶이나 공적인 경력에서 대단한 불행을 겪은 사람들 거의 모두가 어떻게 행동했는지 주의 깊게 생각해보라. 그들에 대해 당신이 읽었거나 전해 들은 내용이든, 당신의 기억 속에 남아 있는 사람들이든 그들 모두에 대해서 말이다. 그들 가운데 절대다수가 겪은 불행은 형편이 좋았을 때, 다시 말해 가만히 앉아 자족했더라면 그저 좋았던 때를 그들이 몰랐기 때문에 생겨났다는 사실이 드러날 것이다.

《도덕감정론》3부 3장

이상은 경제학자이자 도덕철학자였던 애덤 스미스Adam Smith의 증언이다. 결국 불행한 사람들의 절대다수는 성취 자체가 부족한 것이 아니라 과욕을 부린 사람이라는 말이다. 즉 5단계 비룡에서 멈추어 자족했더라면 좋았을 것을 6단계로 올라서려고 과욕을 부려서 불행에 빠졌다는 것이다. 필자가 보기에도 불행한 사람들의 대다수는 역시 이런 사람들이 아닌가 싶다. 필요한 성취는 다 이루었음에도 적절할 때 멈추지 못한 사람들, 마지막 하나를 더 욕심내다가 이카로스처럼 추락하고 만 사람들 말이다.

사실 역경이 6단계로 항룡의 단계를 둔 것은, 웬만한 사람들은 결국 6단계까지 가고 만다는 현실을 반영한 것이다. 역경이 건괘 6효사를 읽는 이들에게, "당신, 아마 6단계까지 가고 말걸. 하지만 후회하게 될 거야"라고 말하는 느낌이랄까?

앞으로 살펴보겠지만 역경 64괘 대부분에서 6단계는 과잉의 단계다. 인간은 대부분 과잉으로 치닫는다는 말이다. 왜 그럴까? 왜 꼭 그런 결과로 귀결되는 것일까? 동양학은 이를 오운육기론五運六氣論으로 설명한다. 오운육기론을 풀어 설명하는 것은 이 책의 범위를 벗어나는 일이므로, 적절한 참고도서로 《우주 변화의 원리》[3]를 소개하는 것으로 대신하며, 여기서는 간략히 그 취지만 설명하고자 한다.

고대 동양인들은 우리가 속한 우주를 관찰한 결과 우주가 목·화·

토·금·수라는 다섯 가지 기운의 결을 지닌다는 점을 읽어냈다. 흔히 말하는 오행론이 그것이다. 하지만 얘기는 여기서 끝나지 않는다. 우리 우주가 오행으로 이루어졌다는 것은 순수한 하늘의 세계에 적용되는 얘기다. 하늘의 세계에서는 오행이 순수한 다섯 가지 기운 그대로 남아 있지만, 땅 위로 내려오면 얘기가 달라진다.

지구는 지축이 똑바르지 않고 23.5도 기울어져 있다. 이 때문에 춘하추동 사계절의 변화가 생기며 24절기가 순환한다. 추가로 주목해야 할 점은 지축의 경사로 인해 하늘과 땅의 시차가 발생한다는 점이다. 1년 중 태양이 비치는 시간이 가장 긴 때는 하지夏至로 6월 21일경이다. 하지만 1년 중 가장 더운 때인 대서大暑는 7월 21일경으로 한 달 정도의 시차가 있다. 더위는 계속 이어져서 입추立秋가 지난 8월에도 여전히 덥다. 심지어 9월에도 매미가 운다. 결국 지상 세계에서는 더위가 하늘보다 더 길게 이어진다.

이는 지상 세계가 하늘의 도와 어긋난다는 점을 보여준다. 지상 세계가 하늘의 도와 일치한다면 하지인 6월 21일경에 가장 더워야 하기 때문이다. 결국 이 땅의 기준 축인 지축이 바로 서지 못해 지상 세계는 하늘의 기운을 순수한 상태 그대로 받아들이지 못하고 시차가 발생한다. 즉 하늘의 기운이 이 땅 위로 내려올 때는 하늘에서와 같이 펼쳐지지 못하는 것이다. 이는 우리가 발을 디딘 이 지상 세계가 일정 정도 타락했다는 말이기도 하다. 결국 우리가 발을 디딘 이 땅의 지축이 바로 서지 못하고 비뚤어짐으로써 지상 세계는 하늘에서와 달리 온갖 모순이 존재하는 세상이 되었다. 살덩이와 영성을 동시에 갖춘 인간의 존재 역시 그러한 모순 중의 하나라고 할 수 있다.

지상 세계는 그 타락으로 말미암아 타오르는 불덩이 하나를 더 만들어내기도 했다. 이를 상화相火라고 부른다.[4] 결국 지상 세계에는 목·화·토·금·수 다섯 기운이 아니라 목·화·상화·토·금·수의 여섯 기운이 존재하는 것이다. 이로써 화火가 전체의 20퍼센트(5분의 1)가 아니라 33퍼센트(6분의 2)를 차지하게 되었고, 그러므로 하지가 지나고 나서도 한참 동안 더위가 길게 이어지는 것이다. 이처럼 지상 세계는 하늘에서와 달리 불덩이가 두 개 존재하기 때문에 어느 곳이나 활활 타오르고 있다. 석가모니 역시 눈을 두는 곳 어디나 활활 타오르는 모습을 볼 수 있다고 말씀하셨다.

상화의 존재는 인간에게도 영향을 미친다. 순수한 하늘의 기운인 목·화·토·금·수 오행에서는 양과 음이 2 대 2로 균형을 이룬다(토는 중성). 하지만 상화가 존재하는 지상 세계에서는 양과 음이 3 대 2로 불균형을 이룬다(이를 삼양이음三陽二陰이라고 부른다). 이는 인간도 음과 양이 조화롭지 못하고, 삼양이음으로 양 기운에 치우친 존재라는 말이다. 이처럼 과다한 양 기운은 항상 우리에게 영향을 미친다. 그로 인해 나타나는 현상 중 하나는 우리들 인간이 언제나 희망 과잉, 의욕 과잉 상태에 놓여 있다는 사실이다. 그래서 인간은 절망적인 상태에서도 희망을 부여잡고 다시 일어서곤 한다. 이는 긍정적인 측면이다. 하지만 부정적인 측면도 있는데 그것은 의욕 과잉이 지나치면 과욕이 되고, 탐욕이 된다는 사실이다. 인간이 쉽사리 탐욕에 빠지고 마는 것은 바로 이 때문이다.

앞서 언급했던 김흥호는 예수와 공자가 6단계에서 진정한 성인의 도를 성취했다고 설명한다. 필자는 이 같은 김흥호의 해석이 타당하다고 생각한다. 왜냐하면 성인은 해탈한 존재이기 때문이다. 석가모니는 해탈이 어떤 상태인지 여러 가지 비유를 들어 설명하곤 했는데,

그중 하나는 해탈이 불을 끈 상태와 같다는 것이다. 동양학의 시각에서 보면 불을 끈다는 것은 상화를 끈다는 말이다. 지상 세계의 타락으로 빚어진 상화라는 두 번째 불덩이, 그 과잉의 불을 끔으로써 순수한 하늘의 기운인 오행으로 돌아가 양과 음이 2 대 2로 균형을 이룬 상태, 이것이 해탈이라고 할 수 있다. 성인은 해탈함으로써 상화를 끈 존재이기 때문에, 그에게는 과욕이 존재하지 않는다. 그러므로 성인은 6단계로 나아가더라도 과잉에 이르지 않는 것이다. 하지만 성인이 못 되는 우리들이 6단계까지 나아가는 것은 상화, 즉 과욕 때문이다. 따라서 보통 사람들은 5단계에서 멈춰야 한다. 하지만 역시 쉬운 일이 아닐 것이다.

역경의 6단계

역경에 따르면 인간 세상에서 벌어지는 변화는 어떤 것이든 6단계를 거치는데, 지금까지 살펴본 건의 길이 그러한 6단계의 전형에 가깝다. 이를 요약하면 다음과 같다.

1단계: 준비기
2단계: 새로운 시작과 이후 배움을 통한 성장기
3단계: 실천을 통한 성장과 위기의 단계
4단계: 도약의 시기
5단계: 절정의 시기
6단계: 과잉의 단계

역경이 제시하는 제1단계는 시작기가 아니라 준비기다. 어떤 일이 시작되기 전의 준비가 중요하다고 보는 것이다. 2단계는 시작한 후 타인에게 배움으로써 성장하는 시기다. 3단계는 홀로 서서 스스로의 노력과

실천을 바탕으로 성장하는 시기이며, 위기가 빚어지는 단계다. 위기를 극복하고 나면 단단해지면서, 홀로서기에 비로소 성공하게 된다. 4단계는 도약의 시기다. 3단계에서 홀로서기에 나서서 위기를 극복하고 나면 도약의 시기가 찾아오는 것이다. 이것이 성장의 리듬이다. 이때는 위기를 극복했다고 안주하지 말고 용연을 완성한 후 도약을 감행하는 것이 중요하다. 5단계는 용이 하늘에 오른 절정기다. 여기서 용의 잠재력이 비로소 온전히 실현된다. 6단계는 과도한 욕심 때문에 더 높이 오르려다 추락하고 마는 단계다. 그러므로 절제력을 발휘해 5단계에 머무는 것이 최선인데, 인간의 욕심으로 인해 상당수가 6단계까지 가고 만다. 이상은 전형적인 경우를 제시한 것이다. 각각의 길에 따라서는 준비기 없이 시작하는 경우도 있고, 위기가 3단계가 아닌 4단계에서 빚어지는 경우도 있으며, 때에 따라서는 6단계에서 절정에 이르는 경우도 있다.

用九 見群龍 无首 吉
용 구 현 군 룡 무 수 길
양 기운을 쓸 때는, 모습을 드러낸 군룡이 우두머리 자리를 다투지 않아야 길하리라.

건괘는 다른 괘와 달리 여섯 양효 전체의 상을 보고 총평하는 효사가 하나 더 달려 있다. 여기서 군룡群龍은 무리를 이룬 용이라는 뜻으로, 1효의 잠룡에서 6효의 항룡까지 여섯 마리의 용 전체를 가리키는 표현이다. 건의 길을 한 사람의 인생에 대입하면 혼자서 여섯 단계를 순차적으로 밟아나가는 것이지만, 회사나 조직의 성장 과정에 대입한다면 그 조직 안에는 잠룡부터 항룡까지 여러 단계의 용이 같이 존재할 수 있다. 즉 군룡이 모습을 드러낸 상태가 되는 것이다.

"양 기운을 쓴다"는 말은 조직의 리더가 군룡을 부리는 상황을 가리킨다. 이런 경우는 군룡이 "우두머리 자리를 다투지 않아야 길할 것"이라 조언하는데, 이는 두 가지 상황을 의미한다. 첫째는 조직의 리더가 기용한 군룡들이 서로 우두머리 자리를 다투지 않아야 한다는 뜻이다. 어느 조직이나 군룡들이 주도권 다툼을 벌이다 망가지는 경우가 많기 때문이다. 둘째는 리더가 기용한 군룡이 리더의 우두머리 자리에 도전하는 일이 생기지 않아야 한다는 뜻이다. 이런 상황도 적지 않게 생기기 때문에 역경이 경계한 것이다.

乾 元亨 利貞
건 원 형 리 정
건의 길은 으뜸으로 형통하리라. 정貞해야 이로우리라.

貞(정)은 주역에서 앞으로 계속 나오는 글자인데, 대체로 처음 품었던 뜻을 올곧게, 굳게 지킨다는 의미로 쓰이고 있다. 하지만 그 의미를 우리말로 명쾌하게 옮기기는 어려워서 필자는 '정貞하다'라는 표현을 그대로 사용한다(상세한 의미는 〈부록 3. 자주 쓰이는 표현〉 참조).
건乾의 길을 나아갈 때는 이처럼 정貞하는 것이 이로운 결과를 가져올 것이라 조언하는데, 그렇다면 건의 길에서 '처음 품었던 뜻을 올곧게, 굳게 지킨다'는 것은 구체적으로 어떤 내용을 의미할까? 이는 처음 건의 길을 출발할 때 품었던 목적을 잊지 말고 계속해서 굳게 고수하라는 뜻이다. 건괘는 성장에 대해 말하고 있다. 그러므로 무엇을 위해 성장하려는 것인지, 그 성장의 목적을 잊지 말고 고수하는 것이 정貞한 것이며, 역경은 그래야 길하다고 말하는 것이다.

어째서 이런 조언이 나왔을까? 이를 알기 위해서는 건의 길을 걸을 때 가장 중요한 사항이 무엇인지 생각해볼 필요가 있다. 건의 길에서 가장 중요한 사항은 자신이 지금 4단계에 있는지 5단계에 있는지를 정확히 판단하는 것이다. 자신이 지금 4단계에 있다면 도약을 감행하는 것이 중요하다. 하지만 지금 자신이 놓인 곳이 4단계가 아니라 5단계라면 도약이라고 생각한 행위가 재앙이 될 수 있다. 이처럼 현재의 위치가 어디인가에 따라 판단이 완전히 달라진다.

앞서 애덤 스미스가 관찰한 바와 같이, 사람들 대다수는 객관적인 성취 자체가 부족하기 때문이 아니라 멈추어 자족하지 못했기 때문에 불행에 빠진다. 그런데 문제는 멈추었으면 좋았을 그때를 당시에는 알지 못하고, 추락한 후에야 알게 된다는 점이다. 정작 당시에는 자신이 4단계에 있으니 도약을 감행함이 타당하다고 생각할 수도 있는 것이다. 어떻게 하면 '그때'를 정확히 판단할 수 있을까?

성장의 목적을 잊지 않고 고수하는 것이 중요한 이유가 바로 여기에 있다. 어디까지나 성장 자체는 목적이 될 수 없다. 우리나라가 경제성장으로 국민소득 4만 불 달성을 목표로 삼는다고 할 때, 이는 목표지 목적이 아니다. 누군가 돈을 벌고 싶다고 하면 이는 목표지 목적이 될 수 없다. 돈은 인생에서 원하는 어떤 가치를 실현하기 위한 물적 토대를 갖추는 수단이지, 그 자체가 목적은 아니기 때문이다. 하지만 주변에서 흔히 부자가 되는 것 자체를 인생의 목적으로 여기는 경우들을 본다. 6단계의 항룡 역시 이런 경우라고 할 수 있다.

처음 건의 길을 출발할 때 군자가 품었던 뜻은 하늘을 훨훨 날아다니는 비룡이 되는 것이었다. 이러한 군자의 뜻은 5단계에서 달성된다. 주역에서 절정의 단계란 바로 이처럼 군자가 품었던 뜻이 달성되는 단계를 가리키는 것이다. 용이 1단계의 잠룡이던 시절 그리던 꿈, 문명 세계에 막 진입했던 2단계 현룡이 품었던 이상은 비룡이 되는 것이었다. 그동안 줄기차게 성장을 추구한 것은 오직 비룡이 되고자 하는 목적 때문이었다. 비구름을 몰고 하늘을 훨훨 날아다니는 비룡, 이것으로 용의 잠재력이 실현되어 100퍼센트 온전한 용의 삶을 살게 된다. 용의 목적이 달성된 것이다. 그런데도 비룡은 더 성장하고자 한다. 성장에 중독되어 이제는 성장 자체를 목적으로 삼는 것이다. 이런 경우가 건의 괘사에서 말하는 '정貞하지 못한' 경우에 해당한다.

이는 목표와 목적을 혼동함으로써 빚어진 본말전도라고 할 수 있다. 앞서 인간은 상화의 작용 때문에 의욕이 과욕 또는 탐욕으로 발전하기 쉽다고 했다. 목표와 목적을 혼동하는 본말전도가 빚어지는 것 역시 이런 상화의 작용 때문인 듯하다. 그런데 이처럼 목표를 목적이라 착각하면, 4단계와 5단계를 구분할 수 없고, 결국 멈추어야 할 때를 알 수 없게 된다. 종국에는 6단계의 과잉으로 치달아 추락하고 만다. 이 같은 사태를 방지하려면 나의 목적은 무엇이고 목표는 무엇인지 구분해 인식하는 노력이 필요하다. 내가 정말 원하는 인생의 목적은 무엇인가?

필자는 배철수 씨의 인터뷰를 보고 이 질문에 한 가지 힌트를 얻었다. 그는 소원이 무엇인지 묻는 질문에 이렇게 대답했다. 지금의 삶 그대로가 최대한 길게 이어지는 것이 소원이라고. 과거에 그는 당대 최고의 스타 가수였으나 지금은 라디오 디제이로서 〈배철수의 음악 캠프〉를 진행하는 것이 직업이다. 그는 자신이 좋아하는 노래를 선곡해 애청자들에게 설명하는 일이 즐겁고, 그 노래가 나가는 동안 커피

한 모금 마시는 시간이 그렇게 행복할 수가 없다고 말했다. 그러므로 지금의 삶 그대로가 최대한 길게 이어지는 것밖에는 바라는 것이 없다는 말이다. 그의 말을 듣고 필자는 과연 정말 행복한 사람이 바라는 소원은 저것 외에는 없겠구나 하는 생각을 했다.

그는 과거에 최고의 스타 가수였으니 본인이 직접 음악을 하겠다는 욕심을 낼 법도 한데 그러지 않았다. 자신은 음악이 좋아서 즐기는 것이지, 자기가 꼭 그 음악의 주인공으로 무대의 스포트라이트를 받아야 하는 것은 아님을 깨달은 듯하다. 배철수 씨는 건괘 5단계에 머물 줄 아는 보기 드문 사람이다.

가만히 생각해보면 우리가 인생에서 진정 바라는 것은 그리 대단한 것이 아니다. 하늘이 자신에게 부여한 잠재력을 100퍼센트 발휘하며 사는 것. 이것이면 되는 것이고, 바로 그것이 5단계 비룡의 성취이며 앞서 언급했던 신화 속 영웅의 성취이기도 하다. 그러므로 사람에게는, 하늘이 자신에게 부여한 잠재력이 무엇인지, 자신이 진정으로 원하는 바가 무엇인지 아는 것이 가장 중요하다. 자신이 진정으로 원하는 바를 꼭 붙들고 가라는 것이 건의 괘사에서 말하는 '정貞해야 한다'는 구절의 의미인 것이다. 남들의 평가가 어떻든 흔들리지 말고 꼭 붙들고 가야 한다. 이렇게 정貞하면 지금 자신이 인생에서 4단계에 있는지 5단계에 있는지 알 수 있다. 정貞하지 못하면 항룡의 후회에 이르고 말 것이다. 그리고 그때 건의 도가 다하고 곤坤의 도가 새로이 시작될 것이다.

2

곤坤 천명에 따라 존재의 목적을 완성하다

▦

坤 元亨 利牝馬之貞 君子 有攸往 先迷後得主 利西南得朋東北喪朋
곤 원 형 이 빈 마 지 정 군 자 유 유 왕 선 미 후 득 주 이 서 남 득 붕 동 북 상 붕
安貞 吉
안 정 길
곤坤의 길은 으뜸으로 형통하리라. 암말의 정貞함을 지녀야 이로우리라.

군자가 가고자 하는 바가 있을 때, 앞에 나서면 미혹되고 뒤에 거하면 주인이 될 수
있으리라.

서남 방향에서는 벗을 얻고 동북 방향에서는 벗을 잃어야 이로우리라. 안정安貞하면
길하리라.

初六 履霜 堅冰至
초 륙 리 상 견 빙 지
처음에 음이 오니, 서리가 밟히는 상이로다. 굳은 얼음이 어는 때도 이르리라.

六二 直方大 不習 无不利
육 이 직 방 대 불 습 무 불 리
음이 둘에 이르니, 곧고 바른 것이 위대하니 익숙지 않더라도 불리할 것이 없으리라.

六三 含章可貞 或從王事 无成有終
육 삼 함 장 가 정 혹 종 왕 사 무 성 유 종
음이 셋에 이르니, 장章을 머금어야 정貞할 수 있으리라. 간혹 왕의 일에 종사하는데,
이루려 하지 말되 끝맺음은 두어야 하리라.

六四 括囊 无咎 无譽
육 사 괄 낭 무 구 무 예
음이 넷에 이르니, 자루를 틀어 묶어 허물을 없이 하고 명예도 없이 하라.

六五 黃裳 元吉
육 오 황 상 원 길
음이 다섯에 이르니, 황색 치마를 입은 상이로다. 으뜸으로 길하리라.

上六 龍戰于野 其血玄黃
상 륙 용 전 우 야 기 혈 현 황
극상의 자리에까지 음이 오니, 용이 들에서 싸우는 상이로다. 그 피가 현玄한 색과 황
색이리라.

用六 利永貞
용 육 이 영 정
음 기운을 쓸 때는, 오래도록 정貞해야 이로우리라.

    동양학에는 '대대待對'라는 개념이 있다. 지금은 생소한 말이 되었
지만 옛사람들은 많이 쓰던 말이다. 대대란 서로 돕고 의지하는[待]
동시에 서로 대립하고 있다[對]는 말이다. 상호 대립 관계에 있는 양
자가 대립하기만 하는 것이 아니라 돕고 의지하는 관계이기도 하다
는 말이다. 밝음과 어둠, 삶과 죽음, 기쁨과 슬픔, 지혜로움과 어리석
음, 영광과 좌절, 쾌락과 고통, 더위와 추위 등은 대립하기만 하는 것
이 아니다. 어느 한쪽이 없다면 반대쪽도 존재할 수 없다. 이렇게 보
면 사실은 한쪽이 다른 한쪽을 지탱해주고 있는 셈이다. 동양의 옛사
람들이 발견한 우리 우주의 존재법칙이 바로 '대대'다. 우리 우주 안
에 존재하는 삼라만상은 모두가 '대대'로서 존재한다는 말이다.

    이런 대대를 서양에서는 현대에 이르러서 발견했다. 양자물리학의
기초를 확립한 닐스 보어Niels Bohr는, 물리적 세계에서 대립하는 두
성질이 사실은 서로 보완하는 관계에 있다는 사실을 발견하고서 이
를 상보성相補性complementarity이라고 불렀다. 그는 이를 "대립적인 것
은 상보적이다Contraria sunt complementa"라는 유명한 문구로 집약해 표

현했다. 더 나아가 그는 물리적 세계에서 모든 성질은 상보적으로 쌍을 이룬 켤레로서만 존재한다고 분석했는데, 이는 우리 우주 안의 모든 것이 '대대'로서 존재한다는 통찰에 다름 아니다.

주역은 바로 이러한 대대 관념을 바탕으로 우주를 바라본다. 그에 따라 주역에서 괘를 배열하는 순서 자체가 서로 대대를 이루는 두 괘를 짝지어 배열한다. 64괘를 32개의 쌍으로 짝지어 배열하는 것이다. 이에 따라 건과 곤도 대대로서 짝을 이루어 맨 앞자리에 배열되었다.

닐스 보어는 대립하는 두 성질이 사실은 서로 보완하는 관계에 있기 때문에 둘 다를 이해할 때라야 전체를 이해할 수 있다고 적절히 지적했다. 이 말을 주역 공부에 적용하면, 건의 도를 알고자 할 때 건의 도에만 집중해서는 진리의 전모를 옳게 파악할 수 없다는 말이다. 그러므로 지금까지 진행해온 건의 도 공부는 아직 완성되지 않은 셈이다. 이제 공부하는 곤의 도와 대조해서 볼 때라야 건의 도가 보다 선명해질 것이며, 도道 전체의 모습을 파악할 수 있을 것이다.

곤의 도를 공부할 때 가장 먼저 생각해봐야 할 점은, 주역에 앞서 존재했던 은나라의 《귀장역》에서는 건괘가 아니라 곤괘를 첫머리로 삼았다는 사실이다.[5] 이처럼 주역과 《귀장역》은 각각 건과 곤을 첫머리로 삼았다는 점에서 선명한 대조를 이룬다. 이에 대해서는 일찍이 중국의 고회민高懷民이, 은왕조의 시대에는 모계 사회의 유습이 아직 많이 남아 있었기 때문에 그런 시대상을 반영해 곤을 첫머리로 삼았고, 주왕조에 이르러서는 부계 사회가 확립되었기에 이를 반영해 건을 첫머리로 삼았다는 지적을 간략히 제기한 바 있다.[6] 이후 김경방金景芳, 여소강呂紹綱은 주역 64괘가 건괘를 첫머리에 둔 것은 간단한 일이 아니라 은·주 시기 사람들의 관념상의 일대 변화를 반영하는 것이라고 지적했다.[7] 하지만 김경방·여소강의 연구에서도 그런 변화가 어떤 의미를 갖는지는 풀어내지 못한 것이 아닌가 한다.[8]

필자 역시 은나라의 《귀장역》에서 곤을 첫머리로 삼았던 데 비해 주역 64괘가 건을 첫머리에 둔 것은 간단한 일이 아니며, 사상적 측면에서 일대 전환을 의미한다고 본다. 그리고 그런 전환이 의미하는 바는, 건의 도와 곤의 도를 상호 대대 관계에서 파악할 때 보다 선명해질 것이다.

그러므로 이제 시작하는 곤의 도 공부에서는 건이 아니라 곤을 첫머리로 삼는 세상이 존재할 수도 있다는 점을 염두에 둘 필요가 있다. 곤을 첫머리로 삼는 세상이 어떤 세상인지를 이해할 때, 건을 첫머리로 삼는 세상이 어떤 세상인지 이해할 수 있을 것이다.

그 외에도 곤의 도 공부가 중요한 이유가 또 있다. 필자가 보기에 지금이 바로 곤의 도가 지배하는 시기다. 이 점에 대해서는 다음 장에서 상술할 텐데 이런 필자의 관찰이 맞다면, 곤의 도가 제시하는 변화의 원리가 어떤 것인지 이해하는 일은 바로 지금 우리 사회의 근저에서 어떤 변화가 진행 중인지를 이해하는 일이 될 것이다.

그러면 이제 곤의 도 공부를 시작해보자.

주역의 두 번째 괘인 곤坤은 여섯 효가 모두 음으로 이루어진 순수한 음 기운의 결정체로서 32음괘를 대표하는 존재다. 음 기운의 결정체로서 곤은 음과 양 중에서 음의 작용이 어떤 것인지를 보여준다. 양의 가장 기본적인 성질이 팽창하는 것이라면, 음의 기본적인 성질은 응축하는 것이다. 하지만 응축한다고 해서 그냥 쪼그라드는 것을 의미하지는 않는다. 왜 응축하는지가 중요한데, 하늘의 뜻에 비추어 마땅한지를 살피는 것이 음의 작용이며, 그 결과 상세히 살피고 헤아리는 과정에서 응축이 발생하는 것이다.

坤(곤)의 어원을 살핌으로써 그러한 의미에 대한 통찰을 얻을 수 있다. 坤은 '土 + 申'의 구조인데, 여기서 申(신)의 갑골문 어원은 번개가 치는 모습을 형상화한 것이다. 결국 '土 + 申'의 구조인 坤은 번개가 땅 위에 떨어지는 모습을 형상화한 글자인 것이다.

옛사람들은 번개[申]를 '하늘이 자신의 뜻을 펼쳐 보인 것'이라고 생각했다.

그러므로 곤坤은 하늘의 뜻이 이 땅 위에 펼쳐진 모습을 형상화한 글자다. 그런데 이런 하늘의 뜻은 인간의 잘못을 심판해 바로잡는 것인 경우가 많았다. 그래서 "이런 벼락 맞을 놈을 봤나…" 같은 표현이 존재하는 것이다. 그러므로 곤은 하늘의 심판이 땅 위에 떨어진 모습을 형상화한 글자이기도 하다. 결국 곤의 작용은 하늘의 뜻이 이 땅 위에서 실현되도록 만드는 것이라고 할 수 있다. 주역의 곤괘는 바로 이런 취지를 담고 있다. 기독교에는 "아버지의 뜻이 하늘에서와 같이 땅에서도 이루어지소서"라는 주기도문이 존재하는데, 곤은 이러한 주기도문의 취지와 흡사한 괘라고 할 수 있다.

이상과 같은 곤坤의 의미는 주역의 여러 전문傳文에 나타나 있다.

건乾은 강건하며, 곤坤은 순명한다.

乾 健也 坤 順也

〈설괘전〉 7장

옛날에 성인이 역易을 지으심은 장차 이로써 성性과 명命의 진리에 순

상경

명하려던 것이다.

昔者聖人之作易也 將以順性命之理

〈설괘전〉 2장

곤의 도, 그 순명함이여! 하늘의 뜻을 이어받아 때에 맞추어 행하는도다.

坤道 其順乎 承天而時行

〈문언전〉

지극하도다, 곤의 으뜸됨이여. 만물이 그에 의지하여 사니, 이에 하늘의 뜻을 순명하고 이어받는다. 곤이 후덕하게 만물을 실으니 그 덕이 가이 없는 경지에 합당하구나.

至哉 坤元 萬物資生 乃順承天 坤厚載物 德合无疆

〈단전〉

곤은 군자가 그로써 덕을 두텁게 해 만물을 싣는 것이다.

坤 君子以厚德載物

〈상전〉

이상의 풀이를 보면 곤의 도는 '하늘의 뜻에 순명한다'는 한마디로 특징지을 수 있다. 단, 위에 필자가 제시한 전문 해석에서 '순명'에 해당하는 한자 원문은 '順(순)'이다. 그런데 오늘날 '순順하다'는 단어의 의미가 '유순하다'는 뜻으로 변질되다 보니, 해당 원문의 한자 '順'을 유순하다는 뜻으로 새겨서 '곤坤은 부드럽다' 또는 '건乾에게 순종한다'는 의미로 풀이하는 경우를 본다. 이는 큰 오해라는 사실을 지적

해두고자 한다. 이렇게 새겨서는 곤의 도가 무엇을 말하는지 이해할
수 없다.

《설문해자說文解字》를 보면 "순順은 진리를 따르는 것[順 理也]"이라
고 나온다. 順(순)은 '따른다'는 취지이긴 한데 특히 '진리를 따른다'는
의미인 것이다. 앞서 인용한 〈설괘전〉 2장을 보면 "옛날에 성인이 역易
을 지으심은 장차 이로써 성性과 명命의 진리에 순명하려던 것[順性命
之理]"이라고 하여, 順(순)의 의미를 분명히 해주고 있다. '순성명지리順
性命之理' 다섯 글자를 간략히 하면 '순명順命'이 되는 것이다.

다음으로 〈문언전〉 역시 곤의 도의 특징인 순명에 대한 풀이를 제
공한다. "하늘의 뜻을 이어받아 때에 맞추어 행하는 것[承天而時行]"이
다. 이에 따르면, 곤의 도가 순명한다는 것은 유약함과는 관련이 없다.
곤의 도는 하늘의 뜻을 이어받아 때에 맞추어 순명하기에 오히려 엄
정한 것이다. 따라서 곤의 도가 하늘의 엄정한 심판을 의미할 수 있다.

다음으로 〈단전〉을 보면, 곤의 도가 하늘의 뜻을 순명하고 이어받
는다고 하면서, 그 작용은 "후덕하게 만물을 싣는 것[乃順承天 坤厚載
物]"임을 밝히고 있다. 〈상전〉은 군자가 곤의 도로써 "덕을 두텁게 해
만물을 실어야 한다[君子以厚德載物]"고 말하는데, 이는 군자가 건의
도로써는 "스스로 굳세게 힘을 쓰면서 그칠 줄을 모른다[君子以自彊
不息]"고 했던 구절과 대조를 이룬다.

특히 다음의 〈계사전〉과 〈설괘전〉 구절은 곤의 도가 어떤 작용을
하는 것인지 보다 구체적으로 서술하고 있어서 주목된다.

무릇 곤은 움직이지 않을 때는 날개를 접은 채 가만히 있다가, 움직였
다 하면 바로잡는다. 이로써 광범위하게 낳는 것이다.

夫坤 其靜也翕 其動也闢 是以廣生焉

곤坤은 널리 베풀며[爲布], 고르게 하며[爲均], 큰 수레가 되며[爲大輿],
무리가 된다[爲衆].

坤 爲布 爲均 爲大輿 爲衆

〈설괘전〉 11장

 앞서 〈계사전〉은 건의 도가 큰 것을 낳으려는 것[大生]이라 말했는
데, 곤의 도에 대해서는 광범위하게 낳으려는 것[廣生]이라 말함으로
써 서로 대조를 이룬다.

 〈설괘전〉에서 말하는 '큰 수레[大輿]'의 비유는 앞으로 주역에 자주
등장할 것인데, '대승불교'라든가, '대승적 차원' 같은 표현에 등장하
는 '대승大乘(역시 큰 수레라는 뜻)'과 같은 취지의 표현이다. 자기나 자
기 가족만 올라타는 작은 수레가 아니라 주변 사람 모두를 함께 태우
고 가겠다는 취지를 '큰 수레'에 비유한 것이다.

 "무리가 된다[爲衆]"는 말은, 다른 사람들과 함께 어울려 공동체를
이룬다는 말이다. 앞서 건의 도가 군자의 '자강불식'으로 상징되듯
'개인'의 성장에 주안점을 두었다면, 곤의 도는 사람이 공동체에 속
한 '사회적 존재'를 회복해야 한다는 취지다.

 〈설괘전〉의 서술 역시 기본적으로 곤의 도가 만물을 차별하지 않
고 후덕하게 싣는 것임을 보여주고 있는데, 그 내용이 보다 구체적이
며, 특히 건의 도와 비교할 수 있는 단서를 제공해준다는 점에서 흥
미롭다.

| 2 | 곤坤   ——— 59

앞서 살펴본 건의 도는 군자가 큰 것을 낳기 위해 만족할 줄 모르고 계속해서 더 많은 성취를 추구하는 길이었다. 그러므로 건의 도는 만물의 성장하려는 욕망을 풀어놓는다. 그 욕망에 최대의 자유가 부여되면서 공동체의 구성원 사이에는 보다 빨리 성장하려는 경쟁이 벌어진다. 선의의 경쟁은 성장을 촉진하는 효과가 있어서 공동체 전체로서도 더욱 빨리 성장할 수 있게 된다. 하지만 한편에서는 그로 인해 구성원들 사이에 격차가 확대되고 소외 계층이 발생하는 등 공동체 내에 불균형이 커진다. 사실 이런 상황은 지금 우리나라의 형편을 생각해보면 이해하기 쉬운 것이 아닌가 한다.

또한 성장기에는 공동체 내에서 여러 가지 부조리한 일이 벌어진다. 이는 웬만한 잘못을 책망하지 않고 그대로 넘어가자 자유가 방종으로 흐른 경우라고 할 수 있다. 그런데 성장기에는 이런 부조리가 그대로 방치되는 경향이 있다. 왜 그럴까? 이 문제에 대해 예수가 《성경》에서 가라지의 비유를 통해 힌트를 주고 있다.

"그러면 저희가 가서 그것을 뽑아버릴까요?" 하고 종들이 다시 묻자 주인은 "가만두어라. 가라지를 뽑다가 밀까지 뽑으면 어떻게 하겠느냐? 추수 때까지 둘 다 함께 자라도록 내버려두어라. 추수 때에 내가 추수꾼에게 일러서 가라지를 먼저 뽑아서 단으로 묶어 불에 태워버리게 하고 밀은 내 곳간에 거두어들이게 하겠다" 하고 대답하였다.

〈마태복음〉 13장 28절~30절

그 가라지(부조리)를 섣불리 뽑다가 소중한 밀까지 해칠까 염려하기 때문이라는 것이다. 이런 우려 때문에 추수 이전의 성장기(건의 도가 작용하는 기간)에는 가라지가 밀과 함께 자라도록 그냥 둔다는 것이다.

공동체 내에 불균형이 확대되는 동시에 가라지까지 번성하니, 인간 공동체가 약육강식의 세계처럼 되어간다. 이는 애초에 인간이 공동체를 구성한 목적, 약육강식의 법칙이 지배하는 야만의 세계를 넘어서자는 것 자체에 위배되는 것이다. 그러므로 이때 인간 공동체는 심각한 위기에 처한다.

하지만 예수는 이와 같은 상황이 계속되지 않는다고 말한다. 추수 때가 되면 상황이 달라진다는 것이다. 이제 가라지를 골라내 불태워버린다. 공동체에 존재하는 부조리가 바로잡히고 정의가 구현되는 것이다. '추수 때'는 가을이며, 양 기운의 절정인 여름을 끝내고 음 기운을 열어가는 계절이다. 바로 곤의 도가 작용하는 시기인 것이다. 추수 때 가라지를 골라내 불태워버린다는 예수의 말씀은, 곤의 도가 하늘의 뜻에 따라 엄정한 심판을 행한다는 사실을 잘 표현하고 있다.

〈표 1〉에서 보듯 〈설괘전〉 11장이 제시하는 곤의 도 세부 항목은, 건의 도가 과잉으로 흐르면서 나타나는 부작용을 치유하는 작용을 한다는 점이 주목된다.

건의 도	자강불식 自強不息	승자 독식	불균형 확대	성장 우선 큰 것을 낳는다[大生]	자유방임 → 적자생존 → 공동체의 위기
곤의 도	후덕재물 厚德載物	나눔(분배) 널리 베푼 다[爲布]	균형 회복 고르게 한 다[爲均]	배려 우선 광범위하게 낳는다[廣生] 큰 수레가 된다[爲大輿]	공동체의 회복 무리가 된다 [爲衆]

표 1 건乾의 도와 곤坤의 도

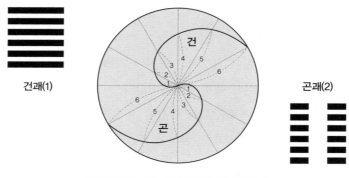

건괘(1)

건

곤

곤괘(2)

그림 3 건乾·곤坤의 6단계와 태극의 관계

　앞서 건乾 장 말미에서 건의 도가 6단계의 과잉으로 치닫고 나면 건의 도가 다하고 곤의 도가 새로이 시작된다고 했다. 이처럼 건과 곤이 서로 맞물려 순환하는 모습을 형상화한 것이 〈그림 3〉의 태극이다. 그림에서 건의 도는 시계 방향으로 회전하며 점점 자라나는데,[9] 5단계의 절정에 만족하지 못하고 6단계의 과잉으로 나아가는 모습을 보면, 건의 도가 여섯으로 가득 찬 순간 안쪽에서 곤의 도가 새로 자라나기 시작한다. 이후로는 곤의 도가 점점 자라면서 건의 도는 쇠퇴한다.

　이처럼 건과 곤이 맞물리며 순환하는 태극은 동양의 옛사람들이 파악한 우리 우주의 원형적인 상象이다. 우리 우주의 근본 상이 이러하기에 우주 안에 있는 모든 개별적 존재의 근본 상 역시 동일하게 태극이다. 예를 들어 우리 우주의 모든 존재는 그것이 공동체(조직)든 한 사람의 개인이든 예외 없이 〈그림 4〉와 같이 태극의 순환을 통해 '생성生成'된다.

　그림에서 건의 도가 작용하는 존재의 전반기는 생生의 단계다. ①의 지점에서 건의 도가 시작되어 ②의 지점을 향해 나아가면서 시간의 흐름에 따라 점점 강화된다. 이는 앞서 건의 도에서 살펴본 것처럼 여섯 단계의 변화를 거치며 성장을 이뤄가는 모습이다. 이런 성장을 통해 개인이든 공동체든 존재의 목적을 이루기 위한 물적 토대를 마련하게 된다. 그런데 건의 도는 5단계에서 이러한 목표를 달성한 후에도 6단계의 과잉으로까지 치닫고 만다. 그 결과 건의 도가 과잉으로 치달은 데 대한 반성의 기운이 일어나면서 ②번 지점에서부터 새로이 곤의 도가 시작된다. 이제 곤의 도는 ①의 지점을 향해 나아가면서 자신의 뜻을 펼쳐갈 것이다. 건의 도가 과잉으로 치달으면서 빚어진 부조리를 심판하고 모순과 부작용을 치유함으로써 가치를 실현하는 것이다. 이는 건의 도가 달성한 물적 성과(목표의 달성)를 토대로 해서, 이제 존재의 목적을 실현해가는 과정에 해당한다.

〈그림 4〉에서 건의 도가 추구하는 덕목은 인仁이며, 곤의 도가 추구하는 덕목은 의義다. "인仁으로써 사랑을 베풀고, 의義로써 바로잡

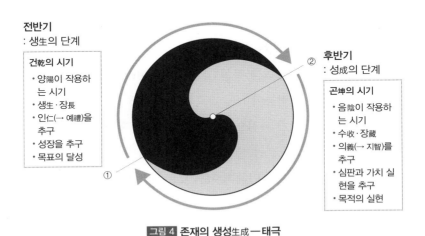

전반기
: 생生의 단계

건乾의 시기
· 양陽이 작용하는 시기
· 생生·장長
· 인仁(→ 예禮)을 추구
· 성장을 추구
· 목표의 달성

①

후반기
: 성成의 단계

곤坤의 시기
· 음陰이 작용하는 시기
· 수收·장藏
· 의義(→ 지智)를 추구
· 심판과 가치 실현을 추구
· 목적의 실현

②

그림 4 존재의 생성生成 — 태극

는다[仁以愛之 義以正之]"는《예기禮記》12장의 구절이 잘 보여주듯, 인仁은 사랑이고, 의義는 잘못된 것을 바로잡는 정의의 실현을 가리킨다. 곤의 도가 추구하는 덕목은 이처럼 정의의 실현이기에, 하늘의 뜻에 비추어 엄정한 심판을 행하기도 한다. 이를 통해 건의 시기에 사랑이 지나쳐서 발생한 방종을 바로잡는다. 결국 건의 도와 곤의 도가 갈마듦으로써 세상에 사랑과 정의가 서로 균형을 이루는 것이다.

작용의 측면에서 보면, 건의 도는 인仁의 덕목을 통해 생生과 장長, 즉 성장을 이룬다. 반면 곤의 도는 의義의 덕목을 통해 수收와 장藏 작용을 한다. 수收와 장藏 작용은 "추수秋收 때에 가라지는 불에 태워버리게 하고 밀은 내 곳간에 거두어들이게 하겠다"는 예수의 가라지 비유를 생각해보면 이해하기 쉽다.

'추수秋收'는 '가치' 있는 곡식을 가려내 거둬들임으로써 그간 이룬 성장의 결실을 거두는 작업이자, 부조리한 가라지를 골라내 태워버리는 심판을 통해 공동체가 추구하는 '가치'가 무엇인지 분명히 하는 작용이다. "밀은 내 곳간에 거두어들인다"는 것은 '저장貯藏'인데, 이는 다음 세대를 위해 공동체의 가치(엄정하게 바로 세워진)와 지혜를 저장하는 작용을 가리키는 것이다.

앞서 음 기운의 가장 기본적인 성질이 응축이라고 설명했는데, 지금까지 살펴본 곤의 작용이 모두 응축하는 성질에 해당한다. 계속 팽창하려 드는 건의 도가 과잉으로 치달을 때, 계속 확장해나가던 움직임을 멈추고 응축함으로써 본래의 목적인 가치를 회복하는 것이다. 이를 통해 과잉 팽창으로 인해 빚어진 모순과 부작용을 치유하고, 나눔과 배려를 실천함으로써 존재의 목적을 회복한다. 이로써 존재는 더욱 단단하게 다져지고 옹골차게 된다. 이를 위해 음 기운의 응축이 존재하는 것이다.

이렇게 음 기운의 응축을 통해 더욱 옹골차게 다져진 공동체의 가치는 다음 세대로 전달된다. 다음 세대는 이를 토대로 한 차원 높은 수준으로 올라서서 새로운 순환을 시작할 것이다. 이렇게 해서 우리가 살아가는 세상은 건의 도와 곤의 도가 갈마듦으로써 건전한 균형을 이루면서 영원한 순환을 이어가는 것이다.

그렇다고 곤의 도를 '공동체'의 관점으로만 바라보는 것은 옳지 않다. "군자는 곤의 도로써 덕을 두텁게 하고 만물을 실어야 한다"고 했던 〈상전〉의 말처럼, 곤의 도는 개인이 밟아나가야 할 길이기도 하다. 건의 도가 한창 펼쳐지며 공동체가 순탄한 성장을 이어갈 때는 군자역시 어느 정도 성장이라는 마약에 중독되는 것이 사실이다. 나날이 이어지는 성장은 자신감을 넘어 '나 잘났다'는 우월감을 품게 하고, 주변 사람을 무시·멸시하는 마음까지도 갖게 한다. 성장에 중독되어 목표와 목적을 혼동하고 가치관의 혼란을 겪게 된다. 공동체만이 아니라 개인 역시 존재의 위기에 처하는 것이다. 군자 역시 분위기에 휩쓸려 하마터면 약육강식 세상의 야수가 될 뻔했다. 이제 군자는 곤의 도를 따름으로써 자기 존재의 목적을 회복하고 영성을 회복해야한다. 사람다운 사람으로 돌아와야 하는 것이다.

사람의 일생에 대입해보자면, 인생의 봄·여름인 전반생은 양의 시기로 건의 도가 적용되고, 인생의 가을·겨울인 후반생은 음의 시기로 곤의 도가 적용된다. 사람의 후반생은 곤의 도를 따름으로써 자기존재의 목적을 회복하고 영성을 회복하는 시기이며, 사람다운 사람으로 돌아가는 시기인 것이다. 이렇게 해서 개인이 회복될 때 공동체도 회복될 것이다.

결국 곤의 도가 말하는 내용은 개인과 공동체 모두에 적용되는 것이다. 그럼에도 곤의 괘효사가 공동체의 관점과 개인의 관점에서 동시에 말하는 중층적 의미를 한곳에서 모두 풀어 적기는 곤란한 면이 있다. 그러므로 이 책에서는 우선 공동체의 관점에 맞추어 서술하면서 필요시 개인의 관점을 보충 설명하는 식으로 풀어가고자 한다. 곤의 도를 사람의 일생 중 후반생에 대입해 본격 서술한 내용은 필자의 또 다른 책《오십에 읽는 주역》[10]을 참고하시기 바란다.

이하에서는 곤의 괘효사를 본격적으로 살펴볼 텐데, 주역은 중층적인 곤의 도를 제시하기 위해 좌청룡 우백호를 부리는 왕의 리더십에 빗대 설명한다. 거칠게 요약하면 좌청룡은 동방의 기운이며 봄의 기운이고 성장의 기운을 대변한다. 우백호는 서방의 기운이며 가을의 기운이고 심판의 기운을 대변한다. 국가를 경영하는 왕은 성장기 동안은 좌청룡을 풀어놓고, 그로 인한 부작용이 심해지면 이번에는 우백호를 풀어 부조리를 심판하고 정의를 회복한다. 앞서 건의 도 6단계가 진행되던 기간은 왕이 좌청룡을 풀어놓았던 기간이고, 건의 도가 6단계 과잉에 이르렀으니 이제는 왕이 우백호를 풀어놓을 때가 된 것이다. 이를 염두에 두고 곤의 도를 1단계부터 살펴보기로 하자.

初六 履霜 堅冰至
초 륙 리 상 견 빙 지
처음에 음이 오니, 서리가 밟히는 상이로다. 굳은 얼음이 어는 때도 이르리라.

"초륙初六"에서 '육六'은 음양陰陽 중 음陰 기운을 상징한다. 이 역

시 주역점을 칠 때 6, 7, 8, 9 네 가지 숫자가 나오는 데서 연유한 것이다. 숫자에서는 짝수가 음에 해당하기 때문에 6과 8이 음인데, 음은 양과 반대로 수축하는 성질이 있으므로 두 짝수 중에서 작은 수인 6을 취해서 음 기운을 상징하도록 한 것이다. 이에 따라 "초륙初六"은 '처음에 음이 있다'는 의미가 된다.

서리는 가을에 내리므로, "서리가 밟힌다"는 것은 가을이 왔다, 곤의 때가 이르렀다는 사실을 알려주는 기미에 해당한다. 霜(서리 상) 자는 '추상秋霜같다'는 말 속에 그 어감이 잘 살아 있다. 이는 앞으로 곤의 심판이 '추상같이' 엄정하게 이루어질 것이라는 사실을 암시한다.

처음에 음이 왔으니 곤의 도 1단계가 이미 시작된 것이지만, 아직은 일이 물밑에서 진행되는 단계여서 서리가 발에 밟히는 정도의 기미만 포착되고 있다. 동시에 이때도 기미는 나타난다는 점이 중요하다.

> 기미를 아는 것, 그것은 신묘하도다. (…) 기미라는 것은 미세한 움직임으로 길한 결과를 먼저 드러내는 것이다. 군자는 기미를 보고 일을 지으니 날이 저물도록 기다리기만 하는 일이 없다.
> 知幾 其神乎 (…) 幾者 動之微 吉之先見者也 君子見幾而作 不俟終日
> 〈계사하전〉 5장

〈계사하전繫辭下傳〉의 조언처럼 결과의 길흉을 먼저 드러내는 미세한 움직임이 바로 기미다. 원래 세상 모든 일에는 자체의 결이 있어서 미세한 움직임을 통해 그 결과가 길할지 흉할지를 먼저 드러낸다. 군자는 이런 기미를 보고서 자신의 행동을 결정짓기에 허망하게 날이 다 저물어버리도록 기다리기만 하는 일이 없다.

역경을 읽어, 길흉과 존망, 진퇴, 소장의 기미를 일일이 관찰하기를 즐
겨서 끝까지 연구해야 할 것이다.

讀易經 於吉凶存亡進退消長之幾 一一觀玩而窮研焉

《격몽요결》〈독서〉 4장 11절

율곡 이이는《격몽요결擊蒙要訣》의 〈독서讀書〉 장에서 주역을 읽
을 때는 기미를 관찰하기를 즐겨야 한다고 조언했다. 주역이 제시하
는 변화의 1단계는 대체로 기미의 단계인데, 이 기미란 것은 사람들
의 눈에 잘 드러나 보이지 않는다. 그래서 사람들은 변화의 1단계에
서는 아직 변화가 시작되었다는 사실을 알지 못한다. 하지만 군자라
면 기미를 볼 줄 알아야 한다. 이이의 조언에 따라 주역을 공부하고
기미를 관찰하기를 즐기는 사람이라면 제대로 포착할 수 있을 것이
다. 1단계의 기미를 포착했다면 이제 2단계 이후의 변화가 찾아오리
라는 사실을 미리 알 수 있는 것이다.

곤의 도에서도 1단계의 기미인 서리를 포착했다면, 아직은 미약하
더라도 곤의 도가 확실히 시작된 것이다. 게다가 이제 시간이 흐르면
굳은 얼음이 꽁꽁 어는 때, 즉 겨울이 찾아올 것이다. 서두르지 않으면
1년 농사의 결실을 거둬들이는 추수의 시기를 놓칠 수 있는 것이다.

앞서 〈그림 3〉을 통해 살펴봤듯, 곤의 도는 건의 도 6단계 다음에
이어진다. 이때 곤의 도 1단계에서 나타나는 기미는, 앞서 "항룡에게
는 후회가 있을 것"이라는 표현이 상징하듯 공동체에서 일어나는 반
성의 기운이다. 성장을 추구하는 건의 도가 6단계의 과잉으로까지
폭주하면 공동체에는 그에 따른 모순과 부조리가 과다하게 쌓인다.
사람들이 이런 상태에 염증을 느끼게 되면서 '너무 심하다' '지나치

다'는 자성의 기운이 일어나는 것이다.

왕은 이런 기운의 변화를 놓치지 말아야 한다. 이제 왕이 나서서 곤의 도를 구사해 나라에 쌓인 모순과 부조리를 바로잡을 시점이 이른 것이다. 곤의 때가 이르렀다면 서둘러 준비를 갖춰야 한다. 항룡의 과다한 상승이 파탄으로 귀결되어 추락하기 전에 서둘러 돌려세워야 한다. 그렇지 않으면 애써 지은 1년 농사를 망치고 마는 것이다.

六二 **直方大 不習 无不利**
육 이 직 방 대 불 습 무 불 리
음이 둘에 이르니, 곧고 바른 것이 위대하니 익숙지 않더라도 불리할 것이 없으리라.

옛사람들은 '천원지방天圓地方'이라 하여 하늘은 둥글고 땅은 네모나다고 생각했다. 그러므로 2효사에서 "곧고 바르다[直方]"는 것은 땅의 성질, 즉 곤의 도를 가리키는 표현이다. 곤의 도가 "곧고 바르다"는 것은, 정의를 구현하고 공동체의 가치를 실현하려는 곤의 속성을 잘 표현하고 있다.

음이 둘에 이른 것은, 곤의 도가 2단계에 진입해 지난 1단계보다 한층 강화되었음을 반영한 것이다. 이제 왕이 나라에 만연한 모순과 부조리에 대해 곧고 바른 곤의 도를 설파할 때가 되었다.

하지만 백성들은 아직 곤의 도에 익숙지 않다. 지난 세월 건의 도가 지배하면서 무한 경쟁에 내몰린 시기가 길어지다 보니 그런 상태를 당연시하는 분위기가 자리 잡았다. 그러다가 갑자기 곧고 바른 곤의 도를 말하니 익숙지가 않은 것이다. 곤의 도는 이미 2단계에 이르

러 눈앞에 나타난 현실이 되었지만 백성들은 의아한 눈초리로 바라
볼 뿐이다.

사람들이 곤의 도에 익숙지 않은 이유는, 1단계가 선행했다는 사
실을 알지 못하기에 갑작스럽게 느껴지기 때문이다. 하지만 이미 1단
계에서 기미를 포착하고 때를 기다려온 군자라면, 곤의 도가 2단계에
이르러 그 흐름을 더욱 강화하는 것을 보고서 곤의 도를 자신 있게
밀고 나갈 수 있다. 주역은 2효사를 통해 그렇게 하라고 조언하는 것
이다. 주역은 곤이 구현하고자 하는 정의, 추구하는 가치가 곧고 바
른 것이어서 위대하다고 말한다. 이처럼 곧고 바른 곤의 도가 위대한
것이기에, 사람들이 아직 익숙지 않다 해도 불리할 것이 없다고 말한
다. "불리할 게 없다"는 말은 자신 있게 밀고 나가라는 뜻이다.

곤의 도가 이미 2단계에 이르렀음에도 사람들은 아직 곤의 도에
익숙지 않기에, 기미를 미리 포착한 군자의 역할이 중요해진다. 그에
따라 주역이 군자에게 자신 있게 밀고 나가면 불리할 게 없다고 격려
하는 것이다. 2효사에 대한 〈문언전〉의 풀이 역시 같은 취지의 격려
를 보낸다. "곧고 바른 것이 위대한 것이어서 익숙지 않더라도 불리
할 것이 없는 즉, 그 행할 바를 의심하지 말라[直方大 不習 无不利 則
不疑其所行也]."

사람들이 곤의 도에 익숙지 않아서 믿지 못하는 데도 하늘의 뜻,
진리의 힘으로 밀고 나가면 불리하지 않은 이유는 무엇일까? 이는
우선 곧고 바른 진리 그 자체가 힘이기 때문이다. 여기에 더해 사람
들이 건의 도가 과잉으로 치달았던 지난 세월에 염증을 느끼기 때문
이기도 하다. 건의 도가 폭주한 데 따른 반작용으로 자성의 기운이
이미 일어난 상태다. 이때 새로운 주장이 참신하게 등장하면 당장은

사람들이 선뜻 믿지 못할지라도 불리할 게 없는 것이다.

그러므로 곤의 도 2단계에 이른 왕은 부지런히 곤의 도를 설파해 나라의 분위기를 건에서 곤으로 돌려세워야 한다.

六三 含章可貞 或從王事 无成有終
육삼 함장가정 혹종왕사 무성유종

음이 셋에 이르니, 장章을 머금어야 정貞할 수 있으리라. 간혹 왕의 일에 종사하는데, 이루려 하지 말되 끝맺음은 두어야 하리라.

곤의 도 3단계는 앞서 살펴본 건괘의 3단계와 마찬가지로 위기의 단계에 해당한다. 공동체에 존재하는 모순과 부조리를 바로잡아 정의를 실현하려는 군자의 노력이 3단계에 이르러 위기를 맞는 것이다. 이때 주역은 '장章'을 입에 머금고 있어야 위기 상황에도 흔들리지 않을 수 있다고 조언한다. "정貞할 수 있다"는 표현은 올곧게, 굳게 지킬 수 있다는 것으로 위기 상황에도 흔들리지 않음을 의미한다.

그렇다면 '장'이란 무엇인가? 章(장)은 辛(매울 신, 글자를 새기는 조각칼)과 曰이 합쳐진 글자인데, 글자를 새기는 조각칼로 무언가[曰]를 새기는 모습이다. 이는 청동기에 글을 새겨 넣는 모습을 형상화한 것이다.

은나라에서는 선조에 대한 제사를 지낼 때 선조의 일생을 요약해 명문으로 새겨 넣은 청동기를 제사상에 올렸다. 청동기에 많은 글자를 새겨 넣을 수는 없으므로 그 일생의 요체를 짧게 새겨 넣었다. 이를 통해 알 수 있는 章(장)의 원형적 의미는 '타인과 구별되는 그 사람만의 일생의 핵심을 짧게 밝힌 글'이라고 할 수 있다. 章을 자전에서 찾아보면 '문장文章; 구별, 표지; 밝히다, 나타내다, 드러내다' 등 여러 뜻이 나오는데, 이는 모두 원형적인 의미로부터 파생한 것이다. 표지란, 다른 것과 구별하기 위해 남과 다른 자신만의 특성을 드러내는 것이다. 가문의 문장紋章에 章이 들어간 경우가 이와 같은 뜻을 반영한 경우에 해당한다.

또한《설문해자》는 장章에 대해 "악樂이 마치면 하나의 장을 이루는 것이다[章 樂竟爲一章]"라고 풀이한다. 그러므로 '장'이란 그 자체로 완결된 의미를 담아내는 것이라고 할 수 있다. 예를 들어 '문장文章'은 완결된 의미를 담고 있는 글[文]이라고 할 수 있고, '악장樂章'은 완결성과 독립성을 띤 소곡小曲을 가리키는 것이다.

이상의 의미를 종합하면, 곤의 길에서 장章은 군자가 실현하고자 애쓰는 이상과 가치의 요체가 무엇인지 그 핵심을 짧게 정리한 말이나 글이라고 할 수 있다. 곤의 길 3단계에서는 이와 같은 장을 입에 머금고 있어야 위기 상황에서도 흔들리지 않을 수 있다는 뜻이다. 입에 머금고 있어야 한다는 것은 어떤 상황에서도 본능적으로 즉시 입에서 튀어나올 정도로 각인되어 있어야 한다는 말이다. 그러기 위해서는 먼저 군자의 장이 무엇인지 선명히 정립되어 있어야 한다. 그래야 위기 상황, 힘든 상황이 닥쳤을 때 본능적으로 입에 머금을 수 있는 것이다. 역경은 이처럼 장을 입에 머금을 것을 곤의 길을 돌파하기 위한 선결 조건으로 제시한다.

앞서 2단계에서 살펴봤듯 "곧고 바른 것이 위대한 것이어서 불리할 것이 없다". 하늘의 뜻, 진리 자체가 갖는 힘이 위대한 것이다. 그러므로 곤의 길을 걸어가는 동안 위기 상황을 맞닥뜨렸다면 자신 있게, 본능적으로 장章이 입에서 튀어나와야 한다. 그래야 주변 사람들이 흔들리지 않을 수 있고, 군자 자신도 흔들리지 않을 수 있는 것이다.

이어서 3효사는 "간혹 왕의 일에 종사하는데, 이루려 하지 말되 끝맺음은 두어야 하리라"고 조언한다. 여기서 '왕의 일'이란 갈등과 분쟁이 있을 때 이를 조정하고 심판하는 일이다. 전통시대에 왕이 행하던 일의 핵심은 이것이며, 오늘날에는 공동체의 권력이 입법·사법·행정 3권으로 분립되었지만 그 하는 일의 핵심은 역시 같다.

그런데 이와 같은 권력 행사는 하늘의 뜻에 비추어 모순과 부조리를 바로잡는 것이건만, 그럼에도 심판 대상의 반발을 부르게 마련이다. 그러므로 왕이라고 해도 이러한 심판 행위는 조심스럽게 행해야 한다. 일단 칼을 뽑았다면 썩은 호박이라도 베야 하는 것이지만, 칼을 뽑기 전에 매우 신중해야 하는 것이다. 주역은 곤의 도가 3단계에 이르러서야 비로소 이런 왕의 일에 종사할 수 있다고 말한다. 게다가 '간혹'이란 단서가 붙었다. 적절한 기회가 찾아왔을 때 이를 포착해 가끔씩 할 수 있지 아무 때나 할 수 있는 일이 아니라는 뜻이다.

이처럼 곤의 길에서 모순과 부조리를 바로잡는 왕의 심판 행위는 조심스레 행해져야 하기에, 앞서 2단계에서 부지런히 곤의 도를 설파해 나라의 분위기를 건에서 곤으로 돌려세우는 작업이 선행되어야 했던 것이다. 그런 노력이 쌓여 곤의 도가 3단계로 강화된 이후에 비로소 본격적인 심판에 나서는 것이다. 그리고 3단계에서는 이처럼 심판을 내리는 왕의 일에 본격적으로 나서기 때문에 위기의 순간이 찾아오기도 하는 것이다.

그렇다면 왕의 일에 종사하는데, "이루려 하지 말되 끝맺음은 두어야 한다[无成有終]"는 말은 무슨 뜻일까?

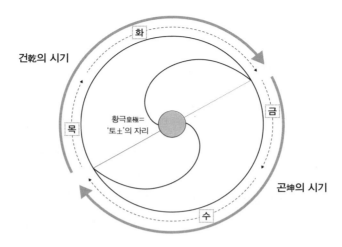

화

건乾의 시기

금

황극皇極=
'토土'의 자리

목

곤坤의 시기

수

그림 5 우주 순환의 중심에 놓인 왕의 자리

"이룬다"에 해당하는 한자 成(이룰 성)은 戊(천간 무)와 丁(못 정)이 결합한 모습이다. 戊는 반달 모양의 날이 달린 창을 그린 것이고, 丁은 나무에 박는 못을 그린 것이다. 이렇게 전투용 무기인 창과 못이 합쳐진 成 자는, 창을 들고 상대 부족을 굴복시킨 후 그 결과를 못 박아두었음을 표상한 글자다. 결국 成의 원형적인 의미는 적을 '평정하다' '다스리다'라는 뜻인데 이로부터 '이루다'나 '완성하다'라는 뜻이 파생한 것이다.

이처럼 成(이룰 성)은 자기주장을 적극적으로 관철해 이룬다는 함의를 담고 있다. 그러므로 주역이 "왕의 일에 종사하는데, 이루려 하지 말라"는 말은 그처럼 자신의 주장을 적극적으로 관철해 이루는 방식으로 하지는 말라는 뜻이다.

그러면서도 끝맺음은 두어야 한다고 말한다. 이는 심판이라는 왕의 일을 행할 적절한 기회가 왔을 때 그 일을 미루지는 말라는 뜻이다. 시간을 끌다가는 1년 농사를 망칠 수 있기에 미룰 수 있는 여유는 없는 것이다. 그렇다면 이루려 하지는 않으면서 끝맺음은 두려면 어떻게 해야 할까?

자신이 앞장서 적극적으로 주장을 펼치면서 상황을 주도할 것이 아니라 주변 여건에 따라 자연스레 결과가 이루어지도록 하면 된다. 이는 전통시대 동양에서 왕의 이상적인 통치의 전형으로 여겼던 '무위지치無爲之治'를 행하라는 말이다. '무위지치'란 '억지로 함이 없는 통치' 정도로 번역할 수 있는데, 〈그림 5〉가 왕의 무위지치를 표상하는 그림이다.

〈그림 5〉는 동양사상의 체계에서 왕의 자리가 우주의 중심에 놓여 있음을 보여준다. 그 자리를 '황극皇極'의 자리라 부르는데, 이는 오행상으로는 토土의 자리이기도 하다. 이는 전통시대에 왕의 소임을 '토의 소임'으로 여겼다는 말이며, '무위지치'가 바로 토의 소임에 해당한다.

오행 중에서 토는 자신이 직접 눈에 띄는 작용력을 발휘하지는 않는다. 목·화·금·수 나머지 네 기운이 각각 생生·장長·수收·장藏의 작용력을 발휘할 때 토는 뒤에서 이들 각각을 도울 뿐이다. 그에 따라 토 기운은 우리 눈에 보이지도 않는다. 이처럼 보이지 않는 곳에서 목·화·금·수가 각각의 제 역할을 수행할 수 있도록 묵묵히 돕는 것이 토의 역할인 것이다.

특히 토의 역할이 한층 중요해지는 순간이 있는데, '전환기'가 바로 그런 때다. 우리 우주는 '목 → 화 → 금 → 수 → 목 → 화⋯'로 기운의 순환이 이루어져야 하는데, 목·화·금·수 네 기운은 본연의 자기주장이 있기 때문에 쉬 양보하려 들지 않는다. 자신의 때가 다 갔는데도(자신의 소임을 다했는데도) 물러나지 않으려 하는 것이다. 그러므로 이때 토가 나서서 공평무사한 중재를 통해 전환이 원만하게 이루어질 수 있도록 하는 역할을 수행한다. 이런 전환기 때 토가 제 역할을 해내지 못할 경우 우리 우주는 오행의 순환이 제대로 이루어지지 못한다. 한쪽으로 치우쳐 폭주하게 되고, 불균형이 계속 심화하다가 극단에까지 이르면 결국 폭발해서 우주가 산산조각 나고 말 것이다(공동체의 붕괴). 그러므로 우주의 순환을 상징적으로 표현한 〈그림 5〉에서, 순환의 중심을 잡아주는 토의 중재 역할이 가장 중요하다고 보았기에, 과거 전통시대에는 이러한 토의 역할이 바로 왕의 소임이라 생각했던 것이다.

그런데 이런 토의 역할을 살펴보면, 무엇 하나 자신이 직접 앞장서 일을 이루는 것은 없다. 평상시에는 목·화·금·수가 각각 본연의 소임인 생·장·수·장의 작용력을 원만하게 발휘할 수 있도록 뒤에서 돕는 역할을 한다. 전환기에는 각 기운 간의 전환이 원만하게 이루어질 수 있도록 중재하는 역할을 한다. 그러므로 토의 소임을 한마디로 '무위지치'라고 표현했던 것이다. 동양에서 이상적인 정치의 전범으로 여겨지는 요·순의 치세가 바로 '무위지치'로 표현되었고, 그에 따라 우리나라의 《조선왕조실록朝鮮王朝實錄》 기록을 보면 임금이 무위지치의 모범을 닮고자 노력했던 숱한 사례들을 찾아볼 수 있다.

"왕의 일에 종사하는데, 이루려 하지 말되 끝맺음은 두어야 한다"는 3효사의 조언은 바로 이상과 같은 '무위지치'를 행하라는 의미인 것이다. 그렇다고 '무위無爲'를 '아무것도 하지 말라'는 뜻으로 받아들인다면 오해다. '무無'란 '아무것도 없다'는 말이 아니기 때문이다. 無의 원래 글자는 樆(무)인데, 이는 고대의 샤먼이 무아지경無我之境

에 들어 장식이 붙은 소맷자락을 나풀거리며 춤추는 모습을 형상화한 글자다. 샤먼은 이런 상태에서 하늘의 뜻을 사람들에게 전달하는 것이다. 즉 巫는 무아無我의 상태에서 행한다(하늘의 뜻을 전달한다, 춤춘다)는 뜻이지 '아무것도 없다'는 뜻이 아니다.[11]

결국 '무위지치'란 '무아無我의 상태에서 하늘의 뜻을 전달함을 통한 통치'라는 말이 된다. '무아'란 사사로움이 없다[無私]는 의미로 공평무사公平無私함을 일컫는다. 왕이 이처럼 공평무사한 무아의 상태에서 토의 소임을 행할 때, 왕을 둘러싼 주변의 여러 세력은 왕의 조정과 중재 역할을 이의 없이 받아들이게 된다. 이렇게 해서 왕은 무위지치를 통해 하늘의 뜻을 이 땅 위에 펼쳐갈 수 있는 것이다. 그러므로 왕은 자신이 직접 앞장서 일을 이루려고 할 것이 아니라, 주변 여러 세력 간의 조정과 중재를 통해 결과가 '이루어지도록' 해야 한다. 이렇게 함으로써 왕은 직접 이루려 하지 않으면서도 하늘의 뜻에 따르는 끝맺음을 둘 수 있는 것이다.

조정과 중재를 넘어 엄정한 심판을 행해야 하는 경우라면 어떻게 할까? 예를 들어 〈그림 5〉에서 목 기운으로 상징되는 세력의 잘못을 심판해야 하는 경우라면, 목과 상극인 금 기운이 목에 대해 가하는 비판에 힘을 실어주면 된다. 이렇게 함으로써 심판을 행하는 경우에도 왕이 직접 나서서 이루지 않으면서도 끝맺음을 둘 수 있는 것이다.

이런 대목이 좌청룡 우백호를 활용하는 왕의 리더십의 본질이라고 할 수 있다. 좌청룡 우백호는 서로 상극이라 항상 상대방을 비판하며 서로 힘의 균형을 이루고 있다. 양자의 힘이 균형을 이루기에 왕은 어느 한쪽에 자신의 힘을 실어줌으로써 리더십을 행사할 수 있다.

건의 도가 주도했던 지난 세월은 왕이 좌청룡(목)에 힘을 싣는 기간이었다. 이 기간 우백호의 비판 기능이 약해지면서 나라 공동체에는 가라지가 여기저기 자라기 시작했다. 하지만 왕은 가라지를 뽑지 않고 그냥 지켜보았다. 나라에 성장이 필요한 시기인데 가라지를 뽑다가 소중한 밀까지 뽑게 될까 우려했기 때문이다. 따라서 지난 세월은 좌청룡 우백호의 균형이 어느 정도 좌청룡 쪽으로 쏠린 상태였다. 이 불균형이 방치되어 임계치를 넘어버리면 〈그림 5〉에서 순환의 중심이 무너지면서 태극의 순환이 파탄에 이르고 만다. 그래서 이제 왕은 서둘러 좌청룡 우백호의 균형을 회복하려는 것이다. 앞서 2단계에서 왕이 곤의 도를 부지런히 설파했던 것은 건의 시기에 약해졌던 우백호를 북돋움으로써 좌우의 균형을 회복하려는 노력이었다. 이제 3단계에 이르러 회복된 우백호의 힘을 바탕으로 좌청룡의 잘못을 심판하는 것이다.

六四 括囊 无咎 无譽
육 사 괄 낭 무 구 무 예
음이 넷에 이르니, 자루를 틀어 묶어 허물을 없이 하고 명예도 없이 하라.

'자루를 틀어 묶는다[괄낭括囊]'는 말은 은나라의 점인들이 갑골로 점을 치는 과정에서 생겨난 표현인데, 〈그림 6〉이 이를 보여주는 갑골문이다.

은나라에서 점을 칠 때는 갑골을 불로 지지는데, 이때 갑골이 터지면서 갈라지는 금을 보고 하늘의 뜻을 풀이했다. 이 신성한 금을 '복'이라 불렀는데, 오늘날 '점치다'라는 뜻으로 쓰이는 卜(복) 자가 바로

그림 6 괄낭括囊을 의미하는 갑골문

갑골이 갈라지면서 생기는 금의 모양을 형상화한 글자다. 은나라 점인들은 갈라진 복의 모양을 보고 하늘의 뜻을 말로 풀어냈기에, 卜 자와 口(입 구) 자가 합쳐진 글자가 占(점칠 점) 자가 되었다.

〈그림 6〉에서 자루 안에 놓인 것이 바로 卜(복) 자와 口(구) 자다. 두 글자가 아직 서로 떨어져 있는데, 이를 자루로 틀어 묶는 것이 〈그림 6〉의 모습이다. 이는 점인들 사이에서 금으로 나타난 점괘 풀이가 일치하지 않을 경우, 은나라 왕(점인들의 우두머리)이 직접 나서서 의견이 분분한 풀이를 한 가지 뜻으로 확정 짓는 것을 의미한다. '자루를 틀어 묶는다'는 것은 이런 의미이며, 이처럼 왕이 나서서 자루를 틀어 묶을 경우 더 이상 금의 풀이에 대한 다른 의견은 용납되지 않는다.

그렇다면 곤의 도 4단계는 도약의 단계인데, 이 단계에서 자루를 틀어 묶는다는 것은 어떤 상황을 의미하는 것일까? 이는 그동안 왕이 추구해온 이상과 가치를 이제는 공동체의 규범으로 확정 짓기 위해 그 경계를 둘러침으로써 명확히 설정하는 것을 말한다. '이상과 가치'란 그 경계가 흐릿한 것이다. 그러므로 그 상태 그대로는 모두가 준수할 규범이 될 수 없다. 이를 모두가 준수할 규범으로 삼기 위해 그 경계를 객관적으로 명확히 설정하는 과정이 자루를 틀어 묶는 '괄낭'이다. 그러고 나서 이를 기준으로 왕의 일인 심판을 행하는 것이다.

이런 괄낭의 과정이 필수라고 강조하는 것은 주역이 전하는 계시의 독특한 특징이므로, 어째서 이런 조언이 등장하는지 생각해볼 필요가 있다.

우선 현실적으로는 그 경계가 명확해야 모든 백성이 준수하는 규범이 될 수 있기 때문이다. 하지만 보다 근본적으로는 왕 스스로도 자기가 꿈꾸는 이상과 가치의 한계를 둘러칠 필요가 있기 때문이다.

사람은 유한한 존재라서 스스로 한계를 둘러칠 필요가 있다. 무한은 사람이 감당할 수 있는 게 아니기 때문이다. 만약 사람이 무한한 가능성을 추구한다면 그의 삶은 무한 안에서 흩어지고 말 것이다.

스스로 한계를 둘러칠 때라야 자기 존재가 분명해진다. 이때라야 사람은 강해질 수 있다. 이때라야 사람은 확신을 가질 수 있고 치밀해질 수 있다. 그 결과 무언가를 이룰 수 있다.

앞서 건의 도가 지배하던 존재의 전반기는 미래를 향해 나아가는 성장기이기 때문에 다양한 가능성을 열어둔다. 하지만 이제는 존재의 완성기인 가을에 접어들었다. 존재를 완성하려면, 그리하여 무언가 결실을 거둘 수 있으려면 이제는 그동안 꿈꿔온 이상과 가치의 한계를 둘러쳐야 한다. 가을이 되었는데도 여전히 무한한 가치와 이상을 추구해 계속 뻗어나가고자 한다면 추수는 불가능할 것이다. 그러므로 가을에는 반드시 "자루를 틀어 묶어야" 하는 것이다.

이는 그동안 왕이 꿈꿔온 이상과 가치의 어떤 부분은 잘라내서 포기해야 함을 뜻한다. 그러므로 왕에게는 고통스러운 작업일 수밖에

상경

없다. 그러나 왕이 무언가를 이루고자 한다면 역시 자루를 틀어 묶어서 스스로 한계를 둘러치지 않으면 안 된다.

왕은 땅에서 구현되는 모든 진리가 당대의 진리일 수밖에 없음을 명심해야 한다. 그가 추구하는 정의는 당대의 과제를 해결하는 당대의 정의라야 하는 것이다. 만약 그가 영원한 진리, 무한한 진리를 추구한다면 어떤 결실을 거두기는커녕 그 즉시 자기 회의에 빠져 아무런 행동도 할 수 없을 것이다. 역사의 진보는 언제나 한 걸음씩 나아갈 때라야 가능한 것이다.

그러므로 가을의 때에 이르러 자신의 왕국에 정의를 실현하고자 하는 왕은 스스로 자루를 틀어 묶어 자신의 이상과 가치에 경계를 둘러침으로써 강해져야 한다. 이렇게 할 때라야 왕은 비로소 곤의 도의 절정인 5단계로 나아갈 수 있다.

다음으로 4효사는 "자루를 틀어 묶어 허물을 없이 하라"고 조언한다. '허물이 없다'는 말에 대해 〈계사상전〉 3장은 다음과 같은 풀이를 제공한다. "허물이 없다는 것은 과오를 잘 보수했다는 말이다[无咎者善補過也]." 이는 자신이 저지른 어떤 과오로 인해 일단 상처가 나긴 하지만, 상처를 잘 치유했기 때문에 흉터(허물)가 남지는 않는다는 말이다. 이는 과오를 고치기 위한 후속적인 노력을 충실히 함으로써 그 과오가 사람들의 기억에 지속되는 불명예로 남지는 않는 경우를 뜻한다.

자루를 틀어 묶는 것은 왕의 이상과 가치를 공동체의 규범으로 명확히 설정한 후 이를 심판의 기준으로 삼는 것이니, 이후 허물을 없이 하라는 조언은 심판을 행하는 과정에서 허물이 남지 않도록 하라는 뜻이다. 이를 위해서는 왕이 자신의 심판 행위를 차분하게 성찰하는 과정이 병행되어야 한다. 이런 성찰을 통해 어떤 과오를 발견한다면 이를 잘 치유하기 위해 노력해야 한다. 그래야 그 과오가 허물로 계속 남지 않는 것이다. 단, 이제는 공동체의 규범을 객관적으로 명확히 설정해두었으니 성찰할 때 이를 기준으로 삼으면 되고, 더 이상 다른 사람들의 말에 좌고우면할 필요는 없다.

이처럼 왕이 자신의 과오를 성찰해 허물이 없도록 하기 위해서라도 자신의 이상과 가치에 경계를 둘러칠 필요가 있다는 점을 생각해보자. 만약 경계가 없다면 무엇을 기준으로 과오를 평가할 것인가? 결국 인간은 무한을 감당할 수 없는 것이다.

다음으로 "명예도 없이 해야 한다". 우선 명예가 무엇인지 생각해보면, 명예란 타인의 시선으로부터 오는 것이다. 그러므로 '명예도 없이 하라'는 말은 어떤 명예를 얻기 위해 타인의 시선을 만족시키기 위한 행동을 하지 말라는 뜻이다. 역시 "자루를 틀어 묶으라"는 조언이 선행하고 있음에 유의해야 한다. 그동안 자신이 꿈꿔온 이상과 가치를 객관적인 규범으로 명확하게 설정했으니, 이제는 이를 이루기위해 무소의 뿔처럼 밀고 나가는 외에 일체의 다른 명예를 탐하지 말라는 뜻이다. 이런 태도가 바로 천명에 대한 '순명順命'이며, 순명이 바로 곤의 도를 특징짓는 단어다.

이상으로 "허물을 없이 하고 명예도 없이 하는" 과정은 왕이 설정한 규범을 공동체 구성원들이 새로운 규칙으로 받아들이도록 체화시켜나가는 과정이라고 할 수 있다. 이런 과정이 4단계 도약의 과정이며, 이 도약이 완성되었을 때 왕은 곤의 도 5단계에 도달해 자기 왕국의 진정한 왕이 될 수 있다.

六五 黃裳 元吉
육 오 황 상 원 길

음이 다섯에 이르니, 황색 치마를 입은 상이로다. 으뜸으로 길
하리라.

드디어 곤의 절정인 5단계에 이르렀다.

여기서 '황색'은 황제를 상징하는 색깔이며, 〈그림 5〉에서 황극의
자리를 상징하는 색깔이다. 고대에는 황제를 제외하곤 그 누구도 황
색을 사용할 수 없었다. 황제만이 황색 깃발을 내걸 수 있었고, 황색
치마 역시 황제만이 입을 수 있는 옷이다. 그러므로 왕이 곤의 도 5단
계에 이르러 황색 치마를 입고 모습을 드러낸다는 것은, 왕의 입지를
상징하는 황극의 자리가 공고하게 굳어졌음을 의미한다.

곤의 길에서 그동안 군자는 이미 왕이었고, 왕의 일을 해왔는데 5단
계에서야 비로소 황극의 자리가 공고하게 굳어진다는 것은 무슨 뜻일
까? 나폴레옹 보나파르트Napoléon Bonaparte의 경우가 이를 설명하기 위
한 사례가 될 것이다.

나폴레옹은 35세이던 1804년 프랑스 황제의 자리에 올랐다. 나아
가 그는 자신의 측근들과 친척들을 유럽 각국의 왕으로 임명해 명실
공히 유럽의 패자 자리에 올랐다. 코르시카섬 출신 시골뜨기가 황제
의 자리에 올랐으니 그가 이룬 업적은 땅에서 하늘로 날아오른 건의
도 5단계 비룡의 전형이라 할 만하다.

하지만 그로부터 9년 뒤 그의 명운을 가를 라이프치히전투가 벌어
졌을 때 유럽 각국은 대프랑스 동맹에 참여해 나폴레옹의 반대편에
섰다. 그는 결국 이 전투의 패배로 몰락하고 말았다. 이는 그가 건의
도 5단계의 비룡은 이루었지만 이후 곤의 도 5단계에 이르러 황극의

자리를 공고히 하는 데는 실패했음을 보여주는 것이다.

나폴레옹은 대관식에서 황제의 관을 스스로 썼던 것으로 유명하다. 이는 매우 상징적인 장면이다. 그는 황제의 자리가 오로지 자신의 힘에 의해 획득되고 유지되는 것으로 생각했다. 그래서 그는 유럽의 패자 자리에 오른 후에도 유럽 각국을 억압하기 위해 끊임없이 군대를 징발해 전쟁을 계속했다. 이는 건의 도를 상징하는 행위인 '자강불식'을 지속한 것이다.

이처럼 멈출 줄 모르고 계속되는 전쟁으로 유럽인들은 고통받았고, 나폴레옹이라는 이름만 들어도 진저리를 칠 지경에 이르렀다. 그 결과 자신의 측근들과 친척들을 유럽 각국의 왕으로 임명했음에도 대대수가 그의 적으로 돌아섰던 것이며, 그에 따라 라이프치히전투의 결과는 정해진 것이나 마찬가지였다.

나폴레옹의 사례는 체제의 완성이 결코 물적 성취, 외형 성장만으로는 이룰 수 없는 것임을 보여준다. 체제의 완성은 전반기에 이룬 물적 성취를 바탕으로 후반기에 이르러 내적 가치를 공고히 할 때 이룰 수 있는 것이다. 나폴레옹의 경우는 자유·평등·박애라는 프랑스혁명의 이념에 계속 충실해야 했고(이것이 순명이다), 이를 유럽 각국에 보급해야 했다. 처음 나폴레옹의 군대가 유럽 각국으로 진주했을 때 유럽인들은 자유·평등·박애의 이상과 가치를 기대하며 열렬히 환영했던 것이다. 하지만 나폴레옹은 순명을 저버렸다.

그가 자유·평등·박애의 이상과 가치에 계속 순명하고 이를 유럽 각국에 보급하며, 이를 기준으로 유럽 각국의 이해관계를 조정하고 심판하는 왕의 일에 충실했다면, 라이프치히전투가 벌어졌을 때 최소한 유럽의 절반이 그의 편에 섰을 것이다. 거기에 그의 군사적 역량을 얻었다면 승리는 어렵지 않았을 것이다.

원래 〈그림 5〉의 황극의 자리는 주변 세력의 떠받침에 의해 힘들이지 않고 유지되는 것이다. 그 원동력은 주변 세력이 황제의 이상과 가치를 규범으로 받아들여 체화하는 것이다. 그렇게 되면 주변 세력들이 알아서 황제를 지키려 하고, 그에 따라 황극의 체제가 공고화되는 것이다.

황극의 자리가 굳어진다는 것은 이상과 같은 과정을 의미한다. 이를 위해 왕은 곤의 도 2·3·4단계에서 쉬지 않고 자신의 이상과 가치를 설파하고 규범화하며 다져온 것이다.

이를 달리 말하면 왕이 꿈꿔온 이상과 가치를 공동체 구성원들이 새로운 규칙으로 받아들이고 체화하도록 만들어가는 과정이다. 왕이 꿈꿔온 이상과 가치가 공동체의 공식 규범으로 자리 잡도록 만드는 것이며, 공동체 구성원들 자신의 이상과 가치로 자리 잡도록 만드는 것이다. 이를 위해 4단계 괄낭의 과정이 필요했던 것이고, 이를 완수해 5단계에 이르면 비로소 황극의 체제가 공고히 굳어지며 완성되는 것이다.

이렇게 해서 곤의 도 5단계가 성취되었을 때 비로소 "으뜸으로 길할 것"이라는 평가가 주어진다. 앞서 건의 길 5단계에서는 이와 같은 말이 없었다. 이는 외형 성장의 절정인 비룡의 성취로 존재가 완성되는 것이 아니라, 곤의 길을 통해 내적 가치를 완성해야 비로소 존재가 완성됨을 뜻한다.

지금까지 왕의 길을 예로 들어 곤의 도를 살폈지만, 곤의 도는 모든 존재의 후반기를 관통하는 보편적 법칙임을 잊지 말아야 한다. 모든 존재는 전반기에 외형 성장, 물적 성취를 이루며, 이를 바탕으로 후반기에 내적 가치를 완성함으로써 최종적으로 존재의 완성을 이룬다. 공동체(조직)가 탄생하고 성장하는 과정에서도 전반기에는 외형 성장을 이루지만 후반기에는 내적 가치를 다지고 완성해야 한다. 그렇지 않으면 그 공동체는 결국 쇠퇴하고 사라질 것이다. 개인의 인생 역시 마찬가지다.

어떤 경우에나 군자에게는 꿈꾸는 이상이 있고 실현하고픈 가치가 있다. 전반기에는 이를 위한 물적 토대를 먼저 성취해야 한다. 그러고 나서 후반기에는 자신의 이상과 가치가 공동체의 규범으로 자리 잡도록 노력을 경주해야 한다.

곤의 도를 설명하는 과정에 왕이 등장하는 것은 사실 당연한 것이기도 하다. 누구나 자기 인생의 왕이기 때문이다. 나의 왕국, 나의 우주는 나의 주변 사람들로 구성된다. 나이가 들면 좋든 싫든 누구나 장長이 된다. 오십 대를 장년長年이라 하는데 '장이 되는 나이'라는 뜻이다. 장은 곧 황극의 자리, 소우주의 중심에 선 사람이며, 주변 사람들이 의지할 수 있는 사람을 이르는 말이다. 이러한 장의 자리는 얼마나 막중한 책임인가? 주변의 중심을 잡아주어야 하며, 주변 사람들의 의지처가 되어주어야 한다. '장'이라고 해서 꼭 거창하지만은 않다. 부모는 자식의 의지처가 되어주어야 한다. 자기 우주의 왕은 누구도 아닌 나인 것이다.

이처럼 나이가 들면 사람은 누구나 주변 사람들에게 영향을 미치는 왕의 자리에 서게 된다. 이때 내가 꿈꿔온 긍정적인 이상과 가치가 주변 사람들에게 수용될 때 나의 왕국, 나의 우주가 비로소 완성되는 것이다. 그때 비로소 나는 〈그림 5〉에서 우주의 중심인 황극의 자리에 굳건히 서게 되는 것이다. 이런 나의 우주(인생)를 완성하는 것이 바로 나에게 주어진 천명이다.

앞서 살펴본 곤의 도 1효사는 "서리를 밟고 있으니 굳은 얼음이 어는 때도 이르리라"고 했다. 이는 곤의 도 1단계에서라면 앞으로 굳은 얼음이 어는 때도 찾아오리라는 사실을 잊지 말라는 경계의 의미였다. 하지만 이제 곤의 도가 4단계와 5단계에 이르면 굳은 얼음이 얼게 해야 하는 때가 된다. 자루를 틀어 묶어 규범화하는 것이 바로 굳은 얼음이 얼게 하는 과정이며, 이를 통해 황극의 체제가 공고히 굳어지는 것이다.

개인의 인생에서라면 사람이 나이 오십쯤에 이르면 자기 천명의 경계를 둘러치고 내면을 스스로 단단하게 굳혀야 한다. 그래야 나이 오십의 소임을 다할 수 있다.

오십은 자신의 할 일이 어디까지인지 스스로 한계를 설정하고 둘러쳐야 한다. 그래야 자기 확신을 품고 흔들림이 없을 수 있고, 사람이 강해질 수 있다. 그 힘으로 내면의 가치를 완성할 수 있는 것이다. 그때라야 사람은 내 인생의 주인, 주체로 바로 설 수 있다. 그렇지 않으면 끊임없이 휘둘리는 삶을 살게 된다.

앞서 언급한 대로 나이 오십이면 장년長年이며 '장이 되는 나이'다. 이때 막중한 책임감으로 부담과 압박감을 느낄 수도 있다. 이런 막중한 책임을 감당하게 하는 것이 또한 자루를 틀어 묶는 '괄낭'이다. 사람은 자신의 할 일이 어디까지인지 스스로 한계를 설정하고 경계를 둘러침으로써 강해질 수 있다. 이를 통해 왕이 되어야 하는 막중한 책임을 감당할 수 있다는 것이 또한 주역의 조언이다.

上六 龍戰于野 其血玄黃
상 륙 용 전 우 야 기 혈 현 황

극상의 자리에까지 음이 오니, 용이 들에서 싸우는 상이로다.
그 피가 현玄한 색과 황색이리라.

극상의 자리에 음이 왔다는 말은, 곤의 도가 6단계의 과잉에 이르
렀다는 뜻이다.

'용전우야龍戰于野'에 등장하는 야野는 앞서 〈그림 2〉(32쪽)의 '야'
에 해당한다. 전田의 바깥 영역에 존재하는 '야'인 것이다. 여기서 싸
움을 거는 용은 건괘 1효의 잠룡에 해당한다. 2효의 현룡부터는 문명
세계의 외곽인 '전'의 영역에 진입한 용이기 때문이다.

결국 곤의 도가 과잉인 6단계에 이르자 이를 용납할 수 없는 잠룡
이 싸움을 걸고 나선 것이다. 그리고 이는 왕이 다시 좌청룡에게 힘
을 싣기 시작했음을 의미한다. 왜냐하면 내적 가치를 완성한 곤의 체
제라고 해도 6단계의 과잉에 이르는 것은 바람직하지 않기 때문이
다. 앞서 〈그림 3〉(62쪽)의 태극에서 곤의 도가 5단계에서 6단계로 나
아가는 과정을 보면 바깥쪽에 하나 남아 있던 건을 완전히 배제하려
시도하고 있다. 이는 곤의 체제가 비판 세력을 완전히 배제하고 교조
화하는 단계에 이르렀음을 의미한다. 이런 상태는 건전한 체제가 아
니므로 왕은 이제 좌청룡에게 힘을 실음으로써 우백호의 견제에 나
서는 것이다.

지금까지 곤의 도가 전개되는 동안 좌청룡은 공동체의 한편에서 눌
려 지내왔다. 곤의 도가 공동체를 주도한다 해도 이들은 건의 도를 신
봉하는 태도를 버리지 않는다. 단지 세에 눌려 잠자코 있을 따름이다.
이들은 곤의 도가 5단계에 이를 때까지는 눌린 채로 지낸다. 곤의 도

가 5단계에서 절정을 이루자 인간 공동체는 이제 앞으로 영원히 곤의 도가 지배할 것처럼 보이기도 한다. 하지만 곤의 도가 6단계의 과잉으로까지 치달으며 좌청룡을 완전히 박멸하려는 태도를 보이자 혈기 왕성한 잠룡들은 이를 용납할 수 없다. 이런 상태에서 왕이 좌청룡에게 다시 힘을 실으면 잠룡들은 곤의 도에 정면 도전하고 나서는 것이다.

이 도전은 무모한 것이어서 잠룡의 희생으로 끝날 수밖에 없다. 현재는 곤의 도의 극성기이기 때문이다. 그러므로 이 잠룡들은 비합리적인 존재라 할 수 있다. 하지만 사람에겐 합리성과 비합리성이 아울러 존재하며, 조지 버나드 쇼George Bernard Shaw가 적절하게 지적했듯 역사를 전진시키는 것은 비합리적인 사람들이다. 이 무모한 잠룡들로 인해 역사가 전진하게 된다. 전투는 잠룡들의 희생으로 끝나겠지만, 이 싸움으로 인해 곤의 도 역시 상처를 입고 피를 흘려야 한다. "그 피가 현玄한 색과 황색"이라는 말이 이를 표현한 것이다.

《천자문千字文》의 첫 구절이 "천지현황天地玄黃"이다. 하늘은 현玄한 색이고 땅은 황색이라는 말이다. '현'한 색은 건의 도를 상징하며, 황색은 앞서 5효사에서 살펴본 대로 곤의 도를 상징한다. 그러므로 용이 싸움을 걸었는데, 거기서 흐르는 피가 '현'한 색이며 황색이라는 말은 건의 도(잠룡)도 피를 흘리고 곤의 도도 피를 흘린다는 말이다. 이 싸움은 곤의 도의 승리로 끝나겠지만 그 역시 피를 흘리게 되고, 그 결과 곤의 도는 약해지기 시작한다. 그리고 잠룡의 무모한 도전은 계속 이어질 것이다. 이렇게 숱한 잠룡의 희생이 쌓이고 나면 곤의 도가 쇠약해지기 시작하고, 건의 도 1단계가 열리게 된다. 곤의 도에서 건의 도로 전환이 일어나며, 우주는 새로운 순환을 시작하는 것이다.

건의 도 1단계의 충고는 '잠룡은 무모한 시도를 하지 말라'는 것이었다. 그러므로 곤의 도에 무모하게 도전했다 희생당한 숱한 잠룡은 주역의 충고를 어긴 용들이라 할 수 있다. 하지만 이들로 인해 역사는 전진을 이루는 것이다. 이들의 도전과 희생이 없으면 건의 도는 새로이 열리지 못한다. 결국 역사는 숱한 무명용사들의 희생과 이를 딛고 나타난 한 명의 돋보이는 영웅을 만들어내며 전진하는 셈이라고 할 수 있다.

곤의 과잉을 다른 관점에서 보면, 곤의 도가 달성한 황극 체제가 시대의 사명을 다했는데도 물러나지 않고 계속 수명을 연장해가는 것이 6단계의 과잉 상황이라고 할 수 있다. 앞서 살펴봤듯 지상의 진리는 당대의 과제를 해결하기 위한 당대의 진리이므로, 가치를 정립한 체제라고 해도 언젠가는 시대의 사명을 마치는 시점이 도래한다. 이제 곤의 도가 물러나고 건의 도가 새로이 시작되어 새로운 역사의 순환을 열어가야 하는 것이다. 그럼에도 곤의 도가 물러서려 하지 않는 상태가 6단계의 과잉이며, 그러므로 왕이 좌청룡에 힘을 싣기 시작하는 것이다.

用六 利永貞
용 육 이 영 정
음 기운을 쓸 때는, 오래도록 정貞해야 이로우리라.

곤괘 역시 다른 괘와 달리 여섯 음효 전체의 상을 보고 총평하는 효사가 하나 더 달려 있다.

"음 기운을 쓴다"는 말은 왕이 곤의 도를 구사하는 상황을 가리킨다. 정貞하다는 것은, 올곧게, 굳게 본래의 뜻을 잃지 않고 간직한다는 말이다. 여기서 '본래의 뜻'은 곤이 실현하고자 하는 이상, 이 땅에 펼치고자 하는 가치를 말한다. 곤의 길을 가고자 한다면, 오래도록 정貞해야 한다고 주역이 조언하고 있다. 지금까지 살펴본 바와 같이 곤의 길은 절정인 5단계에 이르기까지 끊임없이 인내해야 하는 길이다. 그에 따라 "오래도록 정해야 한다"고 충고하는 것이다.

坤 元亨 利牝馬之貞 君子 有攸往 先迷後得主
곤 원형 이빈마지정 군자 유유왕 선미후득주

利¹²西南得朋東北喪朋 安貞 吉
이 서남득붕동북상붕 안정 길

곤坤의 길은 으뜸으로 형통하리라. 암말의 정貞함을 지녀야 이로우리라.

군자가 가고자 하는 바가 있을 때, 앞에 나서면 미혹되고 뒤에 거하면 주인이 될 수 있으리라.

서남 방향에서는 벗을 얻고 동북 방향에서는 벗을 잃어야 이로우리라. 안정安貞하면 길하리라.

앞서 건乾의 괘사는 "원형 이정元亨 利貞"이었음에 비해 곤坤의 괘사에는 "원형 이빈마지정元亨 利牝馬之貞"이 등장하고 있다. 건괘의 '정貞' 대신에 '빈마지정牝馬之貞(암말의 정貞함)'이 들어가 있다. 우선 '암말'이라는 상징이 현대인에게는 생경한 느낌인데, 말이나 말이 끄는 수레를 타고 다니던 전통시대의 옛사람들에게는 말이 익숙한 대상이어서 비유의 상징으로 삼은 것이다. 말의 무리가 있을 때 앞장서

리드하는 것은 수말의 역할이다. 그러므로 암말로써 곤의 도를 상징한 것인데, 그 내용은 이어지는 다음 구절을 통해 설명하고 있다.

군자의 "가고자 하는 바[有攸往]"는 군자가 이루고자 하는 목적이다. 군자가 품은 뜻, 꿈에 그리는 이상, 실현하고 싶은 가치를 말하는 것이다. 이처럼 군자가 가고자 하는 바가 있을 때, 앞에 나서면 미혹되고 뒤에 거하면 주인이 될 수 있는 이유는 무엇일까? 우선 군자君子가 주인[主]이 된다는 것은 군주君主, 즉 왕이 된다는 말이며, 곤의 5단계에서 황극의 자리를 공고히 굳힐 수 있다는 뜻이다. 앞에 나서면 미혹되기에 그럴 수 없고 뒤에 거해야 그럴 수 있다는 뜻이다. 그 이유는 앞장서 성장을 이끄는 전반기가 지나고 나면, 그 결과를 놓고 심판을 행하는 후반기가 찾아오기 때문이다. 앞장서 이끄는 일은 전인미답의 길을 가는 것이므로 최선을 다한다 해도 나중에 돌아보면 과오가 생길 수 있다. 왕의 리더십은 과오로 얼룩져서는 곤란하다. 그러므로 왕은 앞장서 이끄는 역할은 좌청룡에게 맡기고 뒤에 거하는 것이다. 이후 후반기가 되면 그 결과를 심판한다. 이렇게 해야 주인이 될 수 있다는 것이 주역의 조언이며, 이처럼 뒤에 거하는 것이 암말의 정貞함의 내용이다.

다음으로 "서남 방향에서는 벗을 얻고 동북 방향에서는 벗을 잃는다"는 말은, 음양오행론을 바탕으로 한 표현이다. 고대에는 음양오행이 상식이었기 때문에 주역의 텍스트는 음양오행에 대한 지식을 전제하고 쓰여진 것인데, 음양오행론에서는 각각의 방위가 그에 해당하는 소임과 결합되어 있다. 〈그림 7〉을 보면, 서남과 동북이 각각 곤의 도가 시작되는 시점과 마무리 짓는 시점임을 알 수 있다. 결국 '서남 방향에서는 벗을 얻으라'는 조언은, 건의 도가 과잉으로 치달은 후 곤의 도가 새로이 펼쳐지기 시작하는 이행기에 주어지는 충고인데, 어째서 이때 벗을 얻어야 한다고 조언하는 것일까? 그 이유는 건의 도가 작용했던 전반기는 혼자서 빨리 가는 데 주력했던 시기이기 때문이다. 그러했던 건의 도가 과잉에 이르면서 부작용을 초래했기 때문에 이제는 자신의 발걸음을 늦추고 '벗을 얻어야' 이롭다고 조언하는 것이다. 다른 한편으론 왕이 새로이 곤의 도를 설파하면서 자신의 이상과 가치를 공동체의 규범으로 정립해나가는 시점이 후반기이기 때문에, 자신의 이상과 가치에 동조하는 벗을 얻어야 한다는 조언이기도 하다.

이어서 괘사는 "동북 방향에서는 벗을 잃어야 이롭다"고 선뜻 납득하기 어려운 조언을 한다. 이에 대해 〈단전〉은 다음과 같은 풀이를

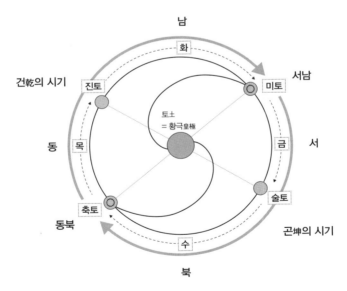

그림 7 서남 방향과 동북 방향의 의미

제공한다. "동북 방향에서는 벗을 잃어야 한다는 말은, 이렇게 함으로써 종국에는 경사가 있게 하려는 것이다[東北喪朋 乃終有慶]." 결국 최종적으로 좋은 결말을 맺을 수 있도록 하기 위해 당장은 힘든 상황을 초래하더라도 감수할 수 있어야 한다는 말이다. 이는 벗에게 따끔한 충고를 하는 상황을 상상하면 이해할 수 있다. 이로 인해 당장은 관계가 서먹해질 수 있어 괴롭지만, 그렇게 하는 것이 결국은 서로의 우정에 더 바람직하기 때문에 괴로움을 무릅쓰고 행하는 것이다.

〈그림 7〉의 동북 방향에서 이런 충고가 주어지는 이유는, 곤의 도가 과잉으로 치달은 6단계에 주어지는 충고라는 사실을 염두에 둘 필요가 있다. 가치를 규범화한 곤의 체제라고 해도 언젠가는 시대의 사명을 다하는 시점이 도래하게 마련인데, 이처럼 물러날 시점이 도래했는데도 물러서려 하지 않는 상태가 6단계의 과잉이다. 따라서 왕이 이제는 우백호와 거리를 두면서 다시 좌청룡에 힘을 싣기 시작하는 시점이 이 시기이며, 방향으로는 동북인 것이다. 이처럼 동북 방향에서 왕은 기존 체제를 벗어나 새로이 건의 도에 힘을 실으려 한다. 그래서 왕은 그동안 힘을 합쳐 곤의 체제를 함께 꾸려온 벗을 잃을 수 있어야 하는 것이다.

이상으로 "동북 방향에서는 벗을 잃어야 이롭다"는 조언을 왕의 소임에 빗대 살펴보았다. 이러한 왕의 소임은 언뜻 냉혹해 보이기도 하고, 그래서 '왕은 외롭다'는 말이 나오기도 한다. 하지만 곤의 도는 왕의 소임이자 곧 나의 소임임을 잊지 말아야 한다. 나 역시 곤의 괘사가 전하는 조언에서 자유로울 수 없다.

괘사에 따르면 사람이 살면서 "서남 방향에서 벗을 얻어야" 할 때도 있고, "동북 방향에서 벗을 잃어야" 할 때도 있다. 이는 사람이 평생 상생으로만 일관할 수 없다는 말이고, 평생 남들에게 듣기 좋은 말만 하며 살 수는 없다는 말이다. 쉽게 말해 악역을 행해야 할 때도 있다는 것이다.

남들에게 듣기 좋은 말만 하는 것은 곤의 도의 작용인 상생이 과잉으로 치달은 것이다. 이런 일은 친구 관계에서, 가족 관계에서, 직장의 팀 내에서, 내가 경영하는 사업 관계에서 등 어떤 경우에나 발생할 수 있다. 주역은 이때 내가 악역을 떠맡을 수 있어야 한다 말하고 있다. 이는 사람이면 누구나 하기 싫은 일이다. 하지만 그럼에도 행해야 하는 이유는, 〈단전〉이 말하듯이 "그렇게 해야 종국에는 경사가 있기 때문"이다.

곤의 괘사를 마무리 짓는 "안정安貞하면 길하리라"에서 安(안)의 자형은 여자가 집안에 편안히 머무르는 모습을 형상화한 것이다. 이는 곤의 도 4단계에서 "자루를 틀어 묶어" 스스로 한계를 둘러치고 그 안에 들어앉는 상황을 말하는 것이다. 스스로 둘러친 한계 안에 머무르며 정貞할 때라야 5단계의 절정에 도달할 수 있으므로 길하다는 뜻이다.

건乾·곤坤 — 그 영원한 순환

앞서 〈그림 7〉은 건의 도와 곤의 도가 영원한 순환을 반복하는 모습을 위에서 내려다본 것이다. 그런데 이로 인해 건과 곤이 한 바퀴 순환하고서 그저 제자리로 돌아온 것뿐이라고 착각할 우려가 있다. 〈그림 8〉은 똑같은 순환을 측면에서 바라본 모습이다. 이를 보면 순환이 나선형으로 이루어지고 있으며, 한 바퀴 순환을 완수했을 때 한 차원 높은 곳에 도달한다는 사실을 알 수 있다.

한 바퀴 순환을 거쳐 돌아오면 개인이든 조직이든 출발하기 전과는 다른 모습이 된다. 한 차원 높아진 성숙한 존재가 되는 것이다. 앞서 곤의 도가 공동체의 가치와 지혜를 저장해 다음 세대로 전달한다고 했는데, 〈그림 8〉에서는 그러한 가치·지혜·영성의 축장蓄藏이 이루어져가는 모습을 확인할 수 있다. 《귀장역》의 '귀장歸藏'은 바로 이를 의미하는 것이다. "곤으로써 장藏한다[坤以藏之]"(〈설괘전〉 4장)는 풀이에서 보듯 '장'은 곤의 작용이다. 은나라의 역易이 《귀장역歸藏易》이라는 이름을 가졌던 것은 곤의 도를 중심으로 삼는다는 표현인 것이다.

〈그림 8〉을 보면, 서로 대립하는 것으로 보이는 건의 도와 곤의 도가 사실은 서로를 도와가며 공동체를 발전시켜왔다는 사실이 보다 선명해진다. 바로 '대대待對'를 이루고 있는 것이다.

〈그림 9〉는 〈그림 8〉을 옆으로 펼쳐서 그린 것이다.

이를 보면, 《태극도설太極圖說》의 다음 구절의 의미가 시각적으로 잘 드러난다.

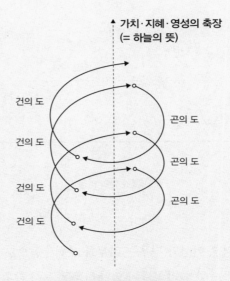

가치·지혜·영성의 축장
(= 하늘의 뜻)

건의 도

곤의 도

건의 도

곤의 도

건의 도

곤의 도

건의 도

그림 8 건乾과 곤坤의 영원한 순환

태극이 동動하여서 양을 낳는다. 동이 극에 달하면 정靜하게 된다. 정하
여서 음을 낳는다. 정이 극에 달하면 다시 동하게 된다. 한 번은 동하고
한 번은 정하니 서로 그 뿌리가 된다.

太極動而生陽 動極而靜 靜而生陰 靜極復動 一動一靜 互爲其根

《태극도설》

〈그림 9〉가 보여주는 여러 가지 순환의 파동 중에서 가장 긴 파동
은 60년(1갑자)을 주기로 한 것이다. 중간 규모의 파동으로는 12년짜
리 지지의 순환, 10년짜리 천간의 순환이 있다. 동양학의 관점에서는
파동의 길이와 상관없이 이를 봄, 여름, 가을, 겨울, 즉 춘하추동의 순
환으로 본다. 1년도 춘하추동이고 사람의 한평생도 춘하추동의 순환

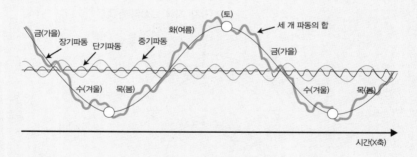

금(가을) 장기파동 단기파동 중기파동 화(여름) (토) 세 개 파동의 합 금(가을) 수(겨울) 목(봄) 수(겨울) 목(봄) 시간(X축)

그림 9 순환의 파동

인 것이다. 류영모 선생의 경우는 하루를 춘하추동으로 나누어 사셨다고 한다. 크게는 한 나라의 운세도 춘하추동을 이룬다.

경제학에서는 1갑자의 순환과 유사한 길이의 파동을 '콘드라티예프 파동'이라 부른다. 이를 발견한 러시아의 경제학자 콘드라티예프Nikolai Dmitrievich Kondratiev는 파동의 각 단계에 봄, 여름, 가을, 겨울이라 이름 붙여서 절묘한 일치를 보이고 있다. 예일대학교 임상심리학과 교수인 대니얼 J. 레빈슨Daniel J. Levinson은 일군의 연구자를 이끌고서 10년의 연구를 수행한 끝에, 그 결과를《남자가 겪는 인생의 사계절The Seasons of a Man's Life》이란 제목의 책으로 발표했다. 그 내용을 보면, 사람의 일생이 '봄 → 여름 → 가을 → 겨울'의 변화를 거친다는 동양학의 관점과 거의 100퍼센트 일치하고 있다.[13]

이처럼 최근에는 동양학의 주요 통찰들을 서양에서 재발견하는 경우가 늘어나고 있다. 서양의 기본적인 사고방식이 직선사관임에도, 서양의 학문 세계에서는 동양의 관점인 '순환'을 받아들이는 듯하다.

필자는 우리나라 역시 이런 순환의 흐름을 타고 있으며, 현재는 건

상경

의 도가 주도하던 시대를 끝내고 곤의 도가 주도하는 시대로 넘어왔다고 생각한다. 우리나라에서 최근 수년 동안 '상생'이 화두가 되었던 것은 이 때문이라고 본다. 이는 건의 도가 지배하던 상승기 때는 볼 수 없는 현상이었다.

건의 도가 지배하던 시절엔 '무한 경쟁' '효율성'이 찬양되었고, '노동의 유연성 강화'가 화두였다. 다시 말해 직원을 해고하기 쉽게 하자는 것이다. 이런 흐름을 타고 정규직이 대거 계약직으로 바뀌는 현상을 목격했다. '손님은 왕'이라는 구호가 범람하며 계약직원들은 힘든 노동에 내몰렸다. 그러다가 지금은 힘든 처지에 놓인 이들에 대한 '공감'이 일고 있다. 그에 따라 '직원도 사람'이라는 구호와 함께 인격적인 대우가 강조되고 있다.

과거 건의 도 여섯 단계가 진행되던 시절에 나타났던 과잉의 정도가 심했기에 지금 우리나라에 나타나는 이런 현상들은 균형을 회복하기 위해 바람직하다고 본다. 앞으로 이런 곤의 도가 점점 강화되면서 큰 흐름에서 균형을 잡아갈 것이라 생각한다.

주역의 다음 구절은 〈그림 9〉를 가리키는 것이다.

一陰一陽之謂道
일 음 일 양 지 위 도

한 번은 음이었다 한 번은 양이었다 하는 것을 도道라 이른다.

〈계사상전〉 5장

〈그림 9〉는 시간의 흐름에 따라 도가 전개되어가는 모습을 표현한 것이다. 이를 보면 한 번은 음이었다 한 번은 양이었다 오르락내리락하고 있다. 결국 도라는 것은 평온하게 전개되는 것이 아니라는 얘기

가 된다. '도가 구현된 상태'가 어떤 것일까 하고 우리 머릿속에 떠올려보자면, 지극히 편안하고 평화로운 광경을 떠올리기 쉽다. 하지만 주역의 위 구절은 도가 구현된 상태가 그렇지 않다고 말한다. 한 번은 음이었다 한 번은 양이었다 하면서, 어찌 보면 정신없이 롤러코스터를 타는 상태와 같을 수도 있다. 질풍노도가 몰아치는 상태와 같을 수 있는 것이다.

〈그림 9〉는 결국 도가 행해지는 모습이 항상 변화를 수반한다는 사실을 말하는 것이다. 그리고 이 변화는 때로 진폭이 커질 수도 있다. 사실 필자는 지난 세월 동안 건의 도가 지나치게 높은 수준의 과잉으로까지 치달았다고 생각한다.

문명사의 흐름을 보면 인류는 제2차세계대전 종전 이래로 건의 도를 지속해왔다. 우리나라의 경우는 6·25전쟁을 거치느라 시작이 좀 늦었지만, 1950년대 중반부터는 역시 건의 도에 합류했다. 그때부터 지금까지 건의 도를 계속 이어오다 보니 6단계의 과잉과 불균형이 지나치게 커진 상태다. 진작 곤의 도로 전환이 이루어졌어야 하는데 늦어진 것이다. 산이 높으면 골이 깊은 법. 그에 따라 현재 진행 중인 곤의 도는 그 골이 깊을 수 있다고 생각한다.

앞서 우리 지상 세계가 삼양이음으로 양 기운 쪽으로 치우쳐 있어서 건의 도가 과잉으로 치닫기 쉬운 상태라고 했다. 여기에 더해 현대 사회가 자본주의 체제를 사회제도의 근간으로 채택했기 때문에 더욱 건의 도에 치우친 사회가 된 것으로 보인다. 자본주의 체제는 자본의 팽창을 중심으로 각종 제도가 짜인 사회다. 이윤 동기가 권장된다. 그러다 보니 고도성장을 이루긴 했지만, 사회의 모든 방면이 자꾸 성장 쪽으로 경도되고 있다. 어느새 성장이 중간 목표가 아니라 궁극의 목적이 되어버린 것이 아닌가 한다. 사회도, 조직도, 개인도 무의식중에 그렇게 되어가고 있는 듯하다.

그에 따라 나타나는 현상이 '목표'와 '목적'이라는 단어의 개념 자체를 혼동하는 현상이다. 어느덧 사람들은 두 단어의 의미를 구별하지 못하게 되어버렸다. 이는 우려스럽지 않을 수 없다. 언어는 존재가 거주하는 집인데 단어의 의미 자체를 구분해서 인식하지 못하면, 우리는 '목표'와 '목적'을 구분해서 인식할 방법이 없게 된다. 결국 우리 시대는, 시대 자체가 목표와 목적을 구분하지 못하는 시대가 되고 있다.

그에 따라 본말전도가 벌어지는데, 우리는 이러한 본말전도가 인간 사회에서 대대적으로 벌어지는 현상을 지난 세월 동안 목격해온 것이 아닌가 한다. 이처럼 산이 높았기에 앞으로 골이 깊을 수 있다고 보며, 그에 따라 우리 사회가 큰 변화를 맞을 수도 있다고 생각한다.

그런데 '변화'라는 것은 원래 누구에게나 싫은 것이다. 모든 생명체는 항상성을 유지하려 한다. 그러므로 생명체에게 변화가 강요되는 것은 싫은 일이다. 그렇다면 도대체 왜 변화라는 것이 필요하단 말인가? 주역 스스로가 이 질문에 답해주고 있다.

生生之謂易
생 생 지 위 역

생명을 더욱 생기 있게 하는 것을 일러 역易(변화)이라 한다.

〈계사상전〉 5장

주역은 "생명을 생기 있게 하는 것이 변화"이기 때문이라고 답한다. 과연 그럴까? 변화가 없으면 생기를 잃게 될까?

어쨌든 주역은 이와 같이 답하고 있다. 수천 년간 점을 치는 과정에서 정립한 하늘의 계시에 따르면 그렇다는 것이다. 음과 양이 맞물려 돌아가면서 끊임없이 변화를 일으키며, 이를 통해 균형을 잡아가면서 생명을 생기 있게 하는 것이 우리 우주의 결이라는 것이다. 하늘의 계시가 그렇다면 지켜볼 수밖에 없다.

하늘의 계시가 정확한 것이라면, 앞으로 수천 년이 지나도 변화는 끊임없이 전개될 것이다. 과거의 수천 년 동안 그래왔던 것처럼….

3·4

둔屯 : 몽蒙

때를 기다리며 힘을 기르는 길과

일단 부딪치며 나아가는 길

3

둔屯 때를 기다리며 힘을 기르다

屯 元亨 利貞 勿用 有攸往 利建侯
둔 원형 이정 물용 유유왕 이건후

둔屯의 길은 으뜸으로 형통하리라. 정貞해야 이로우리라. 작용하지 말아야 하는데 가야 할 바가 있다면, 제후를 세우는 것이 이로우리라.

初九 磐桓 利居貞 利建侯
초구 반환 이거정 이건후

처음에 양이 오니, 반석을 굳고 튼튼하게 세운 상이다. 정貞함에 머물러야 이롭고, 제후를 세우는 것이 이로우리라.

六二 屯如邅如 乘馬班如 匪寇婚媾 女子貞不字 十年乃字
육이 둔여전여 승마반여 비구혼구 여자정부자 십년내자

음이 두 번째에 오니, 둔屯치는구나. 머뭇거리는구나. 전차의 말들이 늘어섰구나. 쳐들어갈 것이 아니라 혼인동맹을 맺을 일이다. 여자 쪽 집안 남자들이 정貞해서 정혼하지 않으려 하나, 10년이면 정혼할 것이다.

六三 卽鹿无虞 惟入于林中 君子幾不如舍 往吝
육삼 즉록무우 유입우림중 군자기불여사 왕린

음이 세 번째에 오니, 사슴에 다가드는데 우인虞人이 없어서 숲속으로 들어가게 되는 상이다. 군자라면 버림만 같지 못하다는 기미를 눈치채야 한다. 그대로 나아가면 인색하리라.

六四 乘馬班如 求婚媾 往吉 无不利
육사 승마반여 구혼구 왕길 무불리

음이 네 번째에 오니, 전차의 말들이 늘어섰구나. 혼인동맹을 구하고자 나아가면 길하리라. 불리할 것이 없으리라.

九五 屯其膏 小貞 吉 大貞 凶
구 오 둔 기 고 소 정 길 대 정 흉
양이 다섯 번째에 오니, 둔屯쳐서 그곳을 기름지게 한 상이다. 작게 정貞하면 길하지
만 크게 정貞하면 흉하리라.

上六 乘馬班如 泣血漣如
상 륙 승 마 반 여 읍 혈 연 여
극상의 자리에까지 음이 오니, 전차의 말들이 늘어섰는데, 피눈물이 물결처럼 흐르리라.

주역의 세 번째 괘는 둔屯이다. 屯(둔)은 '一 + 屮(싹날 철)'의 구조
로 이루어져서, 새싹이 땅을 뚫고 돋아나는 모습을 형상화한 글자다.
여린 새싹이 땅을 뚫고 돋아나 제자리를 잡는 일은 쉽지 않기에 둔에
는 '어렵다'는 뜻이 있다. 한편 둔에는 군대가 방어진지를 구축하고
수비한다는 뜻이 있다. 이는 군대가 막바로 적군을 치러 출정하기에
는 아직 역량이 부족하므로 방어진지를 구축하고 그 안에서 훈련하
며 역량을 기르는 것이다. 그러므로 이는 새싹이 처한 상황과도 뜻이
통한다.

둔屯의 의미를 조금 보강하자면, 단순히 '진을 치다'라는 의미보다
는 '둔屯치다'가 더욱 적당하다. '둔屯친다'는 것은, 군졸들이 현지의
토지를 경작해 군량미를 마련하는 것까지를 포함하는 개념이다. 중국
에서는 일찍부터 둔전屯田을 시행했고, 우리나라에서도 고려시대에
적극적으로 시행했다. 둔괘의 둔 역시 '둔屯치다'의 의미로 쓰였다.

주역 상경의 첫머리에 자리 잡은 건과 곤은 32양괘와 32음괘를 대
표하는 상징적 존재로 자리한 것이니, 주역 상경의 실질적 여행은
둔屯괘에서부터 시작하는 것이다. 둔의 괘효사가 말하는 상황은, 적
국의 영토에 막 교두보를 마련한 경우라고 할 수 있다. 교두보란 적

국의 영토 한 모퉁이를 점거하고 그곳에 마련한 작은 진지를 뜻하는 데, 향후 적국의 영토에 본격적으로 쳐들어가기 위한 발판 구실을 하는 것이다. 지금 군자는 적국의 영토 한 귀퉁이를 점거하고 막 교두보를 마련한 상황이다. 이 때문에 '둔'이 막 돋아난 새싹에 해당하는 것이며, 새로운 일의 '시작'이 되는 것이다. 둔의 괘효사는 이런 상황에 처한 군자가 어떻게 행동해야 하는지 그 길을 제시하고 있다.

초九 磐桓 利居貞 利建侯
초 구 반 환 이 거 정 이 건 후
처음에 양이 오니, 반석을 굳고 튼튼하게 세운 상이다. 정貞함에 머물러야 이롭고, 제후를 세우는 것이 이로우리라.

반석은 건축의 기초로 쓰이는 돌이다. "반석을 굳고 튼튼하게 세웠다"는 것은, 군자가 지금 막 적국의 영토 한 귀퉁이를 점령해 방어진지를 튼튼하게 구축한 상황을 말한다. 장차 불의不義한 적국의 심장부로 쳐들어가서 완전히 정벌하겠다는 원대한 구상하에 그 기초가 되는 발판을 마련한 것이므로 반석에 비유했다.

이처럼 튼튼한 방어진지를 구축했다면 향후 둔전 경작을 통해 군량미(전비)를 마련할 수 있으니, 지금 할 일은 전비가 확충될 때까지 기다리는 것이다. 따라서 경거망동할 것이 아니라 정貞함에 머물러야 이롭다고 조언한다.

이어서 역경은 "제후를 세우는 것이 이롭다"고 독특한 조언을 하고 있다. 제후는 공작에서 남작에 이르는 귀족 신분(공·후·백·자·남)을 가리킨다. 제후를 세운다는 말은, 고대의 왕이 부하에게 귀족 신분을 부여하고 영지를 떼어주면서 자치권을 허용하는 것을 뜻한다. 이렇게 왕이 부하에게 영지를 떼어주고 나면 그 영토와 주민에 대해서는 이제 더 이상 직접 지배할 수 없다. 대신 차후 전쟁이 벌어졌을 때 제후는 군사를 동원해 왕을 돕는 의무를 진다.

어째서 이 시점에 제후를 세우라는 독특한 조언이 등장하는 것일까?

이에 대해 〈상전〉은 다음과 같이 풀이한다. "비록 반석을 굳고 튼튼하게 세우고 있지만, 뜻은 정의를 행하려는 것이다. 존귀한 지위를 아래에 내려줌은 백성을 크게 얻으려는 것이다[雖磐桓 志行正也 以貴下賤 大得民也]."

여기서 존귀한 지위는 귀족 신분인 제후를 가리키고, 아래에 내려준다는 것은 부하에게 내려준다는 말이다. 이처럼 군자가 제후를 세우는 이유는 백성을 크게 얻으려는 데 있다고 말한다. 또한 지금 당장은 방어진지를 튼튼하게 세우는 데 집중하고 있지만, 군자의 뜻은 방어진지에 안전하게 머무르려는 데 있지 않고 보다 큰 뜻, 즉 불의한 적국을 정벌함으로써 정의를 행하려는 데 있다고 한다. 이와 같은 큰 뜻을 이루려면 무엇보다 국력의 근본 원천인 백성을 크게 얻어야 한다. 그러므로 제후를 세우는 것이다.

군자가 모든 영토와 주민을 직접 지배하면서 백성을 늘려가는 것은 일정한 한계가 있다. 그보다는 부하에게 자치권을 인정하고 제후로 세우면, 그는 자신의 이익을 위해 열심히 영지와 백성을 불려나갈 것이다. 그리고 추후 건곤일척의 일대 전쟁이 벌어졌을 때 제후는 불어난 영지의 백성들을 군사로 동원해 군자를 돕게 된다. 이를 통해 군자의 전력을 극대화할 수 있다.

따라서 둔의 길 1단계에서 주역은, 튼튼한 방어진지를 구축했다면 정貞함에 머무르며 자신의 역량을 강화하는 데 집중하고, 방어진지 바깥에 연고가 있는 영토에 대해서는 제후를 세워 간접 지배 관계를 수립하라 충고하는 것이다.

하지만 인간의 본능은 자기 소유에 대한 욕심과 미련이 있기 때문에, 자신의 권력 내지 권한을 부하에게 떼어준다는 것이 쉽지 않다. 또는 그와 같은 큰 그림에 대해 생각이 미치지 못할 수도 있다. 2단계 이후로는 전개의 흐름이 빨라지기 때문에, 제후를 세우는 조치는 둔의 길을 시작하는 1단계에서 미리 취해두어야 한다.

六二 屯如遭如 乘馬[14] 班如 匪寇婚媾 女子[15]貞不字[16]
육 이 둔 여 전 여 승 마   반 여 비 구 혼 구 여 자   정 부 자
十年乃字
십 년 내 자
음이 두 번째에 오니, 둔屯치는구나, 머뭇거리는구나. 전차의 말들이 늘어섰구나. 쳐들어갈 것이 아니라 혼인동맹을 맺을 일이다. 여자 쪽 집안 남자들이 정貞해서 정혼하지 않으려 하나, 10년이면 정혼할 것이다.

"둔屯친다"는 것은, 서두에 설명한 바와 같이 군졸들이 방어진지를 구축한 후 그 안에서 군사훈련을 행하는 한편 둔전 경작을 통해 군량미를 마련한다는 뜻이다. 앞서 1단계에서 시작한 활동을 2단계까지 충실하게 이어온 것이다.

'전차'는 고대의 전쟁에서 가장 중요한 전투 수단이었다. 그러므로 전차를 끄는 말은 말 중에서도 가장 우수한 말이며, "전차의 말들이 늘어섰다"는 것은 군자가 이끄는 군대의 전력이 충실히 강화되었음을 상징한다. 1단계에서부터 이어온 둔전 활동이 상당한 결실을 맺

은 것이다.

둔屯을 치는 목적은 결국 자신의 힘을 더 길러서 불의한 적국을 치기 위한 것이다. 아직 자신의 역량이 부족하기 때문에 힘이 길러질 때까지 둔을 치는 것이지, 둔屯치는 것 자체가 목적은 아니다. 이제 둔의 길이 2단계에 이르러 일정한 성과를 달성하면, 그런 성과에 고무된 군자는 출정해서 승부를 겨뤄볼까 하는 생각을 품게 된다. 하지만 과연 준비가 충분히 갖춰진 것인지, 아니면 아직은 섣부른지 정확한 판단을 내릴 수 없어 머뭇거리는 것이다. 이어지는 주역의 충고는 이런 상태에 놓인 군자를 위한 것이다.

"쳐들어갈 것이 아니라"라는 말은, 아직은 군자의 전력이 충분하지 못하기에 적국의 영토에 본격적으로 쳐들어갈 때가 아니라는 뜻이다. 대신 "혼인동맹을 맺으라"고 조언한다. 고대의 혼인은 단지 남녀 간의 애정 어린 결합이 아니라 다른 세력과 연합·동맹을 맺는 수단이었다. 이와 같은 혼인동맹은 주역에 자주 등장하는 상징적 표현이다. 아직 독자 역량이 부족한 군자가 혼인을 통해 자신의 힘을 보강할 동맹 세력을 찾는 것이다.

"여자 쪽 집안 남자들이 정貞하다"는 것은, 군자가 혼인하고 싶은 여자 쪽 집안 남자들이 자기 생각을 굽히지 않는다는 말이며, 그에 따라 군자와의 정혼을 반대한다는 뜻이다. 군자가 혼인동맹을 맺고 싶은 상대 세력이 반대 의사를 굽히지 않음으로써 동맹이 성사되지 못하는 상황을 의미한다.

상대 세력이 반대 의사를 굽히지 않는 이유는 무엇일까? 현재 군자는 둔屯의 도 2단계에 놓여 있다. 둔屯을 치기 시작하고서 얼마 되지 않았으므로 아직 힘이 많이 길러진 상태가 아니다. 그러므로 상대측에서 보기에 군자는 자신들의 동맹 세력으로 미흡해 보이는 것이다. 그러므로 역경은 이어서 "10년이면 정혼할 것"이라 조언하고 있다. 역경에서 10년은 '오랜 시간'을 상징한다. 군자가 혼인의 성사를 위해 오래 공을 들이면 결국 성사될 것이라는 말이다. 이후 4단계에서 이 혼인이 성사되는 모습을 보게 될 것이다.

六三 卽鹿无虞 惟入于林中 君子幾不如舍 往 吝
육 삼 즉 록 무 우 유 입 우 림 중 군 자 기 불 여 사 왕 린

음이 세 번째에 오니, 사슴에 다가드는데 우인虞人이 없어서 숲속으로 들어가게 되는 상이다. 군자라면 버림만 같지 못하다는 기미를 눈치채야 한다. 그대로 나아가면 인색하리라.

"사슴에 다가든다"는 것은, 탐스러운 사냥감인 사슴을 잡으려 드는 것이다.

'우인虞人'은 왕이 사냥 나갈 때 사냥을 돕는 관직의 이름이다. 그러므로 "우인虞人이 없다"는 말은, 사슴을 잡고자 하는데 이를 도와줄 전문적인 보조자가 없다는 뜻이다. 앞서 〈그림 2〉(32쪽)에서 사냥터는 전田의 영역이다. 전문적인 보조자가 있었다면 사슴을 '전' 안에서 잡을 수 있었을 것이다. 하지만 보조자가 없기 때문에 그 안에서 잡지 못하고, 사슴을 쫓아 숲속[林中]까지 들어가게 되는 것이다. 숲[林]은 〈그림 2〉에서 보듯 들판[野]에서도 벗어난 곳에 존재하는 위험지대다. 홀로 들어갔다간 길을 잃고 헤매다 맹수에게 물려 죽기 십상인 곳이다. 그러므로 주역은 "군자라면 버림만 같지 못하다는 기미를 눈치 채야 한다"고 조언한다.

이런 상황이 벌어지는 근본적 이유는, 앞서 2단계의 혼인동맹이 불발에 그쳤기 때문이다. 사슴은 탐나는 사냥감이며, 이는 군자에게 이를테면 영토의 추가 획득 같은 좋은 기회를 상징한다. 이런 기회가 군자에게 나타나는 이유는 둔의 도가 3단계에 이르러 군자의 역량이 강화되었기 때문이다. 하지만 여전히 둔의 도 절반을 성취했을 뿐이므로, 도움을 제공할 동맹 세력 없이 그 목표를 안전하게 달성할 수 있을 정도에 이르지는 못했다. 만약 군자가 단독으로 사슴을 계속 쫓아 숲속까지 들어가는 모험을 감행한다면 사슴을 잡을 가능성이 없는 것은 아니다. 하지만 이는 군자의 신변 안전을 걸어야 하는 도박이며, 공동체를 이끌고 있는 리더가 택할 수 있는 선택지가 아니다. 그에 따라 주역은 현명함을 갖춘 군자라면 포기하는 것이 더 낫다는 사실을 깨달아야 한다고 충고하는 것이다.

둔의 길 3단계의 상황은 변화의 와중에 '위기'가 어떻게 해서 생겨나는지 그 결을 잘 보여준다. 위기가 찾아오는 이유는, 역설적으로 군자의 역량이 강화되었기 때문이다. 따라서 과거에는 꿈도 꿀 수 없었던 '좋은 기회'를 이제는 꿈꿀 수 있게 된 것이다. 하지만 아직 군자의 역량은 그 '좋은 기회'를 안전하게 내 것으로 만들 수 있을 만큼 준비가 갖추어진 상황은 아니다. 이런 상황에서 '위기'가 찾아오는 것이다. 이때 군자가 '좋은 기회'를 놓칠 수 없다며 무리를 감행하면 위기 상황에 봉착하는 것이다. 결국 꿈도 꾸지 못할 만큼 역량이 미약하다면 위기도 없다. 꿈을 꾸기에 위기도 찾아온다는 것은 위기의 긍정적 측면이라고도 할 수 있겠다. 하지만 군자는 홀몸이 아니기에 섣부른 모험을 할 수는 없는 것이다. 그러므로 주역은 "군자라면 버림만 같지 못하다는 기미를 눈치 채야 한다"고 조언하는 것이다.

六四 乘馬班如 求婚購 往 吉 无不利
육사 승마반여 구혼구 왕 길 무불리

음이 네 번째에 오니, 전차의 말들이 늘어섰구나. 혼인동맹을
구하고자 나아가면 길하리라. 불리할 것이 없으리라.

4단계에서 다시 한번 "전차의 말들이 늘어섰다"는 표현이 등장한
다. 이는 4단계까지 지속된 둔전 활동을 통해 군자의 전력이 한층 강
화된 상태를 상징한다.

역경은 이어서 "혼인동맹을 구하고자 나아가면 길할 것"이라 조
언한다. 이 구절의 의미를 이해하려면, 이 구절 원문 '혼구婚購'에 쓰
인 購(구)가 2효사 '혼구婚媾'의 媾(구)와 글자가 다르다는 점을 주목
해야 한다. 購(구)는 '돈을 주고 산다'는 뜻이니 4효사의 '혼구婚購'는
혼인동맹이되 '지참금을 넉넉히 지급해서 성사하는 혼인동맹' 정도
의 뉘앙스가 있다.

이는 동맹 세력의 필요성을 절실하게 느낀 군자 측에서 상대측에
게 동맹 협상의 조건을 양보하는 상황을 표현한 것이다. 앞서 3단계
에서 군자는 동맹 세력의 부재로 인해 탐나는 사냥감을 눈앞에서 포
기해야 하는 뼈아픈 상황을 겪었다. 이런 상황이 군자로 하여금 동맹
세력 확보에 보다 적극적으로 나서게 하는 것이다. 이에 대해 주역은
그리 행하면 길할 것이라고 한다. 그처럼 조건을 대폭 양보하면 혼인
동맹이 성사될 것이며, 그 결과는 길할 것이라는 말이다.

앞서 둔의 도 2단계에서는 여자 쪽 집안 남자들이 군자와의 정혼
을 반대해서 동맹이 성사되지 못한 일이 있었다. 당시에는 아직 군자
의 역량이 부족했던 것이 사실이다. 하지만 이곳 4단계까지 이르는
동안 군자는 자신의 역량을 끊임없이 강화해왔다. 둔전 경작을 지속

112 ————————   상경

했기에 경제적인 면에서도 내실이 많이 다져졌다. 그로 인해 '혼구婚購'를 감당할 수 있게 된 것이다. 또한 일찍이 2단계에서부터 혼인동맹을 물색하는 노력을 시작했고, 그 후 오랫동안 공을 들인 결과 드디어 성사에 이르는 것이다.

九五 屯其膏 小貞 吉 大貞 凶
구 오 둔 기 고 소 정 길 대 정 흉
양이 다섯 번째에 오니, 둔屯쳐서 그곳을 기름지게 한 상이다. 작게 정貞하면 길하지만 크게 정貞하면 흉하리라.

"둔屯쳐서 그곳을 기름지게 한 상"이라는 말은, 둔전 경작으로 경제적 형편이 넉넉해졌음을 상징하는 표현이다. 군량미(전비)가 넉넉히 비축된 것이다. 그동안 군사훈련도 열심히 해왔기에 군자의 군대는 사기가 충천해 있다. 앞서 1단계에서 제후를 세웠고, 4단계에서는 혼인동맹까지 성사했으니, 군자가 출정하면 제후와 동맹 세력도 출병해서 도울 것이다. 따라서 주역은 "작게 정貞하면 길하고 크게 정貞하면 흉할 것"이라 말하는 것이다.

'정貞하다'는 것은, 처음에 품었던 뜻을 계속 간직한다는 말이다. 지금은 둔屯을 치고 있는 상황이므로, 여기서 '정貞하다'는 것은 계속해서 둔屯치는 상황을 이어간다는 말이다. 이제 군자는 드디어 기회만 오면 출정할 수 있는 만반의 준비를 갖췄다. 말에 올라 군대를 이끌고 적국의 심장부로 쳐들어가 그들을 정벌할 수 있는 준비가 갖춰진 것이다. 그동안 방어진지를 구축하고 둔전을 경작하면서 고생을 감수해온 것은, 바로 이날이 오기를 기다린 것이다. 그러므로 "작게 정貞하는 것", 즉 조금 조심하는 것은 좋지만 "크게 정貞하는 것", 즉 너무 지나치게 조심해서 계속 몸을 사리는 것은 오히려 흉하다는 말이다.

왜냐하면 만반의 준비가 갖춰져서 이제 행동에 옮겨야 할 때가 되었는데도 행동에 옮기지 않으면, 그 '만반의 준비'는 오히려 '피로'로 급속히 바뀌기 때문이다. 예를 들어 긴장감을 품고 강도 높은 군사훈련을 행하면 강한 군대가 되지만, 긴장감과 강도 높은 훈련이 너무 길게 계속되면 피로도만 높이게 된다. 그러므로 자신의 역량을 키우는 작업이 마무리되고 만반의 준비가 갖춰졌다면, 결단을 내려서 출병을 감행해야 하는 것이다.

上六 乘馬班如 泣血漣如
상 륙 승 마 반 여 읍 혈 연 여
극상의 자리에까지 음이 오니, 전차의 말들이 늘어섰는데, 피눈물이 물결처럼 흐르리라.

둔의 도가 과잉에 이르는 6단계에서는 전차의 말들이 늠름하게 늘어섰는데, 군자의 눈에서 피눈물이 물결처럼 흐르게 될 것이라 말하고 있다. 어째서 상황이 갑자기 이렇게 바뀌는 것일까?

앞서 5단계에서 "크게 정貞하면 흉하리라"고 경고했는데 상황이 그만 그렇게 흘러가고 만 것이다. 드디어 적국에게 원수를 갚을 수 있는 '때'가 무르익었기에, 과감히 방어진지를 박차고 나가 자기 군대와 제후의 군대, 동맹 세력을 모두 이끌고 적국의 심장부로 쳐들어가서 단칼에 베어버려야 하는데 그러지 못한 것이다. 그 이유는 군자가 너무 지나치게 조심하느라 몸을 사렸기 때문이다. 그 결과 우려했던 대로 '만반의 준비'가 '피로'로 바뀌고 말았다. 이후로는 여건이 악화되어간다. 결국 망설이다가 모든 여건이 무르익은 절정의 시기를 흘려보내고 나서, 군자는 뒤늦게 자신이 너무 조심하다 5단계의 호시기를 놓쳐버렸다는 사실을 깨닫는다. 다시 오지 않을 '때'를 놓쳐버렸음을 깨닫고 피눈물을 흘리는 것이다.

지난 시절을 돌이켜보면, 출정해서 불의한 원수를 갚을 수 있는 그날을 기다리며 모든 노력을 경주해왔다. 1단계에서는 반석 위에 진지를 구축해 부지런히 둔전을 경작했고, 제후를 세워 세력을 키웠으며, 2단계에서는 혼인동맹을 성사시키고자 '10년'으로 상징되는 긴 시간 동안 공을 들였다. 3단계에서는 사슴이라는 탐스러운 사냥감으로 상징되는 좋은 기회가 있었지만 동맹 세력의 부재라는 현실 때문에 눈앞에서 포기해야 하는 안타까운 일도 있었다. 이후 2단계에서부터 시작된 10년의 노력이 결실을 맺어 4단계에서는 드디어 혼인동맹이 성사되었다. 5단계에까지 이르자 군량미(전비)가 넉넉히 비축되었고, 군대의 훈련도 최고조에 이르렀던 것이다.

그러나 군자는 결정적 순간에 용기를 내지 못했다. 모든 여건이 무르익었기에 과감히 말에 올라 쳐들어가기만 하면 이겼을 텐데 결행을 하지 못한 것이다. '때'는 사람을 기다려주지 않는다. 모든 여건이 완벽했던 5단계의 기회는 다시 오지 않는다. 군자는 이 사실을 깨닫고서 피눈물을 흘리는 것이다.

상황이 이렇게 되고 만 것은 기본적으로 군자의 용기가 부족해서 필요한 순간에 결단을 내리지 못했기 때문이다. 또한 군자가 타성에 젖은 측면도 있다. 주둔 기간이 길어지자 군자는 주둔에 익숙해졌다.

더 나아가 주둔이 편안해졌다. 원수를 갚는다는 대의명분을 내걸자 군자의 추종 세력들은 일사불란하게 군자의 지시를 잘 따른다. 둔전 경작이 성과를 내자 경제적으로도 먹고살 만하다. 상황이 안정되니 군자는 이런 상태로 계속 지내는 것도 나쁘지 않겠다는 생각이 든다. 굳이 무리한 출정을 감행해 불확실성을 초래하는 것보다 그냥 주둔지에서 일신의 안락함을 계속 누리고 싶은 생각이 드는 것이다. 이런 생각이 은연중에 작용해 필요한 순간의 결단을 막을 수 있다.

하지만 이런 상황이 계속 유지되리라 기대한다면 오산이다. 군자와 원수를 진 적국이 가만히 있을까? 적국 역시도 호시탐탐 군자를 칠 기회를 노리고 있다. 군자의 나라가 긴장감을 품고 역량을 키워가는 동안에는 빈틈을 찾을 수 없어서 때를 기다리고 있었을 뿐이다. 그러다가 6단계에 이르러 군자의 나라에 피로 현상이 나타나서 사기가 급속히 떨어지는 것을 보게 되면 기회를 놓칠세라 쳐들어올 것이다.

역사의 경험을 보면, 군자가 세운 제후들 역시 가만있지 않는다. 제후의 영지는 군자의 본진보다 전방에 위치해 있어서 적국의 동태에 더 민감할 수밖에 없다. 제후들은 그동안 군자를 믿고 따랐으며 충성 관계를 유지했다. 하지만 군자가 필요한 순간에 결단을 내리지 못하고, 이로 인해 본진의 사기가 급속히 저하되는 모습을 보면 회의에 빠진다. 적국의 동태도 예사롭지 않다. 이렇게 되면 제후들은 군자를 배신하고 적국 편으로 넘어가기도 하고, 심지어는 반란을 일으켜 본진의 군자를 몰아내기도 한다. 이러한 상황 전개는 역사적으로 자주 목격되는 패턴이다.

21세기인 오늘날에도 상황은 동일하다. 결단을 내려야 할 때 그러지 못하는 리더는 그 자리를 유지하기 어렵다.

사업에서도, 인생살이에서도 결단을 내려야 할 때가 있다. 결단을 내려서 치고 나가야 할 때 그러지 못하면, 현상 유지도 어려운 법이다. 우리 우주의 결은 '그냥 현상 유지나 하지 뭐…'와 같은 태도를 용납지 않는 듯하다.

屯 元亨 利貞 勿用 有攸往 利建侯
둔 원형 이정 물용 유유왕 이건후

둔屯의 길은 으뜸으로 형통하리라. 정貞해야 이로우리라. 작용하지 말아야 하는데 가야 할 바가 있다면, 제후를 세우는 것이 이로우리라.

둔屯의 길에서 '정貞하다'는 것은 둔屯치는 상황을 계속 이어간다는 말이다. 그러므로 정貞해야 이롭다는 것은, 5단계에서 만반의 준비가 갖춰지기 전까지는 계속 정貞해야 한다는 뜻이다.

"작용하지 말아야 한다"는 말은, 아직 치고 나갈 수 있는 역량이 안 되기 때문에 방어진지를 구축하고 은인자중하며 자신의 역량을 배양해야 하는 시점이라는 뜻이다. 그럼에도 "가야 할 바가 있다"는 것은, 군자가 구축한 방어진지 바깥에 군자가 관여해야 할 영역이 있는 경우를 가리킨다. 이때 "제후를 세우는 것이 이롭다"는 말은, 앞서 1단계에서 설명한 상황을 가리키는 것이다. 현재 군자는 원대한 계획에 집중해야 하는 상황이다. 그러므로 다른 영역에 대해서는 제후를 세움으로써 간접 지배 관계를 구축하라는 조언이다.

'만기친람萬機親覽'이라는 말이 있다. '왕이 크고 작은 온갖 정사를 일일이 몸소 처리한다'는 뜻으로, 그렇게 하면 안 된다는 경계의 뜻으로 하는 말이다. 원대한 구상을 품었다면 눈앞의 작은 일에 집착하거나 작은 이익에 사로잡히면 안 된다. 그래서는 왕이 될 수 없다. 권한의 위임과 이익의 공유는 왕이 되기 위한 필수 조건이라고 할 수 있다.

역경의 괘사는 몇 가지 패턴이 있는데, 그동안 여섯 효사에 등장했던 조언 중 특별히 강조하고자 하는 내용이 있을 경우 이를 반복함으로써 그 중요성을 부각하는 것이 한 가지 패턴이다. 둔의 괘사가 이런 경우에 해당한다. 둔의 도에서는 그 길을 시작하는 1단계에서 미리 제후를 세우는 것이 매우 중요하다는 뜻이다.

둔의 길에서 2단계 이후로는 혼인동맹의 중요성이 부각된다. 그러다 보니 1단계에서 조치가 끝나는 제후에는 눈이 덜 가게 된다. 그러므로 괘사에서 그 중요성을 재부각하는 것이다.

4

몽蒙 일단 부딪치며 나아가다

䷃

蒙 亨 匪我求童蒙 童蒙求我 初筮告 再三瀆 瀆則不告 利貞
몽 형 비 아 구 동 몽 동 몽 구 아 초 서 고 재 삼 독 독 즉 불 고 이 정
몽蒙이 형통하려면, 내가 동몽童蒙을 구할 것이 아니라 동몽童蒙이 나를 구하도록 해
야 하리라. 처음 점친 것은 알려주지만 두 번 세 번은 모독이다. 모독인즉 알려주지
말라. 정貞해야 이로우리라.

初六 發蒙 利用刑人 用說桎梏以往 吝
초 륙 발 몽 이 용 형 인 용 탈 질 곡 이 왕 린
처음에 음이 오니, 밝히려 드는 몽蒙의 상이로다. 사람에게 형刑을 씀이 이로우리라.
차꼬와 수갑을 벗겨줌으로써 나아가는 것은 인색하리라.

九二 包蒙 吉 納婦 吉 子克家
구 이 포 몽 길 납 부 길 자 극 가
양이 두 번째에 오니, 받아들이는 몽蒙의 상이로다. 길하리라. 부인[婦]을 들이면 길하
니 남자들이 가家를 이루리라.

六三 勿用取女 見金 夫不有躬 无攸利
육 삼 물 용 취 녀 견 금 부 불 유 궁 무 유 리
음이 세 번째에 오니, 취한 여자를 쓰지 말라. 금金만을 바라보니 지아비가 몸 둘 곳
이 없어져서 이로울 바가 없으리라.

六四 困蒙 吝
육 사 곤 몽 린
음이 네 번째에 오니, 머무르며 애써 노력하는 몽蒙의 상이로다. 인색하리라.

六五 童蒙 吉
육 오 동 몽 길
음이 다섯 번째에 오니, 어린아이의 몽蒙과 같아진 상이로다. 길하리라.

上九 擊蒙 不利爲寇 利禦寇
상 구 격 몽 불 리 위 구 이 어 구

극상의 자리에 양이 오니, 몽蒙을 깨우친 상이로다. 쳐들어가는 것은 불리하고 침략을 방어함이 이로우리라.

주역의 네 번째 괘는 몽蒙이다. 글자 그대로 풀면 '어리석음'인데, 괘명으로 쓰인 몽은 특히 '세상 경험이 없는 젊은이의 어리석음'을 지칭한다.

이런 젊은이의 어리석음은 부정적이기만 한 것이 아니다. 그는 세상 경험이 없기에 과거에 얽매이지 않는다. 그는 과거를 뒤로하고 앞으로 나아가 자유롭게 삶을 개척할 수 있다. 세상 경험이 없기에 미지의 것을 두려워하지 않으며, 자신의 미래에 대해서도 특별히 염려하지 않는다. 그는 경험이 부족해서 어리석지만, 대신 새로운 경험에 개방적이므로 경험을 통해 잘 배울 수 있는 장점이 있다. 이처럼 젊은이의 어리석음에는 장점이 있는 것이다.

앞의 둔과 몽은 서로 대대를 이루는데, 양자는 어떤 일을 새롭게 시작할 때 적용 가능한 두 가지 상반된 방식이다. 둔은 군자가 자신의 역량이 아직 부족하다는 사실을 인식하고서, 방어진지를 구축해 자신을 지키며 역량을 강화해가는 길이었다. 자신의 힘을 키우면서 때가 오기를 기다리는 것이다. 이에 비해 몽은, 부족하면 부족한 대로 일단 부딪치며 나아가는 경우를 가리킨다.

방식은 상반되지만 둘 다 일리가 있다. 둔의 길을 시작하는 1단계는 양효인데, 이는 출발 시점부터 자기주장이 이미 서 있음을 표상한다. 불의한 적국을 치겠다는 것이 그것이다. 이처럼 분명한 목표가 있다면 그 목표에 비추어 자신의 준비 상태가 어떠한지를 파악할 수 있기에 둔의 길을 따라야 한다.

반면 몽의 길을 시작하는 1단계는 음효인데, 이는 아직 자기주장, 자기 판단이 서 있지 않음을 표상한다. 자기가 무엇을 해야 할지 아직 모르는 것이다. 그러므로 몽의 길을 나서는 군자는 앞으로 펼쳐질 하늘의 뜻을 그대로 받아들이려 한다. 1단계의 음효는 이를 표상하는 것이다. 이제 막 인생의 여행길을 나서는 젊은이라면 오히려 이 경우에 가까울 것이다. 부족하면 부족한 대로 일단 부딪치며 나아가는 몽의 길이 타당한 것이다.

〈상전〉은 몽의 길을 이렇게 풀이한다. "몽의 길은 군자가 그로써 과감하게 행하고 덕을 기르는 것이다[蒙 君子以果行育德]."

실제로 몽의 길은 좌충우돌을 거친 끝에 6단계에 이르러 자기 판단과 주장이 생긴다. 6단계가 양효인 것이 이를 표상한다. 결국 몽의 길의 취지는 젊은이가 미숙하면 미숙한 대로 좌충우돌과 과감한 경험을 통해 세상을 배움으로써 자기 주관을 형성해가는 과정 같은 것이다.

이제부터 몽의 괘효사를 살펴볼 텐데, 주역은 경험이 부족한 젊은 왕을 주인공으로 삼아 몽의 길을 풀어가고 있다.

初六 發蒙 利用刑人 用說桎梏以往 吝
초 륙 발 몽 이 용 형 인 용 탈 질 곡 이 왕 린

처음에 음이 오니, 밝히려 드는 몽蒙의 상이로다. 사람에게 형刑을 씀이 이로우리라. 차꼬와 수갑을 벗겨줌으로써 나아가는 것은 인색하리라.

몽의 길 1효에는 둔의 길과 달리 음이 오고 있다. 이는 몽의 길을 나서는 젊은 왕에게 아직 자신의 주관과 주장이 확실히 서 있지 않

음을 표상하는 것이다. 그러므로 젊은 왕은 아직 자신이 정확히 무슨 일을 해야 할지 모르는 상태에서 어떻게든 나라를 꾸려가고자 한다.

1효사에 쓰인 "몽蒙"은 경험이 부족해서 아직은 어리석은 젊은 왕을 가리키는 표현이다. "밝히려 드는 몽의 상"이라는 말은, 젊은 왕에게는 모든 게 새롭기에 이것저것 일을 들추어서 밝히려 든다는 말이다. 이 일 저 일에 대해 스스로의 힘으로 알아내려 한다는 뜻이다. 주역은 이런 젊은 왕에 대해 "사람에게 형刑을 씀이 이로울 것이며, 차꼬와 수갑을 벗겨줌으로써 나아가는 것은 인색할 것"이라 조언한다. 여기서 '형刑'은 법에서 규정한 대로 무엇인가를 하도록 사람을 강제하는 것을 이른다.

주역이 이처럼 조언하는 이유에 대해 〈상전〉은 다음과 같이 풀이한다. "사람에게 형刑을 씀이 이로운 것은, 그렇게 하는 것이 법을 바르게 하는 것이기 때문이다[利用刑人 以正法也]."

"사람에게 형刑을 쓰는 것"은, 법에서 규정한 대로 하는 것이므로 경험이 부족한 젊은 왕도 차질 없이 해낼 수 있는 일이다. 또한 이렇게 하는 일은 법을 바르게 하는 것이기 때문에 이롭다고 조언하는 것이다.

반면 죄인에게 이미 채워진 "차꼬와 수갑을 벗겨줌으로써 나아가는 것"은 왕의 재량에 따른 판단이 필요한 일이다. 그러므로 경험이 부족한 젊은 왕이 차질 없이 해내기는 버거운 일이다. 그렇게 하면 결과가 인색할 것이라 평가하는 이유는 이 때문이다.

九二 包蒙 吉 納婦 吉 子克家
구 이 포 몽 길 납 부 길 자 극 가

양이 두 번째에 오니, 받아들이는 몽蒙의 상이로다. 길하리라.
부인[婦]을 들이면 길하니 남자들이 가家를 이루리라.

2효에는 양이 오고 있다. 이는 젊은 왕에게 무언가 자기 주관과 주
장이 생겨났음을 표상하는 것이다. "받아들이는 몽蒙의 상"이라는 말
은, 몽의 길 2단계에서 젊은 왕이 자신을 도와줄 외부 인사를 영입하
려 한다는 말이다. 왕은 앞서 1단계에서 스스로의 힘으로 이 일 저 일
을 밝혀보고자 했으나, 그 과정에서 자신의 지식과 능력이 부족함을
깨닫고 외부 인사 영입에 나서는 것이다. 그러므로 길하다는 것이다.

'부婦'는 은대殷代에는 타국에서 은의 왕자들에게 시집온 부인들
을 가리키는 표현이었다. 이들은 제사에 참여했으며 때로는 수천의
군사를 거느리고 직접 전투에 나서기도 했다.[17] 그러므로 '부婦'는 혼
인으로 맺어진 군자의 동맹 세력을 상징하는 표현이다. 앞서 둔의 길
2효에서 군자의 동맹 세력을 '여자[女]'로 지칭한 것과 같은 취지다.
그러므로 "납부納婦"는 직역하자면 '부인을 들인다'는 말이지만, 그
의미는 동맹 세력을 들이라는 말이 된다. 특히 '부인[婦]'은 타국에서
은의 왕자들에게 시집온 부인들을 가리키는 표현이었던 만큼 '여자
[女]'에 비해 격이 높은 동맹 세력을 가리킨다.

"남자들이 가家를 이룬다"고 할 때 '남자들[子]'은 앞서 둔의 길 2효
의 경우처럼 부인 쪽의 남자들이다.[18] 이들이 혼인동맹을 통해 하나
의 家(가)를 이루게 된다는 말이다. 주역 시대의 家는 피붙이 가족만
이 아니라 다수의 가신家臣을 거느린 큰 조직이었고, 전쟁이 벌어지
면 병력도 家를 단위로 동원되었다. 그러므로 부인[婦]을 들이는 혼

인동맹을 맺으면 부인 쪽 남자들이 家에 포함되어 자신의 힘이 더욱 커지기 때문에 길하다고 평가하는 것이다.

> ## 六三 勿用取女 見金 夫不有躬 无攸利
> 육 삼 물 용 취 녀 견 금 부 불 유 궁 무 유 리
> 음이 세 번째에 오니, 취한 여자를 쓰지 말라. 금金만을 바라보니 지아비가 몸 둘 곳이 없어져서 이로울 바가 없으리라.

앞서 2효에서는 "부인[婦]을 들이면 길하다"고 평가했으나, 3효에 이르니 돌연 그 부인(취한 여자)을 더 이상 쓰지 말라고 경계하고 있다.

3효사에서 언급된 金(금)은 원래 '금속金屬'을 가리키는 말로, 청동기시대에 '구리[銅]'를 가리키는 말로 출발했다. 따라서 주역의 시대에 金은 구리를 가리키는 말이다. 당시에 구리는 매우 가치 있는 귀중품이었기 때문에 천자가 제후들에게 하사품으로 동銅을 내리곤 했다. 그러므로 3효사의 '금'은 '매우 가치 있는 귀중품'의 의미로 쓰인 것이다.

그에 따라 "금金만을 바라본다"는 말은, 기껏 영입한 외부 인사인 부인이 재물만을 바라본다는 말이다. 염불에는 관심 없고 잿밥에만 눈이 가 있는 것이다. 이어서 등장하는 '지아비[夫]'는 부인의 남편이니 젊은 왕이다. 앞서 왕은 자신의 능력 부족을 깨닫고 자신을 도와줄 외부 인사로 부인을 영입했다. 남을 기용해서 자신의 능력 부족을 메우려 한 것이다. 그 조치는 앞서 2효에서는 효과를 발휘하며 길하다는 평가를 받았는데, 일시적으로만 그랬던 것이다.

남을 기용해서 어떤 성과를 달성할 수 있으려면 먼저 내 실력을 갖

춰야 한다. 최종 판단을 남에게 의탁할 수는 없기 때문이다. 현재 젊은 왕은 스스로 판단할 수 있는 역량이 부족한 상태다. 그러므로 최종 판단을 부인에게 맡기게 되는데, 그 부인이 "금金만을 바라보고" 있으니 일이 계속 어그러져가는 것이다. 결국 갈수록 "지아비가 몸 둘 곳이 없어져서 이로울 바가 없다"는 것이다.

六四 困蒙 吝
육사 곤몽 린
음이 네 번째에 오니, 머무르며 애써 노력하는 몽蒙의 상이로다. 인색하리라.

"머무르며 애써 노력한다[困]"고 할 때 困(곤)은 향후 곤困(47)의 도를 통해 그 상세한 의미를 알 수 있는데, 여기서는 개념만 간략히 제시하기로 한다. 곤의 도는 왕의 첫 번째 할 일인데, 기존 규범에 머무르며 애써 노력해 문제를 하나하나 해결해나가는 것을 이른다.

그러므로 "머무르며 애써 노력하는 몽蒙의 상"이라는 말은, 젊은 왕이 그동안의 시행착오를 통해 현재까지 습득한 지식을 바탕으로 직접 모든 일을 처리해나간다는 뜻이다. 외부 인사를 영입해 일을 시켰던 시도가 3단계에서 실패로 돌아가니, 이제는 자신이 직접 나서서 모든 일을 처리할 수밖에 없는 것이다.

이에 대해 주역은 결과가 인색할 것이라고 평가한다. 흉할 것이라고 평가하지 않는 점을 주목해야 한다. 결과가 인색하다는 것은 기울인 노력에 비해서는 결과가 박하다는 것이지 흉한 것과는 거리가 있다. 사실 주역은 몽의 괘효사 전체를 통틀어 흉할 것이라는 평가를 한 번도 내리지 않는다. 이를 통해 주역이 '젊은이의 어리석음'을 부정적으로만 보지 않는다는 점을 알 수 있다.

〈상전〉은 인색한 결과가 빚어지는 이유에 대해 이렇게 풀이한다. "머무르며 애써 노력하는 몽蒙이 인색한 결과를 맞는 것은, 홀로 행하기에 실질과 멀어지기 때문이다[困蒙之吝 獨遠實也]."

젊은 왕으로서는 지금까지 습득한 자신의 지식을 기준으로 삼아 열심히 해나가고 있지만, 역시 아직까지는 경험이 부족한 것이다. 그러므로 홀로 노력하는 것은 일정한 한계가 있기에 실질과 멀어지고 마는 것이다.

六五 童蒙 吉
육 오 동 몽 길
음이 다섯 번째에 오니, 어린아이의 몽蒙과 같아진 상이로다.
길하리라.

"동몽童蒙"은 '어린아이의 어리석음'이다. 어린아이의 어리석음이 어른의 어리석음과 다른 점은, 순수하기 때문에 남이 조언하면 그대로 받아들인다는 점이다. 어른의 경우는 선입견이나 자기 고집이 있어서 순수하게 받아들이지 못한다. 또한 어린아이는 호기심이 많아서 배움에 대한 욕구가 있다. 스승에게 순수한 마음으로 배우고자 하는 것이다. 《동몽선습童蒙先習》의 '동몽'은 바로 여기서 따온 말이다. 조선시대에 저술된 《동몽선습》은 세계 최초의 어린이용 교과서로, 서당에서 《천자문》을 뗀 후 《동몽선습》을 학습했다.

앞서 3효에서 젊은 왕은 남을 부리더라도 최종 판단은 남에게 의

탁할 수 없다는 것을 깨달았다. 그래서 4효에서는 자신이 직접 나서서 일을 처리해보았으나 여전히 부족함을 깨달았다. 그 결과 5효에 이르러서는 "어린아이의 몽蒙과 같아져서" 스승에게 순수한 마음으로 배우고자 하는 자세가 확립된 것이다. 따라서 어린아이의 어리석음과 같아진 것이 길하다고 평가하는 것이다.

上九 擊蒙 不利爲寇 利禦寇
상 구 격 몽 불 리 위 구 이 어 구
극상의 자리에 양이 오니, 몽蒙을 깨우친 상이로다. 처들어가는 것은 불리하고 침략을 방어함이 이로우리라.

6효에는 이전까지와 달리 양이 온다. 이는 젊은 왕에게 드디어 자신의 주관과 주장이 들어섰음을 표상하는 것이다. 앞서 5단계에서 동몽童蒙의 순수한 마음으로 돌아갔고, 스승을 맞이해 배운 결과 이제는 스스로 판단할 수 있는 자기 주관을 확립한 것이다.

"격몽擊蒙"은 어리석음을 깨우친다는 말이다. 조선시대에 율곡 이이가 편찬한 책 《격몽요결》은 바로 여기서 따온 말이다. 초학자가 어리석음을 깨치는 데 긴요한 비결을 담은 책이라는 뜻이다. 서당에서 《동몽선습》을 뗀 후에는 《격몽요결》을 공부했다. 결국 5단계가 《동몽선습》을 읽을 만한 단계라면, 6단계는 《격몽요결》을 읽을 만한 수준으로 올라선 셈이 된다.

하지만 그렇더라도 남의 영토에 "처들어가는 것은 불리하다"고 한다. 처들어가는 것은 어떤 공세적인 일을 벌이는 것을 상징한다. 젊은 왕은 이제 비로소 격몽擊蒙의 단계에 막 이르렀을 뿐 아직 특별한 역량을 기른 바는 없기에, 그런 일을 벌이는 것은 불리하다고 평가하는 것이다. 대신 남의 침략을 방어해 내 것을 지키는 쪽에 집중함이 이롭다는 것이다. 격몽의 단계에서는 이 정도가 가능한 것이다.

蒙 亨 匪我求童蒙 童蒙求我 初筮告 再三瀆 瀆則不告
몽 형 비아구동몽 동몽구아 초서고 재삼독 독즉불고
利貞
이 정
몽蒙이 형통하려면, 내가 동몽童蒙을 구할 것이 아니라 동몽童蒙이 나를 구하도록 해야 하리라. 처음 점친 것은 알려주지만 두 번 세 번은 모독이다. 모독인즉 알려주지 말라. 정貞해야 이로우리라.

몽蒙의 괘사는 왕의 참모인 점인의 입장에서 몽매한 왕을 어떻게 상대해야 하는지에 대한 조언을 담고 있다. 그 내용은 다음 세 가지로 나눌 수 있다.

첫째, 괘사는 동몽童蒙에 대해 말하고 있다. 그러므로 점인이 상대해도 좋은 왕은 최소한 5효 동몽 이후의 단계여야 한다. 몽의 길에서 몽매한 왕은 '발몽發蒙, 곤몽困蒙, 동몽童蒙, 격몽擊蒙'의 순서로 발전해간다. 결국 몽의 괘사에서 동몽을 말하는 것은, 왕이 몽매하더라도 그나마 자신의 무지를 깨닫고 남의 조언에 귀 기울이려는 자세가 갖추어진 상태라야 비로소 상대할 수 있다는 말이다. 그 같은 자세가 갖추어지기 전인 발몽, 곤몽 상태의 왕이라면 일절 상대하지 말아야 한다는 뜻이다.

둘째, 왕이 동몽의 상태라 할지라도 그 왕을 상대할 때 내가 먼저 찾아가 돕겠노라 해서는 안 되고 왕이 나를 찾게 해야 한다고 조언한다. 왕에게 뭔가 아쉬운 것이 있어서 먼저 나를 찾을 때까지 기다리라는 말이다. 만약 내가 먼저 다가가면 내 쪽에 아쉬운 것이 있어서 찾아왔다고 여길 것이므로 왕이 나를 먼저 찾을 때까지 인내심을 갖고 기다려야 한다. 그때 조언해야 비로소 동몽의 왕이 나의 조언을 가치 있게 들을 것이다.

셋째, 처음 점친 것은 알려주지만 두 번, 세 번은 모독이니 알려주지 말라고 조언한다. 점인은 점치는 일로 왕을 보좌하는 참모였음을 떠올리면 이 대목이 의미하는 바를 이해할 수 있다. 리더가 조언자에게 자문을 구했고 이에 대해 조언자가 성의 있는 조언을 했다면, 리더는 이를 존중하는 성의를 보여야 한다. 그런 성의도 보이지 않으면서 두 번, 세 번 다시 자문을 구하는 것은 조언자에 대한 모독이니 그에 응하지 말라는 뜻이다.

점인들이 이 조언을 남긴 후 수천 년의 세월이 지났지만 오늘날에도 몽의 괘사 같은 상황은 자주 발생한다. 만약 이때 정중히 거절하지 않고 그대로 응하면 조언자는 '쉬운 사람'이 되고 만다. 그때부터 동몽의 리더는 그 조언자를 함부로 대하게 될 것이다. 유사한 상황을 지켜본 경험이 있다면 주역의 이 구절에 깊이 공감할 것이다.

"정貞해야 이로울 것"이라는 말은 몽매한 왕을 상대하는 점인이 자기 소신과 자존심을 끝까지 지켜야 결국 이로울 것이라는 말이다. 사람에게 자존심은 중요한 것이다. 내가 먼저 동몽의 왕에게 달려가면 안 되고, 동몽의 왕이 첫 조언에 대해 성의 있는 자세를 보이지도 않으면서 두 번 세 번 값싸게 묻는다면 이에 응하지도 말아야 하는 것이다.

"몽蒙이 형통하다"는 말은, 이런 조건을 지켜야 몽매한 왕도 형통하고, 그 왕을 상대하는 점인도 형통할 것이라는 말이다.

이상에서 살펴본 몽의 괘사는 점인들이 다음 세대의 점인들을 위해 남긴 충고라고 할 수 있다. 그리고 주역에 그런 구절이 존재한다는 것은 주역 텍스트의 형성 과정에 왕보다는 보좌 역인 점인들이 보다 주도적 역할을 했음을 보여주는 증거라고 할 수 있다.

조선시대 왕과 신하의 관계를 살펴보면, 왕이 주도적으로 신하들을 이끌었던 경우는 그리 많지 않다. 조선의 국왕은 능력으로 선발하는 것이 아니라 혈연으로 세습되는 것이므로 무능한 왕이 등극할 가능성을 배제할 수 없다. 유능한 왕이 등극한 경우에도 숱한 국정 현안을 국왕 일인이 모두 주도하기는 어렵다. 결국 국정의 상당 부분을 신하들이 주도하고 국왕은 이를 재가하는 형태가 된다.

은나라에서도 사정은 비슷했을 것이다. 왕이 점인들의 수장이므로 공식적인 점괘 풀이는 왕의 이름으로 남겼다. 하지만 그 과정에서 왕은 점인들의 보좌를 받았는데, 세월이 흐름에 따라 결국 실질적 주도권은 점인들에게 넘어갔을 것이라고 생각한다. 점인들은 그 와중에 몽매한 왕이 출현하는 경우 어떻게 대처하면 좋을지를 위와 같은 괘사로 남긴 것이다.

현전하는 갑골문 기록을 보면 은나라에서 왕과 점인 집단은 일종의 공동운명체였음을 알 수 있다. 왕이 교체될 때 점인들도 함께 교체되었기 때문이다. 조선에서는 반정反正이라 하여 국왕을 폐위시킨 신하들이 지위를 유지했던 사례가 있지만, 은나라에서는 그 같은 일이 불가능했다. 그러므로 은나라에서는 몽매한 왕이 출현해도 왕의 통치가 강력하고 오래갈수록 점인 집단에게도 이익이어서 점인들은

최선을 다해 왕을 보좌했을 것이다. 왕과 갈등을 빚을지언정 권력에
대해서는 공동운명체였던 것이다. 이처럼 권력의 공동운명체를 이루
었던 은나라 왕과 점인 집단이 점의 예측력을 높이고자 노력하는 과
정에서 정립한 텍스트가 바로《귀장역》이었고, 이후 주나라가 이를
계승해 주역을 성립시켰던 것이다.

5·6

수需 : 송訟

지지 세력을 구하며 다툼을 피하는 길과

공적 절차를 통해 다투는 길

수需 지지 세력을 구하며 다툼을 피하다

需 有孚 光 亨 貞 吉 利涉大川
수 유 부 광 형 정 길 이 섭 대 천

수需의 길은 믿음이 있으면 광채가 나서 형통하리라. 정貞하면 길하리라. 대천을 건너는 것이 이로우리라.

初九 需于郊 利用恒 无咎
초 구 수 우 교 이 용 항 무 구

처음에 양이 오니, 구하면서 때를 기다리다가 교郊에 이르는 상이로다. 항恒의 도를 쓰면 이롭고 허물이 없으리라.

九二 需于沙 小有言 終吉
구 이 수 우 사 소 유 언 종 길

양이 두 번째에 오니, 구하면서 때를 기다리다가 사沙에 이르는 상이로다. 조금 말이 나겠지만 종국에는 길하리라.

九三 需于泥 致寇至
구 삼 수 우 니 치 구 지

양이 세 번째에 오니, 구하면서 때를 기다리다가 니泥에 이르는 상이로다. 침략이 도달하기에 이르리라.

六四 需于血 出自穴
육 사 수 우 혈 출 자 혈

음이 네 번째에 오니, 구하면서 때를 기다리다가 유혈 사태에 이르는 상이로다. 혈처[穴]로부터 나와야 하리라.

九五 需于酒食 貞 吉
구 오 수 우 주 식 정 길

양이 다섯 번째에 오니, 구하면서 때를 기다림이 술과 음식에 이르는 상이로다. 정貞하면 길하리라.

上六 入于穴 有不速之客三人來 敬之 終吉
상 륙 입 우 혈 유 불 속 지 객 삼 인 래 경 지 종 길

극상의 자리에 음이 올 때는, 혈거처로 들어가는 상이로다. 부르지 않은 손님 셋이 찾아왔을 때 그들을 경건히 대하면 종국에는 길하리라.

수需는 '구한다'는 뜻과 '기다린다'는 뜻이 있다. 이는 필요한 것을 구하면서 그것이 구해질 때까지 인내하며 기다림을 의미한다.

수需의 길의 취지가 무엇인지는 대대를 이루는 송訟의 길과 비교하면 보다 명확해진다. 송의 길은 군자가 분쟁과 마주쳤을 때, 그 분쟁이 자기 역량으로 능히 다툴 수 있는 것일 때 적극 나서서 다투는 길이다. 그에 비해 수의 길은 군자의 역량이 아직 부족하기 때문에 다툼을 피하면서 자신의 지지 세력을 먼저 규합하는 길이다. 지지 세력이 충분히 규합될 때까지는 다툼을 피하면서 기다리는 것이다. 이러한 측면에서 '수'와 '송'이 서로 대대를 이루는 것이다.

군자가 수需의 길에 섰다면 달리 도리가 없다. 앞으로 살펴보겠지만 수의 길에서는 수모와 지난한 어려움이 펼쳐진다. 그럼에도 참고 견뎌야 한다는 말이다. 이렇게 수모와 지난한 어려움을 참고 견뎌야 하는 이유는 무엇일까? 그것은 군자에게 내팽개칠 수 없는 목적이 있기 때문이다. 하늘이 자신에게 바라는 뜻(천명)을 이루려는 것, 그리고 자기가 책임져야 할 사람들을 책임지려는 것이 그것이다. 그러므로 군자는 수모와 지난한 어려움을 묵묵히 참고 견디는 것이다. 그러면서 자신을 지지해줄 세력을 구해서 힘을 길러나간다. 충분히 힘이 길러지면 분쟁과 당당히 맞설 수 있게 되는 것이다.

初九 需于郊 利用恒 无咎
초 구 수 우 교 이 용 항 무 구

처음에 양이 오니, 구하면서 때를 기다리다가 교郊에 이르는
상이로다. 항恒의 도를 쓰면 이롭고 허물이 없으리라.

처음에 양이 온 것은 군자가 자신의 지지 세력을 적극적으로 구해
나가는 정황을 암시하는 것이다.

'교郊'는 〈그림 10〉에서 보듯 읍의 외곽 지역이다. 군자는 원래 읍
내에 거주하는 존재인데, 현재 읍내에는 군자의 지지 세력이 부족한
상황이므로 보다 범위를 넓혀 자신의 지지 세력을 구하고자 '교'로
진출하는 것이다.

"항恒의 도"는 향후 항恒(32)의 길에서 상세히 살펴볼 것인데, 한결

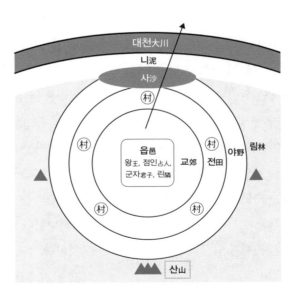

그림 10 읍국邑國과 대천大川

같이 자기 주관을 지켜나가는 길을 의미한다. "항恒의 도를 쓰면 이롭다"는 것은, 이처럼 한결같이 자신의 천명을 지켜나가면 군자를 지지하는 세력이 모이게 될 것이라는 말이다.

九二 需于沙 小有言 終吉
구 이 수 우 사 소 유 언 종 길
양이 두 번째에 오니, 구하면서 때를 기다리다가 사沙에 이르는 상이로다. 조금 말이 나겠지만 종국에는 길하리라.

2효에서는 군자가 자신의 지지 세력을 구하고자 보다 범위를 넓혀 〈그림 10〉의 '사沙' 지역에까지 진출했다. 이 그림은 앞서 〈그림 2〉 (32쪽)와 거의 유사한데, 대천大川 주변의 상황을 좀 더 자세히 그린 것이다. '사'는 물가의 모래밭 지역을 가리킨다.

주역은 군자가 지지 세력을 구하고자 사沙로 나아갈 경우 조금 말이 날 것이라고 한다. 이는 읍내에 거주해야 할 군자가 읍국의 경계인 사 지역으로까지 나아간 것에 대한 구설이 생겨나는 것이다. 하지만 사 지역 역시 읍국의 경계 내에 있으므로 큰 비난의 말로 이어지는 것은 아니다. 그러므로 군자가 사 지역에서 충분한 지지 세력을 구해 수의 길을 마칠 수 있다면 길할 것이라고 평가한다.

주목할 점 한 가지는 군자가 진출하는 방향이다. 앞서도 살펴봤지만 주역의 세계에서 숲[林]은 통행 불가 지대다. 그러므로 읍국에서 외부 세계로 나갈 수 있는 통로는 〈그림 10〉에서 화살표로 표시한 바와 같이 대천을 건너는 것이 유일한 길이다. 향후 살펴보겠지만 수需의 괘사는 "대천을 건너야 이로울 것"이라 조언한다. 그러므로 군자는 대천을 건너야 할 가능성까지 염두에 두면서 나아가고 있는 것이다.

九三 需于泥 致寇至
구 삼 수 우 니 치 구 지
양이 세 번째에 오니, 구하면서 때를 기다리다가 니泥에 이르
는 상이로다. 침략이 도달하기에 이르리라.

'니泥'는 〈그림 10〉에서 보듯 물가의 진흙 개펄 지대로 모래밭보다
도 더 바깥 지역이다. 이는 읍국의 변경 지역인데, 여전히 자신의 역
량이 부족함을 느끼는 군자가 지지 세력을 확충하고자 변경 지역에
까지 이른 것이다.

하지만 대천 바로 옆의 니泥는 외부 세계로부터 침범이 발생하기
쉬운 위험 지대이기도 하다. 그래서 결국 침략이 초래되고 만다. '침
략'은 변경 지역에서 발생할 수 있는 외부 세계의 침략을 이른다.

六四 需于血 出自穴
육 사 수 우 혈 출 자 혈
음이 네 번째에 오니, 구하면서 때를 기다리다가 유혈 사태에
이르는 상이로다. 혈처[穴]로부터 나와야 하리라.

4효에는 이전까지와 달리 음이 온다. 이는 군자가 지지 세력을 확
대해온 움직임을 멈추어야 하는 상황을 암시한다.

수의 길 4단계에서는 3단계의 외부 침략 세력으로 인해 유혈 사태
가 벌어지고 있다. 수의 길이 위기의 단계에 이른 것이다. 이때 주역

은 "혈처[穴]로부터 나와야 한다"고 조언한다.

'혈처[穴]'란 풍수지리에서 용맥龍脈의 정기가 모인 혈자리를 지칭하는 표현으로, 주산主山과 안산案山, 좌청룡, 우백호로 둘러싸인 명당터를 말한다. 이는 곧 〈그림 10〉의 읍국터를 가리키는 표현인 것이다. 그러므로 "혈처[穴]로부터 나와야 한다"는 말은, 대천을 건넘으로써 자신의 읍국을 떠나 더 넓은 세상으로 나가라는 조언이다. 지금까지는 어떻게 해서든 읍국 내에서 지지 세력을 구하고자 노력했지만, 4단계까지 이르고 보니 불의가 판치는 현재의 읍국에서는 지지 세력을 충분히 구할 수 없음이 판명된 것이다. 그러므로 읍국을 벗어나 더 넓은 세상으로 나가라고 조언하는 것이다. 물론 영원히 떠나는 것은 아니며, 넓은 세상으로 나가 자신의 지지 세력을 충분히 규합하고 힘을 기른 후에는 다시 자기 읍국으로 돌아오는 것이다. 이후 6단계에서 군자의 귀환이 이루어진다.

九五 需于酒食 貞 吉
구 오 수 우 주 식 정 길
양이 다섯 번째에 오니, 구하면서 때를 기다림이 술과 음식에 이르는 상이로다. 정貞하면 길하리라.

5효사는 군자가 대천을 건너 새로운 세상으로 나간 후 벌어지는 일을 묘사한 것이다. 불의가 휩쓰는 기존 읍국을 떠나 신천지로 나아갔더니 "구하면서 때를 기다림이 술과 음식에 이르는 상"이라고 한다.

주역에서 술[酒]을 같이 마시는 행위는 서로 간의 믿음을 강화하는 행동이며, 음식[食]을 먹는 것은 자신의 기운과 몸을 기르는 행동을 상징한다(각각의 용례는 〈찾아보기〉 참조). 마침내 5효에 이르러 군자가 지지 세력을 만나 술을 나눔으로써 서로 간의 믿음을 강화하고 음식을 먹음으로써 자신의 힘을 기르는 정황을 표현한 것이다. 5효에 놓인 양효 역시 이러한 정황을 암시하고 있다.

군자는 기본적으로 의로운 존재이기에 불의가 휩쓰는 읍국을 떠나 신천지로 나갔더니 그리 어렵지 않게 지지 세력을 구하기에 이른 것이다. 그러므로 주역이 앞서 4단계에서 읍국을 벗어나 더 넓은 세상으로 나가라고 조언했던 것이다.

마침내 군자가 자신의 지지 세력을 구했고 힘을 길러나가고 있으니 이제 걱정이 없다. 힘이 충분히 축적될 때까지 기다리면 되는 것이다. 그러므로 주역은 "정貞하면 길할 것"이라 말하고 있다.

上六 入于穴 有不速之客三人來 敬之 終吉
상 륙 입 우 혈 유 불 속 지 객 삼 인 래 경 지 종 길

극상의 자리에 음이 올 때는, 혈거처로 들어가는 상이로다. 부르지 않은 손님 셋이 찾아왔을 때 그들을 경건히 대하면 종국에는 길하리라.

앞서 5단계에서 충분히 힘을 기른 군자는 6단계에 이르러 자신이 떠나온 읍국으로 다시 돌아가고 있다. 이제 그동안 피해왔던 분쟁과 당당히 맞서려는 것이다.

이때 주역은 "부르지 않은 손님 세 사람이 찾아왔을 때 그들을 경건히 대하면 종국에는 길할 것"이라 조언한다. "부르지 않은 손님이 찾아온다"는 것은, 군자의 높은 덕德에 이끌려 사람들이 제 발로 찾

아온다는 말이다. 이는 그동안 군자가 지지 세력을 구하기 위해 애써 돌아다녀야 했던 상황과 대비된다. 이처럼 수의 길이 6단계에 이르자 "부르지 않은 손님이 찾아오는" 일이 생기는 이유는 무엇일까?

우선 군자가 앞서 5단계까지 자신의 지지 세력을 규합했다는 사실을 고려해야 한다. 기본적으로 일정한 세력을 형성해야 사회에서 드러남이 있게 마련이다. 다음으로 군자가 앞서 1효 이래로 줄곧 항恒의 도를 써왔다는 사실을 고려해야 한다. 그동안 모진 시련을 겪었음에도 한결같이 자신의 천명을 지켜온 것이다. 그 모습을 보고 흠모해 사람들이 스스로 찾아오는 것이다.

"그들을 경건히 대한다"는 것은 그들을 배척하지 않고 포용한다는 말이다. 사실 "부르지 않은 손님이 찾아온다"는 것은 낯선 이방인이 어느 날 갑자기 나를 찾아온다는 뜻이다. 그러므로 이들을 경계할 수도 있는데 그러지 말고 적극 포용하라는 말이다. 현재 군자는 다툼이 있는 읍국으로 돌아가 분쟁과 맞서고 있는 상황이다. 이때 "부르지 않은 손님"은 분쟁과 관련해 '제3자'에 해당하는 사람들이다. 그러므로 "부르지 않은 손님이 찾아온다"는 것은, 객관적인 제3자가 새로이 군자 편에 선다는 뜻이 된다. 그에 따라 주역이 "그들을 경건히 대하면 종국에는 길하리라"고 조언하는 것이다.

여기서 찾아오는 손님이 '셋'이라는 점은 특별한 의미가 있다. '세 사람[三人]'은 '다양성'을 상징하는 숫자다. 향후 손損괘(41)의 3효에서도 '세 사람[三人]'이 다시 등장할 것이다. 공자는 "세 사람이 걸어가고 있으면 그중에는 반드시 나의 스승이 있다[三人行 必有我師]"고 했고, 오늘날 사회학에서는 사회를 구성하는 최소 단위를 세 사람이라고 한다. 사회심리학에서도 세 사람이 갖는 힘에 대한 흥미로운 실

험들이 존재한다.

그러므로 부르지 않은 손님이 한 사람이나 두 사람이 아니고 '세 사람'이 찾아온다는 표현이 일정한 의미를 띠는 것이다. 이는 군자의 덕德에 이끌려 손님이 제 발로 찾아오는 일이 어쩌다 발생한 우연의 소산이 아니라는 점을 나타낸다. 따라서 "부르지 않은 손님 셋이 찾아온다"는 것은, 향후 판가름 날 분쟁에서 군자가 승리할 것임을 보여주는 '기미'에 해당하는 것이다.

需 有 孚 光 亨 貞 吉 利 涉 大 川
수 유 부 광 형 정 길 이 섭 대 천
수需의 길은 믿음이 있으면 광채가 나서 형통하리라. 정貞하면 길하리라. 대천을 건너는 것이 이로우리라.

"유부有孚"는 주역에서 가장 많이 나오는 표현 중 하나로 앞으로 계속 볼 것이다. 그러므로 그 의미를 확실하게 이해하고 넘어갈 필요가 있다. 이를 위해서는 '부孚'의 어원을 살피는 것이 도움이 된다. 孚(부)는 '爪 + 子'의 구조로 이루어진 글자다. 이는 새가 발톱으로 자기가 품고 있는 알을 굴리는 모습을 형상화한 것이다. 이 글자가 어째서 '미쁘다(믿음성이 있다)'는 뜻을 갖게 된 것일까? 우선 새가 자신의 알을 부화시키기 위해서는 발톱으로 끊임없이 알을 굴려서 알 전체가 골고루 온기를 받도록 해주어야 한다. 이런 노력을 길게는 몇 개월을 지속해야 하므로 여간 힘든 일이 아니다.

'유부有孚'의 의미를 정확히 이해하기를 원한다면, 남극대륙의 황제펭귄이 알을 품는 과정을 기록한 다큐멘터리 영상을 유튜브에서

상경

한번 보면 크게 도움이 될 것이다. 그 광경은 엄숙하고도 장엄하며, 생명에 대한 경외심을 불러일으킨다. 극지방의 맹추위는 금세 알을 얼어붙게 하기 때문에 황제펭귄 부부는 잠시라도 알을 몸에서 떼어 놓을 수가 없다. 부부는 서로 맞교대하면서 몇 개월간 알을 품어야 한다. 그동안 극지방의 눈보라, 혹한, 굶주림과 싸워 이겨내야 한다. 그 와중에 얼어 죽는 펭귄이 속출한다. 그야말로 목숨을 걸고 알을 품는 것이다. 왜 그럴까? 펭귄 부부가 알을 포기하지 않고 계속 품는 이유는 무엇일까? 그것은 믿음이 있기 때문이다.

그렇게 계속 품으면 자기 자식이 나올 것임을 믿기 때문이다. 믿음이 있기에 그렇게 고생하면서도 참고 견디는 것이다. '부孚' 자의 '미쁘다'는 뜻은 바로 여기서 나왔다. 새가 자신의 알을 부화시키기 위해 발톱으로 알을 굴리는 모습을 형상화한 글자가 '미쁘다'는 뜻을 갖게 된 것이다. 그러므로 '유부有孚'는 글자 그대로 '믿음이 있다'는 뜻이지만, 특히 그 뉘앙스를 느낄 필요가 있다. 어미 새가 비가 오나 눈이 오나 쉬지 않고 알을 품으면서 끊임없이 발톱으로 알을 굴리는, 지극정성을 다하는 믿음을 갖고 있다는 뜻이다. 이런 의미를 느낄 때 주역이 "수需의 길은 '유부有孚'하면 광채가 나서 형통할 것"이라 말하는 뜻을 이해할 수 있는 것이다. 사람이 그런 믿음을 간직하고 있다면, 수의 길에서 겪는 지난한 시련과 수모를 견뎌낼 수 있을 것이며, 종국에는 광채가 나서 형통할 것이라는 말이다.

'광光'은 이후 관觀괘(20) 4효와 미제未濟괘(64) 5효에도 등장하는데, 안에 갖춘 덕德이 배어나와 밖으로 빛이 나는 경우를 가리킨다. 수需의 길 6단계에서 "부르지 않은 손님"들이 군자의 높은 덕에 이끌려 제 발로 찾아오는 것이 바로 이 경우에 해당한다. 군자가 믿음을 유지함으로써 지난한 시련과 수모를 견뎌낸다면 종국에는 군자의 덕이 배어나와 밖으로 광채를 발할 것이며, 이를 보고 흠모해 "부르지 않은 손님이 찾아와서" 형통하게 되리라는 말이다.

"정貞하면 길할 것"이라는 말도, 믿음이 있어서 자신의 천명을 올곧게 지켜낼 수 있으면 길할 것이라는 뜻이다.

"이섭대천利涉大川" 역시 앞으로 자주 보게 될 표현이다. 우선 '대천大川'은 복합적 의미를 띤다. 앞서 〈그림 10〉에서 볼 수 있는 바와 같이 대천은 고대 세계의 공동체인 읍국의 경계를 이룬다. 대천은 '큰 내'라서 쉽게 건널 수 없는 장애물이기에 이웃 세계와 구분 짓는 경계가 되는 것이다. 하지만 동시에 앞서 2효사에서 살펴봤듯 외부 세계로 나갈 수 있는 유일한 통로이기도 하다. 그러므로 신천지인 '외부 세계'로 나가려면 이 '큰 내'를 건너는 일이 필수인 것이다. 그 때문에 주역에서 "큰 내를 건너는 일[섭대천涉大川]"은 위험을 수반하는 모험이자 큰 용기가 필요한 일이면서도 꼭 해내야 하는 일의 상징으로 자주 쓰인다.

수需의 길에서 대천을 건너는 것이 이로운 이유는 앞서 4·5효에서 살펴봤다. 군자는 의로운 존재이기에 불의가 휩쓰는 읍국을 떠나 신천지로 나갔더니 그리 어렵지 않게 지지 세력을 구할 수 있었던 것이다.

이는 우리가 인생을 살아가다 어떤 한계에 부딪혔을 때 기존의 익숙한 세계에만 계속 머무르며 집착할 것이 아니라, 인식의 지평을 넓혀 더 넓은 세상으로 나아감으로써 문제를 풀어갈 수 있음을 암시한다.

자기가 아는 세계, 자기에게 익숙한 세계의 경계가 바로 대천大川

이다. 그러므로 군자는 과감하게 "큰 내를 건너는" 모험을 감행해 신천지로 나아가야 하는 것이다. 이는 물리적 범위의 확장만을 의미하는 것이 아니라, 인식의 지평을 넓히는 것까지를 의미한다.

예를 들어 6효에서 "부르지 않은 손님"들이 찾아왔을 때 이들을 낯선 이방인으로 여기며 배척하지 않고 포용하는 것 역시 대천을 건너는 일이다. 이들은 낯선 사람이기에 군자와는 다른 관점과 지식·정보를 지닌 사람들이다. 지금 군자는 치열한 분쟁을 마주하고 있는데, 어려운 문제일수록 새로운 각도에서 문제를 바라보면 새로운 돌파구를 마련할 수도 있는 것이다. 군자가 인식의 지평을 넓혀 이들을 포용한다면, 이를 통해 자신의 기존 한계를 극복할 수 있다. 수需의 길에서 "대천을 건너라"는 조언은 이러한 의미들을 두루 내포한 것이다.

송訟 공적 절차를 통해 다투다

訟 有孚 窒惕 中吉 終凶 利見大人 不利涉大川
송 유부 질척 중길 종흉 이견대인 불리섭대천
송訟의 길에서는 믿음을 갖고 막힐 때 삼가면 중간에는 길할 것이요, 종국에는 흉할 것이다. 대인을 만나야 이로우리라. 대천을 건너는 것은 불리하리라.

初六 不永所事 小有言 終吉
초륙 불영소사 소유언 종길
처음에 음이 오니, 사고 난 것을 오래 끌지 말라. 조금 말이 나겠지만 종국에는 길하리라.

九二 不克訟 歸而逋 其邑人 三百戶 无眚
구이 불극송 귀이포 기읍인 삼백호 무생
양이 두 번째에 올 때는, 쟁송을 이루지 말고 돌아가서 달아나라. 그 읍인 300호가 잘못됨을 면하리라.

六三 食舊德 貞 厲 終吉 或從王事 无成
육삼 식구덕 정 려 종길 혹종왕사 무성
음이 세 번째에 올 때는, 오랜 덕을 먹어라. 정貞하면 위태로우나 종국에는 길하리라. 간혹 왕의 일에 종사할 때는 이루려 하지 말아야 하리라.

九四 不克訟 復卽命 渝 安貞 吉
구사 불극송 복즉명 유 안정 길
양이 네 번째에 올 때는, 쟁송을 이루지 말고 돌아가서 명命에 나아가라. 풀렸을 때 안정安貞하면 길하리라.

九五 訟 元吉
구오 송 원길
양이 다섯 번째에 올 때는, 쟁송을 벌이면 비로소 길하리라.

上九 或錫之鞶帶 終朝三褫之
상 구 혹 석 지 반 대 종 조 삼 치 지
극상의 자리에 양이 오니, 혹 관직을 하사받을지라도 종국에는 조정이 끝내 빼앗아가
리라.

송訟은 '言 + 公'의 구조로서 공적 장소에서 말을 하는 모습을 형
상화한 글자다. 정이程頤는 '송'에 대해 이렇게 풀이한다. "송이라는
것은 그 옳고 그름을 변별하길 구하는 것이다[訟者 求辯其曲直也]."

결국 송訟은 글자 그대로 '송사訟事를 벌이는 것' '쟁송爭訟하는
것'을 뜻한다. 군자가 불의와 마주쳤을 때 앞서 수需의 도와는 달리
공적 절차를 통해 다투는 것이다. 이는 군자가 현재 자신의 역량으로
눈앞에 나타난 불의를 극복할 수 있다고 판단했기 때문이다. 그러므
로 '수'와 '송'의 갈림길에서 송의 길을 선택한 것이다. 주역은 군자가
이처럼 송의 길을 밟아나갈 때, 각 단계별로 어떻게 처신해야 하는지
를 조언한다.

初六 不永所事 小有言 終吉
초 륙 불 영 소 사 소 유 언 종 길
처음에 음이 오니, 사고 난 것을 오래 끌지 말라. 조금 말이 나
겠지만 종국에는 길하리라.

주역은 송訟의 길 1단계에서 "사고 난 것을 오래 끌지 말라" 조언하
고 있다. 그렇다고 해서 일방적으로 참고 견디라는 말은 아니다(이렇
게 하면 수需의 길이 된다). 사고 난 것의 책임 소재를 상대와 다투되, 상
대가 어느 정도 자신의 잘못을 인정한다면 너무 끝까지 몰아붙이지

말고 적당한 선에서 타협함으로써 분쟁을 오래 끌지 말라는 말이다.

"조금 말이 난다[小有言]"는 것은, 그로 인해 구설수에 오르는 일이 더러 있으리라는 말이다. 하지만 그런 부담을 감수하더라도 사고 난 것을 오래 끌지 않는 것, 즉 송사로까지 끌고 가지 않는 것이 결국은 더 길할 것이라는 말이다.

주역의 조언에 따라 군자가 사고 난 것을 일찍 마무리 짓는다면 송의 길은 여기서 끝난다. 이편이 가장 바람직하지만 사정이 그리 흘러가지 않을 경우 2단계로 넘어가는 것이다.

九二 不克訟 歸而逋 其邑人 三百戶 无眚[19]
구 이 불 극 송 귀 이 포 기 읍 인 삼 백 호 무 생
양이 두 번째에 올 때는, 쟁송을 이루지 말고 돌아가서 달아나라. 그 읍인 300호가 잘못됨을 면하리라.

주역은 송의 길이 1단계에서 적절한 타협으로 마무리되지 않아 2단계에 이르렀다면, 쟁송을 이루기보다 차라리 돌아가서 달아나는 편이 낫다고 조언한다.

"돌아가서 달아나는" 행동에 대해 〈상전〉은 이렇게 풀이한다. "돌아가서 달아난다는 것은 숨는 것이다[歸逋 竄也]." 내가 숨어버림으로써 쟁송을 피하고 마무리 지을 수 있다면 그편이 낫다는 것이다. 분쟁이 생겼는데 이처럼 숨어버린다면 당연히 손해를 입는다. 자존심을 상하는 것은 물론이다. 주역이 이처럼 손해를 감수하면서까지 쟁송을 피하라고 조언하는 이유는 그다음에 이어진다. 군자에게 딸린 식구가 있기 때문이다.

2효사에 등장하는 읍邑은 군자가 이끌고 있는 읍을 가리킨다. 읍인邑人이 300호라는 말은, 그 읍이 소읍小邑이라는 말이다. 송訟의 길의 주인공 군자는 대읍大邑을 이끄는 왕이나 제후가 아니라 소읍을 책임지고 있는 읍재邑宰인 것이다. 그는 자신을 따르는 읍인들을 책임져야 하는 '장長'이다. 이처럼 책임져야 할 식구가 있는 사람은 모두 송의 길의 주인공이라 할 수 있다. 회사를 이끄는 사장은 물론 처자식이 딸린 가장이라면 모두 이에 해당한다.

주역은 군자가 본격적으로 쟁송에 돌입하느니 차라리 달아나서 숨어버리는 편이 읍인들에게 잘못됨을 초래하는 일이 없을 것이라 말하고 있다. 군자가 숨어버린다면 손해를 볼 뿐만 아니라 자존심도 상하겠지만, 뒤에 있는 읍인들을 생각해서 숨어버리라는 조언이다. 주역이 이렇게까지 조언하는 이유는, 예나 지금이나 일단 정식으로 송사가 벌어지고 나면 설혹 이긴다 해도 이긴 게 아니기 때문이다.

쟁송은 공적 절차를 통해 옳고 그름을 다투는 것이다. 여기서 패배하면 공식적인 낙인이 찍힌다. 그러므로 상대방도 필사적으로 나오기 마련이다. 쥐도 궁지에 몰리면 고양이를 무는 법이며, 굼벵이에게도 구르는 재주가 있는 법이다. 상대가 필사적으로 나오면 아무리 군자라 해도 자칫 낭패를 보는 수가 있다. 게다가 최종적으로 쟁송에서 승리한다 해도 시일이 아주 오래 걸린다. 상대방도 필사적으로 다투기 때문에 일심에서 끝나지 않고 재심, 삼심으로 이어지게 마련이다. 오늘날 소송 한 건이 완결되기까지 10년이 걸리기도 한다. 자칫하면 낭패를 볼 수 있는 것이 소송인지라, 소송이 일단 걸리고 나면 거기에 온 신경을 집중하지 않을 수 없다. 감정적 혼란도 많이 생긴다. 그렇게 10년 세월이 흘러가고 나면 최종적으로 승리해서 금전적 배상을 받는다 해도, 승리자의 인생 역시 심한 타격을 입은 상태가 되고 마는 것이다.

결국 소송은 피하라는 것이 수천 년 전이나 지금이나 진리가 되고 있다. 공자 역시도 쟁송을 피해야 한다고 조언한다. "일단 쟁송이 벌어지고 나면 이를 듣는 것은 나도 남들과 같을 수밖에 없다. 반드시 명심해야 하는 것은 쟁송이 벌어지지 않도록 하는 것이다[聽訟吾猶人也 必也使無訟乎]"《논어》〈안연顏淵〉13장 1절).

六三 食舊德 貞 厲 終吉 或從王事 无成
육 삼 식 구 덕 정 려 종 길 혹 종 왕 사 무 성

음이 세 번째에 올 때는, 오랜 덕을 먹어라. 정貞하면 위태로우나 종국에는 길하리라. 간혹 왕의 일에 종사할 때는 이루려 하지 말아야 하리라.

앞서 2단계에서 달아나 숨는 대응으로도 분쟁을 끝내지 못할 경우 송의 길은 3단계로 넘어온다. 〈상전〉은 3효사에 대해 이렇게 풀이한다. "오랜 덕을 먹는다는 것은 윗사람을 따르는 것이어서 길한 것이다[食舊德 從上 吉也]." "오랜 덕"이란 공동체에서 오랫동안 덕을 갖춘 사람으로 존경받아온 윗사람인 것이며, "오랜 덕을 먹는다"는 말은 그런 윗사람의 덕에 의지해 분쟁 해결을 구한다는 뜻이다.

이제 상대와의 분쟁은 어느덧 3단계에 이를 만큼 시간을 끌고 있는데, 이때는 덕망이 높은 윗사람에게 중재를 부탁함으로써 해결을 시도할 수 있다. 정貞하다는 말은, 처음 품었던 뜻을 올곧게, 굳게 지켜나가는 것이므로, 윗사람에게 중재를 맡기기로 했으면 그 결과를

상경

받아들이고 지켜나가라는 뜻이다. 이렇게 할 경우 결과가 불리하게 나올 수도 있으니 위태로움이 있지만, 그렇게 해서라도 분쟁을 해결하고 소송을 피할 수 있다면 결국은 길한 것이라는 판단이다.

"간혹 왕의 일에 종사한다"는 것은 앞서 곤의 길 3효사에도 등장했던 표현이다. "왕의 일"이 어떤 것인지는 그때 살펴봤다. 현재 군자는 자신이 분쟁에 얽혀 있는 상황이므로 민감한 왕의 일을 행할 때 더욱 주의해야 한다. 그러므로 "이루려 하지 말아야 한다"는 조언이 등장하는 것이다. '이룬다[成]'는 것이 어떤 의미인지 역시 곤괘 3효에서 살펴봤다.

九四 不克訟 復卽命 渝 安貞 吉
구 사 불 극 송 복 즉 명 유 안 정 길
양이 네 번째에 올 때는, 쟁송을 이루지 말고 돌아가서 명命에
나아가라. 풀렸을 때 안정安貞하면 길하리라.

"돌아가서 명命에 나아간다[復卽命]"는 말은 '복명復命'과 유사한 표현이다. 복명은 명을 받고서 일을 처리한 사람이 그 명을 내린 이에게 돌아가서 결과를 보고하는 것을 이른다. 이와 유사하게 4효사의 "돌아가서 명命에 나아간다[復卽命]"는 표현은, 군자와 분쟁 상대방이 공통의 상급자, 즉 두 사람에게 명을 내리는 위치에 있는 이에게 나아가 그의 판단을 듣는 것을 말한다.

앞서 3단계에서 군자는 덕망이 높은 윗사람에게 중재를 부탁함으로써 해결을 시도했고, 군자는 그 중재 결과를 수용할 것이다. 그러므로 3단계에서 분쟁이 해결되지 못하고 4단계까지 왔다는 것은, 상

대방이 중재 자체를 거부했거나 거기서 나온 결과를 수용하지 않았음을 시사한다. 이처럼 3단계에서 덕망 높은 이의 중재가 통하지 않았으므로, 4단계에 이르러서는 보다 권위가 강한 상급자(명령권자)의 2차 중재를 구하는 것이다. 분쟁 상대방에게 명을 내리는 위치에 있는 상급자의 권위에 기대 타협을 이루려는 것이다.

그렇게 해서 분쟁이 풀렸을 때 안정安貞하면 길할 것이라 한다. "안정"은 앞서 곤坤의 괘사에서 등장했던 표현이다. 스스로 둘러친 한계 안에 머무르며 정貞하다는 뜻인데, 여기서는 상급자의 중재 결과를 받아들이고 그 안에 머무르면 길할 것이라는 취지다.

九五 訟 元吉
구 오 송 원 길
양이 다섯 번째에 올 때는, 쟁송을 벌이면 비로소 길하리라.

앞서 4단계에서도 중재를 통한 타협이 이루어지지 않으면 5단계로 넘어온다. 드디어 주역은 5단계에서 정식으로 쟁송을 벌이라 말하고 있다. 그리고 이때에야 비로소 길할 것이라 한다.

지금까지 주역은 줄곧 송사를 피하라고 조언해왔다. 그런데 왜 5단계에서는 정식 쟁송을 벌이라고 하며, 그 결과가 길하다고 하는 것일까? 그 이유는 그동안 군자가 필요한 절차를 모두 밟아왔기 때문이다. 지난 1·2단계에서는 자신이 양보함으로써 분쟁 상대와 타협을 이루려고 노력했다. 이처럼 직접 타협을 이루고자 했던 노력이 실패하자 3·4단계에서는 제3자의 중재를 통한 타협을 모색했다. 군자가 이렇게까지 노력했는데도 상대방이 타협을 받아들이지 않는다면 더 이상 방법이 없기에 이제는 마지막 해결책인 정식 쟁송을 벌일 때가 된 것이다. 그리고 이제는 쟁송에 돌입하더라도 주변 사람들은 군자의 행동을 이해할 것이며, 관련 여론은 군자에게 유리할 것이다. 왜냐하면, 군자의 분쟁 상대는 3단계에서 덕망 높은 이의 중재도 거부했고, 4단계에서는 명령권자의 중재마저 거부했기 때문이다. '송訟'이란 공적 판단을 구하는 것인데, 공론은 이미 군자에게 유리한 것이다. 따라서 주역은 길하리라 말하는 것이다.

송訟의 괘사에 달린 〈상전〉은 송의 길을 이렇게 풀이한다. "송은 군자가 그로써 일을 지을 때 처음 시작을 잘 도모하는 것이다[訟 君子以作事謀始]." 앞서 언급했듯 소송은 섣부르게 시작할 일이 아니다. 하지만 피치 못해서 해야 한다면 반드시 이겨야 한다. 그러므로 군자는 소송을 피하기 위해 최선을 다하는 동시에, 피치 못하게 소송을 개시한다면 반드시 이길 수 있도록 필요한 절차를 밟아온 것이다. 이를 일러 〈상전〉은 군자가 일을 지을 때는 처음 시작을 잘 도모하는 법이라고 풀이한 것이다.

上九 或錫之鞶帶 終朝三褫之
상 구 혹 석 지 반 대 종 조 삼 치 지
극상의 자리에 양이 오니, 혹 관직을 하사받을지라도 종국에는 조정이 끝내 빼앗아가리라.

송訟의 길 6단계는 과잉의 단계에 해당한다. 군자는 지난 5단계에서 정식으로 쟁송을 벌였는데 길한 결과를 맞이했다. 이는 쟁송에서 승리했다는 말이다. 그러자 이에 재미를 붙여서 자꾸 쟁송을 벌이는 것이 6단계의 상황이다.

여기서 "관직을 하사받는다"는 것은, 쟁송에서 또 이겨서 큰 이득을 얻는 경우를 상징적으로 표현한 것이다. 하지만 이렇게 일시적으로 큰 이득을 보는 경우가 있다 하더라도 종국에는 그 이득을 빼앗길 것이라 한다. 그 이유에 대해 〈상전〉은 다음과 같이 풀이한다. "쟁송으로써 관복을 받음은 역시 공경할 만한 것이 못 되기 때문이다[以訟受服 亦不足敬也]." 쟁송은 남과 치열하게 다투는 것인데, 그런 다툼을 통해 얻은 관직은 공경할 만한 것이 못 되기 때문에 오래갈 수 없다는 뜻이다.

결국 송訟의 도가 과잉으로 치달아서 6단계에까지 이르면, 잦은 쟁송을 통해 일시적으로 큰 성과를 달성하는 일이 혹시 있다 해도 결국 최종적으로는 파국으로 결말날 것이라는 뜻이다.

訟 有孚 窒惕 中吉 終凶 利見大人 不利涉大川
송 유 부 질 척 중 길 종 흉 이 견 대 인 불 리 섭 대 천
송訟의 길에서는 믿음을 갖고 막힐 때 삼가면 중간에는 길할 것이요, 종국에는 흉할 것이다. 대인을 만나야 이로우리라. 대천을 건너는 것은 불리하리라.

여기서 "믿음을 갖는다"는 것은, 군자가 인의仁義의 길을 가고 있으니 지금 당장은 어렵지만 결국에는 사람들이 알아줄 것이며, 그에 따라 좋은 결과가 있으리라는 믿음을 가지라는 말이다.

"막힐 때"란 1~4단계에서 분쟁을 매듭짓기 위한 노력이 성과를 보

지 못하고 막히는 상황을 가리킨다. 이때 경거망동하지 말고 삼가야 한다는 뜻이다.

"중간에는 길하다"는 것은 1~5단계에서 분쟁을 매듭짓는 경우를 가리킨다. "종국에는 흉하다"는 것은 6단계의 과잉에까지 이르는 경우를 말한다.

"대인을 만난다"에서 대인은, 3·4단계에서 중재를 제대로 해줄 수 있는 사람과 5단계 쟁송의 판결을 제대로 내려줄 수 있는 사람을 말하는 것이다.

"대천을 건너는 것"은 앞서 수需의 길에서 살펴봤듯, 자신의 지평을 확장하는 일이며, 지금까지 익숙지 않던 새로운 시도를 하는 일 등을 의미한다. 당시 수의 길에서는 "대천을 건너는 것"이 이로운 결과를 가져왔다. 하지만 치열한 다툼이 진행 중인 송訟의 길에서라면 익숙지 않은 새로운 시도를 하는 것은 좋은 결과를 가져오기 어렵다. 앞서 3단계에서 "왕의 일에 종사할 때 이루려 하는 것"이 바로 그런 경우에 해당한다. 따라서 당시에 그러지 말라고 조언했고, 지금 괘사에서 다시 한번 그런 시도는 불리하다고 재차 경계하는 것이다.

지금까지 살펴봤듯, 주역은 결국 쟁송은 최대한 피해야 하는 것이라고 권고한다. 다툼을 벌이더라도 상대를 끝까지 몰아붙이지 말고 중간에 타협을 하는 것이 좋고, 아니면 제3자의 중재를 받아들이라는 것이다. 이렇게 해서 정식 송사에까지 이르는 것은 최대한 피해야 하며, 마지막으로 어찌할 수 없을 경우의 최후 해결책이 정식 쟁송이라는 것이다. 이후에도 쟁송을 남발하는 과잉에 이르는 사태를 경계하고 있다.

7·8
사師 : 비比

큰 조직을 지휘해 목표를 달성하는 길과

큰 조직의 결속을 다지는 길

師師 큰 조직을 지휘해 목표를 달성하다

䷆

師 貞 丈人 吉 无咎
사 정 장 인 길 무구
사師는 정貞해야 하니 장인丈人이라야 길하며 허물이 없으리라.

初六 師出以律 否 臧 凶
초 륙 사 출 이 율 비 장 흉
처음에 음이 오니, 군사를 출정시킬 때는 군율로써 하라. 막힐 때 착하게 대하면 흉하리라.

九二 在師 中 吉 无咎 王三錫命
구 이 재 사 중 길 무 구 왕 삼 석 명
양이 두 번째에 오니, 군사를 지휘할 때 중中의 도道를 행하면 길할 것이며 허물이 없으리라. 왕이 세 번 하사하는 명을 내리리라.

六三 師或輿尸 凶
육 삼 사 혹 여 시 흉
음이 세 번째에 올 때, 군사가 혹시 시동尸童을 수레에 싣는다면 흉하리라.

六四 師左次 无咎
육 사 사 좌 차 무 구
음이 네 번째에 오니, 군사가 군주의 장막을 보좌하면 허물이 없으리라.

六五 田有禽 利執言 无咎 長子帥師 弟子輿尸 貞 凶
육 오 전 유 금 이 집 언 무 구 장 자 솔 사 제 자 여 시 정 흉
음이 다섯 번째에 오니, 밭에 짐승이 들어온 상이로다. 공식적인 선언을 집행하는 것이 이로우리라. 허물이 없으리라. 맏아들은 군사를 바르게 거느리지만 작은아들은 시동을 수레에 실으니 정貞하면 흉하리라.

上六 大君有命 開國承家 小人勿用
상륙 대군유명 개국승가 소인물용

극상의 자리에 음이 오니, 대군大君으로 명을 받아 국國을 열고 가家를 이어가게 되는 상이로다. 소인은 쓰지 말라.

사師는 '스승'이라는 뜻과 '군사'라는 두 가지 뜻이 있다. '스승'은 남을 이끌 수 있는 지도자요, '군사'는 지도자를 중심으로 조직을 갖춘 무리를 말하는 것이기에 이 두 가지 뜻은 서로 관련을 맺고 있다.

사師괘 역시 이 두 가지 모두를 의미한다. 사괘는 조직을 갖춘 무리(군사만이 아니라 사업체나 공공기관 등도 이에 해당한다)를 움직이는 원리와, 그런 무리를 이끄는 지도자(스승)를 위한 조언을 담고 있다.

앞서 군자는 송訟의 길을 거쳐 왔다. '송'은 공식적 절차를 통해 분쟁을 해결하는 길이다. 그런데 이러한 송의 길을 통해서도 해결할 수 없는 성질의 문제라면 이제 남은 방법은 단 하나, '진실의 순간'을 맞이하는 것이다. 즉 군사를 동원해 건곤일척의 승부를 판가름하는 길뿐이다. 사師의 도는 이 경우를 위한 조언을 담고 있다.

初六 師出以律 否 臧 凶
초륙 사출이율 비 장 흉

처음에 음이 오니, 군사를 출정시킬 때는 군율로써 하라. 막힐 때 착하게 대하면 흉하리라.

사의 도 1단계에서는 군사를 움직이는 첫 번째 원칙이 군율을 엄정히 하는 것임을 천명한다. "막힐 때[否]"란 말이 제대로 통하지 않고 막히는 상황을 가리킨다. 否는 '不 + 口'의 구조로서 말이 통하지

않는 상황을 묘사한 글자다. '말문이 막힌다'는 의미에서 '막히다(비)'라는 뜻이 되고, 그런 상황은 그릇된 것이기에 '아니다(부)'라는 뜻을 갖는다. 군대란 정해진 규칙에 의해 움직이는 조직이므로, 말로 지시하면 규칙에 따라 집행이 이루어져야 한다. 1효사의 후반부는 이런 지시를 내리는 말이 통하지 않고 막힐 때 어떻게 대처해야 하는지에 대한 조언이다. 이런 상황이 발생했을 때 여린 마음으로 착하게 대하면 흉할 것이라 경고하고 있다. 이에 대해 〈상전〉은 다음과 같이 풀이한다. "군사를 출정시킬 때는 군율로써 해야 하니 군율을 잃으면 흉한 것이다[師出以律 失律凶也]." 군대처럼 큰 조직은 규칙에 의해 움직일 수밖에 없다. 규칙이 무너지고 나면 걷잡을 수 없게 되어 조직이 통제 불능 상태에 빠진다. 그러므로 지시가 말로 집행되지 않는 상황은 결코 가벼이 여길 수 없다. 이를 방치하면 규칙이 무너질 수밖에 없기 때문이다.

九二 在師 中 吉 无咎 王三錫命
구 이 재 사 중 길 무 구 왕 삼 석 명

양이 두 번째에 오니, 군사를 지휘할 때 中중의 도道를 행하면 길할 것이며 허물이 없으리라. 왕이 세 번 하사하는 명을 내리리라.

中(중) 자의 갑골문 어원을 보면, 군대의 진지 중앙에 펄럭이는 기치가 꽂혀 있는 모습을 형상화한 것이다. 기치는 군대가 출정한 뜻이 어디에 있는지, 그 이루고자 하는 대의를 상징하는 표상이다. 그러므로 "중中의 도를 행한다"는 것은 군대가 출정한 목적에 부합하는 행

동을 취한다는 말이다.

이를 볼 때, 우리가 일상생활에서 '중용中庸'이라는 말을 쓰면서 '적당히 타협해서 중간쯤을 행한다'는 의미로 쓴다면 잘못임을 알 수 있다. '중용'은 적당히 중간쯤 하라는 말이 아니라, 이루고자 하는 뜻에 부합하도록 행동하라는 의미이기 때문이다. 中(중)을 자전에서 찾아보면 '적중的中하다' '명중命中하다'라는 뜻이 있는 이유도 이 때문이다. '적的'은 '과녁'이니 '적중'은 과녁의 한가운데를 딱 맞추는 행동이다. '명중'은 명命 받은 바를 딱 맞추는 것을 말한다.

앞서 사의 도 1단계는 이제 막 출정한 군사의 군율을 엄중하게 다지는 단계였다. 사의 도가 2단계에 이르니, 1단계의 성과를 바탕으로 해서 이제 본격적으로 군대가 출정한 목적을 달성하기 위한 행동에 착수할 수 있는 것이다.

이때 2단계에 놓인 양효는 군대의 지휘관에게 재량이 허용됨을 상징한다. 단 그와 같은 재량 허용은 군대가 출정한 목적에 부합할 것을 조건으로 한다. "군사를 지휘할 때 중中의 도道를 행한다"는 것은 이런 의미이며, 그래야 "길할 것"이라는 평가가 주어질 수 있다.

다음으로 2효사는 "길할 것"이라고 하면서 동시에 "허물이 없을 것"이라 말하는 점이 특색인데, 그 이유는 군사를 동원하는 것이 일종의 극약 처방이기 때문이다. 일단 군사를 일으키고 나면 재물을 상하게 하고 사람을 해치는 일이 없을 수 없다. 그 때문에 "길할 것"이라고 하면서 동시에 "허물이 없을 것"이라 말하는 것이다. "허물이 없다"는 말은 일단 상처가 나긴 하겠지만, 그 상처가 잘 치유되기에 흉터로 남지는 않는다는 뜻이기 때문이다.

군자가 2단계에서 군사를 지휘할 때 이상과 같은 중中의 도道를 바르게 행하면 길하며 허물이 없는 결과를 맞이할 수 있다. 그 결과 큰 공을 이룸으로써 왕으로부터 상을 받게 된다.

고대에 왕이 신하에게 상을 내릴 때는 신하가 겸양의 예로써 두 번을 사양하고 나서, 이후에도 왕이 세 번째로 또 하사하는 명을 내리면 그때서야 받드는 것이다.[20] 그러므로 "왕이 세 번 하사하는 명을 내린다"는 말은 군자가 군공軍功을 세우자 왕이 군자의 거듭된 사양에도 불구하고 큰 상을 내린다는 말이다.

≡≡
≡≡

六三 師或輿尸 凶
육 삼 사 혹 여 시 흉

음이 세 번째에 올 때, 군사가 혹시 시동尸童을 수레에 싣는다면 흉하리라.

尸(시)를 자전에서 찾아보면 '주검, 신주神主, 시동尸童; 주장하다, 주관하다' 등 다양한 뜻이 나온다. 오늘날은 흔히 '주검 시'로 새기는데, 원래는 조상에게 제사를 올릴 때 죽은 조상의 대리 역할로 제사상에 앉던 '시동'을 가리키는 표현이었다. 여기서 의미가 변해 '신주'를 뜻하게 된 것이다. 또한 시동은 조상을 대리하는 역할로 그 의사가 존중을 받았기에 '주장하다, 주관하다'라는 뜻이 파생된 것이다.

인류의 전쟁사를 돌아보면 왕이 군대의 사령관을 믿지 못해 자신의 최측근 신하를 전장으로 파견해 사령관의 지휘권에 간섭하는 일이 비일비재하게 일어난다. 3효사에서 "군사가 시동尸童을 수레에 싣는다"는 말은 이러한 상황을 지칭한 표현이다. 시동은 조상을 대리하는 역할로 그 의사 표명이 존중받는 존재이므로, 이를 통해 군대의 지휘권이 합당한 지휘관에게 전속되지 못하고 간섭받는 상황을 표현한 것이다.[21] 사공이 많으면 배가 산으로 가는 법이어서, 엄중히 이루어져야 할 군사의 일은 마땅히 한 사람에게 지휘권이 전속되어야 한다. 이러한 지휘권 일원화가 이루어지지 못하면 군령이 바로 서지 못해 군대가 패배를 당할 것은 필연이다. 따라서 그 결과가 "흉할 것"이라 경고하는 것이다.

사의 도에서 3단계는 위기의 단계인데 여기서 주역이 지휘권 일원화 문제를 언급하는 것은, 군사를 움직이는 사의 도에서 가장 큰 위기 요소가 바로 이 문제라고 보는 것이다.

> ☷☵
>
> ## 六四 師左次 无咎
> 육 사 사 좌 차 무 구
> 음이 네 번째에 오니, 군사가 군주의 장막을 보좌하면 허물이 없으리라.

'백서帛書 주역'(〈부록 2. 주역 관련 출토 문물〉 참조)의 〈소력昭力〉 편은 4효사를 다음과 같이 풀이하고 있어 참고가 된다. "차次라는 것은 군주가 계신 곳을 이른다. 일을 당함에 그 군주를 보좌하면 무슨 허물이 또 있겠는가[次也者 君之立也 見事而能左亓主 何咎之又]." 次(차)는 군주가 궁궐을 떠나 이동 중일 때 장막을 쳐서 임시로 마련한 거처이고, "일을 당했다"는 말은 앞서 3단계에서 지휘권 분열로 군대가 위기에 처한 상황을 가리킨다. 이런 일을 당했으니 일단 군대를 뒤로 물려서 군주의 장막을 보좌하도록 하라는 조언인데, 이렇게 하면 지휘권의 계통이 명확해져 군령이 다시 선다.

즉 주역은 사의 길 4단계에서 지휘권의 계통을 명확히 함으로써 3단계의 위기를 수습해야 한다고 조언하는 것이다. 또한 이는 2보 전진을 위한 1보 후퇴이기도 하다. 상황이 여의치 않으니 일단 군사를 뒤로 물려서 전열을 재정비한 후 전진의 기회를 재차 엿보는 것이다.

六五 田有禽 利執言 无咎 長子帥師 弟子輿尸 貞 凶
육 오 전 유 금 이 집 언 무 구 장 자 솔 사 제 자 여 시 정 흉
음이 다섯 번째에 오니, 밭에 짐승이 들어온 상이로다. 공식적인 선언을 집행하는 것이 이로우리라. 허물이 없으리라. 맏아들은 군사를 바르게 거느리지만 작은아들은 시동을 수레에 실으니 정貞하면 흉하리라.

금禽은 흔히 '새'로 새기지만, 원래는 짐승 전체를 뜻하는 말이었다. "밭에 짐승이 들어왔다"는 것은 자타가 공인하는 악행惡行을 의미한다. 주역의 세계는 인간보다 숲이 우세하던 시절이라 할 수 있다. 주공周公의 주요한 업적으로 밭에서 코끼리를 몰아낸 일이 언급될 정도로, 당시는 짐승들로 인해 자주 농사를 망치곤 했다. 따라서 "밭에 짐승이 들어왔다"는 것은 자타가 공인하는 악행이 벌어진 것이며, 그 짐승은 모두의 공적公敵인 것이다.

"집언執言"에 대해 정이는 이렇게 풀이한다. "집언執言이란 왕의 말씀을 받드는 것을 말한다. 그 죄를 명백히 밝히고서 토벌하는 것이다[執言 奉辭也 明其罪而討之也]." 그러므로 '집언'을 행하는 것이 이롭다는 주역의 조언은, 백성의 농사를 망치고 있는 공적公敵에 대해, 이를 토벌하라는 왕의 명령을 받아냄으로써 공식적인 정당성을 확보한 연후에 토벌에 착수하라는 말이다. 이렇게 해야 허물이 없으리라 한

다. 그 이유를 정이는 다음과 같이 설명한다. "만약 가벼이 움직여서 천하에 해독을 끼친다면 그 허물이 큰 것이다[若輕動以毒天下 其咎 大矣]." 여기서 천하에 해독을 끼친다고 말하는 이유는, 일단 군사를 일으킨 이상 재물을 상하게 하고 사람을 해치는 일이 없을 수 없기 때문이다. 그러므로 주역은 군사를 움직이는 사師의 도에서 정당성 확보가 가장 중요한 관건이라 판단하는 것이다.

"장자솔사 제자여시長子帥師 弟子輿尸"에 대해 〈상전〉은 이렇게 풀이한다. "맏아들이 군사를 바르게 거느리는 것은 적중한 행동이기 때문이며, 작은아들이 시동을 수레에 싣곤 하는 것은 그렇게 시킨 것이 부당하기 때문이다[長子帥師 以中行也 弟子輿尸 使不當也]."

아버지의 맏아들은 정당한 계승권을 가진 존재다. 그러므로 맏아들에게 군사의 지휘권을 맡기는 것은 적중한 행동이다. 반면 작은아들은 정당한 계승권을 가진 존재가 아니다. 그러므로 작은아들에게 군사의 지휘권을 맡기는 것은, 그렇게 시킨 것 자체가 부당하다. 그러므로 작은아들에게 군사의 지휘권을 맡겨서는 올바른 결과를 얻을 수 없다는 말이다.

"작은아들은 시동을 수레에 싣곤 한다"는 말은, 작은아들은 정당한 지휘권을 맡을 자격이 없는 존재이기에, 그에게 맡기면 간섭받는 일이 벌어져서 지휘권이 일원화되지 못한다는 말이다. 그 스스로 자신의 정당성 부족을 보완하느라 누군가를 끌어들일 수도 있다.

"정貞하면 흉할 것"이라는 말은, 그렇게 작은아들에게 군사 지휘권을 맡기겠다고 고집하면 흉할 것이라는 말이다. 이는 군자가 사의 도 5단계에서 공적公敵을 토벌하기 위해 군사를 동원할 때 그 지휘권을 정당한 인사에게 맡겨야 한다는 조언이다. 이는 3단계에 이어 지휘권의 일원화가 중요하다는 사실을 재차 강조함과 동시에 군사를 움직이는 사의 도에서 정당성 확립이 중요한 문제라고 강조하는 것이다.

▤▤ **上六 大君有命 開國承家 小人勿用**
상 륙 대 군 유 명 개 국 승 가 소 인 물 용
극상의 자리에 음이 오니, 대군大君으로 명을 받아 국國을 열고 가家를 이어가게 되는 상이로다. 소인은 쓰지 말라.

앞서 5단계에서 군자가 왕명을 받들어 공적公敵을 토벌하는 군공을 세우면, 6단계에서는 대군으로 책명을 받아 국國을 열고 가家를 이어가게 된다. 즉 6단계는 통상의 경우와 달리 과잉의 단계가 아니라 사의 도에서 절정의 효가 되고 있다.

앞서 송訟(6)의 단계에서는 군자가 아직 제후의 가신家臣으로서 소읍의 읍재邑宰에 머물러 있었다. 하지만 그동안 역량을 키워온 군자가 이제는 직접 왕으로부터 대읍大邑을 분봉받은 대군의 지위로 격상되는 것이다.

그러므로 "소인은 쓰지 말라"는 주역의 경고는, 대군으로 올라선 군자가 5단계의 전쟁 수행에 따른 논공행상으로 자신의 신하를 새로이 임명할 때 인재를 가려 쓰라 조언하는 것이다. "소인은 쓰지 말라"는 조언이 이 순간에 특별히 등장하는 이유는, 앞서 5단계에서 전쟁을 수행하는 동안에는 현실적 필요성에 쫓겨 소인도 쓰지 않을 수 없었던 사정을 반영하는 것일 수 있다. 이제 전쟁이 끝났으니 치세治世를 이끌어갈 신하로는 소인을 등용해서는 안 된다고 말하는 것이다.

師 貞 丈人 吉 无咎
사 정 장 인 길 무 구
사師는 정貞해야 하니 장인丈人이라야 길하며 허물이 없으리라.

'장인丈人'은 오늘날 아내의 아버지를 이르는 호칭으로 익숙하지만, 원래 '장丈'은 '어른'이나 '장자長子(맏아들)'를 의미하는 글자였다. 여기서 '장자'는 앞서 5효사에 등장했던 표현이다. 5효사에서 장자長子라고 썼던 것을 괘사에서 장인丈人으로 표현을 바꾼 이유는, 전자는 군자가 지휘관을 임명하는 경우였으므로 범위를 좁혀서 큰아들, 작은아들에 비유한 것이고, 후자는 괘사에서 일반적인 원칙을 천명하는 것이므로 보다 범위를 넓혀서 장인으로 표현한 것이다. 여기서 장인은 무리 중 가장 '맏이'가 되는 사람, 최고 어른에 해당하는 사람, 무리를 지휘할 수 있는 정당한 자격을 갖춘 사람을 의미한다.

"사師는 정貞해야 한다"는 말은 사의 도를 밟아나갈 때는 올곧게, 굳세게 뜻을 고수할 수 있어야 한다는 말이며, 동시에 그렇게 해서 동원된 군사가 정貞할 수 있어야 한다는 말이다. 이처럼 "사師가 정貞할 수 있으려면", 그 군사의 지휘권이 정당한 이(맏이)에게 귀속되지 않으면 안 된다. "사師는 정貞해야 하니 장인이라야 길하며 허물이 없다"는 괘사는 이런 취지의 말이다.

주역이 '정당성 확립' 문제를 괘사에서 재차 강조하는 이유는, 이 문제를 사師의 도에서 가장 중요하게 보기 때문이다. 〈단전〉은 사의 괘사에 대해 이렇게 풀이한다. "사師는 큰 무리요, 정貞하다는 것은 바르다[正]는 것이다. 능히 큰 무리를 바르게 할 수 있으면, 이로써 왕 노릇을 할 수 있다 (…) 험난한 장애를 거치고서 순명을 이룬다. 이로써 천하에 해독을 끼치는 것인데도 백성이 이를 따르니 길한 것이다. 또한 무슨 허물이 있겠는가[師 衆也 貞 正也 能以衆正 可以王矣 (…) 行 險而順 以此毒天下而民從之 吉 又何咎矣]?"

정이는 이 구절에 대해 다음과 같이 풀이한다. "군사를 일으키고 나면 재물을 상하게 하고 사람을 해치는 일이 없을 수 없으니 천하에 해독을 끼치는 것이다. 그런데도 백성의 마음이 이를 따르는 것은 합당한 의義로써 움직이는 것이기 때문이다[師旅之興 不无傷財害人 毒 害天下 然而民心從之者 以其義動也]."

〈단전〉이 말하는 "왕 노릇을 할 수 있다"는 것은, 오늘날의 용어로 는 정치권력을 획득할 수 있다는 말이다. 군사를 일으키고 운용하는 것은 예나 지금이나 국가권력이 가장 극명하게 발현되는 지점이다. 그러므로 군사를 운용하는 원리를 제시한 사의 도는 그대로 정치권 력을 획득하고 운용하는 원리를 제시한 것이기도 하다. 〈단전〉은 이 런 정치권력 획득의 요체가 '정당성' '정통성'의 획득에 있다는 점을 간결하게 적시하고 있다. 오늘날 정치권력이 정당성, 정통성에 매달 리는 이유가 바로 여기에 있다. '정치권력'이란 '정당성'과 동의어나 마찬가지이기 때문이다. 이처럼 정당성을 확립하면 "천하에 해독을 끼치는데도 백성이 이를 따른다"고 한다. 이는 비단 정치권력에만 해 당하는 얘기가 아닐 것이다.

큰 조직이 움직여서 어떤 일을 도모하려면 조직 구성원 모두가 조 직을 따르지 않으면 안 된다. 어떤 경우 조직은 그 구성원에게 일정 한 희생을 요구하는 경우가 있다. 이럴 때 조직은 무엇으로써 구성원 에게 희생을 요구할 수 있는가? 〈단전〉은 '正(정)'이라 말하고 있고, 정이는 '義(의)'라 말하고 있다. 결국 '정의正義'요, 정당성이다. 조직

상경

의 성립이 정당한 것이라면, 조직이 도모하는 목적이 정의롭고 정당한 것이라면, 조직 구성원은 자신에게 희생이 요구되는 경우에조차 이를 받아들인다. 주역이 사의 도에서 정당성 확립이 가장 중요하다고 강조하는 이유도 이 때문이다. 정당성이 아니고서는 구성원에게 복종과 희생을 요구할 수 없고, 그에 따라 큰 조직을 움직여나갈 방법이 없기 때문이다.

8

비比 큰 조직의 결속을 다지다

䷇

比 吉 原筮 元永貞 无咎 不寧方來 後 夫 凶
_{비 길 원서 원영정 무구 불령방래 후 부 흉}

비比의 길은 길하리라. 처음에 점괘가 나왔을 때 으뜸으로 오래도록 정貞한다면 허물은 없겠으나, 안녕하지 못한 상태가 바야흐로 찾아오리니 뒤에는 지아비가 흉하게 되리라.

初六 有孚比之 无咎 有孚盈缶 終來有他 吉
_{초 륙 유부비지 무구 유부영부 종래유타 길}

처음에 음이 올 때, 믿음을 갖고 친밀하게 대하면 허물이 없으리라. 믿음을 갖고 술동이를 가득 채우면 종국에는 사람이 달라짐이 있게 되니 길하리라.

六二 比之自內 貞 吉
_{육 이 비지자내 정 길}

음이 두 번째에 오면, 안으로부터 친밀하게 대하는 상이로다. 정貞하면 길하리라.

六三 比之匪人
_{육 삼 비 지 비 인}

음이 세 번째에 오니, 친밀하게 대했는데 (상대가) 사람이 아닌 상이로다.

六四 外比之 貞 吉
_{육 사 외비지 정 길}

음이 네 번째에 오니, 겉으로 친밀하게 대하는 상이로다. 정貞하면 길하리라.

九五 顯比 王用三驅 失前禽 邑人不誡 吉
_{구 오 현비 왕용삼구 실전금 읍인불계 길}

양이 다섯 번째에 오니, 친밀함을 드러내 보이고자 왕으로서 삼구三驅의 법을 쓰는 상이로다. 먼저 나오는 짐승은 놓아주면 읍인들이 경계하지 않게 되어 길하리라.

上六 比之无首 凶
상 륙 비 지 무 수 흉

극상의 자리에 음이 오니, 친밀하게 대하다 우두머리가 없는 지경에 이르는 상이로다. 흉하리라.

比(비)는 사람이 같은 방향을 보며 나란히 서 있는 모습을 형상화한 글자로, 그 원형적 의미는 '친밀한 패거리'를 뜻한다.

앞서 사師의 도는 구성원들에게 복종을 요구해 큰 조직의 목표를 달성하는 원리를 이야기했다. 이와 대대를 이루는 비比의 도는 구성원들을 친밀하게 대해 조직과 공동체의 결속을 다지는 원리에 대해 말한다.

사師의 도는 구성원들에게 복종과 희생을 요구하는 것이기에 장기간 사의 도만을 지속할 수는 없다. 군자의 다스림이 오직 복종만을 요구하는 것이라면 오래갈 수 없는 법이니, 군자는 읍인들과 친밀한 관계를 수립해야 한다. 읍인들이 경원시하는 주군이 아니라 '우리의 주군'으로 친밀하게 받아들일 때라야 진정한 주군이라고 할 수 있기 때문이다. 이처럼 군자가 읍인들에게 친밀하게 받아들여지려면 '친밀한 한패'가 된 느낌이 있어야 한다. 남이 아닌 '우리'가 되는 것이다. 그래서 괘명으로 比(비)가 쓰인 것이며, 이러한 비의 도가 사의 도와 대대를 이루는 것은 자연스럽다.

또 다른 측면으로는, 앞서 사師의 길 6단계에서 대군大君으로 올라선 군자가 새로이 대읍大邑을 분봉받아서 나라[읍국邑國]를 열게 되었다는 점을 고려할 수 있다. 새로운 읍인들을 거느리게 된 군자는 이들의 경계심을 해소하고 친밀한 관계를 맺어야 한다. 그래야 이들과 진정한 공동체(나라)를 이룰 수 있기 때문이다. 이처럼 진정한 우리의 공동체를 이루었을 때라야 거기에서 사師를 동원할 수 있는 왕의 권력이 나오는 것이다. 그래서 〈상전〉은 비比의 길에 대해 다음과 같이 풀이하고 있다. "비의 길은 그로써 선왕이 나라를 세웠던 것이다[比 先王以建萬國]."

初六 有孚比之 无咎 有孚盈缶 終來有他[22] 吉
초 륙 유 부 비 지 무 구 유 부 영 부 종 래 유 타   길

처음에 음이 올 때, 믿음을 갖고 친밀하게 대하면 허물이 없으리라. 믿음을 갖고 술동이를 가득 채우면 종국에는 사람이 달라짐이 있게 되니 길하리라.

비의 길 1효사는 군자가 비의 도를 행할 때 믿음을 가져야 한다고 조언한다. 그 이유는 새로 만난 읍인들을 친밀하게 대하는 일이 금세 효과를 내기는 어렵기 때문이다. 앞으로 보겠지만 비의 길은 5단계에 이르러서야 원하는 결과를 달성하게 된다. 읍인들 입장에서는 새로이 읍주邑主로 나타난 군자를 경계하기에 쉽사리 마음을 열 수 없다. 그러므로 주역은 비의 도를 행할 때 "믿음을 가져야 한다"고 조언하는 것이다.

"술동이를 가득 채운다"는 상징성을 띤 표현이다. 주역에서 술을 같이 마시는 행위는 서로 간의 신뢰를 강화하는 행동이다. 그러므로 "믿음을 갖고 술동이를 가득 채운다"는 말은 서로 간의 신뢰가 쌓이도록 시간을 두고 노력한다는 뜻이다. 이렇게 하면 결국 사람이 달라짐이 있게 되어 길할 것이라고 한다. 군자의 진실한 믿음이 읍인들에게 전달되어 신뢰를 얻기 때문일 것이다.

六二 **比之自內 貞 吉**
육 이 비 지 자 내 정 길
음이 두 번째에 오면, 안으로부터 친밀하게 대하는 상이로다.
정貞하면 길하리라.

앞서 1단계는 준비 단계이기 때문에 비의 도를 전개하기 위한 전체적 가이드라인을 제시한 것이었다. 그러므로 비의 도를 본격적으로 실행하는 것은 2단계가 처음이다. 이처럼 비의 도를 처음 행할 때 안에서부터 우러나는 마음으로 친밀하게 대해야 한다는 조언이다. 또한 효과가 나타날 때까지 시간이 걸리므로 "정貞하면 길할 것"이라 덧붙여 조언하고 있다.

六三 **比之匪人**
육 삼 비 지 비 인
음이 세 번째에 오니, 친밀하게 대했는데 (상대가) 사람이 아닌 상이로다.

3단계는 비의 도를 행할 때 맞닥뜨리는 위기의 단계다. 군자가 기껏 친밀하게 대하는 노력을 기울였는데, 막상 그 상대방이 사람이 아니더라는 것이다. "사람 같지 않은 사람[匪人]"도 더러 있는 법이다. 앞으로 주역에서 가끔 이 "비인匪人"을 마주치게 되는데, 군자의 읍인 중에도 사람 같지 않은 사람이 섞여 있는 것이다. 그러므로 사람들과 친밀해지기 위해 비의 도를 행할 때는 비인이 존재한다는 사실을 명심해야 한다.

이처럼 비인을 만나 혼이 나는 경험을 쌓은 군자는 계속해서 비의 도를 행하더라도 실행 방침을 바꾸어야 한다. 그처럼 방침을 바꾸면 한 단계 더 나아가 다음의 4단계에 이른다.

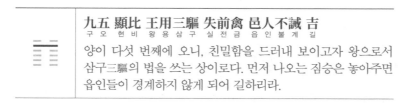

六四 外比之 貞 吉
육 사 외 비 지 정 길
음이 네 번째에 오니, 겉으로 친밀하게 대하는 상이로다. 정貞하면 길하리라.

앞서 비인으로 인한 위기를 겪은 군자는 4단계에 이르러 방침을 바꾼다. 비의 도를 계속 행하되 "겉으로 친밀하게 대하는" 것이다.

비인이 섞여 있는 세상에서 사람을 가림이 없이 진실한 마음을 다 쏟는 것은 위험하다는 사실을 깨달은 것이다. 그 결과 이제는 읍인을 대할 때 우선 겉으로 친밀하게 대한다. 물론 이렇게 해서 상대가 진실한 사람임을 확인하고 나면 역시 진실한 마음으로 대하는 것이다.

九五 顯比 王用三驅 失前禽 邑人不誡 吉
구 오 현 비 왕 용 삼 구 실 전 금 읍 인 불 계 길
양이 다섯 번째에 오니, 친밀함을 드러내 보이고자 왕으로서 삼구三驅의 법을 쓰는 상이로다. 먼저 나오는 짐승은 놓아주면 읍인들이 경계하지 않게 되어 길하리라.

5효사에 등장하는 "삼구三驅"는 사냥할 때 짐승을 세 차례에 걸쳐 나누어 몬다는 뜻이다. 전통시대에 왕의 사냥은 군사와 백성을 대규

모로 동원하는 행사였다. 이를 통해 군사를 조련하고 백성들과 단합을 이루고자 했으며, 그에 따라 여러 가지 행위가 상징성을 고려해 연출되었다. 이런 사냥에 나설 때는 병사들과 백성들로 하여금 짐승을 세 차례에 걸쳐 몰도록 한다. 사냥터를 에워싸고 짐승을 몰아 왕 앞으로 가도록 하는데 세 차례에 걸쳐 몰았던 것이다.

이때 처음 두 번에 걸쳐 왕 앞으로 나온 짐승들은 자기 땅의 생명을 아끼는 왕의 인자한 덕을 보여주기 위해 일부러 놓아준다. 하지만 계속 숨어서 버티다 마지막 세 번째에야 왕 앞으로 나오는 짐승은 무도하다 하여 한 마리도 남김없이 모두 쏘아 죽였다.

이는 백성들에게 왕의 인자한 아량을 과시함과 동시에 통치의 엄정함을 보여주기 위해 고도로 계산된 상징 의식이다. 예를 들어 이는 백성이 무언가 잘못을 저지르더라도 왕은 그 백성을 용서해줄 것임을 상징한다. 왕은 그를 자신의 백성으로서 사랑하기 때문이다. 이때 그 백성은 왕의 인자한 아량에 감읍하게 된다.

그런데 이 백성이 혹시 다음에 또 같은 잘못을 저지르면 어떻게 할까? 왕은 백성이 잘못을 반복한 것에 대해 크게 화를 낸다. 하지만 백성이 제발 살려달라고 빌면, 차마 자신의 백성을 해할 수가 없어서 또 살려준다. 죽임을 당할까 벌벌 떨던 백성은 그야말로 왕의 아량에 감읍할 것이며, 이를 지켜보는 백성 모두 군주를 '우리의 왕'으로 받아들이게 된다.

그런데 이 백성이 세 번째로 또 같은 잘못을 저지르면 어떻게 할까? 이때는 아무리 그 백성이 울고불고 통사정한다 해도 왕은 결단코 그 백성을 죽인다. 이때 또 그 백성을 용서한다면 더 이상 왕의 영슘이 서지 않을 것이기 때문이다. 백성들이 왕 알기를 우습게 알 것이며, 왕은 더 이상 왕이 아닐 것이다. 따라서 왕은 결단코 그 백성을 죽인다. 이것이 삼구의 법이 상징하는 바다. 오늘날에도 흔히 '삼진 아웃제'를 처벌 법규로 채택하는 것은 그 유산이라고 할 수 있다.

삼구의 법은 왕의 절묘한 리더십이다. 왕의 인자한 아량을 보여줌으로써 친밀한 관계를 수립할 수 있고, 동시에 왕의 권위도 훼손당하지 않기 때문이다. 왕의 백성들은 혹시 자신이 무언가를 실수해서 잘못을 범하더라도 왕이 두 번씩이나 용서해주리라는 걸 알기에 더 이상 왕을 경계하지 않아도 된다. 세 번씩이나 같은 잘못을 범하는 것은 실수가 아니라 고의에 따른 결과일 것이기 때문이다. 그러므로 이런 범법자들의 경우가 아니라면 백성들은 누구나 경계를 풀고 안심할 수 있으며, 왕의 인자한 덕에 감읍해 '우리의 왕'으로 받아들인다. 동시에 범법자들은 엄정하게 처단함으로써 왕의 권위도 확립할 수 있다.

이처럼 '우리'라는 친밀한 공동체 의식을 부여하면서도 중심 권위를 유지하는 것, 이 둘을 만족시키면 '나라'가 성립하며, 그때 그는 왕이 되는 것이다.

그러므로 비의 도는 5단계에 이르러 소기의 목적을 달성한다. 5효사는 "왕으로서" 삼구의 법을 쓴다고 했다. 이는 '왕의 탄생'을 말하는 것이다. 군자가 5단계에 이르러 삼구의 법을 완성했을 때 그는 단지 군주에서 진정한 왕으로 재탄생하는 것이다. 앞서 1효사에서 "종국에는 사람이 달라짐이 있게 되니 길할 것"이라 했던 말이 이 순간에 실현이 된다. 사람들이 군자를 '우리의 왕'으로 받아들이게 되는 것이다.

上六 比之无首 凶
상륙 비지무수 흉

극상의 자리에 음이 오니, 친밀하게 대하다 우두머리가 없는
지경에 이르는 상이로다. 흉하리라.

비의 도 6단계는 과잉의 단계인데, 앞서 5단계에서 군자가 삼구의
법을 제대로 쓰지 못했을 때 이르는 단계다. 친밀하게 대함이 지나쳐
서 세 번째로 또 잘못을 저지르는 백성까지 용서하게 되면, 그 결과
우두머리가 없는 지경에 이르고 만다.

군자가 5단계에서 삼구의 법을 제대로 완성하면, 백성들이 '우리
의 왕'으로 받아들이는 진정한 왕이 되지만, 그러지 못해 6단계의 과
잉에까지 이르면 이제는 우두머리가 없는 지경에 이르고 만다. 읍인
들이 군자를 무시하는 정도에까지 이르는 것이다.

比 吉 原筮 元永貞 无咎 不寧方來 後 夫 凶
비 길 원서 원영정 무구 불령방래 후 부 흉

비比의 길은 길하리라. 처음에 점괘가 나왔을 때 으뜸으로 오
래도록 정貞한다면 허물은 없겠으나, 안녕하지 못한 상태가 바
야흐로 찾아오리니 뒤에는 지아비가 흉하게 되리라.

"처음에 점괘가 나왔을 때"란 주역점을 쳤는데 앞으로 가야 할 길
이 비의 길이라는 점괘가 나왔다는 뜻이다.

이때 "정貞한다"는 말은 비의 도의 취지에 맞게 읍인들을 친밀하게
대하는 행동을 지속하는 것이다.

"안녕하지 못한 상태가 바야흐로 찾아오리니 뒤에는 지아비가 흉하

게 된다"는 말은 6단계의 상황을 가리키는 것이다. '지아비[夫]'는 앞서 몽蒙괘(4) 3효사에서 확인한 바와 같이 군자를 가리키는 표현이다.

종합해 살펴보면, 비의 괘사에서 "으뜸으로 오래도록 정貞한다면 허물은 없겠으나, 안녕하지 못한 상태가 바야흐로 찾아오리니"라고 말하는 이유는, 괘상에서 효의 음양 변화와 관련이 있다. 비의 길 1~4단계는 계속 음효로 이어진다. 음의 작용은 하늘의 뜻에 비추어 마땅한지를 살피고 헤아리는 것이므로, 군자는 비의 길 1~4단계 동안은 자신의 행동이 친밀하게 대하는 비의 도에 비추어 마땅한지를 계속 살피고 헤아려야 한다. 이것이 정貞한 행동이다.

하지만 5단계에 이르면 효가 양으로 바뀐다. 이는 군자가 짐짓 삼구의 법을 쓰면서 세 번째로 같은 잘못을 저지르는 백성을 준엄하게 처벌하는 상황을 암시한다. 즉 군자는 4단계까지 이어오던 정貞한 행동을 5단계까지 지속해서는 안 되는 것이다. 군자가 5단계에 이르러 삼구의 법을 제대로 쓴다면 비의 도가 절정에 이르면서 길한 결과를 맞는다. '우리'라는 친밀한 공동체 의식이 다져짐으로써 진정한 '나라'가 성립하고 군자는 왕으로 재탄생하는 것이다. 그래서 괘사의 서두에서 "비比의 길은 길하리라"고 했다. 하지만 "으뜸으로 오래도록 정貞한다면", 즉 5단계까지도 마냥 친밀하게 대하는 행동만을 지속한다면 "허물은 없겠으나, 안녕하지 못한 상태가 바야흐로 찾아오리니"라고 경고하는 것이다.

9·10

소휵小畜 : 리履

굴레를 씌워 길들이는 길과

놓아주어 이행하게 하는 길

소흑小畜 굴레를 씌워 길들이다

小畜 亨 密雲不雨 自我西郊
소 흑 형 밀 운 불 우 자 아 서 교
소흑의 길은 형통하리라. 빽빽한 구름이 아직 비를 내리지 않은 채 우리 서쪽 교외로
부터 오는 상이다.

初九 復自道 何其咎 吉
초 구 복 자 도 하 기 구 길
처음에 양이 오니, 자신의 길을 회복하는 상이로다. 어찌 그것이 허물이겠는가? 길하
리라.

九二 牽復 吉
구 이 견 복 길
양이 두 번째에 오니, 강제로 코를 꿰어 끌어서 회복하는 상이로다. 길하리라.

九三 輿說輻 夫妻反目
구 삼 여 탈 복 부 처 반 목
양이 세 번째에 오니, 수레가 바큇살을 벗기는 상이로다. 지아비와 처가 서로 반목한다.

六四 有孚 血去惕出 无咎
육 사 유 부 혈 거 척 출 무 구
음이 네 번째에 오니, 믿음을 갖고서 피를 내어 마시고 걱정과 두려움을 내치면 허물
이 없으리라.

九五 有孚 攣如 富以其隣
구 오 유 부 연 여 부 이 기 린
양이 다섯 번째에 오니, 믿음을 갖고 매여 있구나. 그 이웃함으로 인해 부유해지리라.

上九 旣雨旣處 尙德載 婦 貞 厲 月幾望 君子 征 凶
상 구 기 우 기 처 상 덕 재 부 정 려 월 기 망 군 자 정 흉
극상의 자리에 양이 오니, 이미 비가 내리고 이미 멈춘 것은 덕을 숭상하여 실은 것이
로다. 부인은 정貞하니 위태로우리라. 달이 거의 보름에 찼으니 군자가 정征하려 들
면 흉하리라.

아홉 번째 괘인 '소휵小畜'은 사람에게 굴레를 씌워 길들이는 길에
대해 말한다. 괘명에 쓰인 휵畜은 '쌓다·모으다(축)'라는 뜻과 '기르
다·길들이다(휵)'라는 뜻이 있는데, 전자로 보는 견해가 다수여서 일
반적으로는 소축으로 읽는다. 하지만 필자는 그런 견해에 동의하기
어렵다. 소휵의 괘효사 중 '쌓고 모으는' 일에 대해 말하는 구절이 없
기 때문이다. 畜은 어디까지나 후자의 의미로 쓰인 것이다. 이 같은
용례는《대학장구大學章句》에서도 찾아볼 수 있다.[23]

한편 소휵의 길은 사람을 길들이는 일만이 아니라 부를 길러내는
일에 대해서도 말하고 있다. 소휵을 글자 그대로 풀면 '작게 길들이
는(길러내는) 길'이다. 그러므로 소휵은 사람만이 아니라 작은 부를
길러내는 길이기도 하다. 이에 비해 큰 부를 길러내는 길은 26번째
괘인 '대휵大畜'에 해당한다. 이처럼 畜(휵)이 부를 길러내는 길까지
의미하게 된 것은, 고대의 경우 가축이 식리殖利(이익을 불림)의 수단
이었기 때문이다. 식리의 식殖 자체가 가축을 기르고 번식繁殖시켜
불린다는 뜻이다. 그러므로 소휵의 도는 굴레를 씌워 길들이는 원리
이면서 동시에 작은 부富를 이루는 원리가 된다.

다음으로 소휵의 길에서 굴레를 씌워 길들여져야 하는 대상은 다
른 누구가 아닌 우리 모두다. 인간은 사회적 동물이어서 '공동체'를
떠나서는 생존할 수 없고, 더 나아가 삶의 의미를 얻을 수 없다. 이 세

상은 기본적으로 삭막한 곳이고 무의미한 세상인데, 이런 세상에서 어떻게 의미가 생겨나는지를 보면, 타인과의 관계 맺음을 통해 의미가 생겨난다.

그런데 관계를 '맺는다'는 것은 서로를 끈으로 붙들어 매는 것이다. 이런 관념은 영어 표현에도 들어 있다. '관계를 맺는다'의 영어 표현인 'establish ties with'에도 '서로를 끈으로 붙들어 맨다[tie]'는 뜻이 들어 있는 것이다. 이처럼 관계는 본질적으로 굴레(속박)를 동반한다. 인간에게 필수적인 삶의 의미가 이처럼 굴레와 함께 오는 것이므로 사람은 누구나 굴레를 받아들여서 길들여지지 않으면 안 되는 것이다.

그러므로 결국 자유를 희구하는 인간 존재가 속박을 받아들여야 하는 모순적 상황에 직면한다. 이 같은 모순을 어떻게 소화하고 조화할 것인가는 인류의 영원한 숙제요, 고민이 아닐 수 없다. 이 때문에 공자는 "사람이 신뢰할 수 없다면, 그가 무엇이 가능한지 알 수 없는 법이다. 큰 수레에 소의 멍에걸이가 없고 작은 수레에 말의 멍에걸이가 없다면, 수레가 무엇으로써 굴러갈 수 있겠는가?[子曰 人而無信 不知其可也 大車無輗 小車無軏 其何以行之哉]"《논어》〈위정爲政〉 22장 1절)라고 설파한 바 있다. 장 자크 루소Jean Jacques Rouseau는 인간이 어디서나 굴레에 매여 있다고 했고, 앙투안 드 생텍쥐페리Antoine de Saint-Exupéry는 《어린 왕자Le Petit Prince》에서 '길들여짐'을 화두로 삼기도 했다.

이 주제는 인류의 영원한 고민이기에 주역의 여행길에서도 전체를 관통하며 끊임없이 변주됨을 볼 수 있다. 소휵의 길도 바로 이 같은 고민에 대해 말하고 있다. 〈서괘전〉은 비比의 길 다음에 소휵의 길이 놓인 이유를 이렇게 설명한다. "비比라는 것은 친밀하게 대하는 것이다. 친밀해졌다면 반드시 길들이는 바가 있어야 한다. 그래서 소휵으로 받은 것이다. 만물은 길들여진 연후에 예禮를 갖추게 되니 (다음은) 리履로 받는 것이다[比者 比也 比必有所畜 故受之以小畜 物畜然後 有禮 故受之以履]."

〈서괘전〉은 소휵의 도와 그다음에 이어지는 리履의 도가 어떤 것인지 그 속성을 잘 말해주고 있다. 앞서 비의 도를 통해 친밀하게 대함으로써 공동체의 결속을 이루고 난 후에는, 반드시 길들이는 바가 있어야 한다는 것이다. 이는 공자가 말했듯 '길들임(멍에)'이 없다면 큰 수레[대승大乘](인간 사회)가 굴러갈 수 없기 때문이다. 그리고 소휵小畜의 도를 통해 사람이 길들여진 연후에야 예禮를 갖추게 되니 다음은 리履로 받는다고 한다. 리의 도는 이제 예를 갖추게 된 존재를 놓아주어 약속(공동체에서 그에게 부여한 역할이자 책임)을 이행하게 하는 원리다.

앞서 소휵의 도에서 굴레를 씌워 길들이는 원리와, 작은 부를 이루는 원리가 같다고 했다. 이는 작은 부를 이루려면 자신의 '야생성'에 굴레를 씌워 길들여야 한다는 말이다. 소휵의 도는 짧은 일곱 줄의 문장으로 인간 존재에 내재한 자유와 구속의 갈등, 이를 통해 인간 공동체가 굴러가는 원리뿐 아니라, 작은 부를 이루는 원리까지 동시에 말하고 있다.

初九 復自道 何其咎 吉
초 구 복 자 도 하 기 구 길
처음에 양이 오니, 자신의 길을 회복하는 상이로다. 어찌 그것이 허물이겠는가? 길하리라.

처음에 양이 온 것은 소휵의 도를 이루기 위해 굴레를 씌우는 행위가 가해짐을 상징한다. 이 같은 의미 파악은 소휵은 물론 대휵大畜

(26)의 괘상까지 종합적으로 검토해서 나온 것이다. 그런데 주역은 이런 굴레를 받아들임이 도리어 "자신의 길을 회복하는" 것이므로 거부하지 말고 그대로 받아들이면 길할 것이라 말한다. 굴레를 받아들임이 어째서 자신의 길을 회복하는 것이 될까?

관계를 맺으려면 서로를 끈으로 붙들어 매야 하기에 본질적으로 굴레를 동반할 수밖에 없다. 이때 관계 맺음에서 비롯하는 굴레란 구체적으로 무엇일지 생각해보면, 이는 모든 관계에서 우리에게 기대되는 일정한 책임이다. 그 책임을 다해야 하는 것이 굴레에 해당한다.

이처럼 길들임과 관계 맺음에서 파생하는 책임을 다할 때 관계를 맺은 두 사람은 서로를 신뢰하게 되며, 그때 비로소 서로를 위해 특별한 존재가 된다. 그때라야 관계가 완성되며, 이를 통해 사람은 존재의 의미를 획득할 수 있다. 그러므로 서로를 길들이는 과정에서 굴레를 받아들이는 것은 관계 맺음을 완성하는 것이며, 제 존재 의미를 획득하는 것이기에 자신의 길을 회복하는 것이라고 할 수 있다.

"자신의 길을 회복한다"는 표현의 원문은 "복자도復自道"로 이는 자신의 '도道(진리)'를 회복하는 것이기도 하다. 그러므로 사람이 '길이 든다'는 말은 마땅히 가야 할 길, 즉 진리인 자신의 '도'를 받아들인다는 말이기도 하다. 이처럼 '길들인다' '길이 든다'는 말은 여러모로 그 의미를 생각해볼 필요가 있다.

九二 牽復 吉
구 이 견 복 길

양이 두 번째에 오니, 강제로 코를 꿰어 끌어서 회복하는 상이로다. 길하리라.

앞서 1단계에서 굴레를 자발적으로 받아들이지 않으면 소휵의 길은 2단계에 이른다. 2단계에서는 강제로 굴레를 씌우고 있다. '견牽'은 '玄 + 冖 + 牛'의 구조로 이루어진 글자다. 밧줄[玄]로 소[牛]를 묶어 외양간[冖] 밖으로 끌어내는 모습을 형상화한 글자다. 그러므로 牽은 그 자체로 '굴레'의 이미지를 반영한 글자라고 할 수 있다.

주역은 이처럼 강제로 굴레를 씌우는 행위조차 길할 것이라 말한다. 그 이유는 결국 "자신의 길을 회복하는 것"이기 때문이다.

九三 輿說輻 夫妻反目
구 삼 여 탈 복 부 처 반 목
양이 세 번째에 오니, 수레가 바큇살을 벗기는 상이로다. 지아비와 처가 서로 반목한다.

'큰 수레[대승大乘]'는 인간 사회 전체를 상징하는 표현으로 자주 쓰인다. '큰 수레'가 아닌, 이곳 3효사에 등장하는 수레 같은 '보통 수레'는 보다 작은 인간 공동체를 상징하는 표현으로 쓰인 것이다. 3효사의 수레는 한 가정, 점포, 회사, 친목 모임 등 다양한 인간 공동체 중 하나라고 할 수 있다.

그런데 소휵의 길 3단계에서는 "수레에서 바큇살이 벗겨지는" 사고가 벌어진다. 이렇게 되면 수레를 더 이상 운행할 수 없게 되는 것이다. 3효사의 후반부는 이런 사고가 벌어지는 이유를 설명하고 있다. 공동체의 구성원인 지아비(군자)와 처(군자의 조력자)가 서로 반목하느라 수레(인간 공동체)가 더 이상 굴러가지 못하는 것이다. 이는 공동체가 제 기능을 하지 못하고 마비된 상황이므로 심각한 위기 상황이다.

　지아비와 처가 서로 반목하는 이유는 1단계와 2단계에서 처에게 가해진 굴레 때문이다. 주역에서는 지아비가 주인공이고, 처가 주인공의 행위 대상으로 설정되어 있기 때문에 이처럼 해석하는 것이다. 앞서 1단계와 2단계에서도 처는 굴레에 대한 반발 심리가 있었을 것이다. 그러다가 3단계에 이르러서 본격적으로 더 이상 굴레를 받아들이지 않겠다고 거부하고 나선 것이다. 공자가 "수레에 멍에걸이(굴레)가 없다면, 수레가 무엇으로써 굴러갈 수 있겠는가"라고 우려했던 상황이 3단계에서 발생한 것이다.

六四 有孚 血去惕出 无咎
육 사 유 부 혈 거 척 출 무 구
음이 네 번째에 오니, 믿음을 갖고서 피를 내어 마시고 걱정과 두려움을 내치면 허물이 없으리라.

　4효사의 "혈거척출血去惕出"은 이후 환渙(59)의 도 6효사에서도 "혈거적출血去逖出"이라 하여 유사한 표현이 나온다. 去(거)에는 '간다'는 뜻 외에 '덜어낸다'는 뜻이 있어서, "혈거血去"는 피를 덜어낸다는 뜻이다. 고대에는 굳은 맹세를 할 때 두 사람의 몸에서 피를 내어 섞어서 나눠 마시는 맹세 의식을 치렀다. "혈거血去"는 이런 맹세 의식을 상징하는 표현이다.

　4효사는 3단계의 위기 상황을 해결하는 방법에 대해 말하고 있다. 믿음을 갖고서 피를 나누어 마시는 굳은 맹세의 의식을 엄숙하게 치름으로써 걱정과 두려움을 내치라는 것이다. 상대가 굴레를 계속 받아들이기를 거부하는 이유는, 일방적으로 자기만 희생한 후 버려질지 모른다는 걱정과 두려움 때문이다. 그러므로 엄숙한 맹세 의식을 치름으로써 걱정과 두려움을 내치고 믿음을 회복해야 하는 것이다. 그 믿음의 내용은 이렇다. 자신만 일방적으로 희생함이 아닌, 공동체의 누구나 각자의 굴레를 쓰고 있다는 사실과, 그 굴레로 인해 공동체가 제 기능을 발휘할 수 있다는 것이다. 또한 최종적으로 공동체 구성원 모두가 더 나은 결과를 얻을 수 있고, 그러므로 자신에게도 이익이 돌아온다는 사실을 확인하는 것이다.

괘상을 보면 소휵의 길 1~3효에 양이 놓였음에 비해 4효에는 음이 놓였다는 점을 주목해야 한다. 양효가 굴레를 씌우는 행위를 상징함에 비해 음효는 관계가 하늘의 뜻에 비추어 마땅한지를 살피고 헤아리는 과정을 상징한다. 이를 통해 걱정과 두려움을 내치고 믿음을 회복하는 것이다.

九五 有孚 攣如 富以其隣
구 오 유 부 연 여 부 이 기 린
양이 다섯 번째에 오니, 믿음을 갖고 매여 있구나. 그 이웃함으로 인해 부유해지리라.

攣(연)은 '매인다'는 뜻이다. "믿음을 갖고 매여 있다"는 것은, 이제 믿음을 갖고 자신에게 가해진 굴레를 받아들인다는 말이다. 앞서 4단계의 맹세 의식이 효력을 발휘해 이제 처를 비롯한 공동체 구성원들이 서로를 향한 굳건한 믿음을 가지고 굴레를 적극적으로 받아들이는 것이다.

"그 이웃함(이웃 간에 서로 도움)으로 인해 부유해질 것"이라는 표현이 흥미롭다. 공동체의 구성원들이 군건한 상호 신뢰를 바탕으로 서로 돕기 때문에 부유해진다는 말이다. 모두가 각자의 굴레를 받아들일 때 이런 결과에 도달하는 것이다. 이를 경제학적으로 보면, 분업을 통해 공동체의 생산성이 크게 높아짐으로써 전체의 파이가 커지는 상황에 해당한다. 이로 인해 분업에 참여하는 모든 사람이 그 혜택을 누릴 수 있는 것이다. 이는 로빈슨 크루소가 자기 섬의 모든 생산물을 독점할 수 있지만, 그 결과는 공동체에 속한 사람의 평균치에 한참 못 미친다는 사실을 생각해보면 쉽게 이해할 수 있다.

지금까지 살펴본 내용은 사회 전체 차원에서 작은 부를 이루는 원리라고 할 수 있겠다. 한편 소축의 괘효사는 개인이 작은 부를 이루는 원리를 말하는 것으로 해석할 수도 있다. 이런 해석은 말미에서 다시 살펴보고자 한다.

上九 旣雨旣處 尙德載 婦 貞 厲 月幾望 君子 征 凶
상 구 기 우 기 처 상 덕 재 부 정 려 월 기 망 군 자 정 흉
극상의 자리에 양이 오니, 이미 비가 내리고 이미 멈춘 것은 덕을 숭상하여 실은 것이로다. 부인은 정貞하니 위태로우리라. 달이 거의 보름에 찼으니 군자가 정征하려 들면 흉하리라.

"이미 비가 내렸고 이미 멈추었다"는 말은 소축의 도가 기대할 수 있는 성과는 이미 실현되었다는 말이다. 비는 전통시대 농경 사회에서 절대적으로 소중한 것이기에 강우가 성과를 상징한다. 그리고 이런 성과는 5단계에서 이미 달성되었다. 결국 비가 내린 시점은 5단계

에서이며, 비는 소휵의 도가 기대할 수 있는 성과를 상징하는 것이다.

"덕을 숭상하여 실은 것"이라는 구절은, 소휵의 길이 그 도를 수레를 끄는 일에 비유하기 때문에 등장하는 표현이다. 이는 군자의 조력자인 처가 지아비인 군자의 덕을 숭상해서 그를 수레에 싣고 끌었기 때문에 성과를 달성할 수 있었다는 뜻이다.

이어서 등장하는 "부인[婦]"은 3효사의 "처妻"와 그 표현이 다르다는 점을 주목해야 한다. 《예기》〈곡례曲禮〉 편에서는 선비의 아내를 부인이라 하고[士之妃曰婦], 서인은 처라 한다[庶人曰妻]고 했다. 이를 통해 부인이 처보다 격이 높다는 사실을 알 수 있다. 앞서 몽蒙(4)의 길 2효에서도 '부인[婦]'이 어떤 존재인지 살펴본 바 있다.

그러므로 "부인은 정貞하니 위태롭다"는 말은, 처가 수레를 끌어준 성과에 만족하지 못해서 그보다 격이 높은 세력인 부인으로 하여금 수레를 끌게 하려고 시도하면 위태롭다는 뜻이다. 부인은 처보다 더욱 정貞하기 때문에 크게 반발하리라는 의미다. 군자의 이런 시도가 큰 반발을 부르는 근본적 이유는, 6단계에서 군자의 행동이 과잉에 이르고 있기 때문이다. 현재 군자는 '대휵大畜'이 아니라 '소휵小畜'의 길을 가고 있기에 너무 많은 것을 기대하면 안 된다. 소휵은 어디까지나 '작게 길들이는 것'이기 때문이다.

"달이 거의 보름에 찼다"는 것은 음 기운이 가득 차올라서 최강의 상태에 이르렀다는 말이다. 군자는 양 기운을 상징하는 존재이므로 "달이 거의 보름에 찼다"면 군자가 힘을 발휘할 수 없다. 따라서 주역은 "군자가 정征하려 들면 흉할 것"이라 말하는 것이다. "정征하려 든다"는 것은, 부인이 굴레에 반발하는 상황을 바로잡으려 든다는 말이다(정征의 의미에 대해서는 〈부록 3〉 참조).

小畜 亨 密雲不雨 自我西郊
소 축 형 밀 운 불 우 자 아 서 교

소휵의 길은 형통하리라. 빽빽한 구름이 아직 비를 내리지 않은 채 우리 서쪽 교외로부터 오는 상이다.

"소휵의 길이 형통하다"는 것은, 소휵의 도는 상대적으로 쉽게 달성할 수 있다는 점을 반영한 표현이다. 대휵의 괘사는 이와 다른 표현을 사용함으로써 달성이 상대적으로 어렵다는 점을 반영하고 있다.

"빽빽한 구름이 아직 비를 내리지 않았다"는 말은 금세 비를 내리게 할 구름이라는 뜻이며, 이는 상서로운 구름에 해당한다.

"우리 서쪽 교외로부터 온다"에서 서쪽은 계절로는 가을에 해당하며, 이는 수확의 계절이다. 동양학에서 특정 방위는 항상 그에 상응하는 소임과 덕목을 내포하므로 이를 반영해 새겨야 한다. 그러므로 비를 곧 뿌릴 구름이 우리 서쪽 교외로부터 오고 있다는 말은 이제 곧 우리 읍에 비가 내릴 것이라는 말이며, 그 비는 가을의 알찬 수확에 보탬을 주는 유익한 비라는 것을 상징하는 표현이다. 이 비가 바로 소휵의 길 5단계에서 내릴 비이며, 소휵의 도가 달성할 수 있는 성과를 상징하는 존재인 것이다. 〈상전〉은 이에 대해 다음과 같이 풀이한다. "소휵의 길은 (…) 뜻이 행해질 것이니 이에 형통하리라. 빽빽한 구름이 아직 비를 내리지 않았다는 말은 오히려 간다(비가 온다)는 뜻이다. 우리 서쪽 교외로부터 온다는 말은 아직 시행되지 않았다는 뜻이다[小畜 (…) 志行 乃亨 密雲不雨 尙往也 自我西郊 施未行也]."

그러므로 "빽빽한 구름이 아직 비를 내리지 않은 채 우리 서쪽 교외로부터 오는 상이다"라는 구절은, 바로 앞 구절에서 "소휵의 길은 형통하다"고 말한 내용을 보충 설명하는 문장이다. 곧 읍에 비가 내릴 것이기에 형통하다는 말이며, 소휵의 도는 상대적으로 쉽게 달성할 수 있다는 점을 반영한 표현인 것이다.

소휵의 도에서 흥미로운 점은, 굴레를 씌워 길들이는 원리와 작은 부를 이루는 원리가 같다는 점이다. 명리학命理學에도 이와 비슷한 관념이 존재하기에 이는 동양학 전반의 사고방식이라 할 수 있겠다.

명리학에는 재성財星이라는 개념이 있다. 사람이 지닌 여러 특성 중 '재財'를 곧잘 만들어내는 속성이 재성이다. 財(재)는 재물財物, 재산財産을 포함하는 개념이니, 재성은 부를 곧잘 일구는 속성인 셈이다. 그런데 명리학은 인간의 재성이, 자기가 가진 맹목적 에너지인 식상食傷을 길들였을 때 만들어진다고 설명한다. 맹목적으로 뿜어져 나오는 에너지는 인간의 야생성이라 할 수 있다. 이를 길들인다는 것은 굴레를 씌운다는 말이며, 이렇게 했을 때 재성이 만들어진다는 것이다.

우리 주변을 둘러보면, 누구는 그다지 열심히 하지 않는 것 같은데도 곧잘 재財를 만들어내는 반면, 누구는 아주 열심히 하는데도 불구하고 통 '재'를 만들어내지 못하는 경우를 볼 수 있을 것이다. '열심히 하는 것'은 맹목적 에너지인 식상食傷에 해당하며, 이는 인간이 본능적으로 갖추고 있는 야생의 에너지다. 이에 굴레를 씌워 길들여야 재성이 길러진다는 것이다.

그리고 여기서 '굴레'란 사회가 요구하는 기준을 받아들이는 것을 말한다. 어떤 사람이 재성을 갖추었다는 것은 자신이 지닌 야생의 에너지를 사회가 요구하는 기준에 맞추어 구사할 수 있다는 말이다.

예를 들어 빈센트 반 고흐Vincent Van Gogh는 천재 화가였다. 이는 그가 엄청난 식상食傷의 에너지를 갖추었다는 말이다. 하지만 그는 살아생전에 자신의 그림을 거의 팔지 못했다. 재성이 약했던 것이다. 그는 사회가 요구하는 기준인 '굴레'에 갇히기를 거부했던 사람이다. 그 결과 천재적인 그림들을 남길 수 있었지만, 재財를 만들어내지는 못했다. 자신이 갖춘 막대한 에너지의 폭주를 제어하지 못해서 나중에는 자기 귀를 스스로 자르기도 하고 결국 자살로 생을 마감하고 말았다.

반면 페테르 파울 루벤스Peter Paul Ruben는 같은 화가이면서도 고흐와 대조를 이룬다. 당대 유럽 전역의 국왕들과 귀족들이 루벤스의 그림을 사지 못해서 안달이었다. 그는 재성을 갖춘 사람이었고, 자신의 재능을 사회가 요구하는 기준에 맞추어 능숙하게 구사할 수 있었던 것이다.

결국 소휵의 도에서 개인이 작은 부를 이룰 수 있는 원리의 요체는, 사회가 요구하는 기준(굴레)과 적절하게 타협할 수 있는가에 달렸다고 할 수 있겠다.

이런 관점에서 소휵의 괘효사를 읽어보면 뉘앙스가 또 달라진다. 예를 들어 다음과 같은 취지로 읽을 수도 있다.

1효: 스스로에게 굴레를 부과한다. 이를 받아들이는 것이 자신의 길을 회복하는 것이라 스스로를 설득한다.

2효: 1단계의 시도가 잘되지 않으니, 굴레에 강제성을 부과해본다.

3효: 하지만 결국 파탄이 나고 만다. 더 이상 일을 할 수가 없다. 이는 내 안에 있는 서로 다른 둘이 갈등하기 때문이다.

4효: 어정쩡한 타협으로는 되지 않는다는 사실을 깨닫고 근본적 고민과 성찰의 과정을 거친다(구체적 과정은 개인마다 다를 것이다). 결국 굴레가 굴레가 아니며, 자신의 일부라는 사실을 깨닫고 이를 받아들인다. 이를 통해 3효의 위기를 극복한다.

5효: 이제 '나'와 '공동체의 요구'를 조화할 수 있게 되었다. 그로 인해 일에 성과가 나기 시작한다. 작은 부를 일구기 시작한다.

6효: 소휵의 도는 대휵大畜의 도가 아니다. 5효의 성과 이상을 욕심내면 흉하리라.

괘사: 소휵의 도는 형통하기에, 작은 부를 일구는 정도는 누구나 노력하면 가능하다.

이상과 같이 읽어도 뜻이 통한다.

결국 소휵의 도는 짧은 일곱 줄의 문장으로 여러 이야기를 '동시에' 하고 있는 것이다. 이 점이 주역 텍스트의 특징이라고 할 수 있다. 주역의 메시지를 책에다 가둘 수 없다는 말은 이 때문이다. 사람마다, 또 보는 각도에 따라 그 메시지가 달리 읽힌다.

필자가 이 책을 쓰는 것도 주역의 메시지를 책에다 가두려는 시도이기에 근본적으로는 옳지 않은 것이다. 시도하는 순간 오류를 만들어내고 있는 셈이다. 그러므로 주역 텍스트는 한문의 원문 그대로 읽는 것이 가장 좋다. 소휵의 도는 한자로 73글자다. 더하거나 빼지 말고 73글자만을 그대로 읽는 것이 가장 좋다.

리履 놓아주어 이행하게 하다

履虎尾 不咥人 亨
리 호 미 부 질 인 형
리履의 길에서 호랑이 꼬리를 밟았는데도 사람을 물지 않는다면 형통하리라.

初九 素履 往 无咎
초 구 소 리 왕 무 구
처음에 양이 오니, 소박하게 이행하는 상이로다. 그렇게 계속 나아가면 허물이 없으리라.

九二 履道 坦坦 幽人貞 吉
구 이 리 도 탄 탄 유 인 정 길
양이 두 번째에 오니, 길을 밟아나갈 때 탄탄대로를 걷는 상이로다. 유인幽人의 정貞함을 지니면 길하리라.

六三 眇能視 跛能履 履虎尾 咥人 凶 武人爲于大君
육 삼 묘 능 시 파 능 리 리 호 미 질 인 흉 무 인 위 우 대 군
음이 세 번째에 오니, 애꾸눈이라도 능히 볼 수 있고 절름발이라도 능히 밟아나갈 수 있는 상인데, 호랑이의 꼬리를 밟고 만다. 사람을 무니 흉하지만 무인武人이 대군大君을 위해 한 일이로다.

九四 履虎尾 愬愬 終吉
구 사 리 호 미 색 색 종 길
양이 네 번째에 오니, 호랑이 꼬리를 밟았더라도 두려워하고 또 두려워하면 종국에는 길하리라.

九五 夬履 貞 厲
구 오 쾌 리 정 려
양이 다섯 번째에 오니, 결판을 내서 이행해야 하는 상이다. 정貞하면 위태로우리라.

上九 視履 考祥 其旋 元吉
상 구 시 리 고 상 기 선 원 길

극상의 자리에 양이 오니. 자세히 살펴서 이행하고 상서로운 조짐을 고찰하려는 상이
로다. 그것을 선회시켜야 비로소 길하리라.

　리履는 '(길을) 밟아나간다'는 뜻이다. 뚜벅뚜벅 자기가 가야 할 길
을 밟아나간다는 의미다. 그에 따라 '이행履行한다'는 말은 약속이나
계약 등을 지킨다, 실천한다는 뜻이 된다.

　앞서 소휵의 도에서 살펴본 바와 같이, 소휵이 굴레를 씌워 길들이
는 원리를 말한다면, 리履의 도는 그렇게 길들여진 사람을 놓아주어
이행하게 하는 원리에 대해 말하고 있다. 이런 측면에서 양자가 서로
대대를 이루는 것이다.

　〈서괘전〉은 소휵의 길 다음에 리履의 길이 놓인 이유를 이렇게 설
명한다. "만물은 길들여진 연후에 예禮가 있게 되니 리履로 받는 것
이다[物畜然後 有禮 故受之以履]." 〈서괘전〉이 소휵의 도를 통해 사람
이 길들여진 연후에 예가 있게 된다고 본 점이 흥미롭다. 아울러 이
처럼 예가 갖추어졌으니 이제 그를 놓아주어 약속(공동체에서 그에게
부여된 역할이자 책임)을 이행하게 한다는 것이다. 리의 도는 그 과정
에서 어떤 일들이 일어나는지를 말한다.

　이 점과 관련해 백서 주역은 '리履'괘의 이름을 아예 '예禮'로 붙이
고 있다. 이를 통해서도 '리'와 '예'가 밀접한 관련이 있다는 점을 알
수 있다. 소휵의 길 다음에 이어지는 길은 '예'로써 '이행履行'하는 길
이라 할 수 있다. 우리가 지금까지 보아온 통행본 주역은 '이행'에 보
다 중점을 둔 입장이고, 백서 주역은 '예'에 보다 중점을 둔 입장이라
고 할 수 있다.

리履의 도 역시 공동체의 관점만이 아니라 개인의 관점에서도 살펴볼 필요가 있다. 개인의 관점에서 본다면, 예를 들어 수습을 마치고 직장 생활을 막 시작한 신입 사원이 약속(직장에서 자신에게 부여된 역할이자 책임)을 이행해나가는 과정에서 어떤 일들이 일어나는지를 말하는 셈이 된다. 이 관점에서 리의 도를 살펴면, 신입 사원 본인이나 관리자 양쪽에게 모두 도움이 될 것이다.

初九 素履 往 无咎
초 구 소 리 왕 무 구
처음에 양이 오니, 소박하게 이행하는 상이로다. 그렇게 계속 나아가면 허물이 없으리라.

리履의 길을 나아갈 때 1단계에서는 소박하게 이행하는 모습이 나타난다고 말한다. 굴레에서 막 놓여나 스스로 첫발을 뗀 상황이므로 소박한 모습이 나타나는 것은 자연스럽다. 사회 초년생의 소박한 모습을 상상하면 이해하기 쉬울 듯하다. 그런 자세로 계속 나아가면 허물이 없을 것이라고 한다.

九二 履道 坦坦 幽人貞 吉
구 이 리 도 탄 탄 유 인 정 길
양이 두 번째에 오니, 길을 밟아나갈 때 탄탄대로를 걷는 상이로다. 유인幽人의 정貞함을 지니면 길하리라.

2단계에서는 길을 밟아나갈 때 탄탄대로를 걷듯 거침이 없고 당당한 모습이 나타난다고 한다. 소박함을 보이던 1단계를 거치면서 자신감이 쌓이니 2단계에서는 거침없고 당당한 모습이 나타나는 것이다. '리도履道'는 '도道를 이행한다'는 의미이기도 하다. 여기에 '도'가 등장하는 이유는 앞서 소축의 길 1단계에서 자신의 도를 회복[復自道]했기 때문이다. 지난 길에서 얻은 성과를 바탕으로 자신의 도를 행하기에 거침없고 당당한 모습이 나타나는 것이기도 하다.

유인幽人은 속세를 떠나 조용히 사는 사람으로 남들과 다툼을 빚지 않는 사람이다. 앞으로 귀매歸妹(54)의 길 2효사에서도 "유인의 정貞함을 지니라"는 조언이 등장하는데, 양쪽을 종합해보면 유인의 정貞함을 지니라는 조언은 주인공에게 자신감이 넘치는 상황에서 등장하고 있다. 너무 지나친 자신감 때문에 실수하지 않도록 경계하는 것이다. 그러므로 '유인의 정貞함'이란 속세를 떠나 조용히 사는 사람처럼 남들과 다툼을 빚지 말고 자중하는 모습을 갖추라는 뜻이다(〈부록 3〉 참조). 〈상전〉은 이에 대해 다음과 같이 풀이한다. "유인의 정貞함을 지니면 길할 것이라는 말은 적중하여서 스스로 분란을 만들지 않기 때문이다[幽人貞吉 中不自亂也]."

六三 眇能視 跛能履 履虎尾 咥人 凶 武人爲于大君
육 삼 묘 능 시 파 능 리 리 호 미 질 인 흉 무 인 위 우 대 군

음이 세 번째에 오니, 애꾸눈이라도 능히 볼 수 있고 절름발이라도 능히 밟아나갈 수 있는 상인데, 호랑이의 꼬리를 밟고 만다. 사람을 무니 흉하지만 무인武人이 대군大君을 위해 한 일이로다.

"애꾸눈이라도 능히 볼 수 있고, 절름발이라도 능히 밟아나갈 수

있다"는 말은 그만큼 일이 쉽다는 뜻이다. 리履의 도가 3단계에 이르자 우리의 사회 초년생은 탄탄대로를 걷는 거침없는 모습에서 한 걸음 더 나아간 것이다. 그런데 이는 1·2효와 달리 3효에 음이 놓인 취지에 어긋난다. 자신의 이행이 하늘의 뜻에 비추어 마땅한지를 상세히 살피고 헤아려야 하는데 이를 소홀히 하는 것이다. 그래서 결국 사달이 나고 만다.

호랑이 꼬리를 밟고 만다는 말은, 하룻강아지 범 무서운 줄 모른다는 속담을 연상시킨다. 사회 초년생은 경험이 적다 보니 겁도 없다. 혈기 왕성한 젊음에 자신감이 넘치다 보니 상대를 만만하게 본다. 그래서 별생각 없이 밟았는데 알고 보니 상대가 호랑이였던 것이다. 호랑이가 사람을 무니 흉할 수밖에 없다.

이어지는 구절에서 '대군'은 앞서 사師의 도에서 전쟁을 치른 끝에 대군의 자리에 오른 군자를 가리키는 표현이다. '무인武人'은 2효사의 유인幽人과 대비되는 사람으로, 이후 손巽(57)의 길 1효사에도 등장한다. 양자를 종합해서 보면, 뜻이 한번 정해진 이상 망설이며 머뭇거리거나 뜻을 바꾸는 일 없이 그대로 행하는 사람을 가리키고 있다. 공동체의 사활이 걸린 전쟁을 담당해야 하는 무인이라면 그리해야 할 것이다. 그러므로 3효사 후반부의 취지는 비록 무인이 호랑이 꼬리를 밟아서 사람을 무는 흉한 일이 벌어졌지만, 이는 뜻이 한번 정해진 이상 망설임 없이 그대로 행하는 무인의 본분으로 인해 벌어진 일이며, 그 또한 대군을 위해 한 일이라는 뜻이다. 따라서 대군(군자)은 그 무인(사회 초년생)을 지나치게 책망하지 말아야 한다는 취지까지 담고 있는 표현이다.

九四 履虎尾 愬愬 終吉
구 사 리 호 미 색 색 종 길
양이 네 번째에 오니, 호랑이 꼬리를 밟았더라도 두려워하고
또 두려워하면 종국에는 길하리라.

4효에서는 다시 양이 오고 있다. 이는 다시 적극적으로 자신의 길
을 밟아나가면 된다는 뜻이다. 이로 미루어 3효의 위기가 극복되었
음을 알 수 있다.

사회 초년생(무인)이 3효에서 호랑이 꼬리를 밟는 실수를 저질렀
지만 이로 인해 두려워하고 또 두려워하는 자세를 갖게 되었으니, 이
처럼 신중한 자세를 갖추면 종국에는 길할 것이라 말하고 있다.

九五 夬履 貞 厲
구 오 쾌 리 정 려
양이 다섯 번째에 오니, 결판을 내서 이행해야 하는 상이다. 정
貞하면 위태로우리라.

夬(쾌)는 활시위를 당길 때 쓰는 깍지를 손가락에 낀 모습을 본뜬
글자다. 활시위를 당겼다 놓는 순간 화살은 활을 완전히 떠난다. 이
는 상황을 다시 물릴 수 없게 하는 결정적 순간이다. 이로부터 夬는
'결정을 짓다' '결판을 내다'는 뜻을 갖게 된다. 쾌夬는 이후 43번째
괘명으로 등장한다. 그러므로 이 글자의 의미는 쾌夬괘 편을 살펴보
면 더 잘 이해할 수 있을 것이다.

5단계는 리의 도의 절정이므로 이때는 '결판을 내서' 이행하라고
한다. 때가 무르익었기에 이제 더 이상 끌지 말고 결판을 지어버려야

한다는 것이다. 모든 일에는 때가 있고, 때는 오래 머무르지 않는다. 또한 좋은 때는 두 번 오지 않는다. 그러므로 때가 왔을 때는 놓치지 말고 꽉 붙들어야 한다. 그동안 결정적인 때가 올 때까지 기다려오던 일을 놓치지 말고 결판을 지어버려야 하는 것이다.

'정貞하다'는 것은 그동안 이어오던 태도를 계속 지킨다는 말이다. 결판을 짓지 않고 계속 머무르는 것이다. 이래서는 오히려 위태롭다는 것이 주역의 조언이다.

리괘의 5효사는 필자에게 한니발Hannibal을 생각나게 한다. 카르타고군을 이끌고 알프스산맥을 넘어 로마로 진격했던 한니발은 칸나에 평원에서 벌어진 대전투에서 로마의 주력 부대 8만 명을 포위해 완전히 궤멸시켰다. 이로 인해 로마는 지척에 있던 수도를 지킬 병력이 사라져버린 일대 위기에 처했다. 당시 한니발의 휘하 장수들 사이에서는 곧바로 수도 로마로 진격해 전쟁을 단숨에 끝내버리자는 견해가 대다수였다. 하지만 한니발은 결정적인 순간에 망설였고, 그 틈에 로마는 동맹국의 도움을 얻어 방어 병력을 급조할 수 있었다. 당시 한니발의 휘하 장수 중 하나는, 한니발이 전투에서는 곧잘 승리하지만 전쟁에서 승리하는 법은 모르는 듯하다고 투덜거렸는데, 이는 정확한 평가라고 할 수 있다. 결국 한니발은 로마와의 전쟁에서 최종적으로 패배하고 말았다. 칸나에전투에서 완벽한 승리를 거둔 그 순간, 한니발은 리의 길에서 5단계에 올라섰다. 이제 '쾌리夬履'를 결행해야 하는 순간이었다. 하지만 한니발은 정貞하고 말았으며 결국 전쟁은 그의 패배로 귀결되었던 것이다.

上九 視履 考祥 其旋 元吉
상 구 시 리 고 상 기 선 원 길
극상의 자리에 양이 오니, 자세히 살펴서 이행하고 상서로운
조짐을 고찰하려는 상이로다. 그것을 선회시켜야 비로소 길하
리라.

視(시)는 '示 + 見'의 구조로 이루어졌고, 示(시)는 제물을 차려놓은
제단의 모양을 본뜬 글자다. 결국 視는 하늘이나 조상님께 제사를 드
리거나 점을 칠 때 제단[示]에 무슨 계시가 나타나는지 긴장감을 가
지고 열심히 바라보는[見] 모습을 형상화한 글자다. 그러므로 '시리視
履'는 '쾌리夬履'의 반대라고 할 수 있다. 단숨에 결행하는 것이 아니
라 계시나 조짐에 구애되면서 조심조심 행한다는 말이다. '고상考祥'
역시 비슷한 취지의 말이다. 상서로운 조짐이 있으면 그때서야 비로
소 자신감을 얻어서 행하겠다고 엉거주춤하고 있는 모양새다.

결국 리의 도 6단계는 5단계의 '쾌리夬履'를 이행하지 못했을 때
후속으로 이어지는 단계라고 할 수 있다. 이래서는 안 되기에 "그것
을 선회시켜야 비로소 길하리라" 말하는 것이다. 그와 같은 소극적인
자세를 돌리라는 뜻이다.

履虎尾 不咥人 亨
리 호 미 부 질 인 형
리履의 길에서 호랑이 꼬리를 밟았는데도 사람을 물지 않는다
면 형통하리라.

리履의 괘사는 3효사의 경우에 대한 보충 설명을 덧붙이고 있다.

지난 3단계에서 호랑이 꼬리를 밟았을 때 흉한 이유는 사람을 물기 때문이다. 그런데 그때 호랑이가 사람을 물지 않는다면 형통하다는 것이다. 이는 바둑에서 무리수를 둔 상황과 유사하다. 무리수가 나쁜 이유는, 상대방이 이를 정수로 응징하면 뼈아픈 손실을 초래하기 때문이다. 그런데 그 무리수를 상대방이 정수로 응징하지 못하고 악수로 받으면, 원래의 무리수가 정수보다 더 좋은 수가 되어버린다. 그러므로 바둑에서 상수가 하수를 상대로 둘 때는 짐짓 무리수임을 알면서 슬쩍 두기도 하는 것이다.

호랑이 꼬리를 밟았으면 호랑이가 화를 내면서 무는 것이 정상적인 응징인데, 그 호랑이가 물지를 않는다면 처음에 호랑이 꼬리를 밟은 것이 더 좋은 수가 된다. 얼떨결에 '호랑이'라는 막강한 적을 제압해버린 것이다. 리履의 괘사에 이 얘기가 덧붙은 것은, 점인들의 관찰 결과 리의 도 3효에서 상황 전개가 그와 같이 되는 일도 꽤 일어남을 목격했기 때문이다. 경험이 적어서 겁도 없이 설치던 초년생이 긍정적 의미의 대형 사고를 친 것이다. 필자가 보기에도 이런 일은 꽤 일어난다.

태泰 : 비否

소통이 잘되어 태평한 길과
불통의 상황을 견디는 길

태泰 소통이 잘되어 태평하다

泰 小往大來 吉 亨
태 소 왕 대 래 길 형
태泰의 길에서는 작게 가고 크게 오니 길하며 형통하리라.

初九 拔茅茹 以其彙 征 吉
초 구 발 모 여 이 기 휘 정 길
처음에 양이 오니, 뿌리가 서로 얽혀 있는 띠풀을 뽑아, 그와 같은 무리로써 정征하여
바로잡으면 길하리라.

九二 包荒 用馮河 不遐遺 朋亡 得尙于中行
구 이 포 황 용 빙 하 불 하 유 붕 망 득 상 우 중 행
양이 두 번째에 오니, 황荒 지역을 포용하고자 하河를 건너, 먼 곳이라 하여 버려두
지 않고 벗을 없이 하면, 숭상을 받아서 적중한[中] 행동에 이를 수 있으리라.

九三 无平不陂 无往不復 艱貞 无咎 勿恤 其孚于食 有福
구 삼 무 평 불 파 무 왕 불 복 간 정 무 구 물 휼 기 부 우 식 유 복
양이 세 번째에 오니, 평평하기만 하고 비탈짐이 없는 것은 없고, 가기만 하고 돌아옴
이 없는 것은 없도다. 잘 다스려지지 않는 어려움 속에서도 정貞하면 허물이 없으리
니 근심하지 말라. 그 믿음이 식食에 이르면 복福을 갖추어라.

六四 翩翩 不富以其隣 不戒以孚
육 사 편 편 불 부 이 기 린 불 계 이 부
음이 네 번째에 오니, 새가 훨훨 날아다니는 상이로다. 그 이웃함으로 인해 부유해지
지를 못하더라도 경계하지 말고 이로써 믿음을 가져야 하리라.

六五 帝乙歸妹 以祉 元吉
육 오 제 을 귀 매 이 지 원 길
음이 다섯 번째에 오니, 제을이 누이동생을 시집보내오는 상이로다. 복이 내림으로써
으뜸으로 길하리라.

上六 城復于隍 勿用師 自邑告命 貞 吝
상 륙 성 복 우 황 물 용 사 자 읍 고 명 정 린

극상의 자리에 음이 오니, 성城이 다시 황隍으로 되돌아가는 상이로다. 사師를 쓰지는 말라. 자기 읍에서 명命을 고해야 하리라. 정貞하면 인색할 것이다.

　태泰는 '크다, 태평하다, 통하다' 등의 다양한 뜻이 있다. 이를 종합하면 泰는 소통이 잘되기 때문에 태평한 것이고, 그렇기에 큰 것이라 할 수 있다. 공동체로 보면, 구성원 모두가 서로 소통을 원만히 잘하고 있기에 태평한 것이고, 그런 공동체가 위대한 공동체라 말하는 셈이다. 〈단전〉은 이와 관련해 다음과 같이 풀이한다. "태의 길이 (…) 길하며 형통한 것은, 하늘과 땅이 서로 교류해서 만물이 서로 통하기 때문이며, 위와 아래가 서로 교류해서 그 뜻을 같이하기 때문이다[泰 (…) 吉 亨 則是天地交而萬物通也 上下交而其志同也]."

　그동안 군자의 여행길은 소휵小畜의 길과 리履의 길을 거쳤다. 소휵의 도로 예를 익힌 후 리의 길이 이어졌는데, 리의 길에서는 홀로 서서 자기 몫을 훌륭하게 해내는 독립된 사회인이 탄생했다.[24] 이후의 과제는 이처럼 홀로 선 개인들이 모였을 때 어떤 공동체를 이루는가 하는 문제다. 공동체 구성원 간의 소통이 잘되는 경우와 그렇지 못한 경우가 있으니, 태泰와 비否가 바로 그런 두 갈래 길이다. 먼저 태의 길에서는 어떻게 하면 소통이 잘되는 태평한 공동체를 만들 수 있는지 그 과정에 대해 말한다.

初九 拔茅茹 以其彙 征 吉
초 구 발 모 여 이 기 휘 정 길
처음에 양이 오니, 뿌리가 서로 얽혀 있는 띠풀을 뽑아, 그와
같은 무리로써 정征하여 바로잡으면 길하리라.

발拔은 '뽑는다'는 뜻인데 '선발選拔하다'라는 단어에서 보듯 사람
을 가려 뽑는다는 뜻이 있다. '모여茅茹'는 뿌리가 서로 얽혀 있는 띠
풀을 가리키는데, 뿌리가 서로 얽혀 있다는 것은 공통의 뿌리를 지녔
다는 말이다. 이를 통해 공동체 의식이 확실한 어떤 그룹을 상징하는
표현으로 쓰였다.

1효사는 기존 공동체 내에 태의 도를 방해하는, 어떤 바로잡아야 할
일이 있을 때, 그와 같이 가장 긴밀한 연대 의식을 지닌 그룹을 동원
해 정征하러 보내라는 말이다. 그리하면 성공해서 길할 것이라는 뜻
이다. 이는 2단계 이후 본격적으로 태의 도를 확립해나가기 위한 사전
정지整地 작업이라고 할 수 있다. 이에 대해 〈상전〉은 다음과 같이 풀
이한다. "뿌리가 서로 얽혀 있는 띠풀로 정征하여 바로잡으면 길하리
라는 것은, 도모하는 뜻이 밖에 있기 때문이다[拔茅征吉 志在外也]."

九二 包荒 用馮河 不遐遺 朋亡 得尚于中行
구 이 포 황 용 빙 하 불 하 유 붕 망 득 상 우 중 행
양이 두 번째에 오니, 황荒 지역을 포용하고자 하河를 건너며,
먼 곳이라 하여 버려두지 않고 벗을 없이 하면, 숭상을 받아서
적중한[中] 행동에 이를 수 있으리라.

황荒은 황무지를 뜻하는데, 고대 중국에서 주변 세계를 구분해서
인식할 때 멀리 떨어진 변방, 오랑캐가 거주하는 땅을 '황'이라 불렀

다. 그러므로 '포황包荒'은 멀리 떨어진 변방을 포용한다는 말이다.

하河는 원래 황하黃河를 가리키는 고유명사였다가 차차 '천川'보다 폭이 더 큰 강을 가리키는 말이 되었다. 그러므로 여기서는 황하를 가리킬 수도 있고, 아니면 대천大川보다 더 큰 강을 가리키는 표현일 수도 있다. 어느 쪽이든 멀리 떨어진 변방을 포용하고자 애써 큰 강을 건넌다는 말이다. 소통이 잘되는 태평한 공동체를 만들려면 소외된 변방을 포용하는 노력을 기울여야 한다는 뜻이다.

"벗을 없이 한다"는 말은 글자 그대로 꼭 벗을 잃어야 한다는 뜻은 아니다. 사람의 심리가 가까이 있는 벗은 특별히 챙기고 멀리 있는 사람들에게는 소홀한 법이기에, 그러지 말고 멀리 있는 사람들도 벗과 똑같이 기억하고 대우해주라는 말이다. 이러면 벗이라고 해서 특별 대우하는 것이 아니기에 결과적으로 벗을 없이 하는 셈이 된다. 이렇게 처신하라는 조언이다. 이는 나라가 태평하려면 권력자가 친한 측근만을 우대하지 말고 인재를 공정하게 고루 등용하라는 조언과 같은 뜻이다.

이렇게 노력하면 공동체의 구성원들에게 "숭상을 받아서 적중한[中] 행동에 이를 수 있으리라"고 한다. "적중한[中] 행동"이란 사師(7)의 길 2효사에서 살펴봤듯 이루고자 하는 뜻, 대의에 부합하도록 행동하는 것이므로, 태의 길에서는 태평한 공동체를 이룬다는 대의에 부합하게 행동할 수 있다는 말이다. 이에 대해 〈상전〉은 다음과 같이 풀이한다. "황荒 지역을 포용하면 숭상을 받아서 적중한[中] 행동에 이를 수 있는 이유는 광명정대하기 때문이다[包荒 得尙于中行 以光大也]."

九三 无平不陂 无往不復 艱貞 无咎 勿恤 其孚于食
구 삼 무 평 불 파 무 왕 불 복 간 정 무 구 물 휼 기 부 우 식

有福
유 복

양이 세 번째에 오니, 평평하기만 하고 비탈짐이 없는 것은 없고, 가기만 하고 돌아옴이 없는 것은 없도다. 잘 다스려지지 않는 어려움 속에서도 정貞하면 허물이 없으리니 근심하지 말라. 그 믿음이 식食에 이르면 복福을 갖추어라.

"평평하기만 하고 비탈짐이 없는 것은 없다"는 말은, 세상일이라는 것이 마냥 평평하기만 해서 비탈은 하나도 없는, 그런 일은 없는 법이라는 뜻이다. "가기만 하고 돌아옴이 없는 것은 없다"는 말도 역시 비슷한 취지다.

艱(간)은 '堇(진흙 근) + 艮(간)'의 구조로 이루어진 글자로,《설문해자》는 이에 대해 "흙이 다스리기 어려운 것이다[土難治也]"라고 적절히 풀이하고 있다. 과거 농경 사회에서 흙을 다스리는 일은 가장 중요한 일이었으므로 이에 빗대어 표현한 것이다. 어떤 상황을 다스리고자 하나 잘 다스려지지 않는 어려운 상황을 표현한 글자가 艱이라고 할 수 있다. 그러므로 "간정艱貞"은 상황을 다스리고자 하나 잘 다스려지지 않는 어려움 속에서도 올곧게 정貞해야 한다는 의미가 된다(〈부록 3〉 참조).

이는 태의 길이 3단계에 이르면 이처럼 어려운 상황이 도래할 것이라는 말이다. 앞서 2단계에서는 태평한 공동체를 이루기 위한 군자의 광명정대한 노력이 인정받아서 공동체의 구성원들로부터 숭상을 받기도 했지만, 다시 시간이 흐르면 군자의 의도대로 일이 진행되지 않는 어려운 시기가 도래한다는 것이다. 그런 어려움이 닥치더라

도 계속 정貞한 태도를 유지하면 허물이 없을 것이니 근심하지 말라 조언하고 있다.

'식食'의 의미에 대해서는 앞서 수需(5)의 도 5효에서 설명한 바 있다. 아직 먹는 문제가 해결되지 못했던 고대에는 음식 하나가 생활의 필수 조건인 의식주衣食住 전체를 상징하는 표현으로 사용되었다. 그러므로 "그 믿음이 식食에 이른다"는 말은, 어려운 가운데서도 계속 정貞한 태도를 유지해온 믿음이 일정한 성과로 보답을 받는다는 뜻이다. 단, 수의 도 5효의 경우와 달리 '주식酒食'이 아니고 '식'인 것은, '주식'보다는 조금 못한 정도에 도달했다는 말이라고 본다. 그처럼 작은 성과라도 나타난다면 이를 계기로 "복福을 갖추라[有福]" 조언하고 있다.

福(복)은 '示 + 畐'의 구조인데, 여기서 示는 제단이고, 畐은 술 단지의 모습을 형상화한 것이다. 이는 제사드릴 때 제단에 올려진 술을 형상화한 글자다. 그러므로 제사가 끝난 후 후손들이 이 술을 나누어 마시는 행위를 '음복飮福한다'고 표현하는 것이다. 오늘날 우리가 일반적으로 받아들이는 '복, 행운'의 의미는 이로부터 파생했다. 제사를 올리면 하늘이나 조상이 후손들에게 복을 내려주는데, 제사상의 술을 나누어 마심으로써 그 복을 받을 수 있다는 관념에서 비롯된 것이다.

그러므로 福(복)의 원형적 의미는 제사상에 올려진 술을 뜻하며, 3효사의 복福 역시 이에 해당한다. "복福을 갖추라[有福]"는 표현은 제사상에 술을 올리라는 뜻이니, 곧 제사를 올리라는 의미가 된다. 제사는 고대에 지도자가 공동체를 이끌어갈 때 유용하게 활용할 수 있는 정치 수단이었다. 장엄한 의식을 거행함으로써 공동체 성원들의 마음속에 감정의 고양을 불러일으키고, 자신들의 최고 조상, 모든 구성원의 공통 뿌리를 자각하는 시간을 갖게 된다. 제사가 끝난 후에는 제단에 올려졌던 술[福]을 나누어 마심으로써 모두가 한 후손이라는 공동체 의식을 강화한다. 이로써 분열을 뛰어넘어 공동체를 단합시킬 수 있는 것이다. 3효사는 이런 목적을 지닌 제사를 올림으로써 소통이 잘되지 않는 공동체를 단합시킬 수 있는 계기를 마련하라는 조언인 것이다.

지금까지 진행된 태의 길의 흐름을 보면, 앞서 1단계에 등장했던 '뿌리가 서로 얽혀 있는 띠풀의 무리'는 공통의 뿌리가 확실한 무리였음에 비해, 2단계에서 새로이 포용한 '황荒 지역'은 공통의 뿌리에 대한 자각이 약한 공동체의 변방이라고 할 수 있다. 이에 3단계에 이르러 제사를 올림으로써 공통의 뿌리에 대한 자각을 강화하는 것이다.

六四 翩翩 不富以其隣 不戒以孚
<small>육 사 편 편 불 부 이 기 린 불 계 이 부</small>
음이 네 번째에 오니, 새가 훨훨 날아다니는 상이로다. 그 이웃함으로 인해 부유해지지를 못하더라도 경계하지 말고 이로써 믿음을 가져야 하리라.

'편편翩翩'은 새가 자유롭게 훨훨 나는 모양을 이르는 말이다. 고구려 유리왕琉璃王이 남긴 4언시인 〈황조가黃鳥歌〉에 "편편황조翩翩黃鳥"라는 구절이 등장해서 유명하다.

"부이기린富以其隣"은 앞서 소휵小畜(9)의 길 5효사에서 등장했던 표현이다. 당시에는 "그 이웃함으로 인해 부유해진다"고 했는데, 여기에서는 '불不'이 붙어서 반대가 되고 있다. "불부이기린不富以其隣", 즉 "그 이웃함으로 인해 부유해지지를 못한다" 말하고 있다. 그리고 그 이유가 "훨훨 날아다니는 상이어서" 그렇다는 것이다. 이는 태泰의 도가 원만한 의사소통을 바탕으로 태평한 공동체를 추구하기 때문에 빚어지는 현상이다. 공동체 구성원들이 각자 자유롭게 행동하기에 소휵의 도와 달리 "그 이웃함으로 인해 부유해지는" 성과를 금세 내기는 어려운 것이다. 그럼에도 주역은 경계하지 말고 믿음을 가지라 조언하고 있다. 왜 그럴까? 그 이유는 앞서 3단계에서 제사를 올림으로써 공동체의 구성원들이 모두 공통의 뿌리를 지녔음을 자각하는 과정을 거쳐왔기 때문이다. 그런 단계를 거쳤기에 믿음을 갖고 인내하면 5단계에 이르러 큰 성과가 날 것이기 때문이다. 공동체 구성원들이 각자 자유롭게 행동하는 만큼 태의 공동체에서는 각자의 창의성이 극대화된다. 그러므로 일정한 성과가 나기까지 시간이 걸리지만, 일단 성과가 나기 시작하면 크게 나는 것이다.

4효에서는 지금까지와 달리 음효가 놓이고 있다는 점도 생각해볼 필요가 있다. 1효에서 3효까지 이어지는 양효는 군자가 태의 도를 펼치고자 적극적으로 확장해온 과정을 상징한다. 공동체의 소외된 변방을 포용함으로써 태의 도가 작용하는 범위를 확장하고자 노력해온 것이다. 반면 4효 이후로 놓이는 음효는 군자가 나서서 무언가를 적극적으로 도모하는 것이 아니라 응축의 시간을 갖는 것이다. 이를 통해 태의 도가 옹골차게 강화됨으로써 절정의 단계인 5단계에 이르는 것이다.

六五 帝乙歸妹 以祉 元吉
육 오 제 을 귀 매 이 지 원 길

음이 다섯 번째에 오니, 제을이 누이동생을 시집보내오는 상
이로다. 복이 내림으로써 으뜸으로 길하리라.

"제을귀매帝乙歸妹"는 귀매歸妹(54)의 길 5효사에 그대로 다시 등
장하는 표현이다. 제을帝乙은 은나라 왕의 이름으로, 마지막 왕인
주紂의 아버지가 된다. 즉 은나라 천자인 제을이 군자에게 누이동생
을 시집보내온다는 말이다.

이는 태의 길 서두에서 소개했던 〈단전〉의 풀이, 즉 "태의 길이 (…)
길하며 형통한 것은, (…) 위와 아래가 서로 교류해서 그 뜻을 같이
하기 때문이다[泰 (…) 吉 亨 (…) 上下交而其志同也]"라고 했던 구절이
그대로 실현된 사례에 해당한다. 태의 길이 절정인 5단계에 이르자,
위(천자 제을)와 아래(군자)가 서로 교류해서 그 뜻을 같이하게 된 것
이다. 그 사례에 해당하는 '제을귀매帝乙歸妹' 고사를 인용함으로써
태의 도가 길하며 형통한 절정의 단계에 이르렀음을 상징한 것이다.

上六 城復于隍 勿用師 自邑告命 貞 吝
상 륙 성 복 우 황 물 용 사 자 읍 고 명 정 린

극상의 자리에 음이 오니, 성城이 다시 황隍으로 되돌아가는
상이로다. 사師를 쓰지는 말라. 자기 읍에서 명命을 고해야 하
리라. 정貞하면 인색할 것이다.

황隍은 성을 쌓기 위해 흙을 파낸 자리를 이르는 말이다. 흙을 파
내 쌓아 올려 성을 완성하고 나면 성 둘레에 빙 돌아가며 흙 파낸 자
리가 남는데, 여기에 물이 차 있으면 해자[垓]가 되는 것이고, 물이 없

으면 '황'이라 부른다. "성城이 다시 황隍으로 되돌아간다"는 말은, 애써 쌓아 올린 성이 무너져서 다시 황을 메운다는 뜻이다.

6단계는 과잉의 단계다. 앞서 5단계에서 태의 도는 절정에 이르렀지만, 6단계에서는 과잉으로까지 치달아 태의 도가 붕괴하고 마는 것이다. 이를 애써 쌓아 올린 성이 무너지는 것에 비유하고 있다. 〈상전〉은 이에 대해 다음과 같이 풀이한다. "성城이 다시 황隍으로 되돌아간다는 말은 그 명命이 어지러워짐을 뜻한다[城復于隍 其命亂也]." 태의 도가 과잉에 이르면 정당한 명도 어지러워지는 난세의 상태가 된다는 말이다.

주희朱熹는 6효사에 대해 "태泰가 극에 이르니 막히게[否] 된다. 성城이 다시 황隍으로 되돌아가는 상인 것이다[泰極而否 城復于隍之象]"라고 풀이하고 있다. 우리나라 《성종실록成宗實錄》에도 다음과 같이 태泰괘 6효사에 대한 언급이 나온다.

> 사헌부 대사헌 이서장 등이 상소하기를, "예로부터 천하의 형세는 한 번 잘 다스려지면 한 번은 어지러워지고, 비否가 극하면 태泰가 오는 것이며, 태泰가 극하면 다시 비否가 되는 것은 이치의 필연한 것입니다. (…) 광명을 거듭하여 윤택이 거듭 미치기를 80여 년 (…) 가히 태평이 극하다고 이를 만합니다. 태평한 때를 당하여 복황지계復隍之戒를 삼가지 않을 수 없습니다.
>
> 司憲府大司憲李恕長等 上疏曰 自古 天下之勢 一治一亂 否極則泰來 泰極則復爲否 理之必然 (…) 重熙累洽 八十餘年 (…) 可謂太平之極矣 當泰之時 復隍之戒 不可不謹
>
> 《성종실록》 권48, 5년 10월 28일 경술

이를 보면, "태泰가 극하면 다시 비否가 되는 것은 이치의 필연[泰極則復爲否 理之必然]"이라 인식하고 있다. 그러므로 태평한 때에 처했어도 '성城이 무너져 다시 황隍으로 되돌아간다는 경계[복황지계復隍之戒]'를 삼가지 않을 수 없다는 것이다.

이처럼 태泰괘 6효는 태의 도가 과잉에 이르러서 비否의 도가 갈마드는 상황이라 할 수 있다. 이런 상황임을 먼저 파악하면 그다음 구절들을 이해할 수 있다.

"사師를 쓰지 말라"에서 '사師를 쓴다'는 것은 앞서 등장했던 사師(7)의 도를 펼친다는 말이다. 그러지 말라고 조언하는 이유는, 태의 도가 이미 무너져 비否의 도가 시작되려는 상황이기에 '사'를 쓰려 해도 여의치 않을 것이기 때문이다. 위에서 언급했듯 정당한 명命도 어지러워진 상태인 것이다.

주역은 대신 "자기 읍에서 명命을 고하라"고 조언한다. 여기서 자기 읍이란 송訟(6)의 길에서 등장했던 읍인 300호로 이루어진 군자의 본거지 소읍을 가리킨다. 이후 사師(7)의 길 6단계에서 대읍大邑을 분봉받은 후 태평한 공동체로 발전시켰는데, 이제 태의 도가 붕괴해 공동체가 난세의 상태에 빠졌으니 애초의 자기 본거지인 소읍으로 돌아가라는 말이다. 그리고 본거지의 읍인들을 상대로 명을 고해 앞으로 펼쳐질 일에 대비하라는 뜻이다. 이는 자신의 말이 통하는 측근들과의 결속을 미리 단단히 해서 앞으로의 일에 대비하라는 상징적 표현이다. 이어지는 비否의 길 1단계에서 이런 대비가 어떻게 작용하는지를 볼 수 있다.

결국 군자가 "사師를 쓰지 않고" "자기 읍에서 명命을 고한다"는 것은, 공격적으로 나가지 않고 방어 태세를 취한다는 말이다. 주희 역시 "힘으로 다투는 것은 불가하고 단지 자기를 지키는 것만이 가하다"라고 하여 비슷한 취지로 풀이한다.[25] 태泰의 도가 이미 무너지고 비否의 도가 펼쳐지려는 상황이니 방어 태세를 취하는 편이 합당할 것이다.

"정貞하면 인색할 것"이라는 말은, 역시 비否의 도가 펼쳐지려는 상황이기 때문에 군자가 태泰의 도를 계속 고수하면 인색한 결과를 피하기 어려울 것이라는 말이다.

泰 小往大來 吉 亨
태 소 왕 대 래 길 형
태泰의 길에서는 작게 가고 크게 오니 길하며 형통하리라.

"작게 가고 크게 온다"는 말은, 군자가 다른 사람들에게 자꾸 무언가를 내주면 더욱 큰 것이 되돌아온다는 뜻이다. 태泰의 길은 공동체 구성원 상호 간에 소통이 잘되어 태평한 길이기에 선순환, 즉 긍정적 상승작용이 발생하는 것이다. 이는 우물물을 퍼내면 퍼낼수록 맑은 샘물이 더욱 솟아나는 상황과 유사하다. 우물물은 도리어 퍼내지 않을 경우에 진흙이 쌓여 샘이 막히고 마는 법이다.

이러한 태泰의 길에서는 선순환이 작동하니, 군자가 우물물을 퍼주듯 다른 사람들에게 자꾸 무언가를 내주는 것이 좋다. 하지만 이러한 선순환은 어디까지나 태의 길에서 작동하는 것임을 명심해야 한다. 태와 대를 이루는 비否의 도가 펼쳐지기 시작하면 상황은 정반대가 된다.

12

비否 불통의 상황을 견디다

否之匪人 不利君子貞大往小來
비 지 비 인 불 리 군 자 정 대 왕 소 래

사람이 아닌 사람에게는 말을 섞지 말아야 하리라. 군자가 정貞해서 크게 가고 작게
오면 불리하리라.

初六 拔茅茹 以其彙 貞 吉 亨
초 륙 발 모 여 이 기 휘 정 길 형

처음에 음이 오니, 뿌리가 서로 얽혀 있는 띠풀을 뽑아, 그와 같은 무리로써 정貞하면
길하며 형통하리라.

六二 包承 小人 吉 大人 否 亨
육 이 포 승 소 인 길 대 인 비 형

음이 두 번째에 오니, 이어지는 상황을 포용하라. 소인이 길해지니 대인은 말을 섞지
말아야 형통하리라.

六三 包羞
육 삼 포 수

음이 세 번째에 오니, 수치를 포용해야 하리라.

九四 有命 无咎 疇 離祉
구 사 유 명 무 구 주 려 지

양이 네 번째에 오니, 명命을 두면 허물이 없으리라. 무리가 복에 걸리리라.

九五 休否 大人 吉 其亡其亡 繫于苞桑
구 오 휴 비 대 인 길 기 망 기 망 계 우 포 상

양이 다섯 번째에 오니, 말을 섞지 않음을 아름답게 여긴 덕에 대인이 길하게 되리라.
그것을 잃게 될까 그것을 잃게 될까 싶으니 무성한 뽕나무에 붙들어 매두어라.

上九 傾否 先否 後喜
상 구 경 비 선 비 후 희

극상의 자리에 양이 오니, 막힘을 기울게 하는 상이로다. 먼저는 막히겠지만 나중에
는 기쁜 일이 있으리라.

앞서 태泰의 도는 소통이 잘되어 태평한 공동체에 대해 말했는데,
그와 대대를 이루는 비否의 도는 소통이 막혀 있는 공동체에 처했을
때 군자가 어떻게 처신해야 하는지를 이야기한다.

否는 '不 + 口'의 구조로 사람이 말을 하지 않는 상황을 묘사한 글
자다. 이를 통해 '할 말을 잃다, 말문이 막히다'에서 '막히다(비)'라는
뜻이 되었고, 그와 같은 상황은 그릇된 것이기에 '아니다(부)'라는 뜻
을 갖게 된 것이다.

비否의 의미가 '할 말을 잃다, 말문이 막히다'에서 왔다는 것은, 비
의 길에서 군자는 기가 막혀서 할 말을 잃고 말문이 막히는 상황에
처해 있다는 뜻이다. 그런 공동체에 군자가 처할 경우 어떻게 처신해
야 하는지를 살펴보자.

初六 拔茅茹 以其彙 貞 吉 亨
초 륙 발 모 여 이 기 휘 정 길 형

처음에 음이 오니, 뿌리가 서로 얽혀 있는 띠풀을 뽑아, 그와
같은 무리로써 정貞하면 길하며 형통하리라.

비괘 1효사 앞의 구절 여섯 글자는 태괘의 1효사와 똑같다. "발모
여 이기휘拔茅茹 以其彙"가 똑같은데, 태괘에서는 그다음에 征(정)이
왔음에 비해 비괘에서는 貞(정)이 온 점이 서로 다르다. 군자가 정征

한다는 것은 적극적으로 나서서 잘못된 상황을 바로잡는다는 말이고, 정貞한다는 것은 굳게 지킨다는 말이니 서로 반대되는 대응이라고 할 수 있다. 태괘의 1효가 양이었음에 비해 비괘의 1효는 음이기에 정貞으로써 대응하는 것이 적중한 대응이 된다. 그러므로 주역은 이렇게 하면 길하며 형통하리라 말하는 것이다.

여기서 주목할 점은, 정貞하는 대응조차 무리로써 하도록 조언한다는 사실이다. "그와 같은 무리로써 정貞한다"는 것은, 뿌리가 서로 얽혀 있는 띠풀처럼 뜻이 잘 통하며 단단한 결속을 유지할 수 있는 그룹으로 뭉쳐서, 사방이 막히는 상황을 견디어내라는 말이다. 이는 인간이 사회적 동물이므로, 사방이 꽉 막히는 어려운 상황이 도래할 경우 자신을 지지해줄 동료가 필요하기 때문이다. 서로 위로하고 북돋워주며 상황을 넘기게 해줄 동료들이 없다면, 혼자서는 견뎌낼 수 없으리라 보는 것이다. 따라서 그렇게 꽉 막히는 상황이 본격적으로 닥칠 것에 대비해, 조직 안에 일종의 측근 그룹 같은 소규모 그룹을 형성해 결속을 단단히 해두라는 뜻으로 새길 수 있다.

六二 包承 小人 吉 大人 否 亨
육 이 포 승 소 인 길 대 인 비   형
음이 두 번째에 오니, 이어지는 상황을 포용하라. 소인이 길해지니 대인은 말을 섞지 말아야 형통하리라.

"이어지는 상황"이란 공동체에서 말문이 막히는 상황이 1단계에서 2단계로 이어지며 더욱 강화되는 상황을 말한다. 주역은 그렇더라도 이를 수용하고 인내하라 조언하고 있다.

2효사의 좀(비)는 '말을 하지 않는다('不 + 口'의 구조)'는 원형적 의미로 쓰였다. 비좀의 도가 2단계로 강화되면서 소인이 길해지면 "대인은 말을 섞지 말아야 형통할 것"이라고 한다. 이에 대해 〈상전〉은 다음과 같이 풀이한다. "대인이 말을 섞지 말아야 형통하다는 것은, 어지러이 무리를 이루지 않기 때문이다[大人否亨 不亂群也]." 소인이 길해지는 상황에서 그들과 말을 섞으면 어지러운 무리의 일원이 되기 때문에 형통할 수 없다는 뜻이다.

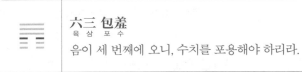

六三 包羞
육 삼 포 수
음이 세 번째에 오니, 수치를 포용해야 하리라.

3단계는 위기의 단계다. 비좀의 도가 3단계로 더 강해지면 군자가 수치를 당하는 일까지 생길 수 있다는 뜻이다. 그런 상황조차도 받아들이고 견뎌내야 한다고 조언하고 있다. 그러므로 "포수包羞" 단 두 글자로 표현하고 있지만, 비의 도 3단계는 심각한 위기라고 할 수 있다.

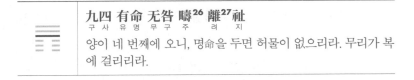

九四 有命 无咎 疇²⁶ 離²⁷祉
구 사 유명 무구 주 려 지
양이 네 번째에 오니, 명命을 두면 허물이 없으리라. 무리가 복에 걸리리라.

4효에는 지난 3효까지와 달리 양이 온다. 비의 괘상을 보면 1~3효가 음이고 4~6효가 양인데, 괘상만으로 간략하게 비의 길을 풀어보면 처음 1~3단계에서는 수모를 받아들이면서 기가 막히는 상황을 견뎌내야 한다. 이렇게 해서 자기를 지켜내면 이후 4~6단계에서는 상황을 바꾸기 위한 적극적 행동에 나설 수 있게 되는 것이다.

비의 길 4단계에서는 군자가 정당한 명命을 발하면 허물이 없을 것이라고 한다. 허물이 없다는 말은 상처를 입긴 하겠지만 두고두고 계속 불명예로 남지는 않으리라는 뜻이니, 군자의 정당한 명이 단숨에 통하지는 않겠지만 결국은 긍정적 결과를 가져올 것이라는 의미가 된다. 이에 대해 〈상전〉은 다음과 같이 풀이한다. "명命을 두면 허물이 없으리라는 것은, (군자의) 뜻이 행해진다는 말이다[有命无咎 志行也]."

그렇다면 이처럼 비의 길 4단계에서 상황이 변화하는 이유는 무엇일까? 천지의 이치는 작용이 있으면 항상 반작용이 따라오기 때문이다. 그에 따라 작용이 극에 달하면 반드시 반작용이 모습을 드러낸다. 이에 대해 주역이 제시한 법칙이 있으니 음이든 양이든 같은 효가 세 번 연속되면 반드시 반작용이 일어난다. 작용이 연속됨에 따라 반작용도 누적되다가 세 번 같은 효가 반복되고 나면 작용이 극에 달하니, 반작용도 임계치에 도달해 그 모습을 드러내는 것이다.

비의 길에서도 1~3효에 연속으로 음이 왔기에 반작용이 일어난다. 그러므로 앞서 3단계에서 군자가 수모를 당하는 위기는, 위기이기도 하지만 반작용을 딛고 일어설 기회이기도 했던 것이다. 그래서 군자는 수치조차 포용하며 견뎌냈고, 이후 반작용이 일어나는 기미를 포착해 정당한 명命을 발하는 것이다.

4효사 후반부의 '무리'는 앞서 1효사에서 "뿌리가 서로 얽혀 있는 띠풀"로 지칭되었던 군자의 측근 그룹을 가리킨다. 이후 2·3단계에서 사방이 꽉 막히는 어려운 상황이 이어지는 동안 군자는 이들과 함께 정貞한 태도를 유지하며 견뎌왔다. 1~3단계는 이 무리가 서로에 대한 믿음을 다져온 기간이라는 점에서 의미가 있기에, 무리를 지칭하는 여러 한자 중에서 특별히 '疇(주)'로 지칭한 것이다.

"무리가 복에 걸린다"는 말은, 그동안은 기가 막혔던 상황으로 인해 군자의 무리가 복에서 멀어져 있는 상태였는데, 이제 처음으로 복에 걸리기 시작하는 상태가 된다는 말이다. 그 이유는 이제 군자가 막히는 상황을 타개하기 위한 반전 모색에 나섰기 때문이다.

九五 休否 大人 吉 其亡其亡 繫于苞桑
구 오 휴비 대인 길 기망기망 계 우 포 상
양이 다섯 번째에 오니, 말을 섞지 않음을 아름답게 여긴 덕에 대인이 길하게 되리라. 그것을 잃게 될까 그것을 잃게 될까 싶으니 무성한 뽕나무에 붙들어 매두어라.

休(휴)는 오늘날에는 '쉴 휴'로 새기는 글자지만, '아름답다, 훌륭하다'는 뜻도 있다. 전통시대 최대의 자전인 《강희자전康熙字典》은 "아름답고 좋다는 것[美善也]"이라는 뜻을 선두에 세우고 있다. 주역 경문에서 休 자는 복復괘(24) 2효사에도 쓰였는데, 양자를 종합해보면 '아름답고 좋게 여기다'라는 뜻으로 쓰고 있다.

"말을 섞지 않음을 아름답게 여겼다"는 것은, 앞서 2효에서 소인이 길해지니 대인은 말을 섞지 않는 선택을 했던 것을 가리킨다. 지금 5효에는 4효에 이어 거듭 양이 놓이면서 형편이 나아지고 있는데, 이는 대인이 말을 섞지 않음을 아름답게 여겨 그러한 선택을 했기 때문이라는 것이다. 앞서 2효에서 "대인은 말을 섞지 말아야 형통하리라" 했는데 5효에 이르러 그 형통함이 실현되는 것이다.

"기망기망其亡其亡"은 〈계사하전〉 5장의 다음 구절과 유사한 취지다. "군자는 편안할 때도 위태로움을 잊지 않으며, 보존[存]될 때도 잃을 수 있음[亡]을 잊지 않는다[君子 安而不忘危 存而不忘亡]." 5단계에서는 상황이 호전되었지만 언제 또다시 위태로움이 닥칠 수도 있으니 "그것을 잃게 될까 그것을 잃게 될까" 염려스럽다는 말이다. 그런 염려 때문에 무성한 뽕나무에 단단히 붙들어 매두라는 말이다. 상황이 호전되었다는 사실에 그저 만족하지만 말고 재삼 경계해 단단히 못을 박아두라는 조언이다.

上九 傾否 先否 後喜
상 구 경비 선비 후희
극상의 자리에 양이 오니, 막힘을 기울게 하는 상이로다. 먼저는 막히겠지만 나중에는 기쁜 일이 있으리라.

경傾은 '경국지색傾國之色'의 사례에서 보듯 그간 줄곧 세력을 유지해오던 흐름을 기울여 쇠락하게 한다는 의미가 있다. 6단계에서는 그동안의 말문 막히던 상황이 본격적으로 기울기 시작하는 것이다. 그러므로 먼저는 말문이 막히겠지만, 나중에는 기쁜 일이 있으리라 말하고 있다.

이후로 일의 진행 경과는 태泰의 길 1단계로 이어져, 군자가 측근 그룹을 동원해 비否의 상황을 정征하여 완전히 바로잡는 것이다. 이런 1단계의 정지整地 작업 후 2단계부터는 공동체에 태의 도를 확립해나가는 것이다. 이처럼 태와 비는 서로 대대를 이루므로 공동체라는 관점에서 보면 갈마들며 순환하는 것이다. 물론 주역은 군자의 인생 여정이라는 관점에서 비의 길 다음에 동인同人의 길이 이어지는 것으로 설정하고 있다.

否之匪人 不利君子貞大往小來
비 지 비 인 불 리 군 자 정 대 왕 소 래
사람이 아닌 사람에게는 말을 섞지 말아야 하리라. 군자가 정貞해서 크게 가고 작게 오면 불리하리라.

괘사에는 앞서 비比(8)의 길 3단계에서 마주쳤던 '사람이 아닌 사람'인 비인匪人이 다시 등장한다. 이 비인은 소인小人 중에서도 '어찌 사람이 저럴 수 있나, 사람도 아니다'라고 할 법한 자들을 특별히 지칭하는 말이다.

지금까지 살펴본 비否의 효사에는 소인이 등장했을 뿐 비인은 언급되지 않았다. 그러다가 괘사에 이르러 특별히 언급되는 이유는, 점인들이 보충 설명을 제공했기 때문이다. 인간 공동체에서 할 말을 잃게 만드는 기막힌 상황에 처하는 이유는 비인들 때문인 경우가 많은데, 효사들이 자연스레 산삭되는 과정에서 이 점이 잘 드러나지 않게 되자, 괘사에서 특별히 보충한 것이다. 그리고 이런 비인에 대한 대응은 "말을 섞지 않는 것" 외에 달리 없다고 한마디로 조언하고 있다.

이런 조언은 공자의 가르침을 생각하면 그 취지를 이해할 수 있다. "더불어 말을 나눌 만한 사람인데 더불어 말을 나누지 않으면 사람을 잃게 되고, 더불어 말을 나눌 만하지 않은 사람인데 더불어 말을 섞으면 할 말을 잃게 된다[可與言而不與之言 失人 不可與言而與之言 失言]"(《논어》〈위령공衛靈公〉7장 1절).

더불어 말을 나눌 만하지 않은 사람이 바로 비인이다. 이런 비인과 더불어 말을 섞으면 결국 할 말을 잃게 된다는 것이다. 이런 경험을 누구나 해보지 않았을까? 주역은 사람이 아닌 사람에게 조언을 하려 들거나 타협을 시도해봐야 결국 기가 막혀서 할 말을 잃게 될 뿐이니 아예 말을 섞지 않는 것이 최선의 대응책이라고 조언하는 것이다.

다만 비인匪人 표현에서 '匪(비)' 자의 의미에 대해 생각해 볼 필요가 있다. 匪는 匚(상자 방)과 非(아닐 비)가 합쳐진 글자다. 여기서 匚은 앞과 좌우는 막혔지만 뒤는 트여 있는 상자를 뜻한다. 그러므로 이런 상자에 갇힌 비인은 그 꽉 막힌 상황에서 빠져나올 가능성이 열려 있다. 다만 나올 수 있는 출구가 뒤쪽에 나 있는데, 사람은 눈이 앞에 달려 있어서 뒤쪽을 보지 못하므로 그 가능성이 높지는 않다. 이와 같은 주역의 판단이 '匪人(비인)'이라는 한자 표현에 담겨 있다. 비인이라 해도 개과천선의 여지가 남아 있는 것이다. 단 그 가능성이 높지는 않으니 역시 유의할 일이다.

"크게 가고 작게 온다[大往小來]"는 것은 앞서 태泰의 괘사에서 "작게 가고 크게 온다[小往大來]"고 했던 것과 정반대 상황을 말한다. 태泰의 공동체에서는 선순환이 작용했기에 군자가 다른 사람들에게 자꾸 내주면 내줄수록 더 많은 것이 돌아왔다. 하지만 비否의 공동체에서는 정반대라고 주역이 경고하고 있다. 비의 공동체에서는 사람이 아닌 사람과 소인들이 군자를 둘러싼 상황이므로, 군자가 곧이곧대로 정貞해서 자꾸 내주면, 내주는 것은 많은데 돌아오는 것은 별로 없다는 말이다. 그러므로 그렇게 하지 말라고 경계하는 것이다.

이상은 주역이 '시중時中'의 도道에 대해 말하는 대목이라고 할 수 있다. '시중'은 '때에 맞추어 적중[中]해야 한다[隨時以處中也]'[28]는 말이다. 태泰의 때라면 군자가 다른 사람들에게 자꾸 내주는 것이 맞지만, 비否의 때라면 군자가 그런 행동을 삼가는 것이 적중的中한 행동이며, 이처럼 때에 맞추어 행하는 것이 군자가 '시중時中한' 태도라고 할 수 있다. 주역은 64괘를 통해 인간 세상에 존재하는 64가지 변화의 길을 제시한다. 그러므로 일찍이 남명 조식이 〈무진봉사戊辰封事〉를 통해 "역易이란 책은, 때를 따른다는 뜻이 가장 중요합니다[易之爲書 隨時之義最大]"라고 진언했듯이, 주역은 기본적으로 '시중의 도'를 말하는 책이라고 할 수 있다.

13·14

동인同人 : 대유大有

뜻있는 동지를 규합하는 길과

최대한 크게 어우르는 길

동인同人 뜻있는 동지를 규합하다

同人于野 亨 利涉大川 利君子貞
동 인 우 야 형 이 섭 대 천 이 군 자 정

동인同人이 들판에 모였으니 형통하리라. 대천을 건너는 것이 이로우리라. 군자의 정貞
함을 갖춰야 이로우리라.

初九 同人于門 无咎
초 구 동 인 우 문 무 구

처음에 양이 오니, 문에서 사람들을 규합하는 상이로다. 허물이 없으리라.

六二 同人于宗 吝
육 이 동 인 우 종 린

음이 두 번째에 오니, 종족宗族 중에서 사람들을 규합하는 상이로다. 인색하리라.

九三 伏戎于莽 升其高陵 三歲不興
구 삼 복 융 우 망 승 기 고 릉 삼 세 불 흥

양이 세 번째에 오니, 병장기를 풀숲에 감추고 그 높은 언덕에 오르는 상이로다. 3년
이 지나도 일어나지 못하리라.

九四 乘其墉 弗克 攻 吉
구 사 승 기 용 불 극 공 길

양이 네 번째에 오니, 그 담장에 오르려 하나 이루지 못하는 상이로다. 공격해야 길하
리라.

九五 同人 先號咷而後笑 大師克 相遇
구 오 동 인 선 호 도 이 후 소 대 사 극 상 우

양이 다섯 번째에 오니, 동인은 처음에는 목 놓아 울겠지만 나중에는 웃게 될 것이다.
큰 군사를 이루어 서로 만나리라.

上九 同人于郊 无悔
상 구 동 인 우 교 무 회
극상의 자리에 양이 오니, 동인이 교외에 모인 상이로다. 회한이 없으리라.

'동인同人'은 '어떤 일에 뜻을 같이해 모인 사람'을 일컫는 말이다. 일상용어에서는 '동인지同人誌'라는 말 속에 그 뜻이 살아 있다. 동인지는 뜻을 같이하는 사람들끼리 모여 발간하는 잡지나 출판물을 이르는 말이다. 동인지는 문학 분야에서 많이 찾아볼 수 있고, 과거에 우리나라 현대문학이 발전하는 과정에서 많은 동인지가 창간되어 큰 역할을 했다.

〈계사상전〉 8장은 동인에 대해 이렇게 풀이한다. "두 사람이 마음을 같이하면 그 예리함은 쇠라도 끊을 수 있다. 마음을 같이했을 때 나오는 말은 그 향취가 난꽃과 같다[二人同心 其利斷金 同心之言 其臭如蘭]." 〈계사상전〉에 따르면 동인은 마음을 같이하는 사람이며, 오늘날에도 많이 쓰는 말 중에 가장 비슷한 말로는 '동지同志(뜻을 같이하는 사람)'를 꼽을 수 있겠다.

〈서괘전〉은 비否 다음에 동인同人이 이어지는 이유를 다음과 같이 풀이한다. "사물이 끝까지 막혀 있을 수만은 없는 고로 동인으로써 받는 것이다[物不可以終否 故受之以同人]." 앞서 비의 공동체에 처한 군자는 사방이 막힌 질곡 같은 상황에 놓여 있었다. 심지어 군자가 수치를 당하는 일까지 생기는데도 이를 받아들이고 견뎌내야 했다. 이런 질곡 같은 상황, 희망이라고는 전혀 보이지 않으며, 불의가 판치는 세상을 바꿔보겠다고 하는 뜻이 있는 사람들, 그런 대의에 동참하는 동지들을 규합하는 것, 이것이 동인의 길이다. 비록 소수가 모이지만, 그들이 진실로 마음을 같이하면 그 예리함은 쇠라도 끊을 수 있으니 그 기백으로 불의한 세상을 바로잡겠다는 것이다.

初九 同人于門 无咎
초 구 동 인 우 문 무 구
처음에 양이 오니, 문에서 사람들을 규합하는 상이로다. 허물이 없으리라.

　同(동)의 의미를 《설문해자》에서 찾아보면, "합쳐 모은다[同 合會也]"는 뜻이다. 합(合)은 '합하다·부합하다·맞다'라는 뜻으로, 合會(합회)라는 것은 아무나 모으는 것이 아니라 뜻이 부합하는, 맞는 사람을 모으는 것이다. 그러므로 동인同人은 '어떤 일에 뜻을 같이해 모인 사람'이라는 명사도 되지만, 동同이 동사로 쓰여서, '뜻을 같이하는 사람들을 규합해서 모은다'는 뜻으로 풀이할 수도 있다.

　동인同人의 길 1단계는 문에서 사람들을 규합해서 모으는 것이라고 한다. "문에서" 사람들을 규합한다는 말은, 자기 집을 드나드는 사람들 중에 뜻을 같이하는 이들을 규합한다는 말이다. 사방이 막힌 질곡 같은 상황이므로, 동지를 규합하는 일은 우선 자기와 가장 가까운 주변에서 시작하는 것이 좋다. 그러므로 허물이 없다고 평하는 것이다.

六二 同人于宗 吝
육 이 동 인 우 종 린
음이 두 번째에 오니, 종족宗族 중에서 사람들을 규합하는 상이로다. 인색하리라.

동인同人의 길 2단계는 1단계보다 범위를 넓혀 "종족 중에서 사람들을 규합하는 것"이다. 그런데 그 결과가 인색할 것이라 말하고 있다. 왜 그럴까?

그 이유는 2단계에 음이 놓이는 괘상과 관련이 있다. 여기서 음은 군자가 동인의 범위를 확장해나가는 움직임을 멈추고 응축함으로써 관계를 단단히 다지고 옹골차게 만들어야 함을 상징한다. 앞으로 3효 이후에서 보겠지만 동인은 같이 목숨을 걸어야 하는 사람들이다. 그러므로 1단계 "문에서 사람들을 규합"한 것으로 충분하며, 그 이상 범위를 넓혀 동인을 구하는 것은 오히려 결과가 인색할 것이라는 뜻이다. 동인과 대대를 이루는 대유大有괘의 5효 역시 음효인데 이와 비슷한 취지로 쓰이고 있다.

九三 伏戎于莽 升其高陵 三歲不興
구 삼 복 융 우 망 승 기 고 릉 삼 세 불 흥
양이 세 번째에 오니, 병장기를 풀숲에 감추고 그 높은 언덕에 오르는 상이로다. 3년이 지나도 일어나지 못하리라.

"병장기를 풀숲에 감춘다"는 말은 무장을 갖추고 풀숲에 매복한다는 말이다. "그 높은 언덕에 오른다"는 말은 감제고지(적의 활동을 살피기에 적합하도록 주변이 두루 내려다보이는 고지)에 올라 적의 동태를 살핀다는 말이다. 이는 적이 지나갈 때 기습하기 위한 만반의 준비를 갖춘 상황을 말하는 것이다.

동인同人의 길 3단계에서는 이처럼 그동안 뜻을 같이해 모인 동지들이 적의 수괴, 즉 비否의 상황을 초래한 만인의 공적公敵을 단숨에 제거하고자 풀숲에 매복해 암살의 기회를 노리는 것이다. 하지만 주역은 "3년이 지나도 일어나지 못하리라"고 한다. 왜 그럴까? 풀숲에 매복하는 것은 적의 수괴가 꼭 그 자리를 지나가주기를 기다리는 것이다. 이는 기습해 적을 제거하고 나서, 퇴로를 통해 도망침으로써 자신의 안전까지 보장받으려는 시도다. 자신의 안전에 집착하기 때문에 적이 꼭 그 자리를 지나가주기를 기다리는 것이다. 결국 적이 꼭 그 자리를 지나가주지 않기 때문에 거사를 일으키지도 못한 채 시간만 흘러가는 것이다.

동인은 극소수가 모인 집단일 뿐이다. 반면 비否의 상황을 초래한 적들은 천지사방을 채우고 있는 상황이다. 이런 상황에서 동인들이 자신의 안전에 집착하는 한 어떤 시도도 성공하기 어려운 것이다.

九四 乘其墉 弗克 攻 吉
구 사 승 기 용 불 극 공 길
양이 네 번째에 오니, 그 담장에 오르려 하나 이루지 못하는 상이로다. 공격해야 길하리라.

"그 담장에 오른다"는 것은 적의 수괴를 제거하기 위해 그가 머무르는 거처의 담장을 타 넘는다는 말이다. 앞서 3단계에서 풀숲에 매복해 암살의 기회를 노리던 시도가 실패하자, 결국 용기를 내 한 걸음 더 나아간 것이다. 밤에 그 거처의 담장을 몰래 타 넘고 들어가 암살하려는 시도다.

하지만 그 담장을 넘으려는 시도 역시 성공하지 못한다고 한다. 이런 시도는 3단계의 매복보다는 한 걸음 더 나아간 것이지만, 여전히 자신의 안전에 집착하는 태도다. 밤에 몰래 담장을 타 넘고 들어가 암살하고 나서 재빨리 퇴각함으로써 자기 신변의 안전도 도모하려는 것이다. 하지만 적의 수괴 역시 녹록지 않다. 그가 거처의 경비를 소홀히 할 리가 없다. 또한 실패의 근본 원인은 따로 있으니, 역시 자신의 안전에 집착하는 태도가 문제다. 대의大義는 그것을 따르는 사람에게 자신의 모든 것을 걸도록 요구한다. 그러므로 주역은 공격해야 길할 것이라 말하고 있다. '공격[攻]'은 정면으로 들이치는 것이다. 공격에 나서면 극소수의 동인들이 자기 신변의 안전을 담보할 방법은 없다. 주역은 이렇게 자신의 모든 것을 걸어야 길하리라 말하는 것이다.

九五 同人 先號咷而後笑 大師克 相遇
구 오 동 인 선 호 도 이 후 소 대 사 극 상 우
양이 다섯 번째에 오니, 동인은 처음에는 목놓아 울겠지만 나중에는 웃게 될 것이다. 큰 군사를 이루어 서로 만나리라.

동인이 처음에는 목 놓아 우는 이유는, 앞서 4효의 정면 공격이 실패하기 때문이다. 중과부적일 것이니 정면 공격이 실패함은 당연하다. 그럼에도 주역이 공격해야 길할 것이라고 말하는 이유는, 나중에 이어질 파급효과 때문이다. 동인들이 나중에는 큰 군사를 이루어 서로 만나니 웃게 될 것이라 말하고 있다. 이런 주역의 설명은 우선 4효의 정면 공격이 실패해 동인들이 뿔뿔이 흩어진 상황을 상정하고 있다. 흩어진 동인들이 각자 큰 군사를 이루어 서로 만나게 될 것이라는 말이다.

이렇게 될 수 있는 이유는 4효의 정면 공격 때문이다. 정면으로 만인의 공적을 공격하자, 세상 사람들이 대의를 품고 떨쳐 일어난 동인들이 존재한다는 사실을 알게 되는 것이다. 사방이 꽉 막힌 암울한 세상, 만인의 공적이 불의를 태연히 자행하는 세상에 대해 사람들이 속으로 분개하고 있었던 것이다. 이들에게 필요한 것은 구심점이었다. 그런데 4효에서 동인들이 과감히 정면 공격에 나서자 세상 사람들이 동인들을 중심으로 뭉치기 시작한 것이다. 이렇게 해서 5효에 이르면 동인들 각자가 큰 군사를 이루어 서로 만나게 되는 것이다. 따라서 주역은 4효에서 중과부적임에도 불구하고 동인들이 과감히 정면 공격을 해야 길하리라 말한 것이다. 이를 통해 공적을 타도하자는 기치를 높이 올리는 것이다.

上九 同人于郊 无悔
상 구 동 인 우 교 무 회
극상의 자리에 양이 오니, 동인이 교외에 모인 상이로다. 회한이 없으리라.

6효는 5효의 말미에서 각기 큰 군사를 거느리게 된 동인들이 공적의 읍성을 공격하기 위해 그 교외에 모여 진을 친 상황을 묘사하고 있다. 이제 공적과의 건곤일척 정면 승부를 앞두고 있다. 여기까지 오기 위해 동인들은 1효에서부터 갖은 고생을 다 거쳐왔다. 그런 고생을 거친 끝에 중과부적이던 공적과 건곤일척의 승부를 정면으로 겨룰 수 있게 되었으니 승패를 떠나 그 자체만으로 회한이 없으리라는 말이다.

이는 또한 동인의 도道를 적용하는 것은 여기까지라는 의미이기도

하다. 동인들 각자가 큰 군사[大師]를 이룬 이상 앞으로는 사師(7)의
도를 적용해야 하는 것이다. 만약 동인이 큰 무리를 이룬 군사들에게
도 계속해서 동인의 도를 적용하려든다면, 그는 대의를 달성하는 데
실패할 것이다. 이는 역사에서 탁월한 창업 군주가 종종 유능한 수성
군주는 되지 못하는 이유라고 할 수 있다.

同人于野 亨 利涉大川 利君子貞
동 인 우 야 형 이 섭 대 천 이 군 자 정
동인이 들판에 모였으니 형통하리라. 대천을 건너는 것이 이
로우리라. 군자의 정貞함을 갖춰야 이로우리라.

들판[野]은 〈그림 10〉(136쪽)의 들판이며, 이는 잠룡이 처하는 자리
다. 동인의 괘사는 동인들이 막 모이기 시작한 최초의 상황을 묘사하
고 있다. 이들은 잠룡과 같은 단계이니, 이들이 처한 자리를 '들판'으
로 표현한 것이다. 이때의 들판은 바람 부는 벌판, 황량한 황야의 이
미지라고 할 수 있다. 현재 동인들이 처한 자리는 이 같은 벌판, 황
야이지만, 대의에 동참한 동지들이 한자리에 모였으니 앞으로 형통
할 수밖에 없다. 이들은 장차 6효에서는 각자 큰 군사를 이끌고 교외
[郊]에 모이게 될 것이다.

주역에서 "대천을 건넌다"는 말은 기존의 한계를 넘어서는 것을 뜻
한다. 동인의 길에서는 신변 안전에 집착하던 자기 한계를 4효에서
넘어서는 것을 가리킨다.

"군자의 정貞함"은 주역에 등장하는 여러 가지 정貞한 자세(이에 대
해서는 〈부록 3〉의 '정貞' 참조) 중의 하나에 해당한다. 군자君子의 君

(군)은 '尹 + 口'의 구조인데 여기서 尹은 손으로 지팡이를 짚고 있는 모습이다. 종합하면 君은 손으로 지팡이를 짚고서 말하는 사람을 형상화한 것이다. 고대에 지팡이는 권위의 상징이기 때문에 한 집단에서 오직 우두머리만이 지팡이를 짚고서 말할 수 있었다. 그러므로 지팡이를 짚고서 말하는 사람이란 권위에 있어 누군가에게 의존하지 않는 독립된 주체를 상징하는 것이며, 군자가 바로 그런 사람인 것이다. 따라서 군자의 정貞함이란 이처럼 누군가에게 의존하지 않는 독립된 주체로서의 올곧은 태도를 잃지 말고 계속 간직해야 한다는 뜻이다. 동인의 길은 멀고 험한 것이며 다수의 적에 둘러싸인 고립된 소수가 걸어나가야 할 길이기에, 자신이 추구하는 대의 외에는 무엇에도 의지하지 않는 군자의 정貞함이 필요한 것이다.

대유大有 최대한 크게 어우르다

大有 元亨
대 유 원 형
대유의 길은 으뜸으로 형통하리라.

初九 无交 害 匪咎 艱則无咎
초 구 무 교 해 비 구 간 즉 무 구
처음에 양이 온 것은, 사귐이 없는 상이어서 해로우나 허물은 아니리라. 어렵게 여기면 허물이 없으리라.

九二 大車以載 有攸往 无咎
구 이 대 거 이 재 유 유 왕 무 구
양이 두 번째에 온 것은, 큰 수레로써 싣는 상이로다. 가고자 하는 바를 둔다면 허물이 없으리라.

九三 公用亨于天子 小人弗克
구 삼 공 용 향 우 천 자 소 인 불 극
양이 세 번째에 올 때는, 공公으로써 천자에게 드려야 하리라. 소인은 이루지 못하리라.

九四 匪其彭 无咎
구 사 비 기 방 무 구
양이 네 번째에 온 것은, 그것이 지나치게 성대하지 않다면 허물이 없으리라.

六五 厥孚 交如 威如 吉
육 오 궐 부 교 여 위 여 길
음이 다섯 번째에 오니, 믿음을 발굴하여 사귀는구나. 위엄이 있구나. 길하리라.

上九 自天佑之 吉 无不利
상 구 자 천 우 지 길 무 불 리
극상의 자리에 양이 오니, 하늘로부터 돕는 상이어서 길하리라. 불리할 것이 없으리라.

'대유大有'괘는 우선 그 괘명의 의미에 대한 논란이 분분하다. 이때 바른 의미를 판단하는 기준은, 동인同人과 대유가 서로 대대를 이룬다는 사실이다. 대유의 의미는 동인과 대비를 이루는 그 무엇이어야 하는 것이다.

이런 측면에서 〈잡괘전〉이 그 의미를 적절히 풀어주고 있다. "대유는 큰 무리를 말하며, 동인은 친밀한 집단을 말한다[大有 衆也 同人 親也]." 동인이 뜻을 같이함으로써 똘똘 뭉친 소규모의 친밀한 집단임에 비해, 대유는 큰 무리라는 뜻이다. 이때 '대유大有'는 글자 그대로 '크게 있게 한다'는 의미에서 '크게 어우른다'는 뜻이 나온다. 실제로 대유의 길은 사람들을 크게 어울러나가는 과정에서 어떤 변화가 일어나는지, 그 변화에 대응해 군자가 어떻게 처신해야 하는지를 설명하고 있다.

앞서 군자는 동인의 길 6효에서 큰 군사를 거느리고 불의한 공적과의 건곤일척 승부를 앞두고 있었는데, 이 승부에서 이기고 난 후 이어지는 상황이 대유의 길이다. 불의한 공적을 처단한 후 그동안 어수선했던 공동체의 구성원들을 크게 어우르려 하고 있다.

현대 사회로 치면 대유의 길은 정당이나 종교 단체와 같이 각계각층의 사람들을 최대한 크게 조직화하는 길이라고 할 수 있다. 정당이라면 정강 정책이 있고 종교 단체라면 교리가 있다. 두 단체는 정강 정책이나 교리에 대한 공동의 믿음 하나를 조건으로 각계각층의 사람들을 최대한 많이 포섭하려고 노력한다. 대유의 길은 이런 경우에 적용되는 법칙이라고 생각하면 이해하기 쉽다.

初九 无交 害 匪咎 艱則无咎
초 구 무 교 해 비 구 간 즉 무 구
처음에 양이 온 것은, 사귐이 없는 상이어서 해로우나 허물은
아니리라. 어렵게 여기면 허물이 없으리라.

앞서 동인의 길 1단계에서 同(동)은 사람을 모으되, 아무나 모으는
것이 아니라 뜻을 같이하는 소수의 사람을 모으는 것이었다. 이에 비
해 대유의 길은 최대한 많은 사람을 어우르려는 길이므로, 여기서 양
효는 최대한 많은 사람을 모으기 위해 적극적인 행동에 나섬을 의미
한다.

그러므로 대유의 길 1단계에서는 아직 사귐이 없는 상태에서 사람
들을 많이 모아나가게 된다. 공동체를 이룬다는 관점에서 보면 이런
접근은 원칙적으로 해로울 수밖에 없다. 하지만 허물은 아니리라[匪]
고 한다.

여기서 "아니리라"에 해당하는 한자 표현이 '匪(아닐 비)'라는 점에
대해 생각해볼 필요가 있다. 앞서 비否(12)의 괘사에서 살펴봤듯 匪
는 匚(상자 방)과 非(아닐 비)가 합쳐진 글자로, 상자에 갇혀 있는 非가
그 막힌 상황에서 빠져나올 가능성이 열려 있는 글자다. 그러므로 匪
는 '아니다'라는 뜻이긴 하지만, 100퍼센트 단정하는 것은 아니고 약
간의 여지를 열어두는 부정을 의미한다. 대략 80퍼센트쯤의 확률로
부정하는 의미라고나 할까?

100퍼센트의 확률은 아니지만 어쨌든 허물은 아니리라고 말하는
데, 그 이유는 대유의 취지 자체가 최대한 많은 사람을 어우르는 길
이기 때문이다.

또한 주역은 바로 이어서 "어렵게 여기면 허물이 없으리라[无]"고

한다. 이때 "없으리라"에 해당하는 한자 无(없을 무)는 글자 그대로 없다는 뜻이다. 결국 80퍼센트쯤이었던 확률이 100퍼센트로 높아진 셈인데, 간극 20퍼센트를 메워준 것은 "어렵게 여겨야 한다"는 조건이다.

이는 대유의 길이 깐깐하게 사람을 따져보고 모으는 것이 아니기에 어려운 일이 생길 수 있다는 점을 미리 염두에 두고 조심하는 태도를 유지해야 한다는 말이다. 사귀는 과정을 거치지 않고 최대한 많은 사람을 모아나가다가 비인匪人을 만날 수도 있는 것이다. 군자는 그동안 여행길에서 이미 비인을 만나 고생한 적이 있다. 그러므로 사람을 많이 모아나가고 있으니 마냥 잘되리라고 낙관할 것이 아니라, 미리 어려운 일이 발생할 가능성을 염두에 두고 조심해야 하는 것이다. 이처럼 조심하는 태도가 유지될 때라야 비로소 허물이 없을 수 있다는 말이다.

九二 大車以載 有攸往 无咎
구 이 대 거 이 재 유 유 왕 무 구
양이 두 번째에 온 것은, 큰 수레로써 싣는 상이로다. 가고자 하는 바를 둔다면 허물이 없으리라.

대거大車는 앞서 곤坤(2)과 소휵小畜(9)에서 설명한 바 있는 '큰 수레[大輿]'에 해당한다. 이는 앞으로도 계속 주역 경문에 등장하는 비유이며, '대승大乘'과 같은 취지의 표현이다. 자기나 가족만 올라타는 작은 수레가 아니라 주변 사람 모두를 함께 태우고 가겠다는 취지를 '큰 수레'에 비유한 것이다.

대유大有의 길이 2단계에 이르니 사람을 모아나가는 범위를 더욱 확대해 큰 수레에 사람들을 싣고 있다. 그런데 이때 "유유왕有攸往"을 조건으로 내걸었다는 점에 주목해야 한다. "가고자 하는 바를 둔다면 허물이 없을 것"이라 한다.

"유유왕有攸往"은 앞서 곤坤, 둔屯⑶에서 등장했던 표현이다. 앞으로도 계속 등장하는 표현인데, 주역에서 유부有孚, 정貞과 더불어 가장 많이 등장하는 표현이다. "유유왕有攸往", "가고자 하는 바가 있다"는 말은 가슴에 품은 뜻, 꿈에 그리는 이상이 있다는 말이다. 개인에게는 삶의 목적이 있다는 말이며, 조직에게는 비전이 있다는 말이다.

주역에 '유유왕有攸往'이 유부有孚, 정貞과 더불어 가장 많이 등장한다는 것은, 주역을 구축한 점인들이 수천 년간 관찰을 거듭하며 살펴본 결과, '목적'이 믿음, 정貞한 자세와 더불어 인간의 삶에서 가장 중요한 것이더라는 말이다.

이런 결론을 믿는다면, 목적이 없는 삶(또는 그 목적이 불분명하거나 잘못된 것일 때)은 좋은 결과를 맺기 어렵다는 말이 되며 아마도 좌초할 것이라는 말이 되므로, 이에 대해 진지하게 생각해볼 필요가 있다. 과연 그럴까? 주역에 실린 내용은 수천 년간 점인들이 직접 관찰을 통해 검증한 결과이니 한번 믿어보는 것도 나쁘지 않을 것이다.

이곳 대유의 길에서는 사람들을 큰 수레에 태울 때 유일한 조건으로 "가고자 하는 바를 둘 것[有攸往]"을 내걸고 있다. 이는 대유의 길에서 최대한 많은 사람을 수레에 태우되 무조건 다는 아니며, "가고자 하는 바", 추구하는 목적, 이상이 동일할 것을 최소한의 조건으로 요구해야 한다는 것이다. 이 조건을 지켜야 허물이 없을 것이라 하는데, 이 조건은 추후 5단계에서 결정적 역할을 하게 된다.

이런 조건을 요구하는 상황은, 정당이나 종교 단체가 최대한 많은 사람을 포섭하려고 노력하면서도 정강 정책 또는 교리에 대한 믿음을 공유할 것을 조건으로 한다는 점을 생각하면 이해하기 쉽다.

☰ 九三 公用亨²⁹于天子 小人弗克
　 구 삼 공 용 향　 우 천 자　소 인 불 극
양이 세 번째에 올 때는, 공公으로써 천자에게 드려야 하리라. 소인은 이루지 못하리라.

대유의 길 3효는 위기의 단계다. 앞서 비否(12)의 길 4효에서 살펴봤듯 주역에서는 음이든 양이든 같은 효가 세 번 연속되면 반드시 반작용이 일어난다. 작용이 연속됨에 따라 반작용도 누적되다가 세 번 같은 효가 반복되고 나면 작용이 극에 달해 반작용이 그 모습을 드러내는 것이다. 대유의 길 3효는 이처럼 반작용이 표면화되는 단계이므로 그에 상응하는 조치를 조언한다. 그 조치가 바로 "공公으로써 천자에게 드리는" 것이다.

고대의 봉건제 사회에서 중앙의 천자天子는 '하늘을 대리하는 존재'로서 절대적이며 공적 권위를 갖는다. 천자를 둘러싼 주변의 제후들은 자신들의 읍국을 중앙의 천자에게 바치고, 천자는 읍국의 통치를 다시 제후에게 위임함으로써 공적 관계를 맺는다. 이렇게 해서 주변 읍국들은 하늘로부터 이어지는 공적 권위의 체계에 포함되는 것이다. 그러므로 "공公으로써 천자에게 드린다"는 말은, 군자가 큰 수레에 태워온 백성들을 천자에게 바침으로써 이런 공적 권위의 체계에 들어간다는 뜻이다.

"소인은 이루지 못하리라"는 말은, 소인의 경우 눈앞의 이익만을 보고 움직이는 존재이므로 이런 공적 체계에 들어가는 과정을 이뤄내지 못할 것이라는 뜻이다. 이에 대해 〈상전〉은 다음과 같이 풀이한다. "공公으로써 천자에게 드리는 일은 소인에게 손해인 것이다[公用亨于天子 小人害也]." 공적 체계에 들어가는 것이 소인에게 손해나는 일이므로 그 과정에서 소인들은 떨어져나가는 것이다.

그동안 군자는 최대한 많은 사람을 어우르기 위해 줄곧 외연을 확장해왔다. 2단계에서는 그래도 목적을 공유하는 사람들만 골라서 태운다고 하는, 최소한의 선별 노력을 기울였지만 그래도 소인들이 섞여 들어올 가능성은 높은 것이다. 이는 사귀는 과정을 거치지 않고 많은 사람을 모았기에 어쩔 수 없는 일이다. 말로 대의를 추구하는 것은 쉽기 때문에 처음에 이들을 감별할 수는 없다. 하지만 이들은 막상 구체적 실천에 나서야 하는 단계가 되면 자신의 사적 이익을 우선시한다.

그래서 주역은 3효에서 공적 체계에 들어가는 과정을 거치도록 조언하는 것이다. 나중에 결정적 단계에서 문제를 일으키지 않도록 미리 걸러내는 과정을 거치라는 조언이다.

九四 匪其彭³⁰ 无咎
구 사 비 기 방   무 구
양이 네 번째에 온 것은, 그것이 지나치게 성대하지 않다면 허물이 없으리라.

정이는 4효사의 彭(방)에 대해 "성대하고 많은 모양[盛多之貌]"이라고 풀이했다. 彭은 '교만을 부리는 모양'이라는 뜻도 있어서, 단지 성대한 모습이 아니라 지나치게 성대한 모습을 의미한다.

4효에 양이 다시 놓인 것은, 앞서 3단계의 위기를 넘기고 난 후 또 한번 외연 확장에 나선다는 뜻이다. 이때는 그런 외연 확장이 "지나치게 성대하지 않다면 허물이 없을 것"이라고 한다. 이에 대해 〈상전〉은 다음과 같이 풀이한다. "그것이 지나치게 성대하지 않다면 허물이 없을 것이라는 말은, 밝은 변별이 빛나기 때문이다[匪其彭无咎明辯晢也]." 외연을 확장하면서도 지나치게 성대하지는 않도록 적절한 균형을 잡는 모습을 "밝은 변별이 빛난다"고 평가하고 있다. 대유의 길은 최대한 크게 어우르는 길이므로, 이런 조건이 지켜진다면 그와 같은 외연 확장을 긍정하는 것이다.

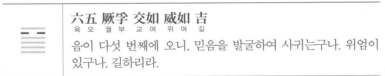

六五 厥孚 交如 威如 吉
육 오 궐 부 교 여 위 여 길

음이 다섯 번째에 오니, 믿음을 발굴하여 사귀는구나. 위엄이 있구나. 길하리라.

5효사에 쓰인 '궐厥' 자는 오늘날 흔히 '그'로 해석하지만, 《설문해자》를 찾아보면 "궐厥은 원석을 발굴하는 것[厥 發石也]"이라 말하고 있다. 이를 보면 厥(궐)이 고대에는 '그'라는 뜻이 아니었음을 알 수 있다. 厥의 자형은, 기슭[厂]을 사람이 머리를 아래로 하고 거꾸로 파내려가는 모습[屰]을 형상화한 것이다. 가치 있는 원석을 발굴하기 위해 땅을 파 내려가는 모습이다. 《설문해자》에 실린 뜻은 厥의 원형적인 의미를 그대로 간직하고 있음을 알 수 있고, 5효사에서도 동일한 의미로 쓰인 것이다.

앞서 대유大有의 길 2단계에서는 최대한 많은 사람을 큰 수레에 태웠는데, 그래도 "가려는 바"가 같은 사람들만 골라서 태웠다. 그 조처가 이곳 5단계에 이르러 빛을 발한다. 그것은 5단계까지 함께 온 모든 사람의 마음속에서 공통의 믿음을 발굴할 수 있다는 것이다. 이는 2단계에서 "가려는 바"가 같아야 함을 최소한의 조건으로 내걸고 사람들을 골라서 태웠기 때문에, 같은 목적을 토대로 한 공통의 믿음을 그들의 마음속에서 발굴할 수 있는 것이다. 이를 바탕으로 사람들은 비로소 서로 사귈 수 있게 된다.

주역은 이렇게 공통의 믿음을 발굴해 서로 사귄 사람들의 모습이 "위엄이 있다"고 평가하며, 그로 인해 길할 것이라고 한다.

5효에서 주목할 사항 하나는 5효에 음이 온다는 점이다. 대유의 길은 4효까지 줄곧 양이 이어지다가 5효에서 음으로 바뀌고 있다. 4효까지 계속 이어지는 양효는 대유의 외연을 지속적으로 확장하는 상황을 의미했다. 그러다가 5효에 음이 놓인 것은, 대유의 외연을 확장하려는 시도를 이제 멈추고, 응축을 통해 대유의 내실을 다지는 쪽으로 흐름이 바뀜을 상징하는 것이다. 큰 수레에 태워 여기까지 온 많은 사람들에게서 공통의 믿음을 발굴함으로써 관계를 단단히 다지는 과정인 것이다.

〈그림 11〉을 통해 서로 대대를 이루는 대유大有와 동인同人의 괘상을 비교해보는 것도 의미가 있다. 그림에서 보듯 동인괘의 위아래를 뒤집으면 대유괘가 된다.

이를 뒤집었다는 의미에서 '도전괘倒顚卦'라 부르는데, 주역은 원칙적으로 도전괘를 서로 짝지어 배치하고 있다(64괘 중 56개). 건괘의 경우처럼 뒤집어도 위, 아래가 똑같은 경우가 있는데, 이럴 때는 효의 음·양을 바꿔놓는다. 이런 경우는 '배합괘配合卦'라 부른다(64괘 중 여덟 개). 곤은 건의 배합괘인 셈이다.

다시 그림에서 동인과 대유를 비교해보면, 동인의 괘상을 뒤집어놓으면 그대로 그와 대대를 이루는 대유의 괘상이 된다는 점이 흥미롭다. 또한 괘상의 의미가 여전히 유지된다는 점 또한 주목할 만하다. 음효인 동인의 2효와 대유의 5효를 비교해보면 뒤집어놓았음에도 괘상의 의미가 여전히 유지되고 있음을 확인할 수 있다. 동인의 2효에 놓인 음은, 군자가 동인의 범위를 확장해나가는 움직임을 멈추고 응축함으로써 관계를 단단히 다지는 과정을 상징했다면, 대유의 5효에 놓인 음은, 대유의 외연을 확장하려는 시도를 멈추고 응축을 통해 내실을 다지는 쪽으로 흐름이 바뀜을 상징하는 것이다.

이처럼 주역이 서로 짝을 지어놓은 두 괘는 상호 밀접한 관련을 맺는다. 그러므로 그 의미를 제대로 이해하려면 서로 비교해보는 것이 필수이며, 어느 괘 하나만을 단독으로 놓고서 그 의미를 찾고자 하면 올바른 이해에 이를 수 없는 것이다.

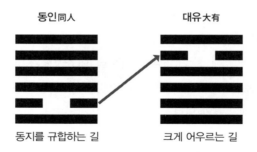

동인同人   대유大有

동지를 규합하는 길   크게 어우르는 길

그림 11 동인同人과 대유大有 ─ 도전괘倒顚卦

上九 自天佑之 吉 无不利
상 구 자 천 우 지 길 무 불 리

극상의 자리에 양이 오니, 하늘로부터 돕는 상이어서 길하리라. 불리할 것이 없으리라.

앞서 3단계에서 어려운 고비를 넘기고, 5단계에서 믿음을 발굴하는 노력을 계속하면, 이어지는 6단계에서는 하늘로부터 돕는 일이 있으리라고 한다. 하늘이 돕는다는 말은, 전혀 예상할 수조차 없던 곳으로부터 도움이 나타난다는 뜻이다. 이와 같은 말이 주역의 경문에 존재하는 것은, 점인들이 수천 년 동안 관찰을 통해 그와 같은 결과를 확인했기 때문인데, 어째서 그런 도움이 나타나는 것일까?

우선 애초에 올바른 목적(대의명분)을 가지고 대유의 길에 나섰다는 점을 고려할 필요가 있다. 이렇게 대의명분이 있는 일에 많은 사람이 모인다면 하늘이 돕는 일이 뒤따른다는 것이다. 많은 사람이 각자 지닌 인연이 있을 테니, 그런 인연들이 얽혀 시너지가 나면서 '하늘의 도움'이라는 결과가 나타날 수도 있을 것이다. 아니면 민심은 천심이라는 말이 있듯이, '많은 사람'이 곧 하늘일까?

이유야 어쨌든 점인들이 수천 년 동안 관찰했을 때 그런 결과가 반복적으로 나타났던 것이니 믿어도 좋을 것이다.

"불리할 것이 없다"는 말은, 역으로 주변 상황을 둘러보면 객관적으로 보기에는 불리해 보인다는 의미를 내포하고 있다. 대유의 길은 크게 어우른다는 목표하에 사람을 많이 모으기는 했지만 사師(7)의 길처럼 엄정한 규율로 움직이는 조직이 아니다. 그러므로 어떤 의미 있는 성과를 달성해내기에는 불리해 보인다는 말이다. 하지만 그럼에도 막상 움직여보면 전혀 예상치 못한 곳에서 도움이 나타나기에 불리할 게 없다는 말이다. 역시 수천 년의 관찰 결과 반복해서 그러했다는 것이니 믿어보면 좋을 것이다.

大有 元亨
대 유 원 형
대유의 길은 으뜸으로 형통하리라.

대유의 길은 으뜸으로 형통하다고 한다. 6효까지 가면 하늘로부터도 도움을 받을 수 있는 길이니 "으뜸으로 형통하다"는 말이 이해가 된다.

다음으로 대유의 길은 조직에 관한 법칙이라는 측면에서 다른 괘들과 견주어 살펴볼 필요가 있다(별도 박스의 설명 참조). 이를 통해 대유괘의 취지에 대한 이해를 보다 깊게 할 수 있을 것이다.

주역이 말하는 네 가지 조직 유형

〈그림 12〉는 동인同人, 대유大有, 사師, 비比의 괘상을 상호 비교해서 보여주는데, 그림에서 보듯 이들은 상호 간에 대대를 이룬다.

앞서 〈그림 11〉을 통해 살펴봤듯 동인과 대유는 '도전괘'로서 서로 대대를 이룬다. 하지만 그 외에 동인의 '배합괘'로 사괘가 존재하고, 대유의 '배합괘'로 비괘가 존재한다. 이들이 서로 배합괘라는 것은, 이들도 역시 대대를 이룬다는 뜻이다. 주역이 배합괘보다 도전괘를 우선해 짝지어놓았기에 대대라는 사실이 묻혀 있을 뿐이다.

그리고 이들 네 개의 괘는 상호 대대를 이루는 동시에, 주역이 말하는

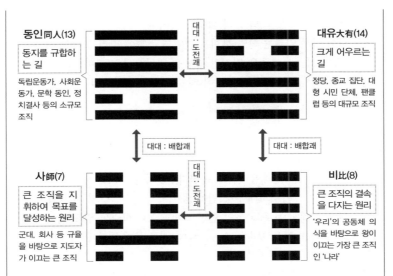

동인同人(13)

동지를 규합하는 길

독립운동가, 사회운동가, 문학 동인, 정치결사 등의 소규모 조직

대대 : 도전괘

대유大有(14)

크게 어우르는 길

정당, 종교 집단, 대형 시민 단체, 팬클럽 등의 대규모 조직

대대 : 배합괘

대대 : 배합괘

사師(7)

큰 조직을 지휘하여 목표를 달성하는 원리

군대, 회사 등 규율을 바탕으로 지도자가 이끄는 큰 조직

대대 : 도전괘

비比(8)

큰 조직의 결속을 다지는 원리

'우리'의 공동체 의식을 바탕으로 왕이 이끄는 가장 큰 조직인 '나라'

그림 12 주역이 말하는 네 가지 조직 유형

네 가지 조직 유형에 해당한다. 64괘 중에 조직의 구성 원리 내지 운용 원리에 대한 괘는 이들 넷 외에 존재하지 않는다.[31] 이는 주역이 보기에 인간 세상에 존재하는 조직은 그 어떤 것이든 이 넷 중 하나에 속한다는 뜻이다. 과연 그럴까? 이런 측면에서 이들 괘를 견주어보는 일도 흥미로울 것이다.

우선 동인同人은 '뜻'을 같이한다는 측면에서 공적 대의를 바탕으로 한 소규모 조직이고, 사師는 엄정한 규율을 바탕으로 지도자의 지휘에 따라 일사불란하게 움직이는 큰 조직이다.

대유大有는 공통의 믿음 하나를 바탕으로 크게 어우른 대규모 조직이고, 비比는 '우리'라는 공동체 의식을 바탕으로 왕이 이끄는 가장 큰 조직인 '나라'가 이에 해당한다.

나라에서 '왕'은 중앙의 권위를 지칭하는 것이니, 대통령이나 총리가 이끄는 오늘날의 국민국가 역시 나라이며 비比에 해당한다. '비'가 사師와 대대를 이룬다는 사실로부터, '나라'는 엄정한 규율을 바탕으로 한 일사불란한 지휘만으로는 유지되지 않는다는 것을 알 수 있다. 그래서 친밀한 공동체를 이루는 비의 도가 필수인 것이다.

전통시대 이후 인류는 산업 사회로 진입했고 그에 따라 수많은 회사 조직이 생겨났는데, 이들은 엄정한 규율을 바탕으로 지도자의 지휘에 따라 일사불란하게 움직이는 조직이라는 점에서 사師의 범주를 벗어나지 않는다.

인류가 민주시민 사회로 진입하면서는 많은 시민 사회 단체들이 생겨났는데, 이들은 공통의 대의를 바탕으로 똘똘 뭉친 동지적 조직이라면 동인同人에 속하고, 공통의 대의에 대한 신뢰를 바탕으로 크게 어우러진 대형 조직이라면 대유大有에 속한다.

또한 인류가 인터넷시대에 진입하면서는 방탄소년단의 팬클럽 아미ARMY의 사례에서 보듯 공통의 팬덤을 바탕으로 한 팬클럽 조직이 세계적으로 조직을 어우르면서 대유大有에 이른 경우들이 많이 나타나고 있다.

이처럼 인류가 살아가는 시대는 변화를 거쳐왔고 그에 따라 많은 조직 형태들이 명멸했지만 역시 네 가지 범주를 벗어나지는 않고 있다. 이는 아마도 인류 자체가 아직 변하지 않았기 때문일 것이다.

겸謙 : 예豫

스스로 사양해 마음을 얻는 길과
기미를 포착해 미리 행하는 길

겸謙 스스로 사양해 마음을 얻다

謙 亨 君子有終
겸 형 군자유종
겸謙의 길이 형통하려면, 군자에게 마치려는 바[終]가 있어야 하리라.

初六 謙謙 君子 用涉大川 吉
초 륙 겸 겸 군 자 용 섭 대 천 길
처음에 음이 오니, 겸허함을 겸허하게 행하는 상이로다. 군자가 이로써 대천을 건너
면 길하리라.

六二 鳴謙 貞 吉
육 이 명 겸 정 길
음이 두 번째에 오니, 겸허함을 노래 부르는 상이로다. 정貞하면 길하리라.

九三 勞謙 君子有終 吉
구 삼 로 겸 군 자 유 종 길
양이 세 번째에 오니, 겸허함을 애써야 하는 상이로다. 군자가 마치려는 바[終]를 두어
야 길하리라.

六四 无不利 撝謙
육 사 무 불 리 휘 겸
음이 네 번째에 오니, 불리할 것이 없으리라. 겸양을 휘둘러라.

六五 不富以其隣 利用侵伐 无不利
육 오 불 부 이 기 린 이 용 침 벌 무 불 리
음이 다섯 번째에 오니, 그 이웃함으로 인해 부유해지지를 못하는 상이로다. 이로써
밀고 들어가서 치는 것이 이로우니, 불리할 것이 없으리라.

上六 鳴謙 利用行師 征邑國
상 륙 명 겸 이 용 행 사 정 읍 국

극상의 자리에 음이 오니, 겸허함을 노래 부르는 상이로다. 이로써 사師의 도道를 행하여 읍국을 정征하는 것이 이로우리라.

겸謙은 글자 그대로 '겸허謙虛함'이며 '겸양謙讓함(겸허하게 사양함)'이다. 겸허하게 사양한다는 것은, 할 수 있는데도 스스로 사양해서 하지 않는 경우를 가리킨다. 〈서괘전〉은 대유의 도 다음에 겸謙의 도가 이어지는 이유에 대해 이렇게 말한다. "크게 어우른 자는 가득 차서는 안 되는 것이니 겸으로 받는 것이다[有大者 不可以盈 故受之以謙]."

"크게 어우른 자가 가득 차서는 안 되는" 이유는 〈단전〉이 다음과 같이 설명해주고 있다.

> 하늘의 도는 가득 찬 것을 이지러뜨리고 겸허한 것을 이롭게 하며
> 땅의 도는 가득 찬 것을 변하게 하고 겸허한 쪽으로 흐르며
> 귀신은 가득 찬 것을 해하고 겸허한 것에 복을 주며
> 사람의 도는 가득 찬 것을 미워하고 겸허한 것을 좋아한다.
> 天道虧盈而益謙 地道變盈而流謙 鬼神害盈而福謙 人道惡盈而好謙

〈단전〉의 풀이에서 보듯 주역이 가장 싫어하는 것이 '가득 차는 것'이다. 얼마나 싫어하는지 하늘과 땅과 사람이 모두 싫어하고 미워하며 귀신까지도 해하고자 한다. 그야말로 온 우주가 나서서 가득 찬 것을 이지러뜨리고 만다는 것이다. 반대로 겸허한 것은 하늘, 땅, 귀신, 사람이 모두 좋아하고 복을 준다고 한다.

이처럼 가득 찬 것을 미워하고 겸허함을 좋아하는 것이 우리 우주

에 새겨진 결이다. 과연 그럴까 싶은데, 이런 현상은 우리 삶에서 직접 관찰할 수 있고 사람들 역시 이 이치를 무의식중에 알고 있다. 그래서 사람들은 싸울 때 모두 내가 약자라고 자처한다. "아이고, 나 죽네. 힘 있는 놈이 힘없는 사람을 팬다"고 호소한다. 그래야 사람들이 자기편을 들어 줄 것임을 알기 때문이다. 또한 영화, 드라마를 보면 주인공이 모두 약자로 설정된다. 주인공보다 훨씬 더 강한 악당이 등장해 주인공을 괴롭힌다. 피디나 감독은 사람들이 무엇을 좋아하는지에 가장 민감한 사람들이다. 이들은 그렇게 설정해야 시청자들이 약자인 주인공에 감정이입 한다는 사실을 잘 알고 있다. 가득 찬 쪽은 우주의 도움을 받을 수 없다는 사실을 잘 알고 있는 것이다.

그러므로 가득 참이 강한 것이 아니라 겸허함이 강하다는 사실을 알아야 한다. 그래서 군자는 겸謙의 도로 나아가는 것이다.

初六 謙謙 君子 用涉大川 吉
초 륙 겸 겸 군 자 용 섭 대 천 길
처음에 음이 오니, 겸허함을 겸허하게 행하는 상이로다. 군자가 이로써 대천을 건너면 길하리라.

1효의 "겸허함을 겸허하게 행한다"는 말은 2·3·4효와 견주어보면 그 의미를 알 수 있다. 2효에서는 자신이 겸허하다는 사실을 노래 부르기도 하고, 4효에서는 겸허함을 적극적으로 휘두르기도 한다. 드러내놓고 겸허함을 펼쳐 보여야 하는 경우가 있는 것이다. 그러므로 이와 대비된 표현인 "겸허함을 겸허하게 행한다"는 말은, 겸허한 처신을 행할 때조차도 그 겸허함을 드러내지 않고 겸허하게 행한다는 뜻

이다.

대신 군자가 이를 통해 대천을 건너면 길하다고 한다. "대천을 건너다"는 말은 기존의 자기 한계를 넘어서서 지평을 넓히는 것을 뜻한다. 이런 자기 한계의 확장은 '가득 차서는' 불가능하다. 그러므로 대유의 도를 완수한 군자가 이제 겸의 길을 통해 겸허하게 자신을 비움으로써 보다 폭넓은 지지와 성원을 끌어낼 수 있다는 말이다.

六二 鳴謙 貞 吉
육이 명겸 정 길
음이 두 번째에 오니, 겸허함을 노래 부르는 상이로다. 정貞하면 길하리라.

"명겸鳴謙"은 겸허함을 지저귀는 것이며, 노래 부르는 것이다. 겸謙의 길이 2단계에 이르니 1단계의 "겸겸謙謙"에서 한 걸음 더 나아가고 있다. 그래서 이제는 자신이 겸허하게 처신하고 있다는 사실, 겸허하게 사양하고 있다는 사실을 노래 불러야 한다는 것이다.

이는 적극적으로 사람들한테 홍보해야 한다는 말이며, 적극적으로 과시하라는 말이다. 이렇게 하면서 계속 정貞한 태도를 유지하면 길할 것이라고 한다. 〈상전〉은 2효사를 다음과 같이 풀이한다. "겸허함을 노래 부르는 상이니 정貞하면 길하리라는 것은, 적중한 처신으로 마음을 얻기 때문이다[鳴謙貞吉 中心得也]."

이런 〈상전〉의 풀이는 군자가 겸의 도를 행하는 이유가 어디에 있는지를 잘 보여준다. 겸허한 처신을 통해 사람들의 마음을 얻으려는 것이다. 사람들의 마음을 폭넓게 얻으면 많은 이들의 성원과 도움을 받게 된다. 이런 사람이 진정으로 강한 것이다.

九三 勞謙 君子有終 吉
구 삼 로 겸 군 자 유 종 길

양이 세 번째에 오니, 겸허함을 애써야 하는 상이로다. 군자가
마치려는 바[終]를 두어야 길하리라.

"로겸勞謙"은 겸허함을 행하되 '애써' 행해야 한다는 말이다. 이는
무언가 상황이 정상적이지 않음을 상징하는 표현이다. 군자는 앞서
1·2효에서 두 번씩이나 겸허한 처신을 행했다. 상황이 정상이라면
두 번에 걸쳐 거듭 겸허의 예를 행한 것으로 충분하다. 주변 사람들
도 군자에게 겸허한 예로써 화답해야 하는 것이다.

하지만 3효에 이르렀는데도 군자가 여전히 겸허함을 '애써' 행해
야만 하는 상황이다. 주변 사람들이 군자가 행하는 겸허한 예와 덕에
화답하지 않는 것이다. 그렇다면 이제 군자는 겸허의 예를 접고 자기
주장을 강하게 펼치거나 때에 따라서는 화를 내야 하는 것이다.

군자 역시 화낼 때가 있으며, 오히려 군자라야 화를 낼 때 제대로
낼 수 있다. '군자君子'가 어떤 이미지를 가진 존재인지에 대해서는
'유비군자有斐君子'에 대한《대학장구》의 해설이 잘 보여준다(별도 박
스의 설명 참조). 이를 보면, 군자가 나타날 때 사람들이 "긴장감을 갖
고 떤다"고 한다. 왜 그럴까?

군자가 겁을 주기 때문에 무서워서 떠는 것이 아니다. 예를 들어
연애할 때 상대방이 나타나면 긴장하게 된다. 즐겁지만 동시에 긴장
한다. 왜냐하면 상대에게 나도 멋진 사람으로 비치기를 원하기에 긴

장하는 것이다. 군자가 나타났을 때도 마찬가지다. 사람들이 군자를 사랑하고 존경하기에 그 앞에서는 자기도 괜찮은 사람이고 싶어 한다. 그래서 군자가 나타나면 사람들이 긴장감을 갖는 것이다. 그러므로 만약 사람들이 군자를 '쉽게' 여긴다면, 이는 군자가 처신을 잘못하는 것이다.

군자가 겸의 도를 행할 때 1효와 2효에서 두 번씩이나 겸허의 예를 행했는데도, 주변 사람들이 군자에게 예로써 화답하지 않는다면, 군자는 이제 겸허의 예를 접고 자기주장을 강하게 펼치거나 화를 내는 것이 자연스러운 반응인 것이다. 따라서 주역은 3효사의 '로겸勞謙'에 대해 바로 "길하다"라고 하지 않고, "군자가 마치려는 바를 두어야[君子有終]" 길하다고 조건을 다는 것이다. 이는 군자가 1·2효에서 거듭 겸허의 예를 행했음에도 3효에서 또다시 겸허의 예를 '애써' 행한다면 그에 합당한 이유가 있어야 한다는 말이다.

군자의 이미지 ─ 유비군자有斐君子

瞻彼淇澳 菉竹猗猗
첨 피 기 욱 녹 죽 의 의
저 기수 강가를 바라보라. 푸른 대나무가 무성하고 아름답구나.

有斐君子 如切如嗟 如啄如麻
유 비 군 자 여 절 여 차 여 탁 여 마
문채를 발하는 군자여! 자른 듯 마름질한 듯, 쪼은 듯 간 듯하구나.

瑟兮僴兮 赫兮喧兮
슬 혜 한 혜 혁 혜 훤 혜
엄숙하고 당당하며, 빛나고 활기차네.

有斐君子 終不可諠兮
유 비 군 자 종 불 가 훤 혜

문채를 발하는 군자여! 끝내 잊지 못하리.

위와 같은《시경》〈위풍衛風〉 '기욱淇澳' 편의 구절에 대해《대학장구》
는 다음과 같이 풀이한다.

여기서 "자른 듯 마름질한 듯하다"는 것은 도학道學을 배웠음을 말하
는 것이다. "쪼은 듯 간 듯하다"는 것은 자기 수양을 했다는 말이다.
그 모습이 "엄숙하고 당당하다"는 것은 (사람들이) 긴장감을 갖고 떤
다[恂慄]는 말이다. 그 모습이 "빛나고 활기차다"는 것은 위의威儀가
있다는 말이다.
"문채를 발하는 군자를 끝내 잊지 못한다"는 말은, 그 도道가 성하고
그 덕이 지극히 선하기 때문에 사람들이 잊지 못한다는 말이다.

如切如磋者 道學也 如琢如磨者 自修也
瑟兮僩兮者 恂慄也 赫兮喧兮者 威儀也
有斐君子 終不可諠兮者 道盛德至善 民之不能忘也

《대학장구》〈전〉 3장 4절

이 구절에서 주목할 표현이 "순율恂慄"이다. 군자가 나타나면 사람들이
"긴장감을 갖고 떤다"는 것이다. 왜 그럴지 생각해보면, 군자가 어떤 존
재인지 제대로 이해할 수 있다.

여기서 "군자유종君子有終"의 의미를 알려면, 동양학에서 '종終'과
'시始'의 관계가 어떠한지를 알지 않으면 안 된다.

만물에는 본말本末이 있고, 인간의 일[事]에는 종시終始가 있으니, 무엇
이 먼저이고 무엇이 나중인지를 알면 도道에 가깝다고 할 것이다.

物有本末 事有終始 知所先後 則近道矣

결국 위의 구절은 '본말本末'과 '종시終始'를 알면 도道에 가깝다 말하고 있다. 따라서 동양의 유학자들은 만물을 인식하고 일을 처리함에 있어 언제나 '본말'과 '종시'를 인식하고자 무던히도 노력해왔다. 이처럼 본말과 종시가 유학을 포함한 동양학에서 핵심 개념임을 먼저 이해할 필요가 있다.

다음으로 만물에는 '본말本末'이 있다고 말하면서도, 인간의 일[事]에는 '시종始終'이 있다고 말하지 않고, '종시終始'가 있다고 말하는 점에 주목해야 한다. 구태여 순서를 이렇게 말하는 것은 그에 상응하는 의미가 있기 때문이다. 이는 군자가 일[事]을 벌일 때는, '종終'을 먼저 생각하고 나서 일을 시작하는[始] 것이라는 말이다. 이렇게 해야 합당하다는 의미가 '시종'을 '종시'로 뒤집어놓은 데에 들어 있는 것이다.

"사유종시事有終始"라는 《대학》 구절은 전통시대의 유학자들이 일[事]을 벌일 때, 또는 이미 벌어진 일을 처리해나갈 때 끊임없이 마음속으로 되뇌던 구절이다. 이처럼 군자의 일 처리에는 항상 심모원려深謀遠慮가 배어 있는 것이다.

'종시終始'에 대한 이런 관념은, 고고괘蠱卦(18)를 풀이한 〈단전〉의 "종즉유시 천행야終則有始 天行也" 구절에 정이가 단 주석에서도 확인할 수 있다. "무릇 시작이 있으면 반드시 마침이 있고 이미 마쳤다면 반드시 시작함이 있는 것이 하늘의 도道다. 성인은 종시終始의 도道를 아는 고로 능히 시작을 찾아서 그 '소이연所以然'[32]을 궁구하며,

마침을 이루고자 그 장차 일어나는 일을 준비하는 것이다[夫有始則必有終 旣終則必有始 天之道也 聖人 知終始之道 故能原始而究其所以然 要終而備其將然]."

그러므로 3효사의 "군자유종君子有終"은 군자가 심모원려함으로써 마치려는 바가 있어야 한다는 뜻이다. 괘상에서 이전까지와 달리 3효에 양이 온 것이 바로 이를 상징한다. 이전까지와 달리 군자가 어떤 적극적 의도를 품는 것이다. 이렇게 해서 군자가 무언가 마치려는 바를 둔다면 세 번째로 애써 겸허의 예를 행하는 것이 길하겠지만, 그렇지 않다면 또다시 겸허의 예를 행하는 것은 합당하지 않고, 2효에서 겸의 길을 마쳐야 한다는 의미가 들어 있는 것이다.

六四 无不利 撝謙
육 사 무 불 리 휘 겸
음이 네 번째에 오니, 불리할 것이 없으리라. 겸양을 휘둘러라.

겸의 도가 4단계에 이르자 주역은 이제 겸양을 적극적으로 휘두르라 말하고 있다. '휘두른다'는 말은, 거칠 것 없이 휘휘 내젓는다는 말이다. '노래 부르는' 것보다 한 걸음 더 나아간 상황을 말한다. "겸양을 휘두른다"는 말은, 자기가 지금까지 줄곧 겸양해왔다는 사실을 적극 과시하고 그에 합당한 반대급부를 요구해야 한다는 말이다.

상황이 불리할 것이 없는 이유에 대해 〈상전〉은 이렇게 풀이한다. "불리할 것이 없으니 겸양을 휘두르라는 말은, 법칙을 어기지 않았기 때문이다[无不利撝謙 不違則也]." 군자는 지금까지 1~3효에 걸쳐 계속 겸양의 예를 행함으로써 명분을 충분히 축적했고, 법칙을 어긴 잘못은 상대편에게 있기 때문이라는 말이다.

六五 不富以其隣 利用侵伐 无不利
육 오 불 부 이 기 린 이 용 침 벌 무 불 리

음이 다섯 번째에 오니, 그 이웃함으로 인해 부유해지지를 못하는 상이로다. 이로써 밀고 들어가서 치는 것이 이로우니, 불리할 것이 없으리라.

"불부이기린不富以其隣"은 "그 이웃함으로 인해 부유해지지를 못한다"는 뜻인데, 앞서 태泰괘(11) 4효사에서 이미 등장한 표현이다. 이는 모두 앞서 소휵小畜괘(9)의 5효사에 등장했던 "부이기린富以其隣"에 '불不'이 덧붙어 반대 의미로 쓰인 것이다.

이웃과 정상적인 관계라면 소휵小畜의 도에서처럼 시너지가 나서 모두가 부유해질 수 있어야 한다. 그런데 군자가 계속 겸양의 예를 행하다 보니, 이웃이 군자를 가벼이 알고 함부로 대하고, 이로 인해 군자가 부유해지지 못하는 것이다. 주역은 이때 밀고 들어가서 치는[伐] 것이 이롭다고 한다. 그렇게 해도 불리할 것이 없다고 한다. 그 이유는 군자가 지금까지 네 단계를 거쳐오는 동안 겸양의 예로써 지속적으로 노력해 준비를 갖췄기 때문이다. 3단계의 힘든 상황에서도 '애써' 겸양의 노력을 지속한 것도 이런 준비의 일환이었다. 3효에서 말했던 "군자유종君子有終"은 바로 5효를 가리키는 것이었다고도 할 수 있다. 이제야말로 "침벌侵伐"함으로써 유비군자의 위엄을 보일 때가 된 것이다.

여기서 겸謙의 길을 잠시 돌아보자면, 앞서 군자가 1·2단계에서 겸양의 예를 갖추었을 때 사람들이 예로써 화답했다면, 겸의 길은 1단계나 2단계에서 이미 끝을 맺었을 것이다. 사람들이 예로써 화답하면 상호 협조가 잘되고 시너지가 나서 '부이기린富以其隣'이 실현되는 것이다. 상황이 그러했다면 겸의 길은 바람직한 결말을 맺고, 3단계 이상으로는 진행되지 않았을 것이다.

하지만 주변 사람들이 군자가 갖추는 예에 합당하게 응대하지 않았기에 겸의 길이 3단계까지 이르고 말았다. 이때부터 군자는 예로써 대할 상황이 아닐 수 있음을 염두에 두고 준비를 시작하는 것이다. 5효에서 마치려는 바[終]를 미리 염두에 두고 준비를 시작하는[始] 것이다. 이것이 바로 '사유종시事有終始', '종終'을 먼저 설정하고 일을 시작하는[始] 군자의 태도인 것이다. 이처럼 군자는 항상 심모원려가 있기에 일에 무리가 따르지 않고 불리함이 없는 것이다. 5효사 마지막의 "불리할 것이 없는" 이유는 '사유종시'를 염두에 둔 군자의 심모원려 덕분인 것이다.

上六 鳴謙 利用行師 征邑國
상 륙 명 겸 이 용 행 사 정 읍 국

극상의 자리에 음이 오니, 겸허함을 노래 부르는 상이로다. 이로써 사師의 도道를 행하여 읍국을 정征하는 것이 이로우리라.

6효의 "명겸鳴謙"은 이웃 읍국을 상대로 겸허함을 노래 부르는 것이다. 앞서 5단계에서 군자는 예를 알지 못하는 자기 읍의 일부 백성들을 징계했다. 이를 통해 이제 군자의 읍국 백성들은 군자를 중심으로, 또 예를 바탕으로 일치단결하게 되었다. 이런 내치內治를 밑거름

으로 해 군자가 이제 외치外治에 나선 것이다. 6효에서 군자는 이웃 읍국을 상대로 겸謙의 도 2단계를 적용하고 있다. 여기서 이웃 읍국이 군자가 다스리는 읍국이 행하는 겸양의 예를 합당한 예로써 받는다면 서로 간의 협조가 원만히 이루어지는 결말을 맺을 것이다. 이는 고대 읍국 간의 국제질서가 예를 바탕으로 조화롭고 평화롭게 형성된 상태가 되는 것이다. 하지만 그렇게 되지 않을 경우에는 겸의 도 3단계로 나아갈 것이며, 이때부터 군자는 '종終'을 염두에 두고 준비를 시작할 것[始]이다. 그리하여 결국 그 읍국을 징계할 것이다. 6효사의 후반부는 이런 상황을 말하는 것이다.

이때 군자가 이웃 읍국을 상대로 "겸허함을 노래 부르는 것"은, 자기 읍국의 백성들을 염두에 두고 명분을 축적해나가는 과정이기도 할 것이다. 사師의 도를 행하려면, 공동체 구성원들에게 합당한 '목표'를 내걸고 복종을 요구할 수 있어야 한다. 그러므로 이웃 읍국을 상대로 "겸허함을 노래 부르면서" 이후 차근차근 겸의 도를 밟아나갈 것이다. 이리하면 최종적으로 사師의 도를 행할 때가 되었을 때는, 공동체의 구성원들이 이웃 읍국의 무례無禮에 공분하는 상태가 될 것이다. 결국 군자가 이웃 읍국을 상대로 "겸허함을 노래 부르는 것"은 상대 읍국과 자기 백성 모두를 염두에 둔 조치라고 할 수 있을 것이다.

謙 亨 君子有終
겸 형 군 자 유 종
겸謙의 길이 형통하려면, 군자에게 마치려는 바[終]가 있어야 하리라.

군자가 겸謙의 도를 행할 때는, '종終'을 먼저 설정하고 일을 시작하는[始] '사유종시事有終始'의 태도가 기본으로 확립되어 있어야 한다는 점을 강조하고 있다.

16

예豫 기미를 포착해 미리 행하다

豫 利健侯行師
예 이 건 후 행 사
예豫의 길에서는 제후를 세워서 군사를 부리는 것이 이로우리라.

初六 鳴豫 凶
초 륙 명 예 흉
처음에 음이 오니, '미리 한다'고 노래를 부르는 상이로다. 흉하리라.

六二 介于石 不終日貞 吉
육 이 개 우 석 부 종 일 정 길
음이 두 번째에 오니, 끼어듦이 돌에까지 이르는 상이로다. 하루가 다 저물어버리도록 정貞하지는 말아야 길하리라.

六三 盱豫 悔 遲 有悔
육 삼 우 예 회 지 유 회
음이 세 번째에 오니, 눈을 부릅뜨고 지켜보며 미리 하려고 하지만 마음에 걸리는 상이로다. 지체하면 후회가 있으리라.

九四 由豫 大有得 勿疑 朋盍簪
구 사 유 예 대 유 득 물 의 붕 합 잠
양이 네 번째에 오니, 미리 함으로 말미암아 크게 얻음이 있으리니 의심하지 말라. 벗들이 비녀를 꽂고 모여들리라.

六五 貞 疾恒 不死
육 오 정 질 항 불 사
음이 다섯 번째에 오니, 계속 정貞하는 것은 질환이 항구적인 상이지만 죽지는 않으리라.

上六 冥豫 成有渝 无咎
상 륙 명 예 성 유 유 무 구

극상의 자리에 음이 오니, 명계에 들어 예측하는(미리 하는) 상이로다. 이룬 것에 변화가 생기겠지만 허물은 없으리라.

〈계사전〉은 예豫괘에 대해 이렇게 풀이한다. "기미를 아는 것, 그것은 신묘하도다. (…) 군자는 기미를 보고 일을 하므로 기다리기만 하다 하루가 저물어버리는 법이 없다. 역易에 이르길 끼어듦이 돌에까지 이르니 하루가 저물어버리도록 정貞하지는 말아야 길하리라 하였다. 끼어듦이 돌과 같이 되었으니 어찌 종일토록 하겠는가. 중단해야 함을 가히 알 수 있다[知幾 其神乎 (…) 君子 見幾而作 不俟終日 易曰 介于石 不終日貞 吉 介如石焉 寧用終日 斷可識矣]"(〈계사하전〉5장). 이를 보면 예괘의 취지가 기미를 포착해 결과를 예측함으로써 어떤 행동을 미리 하는 것에 있음을 알 수 있다.

예豫의 도는 앞의 겸謙과 대대가 되는 길이다. '겸'은 '겸허謙虛' 또는 '겸양謙讓'을 가리키는데, 이는 할 수 있는 일인데도 군자가 스스로 사양해서 하지 않는 경우를 말한다. 남이 먼저 하도록 자신은 양보하는 경우라고도 할 수 있다.

이에 비해 '예豫'는 군자가 기미를 포착해 결과를 예측함으로써 남보다 앞서 어떤 행동을 '미리, 먼저' 하는 경우를 가리킨다. 군자가 기미를 알아채 어떤 일을 미리 하는 경우는, 다른 사람들 눈에는 아직 그 일을 할 적절한 때가 이르지 않은 경우로 보인다. 그러므로 이는 통상적으로는 아직 할 법한 일로 보이지 않는 것을 군자가 미리 하는 경우에 해당한다. 이런 측면에서 예와 겸謙이 서로 대대를 이루는 것이다.[33]

初六 鳴豫 凶
초 륙 명 예 흉

처음에 음이 오니, '미리 한다'고 노래를 부르는 상이로다. 흉하리라.

1효에서는 '미리 한다'고 노래를 부르는 실수가 벌어지는 경우에 대해 말하고 있다. 예豫의 길 1단계에서는 그런 실수가 자주 벌어지는 것을 점인들이 목격했기에 이런 기록이 남았을 것이다. 이는 남들이 알아채지 못하는 기미를 자기는 미리 알아볼 수 있음을 자랑하고픈 마음에 떠벌려대는 것이다. 이렇게 '미리 한다'고 노래를 불러대는 것은 '가득 찬' 행동이라고 할 수 있다. 결과가 흉할 수밖에 없다.

六二 介于石 不終日貞 吉
육 이 개 우 석 부 종 일 정 길

음이 두 번째에 오니, 끼어듦이 돌에까지 이르는 상이로다. 하루가 다 저물어버리도록 정貞하지는 말아야 길하리라.

"끼어든다"는 말은, 기미를 사전에 포착하기 위한 노력의 일환으로 여기저기 끼어들어 살핀다는 말이다. 앞서 1효의 실패를 반성하며 열심히 노력하는 것이다. 하지만 그 노력이 지나치다 보니 끼어듦이 돌에까지 이르고 있다.

"돌에 이른다[于石]"는 표현은 이후 곤困(47)의 길 3효에도 등장하는데, 어떤 일을 행할 때 돌처럼 지나치게 딱딱하고 경직된 방식으로 행하는 경우를 가리킨다. 그러므로 "끼어듦이 돌에까지 이른다"는 말은, 어떤 일에 끼어들 때 그와 같이 지나치게 경직된 방식으로 한다는 뜻이다. 그러므로 "하루가 다 저물어버리도록 정貞하지는 말아야 길하리라"고 조언하는 것이다.

六三 盱豫 悔 遲 有悔
육 삼 우 예 회 지 유 회
음이 세 번째에 오니, 눈을 부릅뜨고 지켜보며 미리 하려고 하지만 마음에 걸리는 상이로다. 지체하면 후회가 있으리라.

盱(우)는《설문해자》에 따르면 "눈을 긴장시키는 것[盱 張目也]"이다. 미리 행할 때 1·2효에서와 같은 실수를 반복하지 않기 위해 긴장감을 갖고 눈을 부릅뜨고서 기미를 살피는 것이다.

悔(회) 자는 서로 비슷하면서도 조금씩 다른 여러 가지 뜻을 갖고 있다. 悔의 어원을 살펴보면, ↑(마음 심)과 每(매양 매)가 합쳐진 글자다. 여기서 每는 젖먹이를 둔 어머니의 머리에 비녀가 꽂혀 있는 모습을 형상화한 것으로, 이를 통해 어머니의 머리에서 늘 젖먹이 아이 생각이 떠나지 않음을 상징한다. 그러므로 每에 ↑(심)이 합쳐진 悔는 늘 젖먹이 아이를 생각하는 어머니의 마음을 형상화한 글자인 것이다. 젖먹이 아이를 위하는 어머니의 마음은 늘상 아직도 아이에게 무언가 부족한 것이 있는 듯 아쉬워한다. 이를 통해 주역은 '늘 마음에 걸리는 그 무엇(미련, 아쉬움, 회한, 후회 등)이 있는 경우'를 가리키고 있다. 悔는 이처럼 단지 '후회'라는 낱말로는 다 담아낼 수 없는 함의를 품고 있어서 앞으로는 특별한 경우가 아니면 그냥 '회悔'라고 표현하고자 한다('회悔'의 용례에 대해서는 〈부록 3〉 참조).

예豫의 길에서 3효사 전반부에 쓰인 悔(회)는 이상에서 살펴본 바와 같이, 무언가가 마음에 걸린다는 뜻으로 쓰였다. 눈을 부릅뜨고 지켜본 결과 드디어 기미를 포착해 적절하게 미리 할 수 있는 때에 이르렀는데, 이때 무언가가 마음에 걸려 군자의 실행을 주저하게 하는 것이다. 이에 대해 주역은 "지체하면 후회가 있을 것"이라 조언한다.

이상에서 살펴본 예豫의 길에서 일어나는 변화에는 흥미로운 점이 있다. 1·2효는 기미를 포착하기 위해 노력하는 과정에서 빚어지는 실수들에 대해 말한다. 이런 실수의 과정을 거치며 기미를 포착하는 능력도 향상되어갈 것이다. 이렇게 해서 드디어 기미를 제대로 포착해낸 것이 3단계에 해당한다. 군자가 미리 하고자 했던 그 일을 적절하게 할 수 있는 '때'를 포착해낸 것이다. 그런데 정작 그 순간에 이르렀을 때 무언가가 마음에 걸려 실행을 주저하게 한다는 것이다. 주역이 "지체하면 후회가 있을 것"이라 조언한다는 것은, 그처럼 지체되어 후회하는 일이 자주 벌어진다는 말이다. 그렇다면 어떤 일을 미리 하고자 할 때 마지막 순간에 실행을 주저하게 하는 것은 어떤 요인일까?

이는 아마도 어떤 일을 하겠다고 생각하는 것과, 실제로 그 일을 결행하는 것은 차원이 다르기 때문이 아닌가 한다. 어떤 일을 하겠다 생각하고 말하는 건 쉽다. 하지만 실제로 결행할 순간이 되면 여러 가지 부정적 생각이 꼬리를 물고 떠오르면서 결행을 방해하는 경험을 누구나 해보지 않았을까? 이런 부정적 생각을 떨쳐내고 '결행'을 해내는 것은, 단지 생각하고 말로 하는 것과는 분명 차원이 다른 일이다. 그러므로 기미를 포착해 어떤 일을 미리 하고자 하는 예豫의 길 3단계에서 그런 조언이 등장하는 것이다.

九四 由豫 大有得 勿疑 朋盍簪
구 사 유 예 대 유 득 물 의 봉 합 잠

양이 네 번째에 오니, 미리 함으로 말미암아 크게 얻음이 있으리니 의심하지 말라. 벗들이 비녀를 꽂고 모여들리라.

예의 도 4단계에서는 여섯 효 중 유일하게 양이 놓이며 결과 역시 긍정적이다. 그에 따라 예의 도는 한 단계 앞서 5효가 아닌 4효에서 절정을 이루고 있다.

4단계에서는 미리 함으로 말미암아 크게 얻음이 있을 것이라고 한다. 군자의 기미 포착이 적중했고, 결과가 들어맞아서 무언가를 크게 얻는 성과를 거두는 것이다.

簪(잠)은 '비녀'인데, 고대에 벼슬아치들이 머리에 쓴 관이 벗겨지지 않도록 채우던 머리 꽂개를 가리킨다. '합잠盍簪'은 동일한 표현이 《두시언해杜詩諺解》에 실려 있으니,[34] "비녀를 꽂고 모인다"는 것은 벼슬아치들이 모인다는 뜻을 상징적으로 표현한 것이다. 4단계에서는 크게 얻음이 있다고 했으니, 이처럼 비녀를 꽂은 영향력 있는 벗들을 크게 얻게 된다는 뜻이다.

결국 예의 도는 1·2효의 실수, 3효의 주저함과 후회 끝에 4효에서 좋은 성과를 거두면서 절정에 도달하고 있다.

六五 貞 疾恒 不死
육 오 정 질 항 불 사

음이 다섯 번째에 오니, 계속 정貞하는 것은 질환이 항구적인 상이지만 죽지는 않으리라.

270 ───────

상경

예의 도 5단계는 '과잉'이 되고 있다. 결과를 예측해 어떤 일을 미리 행하고자 하는 예의 도는 4단계에서 일정한 성과를 달성한 후에 그쳐야 하는 것이다. 이후에도 계속 미리 하고자 하는 태도에 대해 주역은 부정적으로 평가하고 있다. 그런 태도를 계속 고수하는 것은, 질환을 앓는 것과 같다고 한다.

"질항 불사疾恒 不死"에 대해 정이는 "질환이 만성이 되겠지만 죽지는 않는다[常疾而不死]"라고 적절히 풀이하고 있다.

☰☷ **上六 冥豫 成有渝 无咎**
상 륙 명 예 성 유 유 무 구
극상의 자리에 음이 오니, 명계에 들어 예측하는(미리 하는) 상이로다. 이룬 것에 변화가 생기겠지만 허물은 없으리라.

冥(명)은 '冖 + 日 + 六'의 구조인데, 갑골문을 찾아보면 日은 여성의 자궁이며, 六은 사람의 두 팔이 변한 것이고, 冖은 출산하는 산모의 두 다리 모양을 그린 것이다. 즉 冥(명)은 출산하는 산모의 자궁으로부터 두 팔로 아이를 받는 모습을 형상화한 글자인 것이다.

그러므로 이런 冥(명)의 어원을 생각하면, 冥界(명계)란 단순히 '저승'이 아니라 인간이 나온 자궁 너머 저쪽의 세상, 인간이 이 세상으로 나오기 전 머물렀던 저쪽 세상인 것이다. 그리고 冥想(명상)이란 자궁 너머 저쪽 세상에 대한 생각에 잠긴다는 뜻이 된다.

6효사의 "명예冥豫" 역시 이런 원형적 의미로 쓰였으며, "명계에 들어 예측한다(미리 한다)"고 풀이할 수 있다. 명계에 들어 예측한다는 것은 '자궁 너머 저쪽 세상'의 차원에 진입해 예측한다는 것인데, 이 세상 것에 대한 집착을 모두 내려놓고 예측에 집중한다는 뜻으로 풀어볼 수 있다. 그 결과 그간 예豫의 도를 통해 이룬 성과에 변화가 생길 수도 있지만 허물은 없을 것이라고 한다. 예의 길을 계속 정貞하게 나아갈 경우 앞서 5단계에서 이미 만성질환을 앓는 것처럼 되기 때문에, 더 나아가 6단계에 이르면 이런 차원에 이르는 것으로 볼 수 있다.

하지만 보다 근본적으로는 주역이 정립되던 당시는 '점인占人'들이 나라의 지배층으로 활동하던 시대임을 생각할 필요가 있다. 이런 관점에서 보면 예豫의 길 6단계는 주인공이 점인의 상태에 도달한 모습을 묘사한 것으로 볼 수 있다. 오늘날에도 유라시아 북부의 샤먼들은 명계와 접속된 상태에서 미래에 대한 풀이를 행한다. 이렇게 보면 예의 길은 6단계에 이르러 점인이 되는 '점인의 길'이라 볼 여지가 있다. 점인이 될 생각이 아니라면 4단계에서 일정한 성과를 거두었을 때 멈춰야 하는 것이고, 점인이 되고자 한다면 6단계까지 나아가는 것이다. 그렇다면 앞서 5단계의 '질환'은 무병巫病을 앓는 상태를 묘사한 것으로 볼 수 있다.

豫 利健侯行師
예 이 건 후 행 사
예豫의 길에서는 제후를 세워서 군사를 부리는 것이 이로우리라.

주역은 예豫의 괘사에서 '형통하다'거나 '길하다'는 평가를 전혀 허용하지 않고 있어서 주목된다. 사실 그동안 걸어온 예의 길 여섯 단계를 모두 돌아봐도 그다지 후한 평가를 받지 못했다. 이와 좋은 대조를 이루는 것이 대대를 이루는 겸謙의 길이다. 겸의 길에서는 1~3단계에 모두 '길하다'는 평가가 주어졌고, 4·5단계에는 '불리할 것이 없다'는 평가가 주어졌다. 6효의 내용도 나쁘지 않으며, 괘사에서는 '형통하다'는 평가를 내리고 있다. 결국 주역은 군자가 걸어갈 길로 겸의 길을 추천하고 있으며, 예의 길은 그다지 추천하지 않는다고 할 수 있다. 이는 주역 자체가 '기미를 포착하는 것'을 권고하는 책이라는 점을 고려하면 주목할 만한 사실이다. 어째서 그런 것일까?

예豫의 길은 군자가 기미를 포착해 결과를 예측함으로써 남보다 앞서 어떤 행동을 미리 하는 경우를 가리킨다. 따라서 '어떤 행동을 미리 하는' 대목이 문제가 된다. 예의 길을 겸謙의 길과 견주어보면, 기미를 포착한 군자가 어떤 일을 미리 할 때 다른 사람들 눈에는 아직 그 일을 할 적절한 때가 이르지 않은 것으로 보인다. 이 시점에 앞으로 나서서 어떤 일을 미리 하는 것은 '가득 찬' 행동에 가깝다. 앞서 주역은 온 우주가 나서서 가득 찬 것을 이지러뜨리고 만다고 했다. 그러므로 군자는 결과를 예측해 어떤 행동을 할 때, 특히 그런 예측을 남들 앞에 드러내놓을 때 주의해야 하는 것이다. 군자로서는 도움을 주려는 선의에서 예측을 내놓는 것일지라도 남들의 눈에는 섣부른 '예단豫斷'으로 비칠 수 있다. 이런 사정들을 고려할 때 역시 예의 길은 4단계에서 일정한 성과를 얻었다면 멈추는 것이 타당하다.

이와 같은 점을 염두에 두면 괘사를 이해할 수 있다. 군사는 한번 일으키고 나면 재물을 상하게 하고 사람을 해치는 일이 없을 수 없으니 천하에 해독을 끼치는 일이다. 또한 "군사를 부리는 것"은 만인의 눈앞에 드러나는 행동인데, "예豫의 길에서 (…) 군사를 부리는 것"은 예측에 기반해 군사를 부린다는 말이다. 그러므로 이는 군자로서 극력 피해야 할 일이다. 하지만 그럼에도 예측에 기반해 군사를 동원해야 하는 일이 생길 수 있다. 이런 경우에는 직접 나서지 말고 제후를 세워 대신 하게 하도록 조언하는 것이다.

17·18

수隨 : 고蠱

윗사람을 따르며 배우는 길과
윗사람의 잘못을 바로잡는 길

17

수隨 윗사람을 따르며 배우다

≡≡

隨 元亨 利貞 无咎
_{수 원 형 이 정 무 구}
수隨의 도는 으뜸으로 형통하리라. 정貞하는 것이 이로우니 허물이 없으리라.

初九 官有渝 貞 吉 出門交 有功
_{초 구 관 유 유 정 길 출 문 교 유 공}
처음에 양이 오니, 관官에 변화가 생겼을 때 정貞해야 길하리라. 문을 나서서 사귀면 이루는 것이 있으리라.

六二 係小子 失丈夫
_{육 이 계 소 자 실 장 부}
음이 두 번째에 오니, 소자小子와 관계를 맺고 장부丈夫를 잃는 상이로다.

六三 係丈夫 失小子 隨 有求得 利居貞
_{육 삼 계 장 부 실 소 자 수 유 구 득 이 거 정}
음이 세 번째에 오니, 장부丈夫와 관계를 맺고 소자小子를 잃는 상이로다. 따르면 구해서 얻는 것이 있으리라. 정貞함에 머물러야 이로우리라.

九四 隨 有獲 貞 凶 有孚 在道以明 何咎
_{구 사 수 유 획 정 흉 유 부 재 도 이 명 하 구}
양이 네 번째에 올 때, (계속) 따르는 것은 붙잡히는 바가 있으니 정貞하면 흉하리라. 믿음을 갖고 도道에 머무르기를 밝음으로써 하면 무슨 허물이 있겠는가.

九五 孚于嘉 吉
_{구 오 부 우 가 길}
양이 다섯 번째에 오면, 믿음이 경사스러운 결과에 이를 것이니 길하리라.

上六 拘係之 乃從 維之 王用亨于西山
상 륙 구 계 지 내 종 유 지 왕 용 향 우 서 산

극상의 자리에 음이 오니, 구속되는데도 관계를 맺고 있는 상이로다. 그대로 맹종하면 유지는 하겠지만 왕이 이로써 서산에 바치고 말리라.

隨(수)는 일반적으로 '따른다'는 뜻으로 쓰이며, 수隨의 길 역시 윗사람을 따르는 경우에 대해 말한다. 스승을 따르며 학문을 배우는 경우, 선배를 따르며 그 경험을 배우는 경우, 직장 상사를 따르며 업무를 배우는 경우, 사회 원로를 따르며 그 경륜을 배우는 경우 등 모든 경우에 적용할 수 있다. 따르며 배우는 사람, 이끌며 가르치는 사람 양쪽 모두 귀 기울여 들어야 할 통찰이 담겨 있다.

初九 官有渝 貞 吉 出門交 有功
초 구 관 유 유 정 길 출 문 교 유 공

처음에 양이 오니, 관官에 변화가 생겼을 때 정貞해야 길하리라. 문을 나서서 사귀면 이루는 것이 있으리라.

1효사에 쓰인 '관官'은 명리학의 '관官' 개념과 일치한다. 명리학에서 '관'은 개인이 속한 관계망(공동체)에서 통용되는 기성의 권위와 가치체계를 가리킨다.

인간은 사회적 동물이므로 공동체의 관계망에 속할 때라야 자신의 존재를 실현할 수 있다. 그리고 개인이 관계망에 소속된다는 것은 그 공동체의 권위와 가치체계를 받아들인다는 말이다. 이처럼 개인이 자기가 속한 공동체의 권위와 가치체계를 받아들인 것이 바로 '관官'이다. 예를 들어 '관청官廳'이라는 것은 공동체의 권위와 가치체계를 제도로써 뒷받침하는 곳이며, '관직官職'은 그와 같은 일을 집행하는 자리인 셈이다. 개인이 공동체에 속해 살아가려면 이런 '관'을 받아들여야만 한다. 즉 '관'은 개인이 수용해서 거기에 따라야만 하는 상위의 규범이자 준거틀인 것이다.

이런 '관官'의 개념을 알면 1효사 전체의 맥락을 이해할 수 있다. "관官에 변화가 생겼다"는 말은, 그동안 자신이 받아들이고 따랐던 관계망의 준거틀에 스스로 의문을 갖고 회의하기 시작했다는 말이다. 개인이 이런 의문을 갖는 이유는, 그가 과거보다 성장해서 기존에는 그를 지탱해줄 수 있었던 준거틀이 더 이상 그러지 못하는 한계를 노출하기 때문이다. 그러므로 자신이 새로이 믿고 따를 수 있는 권위와 가치체계(그것을 가르쳐줄 수 있는 새로운 스승)를 찾아 나서는 것이 바로 '수隨'의 길인 것이다. '수'를 이렇게 보면, "따르는 것은 연고가 없기 때문이다[隨 无故也]"라고 한 〈잡괘전〉의 풀이도 이해할 수 있게 된다. 여기서 故(고)는 연고, 관례慣例, 선례先例 등을 의미한다.

주역은 '관官'에 변화가 생겼을 때 정貞해야 길하다고 조언한다. 정貞한다는 말은 기존의 태도를 고수하는 것을 말한다. 그러므로 이는 그동안 따르던 권위와 가치체계에 스스로 의문을 품더라도 우선은 계속 존중하고 따라야 한다는 뜻이다. 새로이 믿고 따를 수 있는 준거틀이 아직 확립되지 않은 상태이므로, 쉽사리 기존 준거틀을 폐기해버릴 경우 아노미 상태에 빠질 위험이 있기 때문이다. 따라서 일단 기존 권위와 가치체계를 따르되, "문을 나서서" 새로이 다양한 사람을 만나 사귀라고 조언한다.

"문을 나선다"는 것은 기존에 몸담고 있던 관계망 밖으로 나선다는 의미다. '공功'은 뭔가를 이루는 것을 말한다. 문을 나서서 적극적으로 사람을 사귀면 무언가 이루는 성과가 있을 것이라고 한다.

六二 係小子 失丈夫
육 이 계 소 자 실 장 부
음이 두 번째에 오니, 소자小子와 관계를 맺고 장부丈夫를 잃
는 상이로다.

2효사의 '장부丈夫'는 앞서 사師(7)의 괘사에 등장했던 '장인丈人'
을 떠오르게 하는 표현이다. '장인'은 그 무리에서 가장 '맏이'가 되
는 사람, 최고 어른에 해당하는 사람을 가리키는 일반적인 표현이다.
여기에서 '인人' 대신 '부夫'를 쓴 것은 보다 높이는 의미가 있다. '공
자孔子'를 '공부자孔夫子'로 쓰면 보다 높임말이 된다. 지금 군자는
믿고 따르며 배울 수 있는 스승을 찾는 중이므로, 보다 높여서 '장부'
로 표현한 것이다.

'소자小子'는《논어》에서 스승 밑의 '제자'를 의미하는 표현으로 자
주 쓰이는데, 주역에서도 동일한 의미로 쓰였다.

이를 종합하면, "소자小子와 관계를 맺고 장부丈夫를 잃는다"고 하
는 2효사의 내용을 이해할 수 있다. 믿고 따르며 배울 수 있는 스승
을 찾아 나섰는데, 제자급인 '소자'와 관계를 맺느라 정작 '장부'를 놓
치고 만다는 말이다. 군자가 스승을 찾아 헤매는 과정에서 이런 시행
착오가 벌어진다는 뜻이다.

六三 係丈夫 失小子 隨 有求得 利居貞
육 삼 계 장 부 실 소 자 수 유 구 득 이 거 정

음이 세 번째에 오니, 장부丈夫와 관계를 맺고 소자小子를 잃
는 상이로다. 따르면 구해서 얻는 것이 있으리라. 정貞함에 머
물러야 이로우리라.

  3효에 이르러 군자는 앞의 실수를 깨닫고서 오류를 바로잡고 있다.
이제 소자小子를 버리고 장부丈夫와 관계를 맺는다. 앞서 2효에서 시
행착오를 거친 끝에 비로소 귀감이 될 만한 스승을 만나는 것이다.

  이후 스승을 "따르면 구해서 얻는 것이 있으리라"고 한다. 여기서
'따른다[隨]'는 말은 앞서 살펴봤듯 '믿고 따르며 배운다'는 의미를 함
축한다.

  "구해서 얻는 것이 있다[有求得]"는 구절에서 "구하는 것[求]"은 앞
서 1효에서 "문을 나서서" 사귀기 시작한 이래 줄곧 구해오던 것을
가리킨다. 당시 군자는 그동안 믿고 따르던 기존의 권위와 가치체계
에 회의감을 품으면서, 새로이 믿고 따를 수 있는 준거를 찾아 나
섰다. 그러므로 이곳 3효사에서 "구해서 얻는 것이 있다"는 말은, 군
자가 새롭게 만난 스승인 장부를 믿고 따른다면 그에게서 새로운 준
거를 배우는 바가 있으리라는 말이다.

  종합적으로 수의 길 3단계는 군자가 합당한 스승을 만나 그와 사
제지간을 형성한 후 그를 믿고 따르며 배움을 쌓아나가는 단계에 해
당한다.

  이때 정貞한 상태에 계속 머물러야 이로울 것이라고 한다. 여기서
정貞한다는 것은, 스승을 따르는 상태를 계속 유지한다는 말이다. 이
를 특별히 강조하는 이유는, 새로운 스승을 만나 그에게서 배움을 얻

는 일이 쉽지만은 않음을 표현한 것이다. 믿고 따를 수 있는 합당한 스승을 일단 만났다면, 그다음은 정貞한 태도로 배움의 길을 계속 나아가는 것이 중요함을 강조하고 있다.

> ䷐
>
> ## 九四 隨 有獲 貞 凶 有孚 在道以明 何咎
> 구 사 수 유 획 정 흉 유 부 재 도 이 명 하 구
>
> 양이 네 번째에 올 때, (계속) 따르는 것은 붙잡히는 바가 있으니 정貞하면 흉하리라. 믿음을 갖고 도道에 머무르기를 밝음으로써 하면 무슨 허물이 있겠는가.

수隨의 길 4단계에서는 앞서 3효의 상황에 변화가 생긴다. 3단계에서는 스승을 믿고 따르면 구해서 얻는 것이 있는 행복한 상황이었다. 그러므로 주역은 정貞함에 거하는 것이 이롭다고 조언했다.

그런데 4단계로 오면 스승을 계속 믿고 따르는 것은 붙잡히는 바가 있게 된다고 한다. 그러므로 주역은 계속 정貞하는 것은 흉하다고 조언하고 있다. 여기서 '계속 정貞한다'는 말은, 계속해서 스승을 믿고 따르며 그에게서 배운다는 말이다.

4효의 상황은 제자가 스승에게서 배울 것을 다 배운 상황이라고 할 수 있다. 스승을 찾아 산으로 올라간 제자가 이제 하산할 때가 된 것이다. 하산할 때가 되었다면 하산해야 한다. 그동안 제자에게 가르침을 베풀고 새로운 깨달음(제자가 산 아래의 세상으로 나아가 활동할 때 준거로 삼을 수 있는 틀)을 심어준 스승은 참으로 감사한 존재이며, 따라서 그와의 이별은 제자에게 슬픈 일이다. 하지만 그래도 이별할 때가 되었다면 이별해야 한다. 그렇게 하는 것이 스승과 제자 모두에게 이롭다.

제자가 하산할 때가 되었는데도 하산하지 않는다면(또는 못한다면) 문제가 생기기 시작한다. 스승과 제자 사이에 문제가 생길 것이며, 이는 앞서 3단계의 성과와 기쁨마저도 위태롭게 하고 말 것이다. 그러므로 주역은 4단계의 전반부에서 이런 상황을 경계하며 유의하도록 조언한다. 이는 가르치는 스승과 배우는 제자 양쪽이 모두 명심해야 할 조언이다.

그동안 믿고 따르며 의지할 수 있었던 스승을 떠나 하산하게 된 제자는 이제 홀로 산 아래 세상과 마주해야 한다. 불안감이 없을 수 없는 제자를 위해 주역이 다음과 같이 조언하는 것이다. "믿음을 가지고 도道에 머무르기를 밝음으로써 하면 무슨 허물이 있겠는가."

동양학에서 자주 쓰이는 표현인 '도道'는 '길'인데, 특히 '마땅히 걸어야 할 길'을 의미한다. 그래서 '진리'의 뜻을 동시에 갖는 것이다. 그러므로 "도에 머무른다[在道]"는 말은 '진리에 머무른다'는 뜻이면서 동시에 '길을 걸어간다'는 뜻을 갖는다.

결국 "도道에 머무르기를 밝음으로써 하라"는 주역의 조언은, 스승을 떠나 홀로 선 제자에게 "자신이 마땅히 걸어야 할 길을 밝음으로써 걸어가라" "밝음으로써 진리에 머무르라"는 조언인 것이다. 스승 대신 진리인 '도'에 의지하라는 표현이다. 그러면 혼자서도 이 세상을 헤쳐갈 수 있을 것이라는 점을 믿으라고 조언한다. 그렇게 믿고 밝음으로써 길을 걸어 나가면 무슨 허물이 있겠느냐 말하고 있다.

상경

九五 孚于嘉 吉
구 오 부 우 가 길

양이 다섯 번째에 오면, 믿음이 경사스러운 결과에 이를 것이
니 길하리라.

"부우가孚于嘉"에서 于(우)는 동사로 쓰인 것이다. '믿음'은 앞서 4단
계에서 가졌던 믿음을 말한다. 앞서 군자는 "도道에 머무르기를 밝음
으로써 하면 무슨 허물이 있겠는가"라는 조언을 믿고서 홀로 길을 나
섰다. 그 결과 5단계에서는 그 믿음이 보상을 받는 것이다. 이는 군자
가 그동안 자신을 이끌어주던 스승으로부터 독립해 홀로 길을 걸어
갈 수 있게 되었다는 말이며, 그런 군자의 행보가 훌륭한 성과를 이
루어낸다는 말이다.

앞서 1효에서 기존에 믿고 따르던 준거틀에 의문을 품고 새로운
스승을 찾아 나섰던 수隨의 길이 5효에서 절정에 도달했다.

上六 拘係之 乃從 維之 王用亨于西山
상 륙 구 계 지 내 종 유 지 왕 용 향 우 서 산

극상의 자리에 음이 오니, 구속되는데도 관계를 맺고 있는 상
이로다. 그대로 맹종하면 유지는 하겠지만 왕이 이로써 서산
에 바치고 말리라.

6효는 4·5효에서 하산하지 못하고 계속 스승 곁에 머무르는 경우
에 대해 말한다. 그럴 경우 수隨의 길이 과잉에 이르고 마는 것이다.

6효에 이르도록 스승과의 관계를 계속 유지하면, 그 따름이 구속
됨[拘]에까지 이른다고 한다. 앞서 4효에서 "붙잡히는 바가 있다[有
獲]"고 한 표현에서 한 걸음 더 나가는 것이다.

이렇게 구속되는데도 스승과의 관계를 여전히 맺고 있으면, 그 따름[隨]은 이제 맹목적인 추종[從]밖에 되지 않는다고 말한다. 從(종)과 隨(수)는 언뜻 비슷해 보이지만 이처럼 주역은 두 글자의 의미를 구분해 사용하고 있다.

주역은 이렇게 스승을 맹종할 경우 "(현상) 유지는 할 것"이라 말한다. 하지만 왕이 서산에 바치고 말 것이라 경고하고 있다. 서산西山에서 서쪽은 계절로는 가을에 해당하는데, 이는 수확의 계절이면서 동시에 심판의 계절이다. 가을과 심판의 계절이 어떤 의미인지는 앞서 곤坤의 도에서 살펴보았다. 가을걷이를 하고 나서 쓸모없는 가라지는 따로 골라내 불태워버리는 때가 가을인 것이다.

누군가가 스승을 그대로 맹종하기만 할 경우 왕 입장에서 그는 쓸모없는 존재다. 그런 경우라면 그저 스승만 있으면 된다. 그러므로 심판의 때가 되면 왕은 그를 서산에 제물로 바쳐버리는 것이다. 주역은 스승과의 관계가 구속이 되는 상태에까지 이르는데도 하산하지 못하고 맹종하는 경우에 대해 준엄하게 경고하는 것이다.

수隨의 길을 돌이켜보면, 내용의 절반을 제자의 '하산'에 할애하고 있는 점이 눈길을 끈다. 주역은 수의 길에서 '때'가 되었을 때 제자가 제대로 '하산'하는 것이 그만큼 중요한 문제라고 판단하는 것이다. 가르치는 스승이나 배우는 제자나 이런 주역의 조언을 명심해야 할 것이다.

隨 元亨 利貞 无咎
수 원형 이정 무구
수隨의 도는 으뜸으로 형통하리라. 정貞하는 것이 이로우니 허
물이 없으리라.

　지금까지 살펴봤듯 수隨의 도는 기존의 준거틀에 회의를 느끼고
서 참된 스승을 찾아 그를 따르며 배우고, 이후 하산하는 길에 대해
말하고 있다. 으뜸으로 형통하다는 평가는 자연스럽다. 여기서 말하
는 정貞함은 3효의 정貞함이다.
　덧붙여서 수隨괘는 괘상을 살펴보는 것이 이해에 도움이 된다. 〈그
림 13〉에서 우선 양효와 음효의 관계를 살펴보면 수괘에서 양효는
무언가 능동적 변화를 꾀하거나 그런 변화가 일어나는 경우를 표
상하고 있다. 우선 1효에 놓인 양효는 군자가 기존에 믿고 따르던
'관官'에 스스로 의문을 품게 되는 변화를 상징하며, 아울러 문을 나
서 새로운 사람들과 적극적으로 사귀어나가는 변화를 상징한다. 4효
에 놓인 양은 제자가 스승에게서 배움을 끝마치고 하산하는 변화를
상징한다. 5효에 놓인 양은 믿음이 아름답게 기릴 만한 결과에 이르

64괘 수隨
팔괘 진震 +
팔괘 태兌
= 64괘 수隨

팔괘 태兌
'벗어남'을 상징
스승으로부터 '벗어남'
때가 이르매 하산하여 홀로 독립하는
모습

팔괘 진震
'새로운 대상(생각)을 받아들임'을 상징
새로운 변화를 모색한 후 스승을 만나
그를 따르며 배움

그림 13 수隨의 괘상

는 변화를 상징한다.

다음으로 수隨괘는 상하의 팔괘가 각각 뚜렷이 그 특징을 드러내는 경우에 해당하므로 이를 살펴보면 도움이 된다(관련 개념에 대해서는 별도 박스의 설명 참조).

〈그림 13〉을 보면 64괘 수隨가 '팔괘 진震 + 팔괘 태兌'의 구조로 이루어졌으며, 지금까지 살펴본 '수'의 괘효사에 팔괘 진과 팔괘 태의 의미[35]가 그대로 살아 있음을 알 수 있다. 이런 64괘와 팔괘의 관계에 주목하면 이후 '수'와 대대를 이루는 고蠱괘의 특성을 이해하는 데도 도움이 될 것이다.

팔괘와 64괘의 관계

〈그림 13〉에서 보듯 양효나 음효 세 개를 겹치면 모두 여덟 가지 조합이 나오는데 이를 '팔괘'라고 한다. 팔괘 각각에 대한 설명은 〈부록 4. 팔괘의 속성〉에 있으니 참조하시기 바란다.
팔괘와 팔괘를 상하로 중첩하면 64괘가 만들어지는데(8괘×8괘=64괘), 이때 위에 있는 팔괘를 '상괘'라 칭하고 아래에 있는 팔괘를 '하괘'라 칭한다. 주역의 64괘는 결국 팔괘로 이루어졌으므로 팔괘의 속성을 제대로 이해하면 이를 바탕으로 64괘에 대한 이해를 더욱 깊게 할 수 있다.

고蠱 윗사람의 잘못을 바로잡다

蠱 元亨 利涉大川 先甲三日 後甲三日
고 원형 이섭대천 선갑삼일 후갑삼일
고蠱의 길은 으뜸으로 형통하리라. 대천을 건너는 것이 이로우리라. 선갑삼일과 후갑삼일의 상이로다.

初六 幹父之蠱 有子考 无咎 厲 終吉
초륙 간부지고 유자고 무구 려 종길
처음에 음이 오니, 아버지의 미혹을 바르게 해야 하는데, 아들로서 고려함이 있는 것은 허물이 없으리라. 위태롭지만 종국에는 길하리라.

九二 幹母之蠱 不可貞
구이 간모지고 불가정
양이 두 번째에 오니, 어머니의 미혹을 바르게 해야 하는 상이로다. 정貞하기만 하는 것은 불가하리라.

九三 幹父之蠱 小有悔 无大咎
구삼 간부지고 소유회 무대구
양이 세 번째에 오니, 아버지의 미혹을 바르게 한다면, 조금 마음에 걸리는 바가 있겠지만 큰 허물은 없으리라.

六四 裕父之蠱 往 見吝
육사 유부지고 왕 견린
음이 네 번째에 오니, 아버지의 미혹을 그냥 받아들이는 상이로다. 그리 행하면 인색한 결과를 보게 되리라.

六五 幹父之蠱 用譽
육 오 간 부 지 고 용 예
음이 다섯 번째에 올 때, 아버지의 미혹을 바르게 하니, 이로써 명예롭게 되리라.

上九 不事王侯 高尙其事
상 구 불 사 왕 후 고 상 기 사
극상의 자리에 양이 오니, 왕후를 섬기지 않으면서, 그 일을 고상하게 여기는 상이로다.

蠱(고)는 '蟲(벌레 충) + 皿(그릇 명)'으로 이루어진 글자로, 곡식을 그릇에 오래 담아두었을 때 생겨나는 벌레를 가리키는 글자였다. 여기서 '미혹迷惑'이라는 뜻이 파생되었다.

앞서 수隨의 길은 윗사람을 믿고 따르며 배우는 경우였다. 이에 대해 고蠱의 길은 윗사람이 미혹에 빠져 있어 그의 잘못을 바로잡아야 하는 경우다. 따라서 '수'와 '고'가 서로 대대를 이루는 것이다. '고'를 이렇게 보면, "고蠱라면 바로잡아야 하는 것이다[蠱則飭也]"라고 한 〈잡괘전〉의 풀이를 이해할 수 있다.

〈그림 14〉에서 고蠱의 괘상을 보면, '팔괘 손巽 + 팔괘 간艮'의 구조로 이루어졌음을 알 수 있다. 巽(손)은 이후 손巽괘(57)로 다시 나오며, 艮(간)은 간艮괘(52)로 다시 나온다. 巽과 艮이 상징하는 의미

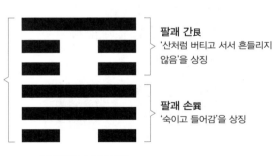

팔괘 간艮
'산처럼 버티고 서서 흔들리지 않음'을 상징

64괘 고蠱
팔괘 손巽 + 팔괘 간艮
= 64괘 고蠱

팔괘 손巽
'숙이고 들어감'을 상징

그림 14 고蠱의 괘상

에 대해서는 각 괘가 나왔을 때 자세히 살펴보기로 한다. 여기서는 우선 〈그림 14〉에서 '고'의 괘상만을 보자면, 미혹에 빠져 있는 윗사람의 잘못을 바로잡아야 하는데, 처음에는 '숙이고 들어갔다가', 나중에는 '산처럼 버티고 서서 흔들리지 않아야' 하는 것이 고의 도라고 할 수 있다. 고의 괘효사를 해석하면 과연 이런 뜻이 나오는지 이제부터 살펴보자.

初六 幹[36]父之蠱 有子考 无咎 厲 終吉
초 록 간 부 지 고 유 자 고 무 구 려 종 길

처음에 음이 오니, 아버지의 미혹을 바르게 해야 하는데, 아들로서 고려함이 있는 것은 허물이 없으리라. 위태롭지만 종국에는 길하리라.

1효사에서 "아버지의 미혹을 바르게 한다"고 할 때 아버지는, 주인공이 그 미혹을 바로잡기가 가장 어려운 윗사람을 상징하는 표현이다.

이때 "아들로서 고려함이 있는 것은 허물이 없다"는 말은, 미혹이 있다면 이를 바로잡는 것이 맞겠지만, 그럼에도 그 대상이 아버지이기 때문에 아들로서는 고려함이 없을 수 없다는 말이다. 주역은 이런 아들의 태도에 대해 허물이 없을 것이라고 하며, 그로 인해 위태로움이 있겠지만 종국에는 길할 것이라 말한다. 위태로움이 있다는 것은, 사적 관계를 고려해 일을 공정하게 처리하지 않은 데 따른 비판이 일어날 수 있다는 말이다. 종국에는 길하리라는 말은, 비판은 따르겠지만 그렇게 처리할 수밖에 없었던 사정을 이해받을 수 있을 것이라는 말이다.

九二 幹母之蠱 不可貞
구 이 간 모 지 고 불 가 정

양이 두 번째에 오니, 어머니의 미혹을 바르게 해야 하는 상이
로다. 정貞하기만 하는 것은 불가하리라.

2효에서는 어머니의 미혹을 바르게 해야 하는 상황이다. 어머니는
그 미혹을 바로잡음에 있어 1효의 아버지에 비해서는 어려움이 덜한
윗사람을 상징하는 표현이다.

정貞한다는 것은 굳건한 태도로 흔들림 없이 그 미혹을 바로잡는
것을 말한다. 하지만 아버지의 경우와 마찬가지로 자식 된 입장에서
고려가 없을 수 없다. 그러므로 주역은 정貞하기만 하는 것은 불가하
다고 말하는 것이다.

九三 幹父之蠱 小有悔 无大咎
구 삼 간 부 지 고 소 유 회 무 대 구

양이 세 번째에 오니, 아버지의 미혹을 바르게 한다면, 조금 마
음에 걸리는 바가 있겠지만 큰 허물은 없으리라.

3효는 아버지가 두 번째로 다시 미혹에 빠진 경우에 대해 말한다.
앞서 1효에서 아버지가 처음 미혹에 빠져 어떤 잘못을 행했을 때는
자식 된 입장에서 특별히 고려해 그냥 지나쳤다. 주역은 이런 아들의
일 처리가 허물이 없다고 했으며, 종국에는 길하리라고 평가했다. 아
버지가 처음 잘못을 저질렀을 때 아들이 이를 대번에 바로잡음은 옳
지 않다고 말하는 것이다.

하지만 3효에서는 아버지가 재차 잘못을 행하는 상황이므로 1효

와는 경우가 다르다. 주역은 이번에는 아들이 아버지의 잘못을 바로 잡아도 된다고 말한다. 하지만 여전히 '그래도 된다'는 정도이지, 바로잡도록 적극적으로 권장하고 있지는 않다. 그렇게 한다면 "조금 마음에 걸리는 바가 있겠지만 큰 허물은 없을 것"이라고 한다. 즉 그러한 처리에 큰 허물이 없는 정도이지, 권장하고 있는 것은 아니다.

六四 裕父之蠱 往 見吝
육 사 유 부 지 고 왕 견 린
음이 네 번째에 오니, 아버지의 미혹을 그냥 받아들이는 상이로다. 그리 행하면 인색한 결과를 보게 되리라.

4효에서 아버지는 세 번째로 미혹에 빠져 잘못을 행하고 있다. 그런데 아들은 아버지임을 고려해 이번에도 그대로 넘어가고 있다. 이에 대해 주역은 그렇게 일을 처리하면 인색한 결과를 볼 것이라고 한다. 이번에는 아들이 적극적으로 아버지의 잘못을 바로잡아야 한다고 말하는 것이다.

결국 주역은 아버지가 세 번째로 잘못을 저질렀을 때 바로잡는 것이 아들로서 타당한 행동이라고 평가하는 것이다.

六五 幹父之蠱 用譽
육 오 간 부 지 고 용 예
음이 다섯 번째에 올 때, 아버지의 미혹을 바르게 하니, 이로써 명예롭게 되리라.

5효에서 군자는 마침내 아버지의 미혹을 바로잡는다. 앞의 4효는
고蠱의 길에서 위기의 단계였다. 그로 인해 인색한 결과가 나왔기에,
5효에서 아버지가 네 번째로 잘못을 저질렀을 때 이를 바로잡은 것이
다. 아들로서 아버지의 잘못을 바로잡는 것은 괴로운 일이겠지만,
사私를 넘어선 공公적인 일 처리로 인해 명예를 얻을 것이라 말하고
있다. 이때 군자가 얻는 명예는, 앞서 '아버지(가장 어려운 윗사람을 상
징)'라는 존재에 군자가 거듭 존중하는 태도를 표명했었다는 사실로
인해 더욱 커지는 것이다.

上九 不事王侯 高尙其事
상 구 불 사 왕 후 고 상 기 사
극상의 자리에 양이 오니, 왕후를 섬기지 않으면서, 그 일을 고
상하게 여기는 상이로다.

6효는 고蠱의 길에서 과잉의 단계다. 앞서 5효에서 아버지의 잘못
을 바로잡아 명예를 얻게 되자, 윗사람의 잘못을 바로잡는 행위[幹]
에 맛 들여서 이제는 왕후조차도 제대로 섬기지 않는 지경에 이른 것
이다. 그렇게 하면서도 그런 자신의 일 처리 방식이 고상한 것이라고
스스로 자부한다는 말이다. 이런 6효사의 서술은 6단계가 명백히 과
잉의 단계임을 보여준다. 그럼에도 '흉하다'라거나 '인색하다'라는 평
가가 붙어 있지 않다. 바로 이 점과 관련해 백서 주역의 서술이 주목
된다. 백서 주역에는 6효사가 조금 다른 문장으로 실려 있다.

上九 不事王侯 高尙丌德 凶
상 구 불 사 왕 후 고 상 기 덕 흉

극상의 자리에 양이 오니, 왕후를 섬기지 않으면서, 그 덕을 고상하게
여기니 흉하리라.

백서 주역에는 6효사의 말미에 '흉하다'는 평가가 붙어 있는데, 우
리가 지금까지 보아온 통행본 주역에서는 이 글자가 사라져버린 것
이다. 이는 통행본 주역과 백서 주역이 고蠱괘 6효의 상황에 대해 내
리는 평가가 서로 다르다는 말이다.

이는 통행본 주역에 유학자儒學者들의 시각이 좀 더 반영된 것으
로 볼 수 있다. 유학자들은 군주에게 충성하는 동시에 군주가 잘못을
저지를 경우 이에 영합하지 않고 적극적으로 간쟁하는 것을 미덕으
로 여겼다. 이런 이유로 원래 점인들이 남긴 6효사의 기록에 들어 있
던 凶(흉) 자를 후대에 이르러 뺀 것이 아닌가 한다. 그 결과 고蠱괘
의 6효는 과잉의 단계이면서도 과잉의 성격이 많이 희석된 채 남아
있는 것이다.

蠱 元亨 利涉大川 先甲三日 後甲三日
고 원형 이섭대천 선갑삼일 후갑삼일
고蠱의 길은 으뜸으로 형통하리라. 대천을 건너는 것이 이로
우리라. 선갑삼일과 후갑삼일의 상이로다.

고蠱의 길은 윗사람의 미혹을 바로잡는 길이기에, 바로잡고 나면
으뜸으로 형통한 결과에 이르는 것이다.

"대천을 건너는 것"은 자신의 기존 한계를 넘어섬을 이른다. 여기
서는 '아버지'로 상징되는 가장 어려운 존재의 미혹을 바로잡음으로

써 자신의 기존 한계를 넘어서는 것이다. 이를 위해서는 기존의 사적 관계를 넘어서는 인식 지평의 확장 역시 필요하다.

"선갑삼일先甲三日"과 "후갑삼일後甲三日"은 10천간의 첫머리인 '갑甲'과 관련된 표현이다. 甲(갑)은 오행 중에서 첫 번째인 목木에 해당한다. 그러므로 영원히 돌고 도는 오행의 순환에서 새로운 순환의 시작점이 바로 '갑甲'이다. 1년은 갑의 때가 열려야 새로운 한 해가 시작되며, 60갑자의 순환 역시 甲子(갑자)에서 새로운 순환이 시작된다. 그러므로 갑의 때란 새로운 순환의 시작점이라는 의미를 갖는다.

이와 관련해 정이는 다음과 같이 풀이한다. "갑은 숫자의 첫머리로 일의 시작을 말한다 (…) 고蠱를 바로잡는 도리는 의당 그 전후 3일을 사려 깊게 살펴야 한다. 대개 선후를 미루어보고 거슬러 살피는 것이 폐해의 구제가 오래갈 수 있도록 만드는 도리다. 선갑先甲은 이보다 먼저라는 말이니 그 소이연所以然을 궁구하는 것이요, 후갑後甲은 이보다 뒤라는 말이니 그 장차 일어나는 일을 살피는 것이다[甲數之首 事之始也 (…) 治蠱之道 當思慮其先後三日 蓋推原先後 爲救弊可久之道 先甲 謂先於此 究其所以然也 後甲 謂後於此 慮其將然也]." 정이는 '선갑先甲', 즉 갑甲의 때가 이르기 전 3일과 '후갑後甲', 즉 갑의 때가 열린 후 3일을 사려 깊게 살펴야 한다는 뜻으로 풀이한다.

정이의 풀이는 앞서 〈그림 14〉의 괘상을 통해 살피면 보다 이해하기 쉽다. 그림에서 4단계가 윗사람의 잘못을 바로잡을 시점이었다. 즉 이때가 '갑甲의 때'인 것이다. 이보다 앞서 1~3단계가 '선갑삼일'에 해당하는 시기로 이때는 '숙이고 들어감'이 필요하다. 4~6단계는 '후갑삼일'에 해당하는 시기로 이때는 '산처럼 버티고 서서 흔들리지 않는' 굳건함이 필요한 것이다. 그러므로 괘사에 등장하는 "선갑삼일과 후갑삼일의 상"이라는 표현은, 이와 같은 고蠱의 전체적 괘상에 대한 언급인 것이다.

　아울러 〈단전〉은 괘사에 대해 이렇게 풀이한다. "'선갑삼일 후갑삼일'은 끝을 맺고 나면 새로운 시작이 있다는 뜻이며, 하늘의 운행임을 말한다[先甲三日後甲三日 終則有始 天行也]." 고蠱의 길은 군자가 처음에 자신을 굽혀 윗사람의 잘못을 참고 견디는 과정을 거친 후 갑甲의 때가 이르렀을 때 윗사람의 잘못을 바로잡는 길이다. 이처럼 군자가 자기 윗사람의 잘못을 바로잡고 나면 이후로는 일을 주도해 나갈 수 있는 자신의 시대가 열리는 것이다. 그러므로 고의 도는 선대의 잘못을 바로잡고 자신의 시대를 열어가려는 사람에게 주어지는 조언이라고 할 수 있다. 효사만으로는 이런 의미가 잘 전달되지 않음을 보고 점인들이 괘사에 "선갑삼일과 후갑삼일의 상이다"라는 언급을 추가한 것이다. 이를 통해 군자가 자기보다 윗사람의 잘못을 바로잡아 새로운 시대를 여는 결정적 순간에 즈음해, 전후에 충분한 주의를 기울이도록 조언하는 것이다.

림臨 : 관觀

나아가 직책에 임하는 길과
물러서서 사태를 관망하는 길

림臨 나아가 직책에 임하다

臨 元亨 利貞 至于八月 有凶
림 원 형 이 정 지 우 팔 월 유 흉
림臨의 길은 으뜸으로 형통하리라. 정貞해야 이로우리라. 8월에 이르면 흉함이 있으리라.

初九 咸臨 貞 吉
초 구 함 림 정 길
처음에 양이 오니, 입장을 함께하도록 해서 임하라. 정貞하면 길하리라.

九二 咸臨 吉 无不利
구 이 함 림 길 무 불 리
양이 두 번째에 오니, 입장을 함께하도록 해서 임하라. 길하며 불리할 것이 없으리라.

六三 甘臨 无攸利 旣憂之 无咎
육 삼 감 림 무 유 리 기 우 지 무 구
음이 세 번째에 올 때, 달콤한 말로써 임하는 것은 이로울 바가 없으리라. 이미 우려한 것이라면 허물은 없으리라.

六四 至臨 无咎
육 사 지 림 무 구
음이 네 번째에 오니, 지극함을 다해서 임하는 상이로다. 허물이 없으리라.

六五 知臨 大君之宜 吉
육 오 지 림 대 군 지 의 길
음이 다섯 번째에 오니, 주재해서 임하는 상이로다. 대군大君의 마땅함이니 길하리라.

上六 敦臨 吉 无咎
상 륙 돈 림 길 무 구
극상의 자리에 음이 오니, 돈독하게 임하는 상이로다. 길하며 허물이 없으리라.

림臨괘의 '림'은 어떤 일에 '임臨한다'는 말속에 그 뜻이 살아 있다. 《설문해자》를 찾아보면 "림臨은 감독하며 임하는 것[臨 監臨也]"이라 풀이한다. 앞서 군자는 고蠱의 길에서 윗사람의 잘못을 바로잡음으로써 자신의 시대를 새로이 열었다. 그러고 나서 이어지는 림의 길에서는 군자가 어떤 일이나 조직을 새로 맡아 부임했을 때 새로운 조직과 사람을 상대로 어떻게 해야 자신의 리더십을 확립할 수 있는지 그 과정에 대해 말한다.

림臨괘의 특성을 이해하려면, 림괘가 시기적으로 음력 12월에 대응하는 괘임을 아는 것이 도움이 된다. 〈그림 15〉는 각 시기별로 대응하는 괘를 정리해 제시한 것이다. 이를 '12벽괘辟卦'라고 부른다. 辟(벽)은 통상 '피할 피'로 새기지만 '임금(벽)'이라는 뜻도 있으니, 12벽

그림 15 12벽괘辟卦

괘란 12개의 중심이 되는 괘라는 뜻이다.

〈그림 15〉를 보면 림臨이 음력 12월에 대응하며, 그다음 순서로는 앞서 살펴본 태泰괘(11), 그다음으로는 대장大壯괘(34)가 대응함을 알 수 있다. 그런데 이들의 괘상을 순서대로 보면, 아래에서부터 양효가 하나씩 늘어나고 있다. 양효는 군자에게 우호적인 환경을 의미하는데, 이런 양효의 증가가 괘의 의미에도 반영된다. 양효가 셋인 '태'는 소통이 잘되어 태평한 상태를 뜻하는데, 양효가 넷인 '대장'은 군자가 씩씩하게 가고자 하는 길을 나아가는 상태를 뜻한다. 양효가 늘어나니 군자의 행동이 더욱 과감해지는 것이다.

이런 정황을 통해 림臨의 의미를 역으로 추론할 수 있다. 양효가 둘인 '림'은 아직 '대장大壯'은 물론 '태泰'의 상태에도 못 미치는 것이다. 그러므로 군자가 어떤 일이나 조직의 리더를 맡아 부임했다고는 하지만, 동시에 상당한 조심성이 수반되어야 하는 상태가 림의 길인 것이다.

初九 咸[37]臨貞吉
초 구 함 림 정 길
처음에 양이 오니, 입장을 함께하도록 해서 임하라. 貞정하면 길하리라.

앞서 양효가 둘인 림臨은 군자가 어떤 일에 임臨하기는 하지만, 동시에 상당한 조심성이 수반되어야 함을 설명했다. 이는 전통시대에 고을의 수령(오늘날의 군수 정도에 해당한다)이 새로운 임지로 부임하는 상황을 가정하면 이해하기 쉽다. 처음 부임한 수령이 해당 고을을

장악해 수령으로서 일을 제대로 수행하는 것은 쉽지 않다. 해당 지역에는 토호도 있고, 능구렁이 같은 아전들도 있고, 행세하는 명문가 양반 등등이 있다. 그 모든 사람을 아울러 다스리며 백성들을 만족시켜야 하는데 쉬운 일이 아니다. 그들 중 일부는 경험이 부족한 젊은 수령이 올 경우 자기들 입맛대로 길들이려고 한다.

현대에 이르러서도 마찬가지다. 어느 분야 어떤 조직이나 '텃세'라는 것이 있다. 새로이 직책을 맡아 어떤 부서나 조직에 부임할 경우 상급자라고 해서 쉽게 자기 권한을 행사할 수 있는 것이 아니다. 조직원들은 호된 '신고식'을 준비하며 벼르고 있을 것이고, 부서장을 자기들 입맛에 맞게 길들이려고 한다. 여린 사람은 이들 손에 휘둘리기 십상이다. 이런 상황에서 처음 부임하는 군자가 어떻게 처신할 것인가? 림臨괘의 1효사는 우선 세게 나가라고 조언한다.

1효에 양이 온 것은, 림의 길을 처음 출발하는 시점에 자기주장을 강하게 펼치며 세게 나가라는 뉘앙스를 품고 있다. "입장을 함께하도록 해서 임하라"는 말은, 군자가 리더로서 임할 때 아랫사람들로 하여금 자신과 입장을 함께하도록 하라는 말이다. 자기주장을 제시하고 이를 따르도록 지시하라는 뜻이다.

"정貞하면 길할 것"이라는 말은, 우선 일이 쉽게 풀려가지는 않을 것임을 시사한다. 앞서 설명했듯 어떤 조직이든 텃세가 있고, 아랫사람들 역시 부서장을 길들이려고 하기 때문이다. 하지만 그럼에도 정貞한 노력을 기울이면 결국은 길할 것이라고 한다. 〈상전〉은 그 이유를 이렇게 풀이한다. "입장을 함께하도록 해서 임할 경우 정貞하면 길하다는 것은, (군자의) 뜻이 바름을 행하기 때문이다[咸臨貞吉 志行正也]." 군자의 뜻이 바름을 행하는 것인 한 처음에 강하게 나가면 사람들이 따라온다는 뜻이다. 이는 반대로 처음에 여리게 나갈 경우 좋은 결과를 기대하기 어렵다는 뜻이 된다.

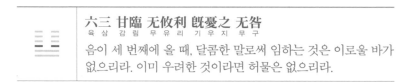

九二 咸臨 吉 无不利
구 이 함 림 길 무 불 리
양이 두 번째에 오니, 입장을 함께하도록 해서 임하라. 길하며 불리할 것이 없으리라.

2효에도 양이 놓였으니 림의 길은 2단계에서도 군자가 계속 강하게 나갈 것을 암시한다.

2단계에 이르면 1효사의 "함림 정 길咸臨 貞 吉"에서 정貞 자가 빠지면서 "함림 길咸臨 吉"이 된다. 이는 군자가 "입장을 함께하도록 해서 임하는" 자세를 계속 유지하면 1효보다는 쉽게 길한 결과를 이룰 수 있을 것이라는 말이다.

六三 甘臨 无攸利 旣憂之 无咎
육 삼 감 림 무 유 리 기 우 지 무 구
음이 세 번째에 올 때, 달콤한 말로써 임하는 것은 이로울 바가 없으리라. 이미 우려한 것이라면 허물은 없으리라.

3효에 음이 온 것은, 지금까지 계속 유지해온 군자의 자세에 변화가 있어야 함을 암시한다. 앞서 살펴봤듯 주역에서는 음이든 양이든 같은 효가 세 번 연속되면 반드시 반작용이 일어난다. 이는 군자가 리더십을 강하게 행사하는 자세를 3단계에서도 계속 유지할 경우 아랫사람들의 강한 반발을 부를 것임을 의미한다. 그러므로 3효에 음이 온 것은 지금까지와 달리 군자가 아랫사람들을 지휘할 때 부드러운 방식으로 대해야 함을 의미한다.

하지만 이렇게 할 경우라도 "달콤한 말로서 임하는 것은 이로울 바가 없으리라"고 한다. 리더십의 행사 방식을 부드럽게 바꾼다고 해도 "달콤한 말로" 달래가며 일에 임하는 것은 지나치다고 경계하는 것이다. 그런데 이런 평가에 "이미 우려한 것이라면 허물은 없을 것"이라는 단서를 붙이고 있다.

한문에는 과거형이 따로 없기 때문에 시간적으로 앞선 것을 나타내고자 할 때 旣(기) 자를 붙인다. 그러므로 "기우지旣憂之"는 이미 그런 상황을 우려했다는 말이다. 이는 군자가 달콤한 말로써 임하는 것에 유리할 바가 없다는 제반 상황을 충분히 이해하면서 이를 행하는 것이라면 허물이 없으리라는 말이다. 이는 달리 보면, 군자가 달성하고자 하는 무언가 다른 계산이 있어 "감림甘臨"을 행한다는 말이다. 이런 경우라면 허물이 없으리라 말하는 것이다.

☷ **六四 至臨 无咎**
　육 사 지 림 무 구
음이 네 번째에 오니, 지극함을 다해서 임하는 상이로다. 허물이 없으리라.

앞의 3단계는 군자가 리더십을 강하게 행사해온 자세를 바꾸는 과정에서 빚어지는 과도기이자 위기의 단계라고 할 수 있다. 3효사에 등장하는 '감림甘臨'은 특별한 경우에만 허용되는 예외적 행동 양식

이므로 상당 기간을 그로써 지속할 수는 없다. 그러므로 군자는 4단계에서 위기 상황을 수습하기 위해 "지극함을 다해서 임해야 하는" 것이다. "지극함을 다한다[至]"는 것은 자기가 할 수 있는 노력과 정성을 있는 대로 다 기울이는 것을 말한다. 이러면 허물이 없을 것이라 말하고 있다. 4단계는 위기를 수습하고 림臨의 도를 안정 궤도로 올려놓기 위해 군자가 특별한 노력을 기울여야 하는 시기인 셈이다.

六五 知臨 大君之宜 吉
육 오 지 림 대 군 지 의 길
음이 다섯 번째에 오니, 주재해서 임하는 상이로다. 대군大君의 마땅함이니 길하리라.

앞서 4효에서는 '허물이 없을 것'이라는 평가밖에 허용하지 않던 주역이 5효에 이르러서 '길하다'는 평가를 주고 있다. 5효에 이르러 위기가 제대로 극복되고 림의 도가 절정에 이른 것이다.

5효사에서 "지림知臨"의 知(지)는 '주재한다'는 뜻으로 쓰였다. 주재한다는 것은 어떤 일을 중심이 되어 맡아 처리한다는 뜻으로, '도지사道知事' '주지사州知事'라고 할 때의 '지사知事'에 그 의미가 살아 있다. 도道나 주州의 일을 중심이 되어 맡아 처리하는 사람이 '지사'인 것이다. 결국 지사란 어떤 조직을 맡아 림臨의 도 5단계 "지림"의 경지에 도달한 사람이라고 할 수 있다.

그러므로 군자가 림의 길 5단계에 이르러 "주재해서 임하는 상"이라는 말은, 마침내 새로 맡은 조직에서 군자의 리더십이 확고하게 수립되었음을 의미한다. 그동안 거쳐온 림의 도를 돌아보면, 咸臨(함림), 甘臨(감림), 至臨(지림), 知臨(지림)의 순이다. 그동안 새로 맡은 직책을 감당하고자 단계마다 산전수전을 다 겪으며 노력해왔는데, 5단계에 이르러 리더십의 확립을 보는 것이다.

이어서 주역은 대군이라면 마땅히 "지림知臨"을 할 수 있어야 한다고 말한다. 이는 달리 보면 군자가 5단계에 이르러 행하게 되는 "지림"은 '군림君臨'이기도 하다는 말이다. 앞서 1효에서 "함림咸臨"으로 시작한 군자가 5효에 이르러 당당하게 '군림'할 수 있는 상태가 된 것이다.

上六 敦臨 吉 无咎
상 륙 돈 림 길 무 구
극상의 자리에 음이 오니, 돈독하게 임하는 상이로다. 길하며 허물이 없으리라.

림의 도가 6단계에 이르면 "돈림敦臨"이 된다. 이는 아랫사람들과의 돈독한 관계를 바탕으로 임한다는 뜻이다. 앞서 5단계의 "지림知臨"은 군자가 당당하게 '군림君臨'하는 것인데, 이러한 '지림'이 장기간 이어지면, 아랫사람들도 군자를 상급자로서 깍듯이 예우하고, 상호 간에 돈독한 관계를 형성하게 된다. 이런 관계가 형성된 상태를 "돈림"으로 부르고 있다. 그러므로 림의 도 6단계는 과잉의 성격은 없다. 그에 따라 평가도 "길하며 허물이 없다"고 한다.

단, "허물이 없다"는 것은 상처가 나기는 한다는 말이니, 림의 도의 절정은 6효가 아닌 5효인 것이다. 이와 관련해 〈상전〉은 다음과 같이 풀이한다. "돈독하게 임하면 길한 것은 (군자의) 뜻이 안에 있기 때문이다[敦臨之吉 志在內也]." 이는 림의 길 6단계에서 군자가 돈독하게 임하는 취지가 외부적 성과를 달성하는 데 있지 않고 공동체 내부를 위하는 데 있다는 뜻이다. 그러므로 군자는 공동체 내부의 돈독한 관계를 우선시해 리더십을 느슨하게 행사하는 것이며, 그에 따라 리더십에 상처가 나기도 하는 것이다. 하지만 그 상처는 내부의 돈독한 관계를 위해 감수하는 것이니 허물로 남지는 않을 것이라는 말이다.

臨 元亨 利貞 至于八月 有凶
림 원형 이 정 지 우 팔 월 유흉
림臨의 길은 으뜸으로 형통하리라. 정貞해야 이로우리라. 8월에 이르면 흉함이 있으리라.

림의 길은 군자가 나서서 어떤 일에 리더로 임하는 경우이므로 "으뜸으로 형통하다"라는 평가는 자연스럽다. "정貞하다"라는 것은 1~4효의 힘든 기간에 정貞해야 한다는 말이다.

"8월에 이르면 흉함이 있다"는 구절이 흥미롭다. 이 구절은 음양오행론, 그중에서도 오운육기론의 지식을 전제로 쓰인 구절이다. 앞서 건의 도 6효에서 '상화相火'의 존재에 대해 살펴봤는데, '상화'는 '인신소양상화寅申少陽相火'라 하여 '신월申月'까지 영향을 미친다. 〈그림 15〉에서 '신월'은 음력 7월인데 이때까지 '상화'가 영향을 미치는 것이다. 불[火]기운이 영향력을 미치고 있기 때문에 양의 존재인 군자가 이때까지는 적극적으로 임해도 무방한 것이다. 하지만 음력 8월로 넘어가면 '상화'마저 사라지고 본격적으로 음 기운이 펼쳐지는 가을의 본령이 된다. 그러므로 양의 존재인 군자가 혹시 이때까지도 적극적으로 임하려 든다면 흉하다고 경계하는 것이다. 이때는 군자가 적극적으로 나아가 임하려 할 때가 아니라 뒤로 물러서서 관망觀望해야 하는 시점인 것이다. 〈그림 15〉에서 보면, 바로 이 시점(음력 8월)에 림臨과 대대를 이루는 관觀괘가 대응하고 있다.

이상을 종합하면, "8월에 이르면 흉함이 있다"는 말은, 음력 8월이 되면 군자가 한발 물러서서 관망해야 하는 시기인데, 여전히 적극적으로 임臨하려 드는 것은 흉하다는 경고임을 알 수 있다.

참고로, 주역이 이처럼 음력 12월에 대응하는 림臨괘와 음력 8월에 대응하는 관觀괘를 서로 짝으로 묶는다는 것은, 주역이 오운육기론에 기반해 쓰여졌다는 사실을 보여주는 증거가 된다.

관觀 물러서서 사태를 관망하다

觀 盥而不薦 有孚 顒若
관 관 이 불 천 유 부 옹 약

관觀의 길에서는 깨끗하게 씻어 준비되었어도 천거되지 못할 수 있다. (그럼에도) 믿음을 가지면 우러름이 있을 것이다.

初六 童觀 小人 无咎 君子 吝
초 륙 동 관 소 인 무 구 군 자 린

처음에 음이 오니, 어린아이처럼 관망하는 상이로다. 소인이라면 허물이 없겠으나 군자는 인색하리라.

六二 闚觀 利女貞
육 이 규 관 이 여 정

음이 두 번째에 오면, 문틈으로 밖을 내다봐야 하리라. 여자를 정貞하게 해야 이로우리라.

六三 觀我生 進退
육 삼 관 아 생 진 퇴

음이 세 번째에 오면, 우리 측의 살길을 보아가며 진퇴를 결정해야 하리라.

六四 觀國之光 利用賓于王
육 사 관 국 지 광 이 용 빈 우 왕

음이 네 번째에 오면, 나라의 광채를 보아내야 하리라. 이로써 왕의 빈賓이 되어야 이로우리라.

九五 觀我生 君子 无咎
구 오 관 아 생 군 자 무 구

양이 다섯 번째에 오니, 우리 측의 살길을 보아낸 상이로다. 군자가 (비로소) 허물이 없으리라.

上九 觀其生 君子 无咎
상구 관기생 군자 무구

극상의 자리에 양이 오니, 그쪽의 살길도 보아내는 상이로다. 군자가 허물이 없으리라.

앞서 림臨은 군자가 나아가 어떤 일에 임하는 경우였다면, 관觀은 나서지 않고 사태의 진전을 관망해야 하는 경우에 대해 말한다. 서로 대대를 이루는 이 두 괘에 대해 〈잡괘전〉이 주목할 만한 해석을 제시한다. "'림'과 '관'의 뜻은, 혹은 참여하고 혹은 (남이) 구해야 하는 것이다[臨觀之義 或與或求]."

림臨은 군자가 나아가 다른 사람들에게 임해 일에 참여하는 것이다. 이에 비해 관觀은 "남이 구해야 하는[求]" 것인데, 이때의 求(구)는 앞서 몽蒙(4)의 괘사에 나왔던 求와 같은 뜻으로 쓰인 것이다. 이는 남이 나를 구한다면[求] 경우에 따라 출사해 그 일을 맡을 수도 있지만, 그렇지 않다면 나서지 말아야 한다는 뜻이다. 군자가 나서지 않고 사태의 진전을 관망해야 하는 관의 길에서는 이래야 한다고 〈잡괘전〉이 풀이하는 것이다.

관觀의 괘상을 보면, 1효에서 4효까지 음이 자라났기 때문에 객관적 여건이 군자에게 지극히 불리한 것이다. 그러므로 시의時宜에 맞는 처신을 하는 군자로서는 당연한 결과라고 할 수 있겠다.

初六 童觀 小人 无咎 君子 吝
초륙 동관 소인 무구 군자 린

처음에 음이 오니, 어린아이처럼 관망하는 상이로다. 소인이라면 허물이 없겠으나 군자는 인색하리라.

관觀의 길에서 처음에 음이 온 것은, 주변 여건이 갑자기 어려워진 상황을 상징한다. 나서지 말고 사태의 진전을 관망해야 할 때가 온 것이다.

"동관童觀"의 동童은 앞서 몽蒙(4)의 5효사에 등장했던 "동몽童蒙"에 이어 두 번째로 등장하고 있다. 당시와 마찬가지로 어린아이와 같은 순수함으로 관망한다는 뜻이다. 몽蒙의 길에서 '동몽'은 어른이 지니는 선입견이나 자기 고집이 사라진 상태를 의미했으므로 '길하다'는 평가가 주어졌다. 하지만 관觀의 길이라면 경우가 다르다. 갑작스레 어려워진 상황에 적절히 대처할 수 있는 관련 정보가 부재한 상태인데, 가만히 앉아 자기 눈앞에 나타나는 것만 쳐다보는 수동적인 상태로는 부족하기 때문이다. 따라서 "소인이라면 허물이 없겠으나 군자는 인색할 것"이라는 평가를 내린다. 소인으로서는 어쩔 수 없는 상태이기에 이 정도로도 허물이 없다고 할 수 있지만, 군자라면 소인과 달라야 한다는 말이다. 군자가 어떻게 행동해야 하는지는 2효사에 이어진다.

六二 闚觀 利女貞
육 이 규 관 이 여 정
음이 두 번째에 오면, 문틈으로 밖을 내다봐야 하리라. 여자를 정貞하게 해야 이로우리라.

음이 두 번째에 또 온 것은, 군자의 주변 여건이 1효보다 더 어려워졌음을 상징한다.

闚(규)는 '門 + 夫 + 見'의 구조로 이루어진 글자로, 문틈으로 밖을 엿보는 행동이다. 문은 닫혀 있기에 애써 움직여 문틈으로 밖을 엿보지 않으면 볼 수가 없다. 그리고 '문밖' 세상은 앞서 수隨괘(17) 1효의 경우에서처럼 자기에게 익숙지 않은 새로운 세상을 상징한다. 그러므로 "문틈으로 밖을 내다본다[闚觀]"는 것은 1단계의 "동관童觀"과 대조적인 행동이라고 할 수 있다. '동관'이 가만히 앉아서 자기 눈앞에 나타나는 것만 보는 수동적인 행동이라면, '규관'은 가만히 앉아서는 볼 수 없는 문밖 세상을 내다보기 위한 적극적인 행동인 것이다.

觀(관)은 視(시)와 구별되는 의미로 주역에서 쓴다는 점을 유의할 필요가 있다. 《설문해자》 역시 "관觀은 사물의 본질을 꿰뚫어 보는 것[觀 諦視也]"이라 하여 觀을 視와 구별한다. 觀의 의미는 '관조觀照' 하는 것이라 할 수 있다. '관조'는 고요한 마음으로 사물을 관찰한다는 뜻인데, 보다 구체적으로는 내 안에 있는 지혜로 사리事理를 비추어 봄으로써 사물의 참모습을 보아내는 것이다. 이는 우리 눈을 산란케 하는 복잡다단한 현상에 휩쓸리지 않고 그 너머에 존재하는 실상實相을 통찰해내기 위한 것이다. 사물의 있는 그대로의 참모습, 변하지 않는 이치를 보아내는 것을 말한다. 그러므로 '觀'은 단순하게 '본다'는 의미가 아니라는 점을 염두에 둘 필요가 있다.

현재 군자에게 가장 필요한 것은 갑작스레 닥친 상황의 '실상'을 정확히 파악하는 것이다. 상황이 어떠한지를 제대로 알지 못하면 그에 맞게 대응할 수 없기 때문이다. 게다가 현재 닥친 상황이 만약 심각한 것이라면, 상황을 제대로 알지 못하고서 엉뚱하게 대응하면 생존의 위기를 초래할 수도 있다. 그러므로 지금 군자에게는 '규관闚觀'이 필요한 것이다.

이는 생각보다 쉽지 않은 행동이다. 갑작스레 위기가 닥쳤을 때 사람이 보이는 행동은 둘 중 하나이기 쉽다. 상황에 쫓기는 급한 마음에 부족하고 부정확한 정보를 바탕으로 서둘러 대응하다 엉뚱한 대처로 위기를 더 심각하게 키워놓거나, 위기에 심신이 위축되어 해야 할 대처를 적시에 하지 못하거나 둘 중 하나가 되기 십상이다. '규관闚觀'은 양자를 극복한 행동이므로 쉽지 않다.

"여자를 정貞하게 해야 이롭다"는 것은, 군자의 주변 사람들을 안정시켜야 한다는 조언이다. 주역에서 행동의 주체는 군자 또는 지아비[夫]이고 여자는 행동 주체의 동맹 세력(주변 세력)을 의미하므로, 여기서 여자는 군자의 주변 사람들을 가리킨다.

상황이 점점 어려워지고 있기에 군자의 주변 사람들은 흔들릴 것이다. 그러므로 후배나 부하, 가족, 친지 등 주변 사람들이 지나치게 흔들리지 않도록 중심을 잡아주어야 한다는 뜻이다. 대개 어떤 어려움이 닥칠 때는 어려움 자체보다 그로 인해 지나치게 동요함으로써 피해와 혼란을 더욱 키우는 경우가 많다. 그러므로 주역은 이처럼 사태가 확산되는 것을 미연에 방지할 수 있도록 신경 쓰라고 조언하는 것이다.

이렇게 보면, 관의 때가 이르렀을 때 군자가 소인과 달리 무엇을 더할 수 있는지 분명해진다. 관의 때는 주변 여건이 어려우므로 나서지 말고 사태의 진전을 관망해야 하는 시기다. 이때 군자는 상황에 올바르게 대처할 수 있도록 실상을 정확히 파악하기 위해 노력해야 하는데, 눈을 산란케 하는 현상을 꿰뚫고 실상을 통찰해내기 위해 관조가 필요한 것이다. 또한 자기 주변 사람들이 과도하게 흔들리지 않도록 안정시켜야 하는 것이다.

六三 **觀我生 進退**
육 삼 관 아 생 진 퇴
음이 세 번째에 오면, 우리 측의 살길을 보아가며 진퇴를 결정
해야 하리라.

我(아)는 흔히 '나 아'로 새기지만 '우리'라는 뜻도 있으며, 문장에
서 쓰이는 용례로는 오히려 '우리'의 뜻으로 더욱 많이 쓰인다. 특히
앞으로 6효에 등장하는 '其(기, '그쪽'을 의미)'와 같이 쓰일 경우는 서
로 대비를 이루어 '우리 쪽'을 뜻하게 된다.

음이 세 번째에 또 온 것은, 상황이 더욱 어려워졌음을 상징한다.
너무 어려워졌기 때문에 군자가 본격적으로 자신의 진퇴를 고민해야
하는 것이다. 똑같이 음이 세 번째에 또 놓였던 비좀괘(12) 3효와 비
교해볼 필요가 있다. 당시에는 군자가 수치를 당하는 일이 생겼지만,
주역은 그런 상황조차도 받아들이고 견디어내라고 조언했다. 이때 견
디라는 조언은, 물러나지 말고 그 자리에서 계속 버티라는 것이었다.

이에 비해 관괘 3효에서는 물러나는 것까지 선택지에 넣어 판단하
라 조언한다. 이는 상황이 여의치 않다고 판단될 경우에는 과감히 물
러나야 한다는 뉘앙스를 내포한 것이다. 이때 진퇴를 결정짓는 최우
선 판단 기준으로 "관아생觀我生"을 제시하고 있다.

"관아생觀我生"은 이후 5효에도 계속 나오는 표현이므로 중요한데,
'우리 측의 살길이 무엇인지를 본다'는 뜻이다. 앞서 〈그림 15〉(299쪽)
에서 12벽괘의 순서를 보면, 관觀괘보다 앞서 놓인 것이 비否괘다. 이
는 남아 있는 양효가 셋인 비괘가 관괘보다는 나은 상황임을 시사하
는 것이다. 그에 따라 비괘에서는 자신(또는 자기 세력)의 생존 여부를
걱정할 필요는 없었다. 군자가 수치를 당하는 어려운 상황이긴 했지

만, 군자가 이런 수모를 감내한다면 생존이 문제 되지는 않았던 것이다. 하지만 관의 길은 비의 길보다도 상황이 더욱 암울하기 때문에 생존이 가능할지 여부를 걱정해야 하는 상황이다. 그러므로 군자는 관의 길 3단계에서 "우리 측의 살길을 보아가며 진퇴를 결정해야" 하는 것이다.

결국 군자는 기미를 잘 살펴서 자신이 계속 자리에 머무를 수 있을지, 아니면 자리에서 물러나야 하는지를 결정해야 한다. 만약 자리에서 물러나는 것이 생존을 확보할 수 있는 방안이라고 판단하면 과감히 물러나야 하는 것이다. 만약 그런 경우에, 자리에 미련을 두고 머뭇거리다가는 아예 생존을 부정당하는 사태가 벌어질 수 있다. 관의 길은 그만큼 암울하고 험난한 상황에 해당한다.

그러므로 군자로서는 어려움이 3단계 연속으로 가중되는 상황에 놓였을 때 자신이 비否괘의 3단계에 처했는지, 관觀괘의 3단계에 처했는지 분별하는 일이 무엇보다 중요할 것이다. 물론 기미를 보고 판단해야 한다.

六四 觀國之光 利用賓于王
육 사 관 국 지 광 이 용 빈 우 왕
음이 네 번째에 오면, 나라의 광채를 보아내야 하리라. 이로써 왕의 빈賓이 되어야 이로우리라.

음이 네 번째에 또 온 것은 상황이 3효보다 더욱 악화함을 상징한다. 그러므로 군자는 자리에서 물러나야 한다. 관의 도 4효에서 군자는 자리에서 물러난 후 자신과 자신을 따르는 세력이 몸을 의탁할 수

있는 나라를 찾아 돌아다니고 있다.

"관국지광觀國之光"은 '관광觀光'의 유래가 되는 말이다. 이를 보면 '관광'이란 단지 좋은 경치를 찾아 돌아다니는 것이 아니라 나라의 광채를 살피며 돌아다니는 것임을 알 수 있다.

이는 군자가 몸을 의탁할 나라를 결정할 때 그 나라의 광채를 살펴 결정해야 한다는 뜻이다. 여기서 나라의 광채란 그 나라에 확립된 도道와 덕德이 배어 나와 밖으로 빛이 나는 것을 말한다. 그 나라를 보아내서 그 나라 왕의 빈賓이 돼야 이롭다는 조언이다. 이는 어려운 상황에 처한 군자가 자신을 도와줄 사람을 찾을 때 그 사람의 광채를 볼 줄 아는 눈이 있는지 여부가 결정적으로 중요하다는 말이다.

九五 觀我生 君子 无咎
구 오 관 아 생 군 자 무 구

양이 다섯 번째에 오니, 우리 측의 살길을 보아낸 상이로다. 군자가 (비로소) 허물이 없으리라.

5효에서는 지금까지와 달리 양이 놓인다. 이는 어려운 가운데서도 상황이 군자에게 우호적으로 바뀌었음을 상징한다. 관의 도 5단계에서 군자는 드디어 자신과 자신을 따르는 세력이 살아남을 수 있는 활로를 찾아낸다. "우리 측의 살길을 보아낸" 것이다. 이에 대해 〈상전〉은 다음과 같이 풀이한다. "우리 측의 살길을 보아낸다는 것은 백성을 보는 것을 말한다[觀我生 觀民也]." 군자가 자신을 따르는 백성을 본다는 말이며, 백성을 보고 그들의 살길을 도모한다는 말이다.

주역은 이 시점에 이르러서야 관의 길을 걸어온 군자가 비로소 허물이 없다고 평한다. 군자는 1효에서 '동관童觀'을 시작한 이래 5효에 이르러서야 비로소 안정적 활로를 확보한 것이다. 그만큼 관의 길은 힘든 고난의 길이었다. 그런 '힘든 고난'이 괘상에서는 1효에서 4효까지 음이 자라난 상으로 표현되고 있는 것이다.

上九 觀其生 君子 无咎
상 구 관 기 생 군 자 무 구
극상의 자리에 양이 오니, 그쪽의 살길도 보아내는 상이로다.
군자가 허물이 없으리라.

6효에 다시 양이 놓이고 있다. 이는 군자에게 우호적인 상황이 좀 더 강화된 것을 상징한다. 군자는 이처럼 형편이 좀 더 나아진 상황을 활용해 자기 세력만이 아니라 상대방의 살길까지 도모한다.

其(기)는 앞서 3효사에서 해설했듯 我(우리 쪽)와 대비되는 '그쪽'을 뜻하는 말이다. 〈상전〉은 이 구절에 대해 다음과 같이 풀이한다. "그쪽의 살길을 보아내는 것은 (군자의) 뜻이 아직 평안치 못하기 때문이다[觀其生 志未平也]." 군자는 덕을 지닌 존재이기에 자기 세력의 살길을 확보한 것만으로는 그의 마음이 아직 평안치 못하다는 것이다. 그러므로 일단 우리 측의 살길을 확보하고 나자, 상대방의 살길까지 나서서 도모하는 것이다.

이처럼 관의 도에서 6효는 과잉의 단계가 아니다. 과잉의 단계는 아니지만, 관의 도 자체가 워낙 어려운 상황이기 때문에 5효든 6효든 '길하다'는 평가는 없이 '허물이 없다'는 평가만 주어지고 있다. 이는 거꾸로 군자가 '길함'을 도모할 수는 없고, '허물이 없는 정도'를 목표로 행동해야 하는 때가 관觀의 시기라고 볼 수 있다.

觀 盥而不薦 有孚 顒若
관 관이불천 유부 옹약

관觀의 길에서는 깨끗하게 씻어 준비되었어도 천거되지 못할 수 있다. (그럼에도) 믿음을 가지면 우러름이 있을 것이다.

"관觀의 길에서는 깨끗하게 씻어 준비되었어도 천거되지 못할 수 있다"는 말은, 앞서 3효의 상황을 가리키는 것이다. 당시 군자는 "우리 측의 살길을 보아가며 진퇴를 결정해야" 했다.

자신이 깨끗이 씻어 자리에 합당하게 준비가 되었다고 해도 그 자리에 머무르지 못하고 물러나야 하는 수가 있는 것이다. 관의 길은 그만큼 암울하고 험난한 상황이기 때문이다.

관觀의 길은 객관적인 여건 자체가 암울하기에, 앞서 살펴봤듯 군자가 '길함'을 도모할 수 없는 길이다. 깨끗하게 준비된 군자가 천거되지 못하고, 도리어 살길을 구하고자 몸을 의탁할 곳을 찾아다녀야 하는 것이다. 하지만 그렇더라도 믿음을 가지면 주변으로부터 우러름이 있을 것이라고 한다. 그 이유를 〈상전〉은 다음과 같이 풀이한다. "믿음을 가지면 우러름이 있는 이유는 아래에서 보고 감화를 받기 때문이다[有孚顒若 下觀而化也]."

지금까지 살펴본 관의 길은 객관적인 여건이 워낙 열악하기 때문에 군자로서도 물러서서 관망할 수밖에 없는 경우였다. 하지만 어찌 보면 무기력한 상황이라고 할 수 있는 경우에서조차 군자의 남다름이 나타난다는 점에 주목할 필요가 있다. 군자라고 해서 어떤 초인적인 능력이 있는 것은 아니다. 하지만 어려운 상황이 갑자기 닥치자 소인은 가만히 앉아 눈앞에 나타나는 것만 볼 때 군자는 애써 '문밖' 세상을 내다보며 관련 정보를 수집한다. 눈을 산란케 하는 현상을 꿰뚫고 실상을 통찰해내기 위해 상황을 차분히 관조하며, 또한 주변 사람들이 필요 이상으로 동요함으로써 피해가 확산되는 일이 생기지 않도록 미리 신경을 쓴다. 상황이 계속 악화하자 이대로 가다가는 생존 자체가 문제가 된다고 판단한 이후로는, 생존의 확보를 최우선 과제로 두고 행동했다. 과감히 자리에서 물러난 후 살길을 찾기 위한 노력을 기울인 끝에 결국은 활로를 보아낸다. 이후 상대방까지 살려내는 덕을 발휘한다.

주역은 이 정도가 돼야 군자로서 허물이 없다고 한다. 이 정도가 돼야 군자라고 할 수 있다는 말이다. 또한 군자의 이런 모습을 보고 아랫사람들이 감화를 받는다는 것이다.

21·22

서합噬嗑 : 비賁

강제로 동화시키는 길과
다채로움을 인정해 방임하는 길

서합噬嗑 강제로 동화시키다

噬嗑 亨 利用獄
서 합 형 이 용 옥
서합의 길은 형통하리라. 옥사獄事를 씀이 이로우리라.

初九 屨校 滅趾 无咎
초 구 구 교 멸 지 무 구
처음에 양이 오니, 형구刑具를 신겨서 발을 멸하면 허물이 없으리라.

六二 噬膚 滅鼻 无咎
육 이 서 부 멸 비 무 구
음이 두 번째에 오니, 부膚를 씹어서 코를 멸하면 허물이 없으리라.

六三 噬腊肉 遇毒 小吝 无咎
육 삼 서 석 육 우 독 소 린 무 구
음이 세 번째에 오니, 얇게 포를 떠낸 고기를 씹어 먹다가 독을 만나는 상이로다. 조금 인색하겠지만 허물은 없으리라.

九四 噬乾胏 得金矢 利艱貞 吉
구 사 서 간 치 득 금 시 이 간 정 길
양이 네 번째에 오니, 간치乾胏를 씹어 먹어서 쇠화살을 손에 넣는 상이로다. 잘 다스려지지 않는 어려움 속에서도 정貞해야 이로우리라. 길하리라.

六五 噬乾肉 得黃金 貞厲 无咎
육 오 서 간 육 득 황 금 정 려 무 구
음이 다섯 번째에 오니, 간육乾肉을 씹어 먹어서 황금을 손에 넣는 상이로다. 정貞하면 위태로우나 허물은 없으리라.

上九 何校滅耳 凶
상 구 하 교 멸 이 흉
극상의 자리에 양이 오니, 어찌 형구刑具가 귀를 멸할 수 있겠는가. 흉하리로다.

噬(서)는 '씹는다, 먹는다'는 뜻이고, 嗑(합)은 '입을 다문다'는 뜻이다. 그러므로 '서합噬嗑'은 씹어서 먹는 것을 가리킨다. 그 의미는, 나와 이질적인 상대방을 씹어서 먹음으로써(어느 정도 강제적 수단을 동원해서) 나와 '융합融合'하는 것(나에게 동화시키는 것)을 뜻한다. '융합'이란 녹여서 합친다는 말이다. 오늘날의 미국 사회를 상징하는 단어인 '멜팅 팟melting pot(용광로)'을 떠올리면 이해하기 쉽다. 멜팅 팟은 각각의 이민자 문화를 녹여 혼합하고 동화시킴으로써, 결과적으로 단 하나의 유일한 공통 문화를 형성해가는 사회를 상징하는 말이다. 이처럼 이질적인 요소를 녹여 하나로 통합하는 과정을 '용광로' 대신에 '씹어 먹음으로써 소화·흡수'하는 과정에 비유한 것이 서합의 길이다. 이후 서합과 대대를 이루는 비賁의 의미를 살펴보면 서합의 뜻이 보다 분명해질 것이다.

初九 屨校 滅趾 无咎
초 구 구 교 멸 지 무 구
처음에 양이 오니, 형구刑具를 신겨서 발을 멸하면 허물이 없으리라.

《설문해자》는 校(교)를 나무로 된 형구刑具의 뜻으로 풀이하고 있다. 그러므로 당시까지는 校에 '학교'라는 뜻이 없었음을 알 수 있다.

서합의 길에서 맨 처음에 취하는 조치는, 상대의 발에 형구를 신겨 도망가지 못하도록 하는 것(발을 멸해버리는 것)이다. 그렇게 하면(또는 그렇게 해야) 허물이 없을 것이라 말하고 있다. 서합의 길은 강제적 수단을 동원해 상대를 나와 통합(동화)하는 것이다. 그러므로 상대의 반발이 없을 수 없다. 사전에 형구를 신겨놓는 조치를 취하지 않으면 상대가 도망가버릴 것이기에, 미리 그렇게 해놓아야 한다는 말이다.

六二 噬膚 滅鼻 无咎
육 이 서 부 멸 비 무 구
음이 두 번째에 오니, 부膚를 씹어서 코를 멸하면 허물이 없으리라.

부膚는 피皮(가죽, 겉껍질) 바로 아래에 붙어 있는 살을 가리킨다. 둘이 합쳐 피부皮膚가 되는 것이다. 피부는 동물의 몸을 보호하기 위한 거죽이다. 그러므로 "부膚를 씹어 먹는다"는 것은, 먹는 대상의 거죽을 제거하는 작업이라고 할 수 있다.

그런데 서합의 길 2단계에서는 이때 코를 멸한다고 한다. 코는 냄새를 맡는 기관인데, '냄새를 맡는다'는 말은 지금도 '어떤 일의 낌새를 눈치챈다'는 뜻으로 쓰인다. 그러므로 코를 없앤다는 말은, 일의 낌새를 눈치채지 못하도록 한다는 의미가 된다. 그래야 이후 이어지는 통합(동화)을 위한 여러 조치를 탈 없이 이행해나갈 수 있다는 것이다.

1·2단계는 상당히 비정한 조치라고 할 수 있다. 주역은 서합의 길을 가려면 이런 조치를 먼저 취하도록 권하는 셈이다. 이는 어떤 상

대를 나와 통합(동화)하는 것이 그만큼 어렵다는 사실을 반영하는 것이 아닌가 한다. 그만큼 어려운 일이므로 별생각 없이, 쉽게 되리라 여기고 섣불리 하려 들다가는 더욱 일을 그르치고 말 것이다. 그러므로 초기에 상당히 비정해 보이는 조치일지라도 이런 조치를 취해놓지 않으면 안 된다는 충고일 것이다.

六三 噬腊肉 遇毒 小吝 无咎
육삼 서석육 우독 소린 무구
음이 세 번째에 오니, 얇게 포를 떠낸 고기를 씹어 먹다가 독을 만나는 상이로다. 조금 인색하겠지만 허물은 없으리라.

서합의 길 3단계에서는 얇게 포를 떠낸 고기를 씹어 먹는다고 한다. 이때 포를 떠내는 부위는 앞서 2단계에서 거죽을 제거한 후 드러나는 속살이므로, 서합의 과정이 심화되고 있음을 알 수 있다. 그리고 앞서 1·2단계가 일종의 예비 과정이라면, 3단계부터는 상대를 나와 통합(동화)하기 위한 조치를 본격적으로 진행하는 것이다. 이런 통합 조치는 이후 4·5단계에서는 간치乾胏, 간육乾肉을 대상으로 계속 심화되는데, 그 시작인 3단계에서는 상대의 속살을 우선 얇게 포로 발라내 씹어 먹는 것이다.

이제 시작하는 단계이므로 얇게 발라내는 것이지만, 그럼에도 독을 만날 것이라고 주역이 경고한다. 독을 만난다는 것은 통합의 대상인 상대방이 반발을 보이는 정황을 상징한다. 서합의 길에서 3단계의 위기가 찾아온 것이다. 하지만 얇게 포를 떠내는 정도이므로 상대의 저항도 그리 완강한 것은 아니다. 또한 앞서 형구를 미리 신겨놓았고,

코를 멸해놓았기 때문에 상대의 반발에는 일정한 한계가 있다. 그러므로 주역은 조금 인색하겠지만 허물은 없으리라 말하는 것이다.

九四 噬乾胏 得金矢 利艱貞 吉
구 사 서간치 득금시 이간정 길
양이 네 번째에 오니, 간치乾胏를 씹어 먹어서 쇠화살을 손에 넣는 상이로다. 잘 다스려지지 않는 어려움 속에서도 정貞해야 이로우리라. 길하리라.

乾은 '하늘' 외에 '건조하다'는 뜻이 있다. '건조하다'는 뜻으로 쓸 때는 음을 '건'으로도 쓰고 '간'으로도 쓴다. 조선 선조宣祖 대에 펴낸 《주역언해周易諺解》에 발음이 '간치'로 실려 있으므로 이를 따르기로 한다.

'간치乾胏'는 뼈에 붙어 있는 마른고기를 가리킨다. 냉장고가 없던 고대에는 고기를 보관하는 방법이 말리는 것이므로, 굳이 '마른'고기라는 점에는 주목할 필요가 없다. 그보다는 굳이 '뼈에 붙어 있는' 고기를 따로 언급하고 있는 점이 주목된다. 그 의미는 4효에 양이 온 것과 관련 있다. 서합괘에서는 1·4·6효에 양이 놓인다. 서합의 도는 상대를 씹어 먹는 적극적 조치를 취하는 경우이므로 여섯 효 모두가 군자의 적극적 행위를 수반한다. 하지만 그중에서도 특히 양이 놓인 1·4·6효에서 상대에게 변화를 초래하는 보다 적극적 행위가 가해지고 있다.

이를 고려할 경우, 4단계에서 '뼈'에 붙은 고기를 씹어 먹는다는 점이 주목된다. 여기서 '뼈'는, '살을 내주고 뼈를 취한다'고 할 때의 뼈와 비슷한 의미로 쓰였다. 인간의 몸체를 지탱하는 핵심 뼈대를 가리키는 것이다. 그러므로 군자가 서합의 도를 행할 때 '뼈'에 붙은 고기를 씹어 먹는다는 것은, 통합의 대상인 상대의 뼈대를 제거하는 작업이라고 할 수 있다. 그러면 상대는 뼈대를 잃고 독자적인 존립이 허물어지는 것이다. 그 때문에 2~5효가 모두 씹어 먹는 조치를 취하는 단계인데도 유독 4효에만 양효가 놓인 것이다.

"쇠화살을 손에 넣는다[得金矢]"는 말은 그 의미를 직관적으로 알기가 어려운데, 이후 해解괘(40) 2효사에 "황색 화살을 손에 넣는다[得黃矢]"는 유사한 표현이 등장하므로 종합해 검토할 필요가 있다. 후자에서 황색 화살을 손에 넣는다는 말은, 공동체에서 분란을 일으키는 여우들을 쏘아 잡아서 공평무사한 처벌 기준(공동체의 규범)을 확립한다는 의미로 쓰이고 있다. 화살은 곧게 직선으로 날아가며, 과녁[的]에 '적중的中'하는 것이 특징인 살상 수단이다. 그러므로 여기서 화살은 곧바르며 적중한 법 집행을 상징하는 것이다.

'득금시得金矢'의 得(득)에는 '이루다' '도달하다'라는 뜻도 있다. 그러므로 '득금시'는 상대방을 나와 통합해나가는 서합의 길에서 곧바르며 적중한 법(공동체의 규범) 집행의 기준을 세운다는 의미가 된다. 앞서 통합의 상대가 뼈대를 잃는 것은, 그의 독자적인 존립이 허물어짐을 의미한다고 했다. 그렇다면 상대의 뼈대를 제거함으로써 쇠화살을 손에 넣는다는 말은, 그가 독자적 규범(판단 기준)을 잃고 허물어진다는 의미도 된다. 결국 서합의 길 4단계는 상대의 독자적인 규범(뼈대)을 제거하고 나의 규범에 통합(동화)하는 과정에 해당한다. '쇠화살[金矢]'은 화살 중에서도 가장 강한 화살이므로, 이는 강제적 수단을 동원해 상대를 나와 통합해나가는 서합의 길에서는 보다 강한 규범이 필요하다는 의미일 것이다.

이상에서 살펴봤듯 4단계에서 뼈에 붙은 고기를 씹어 먹는 것은 결정적 단계이기에 상대측에서도 맹렬한 반발을 보일 것이다. 그러므로 잘 다스려지지 않는 어려움 속에서도 정貞할 수 있어야 이롭다고 말하는 것이다. 그런 어려움 속에서도 흔들리지 않고 서합의 도를 수행해나가면, 결국 상대는 뼈대(독자적인 규범, 판단 기준)를 잃고 허물어져 공동체에는 통합된 규범이 서게 될 것이다. 따라서 '길하다'라는 평가가 주어지고 있다.

六五 噬乾肉 得黃金 貞厲 无咎
육 오 서 간 육 득 황 금 정 려 무 구
음이 다섯 번째에 오니, 간육乾肉을 씹어 먹어서 황금을 손에 넣는 상이로다. 정貞하면 위태로우나 허물은 없으리라.

5효에 등장하는 '간육乾肉'은 최상급의 고기를 말한다. 《조선왕조실록》에서 간육乾肉을 최상급의 고기로 언급하는 사례를 찾아볼 수 있으며, 비슷한 표현인 '간육干肉'이 문왕文王과 무왕武王의 제사상에 올랐다가 제齊 환공桓公에게 예물로 보내진 기록이 있다.[38] '간육乾肉'이 4효의 '간치乾胏'와 다른 점은 뼈가 붙어 있지 않은 살덩어리 고기라는 점이다. '간치'를 먹을 때처럼 많은 수고를 들이지 않아도 되는 먹기 좋은 고기인 셈이다. 앞서 4단계에서 뼈를 모두 발라내고 나니 5단계에서는 마음 놓고 편히 살덩이 고기를 먹을 수 있게 된 것이다.

다음으로 5효사에는 4효사의 '쇠화살' 대신 '황금'이 등장한다. '황금黃金'은 서합의 길을 통해 달성할 수 있는 최고의 성취를 상징한다. 여기서 '황黃'은 앞서 곤坤(2)의 5효사 '황상黃裳'에 등장했던 황색[黃]과 동일한 의미를 띈다. 황색은 〈그림 5〉(74쪽)에서 태극의 중심인 황극의 자리를 상징하는 색깔이다. 황극의 자리는 어느 한쪽으로 치우치지 않고 지극히 공평무사한 자세로 태극 순환의 중심을 잡는 역할을 한다. 그러므로 서합의 길 5단계에서 "황금을 손에 넣는다"는 말은, 5단계에 이르면 그동안 서합의 길을 걸어온 공동체가 이처럼 공평무사한 통합 상태에 도달할 수 있다는 말이다. 이런 상태에 도달하기 위해 그동안 강제적 수단을 쓰기도 했던 것이다.

5효사에서 "정貞한다"는 말은, 그런 통합의 과정을 흔들리지 않고 계속해나가는 것을 이른다. 이는 상대를 통합하는 과정이므로 상대의 반발이 없을 수 없겠지만 결국에는 허물이 남지 않을 것이라고 한다.

上九 何³⁹校滅耳 凶
상구 하 교 멸 이 흉
극상의 자리에 양이 오니, 어찌 형구刑具가 귀를 멸할 수 있겠는가. 흉하리로다.

'귀'는 사람의 말을 알아듣는 기관이니, 그 중요성은 앞서 2효에 등장했던 '냄새를 맡는' 코와 비할 바가 아니다. 말을 하고 알아듣는 것은 사람을 사람이게 하는 기본적 기능이다. 그러므로 형구라는 강제 수단을 동원해 상대의 귀를 멸하겠다는 것은, 통합의 대상인 상대의 인격적 존엄성을 부정하려는 시도라고 할 수 있다. 이는 '통합(동화)'의 차원을 넘어서는 것으로 서합의 길에서도 명백한 과잉이다. 그러므로 주역은 형구라는 강제 수단을 동원하더라도 상대의 귀를 멸하

지는 못할 것임을 지적하면서, 그런 시도가 흉한 결과를 초래하리라 경고한다.

噬嗑 亨 利用獄
서 합 형 이 용 옥

서합의 길은 형통하리라. 옥사獄事를 씀이 이로우리라.

獄(옥)은 현대에는 '감옥'이라는 뜻으로 주로 쓰지만, 고대에는 '형사재판' '형사처벌'을 뜻하는 말로 더 많이 사용되었다. 그러므로 '옥사獄事'라고 하면 형사처벌 전반을 지칭하는 표현이다. 서합의 길에서는 1·6효의 '형구'와 4효의 '쇠화살'이 이를 상징한다.

강제적 수단을 동원해서라도 상대를 나에게 통합(동화)하는 것이 서합의 길이므로, 상대가 지나치게 반발할 경우 형사처벌을 사용함이 이로울 것이라 말하고 있다.

비賁 다채로움을 인정해 방임하다

賁 亨 小 利有攸往
비 형 소 이유유왕

비賁의 길은 형통함이 작다. 가려는 바를 두어야 이로우리라.

初九 賁其趾 舍車而徒
초 구 비 기 지 사 거 이 도

처음에 양이 오니, 그 발의 다채로움을 존중해서 그대로 두니 수레를 버리고서 걸어
다니는 상이로다.

六二 賁其須
육 이 비 기 수

음이 두 번째에 오니, 그 '모름지기'를 존중해서 그대로 두는 상이로다.

九三 賁如 濡如 永貞 吉
구 삼 비 여 유 여 영 정 길

양이 세 번째에 오니, 다채로움을 존중해서 그대로 두는구나! 조금씩 젖어드는구나!
오래도록 정貞하면 길하리라.

六四 賁如 皤如 白馬翰如 匪寇 婚媾
육 사 비 여 파 여 백 마 한 여 비 구 혼 구

음이 네 번째에 오니, 다채로움을 존중해서 그대로 두는구나. 하얗구나! 백마가 날아
오르는 듯하구나! 쳐들어갈 것이 아니라 혼인동맹을 맺어야 하리라.

六五 賁于丘園 束帛戔戔 吝 終吉
육 오 비 우 구 원 속 백 잔 잔 린 종 길

음이 다섯 번째에 온 것은, 다채로움을 존중해서 그대로 두다 보니 (음이) 시골처럼
되어버린 상이로다. 1속의 비단은 너무 적으니 인색하지만 종국에는 길하리라.

上九 白賁 无咎
상 구 백 비 무 구
극상의 자리에 양이 오니, 다채로움을 완전한 흰색으로 만드는 상이로다. 허물이 없
으리라.

賁는 '크다(분)'는 뜻 외에도 '꾸미다, 장식하다, 섞이다, 순수하지
않다(비)' 등 여러 가지 뜻이 있다. 여기서는 '비'로 읽히는 두 번째 그
룹의 뜻으로 쓰였다.

두 번째 그룹의 뜻도 '꾸미다, 장식하다, 섞이다, 순수하지 않다' 등
으로 다양해 보여서 혼란스러울 수 있는데, 이럴 땐 이 여러 가지 의
미를 파생시킨 원형적 의미를 찾아야 한다. 그래야 비賁의 의미를 제
대로 이해할 수 있다. 賁(비)는 여러 가지가 섞여 있는 상태(이는 순수
하지 않은 상태라고 할 수 있다) 그대로를 활용해 무언가를 꾸미고 장식
하는 것이다. 모자이크를 상상하면 이해하기 쉬울 듯하며, '다채롭다'
는 말이 적절한 번역이 될 듯하다. 이는 앞서 살펴본 '서합'의 의미와
대대를 이룬다고 할 수 있다.

서합은 강제적 수단을 동원해서라도 상대를 나와 통합(동화)하는
것이다. 통합한다는 것은 상대방이 그의 고유한 '개성'을 그대로 유
지함을 허용하지 않는 것이다. 비賁는 이와 대비를 이룬다. '비'는 상
대방이 그의 고유한 '개성'을 그대로 유지한 채 모자이크와 같은 모
습으로 공동체 전체와 조화를 이루도록 하는 것이다. 이는 다양성을
존중하는 정책이라고 할 수 있다. 반면 서합은 다양성보다 통합성을
꾀하는 정책이다.

앞서 서합의 길을 오늘날의 미국 사회를 상징하는 단어인 '멜팅
팟melting pot'과 연결해 살펴보았다. 비賁의 길은 오늘날 캐나다가 채

택하고 있는 문화 정책이라고 할 수 있다. 캐나다는 미국처럼 대표적인 다민족국가지만, 두 나라의 문화 정책에는 분명한 차이가 있다. 캐나다는 자신들의 문화를 '모자이크'로 묘사하면서 미국의 '멜팅팟' 정책과는 분명한 선을 긋는다. 캐나다는 '모자이크'라는 말을 통해 각 문화 간의 차이를 인정하고 유지하면서 서로 조화를 이루는 사회를 지향하는 것이다. 비의 길은 바로 이런 모자이크 사회를 추구하는 길이라고 할 수 있다.

이렇게 서합과 비를 서로 대조해보면 양자의 의미가 보다 명확해진다. 비가 서합과 대대를 이룬다는 점을 염두에 두고 각 효사를 살펴야 그 의미도 제대로 이해할 수 있다.

初九 賁其趾 舍車而徒
초 구 비 기 지 사 거 이 도
처음에 양이 오니, 그 발의 다채로움을 존중해서 그대로 두니 수레를 버리고서 걸어다니는 상이로다.

발에 대해 취하는 조치가 서합의 경우와 대비를 이룬다는 점에 주목할 필요가 있다. 서합의 길에서는 최우선으로 발을 멸해버렸었다. 이처럼 다양성을 존중하는 정책은 통합을 우선하는 정책과는 출발점에서부터 차이를 보인다.

여기서 '수레'는 공동체(인간 사회)를 상징한다. 그러므로 수레를 타지 않고 버린다는 것은 공동체에 합류하기를 거부한다는 뜻이다. 다양성을 존중해 그대로 두니 1단계에서는 사회 통합이 지지부진한 모습을 보이고 있다.

六二 賁其須
육 이 비 기 수

음이 두 번째에 오니, 그 '모름지기'를 존중해서 그대로 두는 상이로다.

2효에 음이 온 것은, 앞서 1단계에서 취한 다양성 존중 정책이 하늘의 뜻에 비추어 마땅한지를 살피고 헤아리는 과정이 진행됨을 암시한다.

須는 '모름지기 수'인데, '모름지기'는 '사리를 따져보건대 마땅히'라는 뜻이다. 그러므로 "모름지기를 존중해서 그대로 둔다"는 것은, 사리를 따져보건대 마땅한 사항들을 존중해 그대로 둔다는 뜻이다.

앞서 1단계에서 다양성 존중 정책을 취하자 사회 통합이 지지부진한 모습을 보였는데, 그런 결과를 놓고 2단계에서는 과연 하늘의 뜻에 비추어 마땅한지를 살피고 헤아리는 응축 과정을 거치는 것이다. 이런 응축 과정을 거치면 이후 3단계에서부터 효과가 나타나기 시작한다.

九三 賁如 濡如 永貞 吉
구 삼 비 여 유 여 영 정 길

양이 세 번째에 오니, 다채로움을 존중해서 그대로 두는구나! 조금씩 젖어드는구나! 오래도록 정貞하면 길하리라.

濡(유)는 '젖어든다'는 뜻이다. 이는 알게 모르게 조금씩 변하는 것을 뜻한다. 3단계에서 조금씩 변한다는 말은, 다양성을 존중하는 비 賁의 정책이 조금씩 효과를 낸다는 말이다. 다양성을 존중하다 보니 시간은 걸리지만, 공동체의 구성원들이 조금씩 변하면서 조화로운 모자이크 같은 공동체를 이루어간다는 말이다. 이런 정책은 효과를 내려면 시간이 걸리므로, 오래도록 정貞하면 길할 것이라 말하고 있다.

> **六四 賁如 皤如 白馬翰[40]如 匪寇 婚媾**
> 육사 비여 파여 백마한 여 비구 혼구
> 음이 네 번째에 오니, 다채로움을 존중해서 그대로 두는구나. 하얗구나! 백마가 날아오르는 듯하구나! 쳐들어갈 것이 아니라 혼인동맹을 맺어야 하리라.

흰색은 깨끗함, 순결함을 상징한다. 우리 민족은 흰색을 숭상해 옷도 흰색을 고수했다. 빛의 삼원색인 빨강, 초록, 파랑을 모두 섞으면 흰색이 된다는 사실도 주목된다. 여기서 등장하는 흰색이라는 상징은, 다양성을 존중하는 정책이 일정한 성과를 내서, 알록달록한 모자이크가 전체적으로 조화를 이룬 모습으로 승화된 상태를 상징하는 표현이다. 다양성을 존중하는 비賁의 길이 4단계에서 본격적으로 성과를 내기 시작하는 것이다.

4효에서는 비의 길이 일정한 성과를 달성하자 이를 바탕으로 외부로 눈을 돌려 혼인동맹을 맺을 상대를 찾아 나선다. 비의 길은 공동체 내부의 조화를 꾀하는 정책인데, 이 정책이 일정한 성과를 달성했기에 이제는 외부로 시선을 돌리는 것일 터다. 그렇더라도 동맹 세력을 구할 일이지, 아직은 남의 영토(내지 다른 영역)을 욕심낼 만큼 역량이 커진 것은 아니라는 점을 경계하고 있다.

六五 賁于丘園 束帛戔戔 吝 終吉
육 오 비 우 구 원 속 백 잔 잔 린 종 길

음이 다섯 번째에 온 것은, 다채로움을 존중해서 그대로 두다 보니 (읍이) 시골처럼 되어버린 상이로다. 1속의 비단은 너무 적으니 인색하지만 종국에는 길하리라.

4효에서 혼인동맹을 맺을 상대를 찾아 나선 결과 5효에서 실제로 혼인동맹이 맺어진다. 이 과정에서 군자가 상대측에 보내는 폐백이 너무 적어 옹색할 것이라 말한다. 주역은 그렇게 된 이유를 앞 구절에서 설명하고 있다.

고대에 丘(구)는 성읍城邑 밖에 있는 농민의 거주 지역을 상징하는 말로 쓰였다.[41] 그러므로 '비우구원賁于丘園'은, 다양성을 존중해 그대로 두다 보니 읍邑이 시골처럼 되어버렸다는 의미를 띈다. 읍은 질서 정연하게 통제가 이루어지는 문명의 공간이고, 시골은 이런 통제가 덜한 공간이다. 비賁의 길은 다양성을 존중해 통제를 덜하는 정책이다 보니 읍이 시골처럼 되어버리는 것이다. 그 결과 일사불란한 체계가 부족해서 군자가 폐백을 동원하고자 할 때 그럴 여력이 적은 것이다.

너무 적은 폐백을 보내니 이를 받아본 상대측이 실망하는 것이며, 그 때문에 옹색해져서 혼인동맹을 완결할 때까지의 과정이 순탄치 않은 모습을 보인다. "인색하다"는 말이 이를 표현한다. 하지만 종국에는 길할 것이라 말하고 있다. 왜냐하면 그동안 추구해온 다양성을 존중해 그대로 두는 정책이 4단계에서 이미 일정한 성과를 달성했기 때문일 것이다. 적은 폐백을 보고 의심의 눈초리를 보내던 동맹 후보자가 군자 측이 그동안 일구어낸 성과를 보고 이를 인정해 결국 혼인동맹이 성사되는 것이라고 본다.

上九 白賁 无咎
상 구 백 비 무 구

극상의 자리에 양이 오니, 다채로움을 완전한 흰색으로 만드는 상이로다. 허물이 없으리라.

비의 길은 앞서 4효에서도 흰색에 도달했지만, 당시의 흰색에 해당하는 글자는 '백白'이 아닌 '파皤'였다. '皤'는 '희다'는 뜻이긴 하지만, 완전한 흰색이 아니라 알록달록한 모자이크가 전체적으로 조화를 이루어 하얗게 보이는 상태를 의미한다. 반면, 6효에 쓰인 '白(백)'은 순결함의 상징인 완전한 흰색을 의미한다.

결국 비의 길은 지난 다섯 단계에 걸쳐 사회의 다양성을 존중하는 정책을 지속해 펼친 결과, 6단계에 이르러 그동안 존속해온 다양성이 완전한 흰색으로 통합되며 절정에 이르고 있다. 다양성을 바탕으로 한 사회 통합이 완성을 보는 것이다.

"허물이 없을 것"이라 말하는 이유는, 어쨌든 구성원들을 통합하는 과정이므로 상처를 입는 일이 발생할 수 있기 때문이다. 절정의 단계임에도 길하다는 평가가 없는 이유 역시 이 때문이다. 상처가 날 수는 있겠지만 그 상처는 시간이 지나면 깨끗이 아물어 흉터를 남기지는 않을 것이라 말하고 있다.

賁 亨 小 利有攸往
비 형 소 이 유 유 왕

비賁의 길은 형통함이 작다. 가려는 바를 두어야 이로우리라.

비賁는 다양성을 존중해 그대로 두는 정책이므로 형통함은 작다. 형통하다는 것은 모든 일이 자기가 뜻한 대로 막힘없이 잘되어가는 것을 말한다. 다양성을 존중하는 이상 그렇게 될 수는 없다. 예를 들어 5효에서 군자가 폐백을 동원하고자 할 때도 그럴 여력이 적어서 인색한 결과를 초래했던 것이다. 그러므로 비의 길은 형통함은 작다.

"가려는 바를 두어야 이롭다"는 것은, 비의 길을 채택한 공동체에서 모두가 공유하는 비전이 있어야 한다는 말이다. 구성원의 다양성, 개성을 있는 그대로 존중하고 살리는 정책이므로, 모두가 공유하는 비전이나 한 가지 목표가 있어야지 구심점 노릇을 할 수 있다. 공통의 비전이 없다면, 비賁의 길은 오히려 공동체나 조직이 와해되는 부작용만 낳을 수도 있을 것이다.

박剝 : 복復

거듭 박탈이 닥쳐오는 길과
진리의 회복을 추구하는 길

23

박剝 거듭 박탈이 닥쳐오다

☷☶

剝 不利有攸往
박 불 리 유 유 왕

박剝의 길에서 가려는 바를 두는 것은 불리하리라.

初六 剝牀以足 蔑貞 凶
초 륙 박 상 이 족 멸 정 흉

처음에 음이 오니, 상牀을 박탈하는데 발로써 하는 상이로다. 정貞함을 더럽힌다면 흉하리라.

六二 剝牀以辨 蔑貞 凶
육 이 박 상 이 변 멸 정 흉

음이 두 번째에 오니, 상牀을 박탈하는데 변辨으로써 하는 상이다. 정貞함을 더럽힌다면 흉하리라.

六三 剝之无咎
육 삼 박 지 무 구

음이 세 번째에 오면, 박탈당하더라도 허물이 없도록 해야 하리라.

六四 剝牀以膚 凶
육 사 박 상 이 부 흉

음이 네 번째에 오니, 상牀을 박탈하는 데 '부膚'로써 한다면 흉하리라.

六五 貫魚以宮人 寵 无不利
육 오 관 어 이 궁 인 총 무 불 리

음이 다섯 번째에 와도, 궁인宮人들로써 물고기를 꿰어 높임을 받으니 불리할 것이 없으리라.

上九 碩果不食 君子得輿 小人剝廬
상 구 석 과 불 식 군 자 득 여 소 인 박 려

극상의 자리에 양이 오니. 씨과실을 먹지 않은 상이어서 군자는 수레를 얻으리라. 소
인은 농막집도 박탈당하리라.

剝(박)은 '벗기다' '박탈하다'라는 뜻이다. 지위나 자격 따위를 힘으
로 빼앗는 것이 '박탈剝奪'이다. 박剝괘는 이처럼 군자가 자신이 지
닌 모든 것을 박탈당하는 상황에 놓였을 때 어떻게 대처하는지를 말
하고 있다.

박剝의 길은 군자에게 닥친 절체절명의 위기 상황이라 할 수 있다.
앞서 〈그림 15〉(299쪽)를 보면 '박剝'은 음력 9월에 대응하는 괘다.
이를 보면 '박'은 군자가 비인匪人에 둘러싸여 꽉 막혀 있던 비否의
단계를 지나, 뒤로 물러서서 관망할 수밖에 없었던 관觀의 단계를 또
지나, 음효가 늘어 그보다 상황이 더욱 악화된 단계임을 알 수 있다.

이런 박剝의 길에 대해 〈단전〉은 다음과 같이 풀이한다. "군자가
쇠퇴와 번영, 채움과 비움을 그대로 받드는 것은 하늘의 운행이기 때
문이다[君子尚消息盈虛 天行也]."

천지의 시운時運은 끊임없이 변화하고 순환하므로 군자에게도 쇠
퇴와 번영, 채움과 비움의 시기가 닥칠 수 있는데, 군자는 그것이 하
늘의 운행이기 때문에 어떤 상황이 주어지든 그대로 받든다는 것이
다. 이리하여 군자에게 쇠퇴와 비움의 시기가 닥쳤을 때 펼쳐지는 길
이 박의 길이다.

初六 剝牀以足 蔑貞 凶
초 륙 박 상 이 족 멸 정 흉

처음에 음이 오니, 상牀을 박탈하는데 발로써 하는 상이로다.
정貞함을 더럽힌다면 흉하리라.

박剝괘 1효사의 의미에 대해서는 정이가 다음과 같이 알기 쉽게
풀어주고 있다.

> 음陰이 양陽을 박탈하는데 아래로부터 위로 올라가고 있다. 상牀으로
> 써 상징을 삼은 것은, 몸이 처하는 곳을 취한 것이다. 아래로부터 박탈
> 하기 시작해서 점차 몸에 이르는 것이다. 상牀을 박탈하는데 발로써 한
> 다는 말은, 상牀의 발을 박탈하는 것이다. 박탈이 아래로부터 시작하는
> 고로 발을 박탈한다고 했다. 음陰이 아래로부터 올라가는 것이다.
>
> 陰之剝陽 自下而上 以牀爲象者 取身之所處也 自下而剝 漸至於身
> 也 剝牀以足 剝牀之足也 剝始自下 故爲剝足 陰自下進

'상牀'은 고대에 일정한 지위에 있는 사람들이 그 위에 앉아서 집
무하던 상을 가리킨다. 고구려 고분벽화에도 당시의 귀족들이 〈그림
16〉과 같은 상 위에 앉아 집무를 보거나 하급자들의 시중을 받는 모
습이 나오는데, 이후로도 고려시대까지는 모두 이런 상 위에 앉았다.

이를 반영해 주역에서 상牀은 그 주인이 일정한 지위를 갖고 있다
는 상징으로 쓰인다. 그에 따라 "상牀을 박탈한다"는 말은 상의 주인
이 지닌 지위·권한·권위 등을 박탈한다는 말이 되는 것이다.

또한 상牀을 상징으로 삼아 박탈을 표현하는데, 아래로부터 위로
올라가 점차 몸에 이르는 것이니, "상牀을 박탈하는데 발로써 한다"

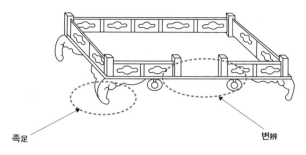

족足

변辨

그림 16 고대의 상牀

는 말은, 이제 막 박탈의 1단계가 시작되었음을 의미한다.

"정貞함을 더럽히면 흉할 것"이라는 말은, 박탈의 힘든 시기가 닥쳤다고 해서 군자가 평소 지켜온 이상과 가치를 저버리는 일이 있다면 흉할 것이라는 말이다.

六二 剝牀以辨 蔑貞 凶
육 이 박 상 이 변 멸 정 흉
음이 두 번째에 오니, 상牀을 박탈하는데 변辨으로써 하는 상이다. 정貞함을 더럽힌다면 흉하리라.

'변辨'에 대해 정이는 다음과 같이 주석하고 있다.

변辨은 (신분의) 상하上下를 나누어 격차를 두는 것으로, 상牀의 몸체다. 음이 점차 더해져서 위로 올라오니 박탈이 변辨에 이르는 것이다.
辨 分隔上下者 牀之幹也 陰漸進而上 剝至於辨

이를 보면 변辨은 〈그림 16〉에서처럼 상牀의 몸체를 가리킨다는 것을 알 수 있다. 그러므로 "상牀을 박탈하는데 변辨으로써 한다"는 말은, 1효에서 상의 발 부위에서 시작된 박탈이 한 단계 위로 올라와 상의 몸체를 박탈한다는 말이다.

"정貞함을 더럽히면 흉할 것"이라는 말의 의미는 1효의 경우와 동일하다.

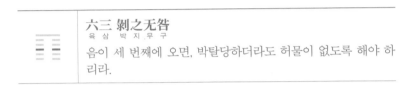

六三 剝之无咎
육 삼 박 지 무 구
음이 세 번째에 오면, 박탈당하더라도 허물이 없도록 해야 하리라.

3효사의 의미는 〈그림 17〉에 제시한 박剝의 괘상과 관련 있다. 그림을 보면 박의 하괘는 팔괘의 곤坤에 해당하는데, 이는 '순명順命'해야 함을 상징한다. 순명하는 사람은 자기를 버려야 하며, 대신 하늘이 뜻하는 바를 수용하고 헌신해야 하는 것이다.

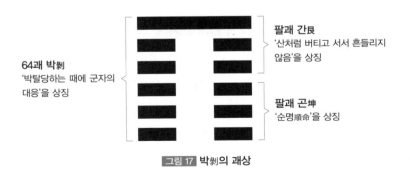

64괘 박剝
'박탈당하는 때에 군자의 대응'을 상징

팔괘 간艮
'산처럼 버티고 서서 흔들리지 않음'을 상징

팔괘 곤坤
'순명順命'을 상징

그림 17 박剝의 괘상

박의 길에서는 1·2·3효에 연속으로 음이 오니 3효에서 팔괘의 곤坤이 완성되고 있다. 이는 박의 길을 걸어가는 군자가 3효에서 곤坤의 취지인 순명을 이루어야 함을 뜻한다. 순명하는 사람에게 허물이 없어야 함은 당연하다.

六四 剝牀以膚 凶
육 사 박 상 이 부 흉
음이 네 번째에 오니, 상牀을 박탈하는 데 '부膚'로써 한다면 흉하리라.

4효사에 대해 정이는 다음과 같이 주석하고 있다.

> 처음에는 박탈이 상牀의 발에서 시작되었는데 점차 부膚에 이르는 것이다. 부膚는 신체의 바깥 부위다. 장차 그 신체를 멸하려 하는 것이다.
> 始剝於牀足 漸至於膚 膚 身之外也 將滅其身矣

박의 길에서 박탈의 흐름이 계속 이어지다 보니, 4단계에 이르면 그 흐름이 직접 군자의 신체에까지 미치려 하고 있다. '부膚'는 신체의 피부를 말하는 것이다.

그런데 이는 지금까지와는 차원이 다른 문제다. 여기서 군자의 신체는 물리적 신체가 아니라 군자가 지금까지 굳게 지켜온 이상과 가치를 상징하는 것이다. 이는 군자로서 결코 양보할 수 없는 것이므로, 주역은 지난 1~3효의 경우와는 달리 '부膚'를 박탈하려는 시도를 그대로 받아들이는 것은 "흉할 것"이라고 평가한다. 그러므로 군자는 지금까지와는 달리 이런 상황을 받아들이는 것이 아니라 거부하고 맞서야 하는 것이다. 이런 해석은 〈그림 17〉의 괘상을 통해 뒷받침된다.

그림에서 박剝의 괘상을 보면 하괘가 곤坤으로 '순명'을 상징함에 비해, 상괘는 간艮으로 '산처럼 버티고 서서 흔들리지 않음'을 상징한다. 그러므로 괘상을 보면 4효 이후로는 군자의 대응이 이전과 달라져야 함을 알 수 있다.

六五 貫魚以宮人 寵 无不利
육 오 관 어 이 궁 인 총 무 불 리
음이 다섯 번째에 와도, 궁인宮人들로써 물고기를 꿰어 높임을
받으니 불리할 것이 없으리라.

물고기[魚]는 이후 구姤괘(44)와 중부中孚괘(61)에도 등장하는 표현인데, 두 경우 모두 진리에 순명하는 존재를 상징한다. 여기서도 같은 의미의 상징으로 쓰였다.

"궁인宮人"에서 '궁宮'은 왕의 궁궐을 가리키는 표현이 아니다. '궁'은 진시황秦始皇이 아방궁을 건설하면서부터 황제의 거처라는 뜻으로만 사용하도록 독점했던 것이고, 그 이전에는 '집, 주택'이라는 뜻으로 일반인들이 두루 사용하는 표현이었다. 그러므로 주역에 등장하는 '궁'은 일반적인 '집, 주택'의 뜻으로 봐야 한다. 이후 곤困괘(47)의 3효사에도 '궁'이 등장하는데, 역시 일반적인 '집, 주택'의 의미로 쓰이고 있다.

그러므로 5효사의 '궁인宮人'은 왕의 궁궐에 거주하는 사람이 아니

라 '군자의 집에 있는 사람들'을 의미한다. 고대의 '가家'는 피붙이 가족만이 아니라 '가신家臣'들까지 폭넓게 포함하는 개념이었고, 그에 따라 고대의 '집'이란 자기가 뿌리내리고 사는 터전이자 근거지를 의미하는 것이었다. 그러므로 5효사의 '궁인'은 군자의 가신들을 포함해 군자가 자신의 근거지에서 거느린 모든 사람을 가리키는 표현이다.

이렇게 보면, "궁인宮人들로써 물고기를 꿰어 높임을 받는다"는 말은, 군자가 자신의 궁인들을 진리에 순명토록 해서 그들로부터 높임을 받는다는 뜻이다. 이는 군자가 가진 것 모두를 박탈당하는 어려운 처지에 놓였어도 자기 궁인들의 변함없는 신뢰와 충성을 확보하고 있다는 말이다. "물고기를 꿴다[貫魚]"고 하는 독특한 비유가 등장한 이유는, 박剝의 괘상이 전체적으로 물고기를 꿰어놓은 듯한 모습이기 때문이다. 괘상에서 1~5효의 음효들이 물고기에 해당한다. 이는 박의 길에서 1~5단계가 계속해서 물고기를 꿰는 과정이었음을 암시한다.

앞서 1·2단계에서 군자는 박탈당하는 힘든 상황 속에서도 자신의 이상과 가치를 더럽히지 않았다. 3단계에서는 계속 박탈당하는 상황에서도 허물을 남기지 않았으며, 4단계에서 자신의 이상과 가치를 박탈하려는 시도에는 분연히 맞서 지켜냈다. 이상과 같은 군자의 처신이 궁인들에게 믿음을 주니, 5단계에 이르러 "궁인宮人들로써 물고기를 꿰는" 과정이 완료되어 그들로부터 높임을 받는 것이다. 또한 이렇게 군자의 궁인들이 신뢰와 충성을 유지하는 이상 5단계에서 거듭 박탈이 닥쳐와도 불리할 것이 없다는 말이다.

이 과정은 다음과 같은 공자의 가르침을 생각나게 한다.

자공이 정치에 관해 여쭈었다. 공자가 말씀하시기를 "식食을 넉넉히 하는 것이요, 병兵을 넉넉히 하는 것이요, 백성들에게 믿음[信]을 주는 것이다".

자공이 말하기를 "부득이 포기해야 한다면 이 세 가지 중에서 무엇이 먼저이겠습니까?" 하니,

말씀하시기를 "병兵을 버려라".

자공이 말하기를 "부득이 포기해야 한다면 이 두 가지 중에서 무엇이 먼저이겠습니까?" 하니,

말씀하시기를 "식食을 버려라. 예로부터 모두에게 죽음은 있었다. (하지만) 백성들에게 믿음이 없으면 (나라가) 설 수 없다".

子貢問政 子曰 足食 足兵 民信之矣

子貢曰 必不得已而去 於斯三者 何先

曰 去兵

子貢曰 必不得已而去 於斯二者 何先

曰 去食 自古 皆有死 民無信不立

《논어》〈안연〉 7장

이 고사에서 병兵은 나라를 지키는 군사를 말하고, 식食은 백성들이 먹고사는 문제, 즉 경제요, 돈을 말한다. 나라가 무너지지 않도록 버티는 것은 '병'과 '식'보다도 백성들의 믿음이라는 말이니, 성인의 탁월한 혜안이다.

또한 이 고사는 백성들에게 믿음이 있다면 죽음조차도 받아들일 것이라고 한다. 박의 길에서 군자가 가진 것 모두를 박탈당하는 어려운 처지에 놓였음에도 궁인들이 군자에게 변함없이 충성하는 이유 역시

이 때문이다. 군자가 궁인들에게 진실한 믿음을 주었기에, 궁인들은 군자와 함께 죽음을 맞이할지언정 군자를 저버리지 않는 것이다.

上九 碩果[42]不食 君子得輿 小人剝廬
상 구 석 과 　불 식 군 자 득 여 소 인 박 려

극상의 자리에 양이 오니, 씨과실을 먹지 않은 상이어서 군자는 수레를 얻으리라. 소인은 농막집도 박탈당하리라.

"석과불식碩果不食"은 '씨과실은 먹지 않는다'는 말이다. 농부는 굶어 죽어도 종자를 베고 죽는다는 말과 취지가 같다. 그 종자를 먹어버린다면 농부가 아니기에 그럴 것인데, 군자 역시 굶어 죽어도 씨과실인 석과碩果를 남기고 죽는 것이다.

결국 박剝의 길은 1~5효 다섯 번의 응축을 거친 끝에 6효에 이르러 씨과실을 잉태해낸다. 이 씨과실을 먹어버리지 않고 남김으로 인해 군자는 수레를 얻을 것이라고 한다. 여기서 '수레'는 높은 지위를 상징하는 표현이다. 대부大夫는 걸어 다니지 않고 수레를 타는 것이라는 공자의 고사[43]처럼, 고대에는 수레가 지위의 상징이었다. 그러므로 주역은 군자가 씨과실을 먹지 않고 남김으로써 다시 존경받는 지위에 오르리라 말하는 것이다.

군자가 남긴 씨과실에는 무엇이 담겼을까? 현재 군자에게 무엇이 남았는지를 돌아보면 알 수 있다.

지금 군자에게는 이상과 가치를 지켜낸 것이 남았고, 여전히 군자를 믿는 사람들이 남았다. 이것이면 군자가 모든 것을 박탈당한 후에도 다시 일어설 수 있다고 주역이 말하는 것이다.

이 '석과碩果'는 다섯 번의 응축 과정을 거친 만큼 매우 단단하게 여물었다. 단단히 여문 만큼 생명력이 강해지며, 봄을 맞아 푸른 대지와 만나면 힘차게 싹을 틔운다.

박의 길에서 군자에게 닥친 다섯 번의 시련의 의미는 여기에 있다. 剝(박)은 '벗기다' '박탈하다'라는 뜻인데, 그동안은 '박탈'에 초점을 맞추어 말해왔다. 하지만 박탈이 곧 벗겨냄이다. 본질이 아닌 겉 포장, 알맹이가 아닌 거품, 진짜가 아닌 가짜, 영원한 것이 아닌 순간의 것들을 군자에게서 모두 벗겨내는 것이 박의 길이며, 이런 과정을 거친 끝에 그만큼 단단해진 석과를 남기는 것이 또한 박의 길이다.

〈상전〉은 6효사에 대해 이렇게 풀이한다. "군자가 수레를 얻게 됨은 백성들이 태우는 것이다[君子得輿 民所載也]." 군자가 모든 것을 박탈당하는 어려움 속에서도 사람들에게 진실한 믿음을 주었기에, 사람들이 끝내 군자를 저버리지 않고 다시 수레에 태우는 것이다.

반면 "소인은 농막집도 박탈당할 것"이라고 한다. 물론 그 이유는 어려운 상황을 견디지 못하고 씨과실을 먹어버리기 때문이다.

剝 不利有攸往
박 불 리 유 유 왕
박剝의 길에서 가려는 바를 두는 것은 불리하리라.

박剝의 길은 모든 것을 박탈당하는 어려운 시기를 의미하므로 새로운 일을 벌일 때가 아니다. 그러므로 가려는 바를 두는 것은 불리하다고 말하는 것이다.

24

복復 진리의 회복을 추구하다

☷☳

復 亨 出入无疾 朋來无咎 反復其道 七日來復 利有攸往
복 형 출입무질 붕래무구 반복기도 칠일래복 이유유왕

복復의 길은 형통하리라. 출입함에 질환이 따르지 않도록 하여 벗들이 오게 해야 허물이 없으리라. 돌이켜서 그 도를 회복하면, 7일이면 다시 돌아오도록 할 수 있으리라. 가려는 바를 두어야 이로우리라.

初九 不遠復 无祗悔 元吉
초 구 불원복 무지회 원길

처음에 양이 온 것은, 머지않아 다시 돌아오리니 경건함에 후회가 없어야 으뜸으로 길하리라.

六二 休復 吉
육 이 휴복 길

음이 두 번째에 오나, 돌아올 것이라는 믿음을 아름답게 여기니 길하리라.

六三 頻復 厲 无咎
육 삼 빈복 려 무구

음이 세 번째에 오니, 돌아올 것이라는 믿음을 어지럽게 여기는 상이로다. 위태로우나 허물은 없으리라.

六四 中行 獨復
육 사 중행 독복

음이 네 번째에 오니, 중행中行하며 홀로 회복을 도모해야 하리라.

六五 敦復 无悔
육 오 돈복 무회

음이 다섯 번째에 오니, 돈독하게 회복을 도모하면 후회가 없으리라.

上六 迷復 凶 有災眚 用行師 終有大敗 以其國君凶 至于十年 不克征
상 륙 미 복 흉 유 재 생 용 행 사 종 유 대 패 이 기 국 군 흉 지 우 십 년 불 극 정
극상의 자리에 음이 오니, 돌아올 것이라는 믿음을 미혹케 하면 흉하리라. 재앙과 잘
못됨이 있으리라.
師의 도를 행하는 것은 종국에 크게 무너짐이 있으리라. 그럼으로써 그 나라의 군
주가 흉하게 되리라. 10년에 이르도록 정征함을 이루지 못하리라.

復(복)은 '회복하다, 다시 돌아오다, 되풀이하다'라는 뜻이다. 백서
주역은 복復의 길을 '믿음의 길'로 규정하고 있어서 이해에 도움을
준다. 복의 길은 진리와 광명이 다시 돌아올 것임을 굳게 믿으면서
그 회복을 도모하는 길이니, 그 길을 '믿음의 길'로 규정한 백서 주역
의 관점은 타당하다.

〈그림 18〉 복의 괘상에서 1효에 온 양은, 벼락 치듯 사람의 마음을
강하게 움직인 진리요, 광명을 상징한다. 2효 이후로 이 양은 사라지
지만 진리에 한번 마음이 움직인(그 진리를 받아들인) 사람은 그것이 진
리이기에 당연히 다시 돌아올 것을 믿는다. 그리하여 그는 이후로 진
리에 순명하는 믿음의 길을 가면서 진리의 회복을 도모하는 것이다.

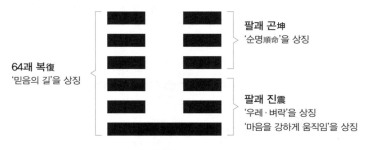

그림 18 복復의 괘상

복의 괘효사는 이와 같은 믿음의 길이 어떻게 진행되는지를 말하고 있다.

初九 不遠復 无祇[44]悔 元吉
초 구 불 원 복 무 지 회 원 길
처음에 양이 온 것은, 머지않아 다시 돌아오리니 경건함에 후회가 없어야 으뜸으로 길하리라.

1효는 복의 길에서 준비 단계에 해당하는데, 향후 펼쳐질 믿음의 길을 전체적으로 조망하면서 필요한 조언을 한다.

우선 1효의 양으로 상징되는 진리와 광명은 머지않아 다시 돌아올 것이라고 한다. 그러므로 진리에 대한 경건한 자세에 후회를 낳을 일이 없도록 해야 으뜸으로 길할 것이라고 한다.

六二 休復 吉
육 이 휴 복 길
음이 두 번째에 오나, 돌아올 것이라는 믿음을 아름답게 여기니 길하리라.

1효에 양이 놓였던 것과 달리 2효에는 음이 오고 있다. 이는 1효에 모습을 나타냈던 진리와 광명이 2효에서는 모습을 감춤을 상징한다.

休(휴)는 비否괘(12) 5효사에 이어 여기서도 '아름답게 여긴다'는 뜻으로 쓰였다. 2효에서 양 기운이 모습을 감추지만, 사람들은 바로 앞서 1효에서 진리와 광명을 목격했으므로 그 기억이 생생하다. 그러므로 사람들은 진리와 광명이 "돌아올 것이라는 믿음을 아름답게 여긴다"는 것이다. 비록 진리가 모습을 감추었지만 사람들은 진리가 곧 회복될 것이라고 확신하기에, 진리의 회복을 믿거나 그것을 도모하는 말을 하면 그 믿음을 아름답게 여기면서 적극적으로 성원한다는 말이다. 따라서 양 기운이 음 기운으로 바뀌었음에도 여전히 "길하다"라고 평가하는 것이다.

六三 頻復 厲 无咎
육 삼 빈 복 려 무 구
음이 세 번째에 오니, 돌아올 것이라는 믿음을 어지럽게 여기는 상이로다. 위태로우나 허물은 없으리라.

頻(빈)은 흔히 '자주 빈'으로 새기지만, 여기서는 '어지러워지다'의 뜻으로 쓰였다.

3효에서는 2효에 이어 다시 음이 놓인다. 두 번 연속으로 음이 오니 이제 1효에서 목격했던 진리와 광명의 기억은 사람들에게서 잊히기 시작한다. 그에 따라 믿음이 흐려지면서, 과연 진리와 광명의 회복이 이루어지긴 할 것인지 의심하기 시작한다는 말이다. 그러므로 이제는 진리 회복에 대한 믿음을 얘기하거나 진리 회복을 도모하는 말을 하면 어지러운 소리쯤으로 치부한다는 뜻이다.

하지만 그럼에도 주역은 "위태로우나 허물은 없을 것"이라 말한다. 그 이유를 〈상전〉은 이렇게 풀이한다. "돌아올 것이라는 믿음을 어지럽게 여기니 위태롭지만, 의리가 있어서 허물은 없는 것이다[頻復之厲 義无咎也]." 복의 길이 3단계에 이르면 사람들의 믿음은 흐려지지만, 한번 받아들였던 진리에 대한 의리가 아직 남아 있다는 것이다. 그에 따라 사람들에게 진리 회복에 대한 말을 하는 것이 위태롭긴 하지만 허물이 되지는 않는다는 뜻이다.

六四 中行 獨復
육 사 중 행 독 복
음이 네 번째에 오니, 중행中行하며 홀로 회복을 도모해야 하리라.

복의 길이 4효에 이르니 지금까지와는 양상이 달라지고 있다.

"중행中行"은 '적중的中하게 행한다'는 뜻인데, 그 의미는 앞에서 여러 번 살펴봤다. 하늘이 명하는 바에 부합하게, 이치에 부합하게 행하는 것을 말한다. 이는 달리 말하면 '순명順命'이라 표현할 수 있는데, 앞서 〈그림 18〉에서 상괘의 상과 일치하고 있다는 점이 주목된다. 이는 4효 이후로는 복復의 길을 걸어가는 군자가 '순명'해야 하는 상황임을 상징한다.

주역은 복復의 길이 4효에 이르면, 중행中行하는 이가 홀로 진리의 회복을 도모해야 하는 상황에 이른다 말하고 있다.

앞서 3효에서는 사람들이 과연 진리의 회복이 이루어지긴 할 것인지 의심했지만, 최소한 의리는 남아 있었다. 그러다가 4효에 이르자 이제는 의리마저도 사라진다. 이제는 사람들에게 진리 회복에 대해 말하면 아무도 귀 기울여 듣지 않는다. 소수의 중행中行하는 이들, 진리에 순명하는 이들만 남는 것이다. 이들은 흩어져 서로 고립된 상태이므로, 개인으로서는 "홀로 회복을 도모해야 하는" 상황에 처한다.

복復의 길은 4효에서 본격적인 위기를 맞는 것이다.

☷☷ **六五 敦復 无悔**
육 오 돈 복 무 회
음이 다섯 번째에 오니, 돈독하게 회복을 도모하면 후회가 없
으리라.

"돈복敦復"의 돈敦은 앞서 림臨괘(19) 6효사 "돈림敦臨"에 등장한
표현이다. 그 용례와 마찬가지로 "돈복敦復"은 다른 사람들과의 돈독
한 관계를 형성해 진리의 회복을 도모해야 한다는 뜻이다.

앞서 4효에서 군자는 중행中行하면서 홀로 회복을 도모하고 있었다.
인간은 사회적 동물이므로 홀로 고립된 채로 있으면 약해지기 쉽다. 그
러므로 다른 '중행'하는 이들을 찾아내 그들과 도반道伴으로서 연대하
라는 것이 주역의 조언이다. 도반들과 연대해 돈독한 진리의 공동체를 형
성하는 것이다. 이렇게 하면 서로를 북돋우면서 외부로 진리 회복의 믿
음을 전파하고, 그것을 도모하기 위한 노력을 지속해나갈 수 있게 된다.

> 배우고 때로 익히면 또한 기쁘지 아니한가.
> 벗이 있어 멀리서부터 찾아오면 또한 즐겁지 아니한가.
> 사람들이 알아주지 않아도 성내지 아니하면 또한 군자가 아닌가.
> 學而時習之 不亦說乎
> 有朋自遠方來 不亦樂乎
> 人不知而不慍 不亦君子乎

《논어》〈학이〉 1장

위는《논어》의 맨 첫 구절이다. 이 세 문장은 상호 간에 논리적 연관성을 가진다. 사람들이 알아주지 않아도 성내지 않을 수 있어야 군자인데, 그러려면 멀리서부터 찾아오는 벗(나를 알아주는 벗)은 있어야한다는 말이다. 그래야 사람들이 알아주지 않아도 성내지 않을 수 있다. 이는 인간이 사회적 동물이기에 홀로 고립되어 있으면 약해지기쉽다는 사실까지를 고려한 공자의 혜안이다. 그리고 공자의 이 말씀은 "돈독하게 회복을 도모하라"는 주역의 조언과 궤를 같이하는 구절이다.

上六 迷復 凶 有災眚 用行師 終有大敗 以其國君凶
상 륙 미 복 흉 유 재 생 용 행 사 종 유 대 패 이 기 국 군 흉
至于十年 不克征
지 우 십 년 불 극 정

극상의 자리에 음이 오니, 돌아올 것이라는 믿음을 미혹케 하면 흉하리라. 재앙과 잘못됨이 있으리라.
사師의 도를 행하는 것은 종국에 크게 무너짐이 있으리라. 그럼으로써 그 나라의 군주가 흉하게 되리라. 10년에 이르도록 정征함을 이루지 못하리라.

6효는 복復의 길에서 과잉의 단계에 해당한다. 이는 앞서 4효에서 "홀로 회복을 도모해야 하는" 상황에 처한 군자가 5효의 '돈복敦復'으로 나아가지 못하고, 조급한 마음에 무리수를 쓰는 경우에 도달하는 길이다.

복의 길은 5효의 '돈복敦復'하는 단계에 이름으로써 절정에 도달한다. '돈복'의 노력을 계속 기울이면 이제 곧 진리와 광명의 회복이찾아오는 것이다. 군자가 이런 '돈복'의 길로 나아가지 못하고 무리

수를 쓰게 되는 이유는 무엇일까?

그 이유는 진리의 힘에 대한 믿음이 약해진 것이다. 진리는 그 자체로 힘이므로 도반들과 돈독한 관계를 형성해 인내심을 발휘하면 곧 진리의 회복이 이루어질 것이다. 하지만 그에 대한 믿음이 약해진 것, 이것이 6효사에서 말하는 "돌아올 것이라는 믿음을 미혹케 하는 [迷復]" 것에 해당한다. 이에 대해 주역은 "재앙과 잘못됨이 있을 것"이라 경고한다.

"사師의 도를 행한다"는 말은, 군자가 읍국의 군주일 경우 앞서 살펴본 사師(7)의 도를 읍국에 적용하려 한다는 말이다. '사'의 도는 엄정한 규칙을 공동체에 강제하는 길이다. 복의 길에서 사의 도를 적용한다는 말은, 진리를 엄정한 규칙으로서 공동체에 강제한다는 말이다. 진리가 그 자체의 힘으로 회복되리라는 믿음이 약해진 군자가 자신에게 권력이 있을 경우 진리를 규칙으로서 강제하려는 상황을 말한다.

하지만 그럴 경우 일시적으로는 통하는 것처럼 보일지라도 결국에는 크게 무너지고 말 것이라 경고한다. 진리는 힘으로 강제할 수 있는 것이 아니기 때문이다. 그런 시도는 그 나라의 군주를 흉하게 할 뿐이며, 10년에 이르도록 진리의 회복을 이루지 못하는 결과를 가져올 뿐이라고 한다.

復 亨 出入无疾 朋來无咎 反復其道 七日[45]來復
복 형 출입무질 붕래무구 반복기도 칠일 래복
利有攸往
이 유 유 왕

복復의 길은 형통하리라. 출입함에 질환이 따르지 않도록 하
여 벗들이 오게 해야 허물이 없으리라. 돌이켜서 그 도를 회복
하면, 7일이면 다시 돌아오도록 할 수 있으리라. 가려는 바를
두어야 이로우리라.

　복復의 괘사에서 말하는 "벗[朋]"은 앞서 5효에서 더불어 '돈복敦
復'을 함께 할 도반들을 가리킨다. 복의 길은 5단계에서 '돈복'을 이
룰 수 있는지 여부가 결정적으로 중요하기 때문에 괘사에서 이를 언
급하며 강조하는 것이다.

　"출입함에 질환이 따르지 않도록 하라"는 말은, 5효에서 형성한 진
리의 공동체에 사람들이 드나듦에 어떤 장애가 따르지 않도록 해야
한다는 말이다. 그래야 벗들이 올 수 있기 때문이다.

　"돌이켜서 그 도를 회복한다"는 말은, 6효의 과잉으로 나아가서 무
리수를 쓰지 말고, 복의 길의 본령인 5효의 '돈복敦復'으로 돌아가라
는 뜻이다. 도반들과 연대해 진리의 공동체를 형성하고 외부로 진리
를 전파함으로써 "그 도를 회복하라"는 말이다.

　이렇게 하면 "7일이면 다시 돌아오도록 할 수 있을 것"이라고 한
다. 여기서 '7일'은 '짧은 시간'을 의미한다. 돌이켜서 그 도를 회복하
면 생각보다 짧은 시간 안에 진리와 광명의 회복을 이룰 수 있을 것
이라는 말이다. 그 이유에 대해 〈상전〉은 다음과 같이 풀이한다. "돌
이켜서 그 도를 회복하면 7일이면 다시 돌아오도록 할 수 있는 것은
하늘의 운행이 그러하기 때문이다[反復其道 七日來復 天行也]." 그 도

를 회복하기만 하면 짧은 시간에 진리와 광명의 회복을 이룰 수 있는 이유는, 하늘의 운행이 그러하기 때문이라고 한다. 그러므로 군자는 6효의 과잉으로 나아가 무리수를 쓸 것이 아니라 5효의 '돈복敦復'으로 나아가야 했던 것이다.

"가려는 바를 두어야 이롭다"는 것은, 우선 복의 길이 같은 뜻을 품은 도반을 모아야 하는 길이기 때문이다. 도반을 모으려면 가려는 바의 목적과 이상이 분명해야 한다. 또한 복의 길은 후반부에 이르면 고난의 길이 된다. "중행中行하며 홀로 회복을 도모해야 하는" 상황에 처했을 때 군자를 견디게 해주는 것은, 역시 가려는 바의 목적과 이상이다. 그러므로 "가려는 바를 두어야 이로운" 것이다.

무망无妄 : 대휵大畜

진실무망함으로 나아가는 길과

시선을 넓혀 크게 도모하는 길

무망无妄 진실무망함으로 나아가다

无妄 元亨 利貞 其匪正 有眚 不利有攸往
무 망 원 형 이 정 기 비 정 유 생 불 리 유 유 왕

무망无妄의 길은 으뜸으로 형통하리라. 정貞해야 이로우리라. 그것이 바른 것이 아니
라면 잘못됨이 있을 것이다. 가려는 바를 두는 것은 불리하리라.

初九 无妄 往 吉
초 구 무 망 왕 길

처음에 양이 온 것은, 무망无妄한 태도로 왕往하는 상이로다. 길하리라.

六二 不耕穫 不菑畬 則利有攸往
육 이 불 경 확 불 치 여 즉 이 유 유 왕

음이 두 번째에 오니, 수확하려고 경작하는 것이 아니고 좋은 밭을 이루려고 일구는
것이 아닌즉 가고자 하는 바가 있어야 이로우리라.

六三 无妄之災 或繫之牛 行人之得 邑人之災
육 삼 무 망 지 재 혹 계 지 우 행 인 지 득 읍 인 지 재

음이 세 번째에 올 때, 무망无妄하는 것은 재앙으로 간다. 혹 소를 매두면 행인이 가져
가버리니 읍인邑人들에게 재앙이 된다.

九四 可貞 无咎
구 사 가 정 무 구

양이 네 번째에 오니, 정貞할 수 있어야 허물이 없으리라.

九五 无妄之疾 勿藥 有喜
구 오 무 망 지 질 물 약 유 희

양이 다섯 번째에 오니, 무망无妄함이 질환이 되나 약을 쓰지 말라. 기쁜 일이 있으리라.

上九 无妄 行 有眚 无攸利
상 구 무 망 행 유 생 무 유 리

극상의 자리에 양이 오니, 무망无妄으로 행行하는 상이로다. 잘못됨이 있으리라. 이로울 바가 없으리라.

무망无妄은 '망령됨이 없다'는 뜻이다. '무망'은 즉시 '성誠'을 생각나게 한다. '성'은 유학에서 군자가 따라야 할 최고의 실천 덕목 내지 군자가 지녀야 할 태도로 여기는 가치인데, '진실무망眞實無妄'으로 정의된다. '진실되고 망령됨이 없는 태도'를 뜻한다. '지성至誠이면 감천感天'이라는 구절에 '성'이 등장한다. 지극한 誠(성)은 하늘도 감동시켜서, 기대하기 어려웠던 좋은 성과를 달성할 수 있다는 뜻이다.

여기서 괘의 이름으로 쓰인 무망无妄은 '성誠'과 비슷한 뜻으로 쓰였다. 어떤 일을 대하고 처리할 때 진실무망眞實無妄한 태도로 대응해나가는 경우를 설명하고 있다.

무망无妄과 대대를 이루는 대휵大畜은 '크게 길러보겠다'는 '의도'를 갖고 어떤 일을 '도모'해나가는 것이다. 무망은 이와 대대를 이루는 의미로 쓰였다고 생각하면 이해하기 쉽다. 즉 무엇을 (나의 이익을 위해) 어찌해보겠다는 '의도'가 없이 진실무망하게 사태에 대응해나가는 것이다. 백서 주역에서는 '무망' 대신에 '无孟(무맹)'을 괘명으로 쓰고 있어서 괘의 취지를 이해하는 데 도움이 된다. 孟(맹)은 '힘쓰다, 애쓰다'는 뜻이니, 무맹无孟은 자신의 의도를 실현하려고 애쓰는 길이 아니라는 뜻이다.

처음에 양이 온 것은, 무망无妄한 태도로 왕往하는 상이로다.
길하리라.

1단계에서 (진실)무망无妄한 태도로 왕往하는 것은 길하다고 한다.
여기서는 '왕往한다'의 의미에 대한 보충 설명이 필요하다. 이후 6단계
에서 '행行한다'가 나오는데, 두 개념이 서로 대대를 이루기 때문이다.

'왕往한다'는 표현은 주역에서 자주 쓰이는데, '정해진 한 방향으
로 나아가는 것'을 가리킨다. 앞서 둔屯괘(3)에 '往(왕)'이 자주 쓰였
는데 참고하기 좋은 사례가 된다. 둔괘 3효의 往은 "그대로 나아가
면"으로 해석됐고, 4효의 往은 "나아가면"으로 해석되었다. 그 외에
다른 사례들도 찾아보면 모두 '정해진 한 방향으로 나아감'을 가리킨
다는 점을 확인할 수 있다.

그러므로 "무망无妄한 태도로 왕往한다"는 말은, 나아가야 할 방향
이 정해져 있을 때 무망한 태도로 그 길을 걸어나간다는 말이다. 이
렇게 하면 길하다고 한다.

1효에 양이 놓인 것은, 군자가 무망의 도道를 적극적으로 펼치는
것을 상징한다(이후 4~6효도 동일하다).

六二 不耕穫 不菑畬[46] 則利有攸往
육 이 불 경 확 불 치 여   즉 이 유 유 왕

음이 두 번째에 오니, 수확하려고 경작하는 것이 아니고 좋은
밭을 이루려고 일구는 것이 아닌즉 가고자 하는 바가 있어야
이로우리라.

1효와 달리 2효에는 양이 아닌 음이 놓인다. 이는 1효에서 무망의 도를 적극적으로 펼치던 것과 달리 2효에서는 그 적극성을 유보한다는 뜻이다. 그러므로 2효사의 해석에는 이 점을 반영해야 한다.

2효사의 "불경확不耕穫" 구절을 〈상전〉은 이렇게 풀이한다. "수확하려고 경작하는 것이 아니라는 말은, 부富를 얻으려는 것이 아니라는 말이다[不耕穫 未富也]." 이는 밭을 경작하기는 하되 부를 얻으려고 경작하는 것이 아니라는 말이다.

2효사는 《예기》에서 다음과 같이 인용되고 있어서 주목된다.

> 공자께서 말씀하시기를 (…) 주역에 이르기를, 수확하려고 경작하는 것이 아니고 좋은 밭을 이루려고 일구는 것이 아니니 흉하다고 하였다.
> 子云 (…) 易曰 不耕穫 不菑畬 凶
>
> 《예기》〈방기〉 28장

공자가 "불경확 불치여 흉不耕穫 不菑畬 凶"이라는 주역 구절을 인용했다는 기록이 《예기》에 실려 있는 것이다. 이는 공자 당시에 무망无妄의 2효사가 지금 널리 통용되는 통행본처럼 "불경확 불치여 즉이유유왕不耕穫 不菑畬 則利有攸往"이 아니라, "不耕穫 不菑畬 凶"이라고 기록한 또 다른 주역 판본이 있었음을 시사한다.

이는 앞서 고蠱(18)의 6효사에 시간이 지남에 따라 그 내용이 변화해가는 모습이 남아 있었던 것과 유사하다. 무망无妄의 2효사 역시 변화가 있었던 것으로 보인다. 이때 공자가 인용한 판본에는 2효사에 대해 "흉하다"는 판단이 명시되었다는 점이 주목된다. 이는 2효사의 행위가 부를 얻으려고 하는 것이 아니어서, 결과(객관적 지표로 측정되는 성과)라는 측면에서 보면 좋은 성과를 거두지 못하기 때문일 것이다. 따라서 《예기》에서 공자가 인용했던 판본에서는 아예 "흉하다"고 평가했고, 통행본 주역에서는 "가고자 하는 바가 있어야 이로울 것"이라 말하고 있다. 결과라는 측면에서는 부진하다는 점에 대해 양 판본이 동의하는 것이다. 원래는 "흉하다"는 평가가 일반적이었을 텐데, 이후 단기적 목표가 아니라 중장기적 목적[攸往]을 추구하는 경우라면 달리 평가할 수도 있다는 사실을 발견하고서 2효사의 후반부가 바뀐 것이 아닌가 한다. 이렇게 보면 공자의 시대 이후로도 주역 텍스트의 진화가 이루어졌다는 추론이 가능하다.

六三 无妄之災 或繫之牛 行人之得 邑人之災[47]
육 삼 무 망 지 재 혹 계 지 우 행 인 지 득 읍 인 지 재
음이 세 번째에 올 때, 무망无妄하는 것은 재앙으로 간다. 혹 소를 매두면 행인이 가져가버리니 읍인邑人들에게 재앙이 된다.

3효에서 군자가 무망하는 것은 재앙으로 간다고 한다. 소를 매두면 행인(지나가는 사람), 즉 읍인이 아닌 뜨내기가 가져가버리는 것이다. 여기서 소는 전통시대 주산업인 농경에 없어서는 안 될 중요한 생산수단이다. 읍인은 군자가 다스리는 읍의 백성들이다. 내가 소중히 여기는 사람들을 상징하는 표현이다.

이런 재앙이 초래됨은 3효에 음이 놓인 것과 관련이 깊다. 2효에 이어 3효에도 음이 놓였으므로, 2효의 경우처럼 무망의 도를 유보해야 하는데 그러지 않았던 것이다. 무망의 길에서 음효가 놓인 2단계와 3단계는 군자의 실천이 하늘의 뜻에 부합하는지를 살피고 헤아려야 하는 응축의 단계에 해당한다. 이는 무망의 적극적 실천은 어느 정도 유보하면서 그 미비점을 찾고 보완하는 단계라고 할 수 있다. 그러므로 그 도를 어느 정도 유보했어야 하는데, 군자가 진실무망한 태도로 계속 일관하다 보니 이를 악용하는 사람이 생겨나는 것이다. 뜨내기인 행인이 소를 가져가버려서 정작 군자가 소중히 여겨야 할 읍인들이 심각한 피해를 입는 것이다.

九四 可貞 无咎
구 사 가 정 무 구
양이 네 번째에 오니, 정貞할 수 있어야 허물이 없으리라.

4효에 양이 놓인 것은, 군자가 다시 무망의 도道를 적극적으로 펼침을 상징한다.

앞서 3단계에서 군자의 진실무망함으로 인해 읍인들이 피해를 입었기 때문에, 4단계에서 군자가 무망의 도를 계속 펼치는 것에 대해 읍인들은 불만스러울 수 있다. 그러므로 "정貞할 수 있어야 허물이 없을 것"이라는 말은, 읍인들의 불만에도 불구하고 군자가 흔들림 없이 계속 무망의 도에 정貞할 수 있어야 한다는 뜻이다. 군자가 이럴 수 있는 이유는 앞서 2·3단계에서 도道의 미비점을 찾고 보완하는 과정을 거쳤기 때문이다.

九五 无妄之疾 勿藥 有喜
구 오 무 망 지 질 물 약 유 희
양이 다섯 번째에 오니, 무망无妄함이 질환이 되나 약을 쓰지
말라. 기쁜 일이 있으리라.

5효에 다시 양이 놓인 것은, 군자가 계속해서 무망의 도를 펼침을
상징한다. 이처럼 군자가 무망의 도를 지속하면서 5단계에 이르면,
군자의 진실무망함이 고질병이 되는 수준에 이른다고 한다. 하지만
그럼에도 이를 고치려고 시도하지 말라고 한다. 그 이유는 조금만 더
견디면 무망함이 기쁜 일을 부를 것이기 때문이다. 5단계의 후반부
에서 기쁜 결과가 찾아옴으로써 무망의 도는 절정에 이르고 있다.

上九 无妄 行 有眚 无攸利
상 구 무 망 행 유 생 무 유 리
극상의 자리에 양이 오니, 무망无妄으로 행行하는 상이로다.
잘못됨이 있으리라. 이로울 바가 없으리라.

6효사의 의미를 이해하려면 먼저 行(행)의 의미를 천착할 필요가
있다. 行은 '가다, 다니다, 행하다'라는 뜻이므로, 흔히 '갈 왕'으로 새
기는 往(왕)과 비슷하게 느껴진다. 하지만 주역에서는 두 글자의 개
념을 구분해 사용하고 있으며, 서로 대대를 이룬다.

行(행)은 '도道를 행行하다' '지행합일知行合一' 등의 용례에서 보
듯 '실천한다'는 뜻을 갖는다. 주역에서도 '중행中行' '독행獨行' 등의
사례에서 보듯 '실천한다'는 뜻으로 쓰인다. 그런데 '실천한다'는 것
은 자기의 '의지'와 '판단'에 의해 행하는 것이다. 이런 측면에서 보

면, '정해진 한 방향으로 나아가는 것'을 의미하는 往(왕)과 대대가 됨을 알 수 있다.

行(행)의 갑골문을 보면, '네거리' 모양을 형상화한 글자다. 이는 자기의 '의지'와 '판단'에 따라 네 방향 중 어느 방향으로도 갈 수 있다는 의미를 내포한 것이다. 이렇게 보면 往(왕)과 대대를 이룸이 더욱 뚜렷해진다. 예를 들어 주역에 자주 쓰이는 '有攸往(유유왕)'은 '有攸行(유유행)'이라고 쓸 수 없다. '가고자 하는 바의 목적'은 일정한 한 방향으로 정해진 것이기 때문이다.

行과 往의 의미를 이렇게 구분하면, "무망无妄으로 왕往하면 길한데"(1효사), "무망无妄으로 행行하면 잘못됨이 있는"(6효사) 이유를 납득할 수 있다.

무망无妄은 무엇을 어찌해보겠다는 일체의 '의도'가 없이 진실무망하게 사태에 대응해나가는 것이므로, 큰 방향이 이미 정해진 길을 갈 때는 길한 결과를 가져오지만, 자기의 '의지'와 '판단'에 따라 방향을 선택하며 가야 할 경우는 잘못됨을 초래하는 것이다. 어떤 일을 '행行하는' 것은 본질적으로 무망과는 맞지 않는 것이다.

6효사에서 언급하는 "잘못됨[眚]"은 3효사의 "재앙[災]"과는 구별되는 의미로 사용된 것이다. 災(재)는 자신의 잘못과는 무관하게 외부로부터 주어지는 재앙이다. 예를 들어 3효에서 초래된 재앙은 주변 사람들이 군자의 무망함을 악용했기 때문이지, 군자의 무망함 자체가 잘못은 아니었다. 이에 비해 眚(생)은 자신의 오판과 잘못(실수)으로 인해 초래된 '잘못된 결과'를 의미한다. 그러므로 6효사에서 "잘못됨[眚]"을 언급하는 것은, 6단계에서 초래되는 부정적 결과가 전적으로 군자의 잘못으로 인한 것임을 의미한다.

군자는 앞서 5단계 후반부에서 자신의 진실무망함으로 인해 기쁜 결과를 맞이할 수 있었다. 군자가 그런 결과에 고무되다 보니 6단계에서는 무망无妄의 도가 과잉에 이른 것이다. 무망의 도는 본질적으로 어떤 일을 '행行하는' 것에는 맞지 않는다. 그런데 군자가 그 도를 지나치게 확장해 부적합한 일에도 적용하고, 그로써 잘못됨을 초래하는 것이다. 군자가 무망한 태도로 사태에 대응해나가는 것은, 5단계에서 기쁨이 찾아왔을 때 멈췄어야 한다.

无妄 元亨 利貞 其匪正 有眚 不利有攸往
무 망 원 형 이 정 기 비 정 유 생 불 리 유 유 왕
무망无妄의 길은 으뜸으로 형통하리라. 정貞해야 이로우리라. 그것이 바른 것이 아니라면 잘못됨이 있을 것이다. 가려는 바를 두는 것은 불리하리라.

무망无妄의 길은 성과가 늦게 나타나긴 하지만, 5단계에서 기쁜 결과를 맞이하기에 으뜸으로 형통하다고 할 수 있다. 정貞하는 것은 4단계에서 정貞하는 것을 말한다.

주인공이 채택한 무망无妄의 도가 올바름을 위한 것이 아니라면 잘못됨을 부를 것이라고 경고한다. 이때는 주인공의 잘못으로 인한 것이므로 災(재)가 아니라 眚(생)을 쓰고 있다.

괘사에서 눈에 띄는 대목은 "가려는 바를 두는 것은 불리하다[不利有攸往]"고 말하는 점이다. 이는 앞서 2효에서 "가고자 하는 바가 있어야 이롭다[利有攸往]"고 말한 대목과 상치한다. 앞서 '리유유왕利有攸往'을 말한 것은 2단계에서만 일시적으로 해당하는 말이고, 무망无妄괘 전체로서는 가려는 바를 두는 것은 불리하다고 우선 해석해야

할 것이다. 또 다른 측면으로 보면, 2효사 후반부의 '리유유왕利有攸往'이 훨씬 나중에(공자 이후의 시대에) 덧붙여진 구절이라는 점이 주목된다. 그 때문에 진작에 내려진 괘사의 총평인 '불리유유왕不利有攸往'과 작은 충돌을 빚는 것으로 볼 여지가 있다.

괘사에서 내려진 총체적인 평가에서 가려는 바를 두는 것은 불리하다고 평가하는 이유는, 무엇을 어찌해보겠다는 '의도'를 배제하는 무망의 길에 지장을 초래하기 때문일 것이다. 이는 무망无妄과 대대를 이루는 대휵大畜의 경우 괘사에서 '대천을 건너는 것이 이롭다[利涉大川]'고 조언하는 점과도 대비된다.

이상을 고려할 때, 군자가 어떤 일을 적극적으로 '도모'해야 하는 상황(行行해야 하는 경우)이라면 무망无妄의 길은 맞지 않음을 알 수 있다. 이때는 대휵大畜의 길로 나아가야 할 것이다.

반면 나아가야 할 큰 방향이 이미 정해졌고 여러 여건도 구비된 경우, 달리 말하면 '수성守城'의 경우(왕往하는 경우)는 대휵大畜이 아니라 무망无妄의 길이 적합할 것이다. 반면에 '수성'이 아니라 '경장更張(해이해진 것을 고쳐 팽팽하게 당기는 것, 사회제도의 개혁)'을 해야 하는 경우라면 대휵의 길로 나아가야 할 것이다. 이처럼 군자는 자신이 처한 상황을 고려해 두 길 중 하나를 골라야 하는 것이다.

대휵大畜 시선을 넓혀 크게 도모하다

大畜 利貞 不家食 吉 利涉大川
대 휵 이 정 불 가 식 길 이 섭 대 천

대휵大畜의 길에서는 정貞해야 이로우리라. 집에서 밥을 먹지 않아야 길하리라. 대천을 건너야 이로우리라.

初九 有厲 利已
초 구 유 려 이 이

처음에 양이 온 것은, 위태로움이 있으리라. 적절할 때 그쳐야 이로우리라.

九二 輿說輹
구 이 여 탈 복

양이 두 번째에 오니, 수레가 복토를 벗기는 상이로다.

九三 良馬逐 利艱貞 曰閑輿衛 利有攸往
구 삼 양 마 축 이 간 정 왈 한 여 위 이 유 유 왕

양이 세 번째에 오니, 양마를 뒤쫓는 상이로다. 잘 다스려지지 않는 어려움 속에서도 정貞해야 이로우리라. 수레 앞에 막아서서 보위한다 하니, 가려는 바를 두는 것이 이로우리라.

六四 童牛之牿 元吉
육 사 동 우 지 곡 원 길

음이 네 번째에 온 것은, 송아지를 우리에 가두는 상이니 으뜸으로 길하리라.

六五 豶豕之牙 吉
육 오 분 시 지 아 길

음이 다섯 번째에 온 것은, 돼지의 어금니를 제거하는 상이로다. 길하리라.

上九 何天之衢亨
상 구 하 천 지 구 형
극상의 자리에 양이 오니, 어찌 하늘의 사거리라고 해서 형통하기만 하겠는가?

대휵大畜의 휵畜은 앞서 소휵小畜(9)의 휵畜과 동일하게 '(가축을) 기르다, 길들이다'의 의미로 쓰인 것이다. 그에 따라 대휵의 도는 소휵의 도와 유사하게 굴레를 씌워 길들이고 기르는 원리와, 부富를 이루는 원리를 동시에 말하고 있다. 소휵의 도가 작은 부를 이루는 원리라면, 대휵의 도는 큰 부를 이루는 원리를 말하는 점에서 차이가 있을 뿐이다. 그러므로 대휵의 도를 이해하려면 소휵의 도와 견주어

64괘 대휵大畜
'크게 기름'을 상징

팔괘 간艮
'산처럼 버티고 서서 흔들리지 않음'을 상징

팔괘 건乾
'자기주장'을 상징. 군자의 자강불식自强不息

64괘 소휵小畜
'작게 기름'을 상징

팔괘 손巽
'유연한 대응'을 상징

팔괘 건乾
'자기주장'을 상징. 군자의 자강불식自强不息

그림 19 대휵大畜과 소휵小畜의 괘상 비교

볼 필요가 있다.

한편 대휵大畜과 대대를 이루는 무망无妄은, 어떤 일을 대하고 처리할 때 어찌해보겠다는 '의도'가 없이 진실무망하게 처리해나가는 경우였다. 이에 대해 대휵은 '크게 길러보겠다'는 분명한 '의도'를 갖고 어떤 일을 '도모'해가는 경우라고 할 수 있다. 이런 측면에서는 무망의 도와 견주어볼 필요가 있다.

〈그림 19〉에서 대휵大畜의 괘상을 소휵小畜의 괘상과 견주어보면, 대휵의 특징을 파악할 수 있다. 소휵의 길을 보면 4효에 음이 한번 오는 데 비해, 대휵의 길에서는 4·5효에 음효가 연거푸 놓인다. 그리고 이를 통해 각각의 상괘가 '유연한 대응'을 상징하는 손巽괘에서 '산처럼 굳건하게 버팀'을 상징하는 간艮괘로 바뀌고 있다. 이는 대휵의 길에서 상대를 길들이기 위해 가하는 굴레가 훨씬 강한 것이며, 그에 대한 반발을 대하는 태도 역시 훨씬 완강할 것임을 상징한다고 하겠다. 이런 괘상을 염두에 두면 괘효사의 의미를 이해하는 데 도움이 된다.

初九 有厲 利已
초 구 유 려 이 이
처음에 양이 온 것은, 위태로움이 있으리라. 적절할 때 그쳐야
이로우리라.

대휵大畜의 길에서 처음에 양이 온 것은, 앞서 소휵小畜의 길에서 처음에 양이 놓인 것과 비슷한 의미를 갖는다. 상대에게 굴레를 씌우는 행위가 가해짐을 상징한다. 그에 따라 상대방이 굴레에 대한 반발심을 품음을 상징하기도 한다. 그런데 대휵의 길에서는 '크게 길러보

겠다'는 의도가 있기에 소휵의 경우에 비해 1단계에서 씌우는 굴레의 강도가 훨씬 강하다. 그에 따라 상대방의 반발도 더욱 크다. 상황이 이러하기 때문에 "처음에 양이 온 것은 위태로움이 있다"고 말하는 것이다.

한문에서 已(이)는 '이미 충분하기 때문에 그친다'는 뜻으로 자주 쓰이는 글자다. 1효에서 상대방의 반발이 매우 커서 위태로움이 있기에, 어느 정도 효과를 달성하면 바로 그치는 것이 이롭다고 조언하는 것이다.

九二 輿說輹
구 이 여 탈 복
양이 두 번째에 오니, 수레가 복토를 벗기는 상이로다.

대휵大畜의 길 2단계에서는 "수레가 복토를 벗기는" 일이 일어난다. '복토'란 수레 몸체와 바퀴축을 연결해 고정하는 나무 부속이다. 주역 시대의 수레는 대부분이 나무로 이루어졌고 여기에 약간의 청동제 부품이 가미된 정도이기 때문에 오늘날의 수레에 비해 매우 약했다. 그러므로 수레에 하중이 가해져 일찍 망가지는 것을 피하기 위해 운행하지 않을 때는 복토를 벗겨 바퀴축을 분리해두는 것이다.

대휵大畜의 길 2단계에서 벌어진 이 일은, 앞서 소휵小畜의 길 3단계에서 벌어졌던 일과 유사하면서도 조금 다르다는 점이 주목된다. 당시에는 "수레에서 바퀴살이 벗겨졌는데" 이는 사고로 인한 것이다. 이에 비해 "수레에서 복토를 벗기는" 것은 수레를 보호하려는 조치이므로, 수레 주인이 마음먹고 스스로 취하는 조치인 것이다.

소휵小畜의 길 3단계에서는 "지아비와 처가 서로 반목해서" 그런 일이 일어났었다. 여기서는 구체적 이유에 대한 설명을 생략하고 있지만, 근본적 이유는 소휵의 경우와 비슷할 것이다. 이미 1효에서 "처음에 양이 온 것은 위태로움이 있다"고 경고했으므로 역시 유사하게 굴레에 대한 반발이 일어났고, 그 때문에 수레가 멈춰 섰을 것이다.

주목할 점은 소휵小畜의 길에서는 3단계에 가서야 발생했던 위기가, 대휵大畜의 길에서는 2단계에서 발생한다는 점이다. 이는 앞서 1단계에서 씌운 굴레의 강도가 훨씬 강하고, 그에 따라 상대방이 품는 반발심 역시 더욱 크기 때문일 것이다. 그래서 반발심이 폭발해 일어나는 사건(수레의 정지)이 소휵의 경우에 비해 한 박자 빠르게 일어나는 것이다. 이처럼 대휵의 길은 소휵의 길과 결 자체가 다르게 진행된다는 점에 주목할 필요가 있다. 만약 군자가 대휵의 길을 가고자 한다면, 상황이 이렇게 급박히 전개된다는 점을 염두에 두고 미리 대비할 필요가 있는 것이다. 이는 천 리 길을 가려는 사람은 신발 끈 매는 것부터 달라야 한다는 속담을 떠올리게 하는 대목이다.

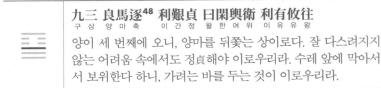

九三 良馬逐[48] 利艱貞 曰閑輿衛 利有攸往
구 삼 양 마 축　　이 간 정 왈 한 여 위　이 유 유 왕
양이 세 번째에 오니, 양마를 뒤쫓는 상이로다. 잘 다스려지지 않는 어려움 속에서도 정貞해야 이로우리라. 수레 앞에 막아서서 보위한다 하니, 가려는 바를 두는 것이 이로우리라.

3단계는 2단계에서 수레가 멈춰서고 만 사건에 대한 후속 조치다. 그런데 이 조치 역시 소휵小畜의 경우와는 결이 다르다. 앞서 소휵의 길에서는 피를 나누어 마시는 맹세 의식을 치뤄서 반발을 일으킨 상대방을 달래는 조치를 취했다. 그런데 대축의 길에서는 반발을 일으킨 말을 아예 포기하고 새로운 양마를 잡으려고 쫓아 나선다. 2효사의 "수레에서 복토를 벗기는" 행동은 이를 위해서였다. 새로운 양마를 잡아 길들일 때까지 시간이 걸리므로, 그동안 수레를 보호하려고 복토를 벗겨둔 것이다.

3효사에서 "양마良馬"라고 표기한 것은, 이참에 '더 좋은 말'을 구한다는 의미를 내포하고 있다. 그런데 양마는 기본적으로 거친 말이기 때문에 그만큼 길들이기도 어렵다. 따라서 "잘 다스려지지 않는 어려움 속에서도 정貞해야 이로울 것"이라는 말이 뒤잇는 것이다. 3단계 전반부까지는 위기가 지속되는데, 군자는 이런 고생까지를 미리 각오하고서 옛 말을 버리고 새 말을 구하러 나서는 조치를 과단성 있게 취한 것이다.

군자는 결국 양마를 잡고 길들여서 수레 앞에 세운다. 曰(왈)은 '~라고 말한다'는 뜻으로, 3효에서는 군자의 아랫사람이 그러한 준비가 다 끝났다고 군자에게 보고하는 소리를 의미한다. 양마가 다 길들여져서 "수레 앞에 막아서서 보위한다"고 보고하는 것이다.

이제 과거보다 더 좋은 새로운 양마가 준비되어 수레가 기운차게 다시 출발할 수 있기에, "가려는 바를 두는 것이 이로울 것"이라 조언하고 있다.

六四 童牛之牿 元吉
육 사 동 우 지 곡 원 길

음이 네 번째에 온 것은, 송아지를 우리에 가두는 상이니 으뜸으로 길하리라.

대휵의 길 4단계에서는 송아지를 잡아 가축으로 길들이고자 우리에 가두고 있다. 새로이 우리에 가둔다는 말은, 이 송아지가 〈그림 10〉(136쪽)에서 들판[野]에 있던 야생 송아지임을 가리키는 것이다. 이처럼 야생 송아지를 잡아 가축으로 길들였으니 그 성과가 매우 큰 것이어서 "으뜸으로 길하다"는 평가가 부여된다.

군자가 4단계에 이르러 이처럼 큰 성과를 달성할 수 있는 이유는 무엇일까? 앞서 3단계에서 군자가 옛 말을 아예 포기하고 뛰어난 양마를 새로 잡아 길들이는 수고를 함으로써 성능이 뛰어난 수레를 갖췄기 때문이다. 고대에 수레는 강력한 무기인 전차戰車이기도 했다. 군자가 3단계에서 강력한 전차를 갖췄기에 야생 송아지를 쉽게 잡을 수 있는 것이다. 이후 5단계에서도 비슷한 결과가 나타난다.

이렇게 보면 대휵의 도에서 가장 중요한 비결은 군자가 3단계에서 취한 대응 조치에 있다. 당시 군자는 반발을 일으킨 말을 적당히 달래 계속 가는 쉬운 선택을 포기하고, 대신에 상당한 고생을 감수해가면서까지 새 양마를 잡으러 나섰는데, 이는 이후 4·5단계까지를 내다본 조치라고 할 수 있다. 바로 이 점에서 대휵의 도는 소휵의 도와 가장 두드러진 대조를 보인다.

5단계에서는 멧돼지를 잡아 어금니를 제거한다. 이러면 온순해져
서 가축으로 기를 수 있게 되는 것이다. 이 역시 큰 성과이기에 "길하
다"는 평가가 부여되고 있다.

앞서 소휵小畜의 길에서는 군자가 4단계에서 맹세 의식을 같이 치
름으로써 상대를 달래는 조치를 취했고, 그 결과 5단계에서 "그 이웃
함으로 인해 부유해질[富以其隣]" 수 있었다. 이는 반발을 일으킨 상
대방(3효에서 "처妻"로 표현된)을 군자와 동렬인 '이웃'으로 대한다는
말이다.

그에 비해 대휵大畜의 길에서는 상대를 우리에 가두고 어금니를
제거하는 매우 강력한 조치(이 역시 굴레를 씌우는 행위다)를 취한다는
점이 주목된다. 3효의 '양마'나 4효의 송아지, 5효의 돼지는 군자와
동렬이 아니라 그가 마음대로 처분할 수 있는 대상에 해당한다. 이런
측면에서도 소휵의 길과 대휵의 길은 결 자체가 다름을 주목할 필요
가 있다.

"구衢"는 '사거리'를 말하는데, 시가지가 그리 밀집하지 않았던 고대에는 '사거리'라고 하면 읍성 내 최고의 번화가이자 사통팔달, 사방 어디든지 가려는 곳으로 갈 수 있는 교통의 요처에 해당했다. 그러므로 사거리가 형통함의 상징으로 쓰이는 것이다.

여기에 더해 "하늘의 사거리"라고 하면 그야말로 막힘없이 형통해 어디든 가고자 하는 곳으로 갈 수 있을 터다. 하지만 주역은 "어찌 하늘의 사거리라고 해서 형통하기만 하겠는가?"라며 경계하고 있다. 이는 대휵의 길에서 6효가 과잉의 단계에 해당한다는 뜻이다. 앞서 4·5효에서 연거푸 강력한 조치를 취해 큰 부富를 쌓는 성과를 달성하자 이에 재미를 붙여서, 6효에서도 상대에게 강력한 굴레를 씌우려는 행동을 계속하는 것이다. 하지만 이번에는 바람직한 성과를 달성하지 못한다는 말이며, 그에 따라 주역이 도의 과잉을 경계하는 조언을 남긴 것이다.

大畜 利貞 不家食 吉 利涉大川
대 휵 이 정 불 가 식 길 이 섭 대 천

대휵大畜의 길에서는 정貞해야 이로우리라. 집에서 밥을 먹지 않아야 길하리라. 대천을 건너야 이로우리라.

괘사에서 말하는 "정貞함"은 3단계의 어려운 상황에서 흔들리지 말고 계속 정貞해야 한다는 의미다. 앞서 살펴봤듯 바로 이 시점이 대휵의 길에서 결정적 분기점이다. 그러므로 괘사에서 다시 한번 강조하는 것이다.

"집에서 밥을 먹는다"는 말은, 집에서 밥을 '벌어먹는다'는 취지의 말이다. 여기서 '집'은 자기에게 익숙하고 편안한 좁은 세계를 가리키는 표현이다. 이와 대조되는 세계가 '대천 너머'의 신세계다. 주역은 '대휵大畜'을 달성하려면 익숙한 세계에 안주해서는 곤란하고 대천 너머의 신세계로 나아가야 한다고 충고하는 것이다.

한편 집에서 밥을 벌어먹는다는 말은, 자기와 가족들의 손으로 벌어먹는다는 말이기도 하다. 이러면 자신과 가족의 생계를 해결하고 조금 저축하는 정도를 넘어서기 어려울 것이다. 그래서 주역이 "집에서 밥을 먹지 않아야 길할 것"이라 조언하는 것이다. 이 구절과 관련해 〈단전〉은 다음과 같이 풀이한다. "집에서 밥을 먹지 않아야 길하다는 것은 현명한 인재를 기르라는 말이다[不家食吉 養賢也]." 풀이의 의미는 가족들만으로 벌어먹으려 들지 말고, 집 바깥의 현명한 인재를 길러서 그들(조직)이 일하는 시스템을 구축하라는 뜻이다.

집 바깥의 '현명한 인재'들이 바로 3~5효에 등장했던 '양마, 송아지, 돼지'다. 군자는 이들을 길들이고 기름으로써 자기가 직접 벌어먹지 않아도 이들을 통해 부富가 증식하는 시스템(조직)을 구축한 것이다. 가축은 스스로 새끼를 낳아 불어나기 때문에 고대에는 가축을 친다는 것이 식리殖利(이익을 불림)의 수단을 상징했던 것이다.

주역이 "대천을 건너라"고 조언하는 것 역시 같은 내용을 가리킨다. 대천을 넘어 신세계로 나아가 야생 상태의 양마, 송아지, 돼지를 잡아다 길들이라는 말이다.

물론 대천은 앞서 여러 번 살펴봤듯 자신에게 익숙한 범위를 넘어서는 것, 인식의 지평을 확장하는 것, 기존 한계를 극복하는 것 등을 상징하는 표현이기도 하다.

앞서 소휵의 도에서 제시했던 부富를 축적하는 방식과 대휵의 방식을 다시 한번 비교해보자. 소휵의 방식은 평소 잘 알고 지내는 읍내의 이웃 사람들과 관계를 잘 형성해 신뢰를 쌓고, 이를 토대로 그들과 교환(거래)을 함으로써 모두가 조금씩의 이득을 얻는 방식이다. 이런 소휵의 도는 조금만 노력하면 누구나 쉽게 달성할 수 있지만 본질적으로 큰 부를 쌓을 수는 없는 방식이다. 이웃과의 거래에서 나 홀로 큰 부를 축적한다는 것은 바람직한 일도 아니다. 그에 따라 소휵의 6단계에서는 큰 욕심을 내면 위태롭다고 경고하고 있기도 하다.

반면 출발부터 크게 길들여보겠다고 도모하는 대휵의 길은 다르다. 대천 너머 신세계로 나아가 양마를 쫓아가서 잡아 길들이고, 이후 이를 토대로 송아지와 멧돼지를 잡아 길들인다. 이렇게 길들여서 읍내로 들여오면, 이는 근본적으로 새로 창출한 부富를 읍내로 들여오는 것이다. 읍내 이웃들과의 교환을 통해서라면 나 홀로 큰 부를 축적할 수 없다. 반면 대휵의 방식은 기존에 존재하지 않던 새로운 가치를 창출하는 것(일종의 '혁신'이라고 할 수 있겠다)이므로 얼마든지 큰 부를 축적할 수 있는 것이다. 물론 너무 지나친 욕심은 6단계의 과잉에 이르므로 경계해야 한다.

이頤 : 대과大過

먼저 내실을 다지는 길과
큰 과오를 감수하며 감행하는 길

이頤 먼저 내실을 다지다

頤 貞 吉 觀頤 自求口實
이 정 길 관이 자구구실

이頤의 길은 정貞해야 길하리라. 이頤를 보아냈다면 스스로 구실口實을 찾아야 하리라.

初九 舍爾靈龜 觀我 朶頤 凶
초구 사이영귀 관아 타이 흉

처음에 양이 오니, 그대의 영험한 거북을 버리고 나의 상태를 관조하는 상이로다. 턱을 늘어뜨린 채로 있으면 흉하리라.

六二 顚頤 拂經于丘 頤 征 凶
육이 전이 불경우구 이 정 흉

음이 두 번째에 오니, 턱을 채우려고 하는데, 바른길과 어긋나서 시골에 이르는 상이로다. 보양하려고 정征하는 것은 흉하리라.

六三 拂頤 貞 凶 十年勿用 无攸利
육삼 불이 정 흉 십년물용 무유리

음이 세 번째에 오니, 보양하려는 의도와 어긋나는 상이로다. 정貞하면 흉하리라. 10년을 가만히 있더라도 이로울 바가 없으리라.

六四 顚頤 吉 虎視耽耽 其欲逐逐 无咎
육사 전이 길 호시탐탐 기욕축축 무구

음이 네 번째에 오니, 턱을 채우는 상이라 길하리라. 호시탐탐 그 바라는 바를 좇고 또 좇으면 허물이 없으리라.

六五 拂經 居貞 吉 不可涉大川
육오 불경 거정 길 불가섭대천

음이 다섯 번째에 오니, 바른길과 어긋나려는 상이로다. 정貞함에 머물러야 길하리라. 대천을 건너는 것은 아직 불가하리라.

上九 由頤 厲 吉 利涉大川
상 구 유 이 려 길 이 섭 대 천

극상의 자리에 양이 온 것은, 이頤의 과정을 경유했으니 위태로웠지만 길할 상이로 다. 대천을 건너면 이로우리라.

頤(이)의 기본적인 뜻은 '턱'인데, 이로부터 '기르다, 보양保養하다' 라는 뜻이 파생되었다. 〈잡괘전〉은 頤에 대해 "올바름을 보양하는 것 [頤 養正也]"이라 풀이한다. 〈단전〉 역시 "이頤의 길이 정貞하면 길하 다는 것은, 올바름을 보양하면 길하다는 것이다[頤貞吉 養正則吉也]" 라고 하여, 頤를 "올바름을 보양하는 것[養正]"으로 풀이한다.

〈서괘전〉은 이頤괘가 놓인 전후 순서에 대해 이렇게 풀이한다. "물物이 길러진 연후에 보양할 수 있는 것이니 이頤괘로 받는 것이 다. 이頤는 보양한다는 뜻이다. 보양이 되지 않으면 움직일 수 없는 법이니 대과大過로 받는 것이다[物畜然後 可養 故受之以頤 頤者 養也 不養則不可動 故受之以大過]." 여기서 "물物이 길러졌다[物畜]"는 것은, 이괘의 전 단계인 대휵大畜(26)의 길에서 물질이 크게 길러졌음을 말 한다. 물질이 크게 길러졌음은 외형의 성장 내지 팽창이 이루어졌다 는 것이다. 하지만 외형이 급속히 성장하다 보면 내부는 허한 상태가 되기 쉽다. 보양保養은 허한 몸을 돌보는 것이다. 이제 이頤의 길을 통해 "올바름을 보양함[養正]"으로써 내실을 다질 때가 된 것이다.

"보양이 되지 않으면 움직일 수 없는 법이니 대과大過로 받는 것" 이라는 말은, 보양이 되지 않았는데 움직이면 '대과'에 이른다는 말 이다. 이頤의 길과 대대를 이루는 대과의 길은, 아직 내실이 다져지 지 않은 상태에서 무리를 감수하면서까지 과감히 목표(대천大川을 건 너는 일)에 도전하는 경우를 가리킨다. '이'의 길은 이런 '대과'와 대대

를 이루는 의미여야 한다. 이 의미를 읽어낼 수 있어야 바른 해석에
도달한 것이다.

이頤의 길에서도 5·6효에 "섭대천涉大川"이라는 목표가 등장한다.
이의 길은 이런 목표를 이루기 위해 먼저 올바름을 보양해서 내실을
다지는 길이다. '섭대천'이라는 목표는 섣불리 나설 경우 실패할 수
있는 어려운 목표이면서 중요한 목표이기에 먼저 내실을 충실히 다
진 후 건너려는 것이다. 이런 측면에서 대과大過와 대대를 이룬다.

이頤의 괘효사를 읽을 때는 이상에서 살펴본 頤(이)의 의미를 염
두에 두면서 읽어야 그 취지를 이해할 수 있을 것이다. 한 가지 더 유
념할 점은, 과감히 착수하는 대과大過의 길을 택하지 않고 이의 길을
택할 경우, 주변 사람들로부터 '비겁자'라는 오해를 살 수 있다는 것
이다. 이 점 역시 염두에 두면서 이의 괘효사를 살필 필요가 있다.

이頤의 괘효사는 주역 경문 중에서도 해석하기가 더욱 어려운 경
우에 해당한다. 주희 역시 이괘를 가장 이해하기 어려운 괘라고 말한
바 있다.

初九 舍爾靈龜 觀我 朶頤 凶
초 구 사 이 영 귀 관 아 타 이 흉
처음에 양이 오니, 그대의 영험한 거북을 버리고 나의 상태를
관조하는 상이로다. 턱을 늘어뜨린 채로 있으면 흉하리라.

爾(이)는 주역 경문에서 화자話者가 상대방을 '그대'라고 지칭하는
표현으로 쓰이고 있다.[49]

觀(관)은 앞서 관觀괘(20)의 용례와 마찬가지로 통찰을 얻기 위해

상경

관조觀照하는 것을 말한다.

　1효사의 해석은 이頤의 하괘가 팔괘 진震을 이루는 괘상을 고려해야 한다. '진'의 1효에 놓인 양은, 사람의 마음이 새로운 생각을 받아들임을 상징한다. 이의 길 1단계에서는 행위 주체인 나[我]가 새로운 통찰(긍정적인 통찰)에 도달함을 상징한다. 그 이전까지 나[我]는 상대의 영험한 거북만 쳐다보며 좇고 있었다. 이는 그동안 나의 시선이 밖으로만 향했음을 시사한다. 그러다가 섭대천涉大川이라는 목표에 도전하기 위해 나의 상태를 관조하니, 그동안 남들을 좇아다니기만 하느라 정작 스스로는 충실히 먹지 못해서 제대로 보양하지 못했음을 깨닫는 것이다. 이는 밖으로만 향하던 시선이 이제 나 자신의 문제에 집중하기 시작했다는 점에서 새로운 통찰이며, 긍정적인 움직임이다. 또한 이는 지난 대휵의 길에서 주인공의 관심이 외형적 성장에만 집중하다가 이의 길에 이르러 이제는 내실을 기하는 쪽으로 돌아서는 정황과도 부합한다.

　"턱을 늘어뜨린 채로 있으면 흉하다"는 것은, 충실하게 먹어서 나를 보양해야 하는데, 먹는 것이 없이 그저 턱을 늘어뜨린 채로 계속 가만히 있으면 흉한 결과를 맞이하리라는 경고다.

六二 顚頤 拂經于丘 頤 征 凶
육 이 전 이 불 경 우 구 이 정 흉
음이 두 번째에 오니, 턱을 채우려고 하는데, 바른길과 어긋나서 시골에 이르는 상이로다. 보양하려고 정征하는 것은 흉하리라.

　"턱을 채운다[顚頤]"는 말은 보양하려고 음식을 먹는다는 뜻이다.

丘(구)는 비賁(22)의 5효에서 살펴봤듯 문명 세계가 못 되는 시골 지역을 상징한다. 그러므로 "바른길과 어긋나서 시골에 이른다"는 말은, 길이 있는데 길로 가지 않고 자기 판단에 지름길이다 싶은 길(길이 아닌 길)로 갔다가 낭패를 보는 상황을 뜻한다. 길이 있는데 길로 가지 않는 것이 만 가지 실패의 근원이라고 공자가 누누이 지적했던 대목을 연상하게 하는 구절이다.

이런 결과에 이른 이유는 조급한 마음 때문일 것이다. 어서 빨리 목표 달성을 위한 행동에 나서고픈 조급함에 '지름길'을 찾았지만, 지름길로 보였던 그 길은 올바른 길이 아니었던 것이다.

"보양하려고 정征하는 것은 흉할 것"이라 말하는 이유는 〈상전〉이 적절히 풀이해주고 있다. "음이 두 번째에 올 때 정征하는 것은 흉하리라는 말은, 그렇게 행하면 무리를 잃기 때문이다[六二征凶 行失類也]." 무리[類]란 유유상종類類相從하는 무리를 말하며, 군자는 사회적 존재이기에 무리가 있어야 한다. 섭대천涉大川이라는 목표에 도전하기 위해서도 무리가 있어야 한다. 그런데 이頤의 길 2단계에서 보양하려던 의도가 어그러졌다고 해서 이를 단번에 바로잡는 '정征'의 행동에 나서면 무리를 잃게 되는 것이다. 그러므로 2효사에서 그렇게 행하면 "흉하리라"고 경계하고 있다.

六三 拂頤 貞 凶 十年勿用 无攸利
육 삼 불 이 정 흉 십 년 물 용 무 유 리

음이 세 번째에 오니, 보양하려는 의도와 어긋나는 상이로다. 정貞하면 흉하리라. 10년을 가만히 있더라도 이로울 바가 없으리라.

이頤의 길은 3단계에서도 올바름을 보양하지 못하고 계속 실수가 이어진다. 군자가 속한 공동체는 여전히 보양하려는 의도와 어긋난 잘못된 길을 가고 있다. 이 상태로 계속 정貞하면 흉할 수밖에 없다.

"10년을 가만히 있는다"는 말은 계속 정貞하는 것을 말하며, 섭대천涉大川이라는 목표를 달성하기 위한 시도에 나서지 못한다는 말이다. '섭대천'은 공동체가 꼭 이루어야 할 중요한 목표를 상징하기에 그렇게 계속 가만히 있으면 이로울 바가 있을 리 없다.

六四 顚頤 吉 虎視耽耽 其欲逐逐 无咎
육 사 전 이 길 호 시 탐 탐 기 욕 축 축 무 구

음이 네 번째에 오니, 턱을 채우는 상이라 길하리라. 호시탐탐 그 바라는 바를 좇고 또 좇으면 허물이 없으리라.

결국 군자의 공동체는 지금까지의 실수를 자각하고 4단계에 이르러 턱을 채우기 시작한다.

"호시탐탐虎視耽耽"은 이곳 4효사에서 유래해 지금도 많이 쓰는 표현이다. 충분한 보양이 이루어질 때까지는 다소 시간이 걸리므로, 호랑이가 기회만 있으면 먹이를 채 가려고 노리듯 올바름을 보양하기 위해 좇고 또 좇으면 허물이 없을 것이라 말한다.

六五 拂經 居貞 吉 不可涉大川
육 오 불 경 거 정 길 불 가 섭 대 천

음이 다섯 번째에 오니, 바른길과 어긋나려는 상이로다. 정貞함에 머물러야 길하리라. 대천을 건너는 것은 아직 불가하리라.

5단계에 이르자 군자의 공동체에는 다시 한번 바른길과 어긋나려는 움직임이 나타난다. 이는 4단계에서 어느 정도 보양을 이루고 나자, 어서 빨리 대천을 건너고 싶은 조급증이 다시 재발하기 때문이다. 이頤의 괘상에서 음효가 올바름을 보양하는 과정을 상징하는데, 5효에 이르면 어느덧 네 번에 걸쳐 보양의 과정이 지속되고 있다. 그때문에 공동체는 어서 행동에 나서고 싶은 조급증을 느끼는 것이다. 이에 대해 주역은 "대천을 건너는 것은 아직 불가하다"라고 조언한다. 대천을 건너는 적극적 시도는 양이 오는 6단계까지 기다려야 하기 때문이다.

"정貞함에 머무른다[居貞]"는 것은, 바른길과 어긋나는 움직임이 나타나기 이전 상태에 머무르는 것을 말한다. 4단계에서 턱을 채움으로써 보양을 시작했지만, 아직 충분히 이루어진 것이 아니다. 그러므로 정貞함에 머물러 계속 보양을 이어가야 한다고 말하는 것이다.

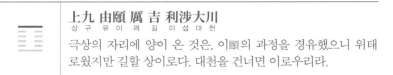

上九 由頤 厲 吉 利涉大川
상 구 유 이 려 길 이 섭 대 천
극상의 자리에 양이 온 것은, 이頤의 과정을 경유했으니 위태로웠지만 길할 상이로다. 대천을 건너면 이로우리라.

6효에 지금까지와 달리 양이 온 것은, 이제 대천을 건너는 적극적 시도에 나설 때가 되었음을 암시한다. 이 시점의 적극적 시도에 대해 "이頤의 과정을 경유했으니 위태로웠지만 길할 것"이라는 평가를 부여하는 것이다.

"이頤의 과정을 경유했다"는 것은 앞서 음효인 2~5효를 지나며 올바름을 보양하는 과정을 거쳐왔다는 말이다. 그리하여 내실이 다져진 것이다. 따라서 "길하다"는 평가를 부여하는 것이며, 이제 "대천을 건너면 이롭다"고 조언하는 것이다.

흥미로운 대목은 "이頤의 과정을 경유했으니 위태로웠다"고 말하는 점이다. 서두에서 필자가, 대과大過의 길을 택하지 않고 이頤의 길을 택한 군자의 행동은 주변 사람들로부터 '비겁자'라는 오해를 불러일으킬 수도 있음을 염두에 두면서 괘효사를 살필 필요가 있다고 말한 이유가 바로 이 대목 때문이다. 앞서 4단계에서 어느 정도 보양을 이루고 나면 5단계에서는, 어서 빨리 대천을 건너지 않는 것에 대한 사람들의 불만이 팽배하게 된다.

준비가 미진하더라도 과감히 치고 나가는 대과大過의 길을 택하면 일단 시원시원하기 때문에 보기가 좋다. 그래서 주변 사람들에게 '적극적이다, 진취적이다, 용감하다'는 평을 듣는다. 이頤의 길은 반대가 된다. 주변 사람에게 '소극적이다, 옹졸하다', 심지어 '비겁하다'는 오해까지 살 수 있다.

주역이 "이頤의 과정을 경유했으니 위태로웠다"고 말하는 것은, 이의 길에서는 이런 오해를 피하기 어렵다고 보는 것이다. 그러므로 두 갈래 길에서 대과大過의 길이 아니라 이의 길을 선택할 때는 이 점을 미리 염두에 두고 유의해야 한다. 양자 중 어느 쪽이든 군자가 선택할 수 있는 길이다. 주어진 상황을 고려해 보다 적절하다고 판단되는 쪽을 선택해야 한다. 그런데 만약 자신의 기질이 남들로부터 오해를 사는 상황을 잘 견뎌낼 수 없다면, 이런 점 역시 선택 기준 중의 하나로 포함해야 하지 않을까 싶다.

頤 貞 吉 觀頤 自求口實
이 정 길 관 이 자 구 구 실

이頤의 길은 정貞해야 길하리라. 이頤를 보아냈다면 스스로 구실口實을 찾아야 하리라.

괘사에서 "정貞해야 길할 것"이라 하는 이유는, 이頤의 길이 쉽지 않은 길이기 때문이다. 중간에 오해를 사기 십상이고, 6단계 후반에 이르러서야 절정에 도달하기 때문이다.

"관이觀頤"는 관觀괘(20) 5효의 "관아생觀我生"이 나의 살길을 '보아냄'을 의미하듯, 지금 가야 할 길은 이頤의 길임을 '보아내는' 것을 뜻한다. 상황을 관조함으로써 지금 가야 할 길은 '이'의 길이라는 통찰에 이른다는 말이다. 이는 1효의 상황에 대해 말하는 것이다.

그다음 이어지는 "자구구실自求口實"이라는 구절이 흥미롭다. 實(실)은 이후 정鼎괘(50) 2효와 귀매歸妹괘(54) 6효에서 솥과 광주리를 채우는 내용물을 의미한다. 이를 바탕으로 해석하면, "자구구실"은 '입에 채울 것을 스스로 구해야 하리라'로 새길 수 있다. 한편 '구실口實'은 오늘날에도 핑곗거리, 변명거리라는 뜻으로 폭넓게 쓰인다. 그러므로 "자구구실"은 '스스로 구실을 찾아야 하리라'로도 새길 수 있다. 이럴 경우 6효사와 비슷한 취지의 구절이 된다.

섭대천涉大川이라는 중요한 목표가 바로 눈앞에 있는데도 용감히 나서지 않고 자기를 보양하기만 하는 태도는 사람들에게 오해를 사기 십상이다. 자기 '몸보신'에만 신경 쓰는 사람이라고 오해를 사는 것이다. 그러므로 자신이 보양을 해야만 하는 '구실口實'을 스스로 찾아 만들어봐야 한다고 충고하는 것으로 볼 수 있다.

주역의 경문이 이렇게 충고할 정도로, 이頤의 길을 가는 사람에게

상경

는 주변 사람들의 오해가 가장 큰 어려움이 될 수 있다. 이로 인해 위태로울 수 있다고 6효에서 경고한 바 있다. 그러므로 미리 주변 사람들의 오해를 막을 수 있는 구실을 찾아두라는 말이다.

대과大過 큰 과오를 감수하며 감행하다

大過 棟 橈 利有攸往 亨
대 과 동 요 이 유 유 왕 형

대과大過의 길에서는 용마루가 휘어지는 위기가 나타나리라. 가고자 하는 바가 있으면 이로우니 형통하리라.

初六 藉用白茅 无咎
초 륙 자 용 백 모 무 구

처음에 음이 오니, 자리를 까는데 흰색 띠풀을 쓰는 상이로다. 허물이 없으리라.

九二 枯楊生稊 老夫 得其女妻 无不利
구 이 고 양 생 제 노 부 득 기 여 처 무 불 리

양이 두 번째에 올 때는, 고목이 다 된 버드나무가 움을 내며, 늙은 지아비가 젊은 여자를 처로 얻는 상이로다. 불리할 것이 없으리라.

九三 棟 橈 凶
구 삼 동 요 흉

양이 세 번째에 올 때는, 용마루가 휘어지는 상이로다. 흉하리라.

九四 棟 隆 吉 有它 吝
구 사 동 융 길 유 타 린

양이 네 번째에 올 때는, 용마루가 솟아오르는 상이로다. 길하리라. 다름이 있다면 인색하리라.

九五 枯楊生華 老婦 得其士夫 无咎 无譽
구 오 고 양 생 화 노 부 득 기 사 부 무 구 무 예

양이 다섯 번째에 올 때는, 고목이 다 된 버드나무가 꽃을 피우며, 늙은 부인이 젊은 남자를 남편으로 얻는 상이로다. 허물은 없으나 명예도 없으리라.

上六 過涉 滅頂 凶 无咎
상 륙 과 섭 멸 정 흉 무 구

극상의 자리에 음이 왔는데, 과하게 건너는 상이로다. 정수리까지 잠기니 흉하지만
허물은 없으리라.

過(과)는 '지나가다, 지나치다, 과過하다'는 뜻이니, 대과大過의 길
은 크게 지나가는 길이요, 크게 지나친 길, 크게 과한 길이라고 할 수
있다. 앞서 살펴본 이頤의 길은 '섭대천涉大川'이라는 원대한 목표가
눈앞에 있을 때 먼저 공동체를 충실히 보양해 내실을 다진 후 대천을
건너려는 것이었다. 이와 대대를 이루는 대과의 길은, 준비가 아직
미진한 상태임에도 큰 무리를 감수하면서까지 '섭대천'을 감행하는
것이다.

이처럼 대과大過의 길은 주어진 여건에 비해 크게 과過한 무리수
를 두는 길이라고 할 수 있다. 따라서 평상시라면 그 길로 가면 안 되
는 것임을 명심할 필요가 있다. 그럼에도 군자에게는 '유유왕有攸往',
즉 '가고자 하는 바[攸往]'가 있고, 그것이 워낙 중요한 목표이기에 군
자가 대과의 길임에도 불구하고 감수하면서까지 나아가는 것이다.

대과大過의 괘효사는 군자가 이 길로 나아갈 때 어떤 일들이 벌어
지는지 설명한다. 그런데 그 내용을 가만히 들여다보면, '과도기過渡
期'에 어떤 일들이 벌어지는지에 대한 설명에 해당한다. 이는 과도기
가 왜 존재하며, 어떤 속성을 갖는지 설명하는 것일 수 있다.

과도기에는 여러모로 혼란스러운 양상이 펼쳐지며, 평상시에는 생
각하기 힘든 무리한 일들이 빚어진다. 왜 이런 혼란이 빚어질까?

애초에 '유유왕有攸往', 즉 '가고자 하는 바[攸往]'가 있기 때문이다.
그 목표가 아주 중요하기에 준비가 미진한 상태임에도 불구하고 감

행하는 것이며, 그에 따라 혼란이 발생하는 것이다. 결국 '대과大過 (큰 지나침, 크게 과過한 무리수)'라는 것은 큰 과도기[大過]에 나타나는 것일 수 있다.

이는 평상시와 달리 과도기에는 크게 과過한 일들이 빚어진다는 말이며, 군자라도 그럴 수 있다는 말이다. 평상시라면 그러지 않을 사람이 크게 '과한' 일을 저지르는 때가 과도기라는 말이 된다. "어떻게 네가 나에게 이럴 수 있느냐?"라고 말할 만한 상황이 생기는 것이다. 과도기이기 때문에 그런 것이지 그 사람이 '비인匪人'이어서 그런 것이 아니라는 점을 염두에 둘 필요가 있겠다. 또한 과도기에는 이런 일들이 벌어진다는 점을 미리 염두에 두고 조심할 필요가 있다. 평상시에는 도저히 그럴 사람이 아닌데, 과도기에는 그런 일을 나에게 저지를 수도 있는 것이다.

필자는 바로 요즘 우리가 큰 과도기에 놓여 있다고 본다. 그러므로 그와 같은 일들이 왕왕 벌어질 것이며 누구나 그런 일을 겪을 수 있다고 생각한다. 이럴 때 대처법은 시험에 들지 않게 미리 방지하는 것이다. 주변 사람들이 시험에 들 수 있는 상황을 만들지 않는 것이다. 공자는 송사가 생기는 걸 방지할 수 있지만, 일단 벌어지고 나면 자신도 어쩔 수 없노라고 했다. 공자의 말씀을 명심할 필요가 있다.

대과大過의 괘상을 보면, 1효와 6효가 음효이고, 2효에서 5효까지가 양효다. 이는 가운데 있는 양효 네 개가 큰 내[大川]을 이루고, 이를 건너가는[過] 과정을 표상한다.

큰 내[大川]를 건너 저쪽의 피안彼岸(내의 건너편, 이상 세계)에 도달하려는 과정, 그 임무가 달성하기 매우 어려운 것이기에 피치 못하게 큰 무리가 수반되는 것, 이것이 과도기過渡期요, 대과大過의 길인 것이다.

사실 필자는 요즘 우리나라만이 아니라 전 세계가 '큰 과도기'에
놓여 있다고 본다. 전 세계가 이렇게 한꺼번에 큰 과도기에 놓인 이
유는, 글로벌화로 인해 전 세계가 지구촌이 되었기 때문이다. '지구
촌村'이란 용어는 주역이 상정하고 있는 '읍국邑國'의 세계와도 상통
하는 느낌이 있어 흥미롭다.

初六 藉用白茅 无咎
초 륙 자 용 백 모 무 구
처음에 음이 오니, 자리를 까는데 흰색 띠풀을 쓰는 상이로다.
허물이 없으리라.

대과의 길 1효사에 대해 〈계사상전〉 8장은 이렇게 풀이한다. "진실
로 저 땅에 두더라도 괜찮거늘 자리를 까는데 흰색 띠풀을 쓰니 무슨
허물이 있겠는가? 삼가함이 지극한 것이다[苟錯諸地而可矣 藉之用茅
何咎之有 愼之至也]."

"자리를 깐다"는 것은 향후 본격적으로 펼쳐질 대과의 길을 위해 자
리를 미리 깐다는 의미를 함축한 표현이다. 이때 흰색 띠풀을 써서 삼
가함이 지극한 태도와 자세를 확립하면 허물이 없을 것이라고 한다.

대과의 괘상을 보면 1효가 음이고, 이후 2~5효에는 연속으로 양
이 온다. 대과의 길에서 양효는 군자가 자기주장을 적극 펼치면서 크
게 과한 무리수를 씀을 상징한다. 이처럼 네 개의 효에 걸쳐 연속으
로 큰 무리를 범하는 길이기 때문에 대과의 길은 자칫 중도에 붕괴하
고 말 위험이 있다. 따라서 미리 지극히 삼가는 태도와 자세를 확립

해두어야 하는 것이다. 대과의 길 1효에 음이 온 것은 이처럼 삼가는 태도와 자세가 필요함을 상징한다.

특히 흰색은 정결함의 상징인데, 앞서 비賁(22)의 길에서 공동체의 조화를 상징하는 색깔이었다. 그러므로 1효에서 흰색 띠풀을 쓰는 것은, 향후 2~5효에서 펼쳐나갈 자기주장에 앞서 미리 공동체의 조화를 중시하는 모습과 자세를 보인다는 의미를 함축한 것이다.

九二 枯楊生稊 老夫 得其女妻 无不利
구 이 고 양 생 제 노 부 특 기 여 처 무 불 리

양이 두 번째에 올 때는, 고목이 다 된 버드나무가 움을 내며, 늙은 지아비가 젊은 여자를 처로 얻는 상이로다. 불리할 것이 없으리라.

2효에는 양이 오고 있다. 1효에서 미리 자리를 깔아둔 군자가 이제 본격적으로 크게 과한 '대과大過'를 감행하는 것이다.

"고목이 다 된 버드나무"는 생장 여건이 열악해 말라버린 버드나무를 말한다. 그대로 두면 말라 죽을 정도로 어려운 상황에 놓인 나무인 것이다. 이는 현재 군자와 군자의 공동체가 놓인 상황이 어떠한지를 암시한다. 그대로 두면 생존이 문제가 될 정도로 위기의 상황인 것이다. 그래서 군자가 크게 과한 조치에 나서는 것이다. 그 조치는 "고목이 다 된 버드나무가 움을 내는" 것으로 상징된다. 이는 나무에게 남아 있는 여력을 젖 먹던 힘까지 모두 쥐어짜내 움을 내는 것이다. 이를 통해 주변 여건이 열악한 상황에서 큰 무리를 감수하면서까지 일을 진행하는 군자의 모습을 상징하고 있다.

고목이 다 된 버드나무가 갑자기 움을 내면 주변 사람들은 깜짝 놀라게 된다. 전혀 예상치 못한 일이 벌어졌기 때문이다. 이를 통해 큰 과도기에 일어나는 일의 양상이 어떠한지를 시사하는 것이다. 이어지는 구절 역시 비슷한 양상을 묘사한다.

"늙은 지아비"는 고목이 다 된 버드나무와 비슷한 처지에 놓인 군자를 상징한다. "늙은 지아비가 젊은 여자를 처로 얻는" 것은 "고목이 다 된 버드나무가 움을 내는" 것과 유사하다. 군자가 남아 있는 여력을 모두 끌어모아 크게 무리해서 젊은 여자를 처로 얻는 것이다. "늙은 지아비"와 "젊은 여자"는 서로 균형이 맞지 않는 상대이므로 이들의 결합은 크게 지나친 '대과大過'에 해당한다. 이는 전혀 예상치 못했던 일이기에 군자의 주변 사람들은 깜짝 놀랄 것이다. 하지만 이에 대해 주역은 "불리할 것이 없다"고 평가한다. 주역에서 '여자[女]'는 군자의 조력자를 상징한다. "젊은 여자"라면 활력이 살아 있는 조력자를 의미한다. 그러므로 군자가 세인의 따가운 눈초리를 감수하면서까지 젊은 여자를 처로 얻는 이유는, 자신을 도와줄 활기찬 조력자를 얻기 위함이다.

이는 군자가 크게 과한 '대과大過'를 감행하는 길에서도 전략적인 고려를 잃지 않고 있음을 보여준다. 군자가 취하는 첫 번째 과過한 조치는 조력자를 얻는 것이다. 이를 통해 자신의 힘을 강화해서 이후 이어질 조치들이 탄력을 받게 되는 것이다.

九三 棟橈 凶
구 삼 동 요 흉
양이 세 번째에 올 때는, 용마루가 휘어지는 상이로다. 흉하리라.

3효에 재차 양이 온 것은, 군자가 2효에 이어 연속으로 무언가 크게 과한 행동을 감행함을 상징한다. 하지만 크게 과한 '대과大過'를 한 번도 아니고 두 번이나 연속으로 감행하는 것은 지나친 무리이기 때문에 3단계에서 큰 위기가 발생한다.

지붕의 "용마루가 휘어진다"는 것은 지붕이 언제고 무너져 내릴 수 있는 상황을 뜻한다. 지붕이 무너져 내리면 온 가족이 죽게 되니, 이를 통해 군자의 공동체 전체가 절체절명의 위기 상황에 처했음을 상징한다.

이런 상황이 발생하는 이유는, 군자가 대과의 길을 밀고 가는 데 모든 역량을 집중하다 보니 용마루를 보강하는 작업에는 여력을 쏟지 못했기 때문이다. 집이란 늘 보수 작업을 게을리하지 않아야 탈 없이 유지되는 것인데, 현재 군자는 모든 역량을 쥐어짜내 대과의 길에 매진하고 있어서 보수 작업은 방치하고 있는 것이다.

九四 棟 隆 吉 有它 吝
구 사 동 융 길 유 타 린

양이 네 번째에 올 때는, 용마루가 솟아오르는 상이로다. 길하리라. 다름이 있다면 인색하리라.

3효사의 橈(휠 요)와 반대되는 것이 4효사의 隆(솟을 융)이다. 지붕이 언제고 무너져 내리기라도 할 듯 용마루가 아래로 처져 굽는 것이 橈(요)인데, 이와 반대로 용마루가 위로 솟아올랐다면 지붕이 다시 정상으로 돌아간 것이며, 3단계의 위기가 4단계에서 해결되는 것이다.

그러므로 "길하다"고 평가하는데 "다름이 있다"면 결과가 인색할 것이라고 한다. 다름이 있다는 것은 무슨 말일까?

이를 알려면 애초에 군자가 무리를 감수하면서까지 대과大過의 길로 나선 이유가 무엇이었는지 생각해봐야 한다. 그 이유는, 군자에게는 '유유왕有攸往' 즉 '가고자 하는 바[攸往]'가 있었기 때문이다. 가고자 하는 바가 중요한 목표이기에 대과의 길임에도 불구하고 그 길로 나아간 것이다. 따라서 대과大過의 길로 가고 있음에도 불구하고 위기가 해결될 수 있는 원동력은, 군자의 애초 동기, 즉 '가고자 하는 바[攸往]'에 공동체 구성원들이 공감하기 때문이다. 그래서 구성원들이 힘을 합쳐 군자를 도움으로써 위기 상황을 해결하는 것이다. 이때 "다름이 있다"는 것은, 공동체가 가야할 길에 대한 생각이 구성원들 사이에 다름이 있다는 말이다. 이럴 경우 진심으로 힘을 합치기 어려우므로 결과가 인색하리라 평가하는 것이다.

그러므로 군자에게 '가고자 하는 바[攸往]'가 있어 대과大過의 길에 나설 때는, 자신의 비전과 공동체 구성원들의 비전이 서로 일치하는지 확인해야 한다. 앞서 1단계에서 미리 공동체의 조화를 중시하는 모습과 자세를 보인다는 것은, 이처럼 서로의 비전이 일치하는지를 거듭 확인하는 과정까지를 함축한 것이다.

단, 다름이 있다면 결과가 인색하리라는 평가는, 그럼에도 3단계의 위기가 해결되기는 한다는 뜻이기도 하다. 그 이유는 지붕이 무너져 내리면 모두가 다 죽기 때문이다. 그러므로 결과에 인색한 점이 있을지언정 모두가 나서서 3단계의 위기는 어떻게든 해결하게 되는 것이다.

九五 枯楊生華 老婦 得其士夫 无咎 无譽
구 오 고 양 생 화 노 부 득 기 사 부 무 구 무 예

양이 다섯 번째에 올 때는, 고목이 다 된 버드나무가 꽃을 피우며, 늙은 부인이 젊은 남자를 남편으로 얻는 상이로다. 허물은 없으나 명예도 없으리라.

"고목이 다 된 버드나무가 꽃을 피우는" 것은 앞서 2효사의 "고목이 다 된 버드나무가 움을 내는" 것과 같은 일이다. 5단계에서 군자가 여전히 모든 역량을 쥐어짜내 '대과大過'를 감행하고 있음을 상징한다.

5효사에 등장하는 '부인[婦]'은 앞서 2효의 '여자[女]'보다 격이 높은 동맹 세력을 상징한다. "늙은 부인[老婦]"이라면 쇠퇴해서 활력을 상실한 동맹 세력을 의미한다. 이런 동맹 세력이 돌연 젊은 남자를 남편으로 얻고 있다. 이는 대과의 길이 5단계에 이르자 군자가 크게 과한 '대과大過'를 감행함으로써 자신의 동맹 세력을 강화시킴을 상징한다. 군자가 동원할 수 있는 역량을 극대치까지 끌어올리는 것이다. 이를 통해 다가올 6단계에서 드디어 대천大川을 건너는 최종 목표에 도전하려는 것이다. 6단계의 중대한 도전에 나서기 위해 지금까지 2~5단계에 걸쳐 무리를 감수하면서까지 자신의 역량을 극대치로 끌어올린 것이다.

늙은 부인이 젊은 남자를 남편으로 얻는 것 역시 균형을 잃은 일이어서 지나친 행동인 '과過'에 해당한다. 하지만 잘못(오류)[誤]을 범한 것은 아니다. 그러므로 "허물은 없다"고 평가하는 것이다. 동시에 지나친 '대과大過'에 해당하긴 하므로 명예로울 것도 없다고 한다.

上六 過涉 滅頂 凶 无咎
상 륙 과 섭 멸 정 흉 무 구

극상의 자리에 음이 왔는데, 과하게 건너는 상이로다. 정수리까지 잠기니 흉하지만 허물은 없으리라.

대과의 길이 6단계에 이르니 군자는 마침내 대천大川을 건너는 최종 목표에 도전한다. 그런데 6효에는 지금까지와 달리 음이 온다. 이는 6효에서는 지난 1효의 경우와 마찬가지로 삼가는 태도와 자세가 필요함을 상징하는 것이다.

그럼에도 군자는 과하게 대천을 건너다 정수리까지 잠기는 행동을 하고 있다. 그 결과는 흉할 수밖에 없지만 허물은 없을 것이라고 한다.

그 이유를 〈상전〉은 다음과 같이 풀이한다. "과하게 건너니 흉하지만 허물이라 할 수는 없는 것이다[過涉之凶 不可咎也]." 〈상전〉이 과하게 건넌 것을 허물이라 할 수 없다고 말하는 이유는, 지금 이 길이 대과의 길이기 때문이다. 처음부터 크게 과한 무리를 감수하면서 대천을 건너려고 길을 나섰던 것이다. 그 길이 6단계에 이르러 정수리까지 잠기는 흉한 모습을 연출했지만 어쨌든 대천을 건넘으로써 소기의 목적을 달성했으니 그 행위를 허물이라 할 수는 없는 것이다.

보다 근본적으로는 대천大川을 건너고자 한 동기의 순수성에 있다. 군자의 '가고자 하는 바[攸往]', 즉 군자가 대과를 감수하면서까지 이루고자 하는 이상이 가치 있는 것이기 때문에, 그 과정에서 대과로 인해 생겨난 상처가 허물을 남기지 않고 아물 수 있는 것이다.

大過 棟 橈 利有攸往 亨
대 과 동 요 이 유 유 왕 형

대과大過의 길에서는 용마루가 휘어지는 위기가 나타나리라.
가고자 하는 바가 있으면 이로우니 형통하리라.

괘사에서 "용마루가 휘어지는" 위기를 다시 거론하는 것은, 3효에
서 나타나는 위기가 대과大過의 길에서 마주치는 가장 큰 위기임을
보여준다.

"이유유왕利有攸往"을 언급하는 이유는, 그 위기를 해결할 수 있는
원동력이 '가고자 하는 바[攸往]'의 이상에서 온다는 사실을 알려주
는 것이다. 여섯 효사가 산삭되는 과정에서 이 점이 잘 드러나지 않
게 되자 점인들이 괘사로 보충 설명을 제시한 것이다. 대과의 길은
크게 과過한 무리수가 빚어지는 길이니, 어디까지나 가고자 하는 바
가 있을 때만 채택할 수 있는 길이며, 그 경우에만 이롭고 형통한 것
이다.

감坎 : 리離

시련을 자기 성찰의 계기로 삼는 길과
위기에 맞서 올바른 규범을 세우는 길

감坎 시련을 자기 성찰의 계기로 삼다

習坎 有孚維心 亨 行 有尙
습 감 유 부 유 심 형 행 유 상
거듭 구덩이에 빠지더라도 믿음을 갖고 마음을 유지할 수 있으면 형통하리라. 행하면
숭상받음이 있으리라.

初六 習坎 入于坎窞 凶
초 륙 습 감 입 우 감 담 흉
처음에 음이 오니, 거듭 구덩이에 빠지는 상象이로다. 구덩이 안의 구덩이에 빠지니
흉하리라.

九二 坎有險 求小得
구 이 감 유 험 구 소 득
양이 두 번째에 오니, 구덩이에는 험함이 있겠지만 구하면 조금은 얻을 수 있으리라.

六三 來之坎坎 險且枕 入于坎窞 勿用
육 삼 래 지 감 감 험 차 침 입 우 감 담 물 용
음이 세 번째에 놓이니, 찾아오는 것이 구덩이에 빠지고 또 빠지는 일이어서 험하고
또 가로막히는 상이로다. 구덩이 안의 구덩이에 빠졌으니 용쓰지 말라.

六四 樽酒 簋 貳用缶 納約自牖 終无咎
육 사 준 주 궤 이 용 부 납 약 자 유 종 무 구
음이 네 번째에 오니, 술통에 든 술과 궤를 놓고 동이로써 거듭 권하며 들창으로부터
약식례를 올리는 상이로다. 종국에는 허물이 없으리라.

九五 坎不盈 祗旣平 无咎
구 오 감 불 영 지 기 평 무 구
양이 다섯 번째에 오니, 구덩이를 다 메우지 못하더라도 경건한 자세[祗]가 평정을 이
룬다면 허물이 없으리라.

上六 係用徽纆 寘于叢棘 三歲不得 凶
상 륙 계 용 휘 묵 치 우 총 극 삼 세 부 득 흉
극상의 자리에 음이 오니, 휘묵徽纆으로써 묶어 총극叢棘에 두는 상이로다. 3년이 지나도 이루지 못하리니 흉하리로다.

坎(감)은 땅이 움푹 파인 구덩이를 뜻하며, 이로부터 파생된 '험하다'는 뜻도 갖고 있다. 〈서괘전〉이 "감坎은 빠진다는 뜻[坎者 陷也]"이라고 풀이하듯, 괘의 명칭으로 사용된 '감' 역시 '구덩이에 빠지다' '험난함에 빠지다'라는 뜻으로 쓰였다.

감坎의 길에서 군자는 "거듭 구덩이에 빠지는" 최악의 고난에 처한다. 거듭 구덩이에 빠진다는 말은, 구덩이에 빠지는 고난을 당한 사람이 털고 일어나 어떻게든 사태를 수습해보려고 하는데 또다시 구덩이에 빠지는 상황을 말한다. '엎친 데 덮친 격'이라고 할 수 있으며, 군자의 인생에서 최악의 위기가 닥쳤음을 상징한다. 감의 길은 이런 위기에 처한 군자가 어떻게 처신해야 하는지 그 조언을 담고 있다.

初六 習坎 入于坎窞 凶
초 륙 습 감 입 우 감 담 흉
처음에 음이 오니, 거듭 구덩이에 빠지는 상象이로다. 구덩이 안의 구덩이에 빠지니 흉하리라.

習(습)의 어원적 의미는 새가 날갯짓을 거듭하면서 나는 법을 익히는 것이다. 결국 '거듭한다'는 뜻이 원형적 의미에 가까우며, 여기서부터 '익히다, 익숙하다, 연습하다, 배우다'라는 뜻이 파생됐다.

담窞은 광壙 바닥에 파인 작은 구덩이인데, '광' 자체가 무덤구덩이를 이르니 '담'은 구덩이 바닥에 다시 파인 구덩이인 셈이다. 그러므로 "입우감담入于坎窞"이란 무덤구덩이에 빠지는 고난을 당한 사람이 털고 일어나 어떻게든 사태를 수습해보려고 하는데 또다시 구덩이에 빠지는 고난이 덮치는 상황을 말한다. 앞서 말했듯 엎친 데 덮친 격이라고 할 수 있다. 이를 일러 문장 서두에서 "습감習坎", 즉 거듭 구덩이에 빠지는 상이라고 말한 것이다.

九二 坎有險 求小得
구 이 감 유 험 구 소 득
양이 두 번째에 오니, 구덩이에는 험함이 있겠지만 구하면 조금은 얻을 수 있으리라.

1효가 음이었음에 비해 2효에 양이 놓인 것은, 감의 길 2단계에서 군자가 무언가 능동적 움직임을 보여야 함을 암시한다.

앞서 1단계에서 벌어진 일은 엎친 데 덮친 격으로 최악의 상황이라고 할 수 있다. 그런데 어떤 일도 계속 나빠지기만 할 수는 없기에 시간이 지나면 조금이라도 긍정적인 상황 변화가 나타날 수밖에 없다. 주역은 이때 "구하면 조금은 얻을 수 있을 것"이라 조언하는 것이다.

조언에 앞서 "구덩이에는 험함이 있겠지만"이라 말하는 것은, 그런 상황에 압도되어 "구하면 조금은 얻을 수 있는" 기회를 놓치지 않도록 유의하라는 경계라고 할 수 있다. 이때 조금의 성과를 확보해내는 것이 이후 사태를 수습하는 과정에서 중요한 역할을 하게 된다.

六三 來之坎坎 險且枕 入于坎窞 勿用
육 삼 래 지 감 감 험 차 침 입 우 감 담 물 용

음이 세 번째에 놓이니, 찾아오는 것이 구덩이에 빠지고 또 빠지는 일이어서 험하고 또 가로막히는 상이로다. 구덩이 안의 구덩이에 빠졌으니 용쓰지 말라.

3효에서는 다시 한번 "구덩이 안의 구덩이에 빠지는" 고난이 닥친다.

3효사의 "물용勿用"은 작용을 하려 들지 말라는 뜻이다. 우리말 '용쓰지 말라'와 부합하는 상황이다. 구덩이 안의 구덩이에 재차 빠진 상황이어서 용을 써봐야 소용이 없으니 아예 용쓰지 말라는 의미다. 그렇게 조언하는 취지는 나의 힘을 아껴 보존하라는 뜻이다. 이는 체념이 아니라 힘을 보존하면서 상황에 어떤 변화가 찾아오기를 기다리는 것이다. 계속해서 좋기만 할 수도 없고, 계속해서 나쁘기만 할 수도 없으니 무언가 변화의 계기는 찾아오게 마련이다. 용쓰지 말고 힘을 아껴두어야 나중에 힘이 필요한 순간이 왔을 때 제대로 쓸 수 있다. 이는 눈이 내리는 동안은 눈을 쓸지 않는다는 말과도 상통한다.

주목할 점은 1단계와 3단계에서 똑같이 "구덩이 안의 구덩이에 빠지는" 상황이 벌어졌지만 3단계에서는 "흉하다"는 평가가 붙지 않았다는 것이다. 이는 3단계에서 주역의 조언대로 자신의 힘을 아껴 보존한다면 흉한 결과를 피할 수 있다는 말이다. 똑같은 상황이 벌어짐에도 불구하고 다른 결과를 가져올 수 있는 이유는, 군자가 앞서 1단계의 경험을 통해 배웠고, 2단계에서 조금의 성과나마 확보해냈기 때문이다.

六四 樽酒 簋 貳用缶[50] 納約自牖 終无咎
육 사 준 주 궤 이 용 부   납 약 자 유 종 무 구

음이 네 번째에 오니, 술통에 든 술과 궤를 놓고 동이로써 거듭 권하며 들창으로부터 약식례를 올리는 상이로다. 종국에는 허물이 없으리라.

'궤簋'는 제사 지낼 때 곡식을 담아 올리는 제기의 이름이다.

'부缶'는 옹기로 만든 술동이인데, 술을 담아두는 용기로서는 가장 큰 것으로 문밖에 놓아두는 용도로 쓴다. 보다 작은 것으로 방 안에서 사용하는 술병은 '호壺'다.[51] 그러므로 제사를 지내면서 술잔을 거듭 권할 때는 응당 '호'로써 해야 한다. 그런데 문밖에서 사용하는 투박한 동이로써 거듭 권한다[貳用缶]는 말은, 예를 정식으로 갖추지 못한 약식례임을 의미한다.

牖(유)는 들창인데, 예전에 여자가 시집을 가게 되어 사당에 제사를 올릴 때는 사당 문으로 들어가 방 안에서 지내는 것이 아니라, 방 밖에서 들창 아래에 상을 차려놓고 약식 제사를 올렸다고 한다. 그러므로 "들창으로부터 약식례를 올린다[納約自牖]"는 말은 약식 제사를 묘사하는 표현이다.

앞서 3효에서 참고 인내하며 기다린 것은 어떤 변화의 계기였다. 4효에서는 기다리던 변화의 기미를 포착했을 때 이를 놓치지 말고 약식례일망정 나의 최선을 다한 예를 올려야 한다고 말하는 것이다.

현재 군자가 처한 상황은 매우 곤궁하다. 험난하고도 깊은 구덩이 안의 구덩이에 재차 빠진 형국이어서 용써도 소용이 없는 상황이다. 그러므로 군자에게는 정식례를 올릴 만한 여유가 없다. 그러니 정식례를 올리려고 무리하지 말고 약식례일망정 할 수 있는 최선을 다해

예를 올리라는 것이다.

여기서 중요한 점은 약식례일망정 반드시 예를 차려서 올려야 한다는 것이다. 구덩이 안의 구덩이에 빠진 상황에서는 이조차 매우 버거운 일일 것이다. 하지만 그 험난함에 치인 나머지 약식례조차 팽개쳐버린다면 그걸로 만사는 끝이다. 반면 최선을 다해 약식례라도 갖추어 올리면 종국에는 허물이 없을 것이라 말한다. 이는 호랑이에게 물려가더라도 정신만 바짝 차리면 산다는 속담을 생각케 한다. 최악의 상황에 빠진 사람은 스스로 정신 줄을 놓지 않는 것이 가장 중요할 터다. 또한 앞서 2단계에서 조금의 성과나마 확보해내는 것이 중요한 이유가 바로 여기에 있다. 4단계에서 약식례를 올릴 여력이 2단계에서 확보한 성과에서 나오는 것이다.

"종국에는" 허물이 없으리라는 말은, 처음에는 이해를 얻지 못할 수 있다는 말이기도 하다. 현재 군자가 제공할 수 있는 예는 약식례에 불과하다. 그러므로 처음에는 상대방이나 주변 사람들에게 오해를 사기 쉽다. 하지만 종국에는 이해를 얻을 수 있을 것이라는 말이다. 약식례임에도 불구하고 종국에는 상대방이나 주변 사람들의 이해를 얻어 허물이 없을 수 있는 이유는, 역시 애초에 군자가 품었던 이상과 가치가 옳은 것이기 때문일 터다.

九五 坎不盈 祗旣平 无咎
구 오 감 불 영 지 기 평 무 구
양이 다섯 번째에 오니, 구덩이를 다 메우지 못하더라도 경건한 자세[祗]가 평정을 이룬다면 허물이 없으리라.

구덩이[坎]는 군자가 나아가고자 하는 길에 패인 장애물이다. 여기에 빠져 가고자 하는 길을 갈 수 없기에, 난관을 돌파하려면 구덩이를 메워야 한다. 그런데 구덩이가 험하고 깊어서 5단계에 이르기까지도 구덩이를 다 메우지 못할 수 있다. 그럼에도 주역은 허물이 없을 것이라 한다. 그리고 그 조건으로 '지祗'가 평정을 이룰 것을 말하고 있다.

祗(지) 자의 원형적 의미는 앞서 복復괘(24) 1효사에서 살펴봤다(〈주〉 상경 44번 참고). 조상에게 제사를 올리는 제단 앞에서 자신의 근원을 생각하며 경건히 예를 올리는 모습을 형상화한 글자가 祗였고, 그에 따라 이는 경건함 중에서도 특히 자신의 근원에 대한 경건한 자세와 태도를 가리킨다고 할 수 있다. 이때 자신의 근원에 대해 생각한다는 것은, 자기를 돌아보는 행위 중에서도 가장 근본적 성찰이라고 할 수 있다. 자신이 어디서 왔는지를 알면 어디로 가는지를 알 수 있기 때문이다. 祗를 자전에서 찾아보면 '다만, 뿐, 오직, 오직 ~하여야만, 오직 ~밖에 없다' 등의 뜻이 나온다. 이 뜻들은 자신의 근원에 대한 성찰, 자신이 어디서 왔는지에 대한 성찰만이 진정 중요하다는 의미를 내포한 것이라고 할 수 있다. 오직 그것을 깨달아야만 한다는 함의를 담은 것이다.

그러므로 "(자신의 근원에 대한) 경건한 자세[祗]가 평정을 이룬다"는 말은, 근원에 대해 성찰함으로써 마음의 평정을 찾았다는 뜻이다. 그리고 사람이 이런 상태에 도달하면 어떤 일이 벌어지든 흔들리지 않을 수 있다. 따라서 주역이 객관적인 위기의 해결 여부와 무관하게 "경건한 자세가 평정을 이룬다"면 허물이 없으리라고 평가하는 것이다.

감坎의 길은 시련이 엎친 데 덮친 격으로 계속 밀어닥치는 최악의 경우라고 할 수 있다. 어째서 이런 시련이 군자에게 닥치는 것일까? 주역은 이렇게 대답하는 셈이다. 다만 이것 한 가지라고 할 수 있는 것, 오직 이것만이라고 할 수 있는 것, 그것이 무엇인지를 성찰하도록 하고, 그것 한 가지만을 군자에게 남기기 위해서라고.

上六 係用徽纆 寘于叢棘 三歲不得 凶
상 륙 계 용 휘 묵 치 우 총 극 삼 세 부 득 흉

극상의 자리에 음이 오니, 휘묵徽纆으로써 묶어 총극叢棘에 두는 상이로다. 3년이 지나도 이루지 못하리니 흉하리로다.

'총극叢棘'은 가시덤불인데, 감옥을 의미할 수도 있고 재판정을 의미할 수도 있다. 고대에는 감옥 둘레에 가시나무를 심었고, 재판정의 정면 좌우에도 가시나무를 심었다. 가시나무가 '형刑'의 상징이었던 것이다.

군자는 3효에서 최악의 난관을 인내하며 견딘 후 4효에서 전기를 마련한 끝에, 5효에서 자신의 근원에 대한 성찰을 이룸으로써 평정에 도달할 수 있었다. 이후 6효는 과잉의 단계에 해당한다. 6효에서 (죄인을) 묶어 총극叢棘에 둔다는 말은, 그동안 군자에게 감坎의 시련을 초래한 상대(죄인)에게 보복하고자 송사를 벌이는 상황을 묘사한 것이다.

감坎의 길은 이중 구덩이에 빠지는 최악의 경우라고 할 수 있다. 그러므로 감의 길에서는 어떤 성과의 달성을 도모할 것이 아니라 거듭되는 시련을 자기 성찰의 계기로 삼아야 한다. 그런 성찰을 이룰 수 있다면 객관적인 위기 상황이 어떤 것이든 흔들리지 않고 평정심을 유지한 상태에서 대응할 수 있고, 결국 극복해낼 수 있다. 이 상태가 감의 길에서 절정인 5단계에 해당하는 것이다. 그런데 군자가 여기에 만족하지 못하고 더 나아간 것이 6단계에 해당한다.

그동안 겪은 고초에 화가 난 군자가 자신의 길에 훼방을 놓은 원수들에게 보복하고자 송사를 벌인다. 송사에서 이기면 어떤 가시적 성과를 얻을 수 있으리라 기대하기도 할 것이다. 결국 6효의 과잉에 이른 것은 분노와 욕심이 어우러진 결과일 터다. 하지만 주역은 그렇게 3년을 노력해봐야 이룰 수 있는 것이 없으므로 도리어 사태가 흉해지기만 할 것이라 경고하고 있다.

習坎 有孚維心 亨 行 有尙
습 감 유 부 유 심 형 행 유 상
거듭 구덩이에 빠지더라도 믿음을 갖고 마음을 유지할 수 있으면 형통하리라. 행하면 숭상받음이 있으리라.

감坎의 3단계에서 구덩이 안의 구덩이에 빠진 험난함은 최악의 상황을 말한다. 이 최악의 상황에 치여서 약식례조차 팽개쳐버린다면 그걸로 만사는 끝이라고 했다. 이때 군자로 하여금 최악의 상황에서도 버틸 수 있게 하는 원동력은 무엇일까?

이에 대해 감의 괘사는 "믿음을 갖고 마음을 유지할 수 있으면 형통할 것"이라 말한다. 형통할 것이라는 말은 어떻게든 그 상황을 뚫고 나갈 수 있을 것이라는 의미다. 어째서 주역이 마음을 유지할 것을 중요한 조건으로 내거는 것일까?

그 이유는 마음이 우리 가슴에 있기 때문이다. 마음을 한자로는 心

으로 쓰는데 이는 가슴에 담긴 심장의 모양을 형상화한 글자다. 이를테면 마음이 따뜻한 사람이라고 말하는 대신 가슴이 따뜻한 사람이라고 말할 수 있고, 마음이 떨린다는 말 역시 가슴이 떨린다고 말할 수 있다. 이를 통해 우리 마음이 머리가 아니라 가슴에 있음을 알 수 있다.

그런데 가슴(마음)은 이처럼 때로 떨리기도 하고 벅차오르기도 하고 철렁하기도 한다. 머리가 냉철한 것임에 비해 가슴은 뜨거운 것이라서 진폭이 크다는 문제가 있다. 신바람을 일으켜 기대 이상의 성과를 이루게도 하지만 필요 이상으로 낙담에 빠지게도 한다. 거듭 구덩이에 빠지는 최악의 상황이 닥쳤을 때 과도한 낙담과 절망에 빠질 수도 있는 것이다. 이처럼 가슴이 과도한 낙담으로 얼어붙을 경우 중요한 순간에 판단을 그르칠 수도 있어 문제가 된다. 그래서 마음을 유지하는 일이 중요한 문제로 부상하는 것이다.

괘사 앞부분에서 주역이 마음을 유지하기 위해 제시하는 조건은 두 가지다.

첫 번째는 믿음이다.

"믿음이 있어야 한다[유부有孚]"는 말은 "정貞하다" "가고자 하는 바가 있다[유유왕有攸往]"와 함께 주역에서 가장 자주 등장하는 표현이다. 주역이 보기에 이들 세 가지가 인간의 삶에서 가장 중요한 요소라는 말이며, 믿음이 그중 하나라는 말이다.

그렇다면 무엇에 대한 믿음이 있어야 한다는 말일까? 이 세상에 하늘의 뜻이 살아 있음을 믿는 것이며, 하늘이 나에게 바라는 뜻이 있음을 믿는 것이다. 즉 자신의 천명을 믿는 것이다.

사실 이런 믿음이 있다면 무엇이 두렵겠는가? 이 세상에 하늘의 뜻이 살아 있음을 확신한다면 이 세상이 덧없는 세계가 아님을 안다.

세상에 온갖 변칙과 예외가 난무하지만 이들이 덧없는 것으로 시간이 흐르면 썩어 없어지고 말 것이다. 반면 하늘의 뜻은 영원하다.

이 세상에는 영원한 하나(하늘의 뜻)가 존재하며, 온갖 변칙과 예외는 덧없는 것일 뿐이다. 이런 믿음이 확실하다면 사람은 썩어 없어질 뿐인 변칙과 예외에 휘둘리지 않고 하늘의 뜻(천명)을 위해 살아가게 된다. 그래서 "믿음이 있어야 한다[有孚]"는 말이다.

마음을 유지하기 위한 두 번째 조건은 한자 維(유)에 담겨 있다.

"마음을 유지한다"는 말이 원문으로는 "維心(유심)"인데, 여기서 維(유) 자가 이해의 핵심을 이룬다. 維는 '벼리'라는 뜻과 '유지한다'는 뜻을 갖는다. '유지維持한다'는 말은 벼리[維]를 지탱한다[持]는 뜻이니, 결국 벼리의 의미를 제대로 알아야 말의 참뜻을 알 수 있다.

오늘날 벼리라는 단어는 그물과 그물 주인을 연결하는 한 가닥 줄을 의미하는 뜻으로 쓰인다. 하지만 維(벼리 유) 자의 원형적 의미는 새와 새 주인의 연결된 관계를 상징하는 시치미 줄을 의미한다.

維 자는 '糸(실 사) + 隹(새 추)'의 구조다. 〈그림 20〉에서 維 자의 갑골문을 살펴보면 새의 다리에 실이 매인 모습을 형상화한 글자임을 알 수 있다. 이는 매사냥을 위해 매를 길들인 후, 주인이 있는 매임을 표시하려고 매의 다리에 시치미를 매단 모습을 형상화한 것이다.

이처럼 매나 독수리를 길들여 함께 사냥하는 것은 전통시대에 유

그림 20 維(유)의 갑골문

라시아대륙의 이夷족 문화권에서 널리 행해지던 풍습이다. 우리나라에서도 조선시대까지만 해도 사대부들 사이에 오늘날의 골프에 버금갈 만큼 폭넓게 행해지던 호사 취미였다. 이때 길들인 매의 다리에 매는 시치미는 매가 주인과 연결된 존재임을 상징한다. 매는 자유롭게 하늘을 날지만, 사냥감을 잡는 임무를 달성하고 나서는 다시 주인에게 돌아간다.

그런데 이처럼 자유로이 하늘을 나는 매가 주인의 일을 하고, 또 주인에게 돌아간다는 것은 생각해보면 기적과도 같은 일이다. 그 모습이 은나라 사람들의 상상력을 사로잡았다. 은나라 사람들은 이런 매와 매 주인의 관계에서 사람과 하늘이 맺은 관계를 상상했다. 사람역시 하늘로부터 천명을 부여받고 땅 위에 태어나 열심으로 천명을 달성한 후 다시 하늘로 돌아가는 것이다.

그러므로 감坎의 괘사에 쓰인 維 자에는 이상과 같은 뉘앙스가 담겨 있는 것이다. 사람이 "마음을 유지한다[維心]"는 것은 자신이 비롯한 근본인 하늘과 맺어져 있는 한 가닥 줄을 잊지 않는 것이 핵심이다. 자신이 하늘로부터 왔고 하늘의 일을 하며 하늘로 돌아갈 것임을 잊지 않는 것이다. 이 마음의 벼리를 잊지 않는 것이 그 어떤 상황이 닥치더라도 마음을 유지할 수 있는 두 번째 조건이다.

주역이 벼리를 이토록 강조하는 이유는 이것이 '근본 지식'을 상징하기 때문이다. 다른 모든 지식의 토대가 되는 지식을 근본 지식이라고 한다. 이것이 있어야 다른 모든 것을 바로 볼 수 있다. 그래야 이 세상을 제대로 살아갈 수 있다.

이런 근본 지식을 낳는 질문을 '근본 질문'이라고 하는데, '나는 무엇 하러 여기 왔나' 하는 질문이 근본 질문이다. '나는 어디에서 왔나'

하는 질문은 앞의 질문에 포함된다.

나는 무엇 하러 여기 왔나? 하늘의 일을 하기 위해 여기 왔고, 일이 끝나면 하늘로 돌아가는 것이다.

이제 비로소 '유지한다'는 말의 의미를 제대로 알 수 있게 되었다. 이는 '벼리[維]를 지탱한다[持]'는 것인데, 자신이 비롯한 근본과 맺어져 있는 한 가닥 줄을 잊지 않음을 말한다.

주역은 거듭 구덩이에 빠지는 상황에 처할지라도 믿음을 갖고 마음의 벼리를 지탱해낼 수만 있다면 형통할 것이라 조언하고 있다. 이는 근본 질문에 대한 답을 찾았는지를 묻는 것이다.

'나는 무엇 하러 여기 왔나' 하고 묻는 근본 질문에 선뜻 대답할 수 없다면, 거듭 구덩이에 빠지는 인생 최악의 위기를 견뎌내지 못하리라 말하는 것이다.

반면 근본 지식을 확립해서 마음의 벼리를 놓치지 않고 지탱해낸다면 형통할 것이다. 즉 인생 최악의 위기일지라도 어떻게든 그 상황을 뚫고 나갈 수 있을 것이다. 왜냐하면 근본 질문을 해결한 사람, 즉 자기가 어디서 왔고, 무엇 하러 왔고, 어디로 돌아갈 것인지를 아는 사람은 이 세상의 어떤 고통도 견뎌낼 수 있기 때문이다.

주역은 또한 그리 "행하면 숭상받음이 있으리라" 말하고 있다. 이는 최악의 위기에 빠졌을 때도 믿음을 갖고 마음의 벼리를 유지한 채 행동한다면 그 모습이 사람들에게 감화를 주기 때문이다.

이상을 통해 "거듭 구덩이에 빠지는" 감의 길의 취지가 어디에 있는지를 알 수 있다. 거듭되는 시련을 통해 군자를 담금질하는 것이다. 그리하여 하늘의 뜻을 행하는 대리자로서의 소임을 다하게 하는 것이다.

리離 위기에 맞서 올바른 규범을 세우다

離 利貞 亨 畜牝牛 吉
리 이 정 형 휵 빈 우 길
리離의 길에서는 정貞해야 이롭고 형통하리라. 암소를 길러야 길하리라.

初九 履 錯然 敬之 无咎
초 구 리 착 연 경 지 무 구
처음에 양이 오니, 길을 밟아나가는 상이로다. 착오가 있더라도 경건하게 대하면 허물이 없으리라.

六二 黃離 元吉
육 이 황 리 원 길
음이 두 번째에 오니, 황색 리離의 상이로다. 으뜸으로 길하리라.

九三 日昃之離 不鼓缶而歌 則大耋之嗟 凶
구 삼 일 측 지 난 불 고 부 이 가 즉 대 질 지 차 흉
양이 세 번째에 오니, 해가 기울 때의 리離의 상이로다. 부缶를 두드리며 노래를 불러주지 않으니 나이 든 늙은이가 탄식하는 상이어서 흉하리라.

九四 突如 其來如 焚如 死如 棄如
구 사 돌 여 기 래 여 분 여 사 여 기 여
양이 네 번째에 오니, 돌연 그것이 오고 마는구나! 다 사르는구나! 죽고 버려지고 마는구나!

六五 出涕沱若 戚嗟若 吉
육 오 출 체 타 약 척 차 약 길
음이 다섯 번째에 오니, 눈물을 흘리며 무너지는 상이로다. 겨레붙이들이 탄식하니 길하리라.

上九 王用出征 有嘉 折首 獲匪其醜 无咎
상 구 왕 용 출 정 유 가 절 수 획 비 기 추 무 구
극상의 자리에 양이 오니, 왕이 그로써 출정하여 기쁜 일이 있으리라. 우두머리는 꺾어버리고 그 추하지 않은 자들은 얻으면 허물이 없으리라.

　괘명으로 쓰인 離(리)는 '离 + 隹'의 구조인데, 왼편의 离(리)는 새를 잡기 위한 도구로 긴 장대 끝에 달린 그물을 형상화한 것이다. 〈그림 21〉에서 보듯 갑골문 단계에서는 원래의 그물 모양이 뚜렷했으나 이후 현재의 모습으로 변했다. 이렇듯 離(리)는 긴 장대 끝에 달린 그물에 새가 걸린 모습을 형상화한 글자인 것이다.

그림 21 **離(리)의 갑골문**

　결국 離(리)의 원형적 의미는 '걸리다'라고 할 수 있다. 그물에 걸린 새는 빠져나가려고(떠나려고) 날개를 푸드덕거리고, 그물은 새를 계속 붙잡아두려고 한다. 그래서 離는 '떠나다'와 '걸려 있다'는 뜻 둘 다를 갖는다. 언뜻 정반대로 보이는 의미가 같이 들어 있는 것이다. 이처럼 정반대로 보이는 의미가 사실은 한 가지임을 아는 것이 중요하다. 자전에서 離 자를 찾아보면 아래와 같이 서로 다른 두 계열의 뜻을 갖는다.

①리: 떠나다, 갈라지다(가르다), 떨어지다, 흩어지다, 분산하다

②려: 걸리다, 붙다, 달라붙다

이상과 같은 뜻으로부터 '불꽃'이라는 의미가 나온다. 그 이유를 자세히 살펴보자.

팔괘 리離의 괘상☲을 보면, 가운데 음이 있고 좌우로 양이 있다. 이는 불꽃의 속성을 잘 표현하고 있다. 장작불을 생각해보자. 불꽃은 언제나 장작에 붙어 있다. 장작이 음이고, 불꽃은 양이다. 즉 양인 불꽃은 언제나 음인 장작에 붙어 있다. 그러나 딱 붙어 있는 것은 아니다.

불꽃은 끊임없이 장작으로부터 발산한다(離의 의미 중 '갈라지다, 흩어지다, 분산하다'를 참고해보자). 이처럼 불꽃은 끊임없이 장작으로부터 떠나고자 발산하면서도 동시에 장작에 걸려 있다. 장작에 걸려 있으면서도 또한 끊임없이 떠나고자 발산한다. 이것이 불꽃의 특성이다. 불꽃은 끊임없이 떠나고자 발산하지만 장작에 걸려 있는 동안에만 살 수 있다. 완전히 떨어지면 불꽃도 죽고 만다. 장작이 다 타버리고 나면 불꽃도 사그라질 수밖에 없다.

이는 불꽃의 속성이면서 동시에 양陽의 특성이다. 양은 음을 거부하며 끊임없이 음으로부터 떠나고자 한다. 양과 음이 서로 정반대의 성질을 지닌 채 배척하는 것을 〈설괘전〉은 "음과 양이 서로 박하게 대한다[陰陽相薄]"고 표현한다. 하지만 양은 음을 완전히 떠나지 못한다. 양이 음으로부터 완전히 떠나는 순간 양은 죽기 때문이다. 이는 불꽃이 장작으로부터 완전히 떨어지면 불꽃도 죽고 마는 것과 유사하다. 결국 양은 계속 음에 붙은 채 음을 소모하면서 양 기운(빛)을 발산한다. 음 기운이 다 소모되면(장작이 다 타버리면) 결국 양 기운도

같이 사라지고 만다. 이렇게 보면 양은 음과 서로 박하게 대하지만, 이들의 관계를 상호 원수로 여기는 것은 잘못이라고 할 수 있다. 양은 음에 반발하지만 결국 음 기운에 의존함을 알 수 있다. 양과 음의 관계가 원래 이런 것이며, 서로 대대待對를 이룬다는 점을 알 수 있다.

앞서 살펴본 리離라는 글자의 뜻은 이런 음과 양의 관계, 더 나아가 불꽃의 속성을 잘 반영하고 있다. 때문에 팔괘 '리'의 물상이 '불꽃'인 것이다.

앞서 살펴본 감坎의 길은 군자가 이중 구덩이로 상징되는 시련(위기)이 닥쳤을 때 기본적으로 이를 받아들이면서 자기 자신을 돌아보는 성찰의 계기로 삼는 경우였다. 하지만 리離의 길은 다르다. 리의 길에서 군자는 시련을 그냥 인내하며 기다리는 것이 아니라, '리離(진리의 불꽃)'로써 위기를 정면 돌파하고자 한다. '리'로써 위기를 돌파하려 시도한다는 것은, 공동체에 닥친 시련의 상황이 부당하다고 군자가 판단했다는 뜻이다. 그렇기에 시련을 받아들이면서 자기 성찰의 계기로 삼는 것이 아니라 위기 상황을 정면 돌파하려는 것이다. 이로써 공동체에서 부당함을 일소하고 올바른 규범(진리, 정의)을 확립하는 계기로 삼으려는 것이다. 그에 따라 군자는 위기 상황에서 밝은 광명(진리, 정의, 대의)의 횃불을 높이 들고 주변 사람들에게 위기를 정면 돌파하자고 호소한다. 리의 괘효사는 이때 어떤 변화가 일어나는지 설명한다.

初九 履 錯然 敬之 无咎
초 구 리 착 연 경 지 무 구
처음에 양이 오니, 길을 밟아나가는 상이로다. 착오가 있더라
도 경건하게 대하면 허물이 없으리라.

리離의 길에서 양효는 군자가 위기 상황을 정면 돌파하고자 하는
적극적 움직임을 상징한다. 정면 돌파함으로써 공동체에서 부당함을
일소하고 올바른 규범(진리, 정의)을 확립하려는 것이다.

履(리)는 뚜벅뚜벅 자기가 가야 할 길을 밟아나간다는 뜻이다. 자
기가 하기로 되어 있는 일을 '이행履行한다'는 뜻이며, 리履(10)의
도道를 다한다는 뜻이기도 하다.

감坎의 길에서는 첫 효가 음이었고, 구덩이에 빠지는 상이어서 흉
했다. 그에 비해 리離의 길에서는 첫 효가 양이다. 군자가 '리離'라는
광명의 횃불을 높이 들고 적극적으로 위기를 정면 돌파하려는 길이
어서 첫 효부터 움직임이 다른 것이다. 군자는 위기를 돌파하고 오히
려 공동체에 올바른 규범을 확립하는 계기로 삼고자 적극적 조치를
취한다.

그러다가 예상대로 풀려가지 않고 무언가 착오가 발생할 수 있다.
하지만 군자가 리離(밝은 광명, 대의, 정의)의 길을 밟아나가는 것이기에
사태를 대하는 군자의 태도가 경건하다면 허물이 없을 것이라 한다.

六二 黃離 元吉
육 이 황 리 원 길
음이 두 번째에 오니, 황색 리離의 상이로다. 으뜸으로 길하리라.

여기서 '황색[黃]'은 앞서 〈그림 5〉(74쪽)에서 황극의 자리를 상징하는 색깔로, 곤坤(2)의 5효사 '황상黃裳'에 등장했던 황색과 동일한 의미를 띤다(황黃의 다른 용례는 〈찾아보기〉 참조). 황제의 입지를 상징하는 황극의 자리가 공고히 굳어졌음을 의미하는 것이다.

'리離'는 광명의 불꽃이자 군자가 부당함에 맞서 제시한 올바른 규범(진리, 정의)을 상징한다. 그러므로 '리'가 황색이 되었다는 말은, 군자가 제시한 규범이 공동체에서 황극의 자리를 차지했다는 말이다. 군자가 치켜든 광명의 불꽃, 그가 확립하고자 하는 올바른 규범이 공동체 구성원들에게 폭넓게 받아들여진다는 뜻이다. 그래서 으뜸으로 길할 것이라는 말이다.

리의 괘상에서 2효에 음이 온 것은 바로 이런 정황을 암시한다. 군자와 공동체 구성원들이 올바른 규범에 비추어 현재의 상황이 합당한지를 살피고 헤아리는 정황을 상징하는 것이다.

九三 日昃之離 不鼓缶而歌 則大耋之嗟 凶
구 삼 일 측 지 난 불 고 부 이 가 즉 대 질 지 차 흉
양이 세 번째에 오니, 해가 기울 때의 리離의 상이로다. 부缶를 두드리며 노래를 불러주지 않으니 나이 든 늙은이가 탄식하는 상이어서 흉하리라.

3효사에서 "부缶를 두드리며 노래를 부른다"는 것은, 전통시대에 일식日食을 구제하기 위해 행해지던 의식을 묘사한 표현이다. 전통시대 동아시아에서는 일식이 일어나면 북을 쳐서 양陽의 기운을 돋우어 해가 기운을 회복하는 것을 돕고자 했는데, 이를 '구일식의救日食儀'라 불렀다. 조선시대에도 구일식의가 행해졌던 사례를 《조선

왕조실록》의 다음과 같은 기록에서 찾아볼 수 있다. "그날이 왔을 때 (…) 처음 해가 이지러지면 향을 피우고 북을 치는데, 밝음이 회복된 후에 그친다."[52]

또한 '부缶'는 《설문해자》에서 "기와 그릇으로, 술이나 음료를 담아두는 것인데 진나라 사람들은 이것을 두드리며 노래의 박자를 맞추었다[缶 瓦器 所以盛酒漿 秦人鼓之以節謳]"고 했다. '부'를 두드리거나 노래를 불러 소리를 만들어내는 것은 양 기운을 북돋우려는 행동인 것이다.

지금까지 리의 길에서 군자는 리離라는 광명의 횃불을 높이 들고 위기 상황을 정면 돌파하고자 했다. 2단계까지만 해도 군자의 의도가 먹혀드는 듯했지만, 3단계에 이르자 위기가 닥치고 있다. 군자가 치켜든 '리'의 횃불이 해가 기울듯 기울어가는데 아무도 "부缶를 두드리며 노래를 불러주지 않는" 것이다.

정의가 확립된 시기라면 응당 주변 사람들이 구일식의를 행함으로써 군자가 쳐든 광명의 횃불을 성원했을 것이다. 하지만 주변 사람들은 고개를 돌리며 외면하고 만다. 그 이유는 지금이 정의의 시기가 아니라 대과大過(28)와 감坎(29)의 길을 거쳐온 난세이기 때문일 것이다. 대과의 시절부터 많은 '과過'들이 반복되며 쌓였다. 그로 인해 군자의 이상과 대의에 동의하는 사람들조차 이제 피로가 누적되어 지쳤고, 슬슬 염증을 내기 시작한 것이다. 따라서 여전히 이상의 기치를 내걸고 호소하는 군자를 사람들은 보고도 못 본 척 고개를 돌리고 마는 것이다.

결국 주변 사람들의 외면으로 인해 광명의 횃불을 쳐들고 여기까지 온 군자의 노력은 애처로운 것이 되고 말았다. 3효사에서 군자가

"나이 든 늙은이"로 묘사되는 것은, 군자의 리더십이 쇠퇴했음을 상징한다. 황혼의 해가 다 기울어가는데, 나이 든 늙은이에게는 짊어져야 할 무거운 짐이 있고, 아직도 가야 할 길이 남아 있다. 그럼에도 주변의 누구 하나 도우려 하지 않는다. 결국 황혼에 처한 "나이 든 늙은이가 탄식하는 상"밖에 되지 않는 것이다.

九四 突如 其來如 焚如 死如 棄如
구 사 돌 여 기 래 여 분 여 사 여 기 여

양이 네 번째에 오니, 돌연 그것이 오고 마는구나! 다 사르는구나! 죽고 버려지고 마는구나!

"돌여突如"는 '돌연突然'과 같은 뜻이다.

앞서 3효에서 해가 서산으로 기울어가는데도 아무도 군자를 돕지 않았다. 그러다가 4효에 이르니 군자 홀로 치켜든 광명의 횃불(군자 자신)은 결국 장작을 다 사르고 나서 불꽃이 꺼지고 만다. 이는 군자의 죽음을 상징한다. 그렇게 불꽃이 꺼지자 결국 버려지고 만다.

六五 出涕沱若 戚嗟若 吉
육 오 출 체 타 약 척 차 약 길

음이 다섯 번째에 오니, 눈물을 흘리며 무너지는 상이로다. 겨레붙이들이 탄식하니 길하리라.

5효사에서 "겨레붙이"는 군자와 가까운 사람들, 군자의 겨레붙이들을 가리킨다.

앞서 3효에서 사람들은 군자에게 위기가 닥쳤음에도 고개를 돌리며 모르는 척 외면하고 말았다. 아마도 사람들은 자신들이 외면하면 군자도 부당함에 대한 항거와 규범 확립의 노력을 그만두리라고 생각했을 것이다. 그렇게 포기하고 나면 군자가 생명을 잃는 일도 없었을 것이다. 하지만 군자는 홀로 남겨졌음에도 포기하지 않고 마지막 불꽃을 태우는 길을 선택했다. 결국 애처로이 분투하다 스러졌으며 버려지고 말았다.

이렇게 군자의 죽음이 비참한 형태로 눈앞의 현실이 되자, 그동안 군자의 이상과 대의에 동의했음에도 애써 외면했던 사람들은 큰 충격을 받는다. 뒤늦게 눈물을 흘리며 슬픔에 무너져 내릴 것만 같다. 이들이 탄식하니 "길하다"고 한 것은, 이로 인해 군자가 추구해온 대의(규범)에 대한 각성이 일어나고 커다란 공감대가 형성되면서 공동체에 정치적 에너지가 생겨나기 때문이다. 이렇게 새로 생겨난 정치적 에너지가 6효의 결과를 불러온다.

上九 王用出征 有嘉 折首 獲匪其醜 无咎
상 구 왕 용 출 정 유 가 절 수 획 비 기 추 무 구

극상의 자리에 양이 오니, 왕이 그로써 출정하여 기쁜 일이 있으리라. 우두머리는 꺾어버리고 그 추하지 않은 자들은 얻으면 허물이 없으리라.

5효에서 생겨난 정치적 에너지가 6효에서 왕으로 하여금 출정을 가능케 만들고 있다. '그로써[用]'는 5효에서 생겨난 정치적 에너지를 가리킨다. 그 기운을 말미암아 왕이 출정하면 기쁜 일이 있을 것이라고 한다.

여기서 기쁜 일이란, 군자가 그토록 달성하고자 애썼던 이상과 대의가 실현되는 것을 가리키며, 그 이상과 대의에 입각한 규범이 공동체에 확립되는 것을 가리킨다. 리離라는 횃불을 높이 들었던 군자의 희생으로 말미암아 공동체에 커다란 에너지가 생겨났고, 제2의 군자라고 할 수 있는 왕이 그 에너지를 바탕으로 군자의 대의를 성취할 수 있을 것임을 시사한다.

왕이 출정해 원수의 무리 중에서 우두머리는 꺾어버리고, 무리 중에서 "추하지 않은 자들", 즉 단지 부화뇌동해 군자의 길 반대편에 섰던 자들은 거두면 허물이 없을 것이라고 한다. 이들은 거두어야지 적으로 돌리면 허물이 없을 수 없다는 경계이기도 하다.

'길하다'가 아니라 '허물이 없을 것'이라 평가하는 점에 눈길이 간다. 이는 아마도 군자가 비극적인 죽음을 맞이하고 난 후의 일이기 때문에, 최선을 다한 수습의 결과일지라도 허물이 없는 정도이지 길할 것을 기대할 수는 없는 것이라 본다.

離 利貞 亨 畜牝牛 吉
리 이정 형 휵빈우 길

리離의 길에서는 정貞해야 이롭고 형통하리라. 암소를 길러야 길하리라.

리離의 괘사에 등장하는 "암소[牝牛]"는 자연스레 곤坤(2)의 괘사에 등장하는 "암말[牝馬]"을 생각나게 한다. 우선 '소[牛]'는 우이독경牛耳讀經이라는 말이 있듯 뒷걸음할 줄을 모르는 뚝심의 상징이다. '곤'의 길이 순명하는 길임에 비해 '리'의 길은 공동체에 규범을 세워야 하는 길이기에 뚝심이 절대적으로 필요하다. 그래서 소를 상징으로 삼은 것이다.

다음으로 그 상징이 수소가 아니라 암소인 이유는, 공동체에 규범이 확립되려면 양 기운이 아닌 음 기운이 필요하기 때문이다. 리離의 길에서는 2효와 5효의 음 기운이 이에 해당한다. 앞서 2효에서는 군자가 확립하고자 했던 규범이 공동체 구성원들에게 폭넓게 받아들여졌고, 5효에서는 군자가 추구해온 대의(규범)에 대한 각성이 일어나고 커다란 공감대가 형성되었다. 2효와 5효에 음이 온 것은, 군자가 추구해온 규범에 비추어 공동체의 상황이 합당한지를 살피고 헤아리는 정황을 상징하는 것이다. 리의 길에서는 두 번에 걸쳐 이런 음 기운을 확립하는 것이 절대적으로 필요하기 때문에 수소가 아닌 암소를 상징으로 삼은 것이며, "암소를 길러야 길하다"고 조언하는 것이다.

〈상전〉은 리離의 길에 대해 이렇게 풀이한다. "광명을 두 번 지음이 리離이니, 대인이 이로써 광명을 계승하여 사방을 비추는 것이다 [明兩作 離 大人以繼明照于四方]." 〈상전〉은 우선 팔괘 리離가 상하로 두 개 겹쳐져서 64괘의 리離를 이룬 괘상에 대해 "광명을 두 번 지음이 리離"라고 했다. 또한 "대인이 이로써 광명을 계승하여 사방을 비추는 것"으로 풀이했는데, 이는 리의 길 전반부에 군자가 죽음을 맞이하고 이후 후반부에서 제2의 군자라고 할 왕이 군자의 대의를 계승해 실현하는 효사의 내용과 적절하게 부합한다.

리의 효사가 이런 내용으로 굳어졌다는 것은, 고대에 점인들이 그와 같은 패턴으로 사태가 진행되는 것을 반복해서 목격했다는 말이다. 사실 팔괘의 리離가 상하로 중첩해 반복된다는 사실 자체가 전반부의 시도는 실패할 것임을 시사하는 것이라 할 수 있다. 전반부에서 광명의 불꽃인 리離의 확립에 성공한다면 후반부에서 다시 팔괘 리가 반복될 이유가 없기 때문이다. 결국 공동체에 부당한 시련이 닥쳤을 때 그 부당함을 일소하고 올바른 규범(진리, 정의)을 확립하고자 시도할 때는 그런 패턴이 반복될 수 있다는 점을 유념할 필요가 있겠다.

〈서괘전〉은 리의 길에 대해 "리離는 麗(려)한다는 뜻이다[離者 麗也]"라고 풀이한다. 〈설괘전〉 역시 팔괘 리離의 속성을 '麗'로 규정[離 麗也]하고 있어서 麗 자의 의미를 명확히 알 필요가 있다.

麗(려) 자는 사슴의 모습을 형상화한 글자인데,《설문해자》는 麗의 의미를 이렇게 풀이한다. "麗는 지켜야 할 도리를 따라 다 함께 행한다는 뜻이다. 사슴의 본성은 먹이를 발견하면 적더라도 반드시 함께 먹기에 사슴으로부터 온 것이다[麗 旅行也 鹿之性 見食 急則必旅行 从鹿]." 단옥재段玉裁는 《설문해자주說文解字註》에서 이에 대해 "먹이를 발견하면 적은데도 오히려 반드시 함께 먹는 것은 의로운 일이다[見食 急而猶必旅行者 義也]"라고 덧붙인다. 이를 보면 오늘날 麗 자를 '아름답다'는 뜻으로 새기는 것은 사슴의 행동이 의롭다는 취지에서 파생된 의미이며, 麗 자의 원형적 의미는 '지켜야 할 도리를 따라 다 함께 행한다'는 뜻임을 알 수 있다. 결국 麗는 공동체의 구성원들이 공동체의 규범(진리, 정의)을 다 함께 따르는 모습이라고 할 수 있다. 그 때문에 〈설괘전〉이 팔괘 리離의 속성을 麗로 규정하는 것이며, 〈서괘전〉 역시 64괘 리離의 취지를 麗로 규정하는 것이다.

리離의 길은 이처럼 공동체의 구성원들이 공동체의 규범(진리, 정의)을 다 함께 따르도록 만드는 길이라고 하겠는데, 전반부에서 군자의 죽음이라는 큰 충격과 혼란을 겪은 이후에야 그 도道를 완성할 수 있었다. 결국 군자의 살신성인으로 공동체에 규범을 확립하는 것이다.

그리고 이렇게 군자의 희생으로 공동체에 규범이 확립됨으로써 주역 상경의 여정은 이제 막을 내린다. 주역 상경의 세상은 아직 규범이 확립되지 않은 난세亂世이고 하경의 세상은 규범이 확립된 치세治世이기 때문이다. 군자의 살신성인으로 새로운 치세가 열렸으니 하경에서는 또 새로운 여행이 시작된다.

왕이 이르리니 우려하지 말라. 의당 해가 중천에 오르리라.

王假之 勿憂 宜日中

−풍豐(55) 괘사

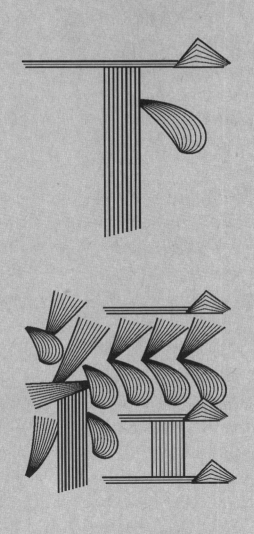

下經

하경

하경에 들어가며

　지금 우리가 널리 읽고 있는 통행본 주역은 건乾(1)에서 리離(30)까지 30괘를 상경上經으로, 함咸(31)부터 미제未濟(64)까지 34괘를 하경下經으로 하여 구분 짓고 있다. 그러므로 함(31)의 길은 리(30)의 길 다음에 계속 이어지는 길이 아니라 새롭게 출발하는 길이 된다. 하경에서 군자는 함의 길로 새로이 출발해 미제로 끝을 맺는 여행길에 나서는 셈이다.

　상경에 실린 30괘와 하경에 실린 34괘의 차이점은 무엇일까? 전통적 견해는, 상경은 천도天道에 대해 말하는 것이고, 하경은 인간사[人事]에 대해 말하고 있다는 것이다. 하지만 이에 대해서는 일찍이 당唐의 공영달孔穎達이 《주역정의周易正義》에서 의문을 제기했다. 예를 들어 상경에는 송訟(6)의 도와 사師(7)의 도가 들어 있으니 천도만이 아니라 인간사도 겸하고 있음이 분명하다는 것이다. 이와 같은 비판이 선명한 것이다 보니 오늘날 상경과 하경이 천도와 인간사로 구분된다고 진지하게 생각하는 견해는 찾아보기 어려운 듯하다. 동시에 그로 인해 상·하경의 구분이 무의미하다고 여기는 경향이 또한 존재하는 것이 아닌가 한다.

　하지만 주역의 상·하경은 역시 천도와 인간사로 구분되는 것이 맞

다. 그 둘에는 추상적인 것이 아니라 뚜렷한 성격상의 차이가 존재한
다. 그 차이점에 대해서는 사실 〈서괘전〉이 잘 설명하고 있는데, 그동
안 이 설명이 충분한 주목을 받지 못했다.

> 천지가 있은 연후에 만물이 생生한다. 천지의 사이를 채우는 것은 오직
> 만물뿐이다. 고로 둔屯으로 받는 것이다 (…) 고로 리離로 받는 것이다.
> 리離는 려麗다.
> 有天地然後 萬物生焉 盈天地之間者 唯萬物 故受之以屯 (…) 故受
> 之以離 離者 麗也
>
> 〈서괘전〉 상편

> 천지가 있은 연후에 만물이 있고, 만물이 있은 연후에 남녀가 있다. 남
> 녀가 있은 연후에 부부가 있고, 부부가 있은 연후에 부자가 있다. 부자
> 가 있은 연후에 군신이 있고, 군신이 있은 연후에 상하가 있다. 상하
> 가 있은 연후에 예禮와 의리義理를 둘 바가 있는 것이다. 부부의 도는
> 지속되지 않을 수 없는 것인 고로 항恒으로 받는 것이다. (…) 고로 미
> 제未濟로 받아서 끝을 맺는 것이다.
> 有天地然後 有萬物 有萬物然後 有男女 有男女然後 有夫婦 有夫婦
> 然後 有父子 有父子然後 有君臣 有君臣然後 有上下 有上下然後
> 禮義有所錯 夫婦之道 不可以不久也 故受之以恒 (…) 故受之以未
> 濟 終焉
>
> 〈서괘전〉 하편

〈서괘전〉의 설명에 따르면, 주역 상경이 담고 있는 30가지 존재법

칙은 인간 세상에 온갖 천태만상을 생겨나게 하는[生] 원인이 되는 것들이다. 이렇게 해서 온갖 천태만상이 생겨난 연후에[有萬物然後] 사람 사이의 관계 맺음이 생겨나는 것인데, 여기에는 예禮와 의리義理가 필요하게 된다. 즉 하경이 담고 있는 34가지 법칙은 사람 사이의 관계 맺음의 도道(예와 의리)를 담고 있다는 것이다. 그러므로 하경이 제시하는 34가지 길은 '예'의 질서 안에서 전개되는 변화이며, 거기에는 사람 사이의 관계에서 지켜야 할 바른 도리인 '의리'가 적용된다. 반면 상경의 30가지 길은 그렇지 않은 것이다.

상경에서 군자가 걷는 길은, 오류를 무릅쓰고 거칠게 표현하자면 온갖 난리법석이 벌어지는 길이라고 할 수 있다. 상경에서는 쟁송이 붙기도 하고, 군사를 동원한 건곤일척의 승부가 벌어지기도 한다. 군자가 친근하게 대하다 상대가 비인匪人인지라 낭패를 겪기도 하며, 아예 비인들로 인해 천지사방이 꽉 막히는 암울한 상황이 펼쳐지기도 한다. 이처럼 불의가 판치는 세상을 바로잡고자 군자는 동지를 규합해 암살을 시도하기도 했다. 그 이후 비否의 상황은 풀렸지만 윗사람의 잘못을 바로잡아야 하는 일도 있었고, 나아가 임할 때도 아랫사람의 눈치를 살펴야 했다. 공동체의 일치를 강화하려고 강제로 동화시키는 수단을 써보기도 하고, 반대로 다채로움을 수용하는 정책을 펼쳤다가 읍이 시골처럼 변해버리는 곤란한 상황을 겪기도 했다. 이후 군자가 모든 것을 박탈당하는 일대 위기를 겪었다가 다행히 광명이 회복되기도 했다. 이처럼 상경에서 군자가 걸어온 길은 어찌 보면 아비규환처럼 보일 지경이다.

이러한 상경의 길은 그 속성상 예禮의 규율을 적용받지 않는 길이라고 할 수 있다. 예를 들어 사師(7)의 도에 예의 규율을 적용하는 것은 곤란하다. 일찍이 '송양지인宋襄之仁'이라 하여 전쟁터에서 예를 차리려는 행동이 조롱의 대상이 된 것은 이 때문이다. 비否(12)의 길에서 마주치는 '비인匪人'에게는 아예 말을 섞지 말라는 것이 주역의 조언이지, 이들을 예로 대하라고 조언하는 것이 아니다. 공자 역시 더불어 말을 나눌 수 있는 사람이 아닌데 말을 섞었다가는 할 말을 잃게 될 것이라고 경고한 바 있다.[1] 이처럼 곳곳에서 비인이 출몰하는 것이 상경의 길이기에 기본적으로 예의 규율을 적용받지 않고, 동시에 지켜야 할 의리도 없는 것이다.

이러한 상경의 여행길은, 군자가 섭대천涉大川이라는 대사大事를 완수하고자 큰 과오의 가능성을 감수하면서까지 감행했던 대과大過 (28)의 시도가 실패하면서 다시 위기에 처한다. 마지막에 대의를 바탕으로 정면 돌파하고자 했던 군자의 시도가 완전히 실패로 귀결되는 듯했던 순간에는 암울한 파국만이 남은 듯 보이기도 했다. 하지만 군자의 살신성인이 국면을 극적으로 전환해 결국 공동체에 정의가 확립되면서 끝을 맺었다.

이후 함咸에서 새로이 출발하는 하경의 길은 새로운 출발이긴 하지만, 이는 상경의 성과를 바탕으로 하는 것이다. 상경의 마지막 리離의 길에서 공동체의 최종 주재자인 왕이 출정해 공동체 내에 광명을 완전히 회복하고 예의 질서를 확립했기에, 그다음에 새로이 출발하는 하경의 길은 모두 예禮의 규율을 받는다. 리離의 6효사에서 원수의 우두머리를 꺾어버리고 그 무리 역시 일소했기에 이제 하경의 길에서는 비인이 출몰하는 일이 없다. 그에 따라 군자는 하경의 길에서 마주치는 사람들은 모두 예로 대할 수 있고, 또 마땅히 그래야 하는 것이다. 이는 주역의 상·하경 경문을 해석할 때도 근본적 차이를 가

겨올 수 있는 요인이니 염두에 둘 필요가 있다.

요새는 흔히 '예의禮儀'라는 말을 하나의 개념처럼 쓰고 있지만, 예禮와 의儀는 서로 구분되는 개념이다. 儀(의)는 '거동, 의식儀式, 법식法式' 등의 뜻을 갖는데, 사람의 올바른 행동거지를 의미한다. 이에 비해 禮(예)는 제단 앞에 음식을 풍성하게 차려놓고 신에게 합당한 예를 다하는 모습을 형상화한 글자로 '(신을) 공경한다'는 뜻도 갖고 있다. 즉 '의'는 외적인 행동거지의 문제인 데 비해, '예'는 합당한 정성[誠]과 공경하는 마음이 중요한 것이다. 이렇게 보면 상경의 세계에 적용되는 질서는 '의'요, 하경의 세계에 적용되는 질서는 '예'라는 점을 알 수 있다.

군자는 상경의 세계를 여행할 때 마주치는 사람들에게 의儀를 다한다. 하지만 마음의 경계를 늦추지는 않는다. 왜냐하면 비인匪人이 섞여 있을 수 있기 때문이다. 군자는 상경의 세계에서도 사람들과 관계를 맺는다. 하지만 그 관계는 아직 의리로 맺어진 것이 아니라는 점을 안다. 그러므로 마음의 경계를 늦추지는 않는 것이며, 그럼에도 '의'는 다하는 것이다. 이처럼 주역은 의와 예禮를 구분해 인식하며, 예의 질서에는 엄중한 의미를 부여하는 것이다.

예를 들어 대과大過(28)와 소과小過(62)는 각각 상·하경의 마지막 갈림길 앞에 놓여 있다. 대과와 소과는 그 위치만으로도 흥미를 불러일으킨다. 이는 끝맺음을 위해서는 과過의 가능성을 감수하지 않으면 안 된다는 시사로 볼 수 있기 때문이다. 그렇더라도 대과와 소과를 엄격히 구별하는 것이 주역의 태도다. 대과와 소과가 각각 상·하경에 나뉘어 속한다는 것은, 상경의 길에서라면 대과의 가능성까지 허용될 수 있지만, 예의 질서가 적용되는 하경의 길에서라면 소과의 가능성까지만 허용된다는 의미를 담고 있다. 그러므로 하경의 길을 걷는 군자라면 대과를 초래할 가능성이 있는 시도는 할 수 없는 것이다.

다음으로 림臨(19)의 도와 그 배합괘인 둔遯(33)의 도가 각각 상·하경에 나뉘어 속한다는 점도 눈여겨볼 만하다. 림의 도와 둔의 도가 서로 배합괘라는 것은, 이 두 길 역시 서로 대대를 이룬다는 말이다. 주역이 배합괘보다 도전괘를 우선해 짝을 지어놓았기에 묻혀 있을 뿐이다.

림臨의 도와 둔遯의 도를 서로 대대라는 관점에서 보면, 둔의 도는 림의 도 6단계의 돈림敦臨을 통해 군자와 아랫사람 간에 돈독히 맺어진 관계로부터 군자가 발을 빼는 경우라고 할 수 있다. 그런데 주역이 림의 도를 상경에 배치했다는 것은, 림의 길을 밟아나가는 도중에는 군자와 아랫사람의 관계가 아직 완전히 예禮의 질서에 안착하지 않았다(그에 따라 아직 의리가 적용되지 않는다)고 판단한다는 뜻이다. 림의 길이 6단계 돈림에 이르러 상호 간에 돈독한 관계가 형성되었을 때 비로소 예의 질서에 안착한다는 얘기가 된다. 그러므로 림의 도는 상경에 있는 반면, 그렇게 해서 형성된 관계(예의 질서)로부터 군자가 발을 뺄 때 적용되는 둔의 도는 하경에 포함된 것이다. 이렇게 보면 통행본 주역의 상·하경 체제가 면밀한 검토를 거친 산물임을 알 수 있다.[2]

이처럼 상·하경의 길을 구분해 인식하는 주역의 태도는 실질적인 의미를 지닐 수 있다. 가령 림臨의 길이 6단계 돈림敦臨에 이르기 전에 군자가 섣불리 예를 차리는 행동은 자칫 '송양지인宋襄之仁'이 될 우려가 있다고 보는 것이다. 대신 이렇게 어렵게 형성되는 것이 예로 맺어진 관계(이자 의리로 맺어진 관계)인 이상, 한번 맺어지면 이를 해소하는 것도 대단히 어렵게 여기는 것이 또한 군자의 태도이자 주역의 태도다. 앞으로 살펴볼 둔遯(33)의 도를 통해 군자가 기존에 맺은 관계에서 발을 뺄 때 얼마나 어렵게 여기며 처신하는지를 확인할 수 있다. 이처럼 예의 질서에는 들어가기도 어렵고, 한번 들어간 이상 나오기도 어렵다고 여기는 것이 주역의 태도라고 할 수 있다.

이렇게 볼 때라야 주역이 상·하경을 구분한 취지를 이해할 수 있을 것이며, 하경이 담고 있는 34가지 길의 내용을 제대로 이해할 수 있을 터다.

주역이 담고 있는 64가지 존재법칙은 결국 이를 통해 사람 사이의 관계(사회)를 생성生成하는 것이다. 상경은 '생生'하는 것이고, 하경은 '성成'하는 것이라고 말할 수 있다.

앞서 언급했듯 상경이 담은 30가지 변화의 도는 거칠게 표현하면 난리법석을 일으키는 것이고 아비규환을 초래하는 것이기도 하다. 그렇다면 왜 이런 도道가 필요할까? 〈서괘전〉은 "천지의 사이를 채우는 것은 오직 만물뿐"이기 때문이라고 한다. 천지의 사이는 광활하다. 그 광활함을 채우려면 '만물萬物'이 아니면 안 된다는 뜻이다. '만물'이 허용되지 않으면 광활한 천지의 사이를 다 채우지 못해 허전한 곳이 초래될 것이다. 허전함은 쓸쓸함을 부른다. 하늘이 빅뱅을 일으켰다는 것은, 하늘의 성정이 쓸쓸함을 좋아하지 않는 것이다. 이를 동양학 용어로는 하늘이 '호생지덕好生之德(생生하기를 즐기는 덕)'을 지녔다고 표현한다. 사실 이러한 관찰로부터 동양학이 시작된 것이다. 동양학에서는 이런 하늘의 호생지덕을 본받고자 하는 덕목을 '인仁'이라 했고, 이를 인간이 지녀야 할 최고의 덕목으로 여긴다.

이처럼 하늘의 성정이 호생지덕을 지녔기에 하늘이 만물을 생生하는 것이다. 이렇게 해서 인간 세상에 만물(천태만상, 난리법석, 아비규환)이 생하는 경우에 적용되는 존재법칙은 30가지이며 상경은 이를 설명하고 있다. 이렇게 보면 상경은 천도天道가 적용되는 셈이다. 하늘은 호생지덕을 지녔기에 만물을 허용하며 그에 따라 비인匪人조차도 배제하지 않는 것이다. 이와 같은 천도에 따라 온갖 천태만상이 생겨난 '연후에'[有萬物然後] 이를 바탕으로(또는 이를 수습하기 위해) 사람 사이의 관계 맺음(예의 질서)이 생겨난다는 것이 주역의 시각이다.

이를 풀어 생각해보면, 인간이 빚어내는 난리법석과 아비규환이 있고서야 사람 사이에 '예禮'가 존재한다는 말이 된다. 또는 인간이 빚어내는 난리법석과 아비규환이 없다면, 사람 사이에 '예' 역시 존재하지 않을 것이라는 말이 된다. 이는 '비례非禮'와 '예'가 서로 대대를 이룬다는 말에 다름 아니기도 하다. 하지만 과연 그런 것일까? 인간 세상에 난리법석과 아비규환 없이 차분한 예의 질서만 존재할 수는 없는 것일까?

이 질문을 뒤로한 채 군자는 이제 '함咸'의 길로 출발하는 하경의 여행길에 나설 때가 되었다. 주역 하경의 여정은 다음과 같이 수신제가치국평천하修身齊家治國平天下의 길로 이루어져 있다.

수신修身의 길: 함咸(31)~명이明夷(36)

제가齊家의 길: 가인家人(37)~해解(40)

치국治國의 길: 손損(41)~간艮(52)

평천하平天下의 길: 점漸(53)~미제未濟(64)

군자가 이 길들을 답파할 때마다 하나씩 도道를 깨쳐서 하경의 여

정이 끝날 때는 수신제가치국평천하의 도를 최종 완성하는 것이다.

이는 예禮와 의리義理가 적용되는 하경의 안정된 질서를 바탕으로 주인공인 군자가 본격적으로 자신의 잠재력을 펼쳐가는 여정이기도 하다.

함咸 : 항恒

함께하는 길과

한결같이 주관을 지키는 길

함咸 함께하다

咸 亨 利貞 取女 吉
함 형 이 정 취 녀 길

함咸의 길은 형통하리라. 정貞해야 이로우리라. 여자를 취하면 길하리라.

初六 咸其拇
초 륙 함 기 무

처음에 음이 오니, 그의 엄지발가락을 함께하는 상이로다.

六二 咸其腓 凶 居 吉
육 이 함 기 비 흉 거 길

음이 두 번째에 오니, 그의 장딴지를 함께하면 흉하리라. 거居해야 길하리라.

九三 咸其股 執其隨 往 吝
구 삼 함 기 고 집 기 수 왕 린

양이 세 번째에 오니, 그의 허벅지를 함께하는 상이로다. 그를 따르는 것[隨]에 집착해서 왕往하면 인색하리라.

九四 貞 吉 悔亡 憧憧往來 朋從爾思
구 사 정 길 회 망 동 동 왕 래 붕 종 이 사

양이 네 번째에 오는 것은, 정貞하면 길하리라. 회悔는 사라지리라. 동경하고 동경하여 왕래하니, 벗이 그대의 생각을 따르리라.

九五 咸其脢 无悔
구 오 함 기 매 무 회

양이 다섯 번째에 오니, 그의 등살을 함께하는 상이로다. 회悔가 없으리라.

上六 咸其輔頰舌
상 륙 함 기 보 협 설

극상의 자리에 음이 오니, 그의 광대뼈와 뺨과 혀를 함께하는 상이로다.

상경에서 건乾과 곤坤이 첫머리에 자리 잡아 상경의 30괘를 대표하듯, 하경에서는 함咸과 항恒이 첫머리에서 34괘를 대표하고 있다. 물론 주역 전체로 보면 건과 곤이 첫머리에 자리 잡아 64괘 전체를 대표하는 것이다.

그러므로 함과 항의 특성을 제대로 이해하면 하경의 나머지 32괘 각각의 특성을 이해할 때 도움을 받을 수 있으니, 그만한 노력을 기울일 필요가 있겠다. 둘 중에서도 항이 아니라 함을 첫머리에 세운 것은, 건과 곤 중에 곤이 아니라 건을 첫머리에 세운 것처럼 특정한 함의를 갖는다. 이에 대해서는 〈함·항 — 불변응만변不變應萬變〉 장에서 다시 살펴볼 것이다. 어쨌든 함을 하경의 첫머리에 세운 주역의 취지에 따르면, 사람 사이에 관계 맺음(예의 질서)은 함의 도에서 출발하는 것이다.

함咸의 뜻을 자전에서 찾아보면, '모두, 다, 같다' 등의 뜻이 있는데, 〈단전〉은 이를 感(느낄 감)의 뜻으로 풀이한다. "함咸은 감感이라는 뜻이다[咸 感也]." 이러한 〈단전〉의 풀이가 지금까지 대체로 수용되어왔는데, 여기에는 더 생각해볼 점이 있다.

우선 感(감)은 곤坤으로 대표되는 음의 속성이라는 점이다. 함咸은 대대 관계인 항恒에 견주어 양의 속성을 대표하므로, 함을 음의 속성인 感(감)의 뜻으로 풀이하는 데는 동의하기 어렵다. 실제로 백서 주역에서는 함에 해당하는 괘명이 '흠欽(흠)'으로 표기[3]되었는데, 흠欽을 感(감)의 뜻으로 새기기는 어렵다. 또한 '함'과 '감'이 같은 뜻이라면 그냥 '감'으로 표기하지 않은 이유를 납득하기 어렵다.[4] 결국 '감'이 아니라 굳이 '함'으로 썼다는 것은, '함'이 '감'과는 구별되는 의미로 쓰였다고 봐야 할 것이다.

이렇게 볼 때 왕안석王安石의 다음과 같은 풀이가 주목할 만하다. "마음이 있는 것[有心]을 일러 감感이라 하고 마음이 없는 것[無心]을 일러 함咸이라 한다[有心曰感 無心曰咸 [5]]." 필자는 왕안석의 풀이에 동의하는데, 咸(함)이 感(감)과 달리 "마음이 없는 것"이라는 점은 중요한 의미가 있으며, 주역 또한 이를 중시하고 있다고 본다.

咸(함)의 어원을 보면 '戌 + 口(입 구)'의 구조로 이루어졌다. 戌(술)은 戊(무)에 비해 날이 좁게 생긴 창을 형상화한 글자다. 날이 긴 戊가 의장용 창임에 비해 戌은 실용적 형태여서 실전용 무기로 사용되었으리라 추측하고 있다. 결국 실전용 무기인 창을 들고 전투에 임하기 직전에 모든 전사戰士들이 다 같이 함성을 지르는 모습을 형상화한 글자가 함咸인 셈이다. 무기를 들고 전투에 임하기 직전 다 같이 함성을 지를 때 다른 말을 할 수는 없다. 이는 그 전사들이 마음[心]에서부터 공감하느냐와는 별개의 문제다. 그러므로 마음이 없는 것을 일러 '함'이라고 했던 왕안석의 풀이가 적절함을 알 수 있다.

백서 주역에서 함咸 대신 괘명으로 쓰는 欽(흠)도 살펴볼 필요가 있다. 흠欽은 통상 '공경하다, 흠모하다'라는 뜻으로 새기는데, 그 원형적 의미에 대해서는 단옥재가 《설문해자주》에서 제공하는 풀이가 도움이 된다. "(자기가) 부족한 듯 근심하는 것을 일러 흠欽이라 한다. 《시경》〈신풍晨風〉에서는 근심하는 마음으로 흠흠欽欽한다고 했다. (…) 모두 겸허히 비어 있다는 의미로 말하고 있다[然如不足 謂之欽 詩晨風 憂心欽欽 (…) 皆言沖虛之意]." 단옥재에 따르면 '흠'이란 자기가 부족하다고 여겨 겸허히 '자기 마음을 비우는' 것이다. '공경하다, 흠모하다'라고 하는 현재의 의미는 이런 원형적 의미로부터 나왔다.

〈잡괘전〉에서는 함咸과 항恒을 이렇게 풀이한다. "함咸은 빨리 상황 변화가 이루어지는 것이고, 항恒은 오래 지속되는 것이다[咸 速也 恒 久也].” 〈잡괘전〉은 ‘함’의 뜻을 ‘速(속)’으로 풀고 있다. 速은 흔히 ‘빠를 속’으로 새기지만, 뜻을 자전에서 찾아보면, ‘빨리 하다; 이루다, 되다, 도래하다’ 등의 뜻이 있다. 자형을 살펴보면 ‘辶 + 束’의 구조인데, 여기서 辶(착)은 ‘달려간다’는 뜻이고, 束(속)은 나뭇가지를 한데 묶은 모양을 형상화한 글자로, ‘묶다, 합치다’ 등의 뜻을 갖는다. 이를 종합하면 速은 빨리 남과 합친다는 뜻이 된다.

이처럼 빨리 남과 함께할 수 있는 이유는 겸허히 자기 마음을 비우기 때문이다. 즉 ‘무심無心’하게 받아들이기 때문이다. 함咸과 대대를 이루는 항恒은 항심恒心을 지키는 것, 즉 자기 마음, 자기 주관을 지키는 것임에 비해, ‘함’은 자기 마음을 없이 하는 것[無心]이다. 그러므로 무심하게 빨리 받아들일 수 있는 것이다. 만약 마음이 바뀌어야 한다면 변화는 오래 걸릴 수밖에 없을 터다. 〈상전〉은 함咸을 “군자가 이로써 (자신을) 비워 남을 받아들이는 것[咸 君子 以虛受人]”으로 풀이함으로써 지금까지 살펴본 내용과 궤를 같이 한다.

함咸의 도를 한글로 요약하면 ‘함께하다’가 적절하다. 주역이 함의 도를 하경의 첫머리에 세워 강조하는 것은, 인간이 함께함(이게 바로 ‘사회’다)은 마음의 문제를 넘어서 빨리 그리할 수 있어야 한다는 점을 강조하는 취지다. 이를 나타내기 위해, 창을 들고 전투에 임하기 직전 모든 전사가 다 같이 함성을 지르는 모습을 형상화한 글자인 咸(함)을 쓴 것은 적절한 면이 있다(이에 대해서는 별도의 박스 해설 참조). 종족의 생사를 건 전투를 코앞에 둔 상황에서는 구성원 상호 간 마음의 차이를 넘어서 함께할 수밖에 없기 때문이다. 함의 도는 바로 이런 취지를 담고 있다.

전사戰士의 이미지

신화학자 조지프 캠벨은 시간의 장에 있는 모든 것은 이원적이라는 점을 지적한다. 그는 선과 악, 정당함과 부당함, 이것과 저것, 빛과 어둠, 과거와 미래, 삶과 죽음, 존재와 부재 등을 대극의 사례로 거론하면서 가장 궁극적인 한 쌍의 대극은 남성과 여성이라고 설명한다. 이 경우 남성은 공격적이고 여성은 수용적이며, 남성은 전사이고 여성은 몽상가라고 한다.[6]

그가 말하는 대극은 곧 대대이고, 남성과 여성은 양과 음이라고 할 수 있다. 그가 양의 특성을 '전사'로 규정한 것은 적절한 비유라고 본다. 창을 든 전사의 모습을 형상화한 함咸의 도는 양에 속하는 길인 것이다.

주역이 함咸의 도를 사람 간 관계 맺음의 첫머리에 세워 강조하는 이유는, 인간이 사회적 동물이기 때문일 것이다. 한 명의 개체로는 연약한 인간이 맹수를 이겨내고 만물의 영장이 될 수 있었던 비결은 다른 무엇보다도 '함께했다'는 점이 가장 근본적 요인이다. 오늘날 인간은 공동체를 떠나서는 아예 생존할 수 없게끔 되었다. 그런데 다른 한편으로 인간 존재는 언제나 자유를 희구하며 공동체의 구속을 싫어한다. 이 모순적 상황을 어떻게 조화할 것인가는 인간 존재의 영원한 고민인데, 여기서 이 고민이 다시 한번 반복되고 있다. 함과 항恒의 갈림길 앞에 섰을 때 군자는 이 고민과 맞닥뜨리는 것이다. 자유를 희구하는 인간 존재가 생존을 위해서는 반드시 남과 함께 해야만 한다.

함咸과 항恒의 갈림길이 하경의 첫머리에 놓였다는 것은 이 고민이 주역의 하경 전체를 관통하는 근본적 주제라는 점을 시사한다. 그리고 두 길 중에서도 함의 도를 하경의 첫머리에 세운 것은, 남과 함께할 때는 자기 마음의 문제를 떠나 무심無心히 연대할 수도 있어야 함을 강조하는 것이다. 이 점이 사람 사이의 관계 맺음에서 첫 번째로 중요한 사항이라고 생각했기에 함의 도를 하경의 첫머리에 세운 것이다. 최소한 현재 우리 손에 들려 있는 통행본 주역의 괘 순서를 구성한 이들은 그렇게 판단했다는 사실을 염두에 둘 필요가 있다.

初六 咸其拇
초 륙 함 기 무
처음에 음이 오니, 그의 엄지발가락을 함께하는 상이로다.

함咸의 효사는 박剝(23)의 효사와 유사한 서술방식을 취한다. 박剝의 길에서는 상牀에 비유해 아래에서 위로 올라갈수록 변화의 정도를 더해갔는데, 함咸의 길에서는 사람의 신체에 비유한다. 그러므로 1단계에서는 맨 아래에 있는 엄지발가락 수준에서 상대방과 함께하고 있다.

그런데 맨 아래 수준을 표현하더라도 앞서 살핀 바 있는 지趾[서합괘(21) 1효, 비괘(22) 1효]나 족足[박괘(23) 1효]이 아니라 '拇(무)'를 쓴다는 점이 주목된다. 엄지발가락은 발에서도 가장 끝부분에 불과하다. 이는 김동인의 단편소설 〈발가락이 닮았다〉를 생각나게 하는 대목이다. 소설에서 주인공은 자기 자식일 리 없는 아기를 안고서 "나와 발가락이 닮았다"고 한다. 여기서 발가락은 신체의 가장 끝에 달린 미미한 부분을 상징한다. 그로 인해 "발가락이 닮았다"는 말은, '닮지 않

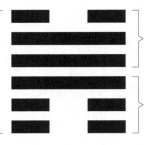

64괘 함咸
팔괘 간艮 + 팔괘 태兌
= 64괘 함咸

처음에는 버팀으로써 자신의 입지를 확보하고, 나중에는 그와 같은 태도에서 벗어나는 것이 함咸의 도道

팔괘 태兌
'벗어남'을 상징
하괘에서 고수하며 버티던 태도에서 벗어남을 상징

팔괘 간艮
산山으로 표상됨
'산처럼 굳게 버팀'을 상징
상대의 청을 들어주지 않고 버팀으로써 자신의 입지를 확보함

그림 22 함咸의 괘상

았다'는 의중을 반어적으로 표현한 말이 되고 있다. 이와 같은 소설의 비유가 여기 1효사에도 그대로 적용될 수 있다.

함咸의 길을 밟아나가는 군자가 엄지발가락 수준에서 상대와 함께한다는 말은, 사실상 쉽사리 상대방과 함께해줄 마음이 없으면서 겉으로 최소한의 성의 표시만 한다는 뜻이다. 이 점은 〈그림 22〉에서 '함'의 하괘가 간艮이라는 점을 통해서도 확인할 수 있다.

팔괘 중의 간艮은 산山으로 표상되며, 산처럼 버티면서 상대의 청을 들어주지 않는다는 의미를 함축한다. 그러므로 함咸의 길 1단계에서 "엄지발가락을 함께한다"가 사실상 쉽사리 상대방과 함께해주지 않는다는 의중을 표현한 말임을 알 수 있다. 또한 이렇게 볼 때라야 다음에 이어지는 2효사의 취지도 이해할 수 있다.

六二 咸其腓 凶 居 吉
육 이 함 기 비 흉 거 길
음이 두 번째에 오니, 그의 장딴지를 함께하면 흉하리라. 거居해야 길하리라.

함咸의 2단계는 엄지발가락 수준에서 한 차원 높아진 "장딴지를 함께하는" 문제에 대해 거론한다. 그런데 그리하면 흉할 것이라 말하고 있다.

'거居한다'는 말은 '(그대로) 있는다'는 뜻으로 쓰였다. 결국 주역은 군자가 함咸의 길로 나아갈 때 2단계에서는 함께하는 수준을 높이지 말고 그대로 있으라고 조언하는 것이다. 이는 '함'의 하괘가 간艮이라는 점과 부합하는 내용이다. 주역은 함의 길로 나아갈 때라도 섣불리 진도를 빨리 나가는 것은 경계하고 있다. 결국에는 상대방과 함께할 생각이라고 해도 완급의 조절이 필요하다고 보는 것이다. 이는 일종의 '밀고 당기기'가 필요하다고 판단하는 것이다.

九三 咸其股 執其隨 往 吝
구 삼 함 기 고 집 기 수 왕 린
양이 세 번째에 오니, 그의 허벅지를 함께하는 상이로다. 그를 따르는 것[隨]에 집착해서 왕往하면 인색하리라.

3단계에서는 함의 도가 한 차원 더 높은 수준으로 발전해 상대방과 허벅지를 함께하는 문제에 대해 말한다. 여기서는 흉하다는 말이 없다. 그러므로 3단계에 이르면 그와 허벅지까지 함께하는 수준으로 함의 도를 발전시키는 것이 올바른 선택이다. 이는 〈그림 22〉에서 3효가 지난 1·2효와는 달리 양효라는 점에도 부합한다. 간艮괘에서 1·2효의 음은 자신의 뜻을 견지하며 버티는 태도를, 3효의 양은 굳은 태도를 조금 완화하는 움직임을 상징하는 것이다(부연 설명은 〈부록 4〉 참조).

단 그렇게 함의 도를 발전시키다가 그를 따르는 것[隨]에 집착하는 지경이 돼서는 곤란하다고 경계한다. 여기서 隨(수)는 상경의 수隨 (17)의 도를 가리킨다. 수의 길은 군자가 자신보다 윗사람을 믿고 따르며 배우는 길이었다. 그에 비해 함의 길은 상대방과 대등한 차원에서 함께하는 길이다. 그러므로 지금 주역은 군자가 양자를 구분해 처신해야 한다고 조언하는 것이다. 함의 도가 3단계에 이르러 상대방과 허벅지를 함께하는 수준으로 발전하는 것은 좋지만, 그러다가 정도가 지나쳐 수의 길처럼 되어버리면 곤란하다는 것이다. 이는 주역이 볼 때 함의 길 3단계에서 수의 길과 혼동하는 실수가 자주 벌어지기에 특별히 경계하는 조언을 남긴 것이다.

'왕往한다'는 말은 2단계에 사용된 '거居한다'와 대비를 이루는 표현이다. '거居한다'가 '(그대로) 있는다'는 뜻인 데 비해, '왕往한다'는 말은 '그대로 있지 않고 정해진 길로 계속 나아가는 것'을 의미한다. 즉 상대방을 그대로 믿고 의지해 따라가는 수隨의 길로 계속 가면 결과가 인색할 것이라는 말이다.

이상에서 살펴본 3효사의 해석 역시 하괘가 간艮이라는 점과 부합한다. 상대방과 허벅지를 함께하는 수준으로 함의 도를 발전시키기는 하지만, 상대방을 그대로 믿고 따라가는 정도에 이르는 것은 거부한다는 점에서 '간'의 괘상에 부합하는 것이다.

九四 貞 吉 悔亡 憧憧往來 朋從爾思
구 사 정 길 회 망 동 동 왕 래 붕 종 이 사

양이 네 번째에 오는 것은, 정貞하면 길하리라. 회悔는 사라지리라. 동경하고 동경하여 왕래하니, 벗이 그대의 생각을 따르리라.

3효에 이어 4효에 또다시 양이 놓인 것은, 3단계에서처럼 함의 도를 한 차원 더 높은 수준으로 발전시키는 움직임을 계속하라는 뜻이다. 그러므로 여기서 정貞하라는 말은 그렇게 계속하라는 말이다. 주역은 그리하면 길할 것이라 말한다.

함咸의 길에서 4단계는 도약의 단계에 해당한다. 앞서 3단계에서 이미 그 수준이 허벅지를 함께하는 정도까지 높아졌다. 그러므로 여기서 한 단계 더 도약하려 한다면 일말의 불안이 피어난다. 과연 그래도 될까? 이러다 나의 독립성이 무너지는 것은 아닐까 하는 불안감이 드는 것이다. 이것이 바로 '마음에 걸리는 그 무엇'인 회悔다. 하지만 이어지는 결과로 인해 이러한 '회'는 사라질 것이니 염려하지 말라 조언한다.

함의 길이 4단계에 이르면 상대와 나는 서로 "동경하고 동경하여 왕래"하게 된다. '왕래往來한다'는 말은 앞서 태泰(11)의 사례에서처럼 가면 오는 것이 있다는 뜻이다. 관계는 여기서 더 나아가 벗이 자연스레 "나의 생각을 따르는" 경지에 이른다.

원래 함의 길은 내가 태도를 바꾸어 상대와 함께하는 길이었다. 그러던 것이 수준이 성숙해 4단계에 이르자 서로 동경해 왕래하게 되더니, 결국 상대가 나의 생각을 따르는 수준으로까지 관계가 발전하고 있다. 함의 도가 본격적으로 상호 시너지를 내는 것인데, 애초에 함의 길을 나섰던 목적은 바로 이런 경지에 도달하는 것이었다.

관계가 이토록 높은 수준으로까지 발전할 수 있었던 비결은 무엇일까? 결국에는 상대방과 함께할 생각이라 하더라도 1·2단계에서 관계를 섣부르게 발전시키지 않았다는 점이 주목된다. 또한 3단계에서는 관계를 한 차원 높은 수준으로 발전시키더라도 상대방을 그대로 믿고 따라가는 식은 경계했다. 상대와 관계를 형성함에 있어 그렇게 주의를 기울여왔기에 4단계에 이르렀을 때 서로 동경하고 상대가 나의 생각을 따르는 차원으로까지 관계가 성숙하게 되는 것이다. 만약 앞서 1·2단계에서 섣부르게 관계를 진전시키고, 3단계에서 내가 상대방을 일방적으로 믿고 따라가는 식으로 흘러갔다면, 상대와 나의 관계는 그렇게 굳어졌을 것이다. 그랬다면 4단계에 이르더라도 여전히 상대방에게 일방적으로 끌려가는 관계였을 것이다.

九五 咸其脢 无悔
구 오 함 기 매 무 회
양이 다섯 번째에 오니, 그의 등살을 함께하는 상이로다. 회悔
가 없으리라.

脢(매)는 등에 있는 근육인 등살을 가리킨다. 앞서 3단계까지 함께한 것은 엄지발가락, 장딴지, 허벅지 순이었다. 이들 부위는 모두 다리에 해당하는데, 다리를 함께하면 어떤 움직임이 쉽게 눈에 띈다. 그러므로 서로 함께하고 있다는 점이 쉽게 눈에 띌 것이다.

이에 비해 등살이란 신체에서 아무런 움직임이 나타나지 않는 부위다. 그러므로 등살을 함께한다고 해도 눈에 띄는 어떤 변화가 드러나 보이는 것은 아니다. 이처럼 등살 수준에서 함께하는 것은 이전 단계에 비해 야단스럽지 않다. 반면 더욱 깊은 수준이라고 할 수 있다. 그 때문에 회悔, 즉 마음에 걸릴 것이 아예 없는 것이다. 앞서 4효사에 등장했던 "회悔가 사라진다[悔亡]"는 말은 일단 생겨났던 '회'가 사라진다는 말이다. 그에 비해 "회悔가 없으리라[无悔]"는 말은 '회'가 아예 생겨나지 않는다는 말이니 보다 깊은 수준이라고 할 수 있다. 이렇게 보면 5단계가 함의 도에서 절정임을 알 수 있다. 5단계에서 함의 도는 완숙한 경지에 이르는 것이다.

上六 咸其輔頰舌
상 륙 함 기 보 협 설
극상의 자리에 음이 오니, 그의 광대뼈와 뺨과 혀를 함께하는 상이로다.

6단계에서는 함의 도가 등살보다 더 높은 위치에 있는 얼굴 부위에까지 이른다. 언뜻 생각하기에는 함의 도가 더욱 높은 단계로 발전했다고 볼 수도 있을 것이다. 하지만 괘상을 보면 앞서 3~5효가 양이었음에 비해 6효가 음으로 바뀌고 있다는 점에 주목하지 않을 수 없다. 이는 앞서 3~5효에서 상대방과 계속 함께해온 군자의 태도에 변화가 있음을 상징한다. 그렇다면 6단계에서 군자는 상대방을 대하던 기존 태도를 일정 정도 다시 바꾸는 것이다.

어째서 군자는 함의 도 6단계에 이르러 태도를 다시 바꾸는 것일까? "군자는 조화를 이루지만 휩쓸리지는 않는다[君子 和而不流]"(《중용·中庸》10장 5절)고 한 《중용》의 구절이 해답이라고 할 수 있다.

인간 존재가 자유를 희구하지만, 생존을 위해서는 반드시 남과 함께해야 한다는 근본적 고민이 함咸과 항恒 두 길에 담겼다고 서두에서 설명했다. 군자가 '항' 대신 '함'의 길을 선택했다고 해도 근본 고민이 사라진 것은 아니다. 생존을 위해, 공동체의 유지를 위해 남과 함께하는 길을 택했다 해도 군자는 여전히 인간 존재로서 자유를 희구한다. 그는 자신의 주관을 지키고 싶다. 이런 욕구가 완전히 사라진다면 그는 인간 개체로서 존재하지도 않을 것이다. 그러므로 6단계에 이르렀을 때 군자는 다시 음의 태도로 복귀하는 것이다. 이는 앞서 1·2효의 경우와 마찬가지로 군자가 자신의 뜻을 견지하는 태도를 상징하는 것이다. 앞서 세 개 효에 걸쳐 남과 함께하는 태도를 지속해왔기에 네 번째 효인 6단계에 이르렀을 때 음의 태도를 회복하지 못하면, 《중용》이 경계하는 "남과 조화를 이루다 휩쓸리고 마는" 우를 범하는 것에 해당한다.

이렇게 보면, 6효사에서 언급하는 광대뼈와 빰과 혀는 사람이 말을 할 때 같이 움직이는 부위이면서, 다시 한번 변화가 겉으로 드러나 보이는 부위라는 점이 주목된다.

군자는 지금 하경의 길을 가고 있다. 하경의 세상은 예禮와 의리로 맺어진 관계이기 때문에 단번에 180도 태도가 달라질 수는 없다. 그러므로 앞서 5단계의 등살 차원의 깊은 수준에서 함께하는 태도는 유보할지라도, 겉으로 드러나는 모습에서는 여전히 상대와 일정 정도 계속 보조를 맞춰주는 것이다. 이런 상황을 표현한 말이 "그의 광대뼈와 빰과 혀를 함께한다"라고 할 수 있다.

이는 6효사에 길흉을 평가하는 아무런 말(이를 점사占辭라고 한다)도 붙지 않았다는 점으로 뒷받침된다. 물론 흉하다는 평가도 없지만, 4효나 5효처럼 긍정적 평가가 붙지 않았다. 광대뼈와 빰과 혀가 등살보다 더 높은 위치에 있다고 해서 함의 도가 더욱 높은 단계로 발전했다고 해석할 수 없는 것이다.

咸 亨 利 貞 取 女 吉
함 형 이 정 취 녀 길

함咸의 길은 형통하리라. 정貞해야 이로우리라. 여자를 취하면
길하리라.

　"정貞해야 이롭다"는 말은 앞서 4효의 상황을 가리킨다. 도약의 순
간 일말의 불안감이 피어날 때 망설이다 때를 놓치지 말고 정貞해야
이로울 것이라는 말이다.

　다음으로 주역에서 여자[女]는 주인공의 상대방을 가리키는 표현
이다. 그러므로 "여자를 취하면 길하다"는 말은, 관계를 맺음에 내가
주체로서 상대방을 취하는 상황이 되어야 길하다는 뜻이다. 내가 관
계를 주도하는 상황이 되어야 길하다는 말이며, 이 역시 4효의 상황
을 가리킨다.

항恒 한결같이 주관을 지키다

恒 亨 无咎 利貞 利有攸往
항 형 무구 이정 이유유왕

항恒의 길은 형통하리라. 허물이 없으리라. 정貞하면 이로울 것이며, 가고자 하는 바가 있어야 이로우리라.

初六 浚恒 貞 凶 无攸利
초 륙 준 항 정 흉 무유리

처음에 음이 오니, 항恒을 깊게 하는 상이로다. 정貞하면 흉하리라. 이로울 바가 없으리라.

九二 悔亡
구 이 회 망

양이 두 번째에 오면, (상대의) 마음에 걸리던 것이 사라지리라.

九三 不恒其德 或承之 羞 貞 吝
구삼 불항기 덕 혹승지 수 정 린

양이 세 번째에 올 때는, 그 덕을 한결같이 하지 못한 상인데 혹 그것을 잇고자 하면 수치가 되리라. 정貞하면 인색하리라.

九四 田无禽
구 사 전 무 금

양이 네 번째에 온 것은, 사냥터에 짐승이 없는 상이로다.

六五 恒其德 貞 婦人 吉 夫子 凶
육오 항기덕 정 부인 길 부자 흉

음이 다섯 번째에 오니, 그 덕을 한결같이 한 상이로다. 정貞하면 부인은 길하고 지아비는 흉하리라.

上六 振恒 凶
상 륙 진 항 흉
극상의 자리에 음이 오니, 항恒을 떨치는 상이로다. 흉하리라.

恒(항)은 '항상'이나 '늘'이라는 뜻을 가진 글자인데, 현재의 恒 자는 '忄 + 亘'의 구조로 이루어졌다. 여기서 亘(긍)은 하늘과 땅 사이에 해가 변함없이 떠오르는 모습을 형상화한 것이다. 그런데 이는 후세에 이미지가 변경된 것이고, 〈그림 23〉에서 원래 恒 자의 갑골문을 보면 해가 아니라 반달이 하늘과 땅 사이를 잇고 있는 모습이다.

갑골문   금문

그림 23 항恒의 갑골문과 금문

이는 달이 때에 맞추어 주기적으로 차고 이지러지며 자신의 모습을 바꾸지만 언제나 거기에 떠 있고, 시기를 어기지 않으며 한결같은 하나의 원칙을 따르는 모습을 형상화한 것이다. 또한 이렇게 하면 하늘과 땅 사이를 이을 수 있음을 의미하기도 한다. 그러다가 금문에 이르면 여기에 心 자가 더해지면서 '달처럼 항상된 마음'을 뜻하게 된 것이다. 그러므로 32번째 괘명인 恒(항)은 사실 恆(항)으로 써야 맞다고 할 수 있다.[7] 亘(긍)은 하늘과 땅 사이에 달[月]이 떠오르는 모습을 형상화한 글자이기 때문이다.

어쨌든 이처럼 한결같은 마음을 뜻하는 항恒의 도에 대해 유학자들이 찬탄해 마지않았으리라는 것은 능히 짐작할 수 있다. 일찍이 공자는 항恒괘 3효사에 주목한 언급을 남겼고(이는 3효사에서 살펴볼 것이다), 맹자孟子는 "일정한 생업이 없으면서도 한결같은 마음[恒心]을 갖는 것은 오직 선비만이 그럴 수 있다[無恒産而有恒心者 惟士爲能]"(《맹자孟子》〈양혜왕상梁惠王上〉7장 19절)고 했다.

〈상전〉은 항恒에 대해 "항의 도는 군자가 그로써 입장을 세우고 방향을 바꾸지 않는 것[恒 君子以立不易方]"이라고 풀이한다. 앞서 살펴본 함咸이 남과 함께하기 위해 자기 주관을 계속 고수하는 것을 포기하는 길이었다면, 대대를 이루는 항의 길은 자기 주관(자신이 지키고자 하는 가치와 원칙)을 변치 않고 한결같이 지키는 길이라고 할 수 있다. 주역은 '함'과 '항'을 대대로서 짝을 지워 하경의 첫머리에 배치함으로써, 인간 사회에서 예禮의 질서하에 적용되는 34가지 존재법칙을 대표하도록 하고 있다.

初六 浚恒 貞 凶 无攸利
초 륙 준 항 정 흉 무 유 리
처음에 음이 오니, 항恒을 깊게 하는 상이로다. 정貞하면 흉하리라. 이로울 바가 없으리라.

준浚은 '준설浚渫'이라고 할 때의 '준'이다. 그러므로 '준항浚恒'은 '항恒의 도를 깊게 한다' 정도의 의미를 지닌다. '정貞하면 흉하다'는 것은 너무 그렇게만 하면 흉하다는 뜻이니, 결국 항의 도를 깊이 추구함이 도리어 흉하다고 평가하는 것이다.

이런 평가가 주어지는 이유에 대해 〈상전〉은 다음과 같이 풀이한다. "항恒을 깊게 함이 흉한 것은 시작부터 (너무) 깊은 수준을 추구하기 때문이다[浚恒之凶 始求深也]."

〈그림 24〉에서 항恒의 괘상을 살피면 이런 평가를 이해하는 데 도움이 된다. '항'의 하괘인 손巽은 '바람'으로 표상되며, '유연한 대처' '굽히고 들어감' 등을 상징한다. 이런 '손'이 '항'의 하괘라는 것은, 주역이 보기에 자기 주관을 지키는 길인 항의 길을 가고자 할 때라도 전반부 3단계 동안은 '유연한 대처'가 필요하다고 판단하는 것이다. 그래야 최종적으로 자기 주관을 지킬 수 있기 때문이다.

이를 바탕으로 64괘 항恒 전체의 괘상을 살피면, 전반부 3단계(1·2·3효)는 상대방에게 부드럽게 굽히고 들어가야 하는 단계이므로 1효에서 항의 도를 너무 깊은 수준으로까지 추구하는 것은 무리인 셈이다. 따라서 주역은 정貞하면 흉할 것이며, 이로울 바가 없다고 말하는 것이다.

64괘 항恒
팔괘 손巽 + 팔괘 진震
= 64괘 항恒

처음에는 유연하게 대처하고, 나중에는 한 번 크게 움직여 강한 인상을 남긴 후 자기 주관을 고수하는 태도로 돌아가는 것이 항恒의 도道

팔괘 진震
동動하게 함. 상대의 마음을 움직임. 처음에 크게 움직여 강한 인상을 남기고, 이후로는 움직임을 거두어들임

팔괘 손巽
'바람'으로 표상됨. '유연한 대처' '굽히고 들어감'

그림 24 **항恒의 괘상**

九二 悔亡
구 이 회 망
양이 두 번째에 오면, (상대의) 마음에 걸리던 것이 사라지리라.

1효가 음이었는데 2효에서는 양으로 바뀌고 있다. 앞서 함咸괘에서 음효는 군자가 자기 주관을 지키는 태도를 상징하고, 양효는 남과 함께하는 태도를 상징했는데, 함과 대대를 이루는 항恒괘에서도 동일하게 적용된다. 그러므로 1효의 음이 2효에서 양으로 바뀐 것은, 1단계에서 항恒을 고수하던 군자의 태도가 2단계에서는 남과 함께하는 것으로 바뀐다는 정황을 표상한 것이다.

그렇게 하면 "(상대의) 마음에 걸리던 것이 사라질 것"이라고 한다. 군자의 태도가 상대방과 조화를 이루는 쪽으로 바뀜에 따라 앞의 1단계의 불협화음(흉할 것이라는 평가로 상징되는)에서 벗어나기 때문이다. 군자의 태도가 바뀌니 그에 따라 상대방 역시 태도가 바뀌면서 상호 관계가 원만히 풀리기 시작하는 것이다.

九三 不恒其德 或承之 羞 貞 吝
구 삼 불 항 기 덕 혹 승 지 수 정 린
양이 세 번째에 올 때는, 그 덕을 한결같이 하지 못한 상인데 혹 그것을 잇고자 하면 수치가 되리라. 정貞하면 인색하리라.

3효사에서 "혹 그것을 잇고자 한다"는 것은 1단계에서 항恒을 고수하던 태도를 다시 이어볼까 한다는 말이다. 앞서 2단계에서 상대방과 함께하는 것으로 태도를 유연하게 바꿈으로써 상호 관계가 원만히 풀리기 시작했으니 이제는 다시 '항'을 고수하는 태도로 돌아가볼까 생각한다는 것이다. 하지만 주역은 아직 3단계에서는 군자의 덕이 한결같음을 보여주지 못한 상태이기 때문에 그렇게 하는 것은 수치가 되리라 경계하고 있다.

"정貞하다"는 표현은 그 무엇을 계속 이어가려는 것이니, 항恒의 태도를 계속 이으려는 시도를 가리킨다. 〈그림 24〉에서 항의 괘상을 보면, 3효는 손巽괘의 3효이니 유연하게 대처해야 하는 단계에 해당한다. 그러므로 여기서 '항'을 계속 고수하려는 시도에 대해서는 결과가 인색하리라는 부정적 평가가 주어지는 것이다.

항恒의 3효사는 일찍이 공자가 《논어》에서 인용한 것으로 유명하다.

> 공자께서 말씀하시기를, 남쪽 나라 사람들이 하는 말 중에 이르기를, 사람이면서 한결같음[恒]이 없으면 무당이나 의사 노릇도 할 수 없다고 하는데, (그 말이) 좋구나!
> 그 덕을 한결같이 하지 못한 상인데 혹 그것을 잇고자 하면 수치가 될 것이라 했다. (공자께서 말씀하시기를) 점사占辭가 아니어도 (뜻이) 충분하구나.
> 子曰 南人有言曰 人而無恒 不可以作巫醫 善夫
> 不恒其德 或承之 羞 子曰 不占而已矣
>
> 《논어》 〈자로〉 22장 1절~3절

공자의 말씀 중에 맨 마지막 구절인 "부점이이의不占而已矣"는 일찍이 주희가 《논어집주論語集註》 해당 구절에서 "그 뜻이 분명치 않다[其義 未詳]"고 밝혔듯, 그동안 적절한 해석을 찾지 못하던 구절이다. 여기서 '占(점)'은 항恒괘 3효사의 점사占辭인 "정貞하면 인색하리라[貞 吝]"를 가리키는 것이다.

인용문에서 "불항기덕 혹승지 수不恒其德 或承之 羞"는 이 여덟 글자만으로도 남쪽 나라 사람들의 말과 맥락이 이어지면서 그 취지를 잘 드러낸다. 그에 비해 항恒의 3효사의 점사인 '정 린貞 吝'은 항恒괘 전체의 맥락에서 하괘가 손괘라는 점을 고려하면서 읽어야 한다. 그렇지 않고 따로 떼어 〈자로〉 편 22장에서 그대로 인용할 경우 전달하고자 하는 의미에 혼선을 초래할 우려가 있다. 그래서 공자는 점사를 생략하면서 "점사가 아니어도 (뜻이) 충분하다[不占而已矣]"라고 말씀하신 것이다.

九四 田无禽
구 사 전 무 금
양이 네 번째에 온 것은, 사냥터에 짐승이 없는 상이로다.

주역의 세계에서 사냥감은 어떤 성과를 상징하는 것이다. 그러므로 "사냥터에 짐승이 없다"는 말은, 노력을 기울여봐야 어떤 성과를 기대할 수 없다는 말이다. 항의 길에서 양효는 남과 함께하는 태도를 상징하니, 4단계에서는 그렇게 남과 함께하는 노력을 기울여봐야 어떤 성과를 기대할 수 없다는 뜻이다.

〈상전〉은 4효사에 대해 "그 자리가 아닌 곳에 오래 있었으니 어찌 짐승을 잡을 수 있겠는가[久非其位 安得禽也]"라고 풀이한다. 〈상전〉은 그 이유를, 그 자리가 아닌 곳에 오래 있었기 때문이라 말하고 있다.

〈그림 24〉에서 항의 괘상을 살펴보면, 2·3·4효에 연속으로 양이 온다. 상대와 함께하는 태도(자신의 항을 고수하려 하지 않는 태도)가 세 번 연속으로 계속된 것인데, 결국 그로 인해 문제가 되는 것이다. 지금 군자가 추구하는 길은 어디까지나 항恒의 도인데 2효에서 시작된 유연한 대처가 너무 길어졌다. 그러므로 "그 자리가 아닌 곳에 오래 있었기 때문에" 문제가 터졌다는 〈상전〉의 풀이가 적절한 것임을 알 수 있다.

항恒의 길에서는 4단계가 위기의 단계라고 할 수 있다. 이 위기를 극복하기 위한 군자의 노력이 5단계로 이어진다.

六五 恒其德 貞 婦人 吉 夫子 凶
육 오 항 기 덕 정 부 인 길 부 자 흉
음이 다섯 번째에 오니, 그 덕을 한결같이 한 상이로다. 정貞하면 부인은 길하고 지아비는 흉하리라.

5단계에서는 효가 음으로 바뀌고 있다. 앞서 1효에서 살펴봤듯 항의 길에서는 음효가 항恒의 취지에 부합하는 효다. 그러므로 5효에 음이 다시 놓이는 것은, '항' 본래의 취지를 회복해야 함을 암시한다.

또한 5단계에서라면 군자가 이미 "그 덕을 한결같이 한 상"이라고 한다. 앞서 군자는 2·3·4효 3단계에 걸쳐 남들과 함께하는 태도를 보여주었다. 군자의 덕이 한결같음을 보여준 것이다. 그러므로 이제는 군자가 자기 주관을 지키는 정貞한 태도로 돌아가도 공동체가 이를 수용할 것이다.

그런데 흥미로운 점은, 항의 도가 절정에 도달한 5단계에서조차 항의 태도를 고수하는 것[貞]이 부인에게는 길하지만, 지아비에게는 흉하다고 평가하는 점이다. 그 이유를 〈상전〉은 이렇게 설명한다. "부인이 정貞하면 길한 것은 하나를 따라서 마치기 때문이다. 지아비는 의義를 제정해야 하니 부인을 따르면 흉한 것이다[婦人 貞吉 從一而終也 夫子 制義 從婦 凶也]." 이와 같은 〈상전〉의 해석은 흥미로운 것이다. 우선 〈상전〉의 해석을 따를 경우 "하나를 따라서 마치는 것[從一而終]"이 '부녀자의 도리'로 격하되고 있다는 점을 지적할 수 있다. "하나를 따라서 마치는 것[從一而終]"은 바로 항恒의 도를 말하는 것이니, 오직 선비[士]만이 항심恒心을 유지할 수 있다고 했던 맹자라면 이런 해석에 동의하지 않을 것이다. 또한 앞서 서두에서 〈상전〉이 "항恒의 도는 군자가 그로써 입장을 세우고 방향을 바꾸지 않는 것[恒 君子以立不易方]"이라고 풀이한 내용과도 상충한다. 게다가 〈단전〉은 항의 길에 대해 "천지의 도는 항구하여서 그칠 줄을 모른다[天地之道 恒久而不已也]"고 했고, "성인은 그 도에 항구하여서 천하를 교화하여 이루니, 그 항구한 바를 관찰하면 천지만물의 정情을 볼 수 있으리라[聖人久於其道而天下化成 觀其所恒而天地萬物之情可見矣]"고까지 했다. 항의 태도를 고수하는 것이 부인에게는 길하지만, 지아비에게는 흉하다고 평가하는 현행 5효의 점사는 이러한 〈단전〉의 풀이와도 상충한다.

지금까지 항恒의 각 효에 부여된 점사를 돌아보면, 1효사의 "정貞하면 흉하리라"에 이어 3효사에서는 "정貞하면 인색하리라"고 했다. 그러므로 절정의 단계인 5효의 경우 "정貞하면 길하리라"가 되면 자연스러울 것이다. 일관된 맥락하에 흐름이 이어지며 조금씩 평가가 나아지는 것이다.

이처럼 항의 도를 부녀자의 도리로 한정하고 있는 현행 5효의 점
사와 그에 대한 〈상전〉의 풀이는 의문의 여지가 있다는 점을 지적해
두며, 이는 다음 장에서 다시 살펴보고자 한다.

上六 振恒 凶
상 륙 진 항 흉
극상의 자리에 음이 오니, 항恒을 떨치는 상이로다. 흉하리라.

6효는 항恒의 길에서 과잉의 단계에 해당한다.

"항恒을 떨치는 상"이라는 것은, 자기 주관을 고수하고자 하는 군
자의 태도를 지나치게 드러내 보이며 과시하는 상을 말한다. 군자가
항의 길을 나아감에 있어 5단계에서 멈추었어야 했는데, 과잉의 단
계인 6단계까지 가고 만 것이다. 그래서 흉하다는 평가가 주어진 것
이다.

恒 亨 无咎 利貞 利有攸往
항 형 무 구 이 정 이 유 유 왕
항恒의 길은 형통하리라. 허물이 없으리라. 정貞하면 이로울
것이며, 가고자 하는 바가 있어야 이로우리라.

항恒의 길은 한결같이 자기 주관을 지키는 길이다. 그 길을 차분히
밟아나가면 끝내는 형통할 것이다. 그런데 그다음에 "허물이 없다"는
평가가 덧붙은 점이 주목된다. 이는 항의 길이 남과 함께하지 않고

자기 주관을 고수하는 길이기 때문에 자칫 '모난 사람' '외고집'으로 비칠 수 있기 때문이 아닌가 한다. 그런 오해를 살 우려가 있지만 끝내는 형통할 것이며, 허물로 남는 일은 없을 것이라고 한다.

항恒의 길은 그 성질상 정貞한 것이 이로울 것이다. 또한 한결같음을 유지하려면 어려운 상황에서도 인내할 수 있어야 한다. 그러므로 가고자 하는 바의 이상과 목적이 있어야 그와 같은 상황을 견디어낼 수 있을 것이다. 또 다른 측면에서 보면, 자기 주관을 고수하는 항의 길은 스스로도 자칫하면 '외고집'으로 빠질 우려가 있는 길이다. 그러므로 가고자 하는 바의 합당한 이상과 목적이 있어야 하는 것이다. 합당한 이상과 목적이 없는데도 무조건 자기 주관을 고수하기만 하는 것은 단순한 외고집에 불과할 수 있다. 따라서 스스로 이러한 기준을 가지고 끊임없이 자신을 성찰하도록 촉구하는 것이라고 할 수 있다.

함咸·항恒 ─ 불변응만변不變應萬變

〈그림 25〉를 통해 함과 항의 괘상을 나란히 놓고 비교하는 것도 흥미롭다. 함咸의 도는 자기를 지양하고 남과 함께할 때 적용되는 길인데, 처음에는 오히려 상대의 청을 들어주지 않고 버틴다. 항恒의 도는 한결같이 자기 주관을 지킬 때 적용되는 길인데, 처음에는 오히려 상대방과 조화를 이룸으로써 유연하게 대처한다. 이와 같은 리듬은 주역의 일반적 법칙이기 때문에 기억해두면 좋다.

자신의 뜻이 주관을 지키는 데 있다면 처음에는 도리어 유연하게 나가야 최종적으로 원하는 상태에 도달할 수 있다. 그 이유는 앞서 겸謙(15)의 길에서 살폈듯 우주가 가득 찬 것을 미워하기 때문이다. 시종일관 자기 주관을 지키고자 하면 이는 그것 하나로 가득 찬 태도이니 결코 바람직한 결과를 얻을 수 없다. 그러므로 처음에는 오히려 유연하게 나감으로써 음양의 균형을 맞춰야 한다. 항상 음양의 균형으로 돌아가려는 것이 우리 우주에 새겨진 결이니, 우주의 결에 부합할 때 바라는 결과를 이룰 수 있는 것이다.

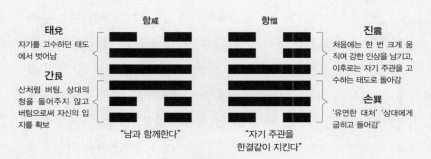

그림 25 함咸과 항恒의 괘상 비교

다음으로 함咸과 항恒은 서로 위아래를 뒤집어놓은 도전괘지만 결국 전체적인 괘상에서 그리 크게 차이가 나지도 않는다. 남과 함께함을 상징하는 양효, 자기 주관을 지킴을 상징하는 음효는 각각 세 개로 양자가 서로 같다. 3연속으로 놓이는 양효가 3단계부터 놓이는가, 2단계부터 놓이는가 하는 순서에서만 차이가 난다. 어째서 정반대의 길인데도 이렇게 괘상이 비슷한 것일까?

　　함咸의 길은 '화이불류和而不流'하는(조화를 이루되 휩쓸리지는 않는) 길이고, 항恒의 길은 '불류이화不流而和'하는(휩쓸리지 않되 조화를 이루는) 길이기 때문이 아닌가 한다. 두 길이 정반대의 길이긴 하지만, 예禮를 다하는 군자에게는 어쩌면 비슷한 길일 수도 있는 것이다.

　　달리 보자면, 큰 차이(또는 크게 보이는 차이)도 결국은 종이 한 장 차이라는 말로 볼 수도 있다. 인간과 생쥐의 유전자 배열은 약 99퍼센트가 매우 흡사하다고 한다. 1퍼센트의 차이를 중심으로 인간과 생쥐의 차이가 만들어지는 것이니, 함咸과 항恒이 정반대의 길이라 한들 군자의 행동이니 〈그림 25〉가 보여주는 괘상의 차이로 충분한 것일 수 있다. 사람의 일에서 '수순'이 그만큼 중요하다는 의미일 수도 있다.

　　앞서 항恒의 도 5효사에서 "정貞하면 부인은 길하고 지아비는 흉하리라"는 평가를 내린 것이 석연치 않다고 지적했다. 〈상전〉은 이에 대해 "하나를 따라서 마치는 것[從一而終]"은 부인의 도리이기 때문이라고 풀이했다. 하지만 이 평가가 온당한 것이라면 항심恒心의 유지를 선비의 자질로 거론한 맹자나, 사람이면 한결같음[恒]이 있어야 한다는 공자의 말씀이 모두 틀린 말이 되어버리니 당황스러워진다. 언제나 한결같은 마음을 지키겠다는 것이 항의 도이므로, 군자가 찬탄하는 대상이 되는 것이 자연스럽다. 실제로 전통시대 유학자들은 모두 항의 도를 찬탄해마지않았다. 왜 이런 모순이 발생하는 것일까?

필자의 생각으로는 주왕조가 건국되면서 《귀장역》의 곤坤 대신 건乾을 상경의 첫머리로 세웠을 때, 하경 역시 항恒 대신 함咸을 첫머리로 세운 것이 아닌가 한다. 즉 《귀장역》에서라면 건 대신 곤이 상경의 첫머리이듯 하경의 첫머리는 함이 아니라 항이었을 것이라고 생각한다. 이런 《귀장역》에서라면 항의 도에 대한 평가가 지금과는 달랐을 것이다.

《귀장역》에서 항이 하경의 첫머리였다고 한다면, 인간 사회에서 예의 질서를 수립함에 있어 함보다 항을 우선했다는 말이 되며, 그렇다면 그에 대한 평가가 지금과는 다를 수밖에 없을 것이다.

그러던 것이 주왕조가 들어서서 항보다 함을 앞세우면서 항의 도를 부녀자의 도리 정도로 격하했고, 그에 따라 괘효사에 대한 평가를 바꾼 것이 아닌가 한다. 그로 인해 다른 서술과 충돌하면서 지금처럼 모순을 불러일으켰다고 추론한다.

주역이 변화의 원리를 말하는 책이며 '시중時中의 도道'를 말하는 책이라는 점에 주목하면, 이처럼 항보다 함을 앞세우는 것이 자연스럽게 느껴질 수도 있다. 하지만 주역이 변화의 원리에 대해 말한다고 해서, 자기 주관을 버리고 변화에 오로지 순응할 것만을 강조한다고 생각하면 큰 오산이다. 변치 않는 하나가 없이 계속 변하기만 한다면 그것은 '잡것'에 지나지 않는다. 변화는 필요하지만, 변화가 필요한 이유는 변치 않는 하나를 위한 것이기 때문이다.

주역에 가장 많이 등장하는 세 구절을 꼽자면, '유부有孚' '유유왕有攸往' '정貞'함을 꼽을 수 있다.

이는 점인들이 수천 년간 인간 세상을 관찰한 결과 이 세 가지가 인간의 삶에서 가장 중요한 것이더라는 말이다. 하늘의 뜻이 살아 있음을 믿을 것, 가고자 하는 바의 목적이 있을 것, 품은 뜻을 굳세게 지켜나가는 태도를 갖출 것, 이렇게 세 가지라고 할 수 있다. 셋 중에서 군자가 여행길을 나서도록 추동하는 것은 가고자 하는 바의 목적[有攸往]이다. 가고자 하는 바가 있는 사람이 길을 찾아 나서기 때문이다. 그 목적의 구체적 내용은 사람에 따라 다를 것이다. 하지만 구체적 내용이 무엇이건 간에 그것은 하늘이 나에게 바라는 뜻(천명)을 이루려는 것이며, 그에 따라 진리를 이 세상에 구현하려는 것이라는 점에서는 동일할 것이다.

이처럼 가고자 하는 바의 목적은 군자가 큰 과오[대과大過(28)]를 범한 순간에도 위기를 넘어설 수 있는 원동력으로 작용했으며, 광명의 횃불이 꺼지고 만 절체절명의 순간[리離(30)]에도 국면을 역전하는 동력이 되어주고 있다. 이처럼 군자가 가고자 하는 바의 목적은 괘마다 결정적 순간에 해결의 실마리가 되어준다. 이런 군자의 '목적'은 변하는 것이 아니다. 군자가 각각의 갈림길에서 새로운 길로 접어들 때, 그 길을 통해 달성하고자 하는 '목표'는 매번 변한다. 하지만 그 중간 '목표'를 통해 최종적으로 도달하고자 하는 군자의 '목적'은 불변의 진리인 것이다.

이처럼 군자에게는 불변의 목적이 있기에 매번 새로운 길이 나타날 때도 자기 중심을 잡고 유연하게 목표를 변경할 수 있다(시중時中의 도는 이를 말한다). 결국 군자는 불변하는 한 가지로 이 세상의 천태만상에 대처하는 것이다. 그렇지 않다면 군자는 군자가 아닐 것이다. 그러므로 〈상전〉이 언급한 "하나를 따라서 마치는 것[從一而終]"은 단지 부인의 도리만이 아니라 사람의 도리이며, 결국 군자의 도리인 것이다.

　군자는 불변하는 한 가지가 자기 안에 있기에 능히 나와 다른 남을 포용해 그와 보조를 맞추는 함의 길을 갈 수 있는 것이다(별도의 박스 해설 참조). 만약 군자에게 확고한 하나의 중심(불변의 진리)이 없다면 오히려 남과 보조를 맞추는 함의 길을 두려워할 것이다. 자기 중심이 잡히지 않은 상태에서 남과 함께하는 것은 자기 붕괴의 위험이 있기 때문이다. 그러므로 《중용》이 말하는 '화이불류和而不流'가 가능한 것은, 군자에게 불변하는 하나의 중심(불변의 진리)이 있기 때문일 것이다. 그래서 군자는 자신 있는 태도로 천변만화하는 변화를 받아들일 수 있는 것이다.

불변응만변不變應萬變

'不變應萬變'은 '불변은 만변에 응한다'는 뜻이다. 불변은 만변을 두려워하지 않으며 만변에 기꺼이 응할 수 있다.
이 말은 변화에 대처하는 군자의 자세를 표현하는 말로 널리 쓰인다. 백범 김구 선생이 1945년 해방을 맞아 귀국하기 전날 저녁 이 문구를 써서 남긴 족자가 전하며, 호찌민胡志明의 좌우명으로도 유명하다.

　이렇게 보면 항의 도가 함의 도보다 더 중심이 된다고 할 수 있다. 군자의 수시 변천은 항구 불변의 진리로부터 파생하기 때문이다. 단 이 경우에는 주역이 어째서 그토록 변화(시중時中의 도)를 강조하는지 생각해봐야 한다.

주역은 생명을 생기 있게 하는 것, 생명을 생명답게 하는 것이 변화[生生之謂易]라고 말한다. 생명은 그 정의 자체가 항상성을 유지하는 것이기 때문에 자신의 생존 본능에 따라 변화를 싫어한다. 하지만 생명의 항상성 자체가 사실은 변화를 통해 유지된다.

우리가 속한 우주는 엔트로피entropy 증가 법칙의 지배를 받는다. 엔트로피란 쉽게 말하자면 무질서한 정도를 뜻한다. 엔트로피가 증가한다는 것은 무질서한 정도가 커진다는 말인데, 우리 우주는 엔트로피가 항상 증가하는 방향으로 변화한다는 물리법칙(열역학 제2법칙)의 지배를 받고 있다. 즉 우리 우주에 속한 만물은 가만 놓아둘 경우 점점 무너져내리고 흩어져버리고 마는 것이다. 이것이 자연의 법칙이다.

결국 어떤 사물이 항구 불변하기 위해서는 엔트로피 증가 법칙이라는 물리학의 기본 법칙을 이겨내야 한다. 그러므로 어떤 사물이 무너져내리지 않고 항상성을 유지하고 있다는 말은, 그 사물이 가만히 있는 것이 아니라 사실은 끊임없이 변화하고 있다는 말이다. 항상성을 유지하는 생명의 존재 역시 마찬가지다. 생명은 엔트로피 증가의 법칙에 맞서 항상성을 유지하기 위해 끊임없이 변화하고 있다.

사람 몸의 체온은 항상 36.5도를 유지하고 있다. 그런데 사람 몸의 체온이 36.5도를 유지할 수 있는 이유는, 몸이 끊임없이 변화하고 있기 때문이다. 예를 들어 사람의 위장은 아비규환의 현장이다. 음식물과 함께 들어온 세균이 사람 몸에 침투하는 것을 막기 위해 강력한 산성의 위액을 내뿜어 세균을 죽인다. 하지만 그토록 강한 산성은 위벽 세포에게도 치명적이다. 위벽 세포는 강한 산성 위액을 견디며 음식물을 소화하기 위해 자신을 혹사하다 보니 2시간 30분밖에 살지

하경

못한다. 결국 2시간 30분마다 위벽 세포는 죽어나가고 새로 태어난 위벽 세포가 소임을 이어받는다. 이처럼 매시간마다 위벽 세포는 자신이 속한 공동체인 '인간의 몸'을 위해 헌신적으로 희생하고 있다. 이들의 희생을 통해 전체로서의 사람 몸은 항상 36.5도의 체온을 유지하는 셈이다. 매 순간의 끊임없는 '변화'를 통해 '항상성'을 유지하는 것이다.

만약 사람의 몸이 글자 그대로의 '항상성'을 유지하고자 일체의 변화를 거부한다면, 그 즉시 엔트로피 증가 법칙의 적용을 받아 무너져내리기 시작할 것이다. 사람이 죽었을 때 몸이 부패하는 현상이 바로 그것이다.

이상과 같은 이치는 우리 우주의 삼라만상에 모두 적용된다. 인간이 만들어낸 제도나 조직도 마찬가지다. 더 나아가 진리의 체계 역시 마찬가지다. 진리의 체계가 교조화敎條化하고 화석화하면 그때부터 무너져내리기 시작한다. 그러므로 군자가 간직한 불변의 진리 역시 마찬가지다. 그 진리가 교조화하고 화석화하면 그때부터는 진리로서의 가치를 잃고 무너져내리기 시작할 것이다.

결국 '불변의 진리'가 그 참뜻을 잃지 않으려면 끝없이 변화하지 않을 수 없는 것이다. 생명을 생기 있게 하는 것, 생명을 생명답게 하는 것이 변화라는 주역의 통찰은 바로 이런 변화의 작용을 지적한 것이다.

앞서 군자의 수시 변천이 항구 불변의 진리로부터 파생함을 살펴보았는데, 이번에는 항구 불변이 수시 변천을 통해 존속됨을 확인한 셈이다.

이렇게 보면 주역이 항의 도가 아니라 함의 도를 앞세운 것 또한 이해할 수 있다. 항의 도가 존속되기 위해서라도 함의 도를 앞세울 필요가 있는 것이다.

결국 함과 항은 어느 하나가 첫머리라고 확정할 수 없다. 때에 따라 함의 도가 우선하기도 하고, 항의 도가 우선하기도 할 것이다. 이는 함과 항이 서로 맞물리며 끊임없이 순환한다는 말이며, 결국 도道는 평온히 전개되는 것이 아니라 한 번은 음이었다 한 번은 양이었다 한다[一陰一陽之謂道]고 했던 〈계사상전〉의 풀이를 다시 확인하게 된다. 이를 그림으로 형상화한 것이 바로 태극이기도 하다.

이를 군자의 관점에서 보면, 함과 항 사이를 시계추처럼 오락가락한다는 말이다. 여기에는 마땅치 않게 느껴지는 면이 있다. '선명성' 부족으로 보이기도 한다. 하지만 이는 근본적 모순을 안고 있는 인간 존재의 숙명이 아닌가 한다.

인간은 고깃덩어리인 육체에 영성이 깃든 존재다. 육체의 생존을 유지하려면 다른 생명을 잡아먹지 않을 수 없다. 그 선명한 악惡이 싫어 육체의 생존을 포기하면 영성도 더 이상 유지할 수 없다. 결국 인간은 육체의 욕망과 영성 사이를 시계추처럼 오락가락할 수밖에 없다.

군자가 함과 항 사이를 끊임없이 순환(또는 방황)하는 것 역시 이 문제의 연장선상에 있다. 자유를 희구하는 인간 존재(영성의 존재)가 생존을 위해서는 반드시 남과 함께해야만 하는 것이다. 결국 군자는 함과 항 사이를 시계추처럼 오락가락하면서 고뇌하는 것이다.

둔遯 : 대장大壯

때를 알고 물러나는 길과

씩씩하게 돌파하는 길

둔遯 때를 알고 물러나다

遯 亨 小 利貞
둔 형 소 리정

둔遯은 형통함이 작다. 정貞해야 이로우리라.

初六 遯尾 厲 勿用有攸往
초 륙 둔 미 려 물 용 유 유 왕

처음에 음이 오니, 물러나는데 맨 꼬리여서 위태롭더라도 가려는 바를 두지 말라.

六二 執之用黃牛之革 莫之勝說
육 이 집 지 용 황 우 지 혁 막 지 승 탈

음이 두 번째에 올 때는, 황소로써 개혁[革]을 하겠다고 붙잡는다면 벗어나지 말라.

九三 係遯 有疾 厲 畜臣妾 吉
구 삼 계 둔 유 질 려 흉 신 첩 길

양이 세 번째에 올 때, 물러나려던 것을 붙들어 매던 태도에 좋지 않은 변화가 생기면 위태로우리라. 신하와 첩을 길러두는 것이 길하리라.

九四 好遯 君子 吉 小人 否
구 사 호둔 군 자 길 소 인 비

양이 네 번째에 오니, 좋게 물러날 수 있는 시점이로다. 군자는 길하나 소인은 막히리라[否].

九五 嘉遯 貞 吉
구 오 가 둔 정 길

양이 다섯 번째에 오니, 아름답게 물러날 수 있는 시점이로다. 정貞해야 길하리라.

上九 肥遯 无不利
상 구 비 둔 무 불 리

극상의 자리에 양이 왔으니, 투박하게 물러나는 시점이로다. 불리할 것은 없으리라.

둔둔遯은 '달아나다[遁], 은둔하다, 물러나다, 발을 빼다' 등의 뜻을 갖는다.

"사람은 물러날 때를 알아야 한다" "박수칠 때 떠나라"는 말이 있다. 둔遯은 이처럼 물러날 때를 알고 물러나는 것, 그로 인해 박수를 받으며 아름답게 물러나는 것을 의미한다. 또한 발을 빼야 할 때 뺄 줄 아는 것을 가리키기도 한다.

이처럼 아름답게 물러나는 것이 중요한 이유는 무엇일까? 물러나야 할 때 물러날 줄을 아는 사람은 너도나도 모시려 들기 때문이다. 사회를 돌아보면 직업이 대표이사요 대학 총장인 사람들이 있다. 이들은 한자리에서 퇴임했다 하면 다른 곳에서 금세 또 모셔가는데, 그 비결이 바로 물러나야 할 때 물러날 줄을 아는 것이다. 극명한 사례가 한국 정치사의 수수께끼로 불리는 김종인 씨의 경우다.

김종인 씨는 직업이 한국 정당의 비상대책위원장이자 '킹메이커kingmaker'라고 할 수 있는 사람이다. 한국의 정치판은 여·야가 극명히 대립하는 것이 특징인데, 김종인 씨는 이런 한국의 정치판에서 여당과 야당을 모두 넘나들며 비상대책위원장을 여러 차례 역임했고 킹메이커 역할을 맡았다. 정당의 비대위원장이 어떤 자리인가? 당 대표를 능가하는 절대 권력이 주어지는 자리다. 그 자리를 김종인 씨는 여당과 야당을 모두 넘나들며 여러 차례 역임한 것이다.

이런 김종인 씨의 성공 비결은 첫째, 몽蒙(4)의 괘사가 전하는 조언을 따른 것이다. 그는 유력 대선 후보가 예를 갖춰 제 발로 찾아오기 전까지 먼저 가서 만난 일이 없고, 자신의 첫 번째 조언에 대해 성의 있는 응대를 보이지 않으면 그 이상의 조언은 하는 법이 없었다. 그가 한국 정치사에서 보여온 궤적은 몽의 조언 그대로라고 할 수 있다. 두 번째 비결이 바로 둔遯의 조언을 따른 것이다. 그는 물러나야할 때 물러날 줄을 아는 사람이다. 모셔온 정당의 입장에서 비대위원장이 욕심을 부려 어떻게든 자리를 보전하려고 들면 그보다 골치 아픈 일이 없다. 그러므로 물러나야 할 때 물러날 줄을 아는 사람을 너도나도 모시려 하는 것이다.

하지만 이처럼 둔遯의 지혜를 발휘하는 것, 즉 때를 알고 제때 물러나는 것, 발을 빼야 할 때 뺄 줄 아는 것은 쉽지 않은 문제다. 그런 어려움을 극복하고 지혜롭게 물러나려면 어떠해야 하는지, 때를 알고 발을 빼는 과정이 어떠해야 하는지 조언하는 것이 둔의 도다.

한편, 괘의 순서가 왜 그런지를 밝히는 〈서괘전〉은 항恒괘 뒤에 둔遯괘가 오는 이유를 이렇게 설명한다. "항恒이라는 것은 오래도록 계속되는 것이다. 사물은 오래도록 그 자리에 머물기만 할 수는 없으므로 둔遯으로써 받는 것이다[恒者 久也 物不可以久居其所 故受之以遯]." 주역의 가르침은 그 무엇도 불변할 수 없다는 것이다. 그러므로 앞서 살펴본 항恒의 길도 영원히 계속될 수는 없다. 결국 언젠가는 항의 상태에서 물러나야 할 때가 오는 것이다.

둔遯괘는 림臨괘(19)의 배합괘이기도 하다. 이는 둔遯의 길과 림臨의 길이 서로 대대를 이룬다는 뜻이다. 이들이 서로 대대를 이룬다는 관점에서 보면, 둔의 도는 림의 도 6단계의 '돈림敦臨'을 통해 돈독하게 맺어진 관계로부터 군자가 발을 빼는 경우라고 할 수 있다. '돈림'으로 맺어진 관계라 할지라도 역시 영원히 계속될 수는 없으니 결국 언젠가는 물러나야 할 때가 찾아오는 것이다. 그때 어떻게 해야 하는가? 바로 둔의 길이다.

初六 遯尾 厲 勿用有攸往
초 륙 둔 미 려 물 용 유 유 왕

처음에 음이 오니, 물러나는데 맨 꼬리여서 위태롭더라도 가려는 바를 두지 말라.

둔遯의 길은 군자가 어떤 조직이나 공동체에서 그동안 맡아왔던 자리에서 물러나는 길이다. 아무 일도 없는데 그냥 물러나는 것은 아니며, 무언가 군자가 불편하게 느낄 법한 상황이 벌어져서 물러나는 것이다. 이런 상황이면 이제 내가 발을 빼고 물러날 때가 된 것인가 하는 일이 벌어지는 것이다.

이때 1효에 음이 온 것은, 군자가 그런 상황에 대해 어떤 대응 조치를 취하기 전에 먼저 상황 자체를 찬찬히 살피고 헤아려야 함을 상징한다. 둔遯의 길은 하경의 세계에 나 있는 길이기 때문이다. 예를 들어 '돈림敦臨'을 통해 돈독하게 맺은 관계에서 군자가 발을 빼야 할지 모르는 상황 같은 것이다. 그동안 쌓인 신뢰가 있으므로 곧바로 어떤 대응을 취하는 것은 타당치 않다.

이런 상황은 둔遯의 하괘가 팔괘 중의 간艮인 점에서도 유추할 수 있다. '간'은 '산처럼 굳게 버팀'을 상징한다. 군자는 다른 사람들이 흔들릴 수 있는 상황에서도 굳게 버티며 쉽게 움직이지 않는다. 하지만 그러다 보니 물러나는 길에서 맨 꼬리에 처질 수 있고, 그로 인해 위태로움이 발생할지도 모른다. 그렇더라도 "가려는 바를 두지 말라"고 한다. 그동안 맺은 돈독한 관계가 있기에 신의를 다하는 것이 맞는 선택이기 때문이다.

六二 執之用黃牛之革 莫之勝說
육 이 집 지 용 황 우 지 혁 막 지 승 탈

음이 두 번째에 올 때는, 황소로써 개혁[革]을 하겠다고 붙잡
는다면 벗어나지 말라.

2효에 다시 음이 오고 있다. 이는 군자를 불편하게 만드는 상황
이 두 번째로 벌어질 때조차 섣불리 움직이지 말아야 함을 상징한
다. 하지만 1효에 이어 같은 상황이 반복되니 이제는 군자도 가만히
살피기만 할 일은 아니며, 상황에 대한 얘기를 꺼냄으로써 사람들의
의중이 과연 어떤 것인지 구체적으로 살펴야 한다. 이때 사람들이
합당한 예를 갖춰 간곡히 붙잡는다면 떠나지 말라는 것이 2효사의
조언이다.

여기서 '소[牛]'는 리離(30)의 길에서 살펴봤듯 '뚝심'을 상징한다.
황색黃色은 앞서 〈그림 5〉(74쪽)에서 살펴봤듯 중앙에 자리한 토土
(황극皇極)의 색깔이므로 그 자체로 적중함[中]을 상징한다. '혁革'은
향후 혁革(49)의 길에서 살필 예정인데, 잘못된 상황을 바로잡는 개
혁·혁신 등을 의미한다. 그러므로 "황소로써 개혁[革]을 하겠다고 붙
잡는다"는 말은, 군자가 불편하게 여기는 상황을 개혁하겠으니 부디
떠날 생각은 말아달라고 붙잡는다는 뜻이다. '황소'로서 한다는 말은,
적중한 뚝심을 품고 개혁을 하겠다고 약속한다는 뜻이다. 따라서 이
처럼 합당한 예를 갖춰 간곡히 붙잡는다면 떠나지 말라고 조언하는
것이다.

물론 반대로 사람들이 그렇게 예를 갖추지 않는다면 이제 군자도
본격적으로 떠날 준비를 시작해야 한다. 그 준비가 무엇인지는 3효
에서 알 수 있다.

九三 係遯 有疾 厲 畜臣妾 吉
구 삼 계 둔 유 질 려 휵 신 첩 길
양이 세 번째에 올 때, 물러나려던 것을 붙들어 매던 태도에
좋지 않은 변화가 생기면 위태로우리라. 신하와 첩을 길러두
는 것이 길하리라.

둔의 길 2단계에서는 사람들이 예를 갖춰 간곡히 붙들어서 군자
가 자리에 계속 머물렀다. 이후 간곡히 군자를 붙들던 사람들의 태
도에 변화가 생기면 둔의 길이 3단계에 이르게 된다. 앞서 군자를 불
편하게 만드는 상황을 개혁하겠다고 했던 약속이 퇴색해 같은 상황
이 세 번째로 다시 발생하는 것이다. 그 때문에 군자가 위태로움에
처한다.

이처럼 세 번째로 같은 상황이 발생하면 군자도 행동에 나서야 한
다. 3효에 양이 온 것은, 이제 살피고 헤아리는 단계는 지나갔으며 군
자가 구체적 행동을 취해야 함을 상징한다. 구체적 행동이란 떠날 준
비를 시작하는 것이다.

"신하와 첩"은 군자가 부릴 수 있는 아랫사람을 뜻한다. '첩妾'은
'여자 신하' 정도의 의미로 쓰인 고대의 용례들을 찾아볼 수 있다. 자
기와 뜻이 잘 통하는 '자기 사람' 정도의 의미라고 할 수 있다.

군자가 자리에서 물러나고자 할 때, 그 준비가 바로 자기 사람인
신하와 첩을 길러두는 것이다. 사람은 사회적 동물이므로 자기 혼자
만으로는 역량을 충분히 발휘할 수 없다. 뜻을 함께하며 손발을 맞춰
일할 조력자가 반드시 필요한 것이다.

그러므로 주역은 군자가 상황 변화를 감지해 이처럼 미리 준비해
야 길하리라고 조언하는 것이다. 만약 군자가 이런 상황 변화를 감지

하지 못하고 아무런 준비도 갖춰놓지 못하면 결과가 흉할 수밖에 없다. 이는 군자가 험한 꼴을 당할 수도 있다는 말이다.

九四 好遯 君子 吉 小人 否
구 사 호 둔 군 자 길 소 인 비
양이 네 번째에 오니, 좋게 물러날 수 있는 시점이로다. 군자는 길하나 소인은 막히리라[否].

둔의 길에서 4효는 3효의 대비책 마련이 끝나고 난 후, 군자를 불편하게 만드는 상황이 다시 벌어지는 시점이다. 대비책 마련이 끝났으므로 "좋게 물러날 수 있는 시점"이며, 이때 물러난다면 박수를 받으며 물러날 수 있다. 그래서 군자가 길하다는 것이다.

반면 소인은 물러날 때가 왔는데도 물러나지 않아서 막히게[否] 될 것이라고 한다. 여기서 "막힌다[否]"에 쓰인 '비否'는 앞서 살펴본 비否(12)의 상황을 의미한다. 기가 막혀서 할 말을 잃게 하는 상황에 처할 것이라는 뜻이다.

앞서 상경의 〈그림 15〉(299쪽)에서 둔遯은 음력 6월에 해당하는 괘로, 그다음에 이어지는 괘가 바로 비否에 해당한다. 둔괘는 1·2효가 음이어서 음이 두 개, 양이 네 개인데 여기서 음이 하나 더 자라나 음이 세 개가 되면 '비'의 단계로 넘어간다. 이는 둔의 길에서 적절한 시점에 물러나지 않으면 다음 단계로 넘어가 기가 막히는 험한 꼴을 볼 것임을 의미한다. 그러므로 군자는 적절한 시점에 박수를 받으며 물러나는 것이다.

반면 소인은 바로 코앞의 이익만을 보기 때문에 어떻게든 물러나지 않고 버티려 한다. '자리'에는 일정한 권한과 이익이 따르기 때문이다. 자리에서 오래 버티는 만큼 이익이 나오므로 소인은 이것만을 보고 계속 자리에 연연하며 버티는 것이다. 그러다가 기가 막혀서 할 말을 잃게 만드는 상황에 처하고 만다.

九五 嘉遯 貞 吉
구 오 가 둔 정 길
양이 다섯 번째에 오니, 아름답게 물러날 수 있는 시점이로다. 정貞해야 길하리라.

군자가 4효에서 물러나면 둔의 길은 그것으로 끝이 난다. 군자가 4효에서 물러날 뜻을 밝혔는데 어떤 연유로 사람들이 간곡히 붙잡는다면 5효에 이르는 것이다. 5효에 이르러 군자를 불편하게 만드는 상황이 다시 벌어지면 물러나는 것이며, 이때는 "아름답게 물러날 수 있는 시점"이라고 한다.

"정貞해야 길할 것"이라는 말은, 5단계에서라면 다시 사람들이 간곡히 붙잡는다고 해도 반드시 물러나고자 하는 뜻을 굳게 관철하라는 말이다. 이때 다시 주저앉는다면 박수를 받으며 아름답게 물러날 수 있는 기회를 놓치게 되니 주의할 일이다.

上九 肥遯 无不利
상 구 비 둔 무 불 리
극상의 자리에 양이 왔으니, 투박하게 물러나는 시점이로다. 불리할 것은 없으리라.

둔의 길에서 6효는 과잉의 단계에 해당한다. 여기까지 오기 전에 4단계나 5단계에서 물러났어야 박수를 받으며 물러날 수 있었던 것이다.

모든 일은 조금쯤 아쉬움이 남을 때가 좋은 것이다. 물러나려 했다가 주저앉는 일이 반복되다 보니 이제 여기 6단계에서 물러나는 것은 어떤 아쉬움을 남기지 못한다. 물러날 때 박수를 받지 못하며 아름다운 기억을 남기지 못하는 것이다. 그래서 이를 "투박하게 물러나는 시점"으로 묘사한다.

그럼에도 물러날 곳에서 물러나는 것이니 아직은 불리할 것이 없다고 말한다. 만약 자리에 연연해 이때도 물러나지 않으면 이후로는 기가 막히는 험한 꼴, 추한 꼴을 보게 되는 것이다.

遯 亨 小 利貞⁸
둔 형 소 리정
둔遯은 형통함이 작다. 정貞해야 이로우리라.

"둔遯은 형통함이 작다"고 말하는 이유는, 군자가 원래 추구하던 길(항恒의 길)에서 물러나는 상황이며, 돈독한 관계에서 발을 빼는 상황이기 때문이다. 어쩔 수 없는 상황으로 물러나긴 하지만, 어쨌든 그런 상황을 마냥 "형통하다"고 할 수는 없는 것이다.

"정貞해야 이롭다"는 것은, 5효의 상황을 가리킨다. 물러나고자 하는 마음을 굳게 지켜 관철하라는 말이다.

둔遯의 길을 돌아보면, 음효가 놓인 1단계와 2단계에서 군자가 자리에 머무는 것을 불편하게 만드는 상황이 두 번 연속으로 벌어져도 군자는 섣불리 움직이지 않았다. 그러다가 같은 상황이 세 번째로 반복되는 3단계에 이르러서야 떠날 준비를 시작했다. 이를 통해 군자가 예禮와 의리로 맺어진 하경의 관계를 얼마나 어렵게 여기는지 알 수 있다. 이런 관계에서 발을 빼고 물러나는 것이니, 군자는 자신의 처신이 합당함에서 벗어나지 않도록 신경을 쓰는 것이다. 또한 군자가 그렇게 신경을 쓰기에 떠날 때도 박수를 받으며 아름답게 물러날 수 있는 것이다.

34

대장大壯 씩씩하게 돌파하다

大壯 利貞
대 장 리 정
대장大壯의 길에서는 정貞하면 이로우리라.

初九 壯于趾 征 凶 有孚
초 구 장 우 지 정 흉 유 부
처음에 양이 오니, 씩씩함이 발의 단계에 머무르고 있는 상이로다. 정征하는 것은 흉하리라. 믿음을 두어라.

九二 貞 吉
구 이 정 길
양이 두 번째에 또 오니, 정貞하면 길하리라.

九三 小人用壯 君子用罔 貞 厲 羝羊觸藩 羸其角
구 삼 소 인 용 장 군 자 용 망 정 려 저 양 촉 번 리 기 각
양이 세 번째에 또 오니, 소인은 장壯을 쓰나 군자는 망罔을 쓴다. 정貞하면 위태로우리라. 숫양이 울타리를 들이받으면 그 뿔을 고달프게 하리라.

九四 貞 吉 悔亡 藩決不羸 壯于大輿之輹
구 사 정 길 회 망 번 결 불 리 장 우 대 여 지 복
양이 네 번째에 또 오니, 정貞하면 길하리라. 회悔는 사라지리라. 울타리가 터지니 고달플 것이 없으리라. 씩씩함이 큰 수레의 복토[輹]에 놓이는 상이로다.

六五 喪羊于易 无悔
육 오 상 양 우 역 무 회
음이 다섯 번째에 올 때는, 바뀌어야 할 곳에서 양羊을 잃더라도 후회는 없으리라.

上六 羝羊觸藩 不能退 不能遂 无攸利 艱則吉
상 륙 저 양 촉 번 불 능 퇴 불 능 수 무 유 리 간 즉 길

극상의 자리에 음이 오니, 숫양이 울타리를 들이받는 상이로다. 물러나지도 못하고
완수하지도 못하게 되면 이로울 바가 없으리라. 어렵게 여기면 길하리라.

壯(장)은 '장하다, 씩씩하다, 기세가 좋다' 등의 뜻이니, 大壯(대장)
은 '크게 씩씩하다'는 뜻이다. 遯遯이 때를 알고 발을 빼는 길이라면,
이와 대대를 이루는 대장大壯은 씩씩하게 난관을 돌파하는 경우를
말한다. 앞의 〈그림 15〉(299쪽)의 12벽괘에서 태泰괘(11) 다음 단계
가 '대장'이기도 하다. 태괘는 양 대 음의 비율이 3 대 3이었는데, 대
장괘는 양기운이 하나 더 자라서 4 대 2가 되었으니 크게 씩씩할 수
있는 것이다.

初九 壯于趾 征 凶 有孚
초 구 장 우 지 정 흉 유 부

처음에 양이 오니, 씩씩함이 발의 단계에 머무르고 있는 상이
로다. 정征하는 것은 흉하리라. 믿음을 두어라.

대장大壯의 길 1단계에서는 씩씩함이 아직 발의 단계 정도에 머물
러 있다고 한다. 그 이유를 〈상전〉은 다음과 같이 풀이한다. "씩씩함
이 발의 단계에 머무는 것은 그 믿음이 궁색하기 때문이다[壯于趾 其
孚窮也]." 크게 씩씩한 대장의 길이라고 해도 처음 출발하는 1단계에
서는 아직 사람들의 믿음(씩씩하게 돌파해낼 수 있으리라는 믿음)이 약한
것이다.

정征한다는 것은 바르지 못한 상태를 바로잡기 위해 적극적 행동

에 나서는 것을 말한다. 1단계에서는 아직 구성원들의 믿음이 약하고 그에 따라 씩씩한 기운도 미약하기 때문에 적극적인 정征에 나서는 것은 흉하다고 말하는 것이다.

"믿음을 두라"는 것은, 〈상전〉의 풀이에서 살펴봤듯 사람들의 믿음이 아직 약하고 그에 따라 씩씩한 기운도 미약하기 때문에, 적극적 행동에 나서기 전에 사람들에게 믿음을 불어넣을 필요가 있음을 조언하는 것이다. 전체적으로 볼 때 대장의 길 1단계는 먼 길을 나서기에 앞서 미리 발을 푸는 준비운동의 단계라고 할 수 있다.

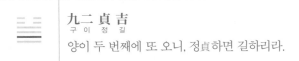

九二 貞吉
구 이 정 길
양이 두 번째에 또 오니, 정貞하면 길하리라.

1단계의 조치로 사람들에게 믿음이 쌓이면 대장의 길이 2단계에 이른다. 양이 두 번째로 또 온 것은 씩씩함의 정도가 보다 강화되었음을 상징한다. 그러므로 2단계에서는 1단계에 비해 좀 더 적극적인 행동을 취할 수 있다. 이 때문에 정貞하면 길하다고 말하는 것이다.

정貞하다는 것은 기본적으로 그 괘의 취지에 충실하다는 말이다. 대장괘라면 크게 씩씩함을 발휘하는 것을 뜻한다. 그러므로 2단계에서는 1단계와 달리 적극적 행동에 나서 크게 씩씩함을 발휘하라는 말이며, 그러면 길한 결과를 맞이할 수 있다는 말이다.

九三 **小人用壯 君子用罔 貞 厲 羝羊觸藩 羸其角**
구 삼 소 인 용 장 군 자 용 망 정 려 저 양 촉 번 리 기 각

양이 세 번째에 또 오니, 소인은 장壯을 쓰나 군자는 망罔을 쓴다. 정貞하면 위태로우리라. 숫양이 울타리를 들이받으면 그 뿔을 고달프게 하리라.

2단계에서 씩씩함을 발휘한 행동이 길한 결과를 불러오자 이에 고무된 소인들은 3단계에서 적극적으로 "장壯을 쓴다". '장'을 쓴다는 것은 씩씩함을 겉으로 드러내면서 적극적으로 무언가를 추구한다는 말이다.

하지만 군자의 판단은 다르다. 무슨 일이든 계속되면 좋기만 할 수가 없다. 양이 두 번째로 놓였던 2단계는 양 기운이 강화되는 것이 긍정적으로 작용했지만, 세 번째에 또 오니 이제는 부작용이 없을 수 없다. 게다가 이런 상황에 고무된 소인들이 적극적으로 장壯을 쓰면서 과격한 행동에 나서는 것이다.

그러나 군자는 아직 때가 무르익지 않았음을 알며, 소인들의 과격한 행동이 섣부른 것임을 안다. 그러므로 군자는 이때 오히려 한발 물러서서 "망罔을 쓴다". '망'은 '(어떤 행동을) 하지 않는다'는 뜻이니, "망을 쓴다"는 말은, 적극적 행동을 취하지 않고 한발 물러서서 때를 기다린다는 뜻이 된다. 상황이 이러해서 3단계에서는 정貞하는 것(대장大壯의 취지에 충실하는 것)이 오히려 위태로운 것이다.

3효사에서 "울타리"는 양羊들을 가두고 있는 울타리를 말한다. 이는 양들이 더 넓은 세상으로 나아가려면 극복해야 하는 장애물이다. 대장大壯의 길에서 돌파해야 하는 난관을 울타리에 비유한 것이다.

2효에서 이룬 성과에 고무된 소인(숫양으로 비유함)들이 눈앞에 놓

인 장애물을 적극적으로 들이받는다면 그 뿔을 고달프게 할 뿐이라고 한다. 아직 때가 충분히 무르익지 않았기 때문에 이런 공격은 어떤 성과를 만들어내지 못하는 것이다. 이런 방식의 행동을 취하는 것이 3효사의 정貞함에 해당한다.

九四 貞 吉 悔亡 藩決不羸 壯于大輿之輹
구 사 정 길 회 망 번 결 불 리 장 우 대 여 지 복

양이 네 번째에 또 오니, 정貞하면 길하리라. 회悔는 사라지리라. 울타리가 터지니 고달플 것이 없으리라. 씩씩함이 큰 수레의 복토[輹]에 놓이는 상이로다.

양이 네 번째로 놓이는 4효에서는 드디어 때가 무르익는다. 그러므로 3효에서는 소인들의 섣부른 행동을 말리던 군자가 4효에서는 정貞하게 나아간다.

그에 따라 회悔는 사라질 것이라고 한다. 이는 3효에서 행동을 말리는 군자를 보고 오해하던 사람들이 4효에 이르러 군자가 정貞하게 나아가는 모습을 보고 마음에 담아두었던 오해를 풀게 됨을 의미한다.

이처럼 때가 무르익은 데다 공동체가 혼연일체가 되어 씩씩한 행동에 나서니 앞서 진로를 가로막던 울타리는 단박에 터지게 된다. 그리고 1효에서는 씩씩함이 겨우 발의 단계에 머물렀지만, 4효에서는 큰 수레의 복토[輹]에 놓인 상이라고 한다. 큰 수레란 원하는 사람 모두를 태울 수 있는 '대승大乘'을 의미한다. 이제 울타리가 터졌기 때문에 숫양이 고달프게 뿔로 울타리를 들이받을 필요 없이 수레를 타고 나갈 수 있게 된 것이다.

복토는 수레의 몸체와 바퀴축을 연결하는 부분이다. 힘이 많이 가해지는 부위여서 이를 보호하기 위해 수레를 운행하지 않을 때는 힘을 덜 받도록 풀어놓는다. 씩씩함이 수레의 복토에 놓인다는 표현은, 이제 공동체의 수레를 운행할 때가 되었으므로 군자가 수레의 복토를 채우는 것을 의미한다.

3효에서 과격한 행동을 만류하던 군자는 이제 큰 수레에 모든 사람을 태우고 보무도 당당히 울타리 너머의 새 세상으로 나아갈 수 있게 되었다. 이와 같은 군자의 풍모는 3효에서 고달프게 울타리를 들이받으려 했던 숫양(소인)과는 비교가 되지 않는 것이다. 사고의 폭과 스케일에서 다른 점이 있는 것이다.

六五 喪羊于易 无悔
육 오 상 양 우 역 무 회
음이 다섯 번째에 올 때는, 바뀌어야 할 곳에서 양羊을 잃더라도 후회는 없으리라.

5효사에서 "바뀌어야 할 곳"이란 괘상에서 4효까지 양이었다가 5효에서 음으로 바뀌는 지점을 가리킨다.

다음으로 "양羊"은 음양오행론에서 12지지地支 중 '미未'에 해당하는 동물이다. 계절로는 음력 6월 무렵인 미월未月에 해당하는데, 미월은 1년 24절기 중 '소서小暑' 절기에서 시작해 '대서大暑'를 지나 '입추立秋'로 끝을 맺는다. 이처럼 미월은 더위를 끝내고 가을을 새로 여는 시기다. 이는 양 기운의 작용을 끝맺고 음 기운의 작용을 새로 엶으로써 음·양을 교대시키는 미토未土의 역할과 그대로 연결된다. 음양오행론에서는 이런 미토의 역할을 매우 중시한다. 미토의 작용이 제대로 이루어지지 않으면 양 기운의 폭주가 일어나 음양의 순환과 조화가 깨지기 때문이다.

그런데 '양羊'이 바로 미토未土를 상징하기 때문에 "바뀌어야 할 곳에서 양羊을 잃는다"는 5효사의 표현은, 적절한 시점에 양 기운에서 음 기운으로 바뀌도록 유도하는 미토의 작용이 제대로 이루어지지 못한다는 말이 된다. 그 의미를 괘상을 통해 살펴보면, 4효까지 줄곧 양효가 지속되다 5효부터는 음효로 바뀌기 때문에 군자가 바뀌어야 할 곳에서 양羊을 잃지 않는 처신을 하려면, 대장大壯의 길에서 5단계부터는 씩씩하게 나가는 행동을 중지해야 하는 것이다. 그런데 군자가 그렇게 이끌지 않아서 "바뀌어야 할 곳에서 양羊을 잃는다"고 표현한 것이다.

그럼에도 "후회는 없을 것"이라 말하는 점이 주목된다. 음양오행의 원리에 어긋나는 데도 후회는 없을 것이라 말하고 있다. 이는 대장의 길이 앞서 네 번에 걸쳐 양 기운이 놓인 크게 씩씩한 길이기 때문에 그 이세理勢에 따라 어느 정도 양 기운의 과잉으로 흘러가는 것은 허용된다고 판단하는 것이다.

上六 羝羊觸藩 不能退 不能遂 无攸利 艱則吉
상 륙 저 양 촉 번 불 능 퇴 불 능 수 무 유 리 간 즉 길

극상의 자리에 음이 오니, 숫양이 울타리를 들이받는 상이로다. 물러나지도 못하고 완수하지도 못하게 되면 이로울 바가 없으리라. 어렵게 여기면 길하리라.

첫 번째 울타리는 4효에서 이미 벗어났기 때문에, 6효에서 다시 만난 울타리는 두 번째 울타리다. 보다 넓은 범위의 세계를 둘러치고 있는 두 번째 울타리이자 새로운 난관인 것이다.

숫양들은 첫 번째 울타리를 돌파한 여세를 몰아 두 번째 울타리도 용감히 들이받는다. 하지만 주역은 이런 행동이 진퇴양난의 상황을 불러올 수 있음을 경고한다. 들이받다가 아니다 싶은데 물러날 수도 없고, 그렇다고 돌파해내지도 못하는 상태에 놓일 수 있다는 것이다.

이런 상황은 출구 전략이 부재할 때 생긴다. 과감히 나아갈 때는 상황이 여의치 않을 경우 물러날 수 있는 출구 전략을 미리 마련해두어야 한다. "어렵게 여기면 길할 것"이라는 말은, 6단계의 과잉 행동이 진퇴양난의 상황을 불러올 수 있다는 점을 미리 염두에 두고 출구 전략을 마련해두면 길할 것이라는 뜻이다.

大壯 利貞
대 장 리 정
대장大壯의 길에서는 정貞하면 이로우리라.

대장大壯의 길 2단계와 4단계에서 정貞하면 길한 결과를 얻었다. 때문에 대장의 길에서는 정貞하면 이로울 것이라 말하고 있다.

지금까지 밟아온 대장의 길을 돌아보면, 1단계는 준비운동 단계라고 할 수 있다. 이후 2·3·4효 세 단계가 대장의 길(씩씩하게 난관을 돌파하는 길)에서 핵심이다. 이 세 개 효를 살펴보면 모두 양효임에도 불구하고 강·약·강으로 리듬을 탄다는 점을 알 수 있다. 3연속으로 강·강·강의 경직된 자세를 고수하면 세 번째에는 결국 위기를 초래할 수밖에 없는 것이 주역의 일반 법칙이다. 그러므로 세 번째의 파국을 피하고 원하는 결과로 마무리 지을 수 있는 비결이, 미리 두 번째 단계에 '약'을 배치해 리듬을 타는 것이라고 할 수 있다.

진晉 : 명이明夷

공동체의 마음을 얻고 나서 규범을 확립하는 길과

규범을 먼저 확립하고 마음을 얻는 길

35

진晉 공동체의 마음을 얻고 나서 규범을 확립하다

☷

晉 康侯 用錫馬蕃庶 晝日三接
진 강 후 용 석 마 번 서 주 일 삼 접
진晉의 길은 강후康侯가 하사받은 말로써 번성하게 하여서 하루 낮 동안 세 번 접견
을 받게 되었던 일과 같은 상이로다.

初六 晉如 摧如 貞 吉 罔孚 裕 无咎
초 륙 진 여 최 여 정 길 망 부 유 무 구
처음에 음이 오니, 진晉하는데 꺾이는구나. 정貞하면 길하리라. 믿지 아니하더라도 너
그럽게 대해야 허물이 없으리라.

六二 晉如 愁如 貞 吉 受兹介福于其王母
육 이 진 여 수 여 정 길 수 자 개 복 우 기 왕 모
음이 두 번째에 오니, 진晉하는데 근심하는구나. 정貞하면 길하리라. 그 왕모王母로부
터 그윽하게 끼어들어 돕는 복을 받게 되리라.

六三 衆允 悔亡
육 삼 중 윤 회 망
음이 세 번째에 오니, 무리가 믿음을 허락하리라. 회悔가 사라지리라.

九四 晉如 鼫鼠貞 厲
구 사 진 여 석 서 정 려
양이 네 번째에 올 때는, 진晉하는데 석서처럼 정貞하면 위태로우리라.

六五 悔亡 失得勿恤 往 吉 无不利
육 오 회 망 실 득 물 휼 왕 길 무 불 리
음이 다섯 번째에 오면, 회悔가 사라지리라. 득실을 근심하지 말고 왕往하면 길하리
라. 불리할 것이 없으리라.

496 —————

하경

上九 晉其角 維用伐邑 厲吉 无咎 貞吝
상 구 진 기 각 유 용 벌 읍 려 길 무 구 정 린

극상의 자리에 양이 오니, 그 뿔에까지 진晉하는 상이로다. 유지함으로써 읍邑을 치면 위태로우나 길하며 허물이 없으리라. 정貞하면 인색한 결과가 되리라.

晉(진)의 의미를 알려면 어원을 살펴볼 필요가 있다. 晉은 '臸 + 日' 구조로 이루어진 글자인데, 여기서 臸(진)은 '이르다(도달하다), 나아가다'라는 뜻이다. 결국 晉은 해가 이름, 나아감을 뜻하니 아침에 해가 떠오르는 것이라고 할 수 있다. 〈잡괘전〉은 "진晉은 해가 뜨는 것[晉 晝也]"이라 풀이하고 있어서 이러한 '진'의 의미를 뒷받침한다. 이런 의미는 진의 괘상과도 부합한다. 〈그림 26〉(501쪽)에서 진의 괘상을 보면 하괘는 곤坤이고 상괘는 리離다. 곤의 물상은 대지이고 리의 물상은 불꽃이니, 불덩이가 대지에서 솟아오르는 모습이라고 할 수 있다.

그런데 〈서괘전〉에서는 "진晉은 진進이다[晉者 進也]"라고 풀이하고 있어서 주목된다. 進(진)은 '辶(辵) + 隹(새 추)'의 구조로, 새가 날아오르는 모습을 형상화한 글자다. 進은 '나아가다, (날아)오르다, 힘쓰다' 등의 뜻으로 쓰이는데, 마지막에 '힘쓴다'는 뜻이 있음을 주목할 필요가 있다.

기러기처럼 큰 새가 하늘로 날아오르는 과정을 보면, 비상을 위한 탄력을 얻기 위해 한동안 힘찬 날갯짓과 함께 발을 굴러야 한다. 그러고 나서야 비로소 창공으로 날아오를 수 있는 것이다. 이렇게 보면 새가 하늘로 날아오르는 進(진)이 '힘쓴다'는 뜻을 갖는 이유를 이해할 수 있다.

이상과 같은 관점을 염두에 두고 晉(진)의 의미를 살필 필요가 있다. 晉의 뜻을 자전에서 찾아보면, '나아가다; 억누르다; 사이에 끼우다' 등의 뜻을 갖는다. 세 가지 뜻을 조화해보면, 억눌림을 당하거나, 사이에 끼이는 등의 어려움이 있지만 이를 힘써 극복하며 나아가는 것이 된다. 새가 하늘로 날아오르기 위해서는 큰 힘을 써야 하는 것처럼, '진晉'은 힘써 어려움을 극복해 날아오른다(나아간다)는 뜻이 되는 것이다.

그렇다고 군자 혼자서 날아오르는 것은 아니다. 지금 군자는 하경의 세계에 있는데, 이곳은 기본적으로 군자의 리더십이 확립된 세계라고 할 수 있다. 그러므로 진晉의 길 역시 군자 혼자서 가는 길이 아니라 새로 만난 사람들을 이끌고 함께 날아오르는 길인 것이다. 보다 구체적으로 주역은 군자가 제후로서 새로이 읍국을 분봉받은 상황을 상정해 진의 길을 풀어간다. 진의 길에서 군자는 새로 만난 읍인들을 상대로 리더십을 확립하고 그들과 함께 날아올라야 하는 것이다.

상경의 여행길에서 군자는 림臨(19)의 도를 통해 리더십을 확립하는 방법을 이미 깨친 바 있다. 하지만 림의 도는 기본적으로 작은 범위의 사람들을 대상으로 적용할 수 있는 법칙이며, 보다 큰 규모의 공동체나 조직이라면 새로이 진晉의 도를 적용해야 한다. 큰 규모의 공동체라면 먼저 사람들의 마음을 얻지 않으면 안 되기 때문이다.

이를 새가 하늘로 날아오르는 進(진)의 이미지 및 괘상과 결부해 생각해보면, 진晉의 길 전반부는 새가 날아오르기 위한 탄력을 얻고자 땅 위에서 발을 구르는 기간이다. 이 기간에 사람들의 마음을 얻어야 하는 것이다. 그리고 나면 길 후반부에서는 창공으로 훨훨 날아오를 수 있다. 이와 같은 이미지를 염두에 두고 효사를 읽으면 이해에 도움이 될 것이다.

初六 晉如 摧如 貞 吉 罔孚 裕 无咎
초 륙 진 여 최 여 정 길 망 부 유 무 구

처음에 음이 오니, 진晉하는데 꺾이는구나. 정貞하면 길하리
라. 믿지 아니하더라도 너그럽게 대해야 허물이 없으리라.

진의 길 1단계에서는 우선 좌절이 닥친다. "진晉하는데 꺾인다"는
것은, 군자가 사람들을 이끌고 함께 날아오르고자 하지만 1단계에서
는 일단 뜻이 꺾이고 만다는 말이다.

"망부罔孚"는 주희가 "설령 남들이 믿어주지 않더라도[設不爲人所
信]"라고 적절히 풀이한 바 있다. 진의 길 1단계에서는 사람들이 아직
군자를 믿지 않기 때문에 리더십이 제대로 발휘되지 못하는 것이다.
그럼에도 주역은 "너그럽게 대해야 허물이 없으리라"고 조언한다. 새
롭게 만난 읍인들이 아직 군자를 믿지 않는 것은 자연스러운 일이며,
이들의 마음을 얻는 것은 군자가 해야 할 몫이기 때문이다.

六二 晉如 愁如 貞 吉 受玆介福⁹于其王母
육 이 진 여 수 여 정 길 수 자 개 복 우 기 왕 모

음이 두 번째에 오니, 진晉하는데 근심하는구나. 정貞하면 길
하리라. 그 왕모王母로부터 그윽하게 끼어들어 돕는 복을 받
게 되리라.

진의 길 2단계에서 "진晉하는데 근심한다"는 것은, 1단계의 "꺾이
는[摧]" 것보다는 상황이 다소 나아졌음을 상징한다. 그에 따라 주역
은 어렵더라도 정貞하면 길할 것이라 조언한다.

"왕모王母"에 대해서는 《이아爾雅》〈석친釋親〉이 이렇게 풀이한다.

"아버지는 考(고)라 한다. 어머니는 妣(비)라 한다. 아버지의 돌아가신 아버지는 왕부王父라 한다. 아버지의 돌아가신 어머니는 왕모王母라 한다[父為考 母為妣 父之考為王父 父之妣為王母]." 이는 할머니 위의 증조할머니를 '왕할머니'라 부르는 용례와 비슷하다고 할 수 있다.

"돌아가신 할머니[王母]로부터 그윽하게 끼어들어 돕는 복을 받는다"는 것은, 전혀 예상치 못한 음덕을 입는다는 말이다. 복을 내리는 주체가 '왕부王父'가 아니라 '왕모王母'인 이유는, 진晉의 하괘가 곤坤이며 2효가 음효라는 점과 관련이 있을 듯하다. 왕필王弼이 "모母는 안에 있으면서 덕을 이루는 존재이다. (…) 어둠 속에서라도 성誠(진실무망한 정성)을 세우면 어둠조차 응하는 법이다[母者 處內而成德者也 (…) 立誠於暗 暗亦應之]"라고 하여 비슷한 취지로 풀이하고 있다. 또는 역경을 정립한 은나라가 모계제 사회였다는 사실과 관련이 있을지도 모른다.

어쨌든 왕모는 여성이며, 음이라는 점이 주목된다. 군자가 자신의 품은 뜻을 실현하려는 노력은 양이다. 그런데 갑자기 음인 왕모로부터 복을 받는 것이다. 이는 애초에 군자가 전혀 기대하기 어려웠던 곳으로부터 어떤 도움을 받게 된다는 뜻이다. 이처럼 전혀 기대하지 않았던 도움의 손길이 군자에게 이르는 이유는, 군자가 자신의 순수한 뜻에 계속 정貞하기 때문이다. 왕필의 풀이처럼 어둠 속에서라도 성誠을 세우면 어둠조차 응하는 법이기 때문이다.

六三 衆允 悔亡
육 삼 중 윤 회 망
음이 세 번째에 오니, 무리가 믿음을 허락하리라. 회悔가 사라지리라.

3효사의 "무리"는 군자가 새로이 만난 읍인들을 가리킨다. 允(윤)은 '맏, 진실, 믿음, 미쁘다, 허락하다' 등의 여러 가지 뜻을 갖는다. 이를 종합하면, 허락하는 것인데 진실성에 대한 믿음이 있기에 허락하는 것이라 할 수 있다. 어려운 상황에도 불구하고 군자가 1효와 2효에서 줄곧 정貞함을 잃지 않자, 그 진실성에 감동받은 무리가 군자에게 믿음을 허락하는 것이다. 1효에서 얻을 수 없었던 믿음을 3효에 이르러 얻게 된다는 말이다.

이를 〈그림 26〉의 괘상으로 보면, 3효에 이르러 진의 하괘가 곤坤으로 완성되는 것과 관련이 있다. 군자와 읍인들이 곤이 상징하는 순명順命을 받아들임으로써 서로를 공감하고 수용하게 되는 것이다(부연 설명은 〈부록 4〉 참고).

"회悔가 사라진다"는 것은, 그동안 군자를 믿지 못했던 읍인들의 마음에 걸려 있던 '회'가 사라지는 것이다.

진晉
먼저 마음을 얻고 나서
규범을 확립하는 길

리離
규범을 세움

곤坤
순명順命
자기를 버림
(천명에 대한) 공감·수용

그림 26 진晉의 괘상

九四 晉如 鼫鼠貞 厲
<small>구 사 진 여 석 서 정 려</small>

양이 네 번째에 올 때는, 진晉하는데 석서처럼 정貞하면 위태
로우리라.

1효에서 3효까지 줄곧 음이던 효가 4효에서는 양으로 바뀌고 있
다. 3효에서 마침내 음인들의 공감을 얻어낸 군자가 이제 4효에 이르
러 적극적으로 리더십을 행사해서 힘차게 날아오르려 함을 상징한다.

하지만 이때 군자가 "석서처럼 정貞하면 위태로울 것"이라 경계하
고 있다. 다람쥣과인 석서는 《시경》에서 기장이든 보리든 닥치는 대
로 먹어치우는 탐욕스러운 존재로 등장한다. 그러므로 이는 군자가
진의 길 4단계에서 리더십을 바탕으로 어떤 일을 추진하되, 석서처
럼 너무 맹렬하게 추진한다면 위태로울 것이라 경계하는 것이다. 그
이유는 5효사를 통해 알 수 있다.

六五 悔亡 失得勿恤 往 吉 无不利
<small>육 오 회 망 실 득 물 휼 왕 길 무 불 리</small>

음이 다섯 번째에 오면, 회悔가 사라지리라. 득실을 근심하지
말고 왕往하면 길하리라. 불리할 것이 없으리라.

"음이 다섯 번째에 오면, 회悔가 사라진다"고 할 때 '회悔'는 4효에
서 군자가 적극적으로 리더십을 행사할 때 음인들의 마음에 생겨나
는 그것을 가리킨다. 이처럼 4효에서 음인들의 마음에 걸리는 그 무
엇이 생겨나는 이유는, 〈그림 26〉의 괘상을 통해 군자의 리더십이 확
립돼온 과정을 살피면 이해할 수 있다. 앞서 3효에서 군자가 음인들

의 마음을 얻은 이유는, 진의 하괘인 곤坤이 상징하는 순명順命으로써 군자와 읍인들이 하나가 되었기 때문이다. 이는 군자의 리더십이 '순명', 즉 천명에 대한 공감과 수용을 바탕으로 성립한 것임을 보여준다. 읍인들이 볼 때 군자와 자신들은 공동의 천명을 수용한 존재들이라고 느끼기에 군자의 리더십을 믿고 따르는 것이다.

그런데 이후 4효에는 양이 온다. 이는 군자가 자신의 판단하에 구체적 리더십을 행사하는 모습을 상징한다. 그런 군자의 구체적 판단이 읍인들의 판단과 완전히 똑같을 수는 없다. 그러므로 읍인들은 그 모습을 보고서 군자에 대한 믿음에 일말의 의구심을 품게 되는 것이다. 이런 이유 때문에 4효에서 군자가 리더십을 행사할 때 "석서처럼 정貞하면 위태로울 것"이라 경계했던 것이다.

5효에 다시 음이 놓인 것은, 군자가 자신의 행동이 천명에 비추어 타당한지를 살피고 헤아리는 과정을 상징한다. 그러므로 이 모습을 보면서 읍인들의 의구심이 해소되기에 마음에 걸렸던 회悔가 사라지는 것이다.

'실득失得'은 〈계사상전〉에 같은 표현이 나오는데 오늘날의 '득실得失'과 같은 뜻으로 쓴다.[10] "득실을 근심하지 말고 왕往한다"는 것은, 무언가를 얻을 수 있을까, 잃지나 않을까 사소한 근심을 하지 말고 적극적으로 왕往하면 길할 것이라는 말이다. 또한 불리할 것이 없다고 한다. 이처럼 길한 결과를 가져올 수 있는 이유는, 읍인들의 마음에 걸려있던 회悔가 사라지면서 혼연일체가 되기 때문이다.

上九 晉其角 維用伐邑 厲 吉 无咎 貞 吝
상 구 진 기 각 유 용 벌 읍 려 길 무 구 정 린

극상의 자리에 양이 오니, 그 뿔에까지 진쯥하는 상이로다. 유
지함으로써 읍邑을 치면 위태로우나 길하며 허물이 없으리라.
정貞하면 인색한 결과가 되리라.

6효에 양이 온 것은 군자가 4효에 이어 다시 한번 자신의 판단하
에 적극적으로 리더십을 행사하는 모습을 상징한다. 〈그림 26〉을 보
면, 이를 통해 진의 길 후반부에서는 팔괘의 리離가 완성된다. 이는
군자가 새로이 이끌게 된 읍국에서 공동체의 규범이 확립됨을 상징
한다. 괘상을 통해 진의 길을 돌아보면, 진의 길은 하괘에서 순명함
을 통해 읍인들의 마음을 얻고, 이를 바탕으로 상괘에서 공동체의 규
범을 확립하는 길이라고 할 수 있다. 상괘의 규범 확립은 군자의 리
더십 행사를 통해 확립된 것이니, 추후로는 군자의 리더십이 공동체
의 규범 차원에서 뒷받침된다는 뜻이다. 이제 군자의 리더십이 새로
운 읍국에서 확고히 자리 잡은 것이다. 이로써 군자는 어려움을 극복
하고 읍인들과 함께 힘차게 날아오르게 된다.

6효사에 "뿔"이 상징으로 등장하는 이유는, 동물의 몸체에서 뿔이
가장 끝부분이기 때문이다. "뿔에까지 진쯥하는 상"이라 말함으로
써 진쯥의 기운이 극상의 상태에 도달했음을 표현한 것이다. 이렇
듯 6단계에서는 진의 기운과 에너지가 최고조로 고양된 상태이므
로 이런 에너지는 조심스레 관리하지 않으면 안 된다. 주역은 이처럼
고조된 기운을 유지함으로써 다른 읍을 치는 일과 같은 적극적인 활
동을 벌이라 조언하고 있다. 전쟁이 일상이던 주역의 시대에 다른 읍
국을 정벌하는 것은 최고의 성과를 상징한다.

진의 길 6단계에서는 군자의 리더십과 군자를 따르는 읍인들의 에너지가 최고조에 이른 상태이기 때문에 그냥 정貞하기만 하면 오히려 인색한 결과가 따른다. 그러므로 다른 "읍邑을 치면 위태로우나 길하며 허물이 없으리라"고 조언하는 것이다.

晉 康侯 用錫馬蕃庶 晝日三接
진 강 후 용 석 마 번 서 주 일 삼 접
진晉의 길은 강후康侯가 하사받은 말로써 번성하게 하여서 하루 낮 동안 세 번 접견을 받게 되었던 일과 같은 상이로다.

'강후康侯'를 전통시대의 주석가들은 '백성을 평안하게 하는 강성한 제후'라는 의미로 새겼으나, 오늘날에는 주 무왕의 동생으로 성왕成王에게는 숙부가 되는 강숙康叔을 가리키는 고유명사로 새기는 견해가 다수설을 이루고 있다.

주 무왕의 동생은 사료에는 '강숙'으로 표기된 기록만이 존재할 뿐 '강후康侯'로 표기된 사례가 없고, 위衛나라에 봉해진 사료가 존재하기에[11] '위후衛侯'라면 몰라도 '강후'를 '강숙'의 칭호로 새기기는 어려웠다. 하지만 그 후 '강후궤康侯簋' '강후정康侯鼎' 등 '강후'라는 명문이 뚜렷한 청동 유물이 다수 출토됨으로써 새로운 해석이 가능해진 것이다.

강숙은 은殷의 유민을 다스리도록 위나라에 봉해졌는데, 그 임무를 성공적으로 수행해냈다. 그동안 진晉의 효사로 살펴봤듯 순명함을 통해 유민들의 마음을 얻고, 이를 바탕으로 위나라에서 규범을 확립해낸 것이다. 또한 성왕의 다른 숙부들이 은의 유민과 결탁해 반역을 꾀했던 데 비해 강숙은 맡은 임무를 모범적으로 수행함으로써 이후 천자를 직접 보좌하는 삼공三公의 자리에까지 오른다.[12] 강숙의 행보는 진晉과 대대를 이루는 명이明夷의 길에 등장하는 기자箕子의 행보와 대비되는 측면이 있다. 그러므로 강숙은 진의 길을 상징하는 인물로서 적임이라고 할 수 있다. 진의 여섯 효사가 산삭을 거치다 보니 그 의미가 불분명할 수 있음을 느낀 점인들이 괘사를 통해 강숙의 사례가 바로 진의 길의 전형적 예라고 보충해 제시한 것이다.

이렇게 보면 "강후가 하사받은 말을 번성하게 하였다"는 구절은 강숙이 분봉받은 위나라를 성공적으로 다스렸다는 의미임을 알 수 있다.

'주일晝日'은 조일朝日, 석일夕日과 대비해 '낮'을 뜻한다. 지금은 별로 쓰이지 않지만 예전에는 쓰였던 표현이다.

"하루 낮 동안 세 번 접견을 받게 되었다"는 말은, 강숙이 삼공의 지위에 올랐던 사실을 가리킨다. '후侯'에 대해서는 천자가 하루에 두 번 접견을 함에 비해, 삼공에 대해서는 세 번 접견하는 것이 합당한 예의이기 때문이다.[13] 그러므로 "하루 낮 동안 세 번 접견을 받게 되었다"는 것은, 강숙이 제후로서 맡은 바 임무를 성공적으로 수행함으로써 삼공의 영예로운 지위에 올랐음을 의미한다.

명이明夷 공동체의 규범을 먼저 확립하고 마음을 얻다

☷☲

明夷 利艱貞
명 이 이 간 정

명이明夷의 길에서는 잘 다스려지지 않는 어려움 속에서도 정貞해야 이로우리라.

初九 明夷 于飛 垂其翼 君子于行 三日不食 有攸往 主人有言
초 구 명 이 우 비 수 기 익 군 자 우 행 삼 일 불 식 유 유 왕 주 인 유 언

처음에 양이 오니, 이夷를 밝히고자 날아가다가 그 날개를 드리우는 상이로다. 군자가 행함에 3일 동안 먹지도 않으면서 가려는 바를 두면, 주인이 무언가 말이 있으리라.

六二 明夷 夷于左股 用拯馬 壯 吉
육 이 명 이 이 우 좌 고 용 증 마 장 길

음이 두 번째에 오면, 이夷를 밝히고자 하는데, 이夷가 왼쪽 허벅지에 이르는 상이로다. 받아들인 말로 써서 장壯하게 나아가면 길하리라.

九三 明夷 于南狩 得其大首 不可疾貞
구 삼 명 이 우 남 수 득 기 대 수 불 가 질 정

양이 세 번째에 오니, 이夷를 밝히고자 남쪽으로 수렵을 가는 상이로다. 그 큰 우두머리를 얻지만, 빠르게 정貞하는 것은 불가하리라.

六四 入于左腹 獲明夷之心 于出門庭
육 사 입 우 좌 복 획 명 이 지 심 우 출 문 정

음이 네 번째에 올 때는, 왼쪽 배에 들어가 밝혀진 이夷의 마음을 얻어 문정門庭 밖으로 나오게 해야 하리라.

六五 箕子之明夷 利貞
육 오 기 자 지 명 이 이 정

음이 다섯 번째에 오면, 기자가 이夷를 밝힌 상이로다. 정貞하면 이로우리라.

上六 不明晦 初登于天 後入于地
상 륙 불 명 회 초 등 우 천 후 입 우 지

극상의 자리에 음이 오면, 어두움까지 밝히려 하지는 말아야 하리라. 처음에는 하늘에 오르겠지만, 나중에는 땅으로 들어가고 말리라.

명이明夷의 5효사에는 은殷의 후예로 고조선의 왕이 됐다고 하는 '기자'가 등장하므로 한국인이라면 이를 눈여겨보게 된다. 그런데 명이는 괘효사 전체가 전반적으로 해석하기가 쉽지 않아서 그간 그 의미에 대해 많은 오해가 있었다. 우선 괘명인 '명이'의 뜻 새김 자체가 간단치 않다.

'명이明夷'를 '광명이 상처 입는다'는 취지로 새기는 견해가 다수설을 이루고 있다. 하지만 夷(이) 자는 주역 경문의 다른 곳에도 쓰였기 때문에 그 의미를 알고자 하면 다른 사례를 먼저 참조하는 것이 적절한 접근이다. 그런데 이와 같은 접근이 그동안 시도되지 않았다. '夷'는 풍豊(55)의 4효에도 등장하며, 환渙(59)의 4효에도 등장한다. 양쪽 모두 중국 하夏족에 대해 동방의 이夷족을 가리키는 표현으로 쓰이고 있다. 특히 풍괘 4효 '우기이주遇其夷主' 구절에는 '夷'와 '主(주)'가 같이 등장하는데, 명이괘 1효에도 '夷'와 '主人(주인)'이 같이 등장하고 있어서 용례의 유사성이 높다. 또한 '夷'의 어원 자체가 활쏘기에 능했던 이夷족을 가리키는 표현이니, 명이에 등장하는 '夷' 역시 그를 가리키는 표현이며, 달리 보아야 할 이유가 없다.

이 관점에서 '명이明夷'는 '이夷족을 밝힌다'는 뜻으로 새길 수 있다. 그 의미는 대대를 이루는 진晉과 견주어보면 알 수 있다. '진'의 길은 군자가 새로 만난 읍인들을 상대로 먼저 그들의 마음을 얻고 나서 규범을 세움으로써 자신의 리더십을 확립하는 길이었다. 이에 비해 '명이'는 군자가 새로 만난 사람들을 상대로 먼저 규범을 밝히고 나서 그들의 마음을 얻음으로써 자신의 리더십을 세우는 길이라고 할 수 있다. 이와 같은 의미는 〈그림 27〉(514쪽)의 괘상으로도 확인할 수 있다.

보다 구체적으로 명이의 길이 5단계에 이르면 주역은 고조선으로 이주해 새로 만난 이夷족을 상대로 자신의 리더십을 세웠던 기자를 '명이明夷'의 상징으로 제시한다. 기자는 이夷족을 상대로 규범을 밝혔던 인물이니, '이夷를 밝히는 길'이라는 의미에서 괘명을 '明夷(명이)'로 칭했음을 알 수 있다.

진晋의 길을 상징하는 인물로 거론된 강후는 주 성왕이 은殷의 유민을 다스리도록 맡긴 임무를 성공적으로 수행함으로써 보다 영예로운 자리에 오른다. 이에 비해 명이明夷의 길을 상징하는 인물로 거론되는 기자는, 신하가 되어달라는 주 무왕의 요청을 거절하고 이夷족의 나라인 고조선으로 이주하는 길을 택한다. 이렇게 두 사람의 길은 서로 선명한 대비를 이루기에 각각 진의 길과 명이의 길을 상징하는 인물로 언급된 것이다.

이제부터 명이의 길에서 군자가 구체적으로 어떤 과정을 거치며 리더십을 확립하는지 괘효사를 통해 살펴보자.

初九 明夷 于飛 垂其翼 君子于行 三日不食 有攸往
초 구 명 이 우 비 수 기 익 군 자 우 행 삼 일 불 식 유 유 왕

主人有言
주 인 유 언

처음에 양이 오니, 이夷를 밝히고자 날아가다가 그 날개를 드리우는 상이로다. 군자가 행함에 3일 동안 먹지도 않으면서 가려는 바를 두면, 주인이 무언가 말이 있으리라.

명이의 길 1단계에서 "이夷를 밝히고자 날아가다가 그 날개를 드리운다"는 말은, 군자가 새로이 하늘의 도道를 전할 무리를 찾아다니는 과정을 새가 날아가는 상에 비유한 것이다. 군자가 적절한 대상을 발견하고 그들 사이에 정착하는 모습을 새가 날개를 드리우고 내려앉는 상으로 표현했다.

이후 "군자가 행함에 3일 동안 먹지도 않으면서 가려는 바를 두는" 이유는, 새롭게 만난 이夷족이 군자를 믿지 못해서 그의 말을 귀담아 듣지 않기 때문이다. 그러므로 군자로서는 우선 3일 동안 먹지도 않고 불철주야 정성을 기울이는 모습을 보임으로써 어떻게든 이夷족을 감복시켜야 하는 것이다. 이 구절에 대해 〈상전〉은 다음과 같이 풀이한다. "군자가 행할 때는 의리상 먹지 않는 것이다[君子于行 義不食 也]." 즉 군자는 이夷족의 삶 속으로 섞여들면서 그들이 어떤 어려움을 겪을 때 그들과 의리를 같이하는 차원에서 먹지 않는 모습을 보인다는 뜻이다.

"가려는 바를 둔다"는 것은, 이夷족을 대상으로 해서 문명을 밝히겠다(도를 실현하겠다)는 군자의 뜻을 제시한다는 말이다.

"주인이 무언가 말이 있으리라"고 할 때의 주인主人은 풍豊(55)의 4효 '우기이주遇其夷主'의 경우처럼 '이夷족의 주인'을 말한다. 3일 동안 먹지도 않는 의리를 보이면서 노력하는 군자의 태도에 감화되어 이夷족의 주인이 무언가 말하는 것이 있으리라는 뜻이다. 군자와 이夷족의 주인 사이에 말이 통하기 시작하는 것이며, 이는 관계 맺음의 시작이므로 의미가 작지 않다. 그러므로 이는 명이의 길 1단계 끝무렵에 군자가 기울인 노력이 일정한 성과를 달성한다는 말이다.

六二 明夷 夷于左股 用拯馬 壯 吉
육 이 명 이 이 우 좌 고 용 증 마 장 길

음이 두 번째에 오면, 이夷를 밝히고자 하는데, 이夷가 왼쪽 허벅지에 이르는 상이로다. 받아들인 말로 써서 장壯하게 나아가면 길하리라.

1효와 달리 2효에는 음이 오고 있다. 1효에 양이 온 것은, 명이의 길을 시작하는 단계에서라면 어떻게든 이夷족의 관심을 끌어내야 하기에 군자가 매우 적극적인 행동을 펼쳐야 함을 상징했다. 이에 비해 2효에 음이 온 것은, 1단계와 달리 2단계에서는 군자가 자신의 행동이 하늘의 뜻에 비추어 합당한지를 찬찬히 살피고 헤아려야 함을 뜻한다.

2효사에 대해 〈상전〉은 이렇게 풀이한다. "음이 두 번째에 오면 길한 것은, 순명함으로써 법칙을 따르기 때문이다[六二之吉 順以則也]." 군자가 2효에 음이 온 취지에 맞춰 하늘의 뜻에 순명하는 모습을 보이면, 이를 보고 이夷족이 감화되어 법칙을 따르기에 길한 결과를 불러올 수 있다는 뜻이다.

주역은 군자가 이렇게 행할 경우 한 무리의 이夷가 군자에게 귀의하는 성과를 달성할 수 있을 것인데, 이를 이夷가 군자의 왼쪽 허벅지에 이르는 상으로 비유한다. 일이 진전되는 단계를 아래에서부터 올라가는 신체의 부위에 비유하는 표현은 주역에서 자주 쓰이는데, 여기서도 마찬가지다.

"받아들인 말[馬]로 쓰라"는 것은, 군자에게 귀의한 한 무리의 이夷를 군자의 백성으로 받아들이라는 말이다. 말은 "곤은 말로써 행한다[坤 以馬行地]"고 했던 왕필의 풀이처럼, 곤坤의 도인 순명順命을 따르는 존재를 상징한다. 주역에서 말은 기본적으로 군자가 탄 수레를 끄는 존재로 등장한다. 군자의 뜻을 받아들여 따르는 존재인 것이다. 더 나아가 주역에서 수레는 공동체를 상징한다. 말은 공동체인 수레를 끄는 존재이니 곧 백성을 뜻한다. 또한 주역의 시대에는 말이 끄는 전차戰車가 전투의 기본 수단이었기 때문에, 나라의 국력은 몇 대의 전차를 동원할 수 있는가로 측정되기도 했다. 그러므로 전차를 끄는 말[馬]은 병력兵力을 상징하기도 하는데, 병력 역시 백성에서 나오는 것이다.

"장壯하다"는 것은 앞서 대장大壯(34)의 도에서 살폈듯 보무도 당당히 씩씩하게 나아가는 모습을 말한다. 그러므로 "받아들인 말로 써서 장壯하게 나아가라"는 것은, 군자에게 귀의한 한 무리의 이夷를 백성으로 받아들여 장壯하게 나아가는 모습을 보이라는 뜻이다. 앞으로 살펴보겠지만 현재 군자에게 귀의한 이夷는 작은 무리일 뿐이므로 군자는 향후 보다 큰 무리를 얻어야 한다. 그러므로 이를 염두에 두고 작은 무리가 귀의했을 때 백성으로 우대하면서 장壯하게 나아가는 모습을 보이라는 것이다. 군자가 그렇게 행동하면 길할 것이라 한다.

九三 明夷 于南狩 得其大首 不可疾貞
구 삼 명 이 우 남 수 득 기 대 수 불 가 질 정

양이 세 번째에 오니, 이夷를 밝히고자 남쪽으로 수렵을 가는 상이로다. 그 큰 우두머리를 얻지만, 빠르게 정貞하는 것은 불가하리라.

명이의 길 3단계에서는 남쪽으로 수렵에 나서라고 한다. 이를 〈상전〉은 다음과 같이 풀이한다. "남쪽으로 수렵에 나서는 뜻은 크게 얻고자 함이다[南狩之志 乃大得也]."

갑골문이 전하는 은殷의 역사 기록을 보면 마지막 왕인 주왕紂王 시절에 은은 남쪽 지역(화이허淮河강 유역의 인방人方)이 반란을 일으키자 이를 정벌하려 노력했다고[14] 한다. 또한 주周의 4대 왕인 소왕昭王 무렵이 되면 남방의 이夷 등 원주민의 반격이 점차 강해져 성주成周(오늘날의 뤄양) 근처까지 침입했으며,[15] 결국 소왕은 남방을 순수하다가 돌아오지 못하고 한수이漢水강에서 죽었다고 《사기》에 기록돼 있다. 그러므로 주역의 시대에 "남쪽"은 아직 제대로 개척되지 못한 변경의 이미지가 강하다. 그런즉 미개척지인 변경으로 수렵에 나서는 것은 신천지인 남쪽을 크게 개척해보겠다는 군자의 포부를 상징한다.

이처럼 남쪽으로 수렵에 나서 "그 큰 우두머리를 얻었다"는 것은 이夷족의 큰 우두머리를 얻었다는 말인데, 그 우두머리가 크다는 것은 2단계에서 군자에게 귀의한 무리보다 훨씬 큰 무리를 이끄는 우두머리임을 뜻한다.

이렇듯 무리의 우두머리를 얻었지만 그 우두머리를 빠르게 정貞하도록 만드는 것은 불가하다고 한다. 그 이유는 3효에 양이 오면서 〈그림 27〉에서 보듯 명이의 하괘가 리離로 완성되는 것과 관련이 있다. 군자가 명이의 길 3단계에서 양의 행동을 취함으로써 이夷가 따라야 할 규범을 제시한 것이다. 효가 양이라는 것은, 이 규범 제시가 군자의 판단에 따른 것으로 이夷의 동의를 얻은 것이 아님을 상징한다. 그러므로 동의 없이 규범의 구속을 마주하게 된 이夷의 큰 우두

진晉
리더로서 먼
저 마음을 얻
고 나서 규범
을 세움

리離
규범을 세움

곤坤
순명順命
자기를 버림
(천명에 대한)
공감·수용

대
대
·
·
도
전
괘

곤坤
순명順命
자기를 버림
(천명에 대한)
공감·수용

리離
규범을 밝힘

명이明夷
리더로서 먼
저 규범을 밝
히고 나서 마
음을 얻음

그림 27 진晉과 명이明夷의 대대

머리는 마음이 상해 군자의 뜻을 따를 생각이 전혀 없다. 따라서 3단
계는 명이의 길에서 위기의 단계에 해당한다. 이런 우두머리의 마음
을 풀어 공감을 얻어내야 하는 것이 군자의 향후 숙제가 된다.

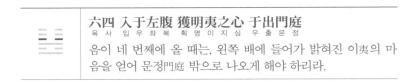

六四 入于左腹 獲明夷之心 于出門庭
육 사 입 우 좌 복 획 명 이 지 심 우 출 문 정
음이 네 번째에 올 때는, 왼쪽 배에 들어가 밝혀진 이夷의 마
음을 얻어 문정門庭 밖으로 나오게 해야 하리라.

군자가 우두머리의 마음을 풀어 공감을 얻어내는 방법은 4효에 놓
인 음의 취지에 맞는 처신을 하는 것이다. 음효는 자신의 행동이 하늘
의 뜻에 비추어 합당한지를 찬찬히 살피고 헤아려야 함을 상징한다.
　구체적으로 주역은 이夷의 "왼쪽 배[腹]에 들어가라"고 조언한다.
이는 그 '복심腹心'을 헤아리라는 뜻이다. 〈상전〉에서도 "왼쪽 배에
들어가라는 것은 마음의 뜻을 얻으라는 말이다[入于左腹 獲心意也]"
로 풀이하고 있다.
　주역은 이처럼 그 복심을 헤아림으로써 이夷의 마음을 얻어 "문

514

하경

정門庭 밖으로 나오게 해야 한다"고 조언한다. "문정 밖으로 나온다"는 표현은 이후 절節괘(60) 2효사에도 등장하는데, '문정'은 가옥의 외부 출입문 바로 안쪽에 있는 정원을 가리킨다(부연 설명은 절괘의 풀이 참고). 그러므로 "문정 밖으로 나온다"는 것은 이夷가 닫아걸었던 대문을 열고 집 밖으로 나와 군자와 화합함을 뜻하는 표현이다. 그리고 이는 3단계에서 이夷가 군자에 대해 마음의 문을 닫아걸었음을 보여주는 것이다. 그러므로 4단계에서는 닫혀버린 이夷의 마음을 어떻게든 열어서 "문정 밖으로 나오게 해야 하는" 것이다.

六五 箕子之明夷 利貞
육 오 기 자 지 명 이 이 정
음이 다섯 번째에 오면, 기자가 이夷를 밝힌 상이로다. 정貞하면 이로우리라.

5효사에는 기자가 등장한다. 기자는 은왕殷王 문정文丁의 아들로, 은의 마지막 왕인 주왕의 숙부가 된다. 은 말기에 주왕의 폭정이 계속되자 그에게 간언을 했는데 받아들여지지 않았다. 그러자 기자는 머리를 풀어헤치고 광인 행세를 하며 지냈다. 주왕의 그릇된 명령을 받들 수도 없고, 그렇다고 망명하면 은을 배신하는 행위가 되겠기에 그로서는 고육책으로 택한 길이었다. 주왕은 광인 행세를 하는 기자를 노비로 만들어버렸는데, 이후 주周 무왕이 은을 멸망시키고 나서 기자를 석방해 신하로 삼고자 했다. 하지만 기자는 천하를 바르게 다스릴 수 있는 도리를 묻는 무왕에게 홍범구주洪範九疇의 가르침만을 전해주고 그의 신하가 되는 것은 거부했다. 이후 기자는 고조선으로

이주해 새로운 천지에서 하늘의 도를 실현하고자 노력했다.

이상이 '기자조선' 내지 '기자동래설'의 내용이다. 기록의 사실성 여부에 대해서는 학계의 논란이 있지만, 그와 같은 역사 기록이 존재하며 명이明夷의 길 5효사에 '기자지명이箕子之明夷'라는 대목이 등장하는 이상 '기자동래설'의 내용을 참조하지 않을 수 없다.

5효사에 대해 〈상전〉은 이렇게 풀이한다. "기자의 정貞함이란, 도를 밝힘에 있어서는 쉴 수 없다는 뜻이다[箕子之貞 明不可息也]." 이는 기자가 고조선으로 이주해 새로이 하늘의 도를 밝히고자 하던 때에 쉬지도 않으면서 정貞한 노력을 기울였음을 의미한다. 그리고 군자도 이처럼 정貞한 노력을 기울여 하늘의 도를 밝혀야 함을 상징한다.

주역은 군자가 명이의 길 5단계에서 그와 같은 정貞함을 지니면 이로운 결과가 있을 것이라 말한다. 이夷의 마음이 드디어 움직여 군자에게 마음의 문을 열고 나올 것임을 의미한다. 이는 〈그림 27〉에서 명이의 3·4·5효가 팔괘의 진震을 이루는 괘상과 관련이 있다. '진'은 굳어 있던 이夷의 마음이 움직임을 상징하는 것이다(〈부록 4〉 참조).

上六 不明晦 初登于天 後入于地
상 륙 불 명 회 초 등 우 천 후 입 우 지

극상의 자리에 음이 오면, 어두움까지 밝히려 하지는 말아야 하리라. 처음에는 하늘에 오르겠지만, 나중에는 땅으로 들어가고 말리라.

6효에는 또다시 음이 오고 있다. 이는 명이의 길 6단계에서도 사람의 행동이 하늘의 뜻에 비추어 합당한지를 찬찬히 살피고 헤아리

는 음의 행동과 노력을 계속 기울여야 함을 상징한다. 이렇게 세 번 연속으로 음의 노력을 기울임으로써 6단계에 이르면 명이의 상괘가 곤坤으로 완성된다. 이는 군자가 이夷를 이끌면서 그와 같은 노력을 계속 기울이면 6단계에 이르러 '곤'의 속성인 순명順命의 상태가 이루어짐을 상징하는 것이다(〈그림 27〉 참조).

지금까지 걸어온 명이의 길을 돌아보면, 군자는 3효에서 인간 사회가 마땅히 따라야 할 하늘의 도, 규범을 제시했다. 하지만 진晉의 길과 달리 명이의 길에서는 사전 공감의 과정 없이 먼저 규범을 제시했기에 군자의 생각을 일방적으로 강요하는 것으로 비쳤고, 이에 이夷는 마음을 닫아걸고 말았다.

그러므로 이후 군자는 닫혀버린 이夷의 마음을 얻기 위해 자기를 완전히 비우는 순명의 길을 걸었던 것이다. 이는 자신이 제시한 규범이 하늘의 도이자 천명임을 납득시키기 위한 설득과, 스스로 모범을 보이는 행동이 병행되어야 함을 의미한다. 그런 노력과 정성이 세 번에 걸쳐 연속되자 이夷도 납득하고 마음의 문을 열게 되는 것이다. 그리하여 6단계에 이르면 그들도 하늘의 도에 대해 순명하게 된다. 이는 그들 스스로도 규범을 지켜나가게 됨을 의미한다. 또한 공동의 천명을 수용한 존재로서 군자의 리더십을 진심으로 믿고 따르게 됨을 의미한다. 이리하여 명이의 길은 6단계에 음효가 놓임으로써 그 절정을 이루는 것이다.

6효사는 명이의 길이 과잉으로 빠지지 않도록 경계하는 내용을 담고 있다. 우선 6효사의 '명회明晦'는 '명이明夷'에 대응하는 표현이다. 명이明夷가 '이夷를 밝힌다'는 뜻이라면, 명회明晦는 이夷의 범위를 넘어 '어두움을 밝힌다' '어두움까지 밝힌다'는 뜻이다. 그 의미는 이어지는 구절까지 마저 살펴야 알 수 있다.

〈상전〉은 6효사의 이어지는 구절에 대해 이렇게 풀이한다. "처음에는 하늘에 오른다는 것은 사방의 네 나라를 비춘다는 뜻이다. 나중에는 땅으로 들어가고 말리라는 것은 법칙을 잃기 때문이다[初登于天 照四國也 後入于地 失則也]."

종합해 살피면, "어두움까지 밝히려 한다"는 말은 이夷족의 나라를 넘어 그 사방의 네 나라까지 하늘의 도를 밝히고자 시도한다는 뜻이다. 그런 시도를 하면 처음에는 하늘에 오르는 듯 큰 성과를 내는 것처럼 보일지라도, 끝내는 실패하고 말리라고 과잉을 경계하고 있다.

그처럼 실패하게 되는 이유로 "법칙을 잃기 때문[失則]"이라 했는데, 이는 2효사에 대한 〈상전〉의 다음 풀이와 비교해볼 필요가 있다. "음이 두 번째에 오면 길한 것은, 순명함으로써 법칙을 따르기 때문이다[六二之吉 順以則也]." 즉 2효에서 군자가 순명하는 모습을 보였을 때 길한 결과를 불러올 수 있었던 이유는, 이夷족이 그 모습에 감화되어 법칙을 따르기 때문이었다. 하지만 6효에서라면 군자가 동일하게 순명하는 노력을 기울여도 사방의 나라들이 감화되지 않으며, 법칙을 따르지 않기 때문에 실패하리라는 것이다. 이는 사방의 네 나라가 기본적으로 천명에 어둡고 마땅한 법칙에 어둡기 때문이다. 그래서 6효사의 전반부에서 "어두움까지 밝히려 하지는 말아야 하리라"고 과잉을 경계하는 것이다. 결국 하늘의 도를 밝히고자 할 때도 기본이 갖춰진 대상을 상대해야지 기본 자체가 안 되어 있을 경우는 피해야 한다는 뜻이다.

明夷 利艱貞
명 이 이 간 정

명이明夷의 길에서는 잘 다스려지지 않는 어려움 속에서도 정貞해야 이로우리라.

명이의 길은 지금까지 살펴봤듯 완전히 새로운 대상, 종족 자체가 다른 이夷족을 대상으로 하늘의 도를 밝히려는 길이다. 그러므로 상황이 쉽게 다스려지지 않을 것은 자명한 일이며, 그동안 거쳐온 명이의 각 단계 역시 그러했다. 그러므로 "잘 다스려지지 않는 어려움 속에서도 정貞해야 이롭다"고 특별히 조언하는 것이다.

37·38

가인家人 : 규睽

한 가족이 되는 길과

갈라서서 새 상대를 찾는 길

가인家人 한 가족이 되다

家人 利女貞
가 인 이 여 정
가인家人의 길에서는 여자를 정貞하게 해야 이로우리라.

初九 閑有家 悔亡
초 구 한 유 가 회 망
처음에 양이 오니, 빗장을 채워 가家를 두는 상이로다. 회悔가 사라지리라.

六二 无攸遂 在中 饋 貞 吉
육 이 무 유 수 재 중 궤 정 길
음이 두 번째에 오니, 떠나갈 수가 없어서 안에서 밥을 먹는 상이로다. 정貞하면 길하
리라.

九三 家人 嗃嗃 悔 厲 吉 婦子 嘻嘻 終吝
구 삼 가 인 효 효 회 려 길 부 자 희 희 종 린
양이 세 번째에 오면, 가인家人들이 큰 소리로 울부짖으며 후회하니 위태롭지만 길하
리라. 부인의 남자들[婦子]은 히히거리지만 종국에는 인색하리라.

六四 富家 大吉
육 사 부 가 대 길
음이 네 번째에 오니, 가家를 부유하게 하는 상이로다. 대길하리라.

九五 王假有家 勿恤 吉
구 오 왕 격 유 가 물 휼 길
양이 다섯 번째에 오니, 왕이 가家를 두기에 이르는 상이로다. 근심하지 말라. 길하리라.

上九 有孚 威如 終吉
상 구 유 부 위 여 종 길
극상의 자리에 양이 오지만, 믿음을 갖고 있어서 위엄이 있구나! 종국에는 길하리라.

앞서 명이明夷(36)의 길까지 해서 주역 하경의 여정 중 수신修身의 길은 끝을 맺었고, 이곳 가인家人의 길부터는 제가齊家의 길이 시작된다.

가인家人은 글자 그대로 '가족'이라 할 수 있다. 하지만 혈연으로 맺어진 가족을 말하는 것은 아니다. 혈연으로 이미 맺어진 가족이라면 그 구성 원리를 별도로 설명할 필요가 없다. 전통시대의 家(가)에는 가신家臣이 있었다. 즉 전통시대의 家는 가주家主를 중심으로 맺어진, 혈연을 넘어선 조직체였다. 그러므로 '제가齊家'의 길에서 배우게 되는 변화의 원리는 혈연 가족에 적용되는 원리가 아니라 오늘날로 치면 조직을 다스리는 원리에 해당하는 것이다.

상경의 동인同人괘(13)에서 '동인'은 '무언가 대의를 이루고자 하는 뜻을 같이하는 사람' 정도로 새길 수 있다. 가인家人은 이러한 동인보다도 더욱 긴밀한 조직인데, 글자 그대로 '한 가족을 이룬' 조직이다. '한 가족을 이룬' 조직이란, 죽어도 같이 죽고 살아도 같이 사는 '공동운명체'를 말한다. "우리는 한배를 탄 몸이다"라고 말할 때, '한배를 탄 사람들'이 공동운명체라고 할 수 있다.

혈연으로 맺어지지 않은 어떤 조직이 '한 가족을 이룬다'는 것은 쉽지 않다. 가인家人의 길은 어떻게 하면 그렇게 되는지, 한 가족을 이루는 비결에 대해 말한다.

初九 閑有家 悔亡
초 구 한 유 가 회 망

처음에 양이 오니, 빗장을 채워 가家를 두는 상이로다. 회悔가 사라지리라.

가인의 길 1효사는 한 가족을 이루기 위한 1단계의 조치가 "빗장을 채워" 가두는 것이라 조언한다. 이는 한 가족이 되겠다고 맹세한 사람들을 집 안에 두고 밖에서 빗장을 채워 빠져나가지 못하도록 가두라는 뜻이다. 이렇게 하면 위기가 닥쳐도 자기만 살겠다고 빠져나갈 수가 없다. 빠져나갈 수 있는 가능성을 원천 차단함으로써 그런 생각을 포기하게 하는 것이다. 〈상전〉은 이에 대해 다음과 같이 적절히 풀이한다. "빗장을 채워 가家를 두는 것은 뜻이 변하지 않도록 하는 것이다[閑有家 志未變也]."

혈연으로 맺어진 가족이라면 '혈연'이 태생적인 빗장의 역할을 한다. 그렇지 않은 조직이 '가족'이 되려면 '혈연'과 같은 역할을 할 '빗장'이 있어야 한다고 주역은 말한다. 그렇게 빗장을 채웠을 때 비로소 '가족'을 이룰 수 있다고 조언하는 것이다.

"우리는 이제 죽어도 같이 죽고 살아도 같이 사는 한 가족이요 공동운명체다", 이렇게 입으로 말하는 것은 쉽다. 조직 구성원 모두가 쉽게 동의할 것이다. 하지만 이때, "그렇다면 밖에 빗장을 채워 그렇게 될 수밖에 없는 조건을 만들자"고 하면 얘기가 달라진다. 주역은 말로만 약속해서는 되지 않고, 실제로 빗장을 채우는 조치를 결행해 빠져나갈 수 있는 가능성을 원천 차단해야 한다고 조언하는 것이다.

그리고 그러한 조치를 취하고 나면 회悔가 사라질 것이라고 한다. 빗장을 채우는 조치를 결행하기까지는 과연 맞는 선택을 하는 것인지 고민이 많겠지만 일단 빗장을 채우고 나면 이제는 돌이킬 방법이 없으므로 모든 번민이 사라질 것이라는 말이다.

六二 无攸遂 在中 饋貞吉
육 이 무 유 수 재 중 궤 정 길

음이 두 번째에 오니, 떠나갈 수가 없어서 안에서 밥을 먹는
상이로다. 정貞하면 길하리라.

遂(수)에 대해《설문해자》는 "도망하다는 뜻[亾也]"으로 새긴다. 이
를 보면 遂가 고대에는 '도망하다, 떠나가다, (남을) 따라가다'는 뜻으
로 쓰였음을 알 수 있다.

앞서 1효에서 문밖에 빗장을 질러놓았으니 빠져나갈 수가 없게 되
었다. 그 때문에 조직의 구성원들이 어쩔 수 없이 안에서 밥을 먹는
다는 말이다. 이제 조금씩 공동운명체가 되어가고 있는데, 2단계는
한 '식구食口'가 되는 단계라고 할 수 있다.

九三 家人 嗃嗃 悔厲 吉 婦子 嘻嘻 終吝
구 삼 가 인 효 효 회 려 길 부 자 희 희 종 린

양이 세 번째에 오면, 가인家人들이 큰 소리로 울부짖으며 후
회하니 위태롭지만 길하리라. 부인의 남자들[婦子]은 히히거리
지만 종국에는 인색하리라.

가인의 길 3단계에서는 가인들에게 일대 위기가 닥친다. 큰 위기
가 닥쳤는데 밖에 빗장이 질러져 있어서 위험을 피해 빠져나갈 수가
없다. 그래서 "가인家人들이 큰 소리로 울부짖으며 후회한다". 처음에
빗장을 지르는 조건에 동의했음을 후회하는 것이다. 이 때문에 상황
이 매우 위태로워 보인다.

이런 가인家人과 대조를 이루는 그룹이 '부인의 남자들[婦子]'이다.
부인의 남자들은 앞서 몽蒙(4)의 길 2효에서도 등장한 바 있다. 군자

가 부인[婦]과 혼인동맹을 맺음으로써 군자의 가家에 속하게 된 부인 쪽 남자들을 가리키는 표현이다.

주역은 부인 쪽 남자들을 군자의 가家에 속해 있으면서도 가인家人은 아닌 사람들로 규정한다. 언뜻 한 가족처럼 보이지만 실제로 가족은 아닌 사람들이며, 조직에 몸은 담고 있지만 공동운명체가 되는 조건은 받아들이지 않은 사람들이라고 할 수 있다. 그러므로 조직에 일대 위기가 닥치면 쉽게 발을 뺄 수 있다. 그에 따라 이들은 가인의 길 3단계에서 위기가 찾아오자 조직에서 발을 뺀다. 그들은 이제 방관자가 되어, 가인들이 울부짖으며 후회하는 모습을 바라보며 히히거린다. 이때 이들은 처음에 빗장을 거는 조건을 받아들이지 않은 자신들의 선택이 현명했다고 생각할 것이며, 가인의 길을 선택한 이들을 조롱할 것이다. 하지만 주역은 가인들이 위태로워 보이지만 길할 것이며, 지금 당장은 히히거리는 부인 쪽 남자들이 종국에는 인색할 것이라 말한다.

가인家人들은 당장은 울부짖으며 후회하지만 어쩔 도리가 없다. 그들은 이제 죽어도 같이 죽고 살아도 같이 사는 공동운명체가 되어 버린 것이다. 애초에 빗장을 지른 조건을 받아들인 것을 후회할지언정 이제는 어쩔 도리가 없다. 공동운명체가 됐다는 객관적 현실이 바뀌지 않는 것이다.

'한배를 탄 몸'이라는 상황은 오월동주吳越同舟의 고사를 생각나게 한다. 오吳나라 사람과 월越나라 사람은 서로 원수지간이다. 원수지간인데 어찌하다 보니 한배를 타게 됐다. 한배를 탄 이상, 태풍이 불어 배가 뒤집힐 위기에 처하면 서로 힘을 합쳐 노를 저어야 한다. 안전한 육지에 닿을 때까지는 공동운명체인 것이다.

가인家人들도 마찬가지다. 울부짖으며 후회할지언정 힘을 합쳐 필사적으로 배를 저어간다. 그 합심한 노력, 필사적인 노력으로 인해 결국은 위기를 극복해 목적지 항구에 도착하는 것이다. 그래서 "위태롭지만 길하리라" 하는 것이다.

반면 부인 쪽 남자들은 당장은 위기에서 빠져나갔기 때문에 몸이 편하지만, 위기를 피하고 방관하는 것만으로는 아무것도 이룰 수 없다. 그러므로 종국에는 인색하리라 말하는 것이다.

주목할 점 한 가지는, 주역이 가인의 길 3효에 이르러서야 처음으로 '가인家人'이라는 표현을 쓰고 있다는 점이다. 이는 2단계, 식구의 단계까지는 아직 한 가족이 되지 않았다는 말이다. 그러다가 3단계에 이르러 구성원들이 큰 소리로 울부짖으며 후회할 정도의 일대 위기를 겪은 후라야 비로소 '한 가족'이 탄생한다는 뜻이다. 그와 같은 위기를 마주해 이제 죽어도 같이 죽고 살아도 같이 사는 공동운명체가 되어버렸음을 절절히 실감한 뒤에야 비로소 '한 가족'이 탄생하는 것이다.

六四 富家 大吉
육 사 부 가 대 길
음이 네 번째에 오니, 가家를 부유하게 하는 상이로다. 대길하리라.

앞서 3단계에서 가인의 길이 일대 위기를 거치고 나서 4단계에 이르면, 가인들은 이제 합심해 가家를 부유하게 만든다고 한다.

이때 4효에는 음이 오고 있다. 음 기운의 기본 속성은 응축해 내부가 단단해지는 과정을 상징한다. 가인의 길에서라면 음 기운은 구성원들이 가족이 되었다는 사실을 깨달음으로써 가족의 결속력이 응축해 더욱 단단해지는 과정을 의미한다. 2효도 음이었으니 가인의 길 2단계 역시 공동체의 결속력이 강화되는 과정이라고 할 수 있다. 4단계가 음효라는 점을 풀이에 반영하면, 가족의 결속력이 응축해 강화됨에 따라 가인들이 합심해 가를 부유하게 한다는 뜻이 된다.

주역은 가인의 길 4단계에 "대길할 것"이라는 평가를 남겼다. 역경이 "길할 것[吉]"이라고 말하는 경우는 100차례가 넘지만, '대길大吉'을 말하는 것은 64괘 384효를 통틀어 다섯 차례뿐이다. 3단계의 위기를 거치는 과정에서 진정한 가족이 탄생하면 이후 4단계에 이르렀을 때 그 결과가 대길하다는 말이다.

반면 3단계에서 발을 뺀 부인 쪽 남자들은 가인들에 비해 인색한 결과를 맞게 된다. 위기를 피하고 방관하는 것만으로는 4단계와 같은 대길한 성취는 이룰 수 없기 때문이다.

九五 王假有家¹⁶ 勿恤 吉
구 오 왕 격 유 가   물 휼 길
양이 다섯 번째에 오니, 왕이 가家를 두기에 이르는 상이로다.
근심하지 말라. 길하리라.

"왕이 가家를 두기에 이른다"는 말은, 가인家人의 길 1~4단계에 이르는 동안 형성되고 단단해진 군자의 '가'를 왕이 자기 휘하에 두기에 이른다는 말이다. 이는 가주家主인 군자가 자신의 '가'를 이끌고 왕의 휘하로 들어간다는 말이기도 하다.

이에 대해 "근심하지 말라"는 조언이 붙은 이유는, 군자의 가家가 왕의 휘하로 들어가는 것이 '가'에 대해 원심력으로 작용할 수도 있기 때문이다. 4효에 놓인 음이 '가'의 규범이 응축해 더욱 단단해지는 것을 의미한다면, 5효의 양은 가의 규범에 대해 원심력이 작용하는 상황을 의미한다.

이처럼 원심력이 작용함에도 불구하고 길하리라는 말은, 군자의 가家가 왕의 휘하로 들어가 왕에게 충성하는 바람직한 군신 관계를 맺으면서도 군자의 '가' 역시 흔들림 없이 유지될 것이라는 말이다.

이상에서 살펴본 5효사는 가인家人의 길을 가는 취지가 어디에 있는지를 보여준다. 가인의 길 전반부를 돌아보면, 1단계에서 문밖에 빗장을 가로질러서 조직의 구성원들을 강제로 가두어버린다. 그렇게 해서 죽어도 같이 죽고 살아도 같이 사는 공동운명체가 될 수밖에 없는 조건을 만드는 것이다. 그 결과 실제로 위기가 닥쳤을 때 밖에 빗장이 질러져 있어 위험을 피해서 빠져나갈 수가 없기에 구성원들이 큰 소리로 울부짖으며 후회하는 상황에 이른다. 이런 전반부의 진행 상황은 비정하다 싶기도 하고 어찌 보면 잔인하다 싶기도 할 정도다.

그런데 후반부에 이르자 가인家人의 상괘는 유연한 대응을 상징하는 손巽괘를 이루고 있다[〈그림 28〉(548쪽) 참고]. 가인의 하괘가 규범의 확립을 의미하는 리離괘이고 상괘가 손괘라는 것은, 전반부에서 비정하다 싶을 정도의 조치를 통해 일단 규범을 확립하고 나면 이후 후반부에서는 유연하게 활동할 수 있는 자유가 주어진다는 얘기가 된다.

군자의 가家가 원심력의 작용을 걱정하지 않고 왕의 휘하에 들어갈 수 있는 것이 바로 그런 행동의 자유, 선택의 자유에 해당한다. 가인家人의 길을 가는 취지는 바로 여기에 있다. 전반부에서 잔인하다 싶기까지 한 빗장을 지르는 조치가 필요한 이유는, 후반부에서 조직이 유연한 행동의 자유를 얻는 데 그 의미가 있는 것이다.

주역의 시대는 인간의 활동이 가家를 중심으로 이루어지던 시대였다. '가'는 그대로 군사의 한 단위가 되기까지 했다. 그러므로 사회 활동에 참여하려면 개인은 가를 이루어 가 단위로 큰 조직에 합류해야 합당한 대우를 받을 수 있었다. 가를 이루어야 인간 사회라는 큰 공동체에서 개인의 역량을 충분히 발휘할 수 있었던 것이다.

오늘날은 과거에 비해 개인의 비중이 커졌다. 하지만 그럼에도 가家를 이루어야 사회에서 개인의 역량을 충분히 발휘할 수 있다는 것은 여전히 유효한 명제라고 생각한다.

오늘날의 가家는 과거처럼 가신을 두는 조직체는 아니지만, 결혼을 통해 공동운명체인 가를 이룬다는 점만은 여전히 유효하다. '부부'는 '결혼'이라는 빠져나갈 수 없는 빗장을 지름으로써 가를 이룬 공동운명체라고 할 수 있다.

결혼은 인간 개체라는 측면에서 보면 강한 구속임이 분명하다. 구속 중에서도 가장 강한 구속이 가해지는 것이다. 인간 개체가 왜 이런 구속을 받아들이는 것일까? 생물학적으로 보면 후세에게 자신의 유전자를 전하기 위해서이기도 하지만, 주역은 여기에 한 가지 이유를 더 보태어 설명한다. 그처럼 강한 구속을 받아들이는 이유는, 그를 통해 보다 큰 자유를 얻을 수 있기 때문이라는 것이다.

사회적 동물인 인간에게는 광야에 홀로 남겨져 자유로운 것은 의미가 없다. 자신의 역량을 충분히 발휘할 수 있으면서 자유로운 것이 진정 자유로운 것인데, 가家를 이루어 사회에 참여하는 것이 바로 그런 경우에 해당한다. 가를 이루어 사회에 참여할 때 개인은 자신을 배신하지 않고 도와줄 공동운명체인 가족에 기반해 적극적으로 활동할 수 있어서 사회에서 보다 큰 역량을 발휘할 수 있는 것이다.

上九 有孚 威如 終吉
상 구 유 부 위 여 종 길
극상의 자리에 양이 오지만, 믿음을 갖고 있어서 위엄이 있구나! 종국에는 길하리라.

6효에 양이 온 것은 5효에 이어 또다시 가家에 원심력이 가해지는 상황을 의미한다. 두 번 연속됨으로써 그만큼 원심력이 커지지만, 그럼에도 가인家人들이 서로에 대한 믿음을 갖고 있어 그 모습이 위엄이 있다는 뜻이다.

"위엄이 있다"는 것은, 이처럼 굳건한 믿음으로 똘똘 뭉친 가족의 모습 자체가 위엄이 있다는 뜻이기도 하고, 남들이 이들 가족을 가볍게 여겨 함부로 대하지 못한다는 뜻이기도 하다. 그러므로 종국에는 길할 것이라 말하고 있다.

家人 利女貞
가 인 이 여 정
가인家人의 길에서는 여자를 정貞하게 해야 이로우리라.

'이여정利女貞'은 관觀(20)의 2효에도 등장했던 표현이다. '女(여)'

는 주역에서 군자를 따르는 사람을 가리키는 상징적 표현이다. 그러므로 "여자를 정貞하게 해야 이롭다"는 말은, 군자의 주변 사람들을 안정시키는 것이 좋다는 조언이다. 가인家人의 길 1~3효에서는 군자의 주변 사람들이 크게 흔들릴 수 있다. 그러므로 주역은 지나친 동요로 혼란과 피해가 확산되지 않도록 미리 신경 쓰라고 조언하는 것이다.

지금까지 살펴봤듯 '가인家人'은 '한 가족을 이룬' 조직, 죽어도 같이 죽고 살아도 같이 사는 '공동운명체'를 말한다. 그런데 죽어도 같이 죽고 살아도 같이 사는 공동운명체로서 가장 큰 조직은 '국가'라고 할 수 있다. 그 때문에 '국가國家'라는 단어에 '가家'가 들어 있는 것이다. '국國'이 '가家(공동운명체)'를 이루었을 때 '국가國家'가 되는 것이다.

필자는 앞서 곤坤(2)의 길에서 바로 지금이 곤의 시대로 보인다는 견해를 제시한 바 있다. 이러한 관찰이 옳다면 앞으로 한동안은 모든 것이 '응축'하는 시대가 될 것이다. 이는 공동체도 예외가 아니다. 공동체가 응축한다는 것은 더욱 옹골차게 된다는 면에서는 바람직하다. 하지만 그 반대급부로 공동체의 경계 범위 역시 응축하게 된다. 이는 그 경계 가까이에 놓인 구성원들을 배제하려는 움직임으로 나타날 수 있다.

그와 같은 추세는 이미 조짐을 넘어 현상으로 나타나고 있다. 세계 여러 나라에서 '국가國家'라는 공동운명체로부터 경계인들을 배제하려는 움직임이 나타난다. 세계 각국에서 번지고 있는 반이민정서 같은 것이 이에 해당한다. 이런 추세는 과거 '세계화' '세계시민주의'가 강조되던 건乾의 시대에는 표면화되지 않았던 것이다.

지금이 곤의 시대가 맞다면 공동체가 응축하는 추세는 한동안 계속될 것이며, 이는 세계 여러 나라에 과연 우리는 '공동운명체'가 맞는지에 대한 시험으로 작용할 것이다. 이런 시험이 끝난 후 남는 공동체가 진정한 공동운명체일 것이다. 우리나라도 상당한 시험에 들게 될 것이라고 생각한다. 우리 사회에는 많은 갈등이 존재하며, 우리는 공동운명체가 맞는지 질문이 제기되고 있다. 응축의 시대에 우리는 이런 질문에 대답해야 할 것이다. 또한 남과 북이 통일을 이루려면 이 질문은 훨씬 무겁게 다가올 것이다.

규睽 갈라서서 새 상대를 찾다

睽 小事 吉
규 소 사 길
규睽는 작은 일의 경우에는 길하리라.

初九 悔亡 喪馬勿逐 自復 見惡人 无咎
초 구 회 망 상 마 물 축 자 복 견 오 인 무 구
처음에 양이 온 것은, 회悔가 사라지리라. 말을 잃더라도 쫓지 말라. 스스로 돌아올 것이다. 싫어하는 사람일지라도 만나서 허물이 없도록 해야 하리라.

九二 遇主于巷 无咎
구 이 우 주 우 항 무 구
양이 두 번째에 오니, 주군主君을 길거리에서 만나서 허물이 없도록 하라.

六三 見輿曳其牛掣 其人天且劓 无初有終
육 삼 견 여 예 기 우 체 기 인 천 차 의 무 초 유 종
음이 세 번째에 오니, 수레를 끄는데 그 소를 뒤에서 잡아당기는 꼴을 보게 되리라. 그 사람이 곤형을 받고 의형을 받게 되리라. 처음부터 유종의 미를 거둘 수는 없는 법이다.

九四 睽孤 遇元夫 交孚 厲 无咎
구 사 규 고 우 원 부 교 부 려 무 구
양이 네 번째에 오면, 반목으로 외로워지리라. 으뜸가는 지아비를 만나 믿음을 주고받으면 위태로우나 허물이 없으리라.

六五 悔亡 厥宗 噬膚 往 何咎
육 오 회 망 궐 종 서 부 왕 하 구
음이 다섯 번째에 오면, 회悔가 사라지리라. 마루[宗]를 발굴하여서 부膚를 씹고 가면 어찌 허물이겠는가?

하경

上九 睽孤 見豕負塗 載鬼一車 先張之弧 後說之弧 匪寇 婚媾 往 遇雨
<small>상 구 규 고 견 시 부 도 재 귀 일 거 선 장 지 호 후 탈 지 호 비 구 혼 구 왕 우 우</small>
則吉
<small>즉 길</small>

극상의 자리에 양이 오면, 반목으로 외로워지리라. 돼지가 진흙을 뒤집어쓰고 한 수레에 귀신을 몰아 싣는 꼴을 보게 되리라. 처음에는 활시위를 걸겠지만 나중에는 벗겨야 하리라. 쳐들어갈 것이 아니라 혼인을 할 일이로다. 가서 운우지정을 나누면 길하리라.

睽(규)는 '사팔눈'을 가리킨다. 사팔눈이란 두 눈동자가 서로 다른 방향을 보는 것을 말한다. 여기에서 '반목反目하다(서로 다른 방향을 바라보다), 등지다'라는 뜻이 나온다. 규괘는 이처럼 공동체에서 서로 다른 방향을 바라보는 반목이 생긴 경우에 어떻게 처신해야 하는지 말하고 있다. 〈상전〉은 이에 대해 "규는 군자가 그로써 같이 하면서도 다르게 하는 것이다[君子以同而異]"라고 적절히 풀이한다.

규睽괘는 가인家人괘와 대대를 이룬다는 측면에서도 그 의미를 생각해볼 필요가 있다. 가인은 공동체의 가치와 이상에 적극 공감해 빗장을 채움으로써 공동운명체가 되는 길이라면, 규는 군자가 자신이 속한 공동체의 가치와 이상에 공감할 수 없기에 거기서 벗어나 새로운 가치 기준의 공동체를 찾는 길이다. 그 과정에서 군자가 어떻게 처신해야 하는지를 이야기한다.

初九 悔亡 喪馬勿逐 自復 見惡人 无咎
초 구 회 망 상 마 물 축 자 복 견 오 인 무 구

처음에 양이 온 것은, 회悔가 사라지리라. 말을 잃더라도 쫓지
말라. 스스로 돌아올 것이다. 싫어하는 사람일지라도 만나서
허물이 없도록 해야 하리라.

"회悔가 사라진다"는 말은 회가 일단 생겨났다가 사라지는 것이므
로, 그 회는 '초구初九'로 상징되는 군자의 행동으로 인해 생겨난 것
이다. '초구'의 의미는 괘상을 통해 추측할 수 있다. 규睽의 하괘는
태兌로 '벗어남'을 상징한다(자세한 내용은 〈부록 4〉 참조). 그러므로 '초
구'는 군자가 기존에 속해 있던 공동체에서 벗어나기 위한 1단계의
행동을 적극적으로 취함을 상징하는 것이다. 군자의 그런 행동으로
인해 공동체에 회가 일단 생겨나겠지만 사라질 것이라 말한다.

또한 그런 행동으로 인해 말을 잃는 상황이 발생하겠지만 스스로
돌아올 것이니 구태여 쫓지 말라 조언한다. 여기서 말[馬]은 명이明夷
(36) 2효사에서 살펴봤듯 군자의 뜻을 받아들여 따르는 추종자를 가
리키는 표현이다. 군자가 공동체에서 벗어나려는 움직임을 보이니
공동체 안에서 군자를 따르던 추종자들 일부가 군자를 떠나는 일이
생기는 것이다. 하지만 군자가 공동체에서 벗어나고자 한다고 해서
예禮에 어긋나는 것은 아니기 때문에 일시적으로 회悔가 생겨나고
말을 잃는 일이 벌어지겠지만 곧 회복될 것이라 말한다.

'惡人'을 '악인'으로 새기는 경우가 많다. 하지만 이는 '악인'이 아
니라 '오인'으로 읽어야 하고, '싫어하는 사람'으로 새겨야 한다. 그
이유는 동양사상에서 선과 악을 이분법으로 나누지 않기 때문이다.
현대인인 우리가 생각하는 '악인'은 주역에서 비인匪人(사람이 아닌

자)으로 칭하고 있다. 그러므로 惡人은 오늘날 우리가 생각하는 '악인'이 아니라 '오인(싫어하는 사람)'인 것이다.

"싫어하는 사람일지라도 만나서 (이쪽의) 허물이 없도록 하는" 것이 어떤 행동인지는 공자의 《논어》 〈양화陽貨〉 편에 좋은 사례가 등장한다. 당시 노나라의 실권을 장악한 양화陽貨가 공자를 만나고 싶어 했는데, 공자는 그가 정당한 권력이 아니었기 때문에 싫어해서 만나주지 않았다. 공자가 계속 만나주지 않자 양화는 공자에게 돼지고기를 선물로 보냈다. 선물까지 받고도 만나주지 않는 것은 실례가 되며(이쪽의 허물이 된다), 또 권력자를 너무 화나게 만들 것이다. 이때 공자의 처신이 주목할 만하다. 공자는 일부러 양화가 집에 없는 틈을 타서 사례를 하러 찾아간다. 그리고 길에서 그와 마주친다.

이는 "싫어하는 사람일지라도 만나서 (이쪽의) 허물이 없도록 하라"는 주역의 가르침에 부합하는 전형적인 행동이다. 주역에 심취했던 공자가 주역의 가르침을 활용해 곤란한 상황을 모면했던 것이다.

九二 遇主于巷 无咎
구 이 우 주 우 항 무 구
양이 두 번째에 오니, 주군主君을 길거리에서 만나서 허물이 없도록 하라.

1효에 이어 2효에도 양이 온다. 이는 군자가 기존 공동체에서 벗어나려는 행동을 계속함을 상징한다.

주군을 길거리에서 만나는 상황은 역시 공자와 양화의 고사를 생각하면 이해하기 쉽다. 《논어》에 등장하는 양화의 고사에 대해, 공자가 양화의 집으로 가던 중 '우연히' 길에서 그와 마주친 것으로 해석할 수도 있다. 하지만 필자는 중간에 길에서 마주치게끔 공자가 사전에 의도했을 것으로 생각한다. 바로 여기 등장하는 주역의 가르침이 있기 때문이다. 공자의 행동은 규睽괘의 가르침을 염두에 두고 이루어진 것이라 생각한다.

2단계에 이르면 공동체(조직) 내의 반목이 더 심해진다. 그 때문에 군자는 조직의 장[主]을 만나기도 싫어졌다. 하지만 조직의 장과의 만남을 계속 피할 수만도 없는 노릇이다. 하경의 모든 관계는 의리로 맺어진 것이며 예禮의 규율을 받는다는 점을 염두에 두어야 한다. 주역은 이럴 때 "주군을 길거리에서 만나서 (이쪽의) 허물이 없도록 하라"고 충고한다. 주군을 정식으로 만나면 진지한 대화를 나눠야 하므로 이는 피하고, 대신 길거리에서 약식으로 만남으로써 '주군을 만났다'는 예는 갖춰 이쪽의 허물이 없도록 하라는 것이다.

六三 見輿曳其牛掣 其人天且劓 无初有終
육 삼 견 여 예 기 우 체 기 인 천 차 의 무 초 유 종

음이 세 번째에 오니, 수레를 끄는데 그 소를 뒤에서 잡아당기는 꼴을 보게 되리라. 그 사람이 곤형을 받고 의형을 받게 되리라. 처음부터 유종의 미를 거둘 수는 없는 법이다.

3효에는 음이 오고 있다. 이는 군자가 기존 공동체에서 벗어나려 하는 행동에 제동이 걸림을 상징한다. 그에 따라 군자가 기존 공동체에서 벗어나고자 몰고 가던 수레를 뒤쪽에서 잡아당기는 상황과 마주치는 것이다. 수레를 끄는 소가 나아가지 못하도록 잡아당기며 '그

사람[其人]'이 처벌을 받는 일이 벌어진다. 其(그 기) 자에는 '합당하다'는 함의가 있어서 '그 사람[其人]'이란 '합당한 사람'을 말한다. 군자 자신이거나 군자의 조력자(수레를 모는 사람으로 상징되는)를 가리킨다. 天(천)은 머리를 깎아버리는 형벌인 '곤형髡刑'을 가리키며, 의형劓刑은 코를 베어버리는 형벌이다.

이처럼 규睽의 길 3단계에서는 기존 공동체에서 벗어나려던 군자의 움직임에 제동이 걸리면서 위기가 발생한다. 그에 따라 주역은 "처음부터 유종의 미를 거둘 수는 없는 법"이라 말하면서 군자를 위로한다. 아직 규의 길은 절반을 지났을 뿐으로, 좀 더 인내하며 때를 기다리면 유종의 미를 거둘 수 있을 것이라는 말이다.

九四 睽孤 遇元夫 交孚 厲 无咎
구 사 규 고 우 원 부 교 부 려 무 구
양이 네 번째에 오면, 반목으로 외로워지리라. 으뜸가는 지아비를 만나 믿음을 주고받으면 위태로우나 허물이 없으리라.

4효에 이르러 처음으로 '규睽'자가 등장한다. 이는 규睽의 길이 4단계에 이르렀을 때 비로소 반목[睽]이 표면화된다는 말이다. 그 표면화의 계기는 4효에 양이 오는 것이다.

앞서 3효에 음이 온 것은, 기존 공동체에서 벗어나려는 군자의 행동에 제동이 걸림을 상징함과 동시에 군자 스스로도 음효의 취지에 맞게 잠시 응축해야 함을 상징하는 것이기도 하다. 그러다가 4효에 다시 양이 온 것은, 규의 길이 4단계에 이르면 군자가 공동체에서 벗어나려는 행동을 재개해야 함을 상징한다. 그리고 이처럼 군자가 행동을 재개하니 그에 따라 반목이 표면화되는 것이다.

그 결과 군자는 공동체 내에서 외톨이가 되어 외로운 처지에 빠졌다. 고립무원의 처지는 주역이 가장 경계하는 상황이다. 그에 따라 둔遯(33)의 길 3효 같은 곳에서는 미리 "신하와 첩을 길러두는 것이 길하다"는 조언을 하기도 하는 것이다. 이곳 규睽의 길에서는 기존 공동체 밖에 있는 으뜸가는 지아비[夫]를 만나 서로 믿음을 주고받으라 조언하고 있다.

원래 주역에서 지아비[夫]는 행위 주체인 군자를 가리키는 것이 보통이나 여기서는 상황이 다르다. 규睽의 길에서 군자는 자신이 속한 공동체의 주인[主]이 아니다. 그에 비해 4효사의 '원부元夫'는 군자가 속한 공동체 밖에 존재하는 다른 공동체의 주인[主]이다. 그래서 그를 부夫로 지칭한 것이다. 또한 그를 "으뜸가는 지아비"로 표현한 것은 그가 신뢰할 수 있는 사람이며, 그가 제시하는 이상과 가치에 군자가 공감할 수 있기 때문이다. 군자가 규의 길로 접어든 이유는, 기존에 속한 공동체의 이상과 가치에 변화가 생겨서 거기에 공감할 수 없게 되었기에 새로이 공감할 만한 가치 기준을 지닌 공동체를 찾아 나선 것이다. 4단계에 이르러 비로소 그러한 공동체의 대표자를 만난 것이다. 이는 규의 길에서 2·3·4효가 팔괘의 리離를 완성하는 것으로 표상된다. 이 시점에 이르러 군자가 의지할 수 있는 새로운 규범(공동체의 이상과 가치)을 만났음을 상징하는 것이다(부연 설명은 〈부록 4〉 참고).

六五 悔亡 厥宗 噬膚 往 何咎
육 오 회 망 궐 종 서 부 왕 하 구

음이 다섯 번째에 오면, 회悔가 사라지리라. 마루[宗]를 발굴하
여서 부膚를 씹고 가면 어찌 허물이겠는가?

4효에서 새로운 지아비를 만나 서로 믿음을 주고받다가 5효에 이
르니 그 신뢰 관계가 더욱 깊어지고 있다. 이는 5효에 음이 놓인 것
으로 상징된다. 음 기운의 응축하는 작용이 관계를 더욱 옹골차게 만
드는 것이다. 그로 인해 두 사람이 부부를 이루기 전에 마지막까지
남아 있던 회悔가 완전히 사라지기에 이른다.

'서부噬膚'는 앞서 서합噬嗑괘(21)의 2효에 등장했던 표현이다. 피
부는 동물의 몸을 보호하기 위한 거죽이므로, "부膚를 씹는다"는 것
은 거죽을 제거하는 작업이라고 할 수 있다. 이는 상대와 내가 통합
되어 공동체를 이루어가는 과정에서 체면치레를 하는 겉가죽을 벗어
버리는 과정, 속살과 속내를 드러내 보이는 과정을 이르는 표현이다.
새로운 지아비와 맺어질 때는 이런 과정이 꼭 필요하다는 말이다.

단 이런 과정을 거치기 전에 먼저 "마루[宗]를 발굴"해야 한다. '마
루[宗]'란 어떤 일에서 으뜸이 되고 근본 기준이 되는 고갱이를 가리
키는 말이다. 으뜸이 되고 근본 기준이 되는 가르침을 '종교宗敎'라
고 칭하는 것에서 그 느낌을 잡아볼 수 있다. 앞서 4단계에서 군자
는 새로 만난 지아비와 믿음을 주고받았는데, 5단계에 이르면 두 사
람의 믿음이 종교가 되어야 한다는 말이다. 즉 둘 사이의 믿음이 향
후 두 사람의 행동에 있어서 근본 기준이자 으뜸이 되어야 한다는
말이다. 그처럼 되었다면 이후 겉가죽을 벗어버리는 과정을 거치는
것이다.

> ## 上九 睽孤 見豕負塗 載鬼一車 先張之弧 後說之弧
> 상 구 규 고 견 시 부 도 재 귀 일 거 선 장 지 호 후 탈 지 호
> ## 匪寇 婚媾 往 遇雨 則吉
> 비 구 혼 구 왕 우 우 즉 길
>
> 극상의 자리에 양이 오면, 반목으로 외로워지리라. 돼지가 진흙을 뒤집어쓰고 한 수레에 귀신을 몰아 싣는 꼴을 보게 되리라. 처음에는 활시위를 걸겠지만 나중에는 벗겨야 하리라. 쳐들어갈 것이 아니라 혼인을 할 일이로다. 가서 운우지정을 나누면 길하리라.

6효에는 다시 양이 오고 있다. 이는 군자가 기존 공동체로부터 벗어나려는 행동을 적극적으로 취함을 상징한다. 그에 따라 공동체 내에서 반목이 다시 표면화되는 것이다.

"돼지"는 앞서 대축大畜(26)의 5효사에 등장했고 이후 구姤(44)의 1효사에도 등장하는데, 이를 종합해보면 자신의 믿음에 충실한 존재를 상징하는 표현으로 쓰고 있다. 이런 판단에는 〈설괘전〉 8장에서 "감坎을 돼지[豕]로 본다[坎爲豕]"라는 부분도 참고가 된다. 앞서 살펴본 〈그림 15〉(299쪽)의 12벽괘 배치도에서도 돼지[亥]는 겨울인 음력 10월에 배치되어 곤坤괘에 해당한다. 즉 순명順命을 상징하는 것이다. 이렇게 보면 "돼지가 진흙을 뒤집어쓰는 꼴을 보게 된다"는 말은, 자신의 믿음에 순명하는 존재(군자 자신)가 부당하게 진흙을 뒤집어쓰는 모욕을 당하게 된다는 뜻이다.

"귀신"은 주역에서 제사의 대상으로서 존숭받는 존재다. 이처럼 존숭받는 존재를 "한 수레[車]에 몰아 싣는 것"은 모독 행위에 해당한다. 한글로는 똑같이 '수레'로 번역되지만, 수레에는 車(거)와 輿(여)의 구별이 있다. 귀빈을 태우는 고품격 수레는 輿이기 때문에 존숭받는 귀신이라면 의당 輿에 실어야 한다. 그런데 귀신을 輿가 아닌 車

에 실었다면, 게다가 여러 귀신을 하나의 車에 몰아서 실었다면 이는 실례를 넘어 대놓고 모욕하는 행위인 것이다.

이상과 같은 꼴을 보게 된 군자가 비분강개해 모욕하는 상대를 죽이겠다고 활시위를 거는 것이다. 張(장)을 《설문해자》에서 찾아보면 '활에 시위를 거는 것[施弓弦也]'을 가리킨다. 활시위를 건다는 것은, 진실을 가리는 건곤일척의 승부를 보겠다는 의지의 표명이다. 하지만 주역은 군자에게 활시위를 벗길 것을 조언하고 있다. 지금 군자가 할 일은 모욕하는 상대를 죽이겠다고 쳐들어가는 것이 아니라 새로 만난 지아비와 혼인을 하는 것이기 때문이다.

지금까지 군자는 기존에 속한 공동체의 이상과 가치에 공감할 수 없게 되자 새로이 공감할 수 있는 가치 기준을 지닌 공동체를 찾아나섰고, 결국 찾아냈다. 그렇다면 이제 때가 되었으니 기존 공동체를 떠나 새로 만난 지아비와 혼인을 하면 되는 것이다. 이처럼 기존 공동체를 떠날 것이라면, 떠나면 그뿐이다. 주역이 6효사에서 "처음에는 활시위를 걸겠지만"이라 말한다는 것은, 이혼을 하는 과정에서는 그처럼 비분강개하는 일이 다반사로 벌어진다는 뜻이다. 하지만 주역은 그러지 말라 조언한다. 비분강개해 그 안에서 계속 다투는 것은 무익한 일이며 새로운 출발을 해치는 일이기 때문이다. 대신 "가서 운우지정을 나누면 길하리라" 한다.

'우우遇雨'는 직역하면 "비를 만나는 것"인데, 인류의 문화를 돌아보면 동서양을 막론하고 남성과 여성의 성교性交를 비와 연결한 관념을 찾아볼 수 있다. 그래서 동서양을 막론하고 기우제를 지낼 때 성교가 직접 행해지거나 그와 관련된 행위가 행해졌다. 이런 관념이 형성된 이유는 정이의 다음과 같은 풀이가 잘 보여준다. "음양이 교

류하여서 조화롭게 통하면 비가 된다. (…) 음양이 합하고서도 조화
를 더하면 비가 되는 것이다[陰陽 交而和暢則爲雨 (…) 陰陽 合而益和
則爲雨]." 중국에서는 동한東漢 시기까지도 기우제를 지내면서 남녀
간의 집단 혼음이 행해졌다고 한다.**17** '운우지정雲雨之情'이 남녀의
정교를 이르는 말로 쓰이는 것 역시 이런 관념을 반영한 것이라고 할
수 있다.

睽 小事 吉
규 소 사 길

규睽는 작은 일의 경우에는 길하리라.

규睽는 반목의 길이기 때문에 큰일[大事]에 길할 수는 없다. 따라
서 작은 일의 경우에는 길할 것이라 말하고 있다.

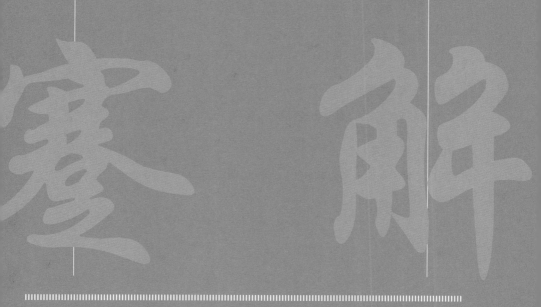

39·40

건蹇 : 해解

반목을 견디며 지혜롭게 처신하는 길과

반목을 해소하는 길

건蹇 반목을 견디며 지혜롭게 처신하다

蹇 利西南 不利東北 利見大人 貞 吉
건 이 서 남 불 리 동 북 이 견 대 인 정 길

건蹇의 길에서는 서남西南 방향으로 가야 이롭고 동북東北 방향으로 가는 것은 불리
하리라. 대인을 만나야 이로우리라. 정貞하면 길하리라.

初六 往 蹇 來 譽
초 륙 왕 건 래 예

처음에 음이 오니, 갈 때 어렵게 나아가야 올 때 명예를 유지하리라.

六二 王臣蹇蹇 匪躬之故
육 이 왕 신 건 건 비 궁 지 고

음이 두 번째에 오니, 왕의 신하처럼 어렵게 나아가고 또 어렵게 나아가야 하리라. 자
기의 연고가 아니기 때문이다.

九三 往 蹇 來 反
구 삼 왕 건 래 반

양이 세 번째에 오면, 갈 때 어렵게 나아갔음에도 올 때 뒤집히는 상이로다.

六四 往 蹇 來 連
육 사 왕 건 래 연

음이 네 번째에 오면, 갈 때 어렵게 나아가니 올 때 동행이 있는 상이로다.

九五 大蹇 朋來
구 오 대 건 붕 래

양이 다섯 번째에 오면, 대단히 어렵게 나아가니 벗들이 찾아오는 상이로다.

上六 往 蹇 來 碩 吉 利見大人
상 륙 왕 건 래 석 길 이 견 대 인

극상의 자리에 음이 오면, 갈 때 어렵게 나아가니 돌아올 때 단단해짐[碩]으로써 길하리라. 대인을 만나야 이로우리라.

蹇(건)은 절뚝거리며 걸어간다는 뜻이다. 건蹇의 길이 어떤 길인지 이해하려면 〈그림 28〉에서 다른 길과의 대대 관계를 살필 필요가 있다.

이를 보면 건蹇이 다음에 이어질 해解의 길과 대대를 이룰 뿐만 아니라 앞서 규睽(38)와도 배합괘로서 대대를 이룸을 알 수 있다. 규睽의 길은 군자가 반목이 생긴 공동체에서 벗어나 새로운 공동체에 합류하는 길이었다. 그에 비해 건蹇의 길은 군자가 공동체로부터 벗어날 수 없는 경우이다. 어떤 문제로 인해 반목이 생기긴 했지만 그 문제가 공동체의 대의大義에 관한 문제가 아니라면, 의리로 맺어진 하경의 공동체로부터 군자가 쉽사리 벗어날 수도 없는 것이다. 그러므로 이런 경우라면 군자는 반목을 견디며 공동체에 계속 머무르게 된다.

이렇게 군자가 공동체에 계속 머무른다면, 공동체의 의사 결정을 거부할 수 없어 문제가 생긴다. 현재 공동체에는 반목이 존재하는 상황이므로 공동체가 내린 의사 결정은 군자의 의사에 반하는 것일 수 있다. 이는 군자의 처신에 어려움을 초래한다. 이런 상황이라면 획획 내달을 수 없다. 그에 따라 절뚝거리며 걸어가는 蹇(건)이 괘명으로 쓰인 것이다.

〈단전〉은 건蹇의 길에 대해 이렇게 풀이한다. "건은 어렵게 여기는 것이다. 험함이 앞에 놓여 있으니, 험함을 보면 능히 그칠 수 있어야

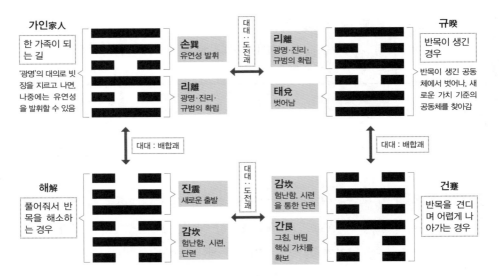

그림 28 건蹇괘의 대대 관계

안다고 할 수 있으리라[蹇 難也 險在前也 見險而能止 知矣哉].”〈단전〉
이 말하는 험함[險]과 그침[止]은 〈그림 28〉에서 건蹇의 상괘와 하괘
가 각각 감坎과 간艮인 것을 가리킨다. 또한 〈단전〉은 건의 길이 '지
자知者'로서의 처신이라 풀이한다. 뭘 좀 안다는 '지자'라면 이 정도
의 처신은 해낼 수 있어야 한다는 뜻이다.

현재 군자는 공동체에 반목이 있는 상황이므로 매사를 대할 때 어
렵게 여겨야 한다. 군자가 속한 공동체의 의사 결정이 군자의 뜻과
다르게 내려져서 군자의 처신이 곤란해지는 상황이 벌어질 수 있기
때문이다. 이처럼 앞길에 곤란한 상황(험한 상황)이 닥칠 수 있음을
알기에 군자는 최대한 그치고자[止] 한다. 이때 그친다[止]는 것은 하
괘 간艮의 속성인 그침과 버팀[止]을 말하는 것이다. 이를 통해 자신
의 핵심 가치만은 지켜내는 것이다(부연 설명은 〈부록 4〉 참고).

이처럼 건건(蹇蹇)의 길은 군자가 능동적으로 사태를 주도할 수 있는 길이 아니라 피치 못한 상황에서 어쩔 수 없이 걸어야 하는 길이다. 이에 대해 〈상전〉은 "건(蹇)의 길은 군자가 그로써 자신에게 돌리어 덕을 닦는다[蹇 君子以反身修德]"라 하여 건의 길을 걷는 군자의 자세를 적절히 풀이하고 있다.

初六 往蹇來譽
초 륙 왕 건 래 예
처음에 음이 오니, 갈 때 어렵게 나아가야 올 때 명예를 유지하리라.

往(왕)은 정해진 방향으로 적극 나아가는 것인데, 건(蹇)의 길에서는 공동체의 의사 결정에 따라 군자에게 부여된 어떤 일을 행하는 것을 가리킨다. 현재 군자는 공동체의 구성원들과 반목이 생긴 상황이므로 그 일은 군자의 의사에 반하는 것일 수 있어 적극 행하는 것은 바람직하지 않다. 그에 따라 군자는 가급적 어떤 일도 맡지 않으려고 버틴다. 하괘 간(艮)의 1·2효가 음인 것은 바로 그와 같은 상을 반영한 것이다. 그러므로 처음에 음이 온 것은 군자가 버티며 움직이지 않음을 표상한다. 그처럼 군자가 움직이지 않는 이유는 "갈 때 어렵게 나아가야 올 때 명예를 유지할 수 있기" 때문이다. 〈상전〉은 1효사에 대해 "갈 때 어렵게 나아가야 올 때 명예를 유지할 수 있으니 마땅히 기다려야 한다[往蹇來譽 宜待也]"라고 적절히 풀이한다.

六二 王臣蹇蹇 匪躬之故
육 이 왕 신 건 건 비 궁 지 고

음이 두 번째에 오니, 왕의 신하처럼 어렵게 나아가고 또 어렵게 나아가야 하리라. 자기의 연고가 아니기 때문이다.

음효가 두 번째에 또 놓인 것은, 군자가 여전히 버티며 움직이지 않음을 표상한다.

이때 주역은 "왕의 신하처럼 어렵게 나아가라" 조언한다. 왕의 신하는 왕으로부터 지시받은 일을 행하는 것이지 자기가 직접 어떤 일을 결정지을 권한이 없다. 그러므로 신하는 일을 처리함에 있어 거듭 왕의 의사를 확인해가며 어렵게 나아가는 것이다. "자기의 연고가 아니기 때문"이라는 말은, 일에 대한 최종 결정권이 자기에게 없기 때문이라는 뜻이다.

군자는 앞서 규睽(38)의 길에서 공동체의 주군과 반목이 생겼는데 이때 갈라선다면 규의 길로 마무리 짓는 것이고, 갈라서지 못할 사정이 있으면 지금의 건의 길로 넘어오는 것이다. 그러므로 현재 군자는 공동체의 주군과 반목을 빚은 상황이다. 상황이 이렇다면 군자가 일을 처리하면서 어떤 결정을 내렸는데, 나중에 반목으로 인해 군자의 결정이 뒤집히는 경우가 발생할 수 있다. 따라서 군자는 이런 가능성까지 고려하면서 "왕의 신하처럼 어렵게 나아가고 또 어렵게 나아가야 하는" 것이다.

이에 대해 〈상전〉은 다음과 같이 풀이한다. "왕의 신하처럼 어렵게 나아가고 또 어렵게 나아가면 종국에 탓할 일이 없는 것이다[王臣蹇蹇 終无尤也]." 왕의 신하가 일을 처리하듯 나중에 자신의 결정이 뒤집힐 가능성까지 고려하면서 어렵게 나아가는 이유는, 그렇게 해야 나중에 공동체에서 군자를 탓할 일이 없기 때문이라는 것이다.

九三 往蹇 來 反
구 삼 왕 건 래 반
양이 세 번째에 오면, 갈 때 어렵게 나아갔음에도 올 때 뒤집
히는 상이로다.

3효에는 1·2효와 달리 양이 놓인다. 이를 하괘 간艮의 상으로 보
면, 군자가 1·2효에서 계속 버티다가 마지막 3효에 가서야 비로소
움직이는 상이다. 이런 과정을 거침으로써 최소한의 입지, 자기의 핵
심 가치만은 확보해내는 것이 '간'의 상이다.

이를 건蹇의 길에 대입해보면, 군자가 공동체의 일을 맡지 않으려
고 최대한 버티다가 3단계에 이르러서야 비로소 일을 맡아 행동에
나서는 것이다. 이런 과정을 거침으로써 군자는 공동체의 반목 속에
서도 최소한이나마 자신의 입지를 확보해내는 것이다. 이렇게 확보
한 입지는 이후 험난함을 헤쳐나가는 데 도움이 된다.

하지만 이처럼 조심스럽게 일을 처리해나갔음에도 결국 반목으로
말미암아 군자의 일 처리는 뒤집히고 말 것이라고 한다. 건의 길 3단
계는 위기의 단계에 해당하는 것이다.

그러나 군자는 그동안 자신의 결정이 뒤집힐 가능성까지 고려하면
서 일을 진행해왔다. 이처럼 사전에 여러 가능성을 예상한 대비가 있
었기에 향후 사태를 수습할 수 있게 되는 것이다.

六四 往蹇 來連
<ruby>육 사 왕 건 래 연</ruby>
음이 네 번째에 오면, 갈 때 어렵게 나아가니 올 때 동행이 있는 상이로다.

　군자가 3단계에서 일단 행동에 나선 이상 사후 수습을 위해서라도 계속 나아가지 않을 수 없다. 건蹇의 상괘 감坎은 군자가 험난함을 뚫고 나아감을 표상한다.

　3효와 달리 4효에 음이 오는 것은, 군자가 4단계에서는 3단계보다 더욱 행동에 조심하면서 마땅한 처신을 살피고 헤아려야 함을 상징한다. 이처럼 4효에서 군자가 더욱 어렵게 여기며 나아가니 돌아올 때 동행이 생겨난다. 현재 공동체에는 반목이 존재하는데, 군자의 편에 서는 이가 나타난다는 뜻이다. 미리 살피고 조심에 조심을 거듭하는 군자의 노력으로 인해 4단계에서는 동행을 얻게 되는 것이다.

九五 大蹇 朋來
<ruby>구 오 대 건 붕 래</ruby>
양이 다섯 번째에 오면, 대단히 어렵게 나아가니 벗들이 찾아오는 상이로다.

　5효에는 양이 오고 있다. 이는 3효의 경우와 같이 군자가 자신의 판단에 따른 어떤 행동을 취함을 상징한다. 지난 3효에서는 군자의 이러한 행동이 뒤집히고 말았지만 5효에서는 다른 결과를 맞이한다.

　건의 길 5단계에서는 군자가 "대단히 어렵게 나아가니 벗들[朋]이 찾아온다"고 한다. 벗[朋]은 나를 알아주는 이를 말하며, 4단계의 동

행보다 더욱 밀접한 동료를 의미한다. "벗이 있어 멀리서 바야흐로 찾아오니 또한 즐겁지 아니한가[有朋自遠方來 不亦樂乎]"(《논어》〈학 이學而〉1장 2절)라고 했던 공자의 말씀처럼 벗은 힘든 상황에 처한 군 자에게 큰 위안과 힘이 되는 존재다. 군자가 반목으로 인해 어려운 상황에서도 여러 가능성을 미리 헤아리며 지혜롭게 처신하자, 이에 감화되어 군자를 알아주는 벗들이 생기는 것이다.

上六 往蹇 來碩 吉 利見大人
상 륙 왕 건 래 석 길 이 견 대 인

극상의 자리에 음이 오면, 갈 때 어렵게 나아가니 돌아올 때 단단해짐[碩]으로써 길하리라. 대인을 만나야 이로우리라.

건蹇의 길은 6단계에서 절정에 이른다. 군자는 지금까지 건의 길을 걸으면서 시종일관 어렵게 여겨 조심에 조심을 거듭했다. 이처럼 건의 길은 쉽지 않은 길이지만, 그로 인해 군자와 주변 사람들이 단단히 여물게 된 것[碩]은 소중한 성과라고 할 수 있다. 사람의 삶에 험난함이 존재하는 이유는 바로 이 때문이라 할 것이다. 단단하게 여물지 못한 것은 쉽사리 흩어지고 마는 법이다. 쇠붙이는 단련의 과정을 거쳐야 비로소 강철이 된다. 아니면 쇠붙이는 물러터져서 제구실을 하지 못하는 것이다.

건蹇의 험난함을 헤쳐온 군자와 주변 사람들은 6단계에 이르러 단단한 강철이 된 것이며, 그로 인해 길할 것이라 말한다. "대인을 만나야 이롭다"는 말은, 대인을 만나 단단한 관계를 구축하라는 말이다.

蹇 利西南 不利東北 利見大人 貞 吉
건 이 서 남 불 리 동 북 이 견 대 인 정 길

건蹇의 길에서는 서남西南 방향으로 가야 이롭고 동북東北 방향으로 가는 것은 불리하리라. 대인을 만나야 이로우리라. 정貞하면 길하리라.

서남西南과 동북東北은 곤坤(2)의 괘사에서 "서남득붕 동북상붕西南得朋 東北喪朋"이라 하여 이미 등장했던 표현이다. 서남西南 방향은 벗[朋]을 얻음을 상징하고 동북東北 방향은 벗[朋]을 잃음을 상징한다는 점을 그때 살펴봤다. 건蹇의 길은 군자가 공동체의 반목을 견디며 어렵게 처신해야 하는 길이므로, 벗을 얻을 수 있는 "서남 방향으로 가야 이롭다"고 조언하는 것이다.

"대인을 만나라"는 말은 보다 구체적으로 보면, 4단계에서의 동행, 5단계에서의 벗, 6단계에서의 대인을 말하는 것으로 볼 수 있다. 현재 군자는 공동체에 반목이 있는 상황이므로 그의 편에 서줄 사람이 특히 필요한 시점이다. 그러므로 괘사에서 이처럼 사람을 만나는 일에 대해 길게 조언한다고 볼 수 있다.

"정貞하면 길할 것"이라는 말은, 서두에서 살핀 〈상전〉의 조언을 생각나게 하는 대목이다. "건蹇의 길은 군자가 그로써 자신에게 돌리어 덕을 닦는 것[蹇 君子以反身修德]"이라 했다. 사람이 살다보면 일시적으로 원치 않는 길을 힘들게 걸어야 할 경우도 있다. 군자는 이런 때 외부 상황을 탓하기보다 관점을 자신에게 돌리어 덕을 닦는 기회로 삼는다. 이로써 군자의 덕이 단단히 여물게 되는 것이다.

사람은 시련에 처했을 때 진면목이 드러나는 법이다. 지금까지 군자가 거쳐 온 건蹇의 길을 돌아보면, 시련기에 군자의 진면목이 드러났다고 할 수 있다. 건의 길에서는 반목으로 인해 난감한 상황이 벌어질 수 있음을 알기에 하괘에서는 최대한 버팀으로써 최소한의 입지, 자기의 핵심 가치만은 확보하고자 했다. 이는 〈단전〉이 말한 '지자知者'로서 군자의 처신이다. 상괘에서는 험난함에 처한 가운데에서도 외부 상황을 탓하기보다 관점을 자신에게 돌리어 덕을 닦는 기회로 삼았다. 이는 〈상전〉이 말한 '덕자德者'로서 군자의 처신이다.

이로써 군자의 덕이 단단히 여물게 되었고, 반목으로 인해 어려운 상황에서도 계속 예禮와 의리를 다하는 군자의 모습에 감화되어 군자를 알아주는 벗이 생겼다. 결국 시련을 통해 군자 자신이 단단해졌고, 군자와 주변 사람들이 맺는 관계 역시 더욱 단단해졌다. 시련을 통해 군자는 사람을 얻은 것이다.

해解 반목을 해소하다

☷☳

解 利西南 无所往 其來復 吉 有攸往 夙 吉
해 이 서 남 무 소 왕 기 래 복 길 유 유 왕 숙 길
解해의 길에서는 서남西南 방향으로 가야 이로우리라. 갈 곳이 없다면 돌아와서 복귀해야 길하리라. 가려는 바가 있다면 일찍 서두르는 것이 길하리라.

初六 无咎
초 륙 무 구
처음에 음이 온 것은, 허물이 없으리라.

九二 田獲三狐 得黃矢 貞 吉
구 이 전 획 삼 호 득 황 시 정 길
양이 두 번째에 올 때는, 사냥에 나서 세 마리의 여우를 잡아서 황색 화살을 손에 넣어야 하리라. 정貞하면 길하리라.

六三 負且乘 致寇至 貞 吝
육 삼 부 차 승 치 구 지 정 린
음이 세 번째에 오니, 등에 짊어지고서 또 수레를 타는 상이로다. 침범이 이르도록 초래하기까지 정貞하는 것은 인색하리라.

九四 解而拇 朋至 斯孚
구 사 해 이 무 붕 지 사 부
양이 네 번째에 오니, 반목을 풀더라도 엄지발가락 단계에 머물러야 하리라. 벗들이 이르리니 이들을 믿으라.

六五 君子維有解 吉 有孚于小人
육 오 군 자 유 유 해 길 유 부 우 소 인
음이 다섯 번째에 오니, 군자가 벼리를 유지해서 반목을 해소하면 길하리라. 소인들에게 믿음을 주어라.

上六 公用射隼于高墉之上 獲之 无不利
상 륙 공 용 석 준 우 고 용 지 상 획 지 무 불 리

극상의 자리에 음이 오더라도, 공公으로써 높은 담장 위에 앉은 맹금을 쏘아 잡으면 불리할 것이 없으리라.

　解(해)를 자전에서 찾아보면 '가르다, 쪼개다, 해체하다; 풀다, 풀이 하다, 설명하다, 깨닫다; 화해하다' 등 다양한 뜻이 나온다. 解에 대해 《설문해자》는 "가르는 것이다. 칼이 소의 뿔을 가르는 것으로부터 왔다[判也 从刀判牛角]"고 풀이한다.

　解(해)의 자형을 보면 '角(뿔 각) + 刀(칼 도) + 牛(소 우)'로 되어 있어《설문해자》의 풀이와 합치한다. 다만 그 의미는 解가 쓰이는 다양한 용례로 볼 때 단지 뿔만을 갈라내는 것이 아니라, 포정해우庖丁解牛의 고사에서 보듯이 칼로 소의 살과 뼈를 따로 발라내는 것을 가리킨다고 생각한다.

　'가르고 쪼개는' 解(해)가 '풀이하다, 설명하다'라는 뜻을 갖는다는 것은, 예전부터 '분석적 방법分析的 方法'에 대한 인식이 있었음을 보여주는 것이다. '풀어서 밝힌다'는 '해명解明'이 이런 관념을 잘 보여준다.

　解(해)가 '깨닫다'라는 뜻을 갖는다는 것은, '깨달음'의 요체가 '쪼개어 살펴보는 것'에 있음을 보여준다.

　'화해和解' 역시 '쪼개어 살펴보는 것'에서 나왔음을 눈여겨볼 필요가 있다. '화해'라고 하면 쟁점은 덮어두고 넘어가는 것으로 생각하기 쉬우나, 어원은 그게 아니라 말하고 있다. '쪼개어 살펴보는 것'이 '화해'의 어원이라면, 올바른 화해란 분쟁의 원인을 낱낱이 쪼개어 살펴봄으로써 피차간에 오해의 소지를 완전히 없애는 것이라고 할 수 있

다. 이렇게 하지 않고 쟁점을 덮어두고 지나간다면 결국 언제고 다시 다툼이 일어나고 말 것이니 올바른 화해라고 할 수 없다는 것이다.

이상으로 解(해)의 여러 가지 뜻을 살펴봤다. 그렇다면 주역의 괘 이름으로 사용된 解는 어떤 의미를 가질까? 〈서괘전〉은 다음과 같이 풀이한다. "건蹇은 어렵게 여기는 것이다. 만물은 끝까지 어려워할 수만은 없는 고로 해解로 받는 것이다. 해解는 풀어주는 것이다[蹇者 難也 物不可以終難 故受之以解 解者 緩也]."

건蹇의 길은 공동체의 구성원 간에 반목이 있는 상황에서 군자가 이를 견디며 일 처리를 해야 하는 경우를 말한다. 이런 상황에서는 공동체가 일치단결한 모습으로, 하나로 통일된 의사 결정이 나오기 어렵기 때문에, 군자는 일을 맡아 행할 때 미리 어떤 어려움이 발생할 가능성을 예상하면서 조심해야 했다.

그런데 동일한 상황에서 군자가 선택할 수 있는 길은 건蹇의 길만 있는 것이 아니다. 건의 길과 대대를 이루는 또 다른 선택지가 있으니 그것이 해解의 길이다. 해의 길은 공동체 구성원 간에 존재하는 반목을 '푸는[解]' 것이다. 건의 길에서라면 반목을 풀지 않고 그대로 안고 갔는데, 그로 인해 군자가 끊임없이 조심하면서 어렵게 나아가야만 했다. 〈서괘전〉은 그 대안이 '해解'라 말하는 것이다.

그런데 〈서괘전〉이 "해解는 풀어주는 것[緩]"이라 말하면서 緩(완)자를 쓰는 점이 흥미롭다. 緩은 완화緩和하는 것이며, 늦춰주는 것이며, 풀어주는 것이다. 緩의 의미는 〈그림 28〉(548쪽)를 통해 해解의 길이 가인家人의 길과도 배합괘로서 대대를 이룬다는 점을 고려하면 이해하기 쉽다. 가인의 길은 공동체에 빗장을 채워서 빠져나갈 수 있는 가능성을 차단함으로써 가家를 이루는 길이었다. 그러므로 이와 대대를 이루는 해의 길에 쓰인 '緩'은 가인의 길에서 채운 엄격한 빗장의 조건을 풀어주는(완화하는) 것이다. 이처럼 엄격했던 빗장의 조건을 풀어주면 공동체에 존재하는 반목 역시 풀린다는 중층적인 의미에서 "해解는 풀어주는 것[緩]"이라 말하는 것이다.

〈상전〉은 "해解의 길은 군자가 그로써 과過를 사면하고 죄를 용서하는 것[解 君子以赦過宥罪]"이라 말함으로써 엄격한 빗장의 조건을 완화한다는 것이 어떤 의미인지 설명한다. 이처럼 과오를 사면하고 죄를 용서하는 이유는 반목을 풀기 위한 것이다. 보다 큰 대의大義를 이루기 위해 반목을 푸는 것이 중요하기에 군자가 먼저 자신이 제시했던 엄격한 조건을 완화하는 것이라 할 수 있다.

그런데 세상일에는 좋기만 한 것은 없으므로 해解의 길 역시 반대급부가 따른다는 점을 유의해야 한다. 해의 길을 통해 공동체의 구성원들이 조화로운 '화해和解'에 도달할 수도 있지만, 자칫하면 공동체가 '해체解體' 위기에 직면할 수도 있다. '화해'와 '해체' 양자 모두의 가능성을 포함한 것이 해의 길인 것이다. 이처럼 위험 부담이 큰 것이 해의 길이므로, 군자는 고생을 감수하면서까지 건蹇의 길을 선택하기도 하는 것이다.

군자가 해解의 길을 선택했을 때 나타나는 변화의 전개 과정을 함께 살펴보자.

初六 无咎
초 륙 무 구
처음에 음이 온 것은, 허물이 없으리라.

해解의 길 1단계에서는 처음에 음이 온 것이 허물이 없다고 한다. 괘상에 음이 온 것은, 기본적으로 사람의 행동이 하늘의 뜻에 비추어 마땅한지를 살피고 헤아리는 과정을 의미한다. 해의 길은 보다 큰 대의를 이루기 위해 반목을 푸는 것이 중요하기에 공동체에 존재하는 기존 규범의 조건을 완화하는 데 그 취지가 있다. 그러므로 해의 길 1단계에 놓인 음효는 그런 취지에 비추어 기존의 조건이 마땅한지를 살피고 헤아리는 과정을 의미한다. 이처럼 살피고 헤아림으로써 마땅치 않은 규제 조건을 발견하게 되면 이를 완화하는 것이다. 해의 길 1단계에서는 그와 같은 과정을 밟아나가면 허물이 없을 것이라 한다.

九二 田獲三狐 得黃矢 貞 吉
구 이 전 획 삼 호 득 황 시 정 길

양이 두 번째에 올 때는, 사냥에 나서 세 마리의 여우를 잡아서 황색 화살을 손에 넣어야 하리라. 정貞하면 길하리라.

1단계에서 공동체에 존재해온 기존 규범의 조건을 완화하자 2단계에서는 부작용이 나타나고 있다. 엄격했던 규범을 완화해주니 그동안 공동체 내부에 엎드려 있던 여우들이 본색을 드러내며 분란을 일으키는 것이다. 이들은 더욱 많은 규범을 완화하라고 요구하기도 한다.

하지만 이때 2효에 1효와 달리 양이 온 것은, 이들의 요구에 대해 1효에서와는 다른 조치가 취해질 것임을 상징한다. 주역은 이들 여우를 사냥함으로써 "황색 화살을 손에 넣으라[得黃矢]" 조언한다. 여우가 '세 마리'임을 별도로 언급하는 이유는 주역에서 숫자 3이 다양성을 상징하기 때문이다. 공동체의 규범을 완화해주면 분란을 일으키는 다양한 부류의 여우들이 나타날 것인데, 이들을 모두 사냥해 잡으라는 뜻이다.

'득황시得黃矢'는 서합噬嗑괘(21) 4효사의 '득금시得金矢'와 유사한 표현이다. '황시黃矢'는 "황색 화살"인데, 황색은 오행 중에서 '중中'에 위치한 토土의 자리이며, 황극皇極의 자리, 주인의 자리를 상징하는 색깔이다. 어느 한쪽으로 치우치지 않는 공평무사함을 상징한다. 화살은 곧게 직선으로 날아가며, 과녁[的]에 '적중的中'하는 것을 특징으로 하는 살상 수단이다. 그러므로 여기서 화살은 곧바르며 적중한 법 집행을 상징하는 것이다. 결국 "황색 화살을 손에 넣으라"는 말은, 공동체에서 분란을 일으키는 여우들을 쏘아 잡음으로써 공평무사한 처벌 기준(공동체의 규범)을 확립하라는 뜻이다. 이에 대해 〈상전〉은 "양이 두 번째에 올 때 정貞하면 길한 것은 적중한 도道를 얻기 때문이다[九二貞吉 得中道也]"라고 적절히 풀이하고 있다.

六三 負且乘 致寇至 貞 吝
육 삼 부 차 승 치 구 지 정 린
음이 세 번째에 오니, 등에 짊어지고서 또 수레를 타는 상이로다. 침범이 이르도록 초래하기까지 정貞하는 것은 인색하리라.

3효에 다시 음이 온 것은, 1효에서와 같은 조치가 다시 취해짐을 상징한다. 2효에서 여우들을 제거하는 과정을 거친 후 다시 한번 빗장의 조건들을 살피고 헤아려서 마땅치 않은 조건은 완화해가는 것

이다.

그런데 재차 규범의 조건을 완화해가자 또다시 부작용이 발생한다. 3효사에 대해 공자는 〈계사상전〉 8장에서 이렇게 풀이한다. "등에 짊어진다는 것은 소인의 일이요, 수레는 군자의 기구이다. 소인인데 군자의 기구를 탔으니 도둑이 이를 빼앗으려 생각하는 것이다. (…) 보관을 태만히 함은 도둑질을 가르치는 것이다[負也者 小人之事也 乘也者 君子之器也 小人而乘君子之器 盜思奪之矣 (…) 慢藏誨盜]." 그동안 존재해온 여러 규범을 완화하자 공동체에서 행동 준칙이 흐려지면서 수레에 탈 자격이 없는 소인들이 등에 짐을 짊어지고서 수레를 타는 일이 벌어진다는 뜻이다. 그리고 이처럼 공동체에서 규범이 허술해지니 그 틈을 타서 도둑들이 도적질을 모의한다는 말이다. 그러므로 이처럼 "침범이 이르도록 초래하기까지" 계속 정貞하는 것(규범을 완화하는 것)은 인색한 결과를 초래할 것이라 경고하는 것이다.

九四 解而拇 朋至 斯孚
구 사 해 이 무 붕 지 사 부
양이 네 번째에 오니, 반목을 풀더라도 엄지발가락 단계에 머물러야 하리라. 벗들이 이르리니 이들을 믿으라.

拇(무)는 함咸괘(31) 1효사에서 "그의 엄지발가락을 함께한다[咸其拇]"는 구절로 등장했었다. 군자가 엄지발가락 수준에서 상대와 함께한다는 말은, 오히려 쉽사리 상대방과 함께해주지 않는다는 의중을 담고 있으면서 최소한의 성의 표시 정도는 한다는 뜻으로 쓰였다. 여기서도 拇는 비슷한 의미로 쓰였다. 그에 따라 '해이무解而拇'는 반목

을 풀긴 하는데 엄지발가락 단계 정도에서만 풀라는 의미가 된다. 그래야 하는 이유는 앞서 3단계에서 벌어진 위기를 수습해야 하기 때문이다. 3단계에서는 공동체에서 행동 준칙이 흐려지면서 자칫 "침범이 이르도록 초래"할 수도 있는 위기가 벌어졌다. 그러므로 다시 공동체 내에 적절한 행동 기준을 세우기 위해서는 완급 조절이 필요한 것이다.

이때 주목할 점은 4효에 양이 옴으로써 2·3·4효가 리離괘를 이룬다는 것이다. 해解의 길은 하괘 감坎과 상괘 진震이 만나서 이루어진 것이지만, 하괘와 상괘가 만난 결과 2·3·4효는 리離를 이루고 있다. 2·3·4효가 리괘를 이룬다는 것은, 해의 길이 4단계에 이르렀을 때 공동체에 새로운 규범이 확립된다는 뜻이다. 이는 가家에 존재하는 반목을 해소하기 위해 단계적으로 빗장의 조건을 완화해가는 타협 과정을 통해 공동체 내에 일정한 타협점, 즉 새로운 기준과 규범이 확립된다는 의미가 된다. 해의 길을 가는 군자라면 응당 그렇게 되도록 만들어야 한다는 뜻이기도 하다[이는 하늘과 땅 사이에 선 사람이 무엇을 할 것인가(삼재지도三才之道)를 말하는 것인데, 이에 대한 설명은 다음 장에서 살펴보기로 한다].

주역은 군자의 노력을 통해 그렇게 되었을 때 벗들이 이를 것이라고 한다. 또한 벗들이 이르렀을 때 그들을 믿음으로써 해의 길을 함께 헤쳐가라 조언한다.

리離괘가 성립했을 때 벗들이 이른다는 점도 주목할 필요가 있다. 해解와 대대를 이루는 건蹇의 길에서도 3·4·5효를 통해 리괘를 이루었을 때 벗들이 찾아왔다. 이를 보면 역시 벗[朋]이란 나를 알아주는 이를 말하며, 보다 구체적으로는 군자의 노력을 통해 새로이 확립해낸 리괘가 표방하는 이상과 가치, 즉 새로이 정립된 규범이 표방하는 이상과 가치에 공감하는 벗을 말한다. 종합적으로 주역은 군자가 합당한 규범을 정립해내서 올바른 이상과 가치를 표방한다면 그에 공감하는 벗들이 이를 것이니, 이들과 함께 해의 길을 헤쳐갈 수 있다고 조언하는 것이다. 그렇다면 이처럼 벗들이 이르게 되는 이유는 무엇일까? 진리는 외롭지 않으며, 덕은 외롭지 않기 때문일 것이다.

4효에서 처음으로 解(해) 자가 쓰이고 있다는 점도 놓칠 수 없다. 이후 5효에도 계속 쓰이니, 주역은 解 자를 상괘에서만 한정해 쓰고 있는 것이다. 이를 풀이에 반영하면, 결국 주역은 반목을 해소하는 해解의 길로 가더라도 전반부 3단계 동안은 걸러내는 과정을 먼저 거치고, 이후 새로운 규범이 확립된 후반부에 가서야 이를 바탕으로 비로소 반목을 해소하는 것이라고 조언하는 셈이다.

六五 君子維有解 吉 有孚于小人
육 오 군 자 유 유 해 길 유 부 우 소 인
음이 다섯 번째에 오니, 군자가 벼리를 유지해서 반목을 해소
하면 길하리라. 소인들에게 믿음을 주어라.

5효에는 다시 음이 오고 있다. 이는 4효에서 공동체에 새로운 기준과 규범을 세우고 난 후에는 다시 마땅함을 살피고 헤아려 반목을 해소해가야 함을 상징한다. 앞서 4효에서 반목을 해소할 때는 엄지발가락 단계 정도에 머물렀는데, 5효에 이르면 그 범위를 더욱 확대해야 하는 것이다.

이때 주역은 "벼리를 유지해서[維] 반목을 해소하라" 조언한다. '벼

리를 유지한다'는 維(유) 자의 의미가 어떤 것인지는 감坎(29)의 괘사에서 살펴봤다. 이곳 5효사에서의 보다 구체적 의미는, 앞서 2·3·4효의 리離괘에서 확립된 공동체의 새로운 규범과 연결된 벼리를 의미한다. 군자가 5단계에서 반목을 해소하는 범위를 더욱 넓히더라도 4단계에서 확립된 새로운 규범과 연결된 벼리는 놓치지 말고 유지하라는 뜻이다.

또한 그런 조건을 유지하는 것을 전제로 반목을 해소하는 범위를 더욱 넓힘으로써 소인들에게 믿음을 주라고 조언한다. 이는 4단계에서 확립된 새로운 규범을 소인들이 신뢰하고 의지할 수 있도록 믿음을 주라는 뜻이다. 이를 통해 새로운 규범이 공동체에 뿌리내릴 수 있는 기반을 강화하는 것이다. 앞서 4단계에서는 군자와 군자의 벗들만이 새로운 규범에 공감하는 상태였는데, 5단계에 이르면 그 대상을 소인들에게까지 확대해나가라는 취지다.

上六 公用射隼于高墉之上 獲之 无不利
상 륙 공 용 석 준 우 고 용 지 상 획 지 무 불 리
극상의 자리에 음이 오더라도, 공公으로써 높은 담장 위에 앉은 맹금을 쏘아 잡으면 불리할 것이 없으리라.

극상의 자리인 6효에는 5효에 이어 다시 음이 놓인다. 이는 5효에 이어 반목을 해소하는 범위를 더욱 넓혀야 함을 상징한다. 그렇게 함으로써 공동체 구성원들이 새로운 규범을 신뢰하고 의지할 수 있도록 해서 규범이 공동체에 뿌리내리도록 기반을 강화하는 것이다.

이때 "맹금"은 공동체의 새로운 규범에 불만을 품고 문제를 일으

키는 존재를 상징한다. 담장은 군자의 가家를 둘러친 담장이다. 이는 가의 경계에 해당하므로 맹금이 그 위에 앉았다는 것은 가의 공동체에 완전히 들어오지 않았다는 말이며, 그에 따라 가의 규범의 적용을 받지 않는다는 말이다. 그럼에도 이들은 완전히 떠나지도 않고 가의 경계인 "높은 담장 위에 앉아" 호시탐탐 집안을 침범할 상황을 노린다는 뜻이다.

주역은 해의 길 6단계에서 이런 맹금을 "쏘아 잡으면 불리할 것이 없으리라"고 조언한다. 6효에는 음이 왔으니 더욱 폭넓게 반목을 해소하는 것이 원칙이지만, 이런 맹금에 대해서만큼은 공公적인 대의로써 쏘아 잡아야 한다는 것이다.

解 利西南 无所往 其來復 吉 有攸往 夙 吉
해 이 서 남 무 소 왕 기 래 복 길 유 유 왕 숙 길

해解의 길에서는 서남西南 방향으로 가야 이로우리라. 갈 곳이 없다면 돌아와서 복귀해야 길하리라. 가려는 바가 있다면 일찍 서두르는 것이 길하리라.

해解의 괘사에는 앞서 건蹇의 괘사에서와 똑같이 "서남西南 방향으로 가야 이롭다"는 조언이 등장한다. 이는 서남 방향으로 가서 군자가 새로이 정립한 규범에 공감해주는 벗들을 만나야 이롭다는 뜻이다.

건蹇의 괘사에는 이에 더해 "동북東北 방향으로 가는 것은 불리하다"는 조언이 있었는데, 해解의 괘사에는 이 조언이 없음이 눈에 띈다. 이는 앞서 4효에서 살펴봤듯 해解의 길에서는 전반부 3단계 동안

은 걸러내는 과정을 거치기 때문이다. 걸러내는 과정이 진행되는 동안은 동북 방향으로 가서 사람을 잃는 일도 감수할 수 있어야 하기 때문이다.

"갈 곳이 없다면 돌아와서 복귀하라"는 말은, 서남 방향에서 갈 곳이 없다면 돌아와서 복귀하라는 말이다. 해解의 길은 군자가 공동체에 새로운 규범을 세우는 길인데, 이처럼 새로운 규범을 세우려면 서남 방향으로 가서 이를 공감하고 지지해줄 벗들을 만나야만 한다. 그런 벗들을 만날 수 없다면 해의 길은 실패할 것이다. 그러므로 만약 그와 같은 벗들을 만날 가능성이 없다면 해의 길로 가지 말고 돌아오라는 뜻이다.

그래야 하는 이유는 해解의 길이 위험 부담이 상당한 길이기 때문이다. 해의 길은 군자가 가家를 이루기 위해 채웠던 빗장을 푸는 길이며, 그에 따라 3단계에서 큰 위기가 초래된 바 있다. 그러므로 서남 방향에서 갈 곳이 없다면 해의 길을 계속 나아갈 이유가 없는 것이다.

반대로 군자에게 가려는 바가 있다면 일찍 서두르는 것이 길하다고 한다. 여기서 "일찍 서두른다[夙]"는 것은 반목을 푸는 해解의 길로 빨리 가라는 말이다. 군자가 선택할 수 있는 다른 대안인 건蹇의 길은 앞서 살펴봤듯 군자가 조심에 조심을 거듭해야 하는 어려움이 있는 길이다. 또한 그렇게 하더라도 능동적으로 어떤 일을 이루는 데는 한계가 있다. 그러므로 군자에게 절실히 가려는 바가 있다면 건의 길로 가는 것은 적절치 않기에, 서둘러 해의 길로 나아가야 하는 것이다.

하늘과 땅 사이 사람의 길
─ 천지인天地人 삼재三才

하늘[天]·땅[地]·사람[人], 이 셋을 일러 삼재三才라고 한다. 하늘
과 땅과 사람이 이 세상을 이루는 세 가지 바탕이라는 뜻이다. 〈계사
하전〉은 이 삼재의 도에 대해 다음과 같이 말한다.

> 주역이라고 하는 책은 광대하게 다 갖추고 있으니 하늘의 길이 있고 사
> 람의 길이 있고 땅의 길이 있다. 삼재를 겸하고자 둘을 포갰으므로 여
> 섯이 된 것이다. 이 여섯은 다른 것이 아니라 삼재의 도道인 것이다.
> 易之爲書也 廣大悉備 有天道焉 有人道焉 有地道焉 兼三才而兩之
> 故六 六者非他也 三才之道也
>
> 〈계사하전〉 10장

역경은 광대하게 다 갖추고 있으니 거기에는 하늘의 길[天道]이 있
고, 사람의 길[人道]이 있고, 땅의 길[地道]이 있다고 한다. 〈그림29〉
의 해解의 길을 예로 들어 살펴보자. 해의 길은 공동체 구성원 간의
반목을 해소하고 새출발하는 길이다. 〈부록 4〉의 팔괘의 속성을 염두

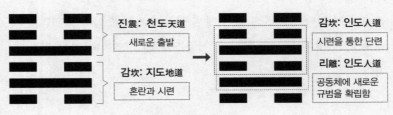

그림 29 해解의 괘상

에 두면 괘상만으로도 해解의 내용을 짐작해볼 수 있다. 그림의 왼편을 보면, 팔괘의 진震과 감坎이 만나서 '해'를 이룬다. 이때 상괘 진이 천도天道에 해당하고, 하괘 감이 지도地道에 해당한다.

그런데 이처럼 상괘와 하괘가 서로 다른 것은, 땅 위의 현실이 하늘의 뜻(천명)을 제대로 따라가지 못하는 실정을 반영한다. 이로 인해 땅 위에 존재하는 사물은 끊임없는 갈등과 불안, 고통에 시달린다. 언제나 들려오는 하늘의 목소리와, 발을 딛고 선 땅 위의 현실이 일치하지 않기 때문이다. 해解의 경우를 보면 하괘 감은 혼란과 시련을, 상괘 진은 새로운 준칙을 바탕으로 한 새출발을 상징한다. '해'의 상황에 놓인 공동체가 마주한 땅 위의 현실은 구성원 간에 존재하는 반목이다. 그로 인해 구성원들이 혼란과 시련을 겪는 상태에 있다. 고개를 들어 하늘을 보면, 하늘은 공동체의 구성원들이 반목을 풀고 새출발하기를 바라고 있다. 그럼에도 공동체는 반목을 해소하지 못하고 있어서 그 같은 상황에 처한 인간은 더욱 고통스럽고 불안하다. 발을 딛고 선 땅 위의 현실이 하늘의 뜻을 좇아가지 못하고 있기 때문이다. 이때 사람이 할 일은 무엇인가?

〈그림 29〉의 괘상에서 사람의 길은 오른편의 '리'와 '감'으로 제시된다. 이는 천도인 상괘와 지도인 하괘가 만나 생겨난 것으로, 〈계사하전〉에서 "삼재를 겸하고자 둘을 포갰으므로 여섯이 된 것"이라는 말은 이를 의미한다. 삼재를 겸하고자 팔괘 두 개를 포갠 것이며, 그 결과 여섯 효가 되어 오른편의 리와 감이라는 인도가 생겨난다.

이 같은 괘상이 의미하는 바는 무엇인가? 그것은 사람이 걸어야 할 길이 하늘의 길과 땅의 길 사이에 있으며, 하늘의 뜻과 땅 위의 현실이 일치하지 못하는 곳에서 사람의 할 일이 생겨난다는 뜻이다. 양자의 불일치로 그 사이에 끼어버린 사람은 고통스럽지만, 하늘이 땅을 내고 또 사람을 낸 뜻은 바로 그 지점에 있다는 것이다. 인도를 펼쳐서 땅 위의 현실을 하늘의 뜻과 조화시켜보라는 것이다. 어떻게 이 일이 가능한가?

> 오직 사람이 그 빼어남을 얻어서 최고의 영성[靈]을 지녔으니 형체[形]가 갖추어졌으며 정신은 지知를 펼치는도다. 오성五性을 느끼면서 움직이고 선악을 분별하는도다.
> 惟人也得其秀而最靈 形旣生矣 神發知矣 五性感動而善惡分
> 《태극도설》

위에서 《태극도설》은 사람의 특성을 적시한다. 사람이 살덩이 형체를 갖추었다는 것은 사람 역시 땅의 존재라는 말이다. 하지만 사람은 살덩이 육체 속에 영성이 깃들었다는 점에서 다른 땅의 존재들과 구별된다. 사람은 인의예지신仁義禮智信의 오성五性을 느끼면서 움직이고 선악을 분별한다. 사람이 선악을 분별한다는 것은 하늘의 목소리를 듣는다는 것이며, 그 뜻을 따르고자 한다는 것이다. 이는 다른 동물에서는 찾아볼 수 없는 사람만의 특성이다.

이처럼 살덩이 육체 속에 영성이 깃든 사람은 하늘과 땅 양쪽을 구비하고 있다. 발은 땅에 붙이고 있으나 가슴에 담긴 영성은 하늘의 목소리를 듣는다. 사람이 죽으면 하늘로 돌아간다[歸天]고 하는데, 살덩이 육체는 흙에서 와서 흙으로 돌아가는 것이니 이때 하늘로 돌아가는 것은 사람의 가슴에 담긴 영성인 셈이다. 이처럼 사람이 하늘과 땅 양쪽을 구비한 존재라는 점은 우리가 쓰는 말 속에도 잘 드러나 있는 것이다.

그런데 살덩이 육체를 타고난 존재가 그 안에 영성을 담고 있다는 것은 굉장한 모순이다. 사람은 하늘과 땅 사이에 끼어버린 존재요, 그 경계로 내몰린 존재인 것이다. 그리고 경계에 선 자는 언제나 고통스럽다. 어느 한쪽에 확실히 속하면 어쨌든 안정감이 있고 속은 편안하련만 경계인은 그렇지 못하다.

오늘도 땅 위에서는 진흙탕 싸움이 벌어지고 있다. 우리는 이러한 땅의 현실을 무시할 수 없다. 땅에서 발을 떼어버리면 살덩이 육체를 건사할 수 없기 때문이다. 그래서 자신의 몫을 차지하고자 진흙탕 속 드잡이 싸움에 끼어든다. 하지만 그러다가 문득 고개를 들어 하늘을 보면 하늘은 언제나 그 자리에서 그러지 말라 말하고 있다. 하늘의 소리를 듣고 문득 손에 힘이 빠진 순간 나는 상대에 의해 진흙탕에 처박히고 만다. 그런 경험을 하고 나서 이제는 하늘을 무시하겠다고 애써 눈 감고 귀를 막아보기도 한다. 하지만 잠시뿐이다. 고개 들어 하늘을 보면 하늘은 언제나 거기 있기 때문이다.

이러한 갈등이 늘 우리 삶에서 반복된다. 결국 경계에 선 사람은 귀천하는 그날까지 줄곧 어정쩡함의 고통, 분열의 고통에 시달려야 한다. 하지만 하늘이 땅을 내고 또 사람을 낸 뜻은 이러한 고통을 감당해달라는 것이다. 이것이 사람에게 주어진 천명이다. 사실 사람이 특별한 이유는 이런 고통을 감당하기 때문이라고 할 수 있다. 하늘과 땅의 불일치로 고통받는 존재는 다른 동물 중에는 없기 때문이다. 살덩이 육체 속에 영성이 깃든 사람은 그 모순으로 인해 고통받으나 동시에 그로 인해 양자의 모순을 조화하고자 한다. 모순으로 고통받는 자, 갈급한 자가 우물을 파는 법이기 때문이다.

〈그림 29〉에서 하괘의 끝인 3단계는 땅 위의 모순과 갈등이 누적되어 극대화되는 지점이다. 바로 그때 위기가 찾아온다. 그래서 주역의 여섯 단계 중 제3단계는 위기의 단계에 해당한다.

이 위기를 극복하고 땅 위의 현실을 하늘의 뜻과 조화시켜보려는 군자의 노력이 성공하면 천도의 시작점인 4단계로 올라설 수 있다. 4단계는 땅 위의 현실을 뛰어넘어 천도가 펼쳐지기 시작하는 지점이므로 4단계에 진입하려면 땅에서 하늘로의 도약이 필요하다. 그래서 주역의 여섯 단계 중 제4단계는 도약의 단계에 해당한다.

어떻게 하면 군자가 이 도약을 성취할 수 있을까? 위기를 극복하고 땅 위의 현실을 하늘의 뜻과 조화하려면 어떻게 해야 하는가? 그 역할이 괘상으로 제시된 것이 〈그림 29〉 오른편의 리와 감이다. 해의 길에서 천도의 진과 지도의 감이 어긋나서 빚어지는 갈등과 고통은 그 사이에 선 사람이 제 도리를 다할 때 줄일 수 있다. 군자는 2·3·4효를 통해 리를 확립하고 3·4·5효를 통해 감을 확립해야 한다. 팔괘의 리는 공동체에 새로운 규범이 확립됨을 상징하고, 감은 시련을 통한 단련을 상징한다. 이는 공동체 구성원 간의 반목을 해소하기 위해 공동체의 기존 규범을 고수하는 대신 새로운 규범을 확립하고, 이후 그 새로운 규범이 시련을 통한 단련의 과정을 거치면서 더욱 단단해지는 과정을 상징한다. 군자가 이렇게 사람의 길을 완수하면 이후 상괘진에 안착해서 공동체는 하늘의 뜻에 따라 새로운 준칙을 바탕으로 새출발할 수 있게 되는 것이다.

이를 통해 군자가 제 도리를 다할 때 땅 위의 현실이 하늘의 뜻을 따라가게 됨을 알 수 있다. 사람이 하늘과 땅 사이에 선 존재이면서도 하늘에 짝한다는 말을 들을 수 있는 것은 이 때문이다. 하늘의 뜻이 땅에서도 이루어지도록 힘을 보태는 존재가 사람이기 때문이다. 그러므로 사람이 하늘, 땅과 더불어 이 세상을 이루는 세 가지 바탕 [三才]이 되는 것이다.

41·42

손損 : 익益

손실을 끊어내는 길과

이익을 거두는 길

손損 손실을 끊어내다

䷨

損 有孚 元吉 无咎 可貞 利有攸往 曷之用 二簋可用享
<small>손 유부 원길 무구 가정 이유유왕 갈지용 이궤가용향</small>

손損의 길은 믿음이 있어야 으뜸으로 길해서 허물이 없을 것이며 정貞할 수도 있으리라. 가려는 바가 있어야 이로우리라. 어찌 적용할 것인가? 궤簋는 두 개면 제사를 지낼 수 있는 법이다.

初九 已事 遄往 无咎 酌損之
<small>초 구 이 사 천 왕 무 구 작 손 지</small>

처음에 양이 오니, 이미 벌어진 일이로다. 빨리 가면 무구하리니 그들을 퍼서 덜어내야 하리라.

九二 利貞 征凶 弗損 益之
<small>구 이 이정 정흉 불손 익지</small>

양이 두 번째에 오니, 정貞해야 이롭지만 정征하려 드는 것은 흉하니, 덜어내지 못하면 더해야 하리라.

六三 三人行 則損一人 一人行 則得其友
<small>육삼 삼인행 즉손일인 일인행 즉득기우</small>

음이 세 번째에 오니, 세 사람이 가면 한 사람을 덜어내게 되고, 혼자서 가면 그 동무를 얻을 수 있으리라.

六四 損其疾 使遄 有喜 无咎
<small>육사 손기질 사천 유희 무구</small>

음이 네 번째에 오니, 그 질병거리를 덜어내어 빠르게 해야 하리라. 기쁨이 있으리니 허물이 없으리라.

六五 或益之 十朋之龜 弗克違 元吉
육 오 혹 익 지 십 붕 지 귀 불 극 위 원 길
음이 다섯 번째에 오니, 혹 더할 경우 신령스러운 거북은 어길 수 없도록 확립하면 으뜸으로 길하리라.

上九 弗損 益之 无咎 貞 吉 利有攸往 得臣无家
상 구 불 손 익 지 무 구 정 길 이 유 유 왕 득 신 무 가
극상의 자리에 양이 오니, 덜어내지 못할 경우 더해야 허물이 없으리라. 정貞하면 길하리라. 가려는 바가 있어야 이로우리라. 신하를 얻음에는 가家를 없이 해야 하리라.

損(손)은 '手 + 員'의 구조인데, 여기서 員(원)은 '인원'이나 '수효'를 뜻한다. 損 자는 손으로 인원이나 수효를 덜어낸다는 뜻을 표현한다. 그에 따라 '덜어내다, 감소하다'라는 뜻이 있고, 추후 '잃다, 손해를 보다'라는 뜻으로 의미가 확장되었다.

〈서괘전〉은 해解 다음에 손損이 오는 이유에 대해 이렇게 설명한다. "해解는 풀어주는 것이다. 풀어주면 반드시 잃는 것이 있다. 고로 손損으로 받는 것이다[解者 緩也 緩必有所失 故受之以損]." 그러므로 통행본 주역의 편제에 따를 경우 '손'은 사람을 잃음에 대해 말하는 셈이고, 다음에 이어질 '익益'은 사람을 더하는 것에 대해 말하는 셈이다. 또한 '손'은 함咸(31)의 괘과도 배합괘로서 대대를 이루니, 이 관점에서 보면 함께할 수 없는 사람을 내보내는 것이라 할 수도 있다.

하지만 일찍이 공자가 주역의 손損·익益을 손해와 이익으로 읽어 냈듯, 괘효사는 사람을 잃고 얻음에 국한하지 않고 '손익損益'의 문제에 대해 폭넓게 말하고 있다. 주역 경문이 중층적인 의미를 띤 대표적 경우라고 할 수 있으니 손과 익의 괘효사를 읽을 때는 이 점에 유의해야 한다.

〈상전〉은 손損에 대해 다음과 같이 풀이한다. "손損은 군자가 그로

써 분함을 그치며 욕심을 막는 것이다[損 君子以懲忿窒欲]." 〈상전〉의 풀이는 손의 괘효사가 '손절損切'에 대해 말하고 있다는 점을 적절히 지적한 것이다. '손절'이란 손실을 끊어내는 것이다. 확실히 끊어냄으로써 손실이 더 이상 커지지 않게 막고 그로부터 자유로워지는 것이다. 하지만 끊어내는 수술은 고통이 따른다. 손실을 끊어낸다는 것은 손실이 현실화된다는 말이다. 부정할 수 없는 현실로 눈앞에 닥친 손실을 마주 대하는 것은 싫은 일이기에 사람은 본능적으로 손절을 회피한다. 그래서 손절이 힘든 것이다. 〈상전〉의 풀이는 손절을 행함으로써 분함을 그치고 자유로워지라는 말이며, 욕심을 막아야 그것을 행할 수 있다는 말로 새길 수 있다.

손損의 괘효사는 이러한 손절에 대해 말하는 것이라 할 수 있다. 그 대상은 사람일 수도 있고 금전적 손실일 수도 있고 또 다른 무엇일 수도 있는데, 그 대상이 무엇이건 손절은 고통스러운 일이다. 주역은 이처럼 고통스러운 손절을 왜 해야 하는지에 대해서도 구체적으로 말하고 있어 흥미롭다. '손익損益'에 대한 주역의 조언은 대략 3000년 전의 것인데, 자본주의 사회를 살아가는 현대인에게도 도움이 된다는 점 역시 흥미롭다.

初九 已事 遄往 无咎 酌損之
초 구 이 사 천 왕 무 구 작 손 지
처음에 양이 오니, 이미 벌어진 일이로다. 빨리 가면 무구하리니 그들을 퍼서 덜어내야 하리라.

손損의 길 1효에는 양이 오고 있다. 그 의미는 〈그림 30〉에서 괘상을 살피면 알 수 있다. 괘상을 바탕으로 손의 길을 개괄해보면, 전반부에서는 벗어나려는 것들을 내보내고 후반부에서 굳건히 지킴으로써 양보할 수 없는 가치를 확보한 후 다음을 도모하자는 것이다. 이런 손의 도의 취지에 대해 〈계사하전〉은 다음과 같이 풀이한다. "손의 도는 먼저 어려움을 겪어서 나중이 쉬워지는 것이다. (…) 손의 도는 그로써 해로움을 멀리하는 것이다[損 先難而後易 (…) 損 以遠害]"(〈계사하전〉 7장). 즉 손의 길 전반부에서 벗어나려는 것들을 내보내는 과정은 힘들겠지만 그러고 나면 나중이 쉬워진다는 말이며, 그럼으로써 해로움을 멀리할 수 있다는 것이다.

이런 괘상을 바탕으로 1효를 살피면, 1효에 놓인 양은 벗어나려는 자들을 덜어내는 행동을 상징한다. 군자는 앞서 해解의 길에서 공동체의 반목을 해소하기 위해 세심한 노력을 기울인 바 있다. 그럼에도 다시 공동체가 추구하는 가치로부터 벗어나려는 사람들이 생기는 것이다. 주역은 이에 대해 이제는 어쩔 수 없는 일이라는 태도를 취하고 있다. 만약 그렇다면 이미 벌어진 일이니 어쩔 수 없고, 대신 빨리 가면 허물이 없을 것이라고 한다.

앞서 해解의 길에서 엄격했던 기준을 완화하면서까지 최종적인 노

그림 30 손損과 익益의 괘상

력을 다했기에 이제는 군자가 물러설 곳이 없다. 여기서 더 물러선다면 공동체가 추구하는 가치의 핵심이 손상되기 때문이다. 그러므로 다시 벗어나려는 사람들에 대해서는 그들을 설득하느라 시간을 허비하는 것보다 퍼서 덜어냄으로써 빨리 가는 편이 낫다는 것이다. 〈상전〉은 이에 대해 "이미 벌어진 일이니 빨리 가라는 것은 뜻을 합치시키는 것을 높이 보는 것이다[已事遄往 尙合志也]"라고 적절히 풀이하고 있다.

손損의 길 1단계를 사람이 아니라 물질적 손실(사업상의 손실, 자산상의 손실 등)에 대입하면 "이미 벌어진 일[已事]"이란, 그와 같은 손실을 초래하는 사고가 이미 벌어졌다는 말이다. 이에 대해 주역은 그런 손실을 만회하려고 시간을 허비하는 것보다 '손절'을 함으로써 자유로워져서 빨리 가는 편이 낫다고 조언하는 것이다. 이때 빨리 간다는 것은 본연의 사업이나 일에 시간을 쏟아 성과를 낼 수 있다는 말이다. 손실을 만회하려고 시간과 노력을 쏟는 것보다 본연의 사업에 그것들을 쏟는 것이 더 생산적이라는 말이다.

이처럼 주역의 조언을 사람의 문제가 아니라 물질적 손실에 대입하는 경우일지라도 통행본 주역에 놓인 괘의 순서는 의미가 있다. 해解 다음에 손損이 놓였다는 것은, 손실을 초래하는 요인을 사전에 '해소解消'하려는 노력, 또는 손실을 초래한 사고를 '해결解決'하려는 노력을 충분히 기울인 연후에 손절을 할 일이라는 것이다. 그러고 나서도 어쩔 수 없는 경우라면 더 이상 집착하지 말고 손절하라는 것이다.

九二 利貞 征凶 弗損 益之
구 이 이 정 정 흉 불 손 익 지
양이 두 번째에 오니, 정貞해야 이롭지만 정征하려 드는 것은
흉하니, 덜어내지 못하면 더해야 하리라.

1효에 이어 2효에도 양이 놓인 것은, 벗어나려는 자들을 덜어내는
조치를 2단계에서도 계속 취해야 함을 상징한다.

이때 "정貞하다"는 말은 손損의 도에 충실한 것을 말한다. 그러므
로 "정貞해야 이롭다"는 말은 벗어나려는 자들에 대해 손損의 취지에
충실하게 덜어내는 조치를 취하는 것이 이롭다는 말이다. 그런데 이
때 "정征하려 드는 것은 흉하다"고 한다. 정征한다는 것은 적극적으
로 행동에 나서서 바르지 못한 대상을 바로 잡는 것을 말한다. 이는
손의 도에 충실하고자 할 때(정貞하고자 할 때) 말로써 되지 않는다면
적극적 행동(예를 들어 실력 행사)을 취해서라도 바로잡는 것을 말한
다. 주역은 2단계에 양이 왔음에도 불구하고 이렇게까지 하는 것은
흉하다고 조언하는 것이다.

이는 앞서 1단계에서 사람을 내보낸 바 있기에, 2단계에서 다시 연
속해서 사람을 내보내는 조치가 부담스러운데 거기에 더해 강제력까
지 동원한다면 공동체의 사기에 미치는 부정적 영향이 크기 때문이
다. 물질적 손실에 대해 손절 처리를 하는 경우에도 재차 그것을 반
복하면서 강제력까지 동원한다면 역시 조직의 사기에 부정적 영향을
끼칠 것이다.

그러므로 주역은 덜어내지 못한다면 더하라고 조언한다. "덜어내지
못한다"는 말은, 덜어내야 마땅한 상대가 말이 통하지 않아 실력 행사
와 같은 무리수를 동원하지 않고는 덜어낼 방법이 없는 경우를 말한

다. 2단계에서 이렇게까지 하는 것은 흉하기에 "덜어내지 못한다면 더해야 한다"고 조언하는 것이다. 여기서 "더한다"는 것은 마땅히 덜어내야 할 상대를 그리지 않고 끌어안고 간다는 뜻이다. 이후의 진행을 보면, 이들에 대해 4단계에서 다시 덜어내는 조치를 취하게 된다.

六三 三人行 則損一人 一人行 則得其友
육삼 삼인행 즉손일인 일인행 즉득기우
음이 세 번째에 오니, 세 사람이 가면 한 사람을 덜어내게 되고, 혼자서 가면 그 동무를 얻을 수 있으리라.

1·2효와 달리 3효에 음이 온 것은 벗어나려는 자들을 덜어내는 조치가 진정됨을 상징한다. 또한 현재 군자의 공동체가 처한 상황이 하늘의 뜻에 비추어 마땅한지를 살피고 헤아리는 과정을 상징한다. 이때 주역은 공동체가 세 사람이 같이 가듯 하면 문제가 생긴다고 경고한다.

손損의 길 3효사에 대해 〈계사하전〉은 이렇게 풀이한다. "역易에 이르길, 세 사람이 가면 한 사람을 덜어내게 되고 혼자서 가면 그 동무를 얻을 수 있으리라고 한 것은, 말[言]이 하나로 일치되어야 한다는 뜻이다[易曰 三人行 則損一人 一人行 則得其友 言致一也]"(〈계사하전〉 5장). 또 〈상전〉은 다음과 같이 풀이한다. "혼자서 가라는 것은, 셋이면 의심이 일기 때문이다[一人行 三則疑也]." 〈계사하전〉과 〈상전〉은 이처럼 공통적으로 세 사람이 같이 갈 경우 말이 일치하지 않는 것이 문제라 지적한다.

앞서 수需(5)의 길 6효에서는 거꾸로 손님 셋을 공경해야 길하다고 조언한 적이 있다. 왜 손님 '셋'일까? 그 이유는 주역에서 숫자 3이 '다양성'을 상징하기 때문이다. 세 사람이라면 말[言]이 하나로 일치하지 않을 것이기에 다양한 관점의 조언을 들을 수 있다. 공자가 "세 사람이 걸어가고 있으면 그중에 반드시 나의 스승이 있다[三人行 必有我師]"고 한 말씀 역시 세 사람이라면 다양한 생각이 존재할 것이라는 취지다. 그러므로 수의 길처럼 다양한 의견을 들을 필요가 있는 경우라면 세 사람은 바람직한 것이다.

하지만 조직이 특정 목표를 달성하기 위해 일치단결해야 하는 상황이라면 경우가 다르다. 이때는 〈계사하전〉의 조언처럼 말[言]이 하나로 일치되어야 한다. 그러므로 〈상전〉 역시 "셋이면 의심이 일어난다[三則疑也]"고 경계하는 것이다. 이처럼 경우에 따라 달리 행동하는 것이 시중時中의 도道라고 할 수 있다.

결국 공동체가 세 사람이 가듯 하면 한 사람을 덜어내야 한다는 말은, 그렇게 함으로써 조직 내에서 말[言]을 하나로 일치시켜 의견 불일치가 없도록 해야 한다는 뜻이다. 조직이 이렇게 의견 일치가 이루어진 상태라면 더 이상 손절을 해야 할 일이 없을 것이고 빨리 갈 수 있을 것이다.

友(우)는 그 어원을 살펴보면 'ナ + 又'로 이루어졌는데, 〈그림 31〉에서 갑골문을 보면 이는 두 사람이 나란히 서서 손을 잡고 있는 모습을 형상화한 것이다. 그 원형적 의미는 '손잡을 수 있는 협력자'인 것이며, "손 좀 빌려달라"고 말할 수 있는 사람인 것이다. 주역 경문은 友(우)를 朋(붕)과 구별해서 사용하고 있기에 '동무同務'가 적절한 번역어에 해당한다(주역 경문에서 붕朋이 9회 쓰였음에 비해, 우友는 여기가 유일한 사례다).

| 갑골문 | 금문 | 해서 |

그림 31 友(우)의 갑골문과 자형의 변천

　그러므로 "혼자서 가면 그 友(우)를 얻을 수 있으리라"는 말은, '손 잡을 수 있는 협력자'를 얻을 수 있을 것이라는 말이다. 혼자서 가면 협력자를 얻을 수 있는 이유는 무엇일까? 이에 대해서는 공자가 주역의 손損·익益괘를 풀이한 다음 글이 잘 설명해주고 있다.

> 무릇 배운 사람은 그 스스로 많이 하려 드는 것을 덜어내어[損] 허虛로 써 다른 사람을 받아들여야 한다. 그리하면 능히 널리 가득 채울 수 있을 것이다. 하늘의 도는 완성되면 필히 변하는 것이니, 무릇 가득 참을 직접 지니면서 오래간 자는 지금까지 없었다. (…) 그 차고 빔을 조절하여 자기 스스로 가득 채우려 하지 않아야 능히 오래갈 수 있는 것이다.
> 夫學者 損其自多 以虛受人 故能成其滿博也 天道成而必變 凡持滿 而能久者 未嘗有也 (…) 調其盈虛 不令自滿 所以能久也
> 《공자가어》 권4, 〈육본〉 8장

　조직이 혼자서 간다는 것은, 조직이 자신의 본령本領에 집중한다는 말이다. 자신의 핵심 가치, 핵심 역량에 집중한다는 말이다. 이는 공자가 말하는 "그 스스로 많이 하려 드는 것을 덜어내는[損] 것"이다. 이렇게 하면 그 조직은 '허虛'로써 다른 조직을 협력자로 받아들

하경

일 수 있는 상태가 된다. 혼자서 가면 협력자를 얻을 수 있는 이유는 이 때문이다. 군자가 속한 조직이 "그 스스로 많이 하려 드는 것을 덜어냈기에[損]" 협력자 입장에서도 신뢰하고 진정한 협력을 제공하는 것이다.

조직체 간에 협력한다는 것은 서로가 지닌 패를 일정 부분 상대에게 보여줘야 하는 것이다. 이때 어느 한쪽이 신뢰를 배신하면 상대는 피해를 입게 되며 심할 경우 존립의 위기에 처할 수도 있다. 이러한 위험 부담이 있어서 진정한 협력이 이루어지기 어려운 것이다. 그러므로 군자가 속한 조직이 그 스스로 많이 하려 드는 것을 덜어내고[損] 허虛로써 다른 조직을 협력자로 받아들인다면, 다른 조직도 기꺼이 협력을 제공할 것이다. 왜냐하면 그런 관계는 협력자에게도 이익이기 때문이다.

여기에 '손절損折'의 적극적인 의미가 있다. 공자는 '손절'을 해야 능히 널리 가득 채울 수 있다고 말하는 셈이다. "무릇 가득 참을 직접 지니면서 오래간 자는 지금까지 없었다"고 했는데, "가득 참을 직접 지닌다"는 것은 '여러 가지 일을 모두 자기가 직접 하려고 한다' 또는 '여러 가지 이득을 모두 자기가 가지려고 한다' 정도의 의미라고 할 수 있다. 이처럼 가득 참을 직접 지니면서 오래간 자는 지금까지 없었기에, 자기 스스로 가득 채우려 하지 않아야 능히 오래갈 수 있는 것이다. 그러므로 손절은 손실을 끊어냄으로써 손실의 확산을 막는다는 소극적인 의미만이 아니라 그를 통해 능히 널리 가득 채우려는 적극적인 의미를 띤 것이다.

공자는 주역의 손損·익益괘가 말하는 핵심이 바로 여기에 있다고 보았다. 그 때문에 손·익괘를 읽다가 감탄한 것이며, 자하子夏가 감탄하는 이유를 물었을 때 "무릇 스스로 덜어내는 자는 필히 더하게 될 것이고, 스스로 더하려는 자는 필히 무너지게 될 것이다. 이 때문에 감탄하는 것이다[夫自損者必有益之 自益者必有決之]"라고 답했던 것이다.[18]

六四 損其疾 使遄 有喜 无咎
육 사 손 기 질 사 천 유 희 무 구
음이 네 번째에 오니, 그 질병거리를 덜어내어 빠르게 해야 하리라. 기쁨이 있으리니 허물이 없으리라.

3효에 이어 4효에도 음이 오고 있다. 그러므로 군자는 손의 길 4단계에서도 자신이 이끄는 공동체가 하늘의 뜻에 비추어 마땅한 상태에 있는지를 살피고 헤아려야 한다.

이때 주역은 "그 질병거리[疾]를 덜어내라" 조언한다. 여기서 疾(질)은 患(환)과 의미를 구분해야 한다. 疾은 '疒(병들어 기댈 녁) + 矢(화살 시)'로 이루어진 글자로, 화살이 몸에 박히듯 해로운 요소가 밖에서 몸으로 들어와서 일으키는 병을 가리킨다. 그러므로 "그 질병거리[疾]를 덜어내라"는 말은, 그처럼 조직 내에서 문제를 일으키는 이질적 요소를 덜어내어 제거하라는 말이다. 3효에서는 조직 내에서 말[言]이 하나로 일치되어야 함을 살펴보았는데, 조직에서 '이질적 요소'란 말[言]이 하나가 되지 못하게 불협화음을 일으키는 요소를 의미한다. 보다 구체적으로는 조직이 추구하는 핵심 가치와 다른 목소리를 냄으로써 조직이 목표 달성을 위해 빠르게 나아가는 데 장애요소가 되는 사람이나 요인을 가리킨다. 4효사는 이들을 덜어내라고 조언하는 것이다.

4단계에서는 지난 1단계에 이어 사람을 내보내는 일, 또는 손절을 실행해 손실을 현실화하는 일이 재차 반복되고 있다. 이는 조직의 분위기를 해치며 조직원들의 마음에 상처도 남긴다. 하지만 그 결과 조직이 목표 달성을 위해 빨리 나아갈 수 있게 되면 기쁜 성과를 달성할 수 있으리라고 한다. 그로 인해 조직원들의 마음에 생긴 상처가 아물 것이기에 흉터가 남지 않을 것이라 말한다.

六五 或益之 十朋之龜[19] 弗克違[20] 元吉
육오 혹익지 십붕지귀 　 불극위 　 원길

음이 다섯 번째에 오니, 혹 더할 경우 신령스러운 거북은 어길 수 없도록 확립하면 으뜸으로 길하리라.

4효에서 질병거리를 덜어내는 2차 손절까지 완료하고 나서 5효에 이르니, 이제 손의 길은 새로운 누군가를 조직의 구성원으로 더할 수 있는 단계에 이른다. 이때 주역은 "신령스러운 거북은 어길 수 없도록 확립해야 한다"고 경계한다.

"신령스러운 거북"은 거북점을 칠 때 영험한 효력을 발휘하는 거북을 의미한다. 당시에는 거북점을 통해 하늘의 뜻을 내려받았으므로, 그 거북에는 하늘이 내린 뜻이 담겼다. 그러므로 "신령스러운 거북은 어길 수 없다"는 말은 그 거북에 담긴 뜻(지침)은 어길 수 없다는 말이다. 손의 길에서라면 "신령스러운 거북"에 담긴 뜻(지침)은 '조직의 핵심 가치'를 가리킨다. 특히 그 거북을 "신령스러운" 거북이라고 지칭하는 것은, 그 거북에 담긴 지침이 절대 어길 수 없는 신성한 지침임을 의미하는 것이다. 그러므로 "신령스러운 거북은 어길 수 없도록 확립하라"는 것은 그 거북에 담긴 지침(조직의 핵심 가치)이 절대 어길 수 없는 공동체의 신성한 준칙으로 자리 잡도록 확립하라는 뜻이며, 그와 같이 준칙을 어길 수 없도록 제도와 절차로써 뒷받침하라는 뜻이다. 즉 새로이 조직의 구성원을 더할 때 조직의 핵심 가치이자 중심 철학에 위배되는 사람은 받아들이지 않도록 공동체의 제도와 절차가 확립되어야 한다는 뜻이다.

이와 같은 해석은 괘상을 통해서도 뒷받침된다. 〈그림 30〉을 보면, 손損의 3·4·5효가 곤坤을 이룬다. 이는 손의 길에서 5단계에 이르렀을 때 '순명順命'이라는 곤의 도가 확립된다는 말이다(곤의 도에 대해서는 〈부록 4〉 참조). 이는 손의 길이 5단계에 이르면 조직의 모든 행위가 핵심 가치(신령스러운 거북으로 상징되는) 하나에 순명하는 태세가 확립되어야 한다는 뜻이다.

지금 군자가 속한 조직은 4단계에서 2차 손절을 단행함으로써 '일인행一人行'의 상태(조직이 한 사람처럼 말[言]을 일치시킨 상태)를 간신히 달성한 참이다. 그러므로 이제 5단계에서는 그런 상태가 향후에도 보장될 수 있도록 절차와 제도를 확립하라는 말이다.

이는 우선 새로운 사람을 더하다가 '삼인행三人行'의 오류가 반복되는 사태를 막을 수 있는 절차와 제도를 마련하라는 말이다. 공동체가 세 사람이 가듯 하면 결국 한 사람을 덜어내게 되는 '손실'이 발생하게 된다. 그러므로 이는 손실의 재발을 방지할 수 있는 절차와 제도를 마련하라는 말이 된다.

다른 각도에서 보면, 조직의 핵심 가치에 부합하는 사람을 더할 수 있도록 보장하는 절차와 제도를 마련하는 것은, 향후 거두어들이게

하경

될 수익이 안정적인 것이 되도록 하는 제도적 장치를 마련하는 것이다. '수익收益'이란 사람에 적용하면 인재를 더하는 것이고 물질에 적용하면 이익을 거두는 것이 된다. 그러므로 5효사에서 말하는 '혹익지或益之'는 사람과 물질 모두에 적용된다. 양자를 아울러 손실 초래를 방지하고, 거두어들이는 수익을 안정화할 제도적 장치를 확립하라고 말하는 것이다.

그런 제도와 절차가 확립되면 조직은 이제 본격적으로 수익을 확대해나갈 수 있게 된다. 이처럼 '수익收益'을 확대해가는 길이 다음에 이어지는 익益의 길인 것이다.

> **上九 弗損 益之 无咎 貞 吉 利有攸往 得臣无家**
> 상구 불손 익지 무구 정 길 이유유왕 득신무가
> 극상의 자리에 양이 오니, 덜어내지 못할 경우 더해야 허물이 없으리라. 정貞하면 길하리라. 가려는 바가 있어야 이로우리라. 신하를 얻음에는 가家를 없이 해야 하리라.

6효에 놓인 양효는 상괘 간艮의 괘상으로 보면 어느 정도 융통성을 허용하는 것을 상징한다. 4·5효에서 굳게 버팀으로써 핵심 가치를 확보했기에 이제는 융통성 있는 태도를 취할 수 있는 것이다.

손損의 길에서 두 차례에 걸친 손절을 단행하면서까지 확보하고자 했던 것은 5효사에서 "신령스러운 거북"으로 표현된 조직의 핵심 가치다. 5효에서는 제도적 장치를 마련함으로써 이러한 핵심 가치가 확립되었다. 그러므로 이제 조직이 행하는 일은 조직이 추구하는 핵심 가치에 어긋나지 않게 되었으며, 그에 따라 손실 발생이 방지되고 안정적인 수익을 거둘 수 있게 되었다.

이처럼 제도적 장치가 마련되었기에 이제 조직은 어느 정도 융통성을 발휘할 수 있게 된 것이다. 그리고 이런 융통성의 발휘는 6단계에서 꼭 필요한 것이기도 하다. 두 차례에 걸친 손절은 조직원들의 마음에 상처를 주었으며 그들을 얼어붙게 만들었다. 이제 그들에게 숨통을 틔워주어야 하며 그 상처를 치유해야 한다. 그 때문에 덜어내지 못할 경우 더해야 허물이 없으리라 조언하는 것이다.

"정貞하면 길할 것"이라는 말은 불안해하지 말고 그렇게 하라는 격려의 말이다. 조직이 그와 같이 융통성을 발휘하더라도 이제는 문제가 생기지 않으리라고 격려하는 것이다. 그 이유는 5효에서 제도적 장치를 확립했기 때문이다. 이처럼 조직이 유연한 대응을 할 수 있기 위해서라도 제도적 장치의 마련은 긴요한 것이었고, 그 때문에 두 차례에 걸쳐 손절이라는 수술을 단행했던 것이다. 수술은 일종의 '칼바람'을 일으키는 것이다. 조직에 끊임없이 칼바람이 반복해 일어난다면 누구도 견딜 수 없으며 조직이 제 기능을 발휘할 수 없다. 그러므로 칼바람의 반복을 막기 위해서라도 제도적 장치를 확립해야 했던 것이고, 제도적 장치가 확립된 이상 그 과정에서 일어난 칼바람에 다친 상처를 치유하기 위해 유연하게 대처해야 하는 것이다.

그동안 두 차례의 손절이 행해진 과정을 돌아볼 필요가 있다. 1효에서 손절 실행, 2효에서 유연한 대응, 3효의 추이 관망, 4효에서 손절 실행, 5효에서 제도 확립, 6효에서 유연한 대응으로 진행해왔다. 손절이라는 수술을 단행한 후에는 반드시 유연한 대응을 통해 조직을 추스르고 있다. 이처럼 수술을 행할 때도 강약을 조절하면서 리듬을 탄다는 점을 눈여겨볼 필요가 있다.

"가려는 바가 있어야 이로운" 이유 역시 제도적 장치가 마련되었기 때문이다. 이제 조직이 마음 놓고 목표를 추구할 수 있게 되었으니 적극적으로 가려는 바를 두라는 말이다. 또한 조직의 비전을 제시함으로써 조직원들의 마음을 추스를 수도 있다.

이처럼 안정적인 제도가 마련되었고 조직의 비전이 제시되었다면 이제 필요한 것은 시야의 확대다. 그래서 "신하를 얻음에는 가家를 없이 하라"고 조언하는 것이다. 신하[臣]는 3효의 동무[友]와는 다르다. 동무[友]가 외부의 협력자라면 신하[臣]는 조직 내부의 간부에 해당한다. 그러므로 신하를 얻는다는 것은 내부 조직을 확충하는 것을 뜻한다.

"신하를 얻음에는 가家를 없이 하라"는 말은, 신하를 얻을 때 그 범위를 혈연과 같은 자기 주변 사람으로 국한하지 말라는 뜻이다. 5효사에서 "신령스러운 거북"으로 표현되었던 조직의 핵심 가치 및 역량에 부합하는 인재를 발탁하면 될 일이다. 이처럼 인재를 발탁할 때 유연성을 발휘할 수 있게 된 이유 역시 5효에서 핵심 가치를 엄정하게 확립하고 또 제도화했기 때문이다. 이는 불변不變하는 하나가 확립되면 능히 만 가지 변화를 끌어안을 수 있는 경우에 해당한다. 중심을 잡는 기준이 가치가 되지 못할 때 혈연과 같은 연줄에 집착하는 법이다.

"신하를 얻음에는 가家를 없이 하라"는 말을 또 다른 관점에서 보면, 군자가 일을 행함에 있어 자기 가족의 범위를 넘어서고 있다는 점이 주목된다. 그러므로 손의 길은 제가齊家의 도를 넘어선 길로 치국治國의 도에 해당한다. 앞서 해解(40)의 길까지 해서 제가의 도는 네 가지로 완성을 본 것이다. 그러고 보면 '가족'이란 공동운명체이기에 불화가 있다고 해서 가족을 덜어낼 수는 없는 일이다. 공동체 구성원 중 누군가를 덜어낸다는 것은 '제가'의 길을 뛰어넘은 행위인 것이다.

좀 더 구체적으로 말하면 손損의 길과 익益의 길은 군자가 자신의 나라를 세우는 과정에 해당한다. 이 점에 대해서는 익의 길에서 더 살펴보기로 하자. 단 손·익의 도는 왕의 일만이 아니라 일반인이 겪는 물질적 손해와 이익에까지도 폭넓게 적용될 수 있는 길이기에 꼭 필요한 경우가 아니면 굳이 왕의 일을 언급하지는 않았다.

損 有孚 元吉 无咎 可貞 利有攸往 曷之用 二簋可用享
손 유 부 원 길 무 구 가 정 이 유 유 왕 갈 지 용 이 궤 가 용 향

손損의 길은 믿음이 있어야 으뜸으로 길해서 허물이 없을 것이며 정貞할 수도 있으리라. 가려는 바가 있어야 이로우리라. 어찌 적용할 것인가? 궤簋는 두 개면 제사를 지낼 수 있는 법이다.

손損의 괘사에서는 "믿음이 있어야" 한다는 구절을 첫머리에 두어 강조한다. 여기서 "믿음이 있어야" 한다는 말은 중층적인 의미로 사용되었다.

첫째는 조직의 구성원들에게 믿음을 주는 것이다. 조직에서 사람을 내보내는 일은 구성원들의 마음에 상처를 남긴다. 그러므로 구성원들에게 믿음을 주는 것이 중요하다. 그래야 정貞할 수 있어서 손損의 도를 완성할 수 있을 것이다.

둘째는 구조조정을 주도하는 사람이 믿음이 있어야 한다는 말이다. 그 믿음은 조직이 추구하는 핵심 가치에 대한 믿음이다. 구조조정은 그 담당자에게도 과중한 심적 부담을 주는 일이기에 믿음이 있

어야 정貞할 수 있을 것이다.

셋째는 '손절'을 행하려는 사람이 믿음이 있어야 한다는 말이다. 손절은 사람이 본능적으로 회피하는 일이다. 그러므로 믿음이 있어야 정貞할 수 있어 시기를 놓치지 않고 손절을 실행할 수 있을 것이다.

"가려는 바가 있다"는 말 역시 중층적인 의미로 쓰였다. 첫째는 6효에서 살펴본 의미다. 둘째는 사람을 내보내는 구조조정의 부담감 및 손절의 어려움과 관련이 있다. "가려는 바가 있어야" 그와 같은 부담감·어려움을 이겨내고 손損의 도를 완성할 수 있을 것이다.

"어찌 적용할 것인가?"는 손損의 도를 어떻게 적용해야 하는지를 묻는 말이다. 이에 대해 "궤簋는 두 개면 제사를 지낼 수 있다"고 답한다. 제사에서 궤 둘을 쓰는 것은 간소하면서도 예禮를 잃지 않은 것이다. 이는 3효의 "삼인행三人行"과 견주어보면 의미가 분명해진다. 제사상은 동·서가 균형이 맞아야 하므로 세 번째 궤는 불필요할 뿐만 아니라, 있을 경우 오히려 문제를 일으킨다. 그러므로 제사상에서 궤 둘은 꼭 필요한 핵심 가치이며, 세 번째 궤는 '사족蛇足'에 해당한다. 사족이 나쁜 이유는, 사족이 달려 있으면 빨리 갈 수 없기 때문이다. 이런 사족을 제거하는 것이 손절의 요체였다. 또한 "그 스스로 많이 하려 드는 것을 덜어내어[損] 허虛로써 다른 사람을 받아들여야 한다"는 공자의 조언에 따르는 것이기도 하다.

익益 이익을 거두다

益 利有攸往 利涉大川
_{익 이 유 유 왕 이 섭 대 천}

익益의 길에서는 가려는 바를 두는 것이 이로우리라. 대천을 건너는 것이 이로우리라.

初九 利用爲大作 元吉 无咎
_{초 구 이 용 위 대 작 원 길 무 구}

처음에 양이 온 것은, 이롭게 써서 크게 짓도록 해야 으뜸으로 길하며 허물이 없으리라.

六二 或益之 十朋之龜 弗克違 永貞 吉 王用享于帝 吉
_{육 이 혹 익 지 십 붕 지 귀 불 극 위 영 정 길 왕 용 향 우 제 길}

음이 두 번째에 오니, 혹 더하더라도 신령스러운 거북은 어길 수 없도록 확립해야 하리라. 오래도록 정貞하면 길하리라. 왕王으로써 상제에게 제사를 올리면 길하리라.

六三 益之 用凶事 无咎 有孚中行 告公用圭
_{육 삼 익 지 용 흉 사 무 구 유 부 중 행 고 공 용 규}

음이 세 번째에 오니, 더하다가 흉사로써 하더라도 허물이 없으리라. 믿음을 가지고 중행中行할 것이며, 공적 대의임을 고하되 규圭로써 하여라.

六四 中行 告公 從 利用爲依 遷國
_{육 사 중 행 고 공 종 이 용 위 의 천 국}

음이 네 번째에 오니, 중행中行하며 공적 대의임을 고했더니 (무리가) 따른다. 이롭게 써서 의지로 삼아 국國으로 옮겨라.

九五 有孚惠心 勿問 元吉 有孚 惠我德
_{구 오 유 부 혜 심 물 문 원 길 유 부 혜 아 덕}

양이 다섯 번째에 오니, (사람들이) 믿음을 가지고 마음을 순順하게 하면 의문을 제기하지 말아야 으뜸으로 길하리라. 믿음을 가지고 우리의 덕도 순順하게 하여라.

上九 莫益之 或擊之 立心勿恒 凶
상 구 막 익 지 혹 격 지 입 심 물 항 흉

극상의 자리에 양이 오니, 더할 수 있는 것이 없자 간혹 공격하는 상이로다. 마음을 세운다 해도 한결같지 못하게 하는 것이니 흉하리라.

익益의 길은 손損의 길과 대대를 이룬다. 손의 길은 군자의 진실한 노력에도 불구하고 문제가 해결되지 않는 일부 사람들을 내보내는 길이었다. 이와 대대를 이루는 익의 길은 '신령스러운 거북'으로 상징되는 조직의 핵심 가치에 공감하는 새 사람들을 더하는 길이라 할 수 있다. 익의 길은 항恒(32)의 길과도 배합괘로서 대대를 이룬다. 항의 길이 자기 주관을 지키는 길이었음에 비추어보면, 익의 길은 자기 주관(핵심 가치)에 공감하는 사람들을 더하는 길이라고 할 수 있다.

앞서 군자가 거쳐온 손損의 길은 매우 고통스러운 길이었다. 그럼에도 군자가 그 길을 감내하며 거쳐온 것은, 그다음에 익益의 길이 이어지기 때문이라고 할 수 있다. 주역에서 괘의 순서가 '손' 다음에 '익'이 놓였다는 것은, 손을 거친 후에라야 익을 더할 수 있다는 말이다. 이제 군자는 '익'을 통해 자신이 추구하는 이상과 가치에 공감하는 새 사람들을 더할 수 있는 것이다. 이로써 군자는 앞으로 큰일을 도모할 수 있게 된다. 그동안 거쳐 온 규睽, 건蹇, 해解, 손의 길은 여기에 이르기 위해 바닥을 다져온 과정이라고도 할 수 있다.

〈상전〉은 익益의 길을 이렇게 풀이한다. "익益은 군자가 그로써 선善을 보면 옮겨 오고 과過가 있으면 고치는 것이다[益 君子以見善則遷 有過則改]." 〈상전〉은 군자가 익의 길을 통해 '개과천선改過遷善' 하는 것이라 한다. '천선遷善'은 군자가 이끄는 조직이 새로운 사람들을 받아들임으로써 더욱 선善해지는 것으로 볼 수 있다. '개과改過'

를 말하는 이유는 무엇일까? 익의 효사를 보면 새로운 시도, 새로운 사람을 적극 수용하라고 권장한다. 이를 통해 기존 조직이 자극을 받아 과過를 고쳐가는 것이다.

이상 주역의 괘서卦序(괘 순서)를 바탕으로, 사람을 더한다는 관점에서 익益의 길을 살펴봤다. 그런데 이 길은 사람의 문제만이 아니라 물질적인 이익을 거두는 문제에 대해서도 동시에 말하고 있다. 그러므로 이하에서 효사를 풀이할 때 사용하는 '수익收益'이라는 말은, 물질적 이익을 거두는 것과 공동체에 사람을 받아들여 더하는 것을 동시에 지칭하는 표현임을 유념해주시기 바란다. 앞서 〈그림 30〉(579쪽)에서 익의 괘상을 설명하면서 사용한 '수익'이라는 표현 역시 마찬가지의 중층적 의미를 띤다.

初九 利用爲大作 元吉 无咎
초구 이용위대작 원길 무구

처음에 양이 온 것은, 이롭게 써서 크게 짓도록 해야 으뜸으로 길하며 허물이 없으리라.

익의 길 1효에 양이 온 것은 〈그림 30〉의 괘상을 통해 그 의미를 알 수 있다. 하괘에서 1효의 양은 진震의 1효에 해당하며, 그 의미는 기존에 없던 새로운 시도나 움직임이 일어남을 상징한다(〈부록 4〉 참조). 익괘 전체를 두고 그 의미를 살피면, 수익收益을 거둠에 있어 전통적인 방식에 안주하지 않고 새로운 시도를 받아들임을 상징한다. 주역은 이런 새로운 시도가 벌어질 때 이를 배척하지 말고, 이롭게 활용해 크게 지으라고 조언하는 것이다. "크게 짓는다"는 말은 큰 그림을 그

리라는 것이며 '수익'을 거둠에 있어 크게 도모하라는 뜻이다.

〈상전〉은 이에 대해 다음과 같이 풀이한다. "으뜸으로 길하며 허물이 없으려면 아래에서는 일을 두텁게 처리하지 않아야 한다[元吉无咎 下不厚事也]." 아래[下]는 현재의 자리가 익益의 길에서 1단계에 불과하다는 점을 가리키는 것이다. 그러므로 〈상전〉이 하는 말은, 익의 길을 시작하는 초창기에는 일을 두텁게 처리하지 않아야 한다는 말이다. 일 처리가 두텁다는 것은 확실하게 안정적으로 처리한다는 말이다. 바둑에서는 "두터운 수" 등의 용례로 이와 같은 의미가 여전히 쓰인다.

수익收益을 거두는 초창기부터 너무 확실하고 안정적인 수익에만 골몰한다면 크게 거두기는 어렵다. 그러므로 주역은 익益의 길 1단계에서는 기존에 없던 새로운 시도가 나타나면, 확실하고 안정적인 수익 대상이 아니라는 이유로 배척하지 말고, 오히려 적극적으로 활용해 크게 짓도록 도모하라고 조언하는 것이다. 그리해야 으뜸으로 길하며 허물이 없을 것이라 한다. 이는 달리 말하면 그렇게 적극적으로 크게 도모하지 않으면 익의 길 1단계에서는 허물이 있다는 말이다.

六二 或益之 十朋之龜 弗克違 永貞 吉 王用享于帝 吉
육 이 혹 익 지 십 붕 지 귀 불 극 위 영 정 길 왕 용 향 우 제 길

음이 두 번째에 오니, 혹 더하더라도 신령스러운 거북은 어길 수 없도록 확립해야 하리라. 오래도록 정貞하면 길하리라. 왕王으로써 상제에게 제사를 올리면 길하리라.

2효에서는 1효와 달리 음이 오고 있다. 〈그림 30〉에서 괘상을 통해 음효의 의미를 확인할 수 있다. 1효의 양이 수익收益을 거둠에 있

어 전통적 방식에 안주하지 않고 새로운 시도를 받아들임을 상징한다면, 2효의 음은 공동체의 현 상황이 기존 핵심 가치에 비추어 마땅한지를 살피고 헤아리는 과정을 상징한다.

결국 주역은 수익을 거두려 할 때 1단계에서는 크게 도모할 수 있는 새로운 시도를 적극적으로 수용하되, 2단계에서는 조직의 기존 핵심 가치를 살펴 안정시켜야 한다고 말하는 것이다. "혹 더하더라도 신령스러운 거북은 어길 수 없도록 확립하라"는 조언이 바로 이에 해당한다.

만약 2단계에서도 더욱 크게 도모하고자 새로운 시도를 계속 이어나가면 어떻게 될까? 그것은 2단계에서 음이 아닌 양의 행동을 하는 것이니, 〈그림 30〉에서 괘상을 보면 그건 손損의 길임을 알 수 있다. 즉 2단계에서도 계속 큰 그림만을 염두에 두면서 새로운 시도만 계속한다면 익益의 길에서 벗어나 손의 길로 접어드는 것이니 주의할 일이다.

"오래도록 정貞한다"는 것은 '신령스러운 거북'으로 상징되는 조직의 핵심 가치에 충실한 태도를 계속 고수한다는 뜻이다. 앞서 손의 길에서 살펴봤듯 거북을 '신령스럽다'고 표현하는 것은, 그 거북에 담긴 지침이 절대 어길 수 없는 공동체의 신성한 준칙으로 자리 잡아야 함을 의미한다. 주역은 군자가 이에 오래도록 정貞함으로써 거북에 담긴 지침을 공동체의 신성한 준칙으로 굳어지게 만들면 이를 바탕으로 자신을 왕으로 선포할 수 있다고 한다.

고대에는 오로지 왕만이 하늘의 상제上帝에게 제사를 올릴 수 있었다. 그러므로 "왕王으로써 상제에게 제사를 올린다"는 것은, 군자가 스스로를 왕으로 선포하고 그에 걸맞은 성대한 제사 의례를 거행함을 의미한다. 화려하고 성대한 제사 의례를 거행함으로써 자신이 왕이 되었음을 만방에 선포하고 과시하는 행위를 뜻한다. 주역은 이처럼 익의 길이 2단계에 이르렀을 때 군자가 자신을 왕으로 선포하고 나아가면 길할 것이라고 한다.

앞서 군자는 손의 길에서 공동체의 핵심 가치와 다른 목소리를 내는 사람들을 내보냄으로써 공동체의 말[言]을 하나로 일치시켰고, 공동체의 핵심 가치를 절대 어길 수 없는 신성한 준칙으로 격상했다. 다른 관점에서 보면 이는 군자의 왕국을 세우기 위한 준비 작업에 해당한다. 그래서 손의 길 다음에 이어지는 익의 길이 2단계에 이르렀을 때 군자가 자신을 왕으로 선포할 수 있는 것이다.

☷ **六三 益之 用凶事 无咎 有孚中行 告公用圭**
육 삼 익 지 용 흉 사 무 구 유 부 중 행 고 공 용 규

음이 세 번째에 오니, 더하다가 흉사로써 하더라도 허물이 없으리라. 믿음을 가지고 중행中行할 것이며, 공적 대의임을 고하되 규圭로써 하여라.

3효에는 다시 음이 오고 있다. 2효에 이어 공동체의 현 상황이 기존 핵심 가치에 비추어 마땅한지를 살피고 헤아리는 과정을 계속해야 함을 상징한다. 그런데 2효에서는 "혹익지或益之"이던 것이 3효에서는 "익지益之"로 바뀌고 있다. 2효에서는 조심스럽게 더했지만 3효에서는 조심스러운 태도에서 벗어나 좀 더 활발히 더해나가는 양상을 표현한 것이다.

그런데 이처럼 새로운 사람들을 맞아들이다 보니 그중에는 흉사를 초래할 사람도 섞여 들어오는 것이다. 그럼에도 주역은 이에 대해

허물이 없을 것이라고 한다. 어째서 허물이 없으리라 말하는 것일까? 〈상전〉은 이 대목을 다음과 같이 풀이한다. "더하다가 흉사로써 하게 되는 것은 고유한 일이기 때문이다[益用凶事 固有之也]." '고유固有하다'는 말은 '본디부터 있다, 타고날 때부터 가지고 있다'는 뜻이다. 떼내고 싶어도 떼낼 수 없는 것을 말한다. 이는 많은 사람이 모인 공동체에서는 그와 같은 일이 고유한 일로서 불가피함을 말하는 것이다.

이때 2단계의 '신령스러운 거북'은 어길 수 없어야 한다(제도적 장치의 마련)는 전제 조건을 간과하지 말아야 한다. 공적 가치, 공적 대의에 부합하는 사람이라면, 그를 공동체에 받아들임으로 인해 어떤 흉사가 벌어지더라도 허물로 남지는 않을 것이라는 뜻이다. 역시 많은 사람이 모인 공동체에서 그런 일이 발생하는 것은 불가피하기 때문이다.

"중행中行"은 도道에 적중的中하도록 행동行動하라는 뜻이다. 군자가 새로이 맞아들인 사람이 흉사를 초래했으니 허물이 없다고 하더라도 어쨌든 주변 사람들이 우려와 의혹의 눈길로 쳐다볼 수 있다. 그러므로 3단계는 익益의 길에서 위기의 단계에 해당한다. 이 상황에 대해 주역은 충고하기를, "믿음을 가지고 중행中行하라"고 말하는 것이다.

또한 주변 사람들에게 공적 대의임을 고하되 '규圭'로써 하도록 조언한다. '규'는 왕이 공식 복장을 갖춰 입고 행사에 참석할 때 두 손을 모아 가슴 앞에 쥐는 서옥瑞玉을 말하는 것으로, 왕의 정당한 권위를 나타내는 상징물이다. 사람들에게 공적 대의임을 고하되 이와 같은 '규'로써 한다는 것은, 왕의 권위를 내세워 상황을 정면 돌파하라는 뜻이다. 군자로 인해 흉사가 초래된 셈이 되어버리긴 했지만 이는 군자가 사적 이익을 추구하고자 도모한 일이 아니라, 공적 대의를 이루고자 도모한 일의 결과 일부가 잘못되어 그리된 것일 뿐임을 강조해서 주변 사람들의 우려와 의혹에 대해 정면 돌파하라는 말이다. 흉사에 대해 변명하거나 사과하는 등의 소극적 자세를 취하지 말고 적극적이고 당당하게 나가라는 조언이다.

이처럼 위기가 초래되었을 때 움츠러들지 않고 정면 돌파할 수 있기 위해서라도 2단계에서 군자가 자신을 왕으로 선포하고, 성대한 제사 의례를 거행함으로써 왕의 권위를 과시할 필요가 있었던 것이다.

六四 中行 告公 從 利用爲依 遷國
육사 중행 고공 종 이용위의 천국
음이 네 번째에 오니, 중행中行하며 공적 대의임을 고했더니 (무리가) 따른다. 이롭게 써서 의지로 삼아 국國으로 옮겨라.

4단계에 이르자 앞서 3단계에서 초래되었던 위기가 군자의 노력으로 수습되고 있다. 군자가 중행中行하며 공적 대의임을 고했더니 무리가 다시 군자를 믿고 따르게 된 것이다. 〈상전〉은 이에 대해 "공적 대의를 고했더니 (무리가) 따르는 것은 그로써 뜻을 더하기 때문이다[告公從 以益志也]"라고 풀이한다. 군자가 사적 이익을 추구하고자 도모하는 일이 아니라, 공적 대의를 이루고자 도모하는 일임을 밝히자 그 취지에 공감해 뜻을 더하기 때문에 사람들이 따른다는 것이다. 〈상전〉은 널리 사람(또는 수익)을 얻을 수 있는 요체가 다른 사람들의 뜻을 얻는 데 있다는 점을 밝힌다. 그처럼 다른 사람들의 뜻을 폭넓게 얻기 위해 2단계에서 '신령스러운 거북'으로 상징되는 공적 가치

를 엄정히 확립하는 일이 중요했던 것이다.

주역은 바로 이때 이와 같은 상황을 이롭게 활용해 의지로 삼아 사
람들을 국國으로 옮기라 조언한다. 2단계에서 군자가 스스로를 왕으
로 선포했으니 4효사의 '국'은 군자의 왕국을 말한다. 사람의 무리를
군자의 왕국으로 옮기는 것은 새로운 사람들을 단숨에 가장 많이 더
하는 행위에 해당한다. 2효의 '혹익지或益之', 3효의 '익지益之', 4효
의 '천국遷國'으로, 더하는 규모가 점점 커지는 흐름을 보인다. 이 흐
름은 2·3·4효에 연속으로 음이 놓이면서 곤坤을 이루는 괘상과도
부합한다. 4효에서 곤과 더불어 '순명順命'의 가치가 완성되자 많은
사람들이 군자를 따르는 것이다.

九五 有孚惠[21]心 勿問 元吉 有孚 惠我德
구 오 유 부 혜　심 물 문 원 길 유 부 혜 아 덕
양이 다섯 번째에 오니, (사람들이) 믿음을 가지고 마음을 순順
하게 하면 의문을 제기하지 말아야 으뜸으로 길하리라. 믿음
을 가지고 우리의 덕도 순順하게 하여라.

5효에는 지난 2·3·4효와 달리 양이 온다. 이는 전통적 방식에 따
라 안정적 수익을 거두던 것에서 벗어남을 상징한다. 1효에서와 같
이 전통적 방식에 안주하지 않고 수익을 거두기 위한 새로운 시도를
적극적으로 수용하는 움직임을 상징하는 것이다. 그러므로 5효사는
이와 같은 괘상을 염두에 두고 새겨야 한다.

〈상전〉은 5효사에 대해 이렇게 풀이한다. "(사람들이) 믿음을 가지
고 마음을 순順하게 한다면 의문을 제기하지 말아야 함이 마땅하다.
우리의 덕을 순順하게 하는 것은 크게 뜻을 얻으려는 것이다[有孚惠

心 勿問之矣 惠我德 大得志也]."

5단계는 앞서 4단계에서 따랐던 무리를 군자가 이끄는 국國으로 옮긴 후의 상황이라고 할 수 있다. 한꺼번에 많은 사람을 군자의 조직에 새로 더한 상황인데, 이들이 믿음을 가지고 마음으로 순명順命한다면, 상대적으로 사소한 문제들에 대해서는 의문을 제기하지 말아야 비로소 길할 것이라 조언한다.

'우리[我]'는 새로이 공동체에 합류한 사람들에 대해 기존 구성원들을 지칭하는 표현으로 쓰인 것이다. 군자가 자신이 이끄는 가家를 국國으로 확장한 상황이므로, 새로 나라의 백성이 된 이들에 대해 군자의 기존 가인家人들을 지칭하는 표현이기도 하다. 그러므로 "믿음을 가지고 우리의 덕도 순순하게 한다"는 것은 새로 합류한 사람들에 대한 믿음을 가지고 우리 측의 덕을 순명하게 베풀어야 한다는 말이다.

5효의 괘상이 양임을 염두에 두고 효사를 다시 새긴다면, 5효의 양은 새로이 군자의 공동체에 합류한 사람들로 인해 일어나는 새로운 움직임(수익을 올리기 위한)이라 할 수 있다. 그런 움직임이 핵심 가치이자 공적인 대의에 순명한 것이기만 하면 의문을 제기하지 말라는 것은, 그에 대해 묻지 말고 매우 적극적으로 수용하라는 뜻이 된다. 그렇게 하는 목적은 물론 수익을 크게 올리기 위한 것이다.

5효에서 이처럼 적극적인 시도를 할 수 있는 이유는, 그에 앞서 2·3·4효에서 곤坤의 도를 완성했기 때문이다. 수익의 측면에서 보면, 이는 세 단계에 걸쳐 지속적으로 안정적인 수익을 거둔 상황에 해당한다. 그에 따라 조직에는 여력이 넉넉히 비축되었다. 이처럼 비축된 자원을 토대로 5효에서는 새로운 시도를 적극적으로(심지어 공세적으로) 취하는 것이 수익을 극대화하는 비결이라 말하는 셈이다. 여기서 주목할 점은 새로운 시도와 안정적인 수익을 안배하는 시점과 방식이다. 최초의 1효에서 새로운 시도를 수용한 후, 2·3·4효에 걸쳐 안정적인 수익을 올린 연후에 다시금 새로운 시도를 재개하는 것이다.

上九 莫益之 或擊之 立心勿恒 凶
상 구 막 익 지 혹 격 지 입 심 물 항 흉

극상의 자리에 양이 오니, 더할 수 있는 것이 없자 간혹 공격하는 상이로다. 마음을 세운다 해도 한결같지 못하게 하는 것이니 흉하리라.

익益의 길에서 6단계는 과잉의 단계가 된다. 더하려는(수익을 올리려는) 의욕이 지나친 것이다.

莫(막)은 주역 경문에서 '~가 없다'는 뜻으로 쓰인다(〈부록 3〉 참조). 勿(물)은 '~하지 말라 하다'라는 뜻이다.

6단계에서는 수익을 올리려는 의욕이 지나치다 보니 더할 수 있는 것이 없자 간혹 남을 공격하는 일이 벌어진다. 그처럼 타인을 공격해 강제로 복속시키면 일시적으로 그의 마음을 세울 수 있다 할지라도, 한결같지 못하게 만드는 것이니 흉할 것이라 경고한다.

益 利有攸往 利涉大川
익 이 유 유 왕 이 섭 대 천

익益의 길에서는 가려는 바를 두는 것이 이로우리라. 대천을 건너는 것이 이로우리라.

애초에 군자가 힘든 길을 마다 않고 여기까지 온 이유는 가려는 바가 있었기 때문이다. 또한 〈상전〉은 앞서 4효사에 대해 "공적 대의를 고했더니 (무리가) 따르는 것은 그로써 뜻을 더하기 때문이다[告公從以益志也]"라 하여, 군자가 새로운 무리를 얻을 수 있는 비결을 "뜻을 더하는 것[益志]"으로 파악한다. 5효사에 대해서도 "우리의 덕을 순順하게 하는 것은 크게 뜻을 얻으려는 것이다[惠我德 大得志也]"라 하여 역시 수익의 비결을 "뜻을 얻는 것[得志]"으로 파악한다.

군자가 "가려는 바를 둔다[有攸往]"는 것은, 자신이 품은 뜻을 천명한다는 말이다. 익益의 길에서는 군자의 뜻이 '신령스러운 거북'으로 표상된다. 그처럼 군자가 자신이 품은 뜻을 분명히 천명해야 남들이 그를 보고 뜻을 합칠 수 있게 된다. 그러므로 익의 괘사에서 가려는 바를 두는 것이 이롭다고 말하는 것이다.

"대천을 건넌다"는 말은 자기 인식의 지평을 넘어섬을 의미한다. 익益의 출발점인 1효에서 새로운 시도를 배척하지 않고 받아들여 크게 짓는 것, 2효사에서 신령스러운 거북으로 표상되는 공적 가치를 분명히 세우는 것, 이를 통해 4효에서 새로운 무리를 국國으로 옮기며, 5효에서 새로운 시도를 수용하는 것 모두 대천을 건너는 것에 해당한다.

손익이라는 것, 그것은 왕王 된 자의 일이로다!

《회남자淮南子》는 공자가 손損·익益에 대해 다음과 같은 말을 남 겼다고 전한다.

공자가 역易을 읽다가 손損·익益에 이르면 언제나 감탄하며 이르길, 손損·익益이라는 것, 그것은 왕王 된 자의 일이로다! 일을 함에 혹 그 것으로 이익을 보고자 하면 꼭 손해를 보게 될 것이다. 혹 손해를 감수 하고자 하면 이에 도리어 이익을 보게 될 것이다. 이해의 상반됨과 화 복禍福의 문호를 면밀히 살피지 않을 수 없으리라.
孔子讀易 至損益 未嘗不憤然而歎 曰益損者 其王者之事與 事或欲 與利之 適足以害之 或欲害之 乃反以利之 利害之反 禍福之門戶 不 可不察也

《회남자》〈인간훈〉 3장

공자가 손損·익益이 왕王 된 자의 일이라고 말한 것은, "나라는 이 익으로써 이익을 도모하려 하지 말고 의義로써 이익을 도모해야 한 다[國不以利爲利 以義爲利]"《대학》〈전傳〉 10장 22절)는 《대학》 구절의 취지와 궤를 같이하는 말이다. 익의 괘사 '이유유왕 이섭대천利有攸 往 利涉大川' 여덟 글자 역시 이러한 《대학》 구절의 취지와 궤를 같이 한다.

익益의 길은 상경의 흉畜(9, 26)의 길과 어떻게 다른지 견주어보는 작업도 필요하다. 흉의 길은 부富를 일구는 원리이기도 하므로 익의 길과 비슷한 면이 있기 때문이다.

휵畜은 사람(인재)을 길들이고 기르는 원리이자, 사람이 지닌 야생의 에너지인 식상食傷을 길들여 부를 일굴 수 있는 재성財星으로 바꾸는 원리임을 살펴봤었다. 이는 조직에도 그대로 적용할 수 있다. 조직이 지닌 잠재력(식상)을 조직의 목적 내지 목표 아래 구체적 '역량'으로 기능하게끔 조직화·체계화(재성화財星化)하는 것이 휵의 도라 할 수 있다(자산을 조직화·체계화하는 것 역시 휵의 도라 할 수 있다). 이처럼 조직화·체계화가 완료된 조직이 통상적인 조직 활동의 일환으로 수익을 올려나가는 것은, 기르는 소가 새끼를 낳는 것과 매한가지로 휵의 길에 해당할 것이다. 소휵小畜 5효사의 "부이기린富以其隣"이 그에 해당한다. 그러므로 익益의 길에서 더하는 수익은 그와는 다른 것임을 유념할 필요가 있다.

익益의 길은 어디까지나 새로운 사람, 새로운 사업을 더하는 경우라고 할 수 있다. 또한 그 사람·사업은 휵畜의 길처럼 길들이는 과정을 거칠 필요가 없는 것이다. 휵의 길은 상경에 속하고 익의 길은 하경에 속하기 때문이다. 상경의 소휵小畜(9) 다음에 리履(10)가 놓인 것은 길들임 이후에 예禮가 성립한다는 말이다. 이처럼 길들임(길들여짐)을 통해 예를 익혀 리履의 길을 홀로 걸을 수 있게 된 사람을 더하는 것이 익益의 도라 할 수 있을 것이다.

오늘날 사업의 측면에서 이런 익益의 도를 극명하게 보여주는 사례는 여러 '플랫폼'들이다. 대표적으로 구글의 플레이스토어나 애플의 앱스토어를 생각해보면 알 수 있다. 이들 플랫폼은 자신들이 내건 준칙에 동의하는 한 모든 행위자를 받아들인다. 이들을 자신들의 입맛에 맞게 길들이려는 시도를 하지 않는다.

이는 익의 길 2효사에서 "혹 더하더라도 신령스러운 거북은 어길 수 없어야 하리라"고 한 조언과 5효사에서 "(사람들이) 믿음을 가지고 마음을 순順하게 하면 의문을 제기하지 말아야 으뜸으로 길하리라. 믿음을 가지고 우리의 덕도 순順하게 하여라"고 한 조언을 받아들인 것이다. 그 결과 이들 플랫폼은 오늘날 자신들의 방대한 왕국을 구축하기에 이르렀다. 이들이 다양한 행위자들을 받아들이다 보니 간혹 그중에서 불미스러운 사고가 터지기도 한다. 하지만 익의 길 3효사에서 "더하다가 흉사로써 하더라도 허물이 없으리라"고 했던 조언처럼 허물로 남지 않고 있다. 그와 같은 일들은 방대한 왕국에 고유한 일이기 때문이다.

익益의 길을 흉畜과 비교할 때 눈에 띄는 점 두 가지가 있다. 그 하나는 '흉'과 달리 '익'에는 '소익小益' '대익大益' 같은 구분이 없다는 점이다. 이는 점인占人들이 수천 년간 관찰한 결과 흉과 달리 익에는 소익과 대익의 구분이 없다는 결론에 도달했다는 말이니 흥미롭다. 익의 괘효사를 읽어보면 그 내용은 단기적인 작은 이익을 포기하고 장기적이며 큰 이익을 도모하는 것으로 느껴진다. 그럼에도 '소익'의 길은 따로 없다는 것은 어떤 의미일까? 당장 눈앞의 작은 이익을 챙겼다는 생각이 드는 경우는, 사실은 손해를 보는 것이라는 말이다. 이를테면 이는 익의 길 2단계에서 이익을 더 얻고 싶어서 핵심 가치에서 벗어나는 새로운 시도를 통해 이익을 챙기는 행위 같은 것이다. 그럴 경우 익의 길에서 벗어나 손損의 길로 접어듦을 괘상으로 확인할 수 있다. 실제 사회생활에서도 누군가가 이익을 보려 드는 행동이 사실은 조금만 길게 보면 손해를 초래하는 경우임을 많이 목격할 수 있지 않을까? 그러므로 이익을 보려는 행동이 자칫 손해의 길로 접어들게 할 수 있음을 명심할 일이다.

익益의 길을 흉凶과 비교할 때 눈에 띄는 점 두 번째는, 주역이 이 둘을 구분할 정도로 세밀히 경우의 수를 나누면서도, 사람을 더하는 것과 물질적 이익을 더하는 것을 구분하지 않는다는 점이다. 이 역시 점인들이 관찰한 결과 사람을 더하는 것과 물질적 이익을 더하는 것은 그 원리가 같아서 구분할 수 없다는 결론에 도달한 것이다. 상당히 흥미로운 결과가 아닐 수 없다.

그에 따라 '손익이라는 것은 왕王 된 자의 일'이라는 공자의 말씀이 성립하는 것이다. 손익의 도를 제대로 납득하고 구사할 수 있는 사람은 자신의 왕국을 이룰 수 있다는 말이다. 공자의 언명은 전투가 일상으로 벌어지고 숱한 나라들이 세워지고 사라져갔던 주역의 시대를 배경으로 한 것으로, 당시 실제로 자신의 나라를 세워 왕이 될 수 있었다는 말이다. 하지만 그 언명을 21세기에 적용해도 그대로 이루어지고 있다. 오늘날 우리는 도처에서 '왕국'들을 볼 수 있지 않은가?

플랫폼들은 자신들의 방대한 왕국을 구축하고 있으며, 그 외에도 많은 기업체가 자신들의 왕국을 구축하고 있다. 꼭 비즈니스의 영역이 아니어도 'ㅇㅇㅇ가 어느 분야에서 자신의 왕국을 구축했다' 같은 표현을 자주 듣는다. 분야를 막론하고 누군가가 자신의 왕국을 구축했다면 그것은 손익의 도를 구사할 줄 알았기 때문이다. "일을 함에 혹 그것으로 이익을 보고자 하면 꼭 손해를 보게 될 것이다. 혹 손해를 감수하고자 하면 이에 도리어 이익을 보게 될 것이다. 이해의 상반됨과 화복의 문호를 면밀히 살피지 않을 수 없으리라"고 했던 공자의 통찰과 어긋나는 사람이 어찌 왕국을 구축할 수 있겠는가? 그러므로 자신의 왕국을 이루고픈 야망이 있는 이라면, 손해를 감수함으로써 도리어 이익을 보는 손익의 도를 깨쳐보시기 바란다.

43·44

쾌夬 : 구姤

반대파와 결판을 내는 길과

교접해 한 몸을 이루는 길

쾌夬 반대파와 결판을 내다

夬 揚于王庭 孚號有厲 告自邑 不利卽戎 利有攸往
쾌 양 우 왕 정 부 호 유 려 고 자 읍 불 리 즉 융 이 유 유 왕

쾌夬는 왕의 궁정에서 드날려야 한다. 믿음을 가지고 부르짖어 알리더라도 위태로움이 있으니 읍으로부터 고해야 하리라. 싸움으로 나아가는 것은 불리하며, 가려는 바를 두는 것이 이로우리라.

初九 壯于前趾 往 不勝 爲咎
초 구 장 우 전 지 왕 불 승 위 구

처음에 양이 오니, 앞발에 기세가 좋은 상이로다. 가서 이기지 못하면 허물이 되리라.

九二 惕號 莫夜有戎 勿恤
구 이 척 호 모 야 유 융 물 휼

양이 두 번째에 올 때는, 삼가서 부르짖어 알리니, 깊은 밤에 싸움이 벌어질지라도 근심하지 말라.

九三 壯于頄 有凶 君子夬夬 獨行遇雨 若濡有慍 无咎
구 삼 장 우 구 유 흉 군 자 쾌 쾌 독 행 우 우 약 유 유 온 무 구

양이 세 번째에 또 오니, 기세 좋음이 얼굴에 드러나는 지경이어서 흉함이 있으리라. 군자가 쾌夬할 것을 쾌夬한다면, 홀로 나아가 음과 화합하다가 만약 물드는 일이 생겨서 (남들이) 성내는 일이 있더라도 허물이 없으리라.

九四 臀无膚 其行次且 牽羊 悔亡 聞言 不信
구 사 둔 무 부 기 행 차 저 견 양 회 망 문 언 불 신

양이 네 번째에 오니, 엉덩이에 부膚를 없애려 하니 그 행함이 멈추고 머뭇거리는 상이로다. 양의 코를 꿰어 이끌면 회悔가 사라지리라. (다른) 말을 들어도 믿지 않게 되리라.

九五 莧陸 夬夬 中行 无咎
구 오 현 륙 쾌 쾌 중 행 무 구

양이 다섯 번째에 오니, 쇠비름이 두텁지만 쾌夬할 것을 쾌夬하는 상이로다. 중행中行하면 허물이 없으리라.

上六 无號 終有凶
상 륙 무 호 종 유 흉

극상의 자리에 음이 올 때는, 부르짖어 알림이 없는 상이로다. 종국에는 흉함이 있으리라.

夬(쾌)는 '터놓다, 결정하다, 가르다; 깍지(활을 쏠 때 엄지손가락에 끼우는 기구)' 등의 뜻을 갖는다. 쾌夬가 괘명으로서 어떤 의미를 갖는지 이해하려면, 글자의 원형적 의미로 돌아가볼 필요가 있다. 〈그림 32〉에서 보듯 쾌의 자형은 활시위를 당기기 위한 깍지를 손가락에 낀 모양을 본뜬 글자로, 활시위를 당겼다 놓는 순간을 가리킨다.

그림 32 夬(쾌)의 자형

활시위를 당긴 채 사냥감을 겨누다 놓는 순간은 결단의 순간이다. 움직이는 사냥감을 쏘아 맞힐 수 있는 최적의 순간을 포착해야 하는데, 주저하기만 하다가는 영영 놓칠 수 있으므로 결단을 내려 화살을 날려 보내야 하는 것이다. 이처럼 활시위를 당겼다 놓는 순간 화살은 활을 떠나며 이제는 상황을 되돌릴 수 없게 된다. 사냥감을 잡느냐 놓치느냐 결판이 나는 것이다.

〈잡괘전〉은 쾌夬에 대해 이렇게 풀이한다. "쾌夬는 결판을 내는 것이다. 강剛이 유柔를 잘라내는 것이다. 군자의 도가 자라나니 소인의 도가 우환을 당하는 것이다[夬 決也 剛決柔也 君子道長 小人道憂也]." 다음으로 정이는 決(결)이 判(판)이며, '결판決判'을 의미한다고 부연 설명한다.[22] 判의 자형을 보면, 칼[刂]을 들고 반半으로 가르는 것임을 알 수 있다. '쾌'는 결決이고 판判이니, 되돌릴 수 없도록 결정적으로 분리하는 것이 쾌임을 알 수 있다.

지금까지 군자는 규睽(38)와 건蹇(39), 해解(40), 손損(41)이라는 고통스러운 길을 거친 끝에 익益(42)의 길에 이르러 자신의 왕국을 선포하고, 이후 자기 뜻에 공감하는 새로운 백성들을 폭넓게 얻을 수 있었다. 그로 인해 군자의 도가 더욱 빛나게 되었지만, 군자의 왕국은 이제 막 시작하는 나라로서 아직 체제 안정을 이룬 것은 아니다. 구체적으로 군자의 왕국에는 아직도 반대 세력이 남아 있다. 예를 들어 손損의 길 6단계에서도 덜어내지 못하고 더하는 조치를 취한 일이 있고, 익의 길 3단계에서도 흉사를 더한 일이 있다. 그러므로 군자는 이제 쾌의 길을 통해 자신의 왕국에 남아 있는 반대 세력을 완전히 도려내는 결판을 짓고자 하는 것이다.

효사를 살펴보기 전에 먼저 생각해볼 점은, 군자가 이 시점에 이르러서야 비로소 결판을 낸다는 점이다. 그 이유는 우선 수많은 백성을 거느리는 '나라'를 이루기 위해서는 다양한 백성을 아울러야 하기 때문일 것이다. 섣불리 가라지를 뽑다가 밀까지 뽑을까 싶어서 그대로 두는 것이다. 군자의 결행이 느린 또 다른 이유는, 결판을 짓는 것이 쉽지 않기 때문이기도 하다. 결판을 내려 든다면 상대도 필사적으로 나오는 법이다. 실제로 쾌夬의 길에서는 군자의 세력이 기세등등해서 방만하게 생각하다 실패를 겪는 위기가 발생한다. 그러므로 유리한 상황이라고 해도 방심은 금물이라고 할 수 있다.

初九 壯于前趾 往 不勝 爲咎
초 구 장 우 전 지 왕 불 승 위 구

처음에 양이 오니, 앞발에 기세가 좋은 상이로다. 가서 이기지 못하면 허물이 되리라.

쾌夬는 박剝(23)과 배합괘로 대대를 이룬다. 그러므로 쾌夬의 길은 박剝의 길과 반대로 생각하면 이해하기 쉽다. 괘상을 보면 양효와 음효의 비율이 5 대 1로 군자에게 절대적으로 유리한 상황이다. 그 때문에 1효에서부터 그 기세가 씩씩한데, 1단계임을 고려해 앞으로 전진하는 앞발에 기세가 좋은 상이라 표현하고 있다.

그런데 여기서 주역이 "가서 이기지 못하면 허물이 될 것"이라 경고해서 주목된다. 그 이유 역시 박剝의 길과 견주어 생각하면 이해하기 쉽다. 쾌夬의 괘상을 박剝과 견주어보면, 쾌의 6효에 하나 남은 음기운은 음의 입장에서는 미래를 예비하는 석과碩果임을 알 수 있다. 그런데 양 기운을 대변하는 군자는 쾌夬의 길을 통해 이 음의 석과(양의 입장에서는 미래의 화근)를 도려내 제거하려는 것이다. 그러므로 음의 입장에서는 앞서 박의 길에서 군자가 그랬듯 이 석과를 지켜내기 위해 필사적인 노력을 기울일 것이다.

'필사必死', 즉 목숨을 걸고 나서는 상대는 누구든 두려운 법이다. 쥐가 막다른 골목에 몰리면 고양이를 무는 법이고, 굼벵이에게도 구르는 재주가 있기 때문이다. 쾌夬의 길은 상대가 모든 것을 포기하면

서까지 지켜내고자 하는 석과를 도려내겠다고 드는 것이니, 상대를 막다른 골목에 모는 것이다. 그러므로 현재의 세력 분포가 5 대 1로 유리하다고 해서 마음을 놓을 수가 없는 것이다. 결국 쾌夬를 단행하겠다고 마음먹은 군자는 1단계에서부터 용의주도하게 준비하지 않으면 안 되는 것이다.

〈상전〉은 이와 관련해 "이기지도 못할 것이면서 나아가는 것이 허물이다[不勝而往 咎也]"라고 적절히 풀이한다. 상대방도 필사적으로 저항할 것이니만큼 일단 싸움을 시작한다면 반드시 이겨서 상대의 기를 꺾어놓아야 한다. 그렇지 못할 경우 오히려 우리 편의 기세가 무너지게 될 것이다.

九二 惕號 莫夜有戎 勿恤
구 이 척 호 모 야 유 융 물 휼

양이 두 번째에 올 때는, 삼가서 부르짖어 알리니, 깊은 밤에 싸움이 벌어질지라도 근심하지 말라.

莫(모)는 여기서는 '없을 막'이 아니라 '저물 모'로 쓰였다. '모야莫夜'는 '깊은 밤'이라는 뜻으로 숙어처럼 쓰이는 표현이다.

1단계에서 싸움을 시작할 때부터 충분히 주의를 기울여 승기를 잡았다면, 2단계에서는 일이 순탄히 진행될 것이라 한다. 2단계에서는 1단계에서 패배를 겪은 반대 세력이 밤을 틈타 기습을 해오는 일이 벌어진다. 그런데 이때 군자를 따르는 주변 사람들이 미리 삼가는 자세와 태도를 견지하고 있기 때문에, 깊은 밤에 적이 내습하더라도 제때 부르짖어 알리므로 근심하지 않아도 된다는 것이다. 이런 주변 사람들의 자세와 태도는 향후 6단계에 이르면 변질된다.

> **九三 壯于頄 有凶 君子夬夬 獨行遇雨 若濡有慍 无咎**
> 구 삼 장 우 구 유 흉 군 자 쾌 쾌 독 행 우 우 약 유 유 온 무 구
> 양이 세 번째에 또 오니, 기세 좋음이 얼굴에 드러나는 지경이
> 어서 흉함이 있으리라. 군자가 쾌夬할 것을 쾌夬한다면, 홀로
> 나아가 음과 화합하다가 만약 물드는 일이 생겨서 (남들이) 성
> 내는 일이 있더라도 허물이 없으리라.

앞서 1·2단계의 싸움에서 승리를 거둔 군자의 주변 사람들은 양이 세 번째에 또 오자, 이제 기세등등하다 못해 방만해지고 있다. 2단계에서 미리 삼가서 조심하던 자세와 태도가 사라지고, 기세 좋다는 것이 얼굴에 드러나는 지경이 되어버린다.

"기세 좋음이 얼굴에 드러난다"는 말은, 세력의 우위를 믿고 노골적인 강박으로 나아간다는 말이다. 이래서는 좋은 결과가 나오기 어렵다. 주역의 일반 법칙으로 볼 때도 1~3효가 계속 '강·강·강'으로 이어지고 있어서 좋은 결과가 나오기 어렵다. 결국 흉한 결과가 초래되고 마는데, 쾌夬의 길에서 흉한 결과란 반대 세력이 필사적으로 저항하다 보니 군자의 세력이 이를 제어하지 못하는 상황일 수밖에 없다. 쾌의 길이 위기의 단계에 접어드는 것이다.

"우우遇雨"는 앞서 규睽(38)의 6효에 등장했던 표현이다. 정이가 지적한 바와 같이 여기서 "우우"는 음과 양이 화합하는 것을 가리킨다.²³ 결국 군자는 '강·강·강'으로 이어온 흐름이 잘못임을 깨닫고 궤도를 수정하기에 이른다. 위기를 수습하기 위해 홀로 나아가 음과 화합하려 하는 것이다.

주역은 그러다가 물드는 일이 생겨서 남들이 군자에게 성내는 일이 있더라도 허물이 없을 것이라 말한다. 음과 화합하다가 물든다는 것은 음에 물이 든다는 말이다. 쾌夬의 길에서 음은 척결 대상이므로 군자가 그에 물든다면 주변 사람들이 군자에게 성내는 것도 당연할 것이다. 그럼에도 주역이 허물이 없을 것이라 말하는 이유는 군자가 쾌夬해 마땅한 것은 쾌夬한다는 전제 조건이 달렸기 때문이다. 음과 화합한다고 해서 쾌夬해 마땅한 대상까지 화합의 대상으로 바뀔 수 있는 것은 아니다. 〈상전〉 역시 "군자가 쾌夬할 것은 쾌夬하기 때문에 종국에는 허물이 없는 것이다[君子夬夬 終无咎也]"라고 적절히 풀이한다.

九四 臀无膚 其行次且 牽羊 悔亡 聞言 不信
구 사 둔 무 부 기 행 차 저 견 양 회 망 문 언 불 신
양이 네 번째에 오니, 엉덩이에 부膚를 없애려 하니 그 행함이 멈추고 머뭇거리는 상이로다. 양의 코를 꿰어 이끌면 회悔가 사라지리라. (다른) 말을 들어도 믿지 않게 되리라.

"엉덩이에 부膚를 없앤다"는 말은 3단계의 "우우遇雨"와 관련된 표현으로, 성교性交를 암시하는 상징적 표현이다. 또한 '부膚'는 상대와 내가 동화되는 과정에서 벗어버려야 하는 겉가죽을 의미하기도 한다. 그에 따라 "엉덩이에 부膚를 없앤다"는 말은 서로 교접하기 위해 엉덩이의 속살을 그대로 노출한다는 의미다. 4단계에서는 3단계에 이어 군자가 본격적으로 상대와 교접하기 위해 엉덩이 속살을 노출하려 하자 상대가 머뭇거리는 것이다.

하경

이때 주역은 양의 코를 꿰어 이끌면 회悔가 사라질 것이라 조언한다. 牽(견)은 가축의 코에 코뚜레를 꿰어 끌어당김으로써 따라올 수밖에 없도록 만드는 것이다. 양羊은 앞서 대장大壯(34)의 길 5효에서 살폈듯 12지지地支 중 '미未'에 해당하는 동물로, 음과 양의 경계에 위치한 존재다. 그러므로 양의 코를 꿰어 끌어당긴다는 것은, 양이 이제 코가 꿰여서 어쩔 수 없다는 사실을 받아들여 체념하도록 만든다는 뜻이다.[24] 체념하기 때문에 회悔가 사라지는 것이다. 이렇게 해서 끌어당기면 음陰과 양陽의 경계에 서 있던 양羊은 군자를 따라 넘어오게 된다. 그 결과 이제는 다른 말을 들어도 믿지 않고 군자를 따르게 되는 것이다.

九五 莧陸 夬夬 中行 无咎
구 오 현 륙 쾌 쾌 중 행 무 구

양이 다섯 번째에 오니, 쇠비름이 두텁지만 쾌夬할 것을 쾌夬하는 상이로다. 중행中行하면 허물이 없으리라.

쇠비름은 밭이나 길가에서 흔히 자라는 풀로, 생명력이 강해서 뿌리째 뽑혀도 오랫동안 살 수 있다. 그만큼 번식력이 강해 농사에 피해를 주므로 해로운 잡초로 간주되기도 한다. 금방 무성해지지만 물기가 많은 다육질로 잘라내기 쉬운 풀이기도 하다.[25]

"쇠비름이 두텁다"는 것은 3·4단계에서 군자의 세력이 시행착오를 겪는 동안 반대세력이 자라 무성하게 된 것을 상징하는 표현이다. 하지만 동시에 그 무성한 모습을 잘라내기 쉬운 쇠비름에 비유한 것은, 그 성한 모습에 위축되지 않고 과감히 결판을 내고자 든다면 그 뜻을 이룰 수 있으리라는 의미를 함축한 것이다.

이처럼 5단계에서 쇠비름을 잘라내듯 마땅한 대상을 쾌夬함으로써 쾌의 길은 절정에 도달한다. 그런데 절정의 단계임에도 불구하고 "중행中行하면 허물이 없다"는 평가밖에 주어지지 않는다는 점이 주목된다. 이에 대해 〈상전〉은 "중행하면 허물이 없는 것은, 적중하더라도 빛나는 일은 아니기 때문이다[中行无咎 中未光也]"라고 적절히 풀이한다. 쾌의 길은 군자의 왕국에 남아 있던 반대 세력을 제거하는 길이니, 비록 반대 세력이라고 할지라도 어쨌든 왕국의 백성인 것이다. 그러므로 그 일이 빛나는 일이 될 수는 없다.

上六 无號 終有凶
상 륙 무 호 종 유 흉
극상의 자리에 음이 올 때는, 부르짖어 알림이 없는 상이로다.
종국에는 흉함이 있으리라.

쾌의 길 6효는 군자가 괘상에 음이 온 취지와 어긋나게 처신할 경우 빚어지는 과잉의 단계에 대해 말한다. 쾌의 길은 1~5효에 줄곧 양이 이어지다 6효에는 음이 오고 있다. 그러므로 쾌의 길이 6단계에 이르면 지금까지와는 양상이 달라져야 한다. 반대 세력 제거는 5단계에서 마무리 짓고 6단계에서는 나라의 분위기를 추슬러야 하는 것이다.

하지만 그러지 않고 6단계에서도 반대 세력 제거를 계속할 경우 과잉으로 흘러간다. 6효에서 "부르짖어 알림이 없다"는 것은 2효의 경우와 반대 상황이라고 할 수 있다. 군자의 주변 사람들이 이제는 삼가는 태도를 잃어버렸고, 그에 따라 위험이 다가왔음을 알리지 못하는 것이다. 상황이 이러하니 종국에는 흉한 결과를 초래할 수밖에 없다.

夫 揚于王庭 孚號有厲 告自邑 不利卽戎 利有攸往
쾌 양 우 왕 정 부 호 유 려 고 자 읍 불 리 즉 융 이 유 유 왕

쾌夬는 왕의 궁정에서 드날려야 한다. 믿음을 가지고 부르짖어 알리더라도 위태로움이 있으니 읍으로부터 고해야 하리라. 싸움으로 나아가는 것은 불리하며, 가려는 바를 두는 것이 이로우리라.

왕의 궁정宮庭이라고 할 때 정庭은 궁전 안에 있는 넓은 뜰인데, 공식적인 여러 의례를 거행하는 장소다. 그러므로 왕의 궁정에서 드날린다는 것은, 쾌夬에 착수할 때 어설프게 일을 벌이지 말고 공식적인 의례를 대대적으로 거행함으로써 시작하라는 뜻이다. 이렇게 해야 하는 이유는 상대의 필사적인 저항이 예상되기 때문이다. 그러므로 '쾌'에 착수할 때부터 본격적으로 마음먹고 용의주도하게 준비해 왕의 궁정에서 드날려야 하는 것이다. 이를 통해 지금 군자가 착수하고자 하는 쾌의 작업이 대의에 따르는 일임을 군자의 모든 신민이 알도록 하는 것이다. 이렇게 해야 쾌를 완수할 수 있을 것이다.

여기에 덧붙여 주역은 믿음을 가지고 부르짖어 알리더라도 위태로움이 있을 것(이는 2효에서 3효까지 이어지는 상황을 요약한 것이라 할 수 있다)이라 경고한다. 그러니 마음의 준비를 갖추고 본격적으로 시작하지 않고, 쉽게 목표를 달성할 수 있으리라 낙관하고서 어설프게 착수했다가는 오히려 군자가 낭패를 보는 결과를 낳을 수도 있는 것이

다. 쾌夬의 괘사 전반부는 이상과 같은 경고의 의미를 담고 있다.

"읍으로부터 고해야 하는" 이유 역시 상황의 위태로움과 관련이 있다. 현재 군자의 나라는 건국 초기 상황이므로 체제의 불안정성이 남아 있다. 그러므로 쾌夬의 명령을 발할 때는 군자의 본거지 읍으로부터 발하라는 조언이다.

"싸움으로 나아가는 것은 불리하다"는 말은, 세력의 우위를 믿고 무력을 동원하기만 하면 쉽게 쾌夬를 완수할 수 있을 것으로 생각지 말라는 경고의 의미다. 이는 3단계의 상황을 지칭한다.

대신 "가려는 바를 두는 것이 이롭다"고 조언한다. 반대 세력의 근원을 완전히 도려내는 일이 대의大義에 부합하는 일임을 공중에게 설득하고, 이를 통해 군자가 가려는 바의 뜻이 무엇인지를 납득시켜야 한다. 그래야 공중의 여론이 움직임으로써 음으로 양으로 도움을 받을 수 있어 쾌夬에 성공할 수 있기 때문이다. 보다 구체적으로는 4효에서 양羊(반대 세력 중 군자의 편으로 돌려세울 수 있는 존재)을 이끌 때 군자의 뜻(이상과 가치)을 제시할 수 있어야 그들을 군자의 편으로 돌려세울 수 있는 것이다.

姤 반대파와 교접해 한 몸을 이루다

姤 女壯 勿用取女
구 여 장 물 용 취 녀

姤구의 길로 가고자 할 때 여자의 기세가 살아 있다면 여자를 취하지 말라.

初六 繫于金柅 貞 吉 有攸往 見凶 羸豕孚蹢躅
초 륙 계 우 금 니 정 길 유 유 왕 견 흉 리 시 부 척 촉

처음에 음이 올 때는, 구리쇠로 된 고동목에 매어두어라. 정貞하면 길하리라. 가려는 바를 두면 흉한 꼴을 보게 되리라. 파리한 돼지라도 믿음이 남아 있으면 머뭇거리면서 밟는 법이다.

九二 包有魚 无咎 不利賓
구 이 포 유 어 무 구 불 리 빈

양이 두 번째에 올 때는, (상대를) 끌어안되 물고기 상태로 두면 허물이 없으리라. 빈賓으로 존중하면 불리하리라.

九三 臀无膚 其行次且 厲 无大咎
구 삼 둔 무 부 기 행 차 저 려 무 대 구

양이 세 번째에 올 때는, 엉덩이에 부膚를 없애려 하니 그 행함이 멈추고 머뭇거리는 상이로다. 위태로우나 큰 허물은 없으리라.

九四 包无魚 起凶
구 사 포 무 어 기 흉

양이 네 번째에 올 때는, (상대를) 끌어안는데 물고기 상태로 두지 않으면 흉함을 일으키리라.

九五 以杞包瓜 含章 有隕自天
구 오 이 기 포 과 함 장 유 운 자 천

양이 다섯 번째에 오니, 기杞나무로써 오이넝쿨을 끌어안는 상이로다. 아름다움을 머금은 상이어서 하늘로부터 떨어지는 것이 있으리라.

上九 姤其角 吝 无咎
상 구 구 기 각 린 무 구

극상의 자리에 양이 오니. 그 뿔에 이르기까지 교접하는 상이로다. 인색하겠지만 허물은 없으리라.

괘명으로 쓰인 姤(구) 자에 대해 《설문해자》는 "구姤는 짝짓기를 하는 것[姤 偶也]"이라 풀이한다. 구姤의 괘효사 역시 같은 내용을 말하고 있으므로, 괘명으로 쓰인 姤 자는 《설문해자》의 풀이와 일치하는 의미로 쓰인 것이다.

〈서괘전〉에서는 "구姤는 遇(우)다[姤 遇也]"라 말하고 있다. 우遇는 보통 '만날 우'라고 새기지만 '짝짓다, 성교하다'라는 뜻도 있다. 〈서괘전〉에서 말하는 遇(우) 역시 '짝짓다, 성교하다'의 뜻으로 쓰인 것이다.

이처럼 구姤의 뜻을 '짝짓기를 하다, 남녀가 교접하다'로 새길 경우, 어떻게 해서 쾌夬와 대대를 이루는 것일까?

쾌夬는 군자의 왕국에서 반대 세력을 도려내는 것이라고 했다. 이에 비해 구姤는 반대 세력과 교접하는 길이다. 단 이때의 교접은 군자가 남자로서 교접을 이끄는 주체가 되고 상대방이 여자로서 군자의 주도에 몸을 맡기는 방식의 교접이다. 물론 이는 주역 시대의 성 관념임을 감안하자.

해解(40)와 구姤는 어떻게 다른 것일까? 해解의 길은 반목을 풀기 위해 군자가 제시했던 엄격한 조건을 먼저 완화해주어야 했다. 즉 군자도 자신을 굽히고 들어가야 했던 것이다. 하지만 그 후 군자는 익益의 길을 통해 자신의 왕국을 세웠다. 이제 군자는 왕으로서 상대보다 압도적으로 우세한 상태에 있다. 이를 기반으로 이제는 군자가 교접을 주도할 수 있게 된 것이다.

교접, 성교는 '살을 섞는다, 몸을 섞는다'는 말로 표현되기도 한다. 이는 남녀가 '한 몸'이 되는 것이다. 부부는 '일심동체一心同體'라고 할 때 '동체同體'에 해당하는 것이다. 이에 비해 해解는 화해인데, 군자와 상대가 각자 독립적인 존재로 남는 것이다. 반면 구姤는 교접을 통해 상대와 한 몸이 되는 것이다. 이처럼 군자가 주도해 상대와 '한 몸'이 되면, 구태여 상대방을 도려낼 필요가 없게 된다. 이렇게 해서 쾌夬와 구가 서로 대대를 이루는 갈림길을 구성하는 것이다.

初六 繫于金柅 貞 吉 有攸往 見凶 羸豕孚蹢躅
초 륙 계 우 금 니 정 길 유유왕 견흉 리시부 척 촉

처음에 음이 올 때는, 구리쇠로 된 고동목에 매어두어라. 정貞하면 길하리라. 가려는 바를 두면 흉한 꼴을 보게 되리라. 파리한 돼지라도 믿음이 남아 있으면 머뭇거리면서 밟는 법이다.

구姤의 길 1효에는 음이 오고 있다. 그러므로 구의 길 1단계는 마땅함을 살피고 헤아리는 음의 단계에 해당한다. 구의 길의 준비 단계이기도 하다.

이때 주역은 상대를 "구리쇠로 된 고동목에 매어두라" 조언한다. 고동목은 수레가 굴러가지 못하도록 고정하는 장치를 가리킨다. 〈상전〉은 이에 대해 "구리쇠로 된 고동목에 매어두라는 말은 부드러운 도를 끌어내리려는 것이다[繫于金柅 柔道牽也]"라고 적절히 풀이한다. 튼튼한 고동목에 매어둠으로써 상대의 기세가 수그러들기를 기다리는 것이다.

"정貞하면 길할 것"이라는 말은 그렇게 계속 매어두어서 기세가 사

라질 때까지 기다리면 길할 것이라는 말이다.

"가려는 바를 두면 흉한 꼴을 보게 될 것"이라는 말은 기세가 사라지기 전에 섣불리 교접하는 행동에 나섰다가는 낭패를 본다는 말이다. 낭패의 내용은 이어지는 구절에 나온다.

규睽(38)의 6효사에도 등장했던 '돼지'는 자신의 믿음에 충실한 존재를 상징하는 표현이다. 돼지는 살집이 좋게 마련인데, "파리한 돼지"란 고초를 겪어 수척해진 돼지를 가리킨다. 국왕인 군자에 견주어 왕국 내의 반대 세력인 상대방을 "파리한 돼지"로 비유한 것이다. 하지만 이처럼 곤궁한 처지에 놓인 돼지일지라도 마음 깊은 곳에 간직한 자신의 믿음은 쉬이 사라지지 않는 법이다. 그렇기에 고초를 겪어 수척해진 암돼지라고 만만히 보고 가벼이 교접하려 들었다가는 흉한 꼴을 보리라 경고하는 것이다. 아직 믿음이 남아 있어서 교접하려 드는 군자를 받아들이지 않고 머뭇거리거나 저항하면서 발굽으로 밟는 것이다. 따라서 앞서 튼튼한 고동목에 매어둠으로써 상대의 기세가 수그러들기를 기다리도록 조언했던 것이다.

九二 包有魚 无咎 不利賓
구 이 포 유 어 무 구 불 리 빈
양이 두 번째에 올 때는, (상대를) 끌어안되 물고기 상태로 두면 허물이 없으리라. 빈賓으로 존중하면 불리하리라.

구姤의 길이 2단계에 이르자 군자는 이제 상대와의 교접에 나선다. 본격적인 교접의 전 단계로 먼저 상대를 끌어안고 있다.

물고기는 박剝(23)의 5효사에 등장했고 이후 중부中孚(61)의 괘사에도 등장하는데, 이를 종합하면 진리에 순명하는 존재를 상징한다. 불교에서는 물고기가 눈을 감지 않고 늘 깨어 있는 존재 또는 걸림이 없이 물속을 유유히 헤엄치는 존재라 하여 수행의 본보기로 여기는데, 비슷한 관념이 아닌가 한다. 이렇게 보면 물고기는 1효의 돼지와 비교되는 존재라고 할 수 있다. 돼지는 '자신의 믿음'에 충실한 존재인데, 물고기는 자신의 믿음이 아니라 '객관적 진리(이치)'에 순명하는 존재인 것이다. 그러므로 군자가 상대를 "물고기 상태로 둔다"는 것은 군자와 상대방 사이에 일정한 타협이 성립한다는 말이다. 상대는 자신의 믿음을 포기함으로써 돼지의 자세에서 물고기의 자세로 바뀌는 것이고, 군자는 상대에게 군자의 뜻에 순종하라고 요구하는 것이 아니라 상대가 객관적 진리(이치)에 순명하는 정도로 만족함으로써 역시 일정 부분 양보한 것이다. 이렇게 상호 간에 일정한 타협이 성립함으로써 상대는 군자에게 안기는 것(군자가 끌어안음을 허용하는 것)이고, 군자는 상대를 끌어안을 수 있게 된 것이다. 주역은 구姤의 길 2단계에서 이 정도로 타협하면 허물이 없을 것이라 한다. 단, 상대를 '빈賓'으로 존중하는 것은 불리하다고 한다.

빈賓은 단옥재가 《설문해자주》에서 풀이했듯 "공경하는 바가 있는 사람[賓謂所敬之人]"으로 외부에서 온 객客을 넘어서는 존재다. 그러므로 상대를 '빈'으로 존중한다는 것은 상대의 의사를 존중한다는 말인데, 그렇게 되면 향후의 교접을 군자가 주도할 수 없게 되니 불리하다는 말이다. 〈상전〉 역시 "끌어안되 물고기 상태로 두는 것은 그 뜻이 빈賓으로 존중하는 것에 못 미치는 것이다[包有魚 義不及賓也]"라고 양자를 대비하면서 풀이한다.

아울러 주역의 이런 조언은, 구姤의 하괘가 손巽을 이루는 괘상의 뜻과 부합함을 주목할 만하다. '손'은 '유연한 대응'을 상징한다(〈부록 4〉 참조). 구姤의 길을 주도하는 군자 입장에서는 아직 음 기운의 기세가 살아 있는 1단계에서는 교접을 유보하고 기다림으로써 유연하게 대응했고, 이후 음의 기세가 사라진 2단계부터는 적극적으로 교접에 나서되 우선은 일정한 타협을 받아들인다. 이처럼 군자가 '손'의 리듬을 타면서 상대와 교접하고 있기에, 상대 역시 '손'의 리듬에 따라 군자가 이끄는 대로 따라가는 것이라 할 수 있다.

九三 臀无膚 其行次且 厲 无大咎
구 삼 둔 무 부 기 행 차 저 려 무 대 구
양이 세 번째에 올 때는, 엉덩이에 부膚를 없애려 하니 그 행함이 멈추고 머뭇거리는 상이로다. 위태로우나 큰 허물은 없으리라.

3효사의 전반부는 대대를 이루는 쾌夬의 길 4효사 전반부와 동일하다. 쾌夬의 도전괘가 구姤이므로 쾌의 4효가 곧 구의 3효가 되는 셈이어서 효사가 유사한 사정을 납득할 수 있다. 하지만 도전괘가 되면서 쾌의 상괘인 태兌가 구의 하괘인 손巽으로 바뀌기 때문에 후반부에 이어지는 내용은 달라지고 있다.

"엉덩이에 부膚를 없애려 하니 그 행함이 머무르고 머뭇거린다"는 것은 앞서 쾌夬의 4효사에서 살펴본 바와 동일하다. 2단계에서는 상대를 끌어안는 정도에서 멈췄던 군자가 이제 3단계에 이르러 본격적으로 상대와 교접하기 위해 상대의 엉덩이 속살을 노출시키려 드는 것이다. 그러자 2단계의 끌어안는 정도에는 순순히 응하던 상대가 머뭇거리는 것이다.

하지만 주역은 이에 대해 "위태로우나 큰 허물은 없을 것"이라 말한다. 이는 상대의 머뭇거림에도 군자가 교접을 밀고 나가면 위태로우나 큰 허물은 없을 것이라는 말이다. 위태로움이 있다는 말은 군자의 밀어붙임에 대해 상대가 불만을 품는 정황을 반영한다. "큰 허물은 없을 것"이라는 말은, 상대가 불만을 품더라도 군자의 교접 시도를 어쨌든 받아들여 교접이 최종 성사될 것임을 뜻한다. 큰 허물은 없으리라 했으니 상대의 불만에도 불구하고 큰 부작용은 없을 것이라는 말이기도 하다. 동시에 작은 허물은 남을 것이라는 말이기도 하다. 상대는 군자가 교접을 밀어붙이자 받아들이긴 했지만 흔쾌한 교접은 아니었으므로 역시 불만의 마음이 있는 것이다.

이상으로 군자는 구姤의 길 3단계에서 작은 허물을 남기긴 했지만 상대와의 교접을 성사하고 있다. 이는 앞서 쾌夬의 4효에서 상대의 코를 꿰어 끌어당기는 강압적인 조치를 취해야 상대가 체념해서 받아들였던 것과는 다른 진행이다. 이처럼 일의 진행에서 차이가 나는 이유는, 역시 구姤의 하괘가 손巽을 이루기 때문이다. 2효에서는 별다른 불만이 없었고 3효에서는 불만스러운 마음이 고개를 들지만, 상대 역시 3단계까지는 자신의 뜻을 억제하면서 따라오는 것이다. 이와 같은 리듬이 바로 '손'의 특성이라 할 수 있다. 그러므로 앞서 1단계에서 "정貞하면 길할 것"이라 말했던 이유는, 그렇게 하면 2·3단계에서 군자의 뜻을 관철할 수 있기 때문이다.

九四 包无魚 起凶
구 사 포 무 어 기 흉

양이 네 번째에 올 때는, (상대를) 끌어안는데 물고기 상태로
두지 않으면 흉함을 일으키리라.

4단계에서는 군자가 상대와 다시 교접하기 위해 끌어안고 있는데,
이때 상대를 물고기 상태로 두지 않으면 흉함을 일으킬 것이라 한다.
2단계에서 살펴봤듯 군자가 상대를 "물고기 상태로 둔다"는 것은, 군
자와 상대방 사이에 일정한 타협이 성립한 상태를 말한다. 군자 입장
에서는 상대가 군자의 뜻에 순종하도록 요구하는 것이 아니라, 상대
가 객관적 진리(이치)에 순명하는 정도로 만족함으로써 일정 부분 양
보하는 것이다. 이는 앞서 3단계에서 군자가 상대의 불만에도 불구하
고 교접을 밀어붙였던 태도에서 한발 물러서는 것이다. 4효사는 군자
가 이렇게 한발 물러서지 않으면 흉함을 일으킬 것이라 경계한다.

그 이유는 괘상을 통해 살필 수 있다. 4단계에 양효가 놓이니 구姤
의 길은 2·3·4효가 양으로 연속되면서 군자가 계속 자기주장과 입
장을 내세우는 셈이 된다. 이는 일의 리듬이 계속 '강·강·강'으로 세
번 연속 이어진 것이니, 이 상태로는 좋은 결과가 나오기 어려운 것
이다. 3단계에서 이미 상대는 군자에 대해 불만스러운 마음이 고개
를 들었지만, 3단계까지는 손巽을 이루었으므로 상대는 자신의 뜻을
억제하면서 군자가 주도하는 대로 따라갔다. 하지만 4단계에서까지
군자가 밀어붙이는 태도를 지속한다면 상대의 불만도 폭발하게 될
것이다. 그러므로 주역은 4단계에서 다시 상대를 물고기 상태로 둠
으로써 군자가 한발 물러서는 태도를 취하도록 조언하는 것이다. 이
를 통해 상대의 불만을 다독여냄으로써 흉한 결과가 초래됨을 방지

하라는 취지다.

九五 以杞包瓜 含章 有隕自天
구 오 이 기 포 과 함 장 유 운 자 천
양이 다섯 번째에 오니, 기杞나무로써 오이넝쿨을 끌어안는 상
이로다. 아름다움을 머금은 상이어서 하늘로부터 떨어지는 것
이 있으리라.

杞(기)는 '구기자枸杞子' '기류杞柳(고리버들)' 등으로 쓰인다. 5효사
에 쓰인 杞는 문맥상 크고 튼튼한 나무임을 알 수 있는데, 구체적으
로 어떤 나무인지 특정할 수가 없어서 '기杞나무'로 풀이했다. 주희
역시 "높고 크며 견실한 나무[杞 高大堅實之木也]"라고 풀이했다.

5단계에 이르자 군자는 자신이 기杞나무의 역할을 담당하면서 오
이넝쿨을 끌어안듯이 상대와 교접하고 있다. 오이는 넝쿨이기 때문
에 홀로는 높은 곳으로 오를 수 없다. 하지만 기杞나무가 튼튼한 기
둥 역할을 감당한다면 그를 감아 올라갈 수 있다. "기杞나무로써 오
이넝쿨을 끌어안는다"는 것은 바로 이런 모습을 표상한 것이다. 튼튼
한 기둥은 남성을 상징하고, 부드럽게 감아 올라가는 넝쿨은 여성을
상징한다. 기둥과 넝쿨이 어우러지며 얽힌 모습은 음양의 화합을 표
상함에 손색이 없다.

주역은 이런 모습을 "아름다움을 머금은 상"으로 여긴다. 이제
구姤의 길은 5효에서 4효의 위기를 완전히 극복했다. 군자와 상대방
이 아름답게 얽혀 한 몸이 된 것이며 상생의 상태에 도달한 것이다.
그 결과 갑자기 하늘로부터 무언가가 뚝 떨어져 돕기라도 하듯 전혀
예기치 못한 행운과 도움이 찾아올 것이라 한다. 〈상전〉은 이를 다음

과 같이 풀이한다. "하늘로부터 떨어지는 것이 있음은 뜻이 천명을 저버리지 않았기 때문이다[有隕自天 志不舍命也]." 이 풀이는 더없이 적절하다고 생각한다. 4효에 이르기까지 군자는 상당히 자기중심적으로 행동했다고 할 수도 있다. 하지만 군자가 그렇게 행동한 뜻은 천명에 따르기 위한 것이지 다른 데 있지 않은 것이다. 5단계에 이르러 군자와 상대방이 기둥과 넝쿨로서 아름답게 얽혀 한 몸을 이룰 수 있는 이유는 앞서 1~4단계의 과정을 거쳤기 때문이다. 군자는 5단계에서의 화합을 염두에 두고 그와 같은 과정을 주도해온 것이다. 음과 양이 조화를 이뤄 만물을 화생化生시키라는 것이 바로 천명이니, 5단계에서 남녀가 이룬 화합은 그 자체로 천명을 따르는 것이라 할 수 있다. 그 때문에 하늘로부터 비롯되는 행운과 도움이 있을 것이라는 말이다.

上九 姤其角 吝 无咎
상 구 구 기 각 린 무 구
극상의 자리에 양이 오니, 그 뿔에 이르기까지 교접하는 상이로다. 인색하겠지만 허물은 없으리라.

6효에서 주목되는 점은 처음으로 姤(구) 자를 쓴다는 것이다. 그러므로 구姤의 도는 6단계에 이르러 비로소 완성되는 것으로 보인다. 따라서 앞서 5효의 내용이 절정의 단계로서 손색이 없지만, 구의 길에서 절정은 그 도道가 완성되는 6단계라고 생각한다. 이렇게 볼 때 흥미로운 것은 절정의 단계임에도 불구하고 결과가 인색하리라 말하는 점이다. 또한 그럼에도 허물은 없을 것이라 말하고 있기도 하다.

뿔은 동물의 몸체에서 가장 끝부분이므로, "그 뿔에 이르기까지 교접한다"는 것은 상대방과 조금도 유보하는 부분이 없이 철두철미하게 교접을 이룬다는 의미를 표현한 것이다. 구姤는 서두에서 설명했듯 군자가 왕으로서 상대와 한 몸이 되는 통합을 주도하는 것이다. 그러므로 앞서 5단계에서 군자와 상대인 여자가 아름다운 화합을 이루었지만, 6단계로 오면 다시 한번 군자가 우위를 확립하는 것이다. 이처럼 군자가 그 뿔에 이르기까지 철두철미한 교접을 이루면서 우위를 확립하기에 여자의 입장에서는 이에 대한 본능적인 거부감이 없을 수 없어서 조금쯤 인색한 결과가 초래된다고 본다. 그럼에도 허물은 없으리라 말하는 이유는, 앞서 5단계의 과정을 통해 군자가 천명을 따를 것이라는 점을 여자가 확신하게 되었기 때문일 것이다. 자기 몸에 대한 처분을 전적으로 군자에게 맡겨도 되겠다는 판단을 하고 군자를 따르는 것이라고 생각한다.

姤 女壯 勿用取女
구 여 장 물 용 취 녀
구姤의 길로 가고자 할 때 여자의 기세가 살아 있다면 여자를 취하지 말라.

구姤의 괘사에서는 군자의 상대가 구체적으로 '여자'로 표현된다.

구姤는 군자가 주체가 되어 여자와 교접해 한 몸을 이루는 길이다. 군자가 이렇게 하는 이유는 자기 왕국 내의 반대 세력인 상대방까지도 적극적으로 끌어안음으로써 그와 혼연일체가 되어 대의大義의 길로 나아가기 위함이다(군자에게는 가려는 바가 있기 때문이다). 그런데 여자의 기세가 살아 있다면 그녀와 교접하더라도 군자의 뜻을 그대로 따르려 하지 않을 우려가 있다. 이렇게 되면 애초에 군자가 교접한 취지가 무색해지기 때문에 "여자를 취하지 말라"고 조언하는 것이다.

보다 구체적으로는 1단계의 상황을 지칭한다고 볼 수 있다. 구姤의 길 1단계에서는 상대 세력의 기세가 아직 남아 있기에 섣불리 교접하는 행동에 나설 때가 아니며 고동목에 매어두라고 했다. 이때의 상황을 일러 "여자의 기세가 살아 있다면 여자를 취하지 말라"고 조언하는 것이다.

〈상전〉은 구姤의 괘사에 대해 이렇게 풀이한다. "구姤는 군주가 그로써 명령을 내리고 사방에 고하는 것이다[姤 后以施命誥四方]." 后(후)는 군주君主라는 뜻을 가진다. 군주란 군림하는 주인이라는 뜻이다. 물론 여기서의 군림은 천명으로 군림하는 것을 이른다. 군자가 구의 도를 완성하면, 군자는 상대에 대해 군림하는 주인의 위치에 올라서게 된다. 이와 같은 구의 도는 6단계에 이르러 완성되는 것이며, 그런 위치로 올라서기 위해 군자는 1~5단계에 이르는 과정을 밟아 나가는 것이다.

45·46

췌萃 : 승升

공감을 바탕으로 권력을 확립하는 길과

먼저 권력을 잡고 나서 공감을 얻어내는 길

췌萃 공감을 바탕으로 권력을 확립하다

萃 亨 王假有廟 利見大人 亨 利貞 用大牲 吉 利有攸往
췌 형 왕 격 유 묘 이 견 대 인 형 이 정 용 대 생 길 이 유 유 왕

췌萃의 길은 형통하리라. 왕이 종묘를 두면 대인을 만나서 이로우니 형통한 것이다. 정
貞해야 이로우니 큰 희생을 쓰면 길하리라. 가고자 하는 바를 두는 것이 이로우리라.

初六 有孚 不終 乃亂乃萃 若號 一握爲笑 勿恤 往 无咎
초 륙 유 부 부 종 내 란 내 췌 약 호 일 악 위 소 물 휼 왕 무 구

처음에 음이 올 때는, 믿음이 있지만 끝까지 가지 못하니, 이에 어지럽게 흩어지기도
하고 모이기도 하리라. 만약 호령하면 조금 웃음거리가 되겠지만 근심하지 말라. 그
대로 나아가면 허물이 없으리라.

六二 引 吉 无咎 孚 乃利用禴
육 이 인 길 무 구 부 내 이 용 약

음이 두 번째에 올 때는, 강하게 이끌면 길하며 허물이 없으리라. 믿으면 이에 간소한
제사를 이용하라.

六三 萃如 嗟如 无攸利 往 无咎 小吝
육 삼 췌 여 차 여 무 유 리 왕 무 구 소 린

음이 세 번째에 올 때는, 모이는구나. 탄식하는구나. 이로울 바는 없지만 그대로 나아
가면 허물이 없으리라. 조금 인색하긴 하리라.

九四 大吉 无咎
구 사 대 길 무 구

양이 네 번째에 오니, 대길하며 허물이 없으리라.

九五 萃 有位 无咎 匪孚 元永貞 悔亡
구 오 췌 유 위 무 구 비 부 원 영 정 회 망

양이 다섯 번째에 올 때는, 무리를 모아 위位를 갖추면 허물이 없으리라. 믿지 않는다
면 으뜸으로 오래도록 정貞하면 회悔가 사라지리라.

上六 齎咨 涕洟 无咎
상 륙 재 자 체 이 무 구

극상의 자리에 음이 오니, 자문에 의거하면서 눈물과 콧물을 흘리는 상이로다. 허물
이 없으리라.

萃(췌)는 '모으다, 무리, 풀이 모인 모양' 등의 뜻이 있다. 〈서괘전〉
과 〈단전〉은 萃가 聚(취)를 뜻한다[萃者 聚也]고 풀이한다. 聚는 '取(취
할 취) + 乑(무리 중)'으로 이루어진 글자로 사람의 무리를 취함을 뜻한
다. 결국 萃는 사람의 무리를 취하는 것, 사람의 무리를 모아 자기 뜻
에 따르게 하는 것을 의미한다.

더 나아가 췌萃의 괘효사를 보면, 췌의 길은 군자가 사람의 무리를
자기 뜻에 따르게 함으로써 자신의 왕권을 확립하는 길에 해당한다.
앞서 군자는 익益(42)의 길에서 자신의 왕국을 선포했고, 이후 쾌夬
의 길을 선택해 왕국 내의 반대 세력을 완전히 도려내든지 아니면
구姤의 길을 통해 상대와 교접함으로써 한 몸을 이루어 문제의 소지
를 제거했다. 하지만 그럼에도 군자의 왕국은 아직 안정되지 않았다.

말 위에서 천하를 얻을 수는 있지만 다스릴 수는 없는 법이다. 앞
서 구姤의 길까지는 군자가 말 위에서 천하를 얻는 과정이었다. 이제
군자는 말 위에서 내려와야 한다. 여기서 말은 무력을 상징한다. 무
력을 내려놓고도 자신의 왕국이 유지되도록 하는 것은 어려운 일이
다. 태조 이성계 역시 이 과정에서 실패함으로써 왕의 자리에서 내려
와야 했던 것이다.

이제 군자는 창업보다 어려운 수성으로 태세를 전환해야 하는데,
이는 왕의 권력을 제도화하는 것이며, 신하들과 백성들이 군자의 왕
권을 굳어진 체제로서 받아들이도록 만드는 것이다. 이는 췌의 길에

서 종묘를 두는 것으로 상징되고 있다. 이는 '종묘 체제'라고 할 법한 것으로, 신하와 백성들이 왕의 종묘를 받아들인다는 것은, 앞으로 그 왕이 지명한 세자만이 왕이 될 수 있는 시스템을 인정하고 받아들이는 것이다.

이를테면 이방원이 〈하여가〉를 통해 '왕조가 바뀌는 것이 그대와 무슨 상관이 있는가? 내 편에 서서 새 왕조 수립을 도우면 부귀영화를 약속하겠네'라며 회유를 시도했을 때 정몽주는 〈단심가〉를 통해 '고려왕조를 향한 나의 일편단심은 절대 변할 수 없다'라고 답하며 단칼에 거절했다. 이 고사를 '체제'라는 관점에서 보면, 정몽주의 행동은 왕씨가 세운 고려의 종묘를 받들겠노라 맹세했기에 나오는 것이다. 이처럼 왕이 '종묘를 세운다'는 것은 신하들과 백성들로부터 앞으로는 왕의 신민으로서 기필코 종묘를 받들겠노라는 맹세를 받아내는 것까지 포함하는 행위다.

앞서 구姤의 길을 답파한 군자 앞에는 이제 이러한 종묘를 세움으로써 자신의 왕국을 영속하도록 할 체제 안정화 작업이 과제로 주어지는 것이다. 이때도 두 갈래 갈림길이 나타난다. 췌萃의 길과 대대를 이루는 승升의 길 역시 군자가 종묘를 세우는 길인데, 방식은 전혀 다르다.

먼저 췌萃의 경우를 살펴볼 텐데, 우선 〈그림 33〉에서 그 괘상을 진晉(35)의 길과 견주어볼 필요가 있다. 진의 길은 군자가 왕의 제후로서 읍국을 새로이 분봉받은 후 밟아나가는 길이었다. 그 하괘에서 순명함을 통해 읍인들의 마음을 얻고, 이를 바탕으로 상괘에서 공동체의 규범을 확립했다. 이로써 군자의 리더십이 새로운 읍국에서 확고히 자리를 잡는 것이다. 이때 군자의 리더십은 제후로서 왕의 규

그림 33 진震과 췌萃의 괘상 비교

범에 기속된다. 즉 군자 역시 왕의 규범을 따라야 하는 것이다. 〈그림 33〉에서 진의 상괘 리離는 이를 반영한다.

이에 비해 췌의 길은 군자가 자신의 왕권을 확립하는 길이다. 왕은 그 스스로 규칙을 제정하는 자이지 기존 규칙에 순응하는 존재가 아니다. 그러므로 왕은 기존의 모든 준칙에서 벗어나야 한다. 그의 행위는 오로지 하늘의 뜻에만 기속될 뿐이다. 이를 반영해 췌의 길 전반부는 곤坤으로 진의 길과 동일하지만, 후반에 이르면 태兌를 이루어 기존의 모든 준칙에서 벗어나는 것이다. 이처럼 제후의 길인 진과 왕의 길인 췌는 그 괘상이 비슷하면서도 다른 점이 있다.

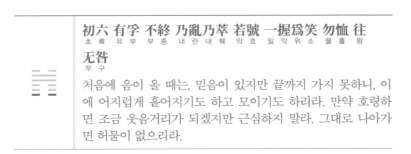

初六 有孚 不終 乃亂乃萃 若號 一握爲笑 勿恤 往
초 륙 유 부 부 종 내 란 내 췌 약 호 일 악 위 소 물 휼 왕

无咎
무 구

처음에 음이 올 때는, 믿음이 있지만 끝까지 가지 못하니, 이에 어지럽게 흩어지기도 하고 모이기도 하리라. 만약 호령하면 조금 웃음거리가 되겠지만 근심하지 말라. 그대로 나아가면 허물이 없으리라.

췌의 길 1효에 음이 온 것은, 군자가 백성들에게 하늘의 뜻에 따르는 순명을 요구하는 것이다. 이에 대해 주역은 백성들에게 "믿음이 있지만 끝까지 가지 못하니, 이에 어지럽게 흩어지기도 하고 모이기도 할 것"이라 말한다. 군자는 이미 익益(42)의 길에서 자신의 왕국을 선포했지만, 군자의 왕권은 아직 체제로서 굳어지지는 않았다. 그러므로 아직은 백성들 사이에서 군자가 내리는 명령이 곧 하늘의 뜻이라는 믿음이 약한 것이다. 그에 따라 군자가 어떤 명령을 내리면 백성들이 "어지럽게 흩어지기도 하고 모이기도 하는" 것이다.

그러므로 이때 군자가 어떤 호령을 발하면 조금 웃음거리가 되고 만다. 군자를 왕이라고 믿지 않는 자들이 비웃고 조롱하는 것이다. 그럼에도 주역은 근심하지 말고 그대로 밀고 나아가면 허물이 없을 것이라 조언한다. 왜 그럴까?

여전히 믿음을 갖고 모이는 백성들이 있기 때문이다. 많은 백성이 모이면 그중에는 믿음이 부족한 자들도 있지만, 믿음이 있는 자들 또한 있게 마련이다. 이들은 왕이 호령을 발하면 믿음을 갖고 따라오는 것이다. 게다가 군자는 하늘의 뜻에 따르는 순명을 요구하고 있다.

號(호)는 공식적인 호령을 발하는 것이며, 공식적으로 호명呼名하는 것이다. 만물의 영장靈長인 사람은 진리로 호명할 때 이를 전적으로 무시하기 어렵다. 그러므로 주역은 조금 웃음거리가 되는 일이 있을지라도 근심하지 말고 그대로 나아가라[往]고 조언하는 것이다. '왕往한다'는 것은 자신이 나아가는 방향에 대한 회의감이 일절 없이 자신 있게 나아가는 것을 말한다. 이처럼 자신 있게 나아간다면 진리로 호명하는 효과가 배가될 것이다. 그러므로 군자는 췌의 길 1단계에서 자신이 품은 이상(천명이며 진리)의 기치를 높이 들고 당당히 나아가야 하는 것이다. 군자가 당당히 나아갈 때 믿음이 있는 백성들이 모여들 것이며, 그 모습을 보고 믿음이 약한 백성들도 엉거주춤 모여들게 된다.

六二 引 吉 无咎 孚 乃利用禴
육 이 인 길 무 구 부 내 이 용 약
음이 두 번째에 올 때는, 강하게 이끌면 길하며 허물이 없으리라. 믿으면 이에 간소한 제사를 이용하라.

음이 두 번째에 또 오는 것은, 군자가 췌의 길 2단계에서도 백성들에게 순명을 요구함을 상징한다. 주역은 이때 군자가 백성들을 강하게 이끌어야 한다고 조언한다. 引(인)은 사람이 활시위를 당기는 모습을 형상화한 글자로, 아주 강하게 이끄는 것을 의미한다. 2단계에서 군자는 주변 사람들이 아직 확신을 갖지 못하고 주저할 때 활시위를 당기듯 강하게 이끌어야 함을 유념할 필요가 있다.

2효사의 전반부에 대해 〈상전〉은 이렇게 풀이한다. "강하게 이끌면 길하며 허물이 없는 것은, 적중한 행동이 변치 않기 때문이다[引吉无咎 中 未變也]." 군자가 무리를 이끌고 나아가는 길은 진리의 길이며, 이상과 가치를 실현하고자 하는 길이며, 천명에 따르는 길이다. 그러므로 이는 적중한[中] 행동이며, 그와 같은 군자의 행동이 1효에서부터 변치 않고 계속되기에 길하며 허물이 없다는 말이다. 췌의 길 2단계에서 중요한 것은 군자의 자기 확신이다. 그래야 주변 사람들이 주저할 때 확신을 가지고 강하게 이끌 수 있기 때문이다. 이렇게 보면 췌萃의 하괘 곤坤은 주변 사람들과 군자 각각에게 적용됨을 알 수 있다. 주변 사람들에게 있어서는 천명에 공감하고 이를 수용해나가는 과정(군자가 그렇게 되도록 설득해나가는 과정)이며, 군자에게 있어서는 천명에 글자 그대로 '순명順命'하는 과정이라고 할 수 있다. 군자가 순명할 때 진리에 대한 자기 확신을 갖고 주변 사람들을 강하게 이끌 수 있는 것이다.

'부孚'는 믿음이 생겨나는 것을 말한다. 1효에서 믿음이 부족한 자들에게 끝까지 가닿지 못하고 사라졌던 믿음이 2효의 후반부에 이르러 다시 생겨나는 것이다. 이때 주역은 간소한 제사를 이용하라 조언한다.

약禴은 종묘에 드리는 제사 중에 봄이나 여름에 드리는 간소한 제사를 말한다. 말, 소 등의 큰 희생물[大牲]은 올리지 않고 돼지, 닭, 꿩, 물고기, 산짐승 등을 잡아 올렸다. 고대에 제사는 지도자가 공동체를 이끌어갈 때 유용하게 활용할 수 있는 정치 수단이었다. 장엄한 의식의 거행으로 공동체 성원의 감정을 고양하고, 자신들의 최고 조상, 모든 구성원의 공통 뿌리를 자각하는 시간을 갖게 해 공동체를 단합시키고 믿음도 강화할 수 있다. 그러므로 제사를 이용하라고 조언하는 것이다.

六三 萃如 嗟如 无攸利 往 无咎 小吝
육삼 췌여 차여 무유리 왕 무구 소린

음이 세 번째에 올 때는, 모이는구나. 탄식하는구나. 이로울 바는 없지만 그대로 나아가면 허물이 없으리라. 조금 인색하긴 하리라.

음이 세 번째에 또 오는 것은, 군자가 3단계에서도 백성들에게 순명을 요구함을 상징한다. 그리고 이로써 췌의 길 하괘에서는 곤坤의

하경

도가 완성된다. 그에 따라 사람들은 3단계에 이르러 곤의 도인 진리에 대한 순명順命을 완전히 받아들이게 된다. 이는 그동안 진리의 기치를 들고 이끌어온 군자를 완전히 따른다는 말이며, 그에 따라 군자가 호령을 발하면 무리가 모이는 것이다. 드디어 군자는 자신을 따르는 무리를 모두 모으게 되었다.

그런데 주역은 그렇게 해서 모인 무리가 탄식하기에 군자에게 이로울 바가 없다고 말하고 있어 흥미롭다. 왜 그럴까? 게다가 주역은 이로울 바가 없다고 하면서도 그대로 나아가면 허물이 없을 것이라 말한다. 물론 조금 인색할 것이라는 단서를 붙이긴 한다. 하지만 이는 역시 조금 인색하긴 하겠지만 결국 허물이 없을 것이라는 말이다. 3효사의 후반부에서 주역은 상당히 미묘한 함의를 전달하고 있다.

곤坤의 도가 완성되어 사람들이 진리에 대한 순명順命을 완전히 받아들임에도 불구하고 탄식하는 이유는 무엇일까? 이는 완급을 조절하는 리듬을 타지 않고 줄기차게 순명을 강조해온 데 따른 여파로서, 음효가 세 번 연속으로 놓임에 따라 반작용이 일어나는 것이다. 특히 사람이 순명한다는 것은 진리에 완전히 '헌신獻身'함을 말한다. 그러므로 순명을 받아들였다면 이제 '자기自己'는 없어지는 것이라고 할 수 있다. 그에 따라 백성들이 탄식하는 것이다. 사람은 본능적으로 자유를 희구하기 때문이다.

하지만 그럼에도 주역은 계속 나아가면 허물이 없을 것이라 말한다. 그 이유는 이어지는 4효를 보면 알 수 있다.

九四 大吉 无咎
구 사 대 길 무 구
양이 네 번째에 오니, 대길하며 허물이 없으리라.

4효에는 지금까지와 달리 양이 오고 있다. 그 의미는 췌의 2·3·4효가 음·음·양 순서로 간艮을 이루는 괘상을 바탕으로 해석할 수 있다. '간'의 3단계에 양이 오는 것은, 군자가 자기 재량에 따른 융통성을 어느 정도 허용하는 태도를 상징한다. 1·2단계 음효에서 굳게 버팀으로써 핵심 가치를 확보한 후 3단계에서는 융통성 있는 태도를 취할 수 있는 것이다(이에 대해서는 〈부록 4〉 참조).

이를 췌의 길에 대입해보면, 군자는 앞서 3효에 이르기까지 백성들에게 줄기차게 순명順命을 요구함으로써 곤坤의 도를 완성했다. 이처럼 핵심 가치를 이미 확보했기에 4효의 양에 이르면 백성들이 자기 재량에 따라 행동할 수 있도록 융통성을 허용하는 것이다. 이렇게 되면 3효에서 순명을 받아들였음에도 불구하고 자유를 상실해서 탄식을 쏟아냈던 군자의 백성들에게는 더할 나위 없이 기쁜 일이 된다. 그에 따라 주역이 "대길하며 허물이 없으리라"고 평가하는 것이다.

九五 萃 有位 无咎 匪孚 元永貞 悔亡
구 오 췌 유 위 무 구 비 부 원 영 정 회 망
양이 다섯 번째에 올 때는, 무리를 모아 위位를 갖추면 허물이 없으리라. 믿지 않는다면 으뜸으로 오래도록 정貞하면 회悔가 사라지리라.

췌의 길에서 절정의 단계인 5효에는 양이 거듭 놓이고 있다. 이는

4효에 이어 군자가 적극적인 어떤 행동을 펼쳐나감을 상징하는데, 그 행동은 "위位를 갖추는" 것으로 지칭된다. 이는 이후 췌의 괘사를 보면 종묘를 설치하고 조상의 위패位牌를 갖춘다는 뜻임을 알 수 있다. 군자가 5단계에 이르러 드디어 자신의 종묘를 설치하는 것이다.

앞서 살펴봤듯 종묘를 설치한다는 것은, 신하들과 백성들로부터 기필코 종묘를 받들겠노라는 맹세를 받아내는 것까지를 포함한다. 또한 종묘를 설치하고 나면 향후 그 나라의 모든 규범은 종묘에 고하는 것으로써 효력을 발하게 된다. 즉 기존에 존재했던 모든 규범은 무효가 되며 왕의 재가에 따라 새로이 종묘에 고한 규범만이 효력을 발하게 되는 것이다. 이로써 국왕의 절대왕권이 확립된다.

단 이때 백성들이 군자의 종묘를 받아들이기 위한 믿음을 아직 갖지 못한 경우라면, 군자는 오래도록 정貞하는 노력을 기울여야 한다. 그렇게 하면 백성들의 마음에 걸리던 회悔가 사라질 것이라 말하고 있다.

上六 齎咨 涕洟 无咎
상 륙 재 자 체 이 무 구
극상의 자리에 음이 오니, 자문에 의거하면서 눈물과 콧물을 흘리는 상이로다. 허물이 없으리라.

6효에는 다시 음이 오고 있다. 이는 군자가 6단계에서는 자신의 행동이 하늘의 뜻에 비추어 마땅한지를 살피고 헤아려야 함을 상징한다.

"자문에 의거한다"는 말은 군자가 왕으로서 국정을 수행할 때 독단으로 행하는 것이 아니라 신하들과 백성들의 의견을 묻고 상의하면서 해나간다는 말이다.

"눈물과 콧물을 흘린다"는 말은 군자가 왕으로서 백성들의 딱한 처지를 가련히 여겨 눈물을 펑펑 쏟는다는 말이다. 주역은 군자가 췌의 길의 마지막인 6단계에서 이와 같이 처신하면 허물이 없으리라 조언하는 것이다.

〈그림 33〉을 통해 췌의 길을 돌아보면 군자는 전반부에서 백성들을 상대로 순명을 요구했으면서 후반부에서는 자신의 종묘를 설치함으로써 기존의 모든 규범에서 벗어나버리고 있다. 이와 같은 일의 전개는 신하들과 백성들에게 상처를 입히는 것이다. 돌아보면 여섯 효사 모두에 "허물이 없으리라"는 말이 있다. 이는 거꾸로 췌의 길이 진행되는 동안 여섯 단계 모두가 군자의 신하들과 백성들에게 상처를 입힌다는 말이기도 하다. 그러므로 군자는 췌의 길을 가는 동안 그들에게 입힌 상처를 잘 치유해 허물이 남지 않도록 깊이 살피고 헤아려야 하는 것이다. 특히 그 마지막 단계인 6단계에서는 왕이 기존 규범에서 벗어났다고 해서 독단적으로 국정을 수행하는 것이 아님을 보여주어야 한다. 어디까지나 하늘의 뜻에 순명하는 것이고, 그에 따라 신하들과 백성들의 의견을 묻고 상의하면서 해나간다는 것과, 백성들의 가련한 처지에 깊이 공감하면서 해나간다는 것을 보여주어야 한다. 그래야 허물이 남지 않을 것이라 주역은 조언한다. 또한 그제야 비로소 신하들과 백성들이 안심하고 군자를 왕으로서 따르게 된다. 이로써 왕의 리더십이 완성되는 것이다.

萃 亨 王假有廟 利見大人 亨 利貞 用大牲 吉
췌 형 왕격유묘 이견대인 형 이정 용대생 길

利有攸往
이 유 유 왕

췌萃의 길은 형통하리라. 왕이 종묘를 두면 대인을 만나서 이로우니 형통한 것이다. 정貞해야 이로우니 큰 희생을 쓰면 길하리라. 가고자 하는 바를 두는 것이 이로우리라.

　假(격)은 가인家人괘(37) 5효에 등장하는 "왕격유가王假有家"의 경우처럼 '이를 격'으로 쓰였다.

　"종묘를 둔다"는 것은 5효를 가리킨다. 효사가 산삭되는 과정에서 의미가 불분명해졌다고 느긴 점인들이 괘사에서 보충 설명을 제공한 것이다.

　"이견대인 형利見大人 亨"에 대해 〈단전〉은 이렇게 풀이한다. "대인을 만나서 이로우니 형통한 것이라는 말은, 올바름으로써 무리를 모으기 때문이다[利見大人亨 聚以正也]." 이를 풀이하면, 군자가 무리를 모을 때 올바름으로써 모으기 때문에 그 과정에서 대인을 만날 수 있을 것이며, 그로써 형통할 수 있다는 말이다.

　〈단전〉은 또 다음과 같은 풀이를 제공한다. "큰 희생을 쓰면 길하고, 가고자 하는 바를 두는 것이 이로운 이유는 천명에 순명하기 때문이다[用大牲吉 利有攸往 順天命也]."

　앞서 2효에서는 큰 희생을 쓸 필요 없는 간소한 제사로 충분하다고 했으니, 괘사에서 말하는 "큰 희생을 쓰는" 제사는 2효의 제사와는 다른 것으로, 군자가 5효에서 종묘를 설치할 때 하늘에 올리는 제사를 지칭한다. 또한 "큰 희생"이란 물리적으로는 소와 말 등의 큰 희생물을 가리킴을 2효에서 살펴봤지만, 내용적으로는 왕인 군자가 하늘의 뜻에 따라 크게 희생하는 모습을 보여야 한다는 말이다. 그래야 백성들이 감화를 받아 희생에 동참하기에 길하다는 것이다. 군자에게 가고자 하는 바가 있어야 이로운 이유는 앞서 1·2효에서 살펴봤다.

췌萃의 길에 대해 한 가지 더 생각해볼 점은 〈그림 34〉에서 보듯대휵大畜(26)의 길과 배합괘로서 대대를 이룬다는 것이다. 두 길의취지를 서로 견주어보면 각각 본연의 특성이 보다 뚜렷하게 느껴질것이다.

대휵大畜은 크게 길들이는(기르는) 원리에 대해 말한다. 이를 통해큰 부를 길러낼 수도 있고, 사람을 크게 길러낼 수도 있다. 사람을 크게 길러낸다는 점에서는 췌萃와 유사해 보일 수 있다. 두 길의 결정적인 차이는 대휵의 길을 통해서는 왕이 될 수 없다는 점이다. 대휵의 길을 통해 큰 부를 쌓고 크게 사람을 길러 자신의 세력을 크게 떨

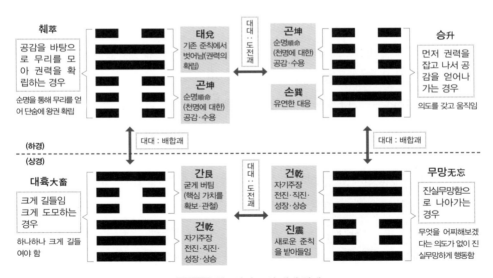

그림 34 췌萃와 승升의 대대 관계

칠 수는 있을 것이다. 하지만 주역이 대휵의 길과 췌의 길을 구분한다는 것은, 대휵의 방식으로는 왕이 될 수 없다고 보는 것이다. 왕이 된다는 것은 질적으로 다른 일이며, '대휵大畜'을 양적으로 더욱 확대시킨다고 해서 왕이 될 수는 없다는 것이다.

그렇다면 그 질적인 차이는 무엇일까? 괘상의 차이로 보자면 대휵의 하괘는 건乾이고 췌의 하괘는 곤坤이라는 점에 있다. 대휵의 하괘가 건이라는 것은, 대휵의 길에서는 자신의 생각과 판단을 바탕으로 타자他者(타인이든 사물이든)를 길들이고 길러낸다는 뜻이다. 이에 비해 췌의 하괘가 곤이라는 것은, 췌의 길에서는 자신의 생각과 판단이 기준이 아니라 오로지 하늘의 뜻(진리)에 대한 순명으로 타인의 공감과 헌신을 이끌어내야 한다는 뜻이다. 이렇게 하면 사람을 하나하나 길들이고 길러내는 것이 아니라 단숨에 무리를 모아 왕권을 확립할 수 있는 것이다. "나라는 이익으로써 이익을 도모할 것이 아니라 의義로써 이익을 도모해야 한다[國不以利爲利 以義爲利]"《대학》〈전〉 10장 22절)는 공자의 언급은 이를 말하는 것이다.

升升 먼저 권력을 잡고 나서 공감을 얻어내다

升 元亨 用見大人 勿恤 南征 吉
승 원형 용견대인 물휼 남정 길
승升의 길은 으뜸으로 형통하리라. 그로써 대인을 만나리니 근심하지 말라. 남정南征을 행하면 길하리라.

初六 允升 大吉
초 륙 윤 승 대길
처음에 음이 올 때는, 맏이의 자리에 오르면 대길하리라.

九二 孚 乃利用禴 无咎
구 이 부 내 이 용 약 무 구
양이 두 번째에 올 때는, (사람들이) 믿으면 이에 간소한 제사를 이용하라. 허물이 없으리라.

九三 升虛邑
구 삼 승 허 읍
양이 세 번째에 올 때는, 비어 있는 읍에 오르라.

六四 王用亨于岐山 吉 无咎
육 사 왕 용 향 우 기 산 길 무 구
음이 네 번째에 올 때는, 왕으로써 기산에 제사를 드려야 길하며 허물이 없으리라.

六五 貞 吉 升階
육 오 정 길 승 계
음이 다섯 번째에 올 때는, 정貞해야 길하리니 (종묘의) 계단을 오르라.

上六 冥升 利于不息之貞
상 륙 명 승 이 우 불 식 지 정
극상의 자리에 음이 오니, 명冥에 오르는 상이로다. 쉬지 않는 정貞함에는 이로우리라.

升(승)은 '되'를 뜻하기도 하고, '오르다[昇]'는 뜻으로 쓰이기도 한다. 백서 주역에서 升 대신 登(오를 등)으로 쓰고 있기 때문에, 이로 미루어 승升이 '오르다'는 뜻으로 쓰인 것을 알 수 있다.

췌萃와 대대를 이루는 승升의 길 역시 군자가 종묘를 세움으로써 자신의 왕국을 영속하도록 안정시키는 길인데, 그 과정은 서로 다르다. 앞의 〈그림 34〉를 통해 그 괘상을 각각의 대대와 견주어볼 필요가 있다. 췌萃의 길은 먼저 순명을 이룸으로써 사람의 무리를 얻어 단숨에 왕권을 확립하는 길이었다. 이에 비해 승升의 길은 먼저 권력을 잡고 나서 순명을 이룸으로써 백성들의 공감을 얻어내는 길이라고 할 수 있다. 또 다른 대대인 무망无妄(25)의 경우는 무엇을 어찌해보겠다는 의도가 없이 진실무망하게 나아가는 길이었다. 이에 비해 승의 길은 처음부터 권력을 잡겠다는 의도를 갖고 움직여나가는 길에 해당한다.

승升의 효사를 살펴보면, 이 길에서는 초기의 조건이 췌萃의 길보다 유리하게 펼쳐진다. 그러므로 군자는 갈림길에서 초기에 펼쳐지는 상황을 보고, 그 길이 췌萃의 길인지 승升의 길인지를 판단해서 각각의 변화 원리에 합당하게 처신해야 하는 것이다.

初六 允升 大吉
초 륙 윤 승 대 길
처음에 음이 올 때는, 맏이의 자리에 오르면 대길하리라.

승升의 길에서도 1효에는 췌萃의 경우와 같이 음이 온다. 이는 군자가 백성들에게 하늘의 뜻에 따르는 순명을 요구함을 상징한다. 췌의 경우에는 그로 인해 무리가 어지럽게 흩어지기도 하고 군자가 조금 웃음거리가 되는 일이 발생했지만, 승의 길에서는 그런 일이 벌어질 정도는 아니다. 또한 바로 뒤이어 2단계에서 백성들을 기쁘게 만드는 일이 생긴다. 그만큼 사태의 진행이 군자에게 유리한 조건으로 펼쳐지는 것이다. 따라서 주역은 군자에게 이처럼 유리한 상황을 적극 활용해 맏이의 자리에 오르라고 조언한다.

이때 한 가지 의문을 제기할 수 있다. 군자가 2단계에서 기쁜 일이 생기리라는 것을 어떻게 미리 알고 그렇게 처신할 수 있을까? 다음 단계에 어떤 일이 벌어질지를 정확하게 예측할 수 있는 방법이 하나 있는데, 그건 자신이 그러한 결과를 만들어내는 것이다. 그러므로 승升의 길은 군자가 2단계에서 어떻게 해서든 사람들을 만족시킬 수 있는 긍정적인 성과를 만들어낼 수 있다는 판단이 들 때 선택하는 길이라고 할 수 있다. 그러한 판단이 든다면 1단계에서 아직 여건이 성숙지 않았을지라도 군자는 과감히 맏이의 자리를 요구해 거기에 오르는 것이다. 주역은 그렇게 하면 대길할 것이라 말한다.

九二 孚 乃利用禴 无咎
구 이 부 내 이 용 약 무 구
양이 두 번째에 올 때는, (사람들이) 믿으면 이에 간소한 제사를 이용하라. 허물이 없으리라.

승升의 길에서는 췌萃의 길과 달리 2효에서 바로 양으로 바뀐다. 양효는 음효와 달리 군자가 자기 판단에 따라 어떤 적극적인 행동을 펼침을 상징한다.

승升의 2효사는 췌萃의 2효사 후반부와 비슷하다는 점이 주목된다. 차이점은 췌의 경우 군자가 강하게 이끌어야 주변 사람들에게 믿음이 생겼는데, 승의 길에서는 바로 믿음이 생기고 있다. 그 이유에 대해 〈상전〉은 다음과 같이 풀이한다. "양이 두 번째에 올 때 믿음이 생기는 것은, 기쁜 일이 있기 때문이다[九二之孚 有喜也]." 승의 길 2단계에서 군자가 어떤 적극적인 행동을 펼칠 때 사람들에게 믿음이 생기는 것은, 무언가 사람들을 기쁘게 만드는 일이 생기기 때문이라는 것이다. 그러므로 앞서 1효사에서 살펴봤듯 승의 길은 군자가 이처럼 2단계에서 사람들을 기쁘게 할 성과를 만들어낼 자신이 있을 때 선택하는 길이라고 할 수 있다.

주역은 사람들에게 믿음이 생기면 간소한 제사를 올림으로써 공동체의 단합과 믿음을 강화하면 허물이 없을 것이라 조언한다.

九三 升虛邑
구 삼 승 허 읍
양이 세 번째에 올 때는, 비어 있는 읍에 오르라.

2효에 이어 3효에 또다시 양이 온 것은, 군자가 계속해서 자기 판단에 따른 적극적 행동을 펼쳐나감을 상징한다.

구체적으로 주역은 승의 길 3단계에서 비어 있는 읍에 오르도록 조언한다. 우선 읍에 오른다는 말은 나라의 수도인 도읍都邑에 오른다는 말로, 왕의 자리에 오른다는 뜻이다. 다음으로 "승허읍升虛邑"에 대해 〈상전〉은 이렇게 풀이한다. "비어 있는 읍에 오른다는 말은 의

심할 것이 없기 때문이다[升 虛邑 无所疑也]."

앞서 군자는 1단계에서 조기에 맏이의 자리에 올랐다. 그 후 2단계에서는 군자의 판단에 따른 적극적인 행동이 사람들을 기쁘게 하는 성과를 달성했다. 이를 통해 사람들에게는 군자의 판단과 행동에 대한 믿음이 생겨났는데, 이후 단합과 믿음을 강화하는 제사까지 치렀다. 그 후 3단계에서 군자가 적극적으로 왕의 자리에 오르자 이에 대해 사람들은 별다른 의문을 제기하지 않는다. 의심한다는 것은 믿지 않는다는 말인데, 앞서 2단계에서 군자가 믿음을 얻었고 이를 강화하는 제사를 치른 것이 3단계까지는 유효한 작용력을 발휘하기 때문이다. 이처럼 군자가 왕의 자리에 오르는 것에 대해 사람들이 별다른 의문을 제기하지 않는 상황은 무주공산을 차지하는 것과 같으니 "비어 있는 읍에 오른다"고 표현한 것이다. 또한 주역은 이와 같은 상황이니 망설이지 말고 그 비어 있는 읍에 오르라 조언하는 것이다.

지금까지 이어온 승升의 길 1·2·3단계를 돌아보면 군자가 전광석화와 같이 빠른 속도로 권력을 잡는다는 점이 주목된다. 승의 길에서 이처럼 빠른 속도로 권력을 장악할 수 있었던 비결은 무엇일까? 1단계에서 조기에 맏이의 자리에 오른 것이 시발점이었다. 1단계는 효가 아직 음이기 때문에 당시의 객관적 여건만 놓고 보면 군자가 맏이의 자리에 오를 수 있는 상황이 아니었다. 만약 이때 군자가 내심으로는 다음 단계에서 사람들을 만족시킬 만한 성과를 만들어낼 자신(과 계책)이 있음에도 당시 상황이 아직 음이라는 여건을 고려해 맏이의 자리에 오르는 것을 나중(실제 성과를 달성하는 2단계)으로 미루었다면 어땠을까? 그랬다면 군자는 3단계에서 왕의 자리에 오를 수 없을 것이다. 연속해서 권력의 강도를 바로 높이는 것은 무리이기 때문이다. 1단계에서 맏이의 자리에 오르고 2단계에서 성과를 보여준 후 3단계에서 다시 왕으로 올라가는 '강·약·강'의 리듬과 견주어보면 알 수 있다. 그러므로 승의 길에서 가장 중요한 요체는 때를 놓치지 않는 '과단성'이라고 할 수 있다. 일반적으로는 너무 빠르지 않은가 싶을지라도 지금이 바로 그 '때'라고 판단이 든다면 과감히 요구하고 실행하는 결단을 내려야 하는 것이다.

승升의 길 3단계에서는 군자가 왕의 자리에 오름에도 '길하다'는 점사가 붙지 않은 점이 주목된다. 이는 군자가 왕의 자리에 오르기까지의 과정이 전광석화처럼 빨랐기 때문이다. 너무 빨리 높은 권좌에 올라갔기 때문에 이를 안정시켜야 하는 과제가 남아 있는 것이며, 그에 따라 승의 길 3단계는 위기 단계의 성격을 내포한다.

六四 王用亨于岐山 吉 无咎
육 사 왕 용 향 우 기 산 길 무 구
음이 네 번째에 올 때는, 왕으로써 기산에 제사를 드려야 길하며 허물이 없으리라.

주역은 앞서 3효의 상황에 대한 대응 조치로서 기산岐山에 제사를 드리라 조언한다. 기산은 주나라 북쪽에 존재하는 산이다. 주 문왕의 조부인 고공단보古公亶父(태왕)가 기산 남쪽 기슭에 터를 잡고 세운 나라가 주나라인 것이다. 또한 주역의 시대에 산이나 하천은 자연신으로서 숭배의 대상이었으며, 자연신에 대한 제사는 왕과 천자만이 드릴 수 있는 것이었다.

승升의 길 4단계에서 군자가 왕으로서 기산에 제사를 드리면 길할

수 있는 이유는 무엇일까? 이에 대해 〈상전〉은 다음과 같이 풀이한
다. "왕으로써 기산에 제사를 드리는 것은 순리에 따르는 일이다[王用
亨于岐山 順事也]." 기산에 제사를 드리는 것은 왕으로서 순리에 따르
는 일 처리이니, 군자가 그 제사를 주관함으로써 자신의 국왕 등극을
만백성이 보는 앞에서 기정사실화하는 것이다. 또한 장엄한 의식을
거행함으로써 공동체 성원들의 마음속에 감정의 고양을 불러일으킬
수 있고, 공통의 뿌리를 자각하는 시간을 가짐으로써 공동체의 단합
과 믿음을 강화할 수 있으니, 제사는 앞서 3효의 어수선한 상황을 안
정시키기 위해 더없이 적절한 정치 수단이라고 할 수 있다.

또한 승升의 상괘가 곤坤을 이루는 괘상과도 관련이 있다. 곤의
도는 천명天命(진리)에 대한 공감과 수용, 순명順命함을 상징한다. 그
러므로 군자가 곤의 도 1단계에 해당하는 4효에서 왕으로서 기산에
제사를 드린다는 것은, 곤의 사명인 '순명'에 헌신하겠다는 서약이며,
이를 통해 공동체 구성원들의 공감을 얻고자 하는 것이기도 하다.

六五 貞 吉 升階
육 오 정 길 승 계
음이 다섯 번째에 올 때는, 정貞해야 길하리니 (종묘의) 계단을
오르라.

5효사에 등장하는 계단[階]은 '조계阼階'를 말한다. 조阼는 '동편
계단'을 지칭하는데, 동편 계단은 주인이 건물에 올라갈 때 사용하는
계단이다. 손님은 서편 계단을 사용한다. 그에 따라 전통시대에 왕이
종묘에 고하는 의식을 치를 때면 오직 왕만이 묘당의 동쪽 계단을 오

를 수 있었다. 그러므로 승의 길 5단계에서 군자가 "계단을 오른다"는 것은, 드디어 군자 자신의 종묘를 설치하고서 종묘의 조상신에게 고하는 공적인 의식을 치른다는 뜻이다.

앞서 4단계에서는 군자가 왕으로서 자연신인 기산에 제사를 드렸는데, 이제 5단계에서는 종묘의 조상신에게 고하는 의례를 행하라고 주역이 조언하고 있다. 전통시대에는 이처럼 종묘의 조상신에게 어떤 사실을 고하고 나면, 그 고한 내용은 기정사실이 되어 더 이상 뒤집을 수 없게 된다. 그러므로 5단계에 이르러 군자가 왕으로서 자신의 종묘를 설치하고, 종묘에 고하는 의식까지 주재하고 나면, 왕으로서 군자의 지위가 공고하게 굳어지는 것이다.

한편 군자가 종묘의 조상신에게 고하는 의식을 행한다는 것은, 순명順命에 헌신하겠다는 서약이기도 하다. 지난 4효에 이어 5효에서도 이처럼 왕으로서 군자의 행위를 곤의 도인 순명에 합치시킴으로써 공동체 구성원들의 공감과 동의를 이끌어내는 것이다. 〈상전〉은 이에 대해 다음과 같이 적절하게 풀이한다. "정貞해야 길하리니 계단을 오르라는 것은 크게 뜻을 얻으라는 말이다[貞吉升階 大得志也]."

上六 冥升 利于不息之貞
상 륙 명 승 이 우 불 식 지 정
극상의 자리에 음이 오니, 명冥에 오르는 상이로다. 쉬지 않는 정貞함에는 이로우리라.

6효에는 음이 놓임으로써 상괘인 곤坤의 도가 완성된다. 그런데 이때 주역은 '명승冥升'이라 말하고 있다. 이는 예豫(16)의 길 6효사

에 등장했던 "명예冥豫"와 유사한 표현이다. 여기서 冥(명)은 주역의 시대에 점인들이 점을 칠 때 이 세상 것에 대한 집착을 모두 내려놓고 명계와 접속된 상태에 이름을 말한다. 그러므로 "명冥에 오른다"는 것은 왕인 군자가 그런 상태에 도달한다는 말이다. 이는 주역의 시대에는 왕 역시 점인이었던 사정에 기인하는 표현이다.

군자는 승升의 길 전반부에서 쉴 새 없이 빠른 속도로 권력을 획득하는 과정을 거쳐왔다. 그러므로 후반부에 접어들어서는 획득한 권력을 안정시키는 것이 급선무가 되었다. 그 때문에 군자는 자신의 행동을 곤의 도인 순명順命에 합치시킴으로써 공동체 구성원들의 공감을 얻어 권력을 공고하게 만들고자 했다. 이런 군자의 의도는 6단계에 이르러 곤의 도가 완성됨으로써 달성되는 셈이다. 그런데 '순명'이라는 곤의 도는 가식을 통해서는 달성할 수 없기에, 승의 길 6단계에서 곤의 도가 완성될 때 군자 역시 하늘의 뜻에 자신을 온전히 헌신하면서 하늘과 접속된 상태인 "명冥에 오르는" 것이라고 본다.

이는 어쩌면 전반부에서 너무 빨리 권력을 획득한 데 따른 반작용일 수 있다. 〈상전〉은 이에 대해 다음과 같이 풀이한다. "명冥에 올라 위에 있으면 쇠하여져서 부유할 수 없다[冥升在上 消不富也]." 명冥에 오른 상태라면 왕의 자리에 있다고 해도 권력을 적절히 행사하지 못하고 쇠해지며 그에 따라 부유할 수 없다고 말하는 것이 아닐까.

"이우불식지정利于不息之貞"에는 利(이) 다음에 于(우)가 들어 있기 때문에 해석할 때 이 점을 고려해야 한다. 주역에서 '利于'라고 쓴 경우는 여기가 유일하다. 그러므로 해석은 '쉬지 않고 정貞하면 이로우리라'가 아니라 '쉬지 않는 정貞함에는 이로우리라'가 되는 것이다.

정貞함은 상괘 곤坤의 도에 대한 정貞함이다. '명승冥升'하는 태도가 〈상전〉이 풀이한 바와 같은 부작용이 있지만, 곤의 도에 대해 쉬지 않고 정貞하고자 함에는 이롭다는 뜻이라고 생각한다.

이상에서 살펴본 6효사에 대한 풀이는 학자들 사이에서도 해석이 분분한 대목으로, 아직까지 의문의 여지가 남아 있어서 앞으로도 계속 검토해보고자 한다.

升 元亨 用見大人 勿恤 南征 吉
승 원형 용견대인 물휼 남정 길
승升의 길은 으뜸으로 형통하리라. 그로써 대인을 만나리니 근심하지 말라. 남정南征을 행하면 길하리라.

지금까지 모든 괘사에는 "이견대인利見大人"이 등장했는데 여기서는 "용견대인用見大人"이라 쓴 점이 주목된다. 이에 대해 《주역석문周易釋文》은 "用見(용견)은 본래는 혹시 利見(이견)으로 썼던 것이 아닌가 한다[用見 本或作利見]"고 쓰고 있기도 하다. 하지만 "용견대인用見大人"은 "그로써 대인을 만날 것"이라는 말로, "이견대인利見大人"과는 다른 얘기다. 이는 걱정하지 말고 어서 왕위에 오르라는 말이다. 구체적으로는 3효를 보완하는 설명이다. 그 자리에 오르면 왕을 도와줄 대인을 만날 수 있을 것이니 걱정하지 말라는 뜻이다.

모든 '장長'의 자리가 원래 그런 것이다. '장'의 자리에 올랐을 때 누릴 수 있는 가장 큰 장점은 유능한 인재를 얻어 부릴 수 있다는 점이다. "자리가 사람을 만든다"는 말은 일정 부분 이 때문이다. 군자가 이후 남정南征을 행할 수 있는 이유도 유능한 대인을 얻을 수 있기에 가능한 것이다.

남정南征은 무력으로 남쪽을 친다는 뜻인데, 앞서 언급했듯 은殷 말기에 '남정'에 주력했던 기억에서 사용한 표현일 수도 있고, 주周 의 초기 역사에서도 '남정'이 중요한 화두였기에 그러한 경험에서 비 롯된 표현일 수도 있다. 아니면 왕이 항상 남면南面해서 앉는다는 사 실과 관련지어 볼 수도 있다. 그에 따라 왕이 적극적인 대외 정벌 활 동에 나서는 것을 일반적으로 '남정'으로 표현할 수도 있을 법하다.

어느 쪽이든 승升의 길을 밟는 군자가 왕에 등극한 여세를 몰아 적 극적인 대외 정벌 활동에 나서면 길할 것이라는 말이다. 이는 4효에 서 기산에 제사를 드렸던 일과 유사한 행위에 해당한다. 남정南征을 행하는 것 역시 왕으로서 순리에 따르는 일 처리이니, 군자가 그러한 정벌 활동을 주재함으로써 자신의 국왕 등극을 만백성이 보는 앞에 서 기정사실화하는 것이다. 또한 적극적인 대외 정벌 활동을 벌임으 로써 군자가 갑작스레 왕으로 등극한 데 따른 내부의 불평불만의 시 선을 외부로 돌리라는 의미로 해석할 여지도 있다.

지금까지 걸어온 승升의 길을 췌萃의 길과 견주어보면, 췌의 길은 먼저 천명에 대한 공감을 바탕으로 사람의 무리가 자신을 따르도록 만듦으로써 권력을 확립하는 길임에 비해, 승의 길은 초기에 유리한 상황이 펼쳐지는 것을 적극적으로 활용해 먼저 권력을 잡고 나서 이 후 천명에 대한 공감을 바탕으로 사람의 무리가 자신을 따르도록 만 듦으로써 권력을 안정화시켜나가는 길이라고 할 수 있다.

권력을 얻는다는 측면에서 보면 승升의 길은 짧은 시간 안에 권력 을 얻는 길이라고 할 수 있다. 이 때문에 〈상전〉은 "승升은 군자가 그 로써 덕을 순정하게 하여 조금 쌓음으로써도 높고 커지는 것이다[升 君子以順德 積小以高大]"라고 풀이한다. 하지만 세상에는 좋기만 한 일은 없으므로, 승升의 길은 6단계에서 일종의 반대급부가 따르는 것으로 볼 수 있다. 그런 반대급부를 피하기 위해 순명順命을 적당히 하면 어떨까 싶지만, 승의 상괘가 곤坤이라는 것은 승의 길 후반부에서 곤의 도인 순명에 불철저해서는 승의 길을 완성하지 못한다는 뜻이다. 즉, 그처럼 적당히 하려는 태도로는 권력을 안정화시킬 수 없을 것이라는 말이 된다. 이 점에서도 세상에는 좋고 편하기만 한 길은 없는 셈이라 할 수 있다.

승升의 길은 무망无妄(25)의 길과도 배합괘로서 대대를 이룬다. 그러므로 〈그림 34〉를 통해 무망의 길과 서로 견주어보면 각각의 특성을 보다 뚜렷이 이해할 수 있을 것이다.

종합적으로, 주역은 권력을 획득하고 확립해서 왕이 될 수 있는 길은 췌萃와 승升 두 가지라 말한다. 그런데 어느 쪽 길로 가더라도 '순명順命'을 피할 수 없다. 결국 주역은 왕이 된다는 것, 큰 권력을 얻는다는 것은 진리(하늘의 뜻)에 대한 헌신이 아니고서는 불가능하다고 보는 셈이다.

47·48

곤困 : 정井

제도와 규범에 따라 갈등을 해결하는 길과

그것을 보수해 해결하는 길

곤困 제도와 규범에 따라 갈등을 해결하다

困 亨 貞 大人 吉 无咎 有言 不信
곤 형 정 대인 길 무구 유언 불신

곤困의 길은 형통하리라. 정貞하면 대인은 길하며 허물이 없으리라. 말이 있더라도 믿지 말라.

初六 臀 困于株木 入于幽谷 三歲不覿
초 륙 둔 곤우주목 입우유곡 삼세부적

처음에 음이 오니, 엉덩이가 뿌리 내린 나무에 머무르고자 애쓰나 어두운 계곡으로 들어가고 마는 상이로다. 3년이 지나도 볼 수 없으리라.

九二 困于酒食 朱紱方來 利用亨祀 征 凶 无咎
구 이 곤우주식 주불방래 이용향사 정 흉 무구

양이 두 번째에 오니, 머물러 애씀이 술과 음식에 이르는 상이로다. 주색朱色 폐슬을 한 이가 바야흐로 찾아오리라. 이로써 제사를 드리는 것이 이로우리라. 정征하면 흉할 것이나 허물은 없으리라.

六三 困于石 據于蒺藜 入于其宮 不見其妻 凶
육 삼 곤우석 거우질려 입우기궁 불견기처 흉

음이 세 번째에 오니, 머무르며 애씀이 돌에 이르고, 의거함이 남가새풀에 이르는 상이로다. 그 집에 들어가더라도 그 처를 볼 수 없으니 흉하리라.

九四 來徐徐 困于金車 吝 有終
구 사 래 서서 곤우금거 린 유종

양이 네 번째에 올 때는, 서서히 와서 머무르며 애씀이 구리쇠로 된 수레에 이르러야 하리라. 인색하더라도 끝맺음을 두어라.

九五 劓刖 困于赤紱 乃徐有說 利用祭祀
구 오 의 월 곤 우 적 불 내 서 유 탈 이 용 제 사
양이 다섯 번째에 올 때는, 코를 베고 발꿈치를 베는 형벌을 쓰라. 머무르며 애씀이
적색赤色 폐슬의 일에 이르니, 이에 서서히 벗어남이 있으리라. 이로써 제사를 드리는
것이 이로우리라.

上六 困于葛藟 于臲卼 曰動悔 有悔 征 吉
상 륙 곤 우 갈 류 우 얼 올 왈 동 회 유 회 정 길
극상의 자리에 음이 오니, 머무르며 애씀이 갈등이 있는 문제에 이르고, 위태하고 불
안한 문제에 이르는 상이로다. 적극적으로 움직이면 회悔가 생길 것이라 말하나 회悔
가 있을지라도 정征해야 길하리라.

　앞서 군자는 췌萃의 길과 승升의 길을 통해 왕권을 공고하게 확립
했다. 그렇다면 이제 본격적으로 왕의 정사를 펼칠 때인데 군자가 왕
으로서 처음 할 일은 무엇인가? 주역은 곤困과 정井이라 말하고 있다.
　그런데 주희는 곤困괘를 일러 이해할 수 없어서 해명이 불가능한
괘라고 했다(《주자어류朱子語類》). 그만큼 '곤'의 뜻을 파악하기가 쉽지
않은 것이다. 困(곤)은 현대에 이르러 '곤하다, 지치다'라는 뜻으로 주
로 쓰고 있는데, 이처럼 그냥 '곤하다, 지치다'라는 뜻으로 보면, 곤의
괘효사는 전혀 이해할 수 없는 문장이 되고 만다. 이에 대해 단옥재
는 《설문해자주》에서 곤의 뜻을 '머무르다, 극진하게 노력하다'라는
뜻이라고 적절히 풀이하고 있다.

　거居하는 곳에는 필히 나무가 있다. 울타리 아래 뽕나무를 심는 것이
　그것이다. 고로 글자가 口(에워쌀 위)와 木(나무 목)으로부터 온 것이다.
　困(곤)이라 하는 것은 거칠게 말하면 소위 자기에게 오래된 밭과 집이
　있으니 자손에게 그 안에서 삼가 힘쓰도록 하는 것이다. 困(곤)의 본래

뜻은 '머무르다[止]'는 뜻에 불과했으나 응용하여 '극진하다[極盡]'가 되었다.

居必有木 樹牆下以桑是也 故字從口木 謂之困者 疏廣所謂自有舊
田廬令子孫勤力其中也 困之本義爲止而不過 引伸之爲極盡

　괘명으로 쓰인 곤困은 단옥재가 풀이한 원형적인 의미에 가깝게
쓰인 것이다. 여기서 "자기에게 오래된 밭과 집이 있다"라는 말은, 자
기에게 오래된 삶의 터전이 있다는 뜻이다. 집이 오래되면 여기저기
문제가 생길 수밖에 없다. 오래되었다는 것은 바로 이런 함의를 띤
말이다. "그 안에서 삼가 힘쓰라"는 말은 삶의 터전이 오래되어 불만
스러운 점이 있을지라도 그를 쉽게 버리지 말고 계속 머무르면서 힘
써 노력하라는 말이다. 당장 새로운 터전으로 옮기면 모든 면에서 더
나을 듯싶지만, 새로운 터전 역시 그곳대로 아직 알지 못하는 문제점
이 있을 수밖에 없다. 그러므로 웬만하면 오래된 삶의 터전에 계속
머무르면서 힘써 노력하는 것이 더 낫다는 의미의 조언인 것이다. 그
때문에 困(곤)의 본래 뜻이 '머무르다[止]'였고, 이후 '극진하다[極盡]'
가 된 것이다.

　왕의 첫 번째 할 일로 困(곤)이 거론되는 이유는 '수처작주隨處作
主'기 때문이라고 본다. 왕의 신민臣民 된 이들은 오래된 삶의 터전이
마음에 들지 않으면 새로운 터전을 찾아 떠나갈 수 있다. 하지만 왕
은 그 자신이 세상의 중심이자 기준이므로 터전을 떠날 수 없다. 어
떤 형편에 놓이든 중심 노릇을 떠맡아야 하는 것이다. 그가 중심을
잡을 때 비로소 세상이 그를 중심으로 돌아갈 수 있다. 이처럼 왕은
권력 이전에 막중한 책임을 떠맡아야 하는 것이며, 그 막중한 책임을

떠맡기에 그에게 권력이 부여되는 것이다. 그러므로 주역이 왕의 첫 번째 할 일로 '곤困', 즉 머무르며 극진히 노력해야 함을 꼽은 것은 절묘한 점이 있다.

곤困의 의미에 대해 다음으로 생각해볼 점은 〈그림 35〉에서 보듯 곤困이 상경의 비賁(22)와 배합괘로서 대대를 이룬다는 것이다. 상경의 '비'와 서합噬嗑(21)은 공동체가 추구하는 가치·철학·문화(이 셋을 아울러 규범이라 말할 수도 있다)를 정립하고 구성원들을 이에 통합시키는 길에 대해 말한다. 곤이 비와 대대를 이루면서 하경에 속했다는 것은, 곤이 해결하고자 하는 문제가 공동체의 규범과 관련된 문제임을 시사한다. 즉, 상경에 속한 비가 공동체의 새로운 규범을 형성하는 문제에 대해 말한다면, 하경에 속한 곤은 그렇게 정립된 공동체의 규범을 적용함으로써 갈등을 해결하는 일에 대해 말한다. 결국 곤

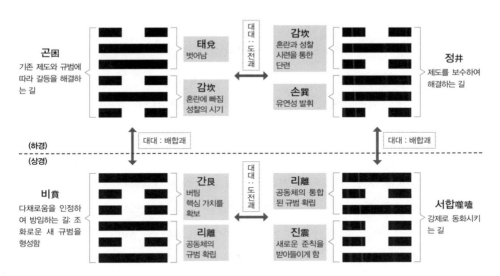

그림 35 곤困과 정井의 대대 관계

의 길은 구성원 간에 갈등이 빚어질 때 공동체에 이미 존재하는 제도 및 규범을 적용함으로써 이를 해결하고 규범을 재확립하는 길이다. 이처럼 기존의 제도와 규범에 비추어 갈등을 해결하는 것이 왕의 할 일 중 첫 번째라고 말하는 것이다.

初六 臀 困于株木 入于幽谷 三歲不覿
초 륙 둔 곤우주목 입우유곡 삼세부적

처음에 음이 오니, 엉덩이가 뿌리 내린 나무에 머무르고자 애 쓰나 어두운 계곡으로 들어가고 마는 상이로다. 3년이 지나도 볼 수 없으리라.

1효에 음이 온 것은 공동체의 기존 제도와 규범을 고수하려는 태 도와 노력을 상징한다.

엉덩이는 앉을 때 의자에 닿는 부분이다. 株(주)는 "나무의 뿌리[株 木根也]"라고 《설문해자》가 설명하고 있다.

"엉덩이가 뿌리 내린 나무에 머무르고자 애쓴다"는 말은, 갈등과 혼란을 일으키는 어떤 문제가 발생하자 공동체의 기존 제도와 규범 을 그대로 적용함으로써 문제를 해결하려고 노력한다는 말이다.

"입우유곡入于幽谷"에 대해 〈상전〉은 이렇게 풀이한다. "어두운 계 곡으로 들어가고 마는 것은 어두워서 밝지 못하기 때문이다[入于幽谷 幽不明也]." 기존 제도와 규범을 적용해 문제를 해결해보려 노력하지 만, 의도한 대로 잘되지 않는 상황이다. 밝은 판단이 아니기에 점점 어두운 계곡으로 빠져들고 만다는 말이다. 그러므로 3년이 지나도 문제가 해결되지 않을 것이라 한다. 3년이 지나도 해결되지 않는다 는 말은, 발생한 문제가 쉬이 해결될 수 없는 까다로운 문제임을 시사하는 표현이다.

九二 困于酒食 朱紱方來 利用亨祀 征 凶 无咎
구 이 곤 우 주 식 주 불 방 래 이 용 향 사 정 흉 무 구

양이 두 번째에 오니, 머물러 애씀이 술과 음식에 이르는 상이 로다. 주색朱色 폐슬을 한 이가 바야흐로 찾아오리라. 이로써 제사를 드리는 것이 이로우리라. 정征하면 흉할 것이나 허물은 없으리라.

2효에 양이 온 것은 기존 제도와 규범을 그대로 적용하려는 태도를 누그러뜨리고 군자의 자기 판단이 개입하는 정황을 상징한다.

군자는 앞서 1단계에서 어떤 문제가 발생했을 때 공동체의 기존 제도와 규범을 고수함으로써 문제를 해결하고자 노력했다. 하지만 문제 해결의 기미가 보이지 않자 제도와 규범을 엄격히 기계적으로 적용하려는 태도를 누그러뜨리며 자기 판단을 개입시키는 것이다.

〈계사하전〉은 곤의 도에 대해 "머무르며 애쓸 때는 막힌 것을 통하게 해야 한다[困 窮而通]"고 조언하는데, 바로 2효사의 경우에 해당한다. 군자의 왕국에서는 다종다양한 문제가 발생하는데 모든 경우에 제도와 규범을 기계적으로 엄격히 적용해서는 감당할 수 없다. 그러므로 곤의 도에서는 심판자인 왕이 스스로 판단해서 "막힌 것을 통하게[困 窮而通]" 조처함이 필수인 것이다.

〈상전〉은 이어지는 구절에 대해 다음과 같이 풀이한다. "머물러 애씀이 술과 음식에 이르는 것은, 적중한 행동이므로 경사가 있는 것이다[困于酒食 中 有慶也]." 곤困을 그저 '곤하다, 지치다'라는 뜻으로 풀이할 경우 이 〈상전〉의 풀이는 이해할 수 없는 내용이 되고 말 것이

다. 반면 필자처럼 곤困을 '머물러 애쓰다'라는 뜻으로 새길 경우는
자연스러운 내용이 된다. "머물러 애씀이 술과 음식에 이른다"는 것
은, 군자가 기존 제도와 규범을 고수하되 그 운용의 묘를 살리는 방향
으로 태도를 바꾸자 군자의 노력이 일정한 성과를 달성한다는 뜻이
다. '주식酒食'의 의미는 수需(5)의 길 5효사에서 살펴봤었다. 주역에
서 술[酒]을 함께 마시는 행위는 서로를 향한 믿음을 두텁게 하는 일
이고, 음식[食]을 먹음은 자신의 기운과 몸을 기르는 일을 상징한다.

"주불朱紱"에 대해 정이는 이렇게 풀이한다. "주불이란 왕이 착용
하는 것으로 폐슬蔽膝이다[朱紱 王者之服 蔽膝也]." 폐슬이란 조복朝
服이나 제복祭服을 입을 때 앞에 늘여 무릎을 덮는 헝겊을 가리킨다.
절을 할 때 무릎 부위를 보호하는 구실을 하는 것이다.

붉은색에도 여러 가지가 있는데, 그중에서 주색朱色이 정색正色
(섞임 없이 순수한 빛깔)이다. 정현鄭玄은 "주색이 적색보다 더 깊은 색
이다[朱深於赤]"라고 풀이한다. 이후 5효에는 "적불赤紱"이 등장하니
색깔이 중요한 의미를 갖는다. 주색이 정색이기 때문에 주색은 천자
의 권위를 상징하는 색이 된다. 군자가 올바른 노력을 기울이니 군자
를 돕고자 막강한 조력자가 왕림한다는 뜻으로 본다.

"제사를 드리라"는 것은, 문제를 해결하기 위한 왕의 노력이 일정
한 성과를 달성했음을 과시하는 의례를 거행하라는 뜻임과 동시에,
공동체를 통합하는 의식을 성대하게 치러 갈등을 이 정도에서 일단
봉합함이 이롭다는 조언이다. 약간의 성과를 달성했을 때 그 기회를
활용해 제사를 드림으로써 앞서 1단계에서 발생한 갈등을 일단 봉합
하는 것이다.

주역은 아직까지는 이 정도에서 그칠 일이지 더 나아가서 정征하

려 드는 것, 즉 문제를 근본적으로 고쳐놓겠다고 드는 것은 시기상조여서 흉한 결과를 가져오리라 말한다(문제의 근본적 해결은 향후 6단계에서 이루어진다). 동시에 이렇게 흉한 결과를 가져오더라도 허물은 없으리라 말하고 있기도 하다. 주역이 "흉할 것이나 허물은 없으리라"고 말하는 것은 대과大過(28)의 6효와 이곳 두 경우뿐이다. 왕으로서 공동체의 근본 문제에 대해 정征하려 드는 것은 합당한 행동이기에 비록 시기상조라서 흉한 결과를 낳을지라도 그 실패가 두고두고 불명예가 되지는 않을 것이라는 말이리라.

六三 困于石 據于蒺藜 入于其宮 不見其妻 凶
육삼 곤 우 석 거 우 질 려 입 우 기 궁 불 견 기 처 흉
음이 세 번째에 오니, 머무르며 애씀이 돌에 이르고, 의거함이 남가새풀에 이르는 상이로다. 그 집에 들어가더라도 그 처를 볼 수 없으니 흉하리라.

3효에 음이 온 것은 공동체의 기존 제도와 규범을 고수하려는 태도와 노력으로 복귀함을 상징한다.

"머무르며 애씀이 돌에 이른다"는 것은, 군자가 제도와 규범을 적용할 때 돌처럼 딱딱하게 경직된 방식으로 적용한다는 뜻이다. "질려蒺藜"는 남가새풀을 가리키는데, 남가새풀은 열매에 가시가 있다. 그러므로 "의거함이 남가새풀에 이른다"는 것은, 의거할 수 없는 대상에 의거한다는 뜻인데, 의거할 수 없는 규범을 잘못 적용하는 상황을 표현한 말이다. "그 집에 들어가도 그 처를 볼 수 없다"는 말은, 그와 같은 시도가 성과를 달성하지 못한다는 뜻이다.

3단계에서 군자는 앞서 2단계에서 이룬 일차적 성과를 바탕으로

문제를 해결하기 위해 더욱 의욕적인 노력을 쏟고 있다. 하지만 제도와 규범을 적용할 때 다시 경직된 방식을 적용하며, 의거할 수 없는 규범을 잘못 적용하고 있기도 하다. 그러다 보니 그 노력이 성과를 이루지 못한 채 일이 어그러진다.

〈계사하전〉은 3효사를 이렇게 풀이한다. "머무르며 애쓸 곳이 아닌데 그리하면 이름이 필시 욕됨이 있고, 의거할 것이 아닌데 의거하면 몸이 필시 위태롭게 된다. 이미 욕되고 또 위태롭게 되었으니 죽을 때가 장차 이르리라. 처라고 해서 볼 수 있겠는가[子曰 非所困而困焉 名必辱 非所據而據焉 身必危 旣辱且危 死期將至 妻其可得見邪]?"(〈계사하전〉5장).

처는 군자와 가장 가까운 조력자를 상징하는데, 그 처조차 볼 수 없으니 3단계는 곤困의 길에서 위기의 단계에 해당한다. 제도와 규범을 적용할 때도 '시중時中'하기가 쉽지 않음을 알 수 있다.

곤의 길 3단계는 어떤 문제를 해결하기 위해 성실한 노력을 기울이는 과정에서 나타나는 시행착오의 단계다. 오히려 성실한 사람이 빠져들 수 있는 시행착오이며 위기이니 주의할 일이다.

九四 來徐徐 困于金車 吝 有終
구 사 래 서 서 곤 우 금 거 린 유 종
양이 네 번째에 올 때는, 서서히 와서 머무르며 애씀이 구리쇠로 된 수레에 이르러야 하리라. 인색하더라도 끝맺음을 두어라.

4효에 양이 오는 것은 기존 제도와 규범을 경직되게 적용하려는 태도를 재차 누그러뜨림을 상징한다. 또한 군자의 자기 판단이 개입해 운용의 묘를 발휘하는 상황을 상징한다. 앞서 3단계에서 빚어진 위기에 대한 반성으로 군자가 재차 태도를 누그러뜨리는 것이다.

"금거金車"는 "구리쇠로 된 수레"이니 튼튼한 수레를 의미한다. 주역에서 수레는 공동체를 싣는 상징으로 쓰이고 있으니, 구리쇠로 된 튼튼한 수레에 이르러야 한다는 것은 공동체의 기초를 튼튼히 해야 한다는 의미다. 또한 그 의미는 괘상과도 연결이 된다.

〈그림 35〉에서 곤困의 괘상을 보면 4효부터는 상괘인 태兌가 시작된다. '태'는 '벗어남'을 상징한다. 하괘 감坎의 혼란과 성찰의 시기를 거쳐 이제 서서히 혼란으로부터 벗어나는 것이다. 그런데 2·3·4효를 보면 리離괘를 이루고 있다. 이는 곤困의 길에서 2·3·4단계에 걸친 군자의 노력을 통해 공동체의 규범이 재확립되어야 한다는 의미다. 즉 4효사에 쓰인 구리쇠로 된 수레는 공동체의 규범이 튼튼하게 재확립되어야 한다는 의미를 상징하는 것이다.

그럼에도 결과가 인색한 이유는, 올바른 방향으로 노력을 기울인다고 해서 곧바로 만족스러운 성과가 나오는 것은 아니기 때문이다. 그런데 뒤이어 "끝맺음을 두라"고 조언하는 점이 흥미롭다. 그 이유는 우선 노력을 기울이는 방향은 맞았으므로 중간에 흐지부지하지 말고 시작한 일의 끝을 맺으라 조언하는 것으로 볼 수 있다. 다음으로는 "일단 칼을 뽑았으면 썩은 호박이라도 베라"는 속담과 연결 지어볼 수 있다. 앞서 2단계에서 군자는 갈등을 일단 봉합하는 조처를 취했고, 3단계에서는 시행착오를 반복하느라 일의 끝을 맺지 못했다. 그러므로 4단계에서조차 결과가 인색하다는 이유로 벌여놓은 일의 끝을 맺지 못한다면 앞으로 왕으로서 군자의 영令이 서지 않는 결과가 될 수 있다. 따라서 "인색하더라도 끝맺음을 두라"고 조언하는 것이다. 또한 끝맺음을 둠으로써 비로소 2·3·4효의 리離괘가 완성된다는 점도 중요하다. 4단계에서 리괘를 완성해 공동체의 규범을 재확립하는 것이 이후 5단계의 기반이 되기 때문이다.

단, 이상과 같은 규범의 재확립은 서서히 이루어져야 한다. 공동체의 규범이 재확립되는 적절한 사례로는 나라의 법률을 적용할 때 판례가 바뀌는 경우를 들 수 있다. 시간이 흐르고 풍속이 달라짐에 따라 나라의 법률은 그대로여도 구체적 사건에 그 법률을 적용하는 경우의 판례는 바뀌는 수가 있다. 그런데 이러한 판례의 변경이 급격히 이루어진다면 국민들의 일상생활에 혼란을 초래하므로 곤란하게 된다. 그래서 4효사의 서두에서 "양이 네 번째에 올 때는 서서히 와야" 한다고 규정한 것이다.

九五 劓刖 困于赤紱 乃徐有說²⁶ 利用祭祀
구 오 의 월 곤 우 적 불 내 서 유 탈 　 이 용 제 사

양이 다섯 번째에 올 때는, 코를 베고 발꿈치를 베는 형벌을 쓰라. 머무르며 애씀이 적색赤色 폐슬의 일에 이르니, 이에 서서히 벗어남이 있으리라. 이로써 제사를 드리는 것이 이로우리라.

5효에 양이 온 것은, 왕인 군자가 자기 판단에 따라 적극적으로 어떤 행위를 펼침을 상징한다.

이때 주역은 군자가 왕으로서 처벌권을 적극 행사해 "코를 베고 발꿈치를 베는 형벌을 쓰라"고 조언한다. 코를 베이면 냄새를 제대로 맡기 어렵고 발꿈치를 베이면 제대로 걸어 다니기 어렵게 된다. 그러므로 이러한 형벌을 받은 이들은 더 이상 공동체의 제도와 규범을 어기지 못할 것이다.

　　　　　　　　　　　　　　　　　　　하경

"적불赤紱"은 2효에 등장했던 "주불朱紱"과 대대가 되는 표현으로 천자가 아닌 제후(왕)의 폐슬을 가리킨다. "머무르며 애씀이 적색赤色 폐슬의 일에 이른다"는 것은 곧 제후(왕)의 일에 진력한다는 뜻이 된다. 군자가 왕으로서의 처벌권을 적극 행사함으로써 공동체의 제도와 규범을 재확립하는 것이 바로 왕의 일에 진력하는 것이라고 할 수 있다. 주역은 이렇게 하면 서서히 벗어남[說]이 있을 것이라 한다.

이때의 벗어남은 괘상으로 보면, 하괘 감坎의 혼란으로부터 벗어나 상괘 태兌의 도를 발전시켜나가는 것이다. 의미로 보면, 공동체의 기존 제도와 규범에 대해 빚어진 혼란에서 벗어나 제도와 규범을 재확립(재확인)한다는 의미가 된다. 1단계에서 빚어지고 3단계에서 위기로 발전했던 문제가 5단계의 후반부에 와서 수습되는 것이다.

"제사를 드린다"는 것은 통합의 의식을 성대히 치러서 공동체의 갈등을 치유하는 것이 이롭다는 조언이다.[27] 5단계의 전반부에서 군자가 처벌권을 행사한 것은 공동체에 앙금을 남길 수밖에 없으므로 이를 치유하는 노력을 기울이라는 의미다.

上六 困于葛藟 于臲卼 曰動悔 有悔 征 吉
상 륙 곤 우 갈 류 우 얼 올 왈 동 회 유 회 정 길

극상의 자리에 음이 오니, 머무르며 애씀이 갈등이 있는 문제에 이르고, 위태하고 불안한 문제에 이르는 상이로다. 적극적으로 움직이면 회悔가 생길 것이라 말하나 회悔가 있을지라도 정征해야 길하리라.

"갈류葛藟"는 칡과 등나무 덩굴이 얽혀 있는 것이니 '갈등葛藤'과 같은 말이다. 즉 양자 간에 갈등이 얽혀 있는 문제를 가리킨다.

〈그림 35〉에서 곤困과 비賁가 대대를 이룬다는 점을 고려하면, 갈등의 내용이 무엇인지 짐작할 수 있다. 공동체에서 발생한 어떤 문제가 공동체의 기존 가치·철학·문화의 기준에 이의를 제기하는 것이다. 곤困의 길 1단계에서 군자는 기존의 가치를 고수함으로써 이 문제를 해결하려 시도하다 실패했었다. 실패를 맛본 군자는 2단계에서부터는 단계적 접근법을 선택했고, 이제 6단계에 이르러 갈등의 근원을 해결하려 하는 것이다.

이때 공동체의 기존 가치를 고수한다면 이의를 제기한 측이 불만을 가질 것이고, 기존 가치를 수정한다면 보수파가 불만을 갖게 된다. 이처럼 양측의 갈등이 얽혀 있는 문제는, 그 문제를 애써 해결한다 해도 한편으로는 회悔가 생길 수밖에 없다. 6효사는 이러한 문제를 피하지 말고 해결하라 말한다.

"얼올臲卼"은 "갈류葛藟"와 비슷한 성격의 문제를 가리킨다. 군자가 '갈류'와 '얼올'의 문제 해결에 손을 대려 하자, 군자 주변의 조언자가 "그런 문제에 손을 대면 회悔가 생길 것"이니 그냥 덮어둠이 낫다고 조언하는 것이다. 이에 대해 주역은 회悔가 생길지라도 적극적으로 나아가 정征해야(문제를 근본적으로 완전히 바로 잡아야) 길하리라 조언한다. 앞서 2단계에서 정征하면 흉할 것이라 유보했던 문제를 6단계에서 근본적으로 해결하는 것이다. 해결의 방식은 기존의 규범과 가치를 고수하는 것이다. 6효에 놓인 음이 이를 상징한다. 이를 통해 애초에 1단계에서 발생했던 문제가 최종적으로 해결되며, 공동체는 기존 규범과 가치를 재확인함으로써 재통합을 이룬다. 상경의 비賁(22)의 길이 공동체의 규범 확립과 통합에 대해 말했다면, 곤困의 길은 공동체 규범의 재확인(재확립)과 재통합에 대해 말하는 것이다.

주역은 어째서 갈등이 있어 회悔가 생길 수밖에 없는 문제를 회피하지 말고 정征해야 길하다고 말하는 것일까?

그와 같은 갈등을 해결하는 것이 바로 왕의 일이기 때문이다. 왕으로 등극한 군자가 첫 번째로 해야 할 일로 주역이 곤困을 꼽은 것은 바로 이 때문이다. 우주의 중심에 서서, 서로 다른 주장을 하는 사방의 갈등을 조절하고 중재·해결하는 것이 바로 왕의 일인 것이다. 회悔가 생길 수밖에 없다고 해서 그런 문제를 덮어두고 마냥 회피하기만 하면 그는 왕이 아닐 것이다.

단 곤困의 길에서 갈등이 있는 문제를 근본적으로 해결하기까지 주의 깊은 과정을 거치고 있음을 유념해야 한다. 앞서 2단계에서 해결하려 들었다면 너무 이른 것이어서 흉한 결과를 낳을 수밖에 없다. 단계적 접근법을 취해서 6단계에 이르렀을 때 해결해야 하는 것이다.

困 亨 貞 大人 吉 无咎 有言 不信
곤 형 정 대인 길 무구 유언 불신
곤困의 길은 형통하리라. 정貞하면 대인은 길하며 허물이 없으리라. 말이 있더라도 믿지 말라.

곤의 길에서 "정貞하라"는 것은 문제를 해결하기 위해 진력하는 곤困의 태도와 자세에 계속 충실해야 한다는 말이다.

"유언 불신有言 不信"에 대해 〈단전〉은 이렇게 풀이한다. "말이 있더라도 믿지 말라는 것은, 입을 숭상하면 궁하게 될 것이기 때문이다[有言不信 尙口乃窮也]." 곤의 길은 분쟁과 갈등의 한복판을 헤쳐가는 길인데, 갈등을 빚는 상황에서는 원래 온갖 말들이 난무하게 마련이다. 이런 상황에서 그 말들을 일일이 숭상해서 휘둘릴 경우 왕의 소임을 감당할 수 없게 된다. 그래서 "말이 있더라도 믿지 말라"는 것이며, "입을 숭상하면 궁하게 될 것"이라 경계하는 것이다.

곤困의 괘사가 "대인大人"을 언급하는 이유 역시 이 때문이다. 말이 있더라도 가려듣고 섣불리 믿지 않는 것은 대인이라야 능히 감당할 수 있는 일이다. 갈등을 조절하고 중재하는 곤의 도道는 대인이라야 감당할 수 있는 일이기에 "정貞하면 대인은 길하며 허물이 없으리라"고 판단하는 것이다.

정井 제도와 규범을 보수해 갈등을 해결하다

井 改邑 不改井 无喪无得 往來井井 汔至亦未繘井 羸其瓶 凶
정 개 읍 불 개 정 무 상 무 득 왕 래 정 정 흘 지 역 미 귤 정 리 기 병 흉
정井의 길에서는 읍을 고칠지언정 우물은 고치지 않는 법이로다.
잃기만 하고 얻는 것이 없는 경우는 없으니, 왕래가 정연井然하게 이루어지리라.
거의 이르렀다 해도 두레박줄이 우물에 닿지 못한다면 그 병을 채우지 못할 것이니
흉하리라.

初六 井泥 不食 舊井 无禽
초 륙 정 니 불 식 구 정 무 금
처음에 음이 올 때는, 우물이 진창이 되어 먹을 수 없게 되니 묵은 우물은 짐승도 찾
지 않는 법이로다.

九二 井谷 射鮒 甕敝漏
구 이 정 곡 석 부 옹 폐 루
양이 두 번째에 오니, 우물의 샘구멍을 뚫어 붕어 정도에게 물을 대주는 상이로다. 옹
기가 깨져서 물이 샌다.

九三 井渫 不食 爲我心惻 可用汲 王明 並受其福
구 삼 정 설 불 식 위 아 심 측 가 용 급 왕 명 병 수 기 복
양이 세 번째에 오니, 우물을 준설하느라 먹을 수 없게 되어 우리 측의 마음을 아프게
하는 상이로다. (하지만) 그로써 물을 댈 수 있게 되면 왕이 명석하여서 모두가 아울
러 그 복을 받게 되리라.

六四 井甃 无咎
육 사 정 추 무 구
음이 네 번째에 오나, 우물 벽에 벽돌을 쌓아 수리하는 것은 허물이 없으리라.

九五 井冽 寒泉食
구오 정렬 한천식

양이 다섯 번째에 올 때는, 우물물이 맑아지니 차가운 샘물을 먹게 되는 상이로다.

上六 井收 勿幕 有孚 元吉
상륙 정수 물막 유부 원길

극상의 자리에 음이 오니, 우물에서 물을 긷는다면 장막으로 둘러치지 말라. 믿음을 가져야 으뜸으로 길하리라.

井(정)은 '우물; 마을; 정전井田; 조리條理·법도法度' 등의 다양한 뜻을 갖는다.

우물은 생명의 근원인 물을 긷는 곳이다. 그러므로 상수도 공급이 없었던 고대에는 사람들이 우물 주변에 모여 살 수밖에 없었다. 여기에서 '마을'이라는 뜻이 나온 것이다. 시정市井이라고 하면 '시장과 우물'인데, 둘 다 사람이 모여드는 곳이다. 시정배市井輩, 시정지도市井之徒 등의 표현에서 보듯 '시장과 우물'은 보통 사람들이 모여 사는 곳을 상징하는 표현으로 쓰였다.

정전井田이란, 중국의 하·은·주 3대에 걸쳐 시행되었던 토지제도인데, 농지를 정자井字 모양으로 아홉 등분해 중앙의 한 구역을 공전公田으로 하고, 주위의 여덟 구역을 사전私田으로 하여 여덟 농가가 나누어 소유했다. 그리고 여덟 집에서 공동으로 공전을 경작해 그 수확을 국가에 바치도록 했다.

우물이 '조리條理'와 '법도法度'를 의미하기도 한다는 점은 흥미롭다. 그 이유를 생각해보자면, 우선 물은 생명의 근원이다. 물이 없으면 어떤 생명도 살 수 없다. 그런데 우물은 여러 사람이 노력을 합쳐 자연에 변형을 가함으로써 생명의 근원인 물을 편리하게 얻을 수 있도록 한 것이다. 치수 사업을 완결하고 상수도를 놓은 현대인은 우물의 탁월성을 제대로 느끼기 어렵다. 고대에 저지대는 비가 오면 물에 잠겨 사람이 살기 어려운 곳이었다. 따라서 사람들은 보다 높은 구릉지대에 모여 살았다. 구릉지대에서 우물을 뚫지 않는다면 저지대로 내려가 물을 긷고 오르막길을 올라가야 했다.

이러한 측면에서 우물은 '문명'의 상징이라고 할 수 있다. 이러한 '문명'은 '조리'와 '법도'가 있기에 존재 가능한 것이다. 여기에서 우물이 '조리'와 '법도'라는 의미를 갖게 된 것이 아닌가 한다. 질서가 정연하다, 논리가 정연하다고 말할 때의 '정연井然'은 '우물 같다'는 뜻인데, '짜임새와 조리가 있다'는 의미로 쓰이고 있기도 하다.

또 다른 가능성은, 앞에서 소개한 정전제井田制와 관련된 것이다. 정전제는 정자井字 모양으로 아홉 등분한 토지의 중앙부에서 나오는 소출로 국가 제도를 운영하는 것인데, 이렇게 운영되는 제도를 국가가 멸하지 않는 한 모든 사람이 계속 이용할 수 있다. 이는 우물의 중앙부에서 샘이 솟아나고, 이를 퍼내고 퍼내도 마르지 않으며 주변 모든 사람이 계속 이용할 수 있는 '우물'과 닮았다고 할 수 있다. 즉 정전제는 토지를 구획한 물리적 형태가 정井자를 닮았을 뿐만 아니라, 그 제도의 작동 원리 또한 우물을 닮았다. 이런 측면에서 정井 자가 '조리'와 '법도'의 뜻을 갖게 된 것이 아닌가 한다.

정괘의 정井은 이처럼 '조리條理'와 '법도法度'를 상징하는 표현으로 쓰였고, 나아가 문명사회의 제도와 규범을 상징하는 표현으로 쓰였다.

앞서 살펴본 곤困은 공동체 구성원 간에 갈등이 생겼을 때 기존의 제도와 규범을 적용함으로써 문제를 해결하고 규범을 재확립하는 길이었다. 물론 이 경우에도 다종다양한 문제를 해결하려면 제도와 규범을 기계적으로 적용하는 것만으로는 감당할 수 없기에 왕이 운용의 묘를 발휘해 "막힌 것을 통하게 하는[困 窮而通]" 조처가 필수다. 적절한 사례로는 법률을 그대로 둔 채 판례를 바꿈으로써 풍속의 변화를 따라잡는 경우를 들 수 있다.

하지만 이런 방식만으로는 정의를 구현하는 데 한계가 있으니 법률의 해당 조항 자체를 개정해야 하는 경우가 생길 수 있다. 정井의 도는 바로 이런 때에 적용되는 길이라고 할 수 있다. 사회의 변화에 발맞추기 위해 제도와 규범의 보수가 이루어져야 하는 것이다. 그러므로 곤困의 길이 공동체의 기존 제도와 규범을 고수함으로써 갈등을 해결하는 길이라면, 정의 길은 공동체의 기존 제도와 규범을 보수함으로써 문제를 해결하는 길이라고 할 수 있다. 이 점에서 두 길이 서로 대대를 이룬다.

정井의 괘효사는 제도의 보수를 우물의 보수에 빗대어 말한다. 고대의 우물은 시간이 흐름에 따라 바닥에 흙이 쌓이기 때문에 바닥을 준설하는 등의 보수가 반드시 필요했다. 그래서 보수가 필요한 제도의 상징으로서 우물을 채택한 것이다.

初六 井泥 不食 舊井 无禽
초 륙 정 니 불 식 구 정 무 금
처음에 음이 올 때는, 우물이 진창이 되어 먹을 수 없게 되니 묵은 우물은 짐승도 찾지 않는 법이로다.

1효에 음이 온 것은 앞서 곤困의 경우와 마찬가지로 공동체의 기존 제도와 규범을 고수하려는 태도와 노력을 상징한다. 공동체가 기존에 확립한 제도와 규범에 의문을 제기하는 문제가 발생했을 때, 기존 제도와 규범을 고수함으로써 문제를 해결하려 드는 태도를 말한다. 하지만 이에 대해 주역은 "우물이 진창이 되어 먹을 수 없게 되었다"고 진단한다. 우물이 오랫동안 관리되지 못하고 방치되다 보니 진창으로 변해버려 물을 마실 수 없게 된 상황이라는 것이다. 이는 비유로서 '우물'에 대해 말하는 것인데, 사회의 '법도法度'나 어떤 제도가 제 기능을 발휘하지 못하게 된 상황을 묘사한 것이다. 즉 공동체가 기존에 확립한 제도와 규범이 문제 해결을 위해 제대로 작동하지 못하는 것이다. 그 결과 "묵은 우물은 짐승도 찾지 않는 법"이니, 묵은 우물인 기존 제도와 규범을 고수하려 하지 말고 보수에 나설 때가 되었다고 조언한다.

九二 井谷 射鮒 甕敝漏
구 이 정 곡 석 부 옹 폐 루
양이 두 번째에 오니, 우물의 샘구멍을 뚫어 붕어 정도에게 물을 대주는 상이로다. 옹기가 깨져서 물이 샌다.

2효에 양이 온 것은 1효에서 취했던 음의 태도를 바꿈을 상징한다.
谷(곡)은 흔히 '골짜기'로 새기지만, 그 자형을 보면 글자 아랫부분 口는 샘물이 나오는 구멍이고, 윗부분은 水(물 수)가 옆으로 누운 채 절반쯤 나온 형상이다. 이를 통해 샘물이 구멍에서 나오는 모습을 형상화한 것이다. 2효사의 곡谷은 '골짜기'라는 뜻이 아니라 이러한 어원적인 의미로 쓰인 것이라 본다.

2효에 양이 온 것은 1효의 문제를 해결하고자 우물의 원천인 샘구
멍을 다시 뚫어서 물이 나오도록 하는 적극적 상황 변화를 표상한다.
문제 해결을 위해 묵은 제도와 규범을 고수하는 것이 아니라, 그것을
보수하는 일에 나서는 정황을 상징하는 것이다.

정의 길 2단계에서는 이처럼 묵은 제도를 보수하는 일에 첫발을
떼긴 했지만, 이는 응급조치의 성격을 갖는 것으로 아직 우물에 물의
양이 부족해서 붕어 정도에게나 물을 대줄 뿐 사람들이 편히 이용하
기에는 부족한 상황이다.

射(석)은 '쏘다, 맞히다'라는 뜻인데, 샘물이 붕어를 맞힌다는 것은
전후의 문맥으로 볼 때 붕어에게 물을 대준다는 뜻으로 새길 수 있
다. 정이 역시 "석射은 물을 대준다는 뜻[射 注也]"으로 풀이한다. 연
못의 물이 계속 마르면 마지막에는 연못 바닥의 붕어들이 드러나서
말라 죽어간다. "붕어에게 물을 대준다"는 것은 이들 붕어가 말라 죽
지 않을 정도의 물을 대준다는 뜻으로, 필수 불가결한 최소한의 마실
물을 대준다는 말이다.

아울러 옹기가 깨져서 물이 새기 때문에 적은 양의 물이나마 떠서
쓰려고 해도 그럴 수 없는 상황이다. 여기서 '옹기'는, 이후 괘사에 등
장하는 "병瓶"을 고려했을 때 두레박으로 사용되는 옹기를 가리킨다
고 본다.

종합적으로 2효의 상황은 약간의 긍정적 변화의 조짐이 나타나긴
하지만 아직 부족한 상황이고, 나머지 제반 여건도 받쳐주지 못하는
상황이다.

九三 井渫 不食 爲我心惻 可用汲 王明 並受其福
구 삼 정 설 불 식 위 아 심 측 가 용 급 왕 명 병 수 기 복

양이 세 번째에 오니, 우물을 준설하느라 먹을 수 없게 되어 우리 측의 마음을 아프게 하는 상이로다. (하지만) 그로써 물을 댈 수 있게 되면 왕이 명석하여서 모두가 아울러 그 복을 받게 되리라.

3효에 거듭 양이 온 것은 묵은 제도를 보수하는 적극적 활동이 계속 이어짐을 상징한다. 앞서 2단계에서 우물의 샘구멍을 다시 뚫어서 물이 나오게 되었지만 그 양이 부족했던 문제를 해결하기 위해 우물을 준설하고 있다.

이때 문제가 발생한다. 2단계의 응급조치로 그나마 최소한의 마실 물을 구할 수 있었는데 준설을 하느라 아예 우물물을 먹을 수 없게 되는 것이다. 그로 인해 "우리 측의 마음을 아프게 한다". 여기서 "우리 측"은 왕인 군자를 지지하는 친위 세력을 가리킨다. 기존 제도와 규범을 본격적으로 보수하는 활동이 친위 세력의 원성을 사게 되니, 3효는 정의 길에서 위기 단계에 해당한다.

하지만 보수가 최종 완료되고 나면 "그로써 물을 댈 수 있게 된다". 그러면 일을 추진한 주체인 왕(군자)의 명석함으로 인해 "모두가 아울러 그 복을 받게 될 것"이라고 한다. 위기 상황에 흔들리지 않도록 주역이 군자를 격려하는 것이다.

六四 井甃 无咎
육 사 정 추 무 구

음이 네 번째에 오나, 우물 벽에 벽돌을 쌓아 수리하는 것은 허물이 없으리라.

4효에는 지난 2·3효와 달리 음이 온다. 이는 왕으로서 군자의 태도가 공동체의 기존 제도와 규범을 고수하는 쪽으로 바뀌어야 함을 상징하는 것이다.

정의 길은 기존 제도를 보수하는 길인데, 보수한다는 것은 기존 제도의 취지를 최대한 존중하면서 필요 불가결한 최소한의 변용을 가하는 것이다. 그런데 만약 2·3효에 이어 4효에마저 양이 온다면, 2·3·4효가 건乾괘를 이루면서 기존 제도에 대한 존중이 부족하게 된다. 이렇다면 일부의 원성을 사는 정도가 아니라 구성원들의 본격적 반발을 부르게 된다. 정의 길의 취지는 그러한 것이 아니므로, 4효에서는 군자의 태도가 음으로 바뀌어야 하는 것이다.

그런데 주역은 이때 우물 벽에 벽돌을 쌓아 수리하는 정도는 허물이 없을 것이라 말하고 있다. 애초에 우물이 진창이 된 것은 우물 벽에서 흙이 무너져내렸기 때문이니, 벽돌을 쌓는 것은 문제의 재발을 방지하는 근본 대책이라고 할 수 있다. 그러므로 4효사의 의미는, 4단계에서는 군자가 음의 태도를 취해야 하므로 원칙적으로는 우물을 수리하는 작업을 지속하는 것은 좋지 않지만, 꼭 필요한 작업이 아직 남아 있다면 미진함을 남기지 않기 위해 그 작업을 마저 끝내는 정도는 허물이 없을 것이라는 뜻이다.

九五 井洌 寒泉食
구 오 정 렬 한 천 식
양이 다섯 번째에 올 때는, 우물물이 맑아지니 차가운 샘물을
먹게 되는 상이로다.

5효에는 양이 오고 있다. 드디어 우물물이 맑아지니 모두가 차가
운 샘물을 먹을 수 있게 된다. 우물의 샘은 차가운 것이 미덕이다.[28]
이제 문제가 근본적으로 해결되어 모두가 우물의 혜택을 누릴 수 있
게 된 것이다.

이는 괘상으로는 3·4·5효가 리離괘를 이루는 것으로 표현된다.
정井의 길은 군자의 노력을 통해 5단계에 이르렀을 때 제도와 규범
의 보수가 완료됨으로써 공동체의 규범이 재확립되는 것이다.

上六 井收 勿幕 有孚 元吉
상 륙 정 수 물 막 유 부 원 길
극상의 자리에 음이 오니, 우물에서 물을 긷는다면 장막으로
둘러치지 말라. 믿음을 가져야 으뜸으로 길하리라.

6효에는 다시 음이 와서 공동체의 제도와 규범을 고수하는 태도와
노력을 상징하고 있다. 5효에서 제도의 보수가 완료되어 공동체의 규
범이 재확립되었으니, 그다음 단계인 6효에서는 음의 응축 작용을 통
해 재확립된 공동체의 규범이 공고하게 굳어질 필요가 있는 것이다.

단, 이때 주역은 우물을 "장막으로 둘러치지 말라"고 조언한다. 우
물을 장막으로 둘러친다는 것은, 새로이 우물에서 물을 긷고자 하는
사람들을 배제한다는 뜻이다. 이에 대해 주역은 그러지 말아야 한다

고 경고한다. 그 이유는 이어지는 괘사에서 좀 더 보충해 설명되고 있는데, 우선은 그런 배제가 우물의 작동 원리에 반하기 때문이다.

원래 우물은 퍼내도 퍼내도 마르지 않는 것이다. 오히려 계속 퍼낼수록 더 건강한 우물이 된다. 퍼내지 않을 때 도리어 진흙이 쌓이고 막히는 등의 문제가 발생하는 것이다. 정전제의 작동 원리도 마찬가지다. 그 작동 원리를 지키기만 하면 계속 문제없이 잘 돌아갈 것이다. 그러므로 장막을 둘러치고 자유로운 이용을 통제하려 들면 오히려 문제가 발생하리라고 경고하는 것이다.

정井의 길에서는 "길할 것"이라는 표현이 5효가 아니라 6효에서야 나온다는 점이 주목된다. 이는 정의 도가 5효가 아닌 6효에 이르러서야 비로소 완성됨을 보여준다. 그 완성을 위한 조건이 "믿음을 갖는 것"이라는 점 역시 주목된다. 왕인 군자가 백성들에 대해, 또한 우물이라는 제도의 작동 원리에 대해 믿음을 가져야 비로소 길할 것이라는 조언이다. 이런 믿음을 갖기 전까지는 아직 정의 도는 길한 것이 되지 못한다는 뜻이다.

井 改邑 不改井 无喪无得 往來井井 汔至亦未繘井
정 개 읍 불 개 정 무 상 무 득 왕 래 정 정 흘 지 역 미 귤 정
羸其瓶 凶
리 기 병 흉

정井의 길에서는 읍을 고칠지언정 우물은 고치지 않는 법이로다.
잃기만 하고 얻는 것이 없는 경우는 없으니, 왕래가 정연井然하게 이루어지리라.
거의 이르렀다 해도 두레박줄이 우물에 닿지 못한다면 그 병을 채우지 못할 것이니 흉하리라.

"우물을 고친다"는 말은, 전후의 문맥으로 볼 때 "우물을 고쳐 판다"는 뜻이다. 그동안 거쳐온 정井의 길을 돌아보면, 막힌 샘구멍을 뚫고 바닥을 준설하고 벽돌을 쌓았는데 이는 모두 기존의 우물을 보수하는 것이지, 새로운 우물을 고쳐 파는 행동이 아니다. 주역은 양자를 구별해 인식하고 있는데, 후자는 다음에 올 혁革의 길에 해당하는 행동이다.

정井의 길이 기존의 우물을 보수하는 길인 이유는, 〈그림 35〉(667쪽)에서 보듯 상경의 서합噬嗑(21)과 배합괘로서 대대를 이루기 때문이다. 상경의 서합은 구성원을 공동체의 기존 가치에 강제로 통합시키는 길이었다. 이에 비해 하경의 정井은 공동체의 기존 가치(와 이를 반영한 제도)가 오랜 시일을 경과하면서 모순이 누적되어 제대로 작동하지 않을 때 이를 보수하는 길이다. 제도가 제대로 작동하지 않아서 공동체에서 어떤 문제가 발생했을 때, 기존 가치와 제도가 설정해둔 기준에 이의를 제기하는 상황이 초래된다. 그로써 공동체의 가치 기준에 혼란이 발생하는 것이다. 이때 정의 길은 기존의 가치와 제도를 보수함으로써 다시 작동하게 만들어 문제를 해결하는 것이며, 구성원들을 공동체에 재통합하는 것이다.

"정井의 길에서는 읍을 고칠지언정 우물은 고치지 않는 법"이라 말하는 이유는 무엇일까?

"읍을 고친다"는 것은 읍을 새로운 자리로 옮긴다는 뜻이다. 이렇게 읍 자체를 새로운 자리로 옮기면 모를까 기존의 읍 자리에서라면 최적의 우물 위치는 이미 정해져 있다. 최적의 자리에 위치한 그 우물을 보수해서 쓸 일이지 새로운 우물을 팔 일이 아니라는 뜻이다. 이는 공동체의 제도와 규범에 대한 구성원들의 기존 신뢰를 존중해야 한다는 뜻이기도 하다.

"무상무득无喪无得"은 '잃기만 하고 얻는 것이 없는 경우는 없다'는 뜻이다. 태泰(11) 3효사의 "무평불파无平不陂" 등에서 비슷한 용례를 확인할 수 있다.

"잃기만 하고 얻는 것이 없는 경우는 없다"는 말은 우선 군자가 기존 제도를 보수하는 선택을 하면 일부 사람들의 신망을 잃는 일이 생길 것이라는 말이다. 이는 3효의 상황을 가리킨다. 이런 상황은 나라의 법률 중 일부 조항을 개정하는 경우를 상상해보면 알 수 있다. 나라에서 장기간 지속돼온 법률 조항을 신뢰해서 행동해온 사람들은 그 조항이 개정되면 손해를 입는 경우가 있고, 맹렬히 반발할 수 있다.

사실 이 문제는 왕이 정의 길을 택하고자 할 때 가장 유념해야 할 사항이다. 〈계사하전〉 7장은 이에 대해 다음과 같이 풀이한다. "곤困의 길은 그로써 원성을 적게 하고 정井의 길은 그로써 정의를 밝히는 것이다[困以寡怨 井以辯義]." 왕이 기존 제도와 규범을 고친다면 일부 백성들의 원성을 피할 수 없기에 곤의 길을 택해 원성을 적게 한다는 것이며, 이런 곤의 길만으로는 정의를 밝힐 수 없는 경우라면 정의 길을 택한다는 말이다.

그러므로 군자는 정井의 길을 따를 때 일부 백성의 원성을 피할 수 없다는 점을 유념해야 하는데, 이에 대해 주역은 "잃기만 하고 얻는 것이 없는 경우는 없으니, 왕래가 정연하게 이루어질 것"이라고 하면서 군자를 격려하는 것이다. 기존 제도를 보수하면 일부 사람들의 신망을 잃는 일이 생기겠지만 다른 한편에서는 새로이 신망을 얻는 일도 있을 것이라는 말이며, 일단 기존 우물의 보수가 완료되고 나면 사람들의 왕래가 정연井然하게 이루어지면서 일단 실망했던 사람들도 다시 만족하게 될 것이라는 뜻이다.

괘사의 이 구절은 6효의 내용을 보충 설명한 것이다. 왕이 기존 제도에 변용을 가할 때는 일부의 신망을 잃는 일이 없을 수 없으니, 중요한 것은 그를 상쇄할 만한 새로운 사람들의 신망을 얻어내는 일이다. 그 때문에 6효에서 우물을 장막으로 둘러치지 말라고 조언했던 것이며, 우물의 작동 원리와 백성들이 모여들 것이라는 점에 대한 믿음을 가져야 한다고 조언했던 것이다.

"흘지역미귤정汔至亦未繘井"에 대해 〈단전〉은 이렇게 풀이한다. "거의 이르렀다 해도 두레박줄이 우물에 닿지 못하면 아직 공을 이룸이 없는 것이다[汔至亦未繘井 未有功也]." 이는 작업을 거의 끝냈다 해도 두레박줄이 짧아 우물물에 닿지 못한다면 성과를 이룰 수 없다는 뜻이다. 이는 4효의 내용을 보충 설명하는 표현이다. 기왕에 제도를 변용하는 선택을 했다면 마지막 남은 하나까지 마저 완수함으로써 미진함을 남기지 말아야 한다는 뜻이다.

"리기병羸其瓶"은 글자대로 풀이하면 '그 병을 파리하게 한다'는 뜻이다. 이는 그 병에 물을 충실하게 채우지 못한다는 뜻이다. 두레박줄이 짧아 우물물에 닿지 못하기 때문에 백성들이 가져온 병에 물을 채우지 못하는 것이다. 결국 앞서 4효에서 사람들의 불만을 초래하는 일이 있더라도 마지막 남은 화룡점정의 작업을 마무리 지어야 한다는 뜻이다.

49·50

혁革 : 정鼎

혁신·개혁·혁명으로 나아가는 길과

전통을 회복하는 길

혁革 혁신·개혁·혁명으로 나아가다

革 己日 乃孚 元亨 利貞 悔亡
혁 기 일 내 부 원 형 이 정 회 망

혁革의 길은, 기己의 날이 이르면 이에 믿음을 가져야 으뜸으로 형통하리라. 정貞해야
이로우니 (그리하면) 회悔가 사라지리라.

初九 鞏用黃牛之革
초 구 공 용 황 우 지 혁

처음에 양이 오니, 황소의 가죽으로써 공고히 하라.

六二 己日 乃革之 征 吉 无咎
육 이 기 일 내 혁 지 정 길 무 구

음이 두 번째에 온 것은, 기己의 날이 이른 것이니 이에 혁革을 결행하라. 정征하면 길
하며 허물이 없으리라.

九三 征凶 貞 厲 革言 三就 有孚
구 삼 정 흉 정 려 혁 언 삼 취 유 부

양이 세 번째에 올 때는, 정征하면 흉하리니 정貞하면 위태로우리라. 혁革하는 말은
세 번 성취함이 있어야 믿음이 생기는 법이로다.

九四 悔亡 有孚 改命 吉
구 사 회 망 유 부 개 명 길

양이 네 번째에 오니, 회悔가 사라지며 믿음이 생기리라. 명命을 고치면 길하리라.

九五 大人 虎變 未占 有孚
구 오 대 인 호 변 미 점 유 부

양이 다섯 번째에 오니, 대인이 호변虎變하였으나 아직 조짐으로 나타나지는 않는 상
황이다. 믿음을 가져라.

上六 君子 豹變 小人 革面 征 凶 居貞 吉
상 륙 군 자 표 변 소 인 혁 면 정 흉 거 정 길

극상의 자리에 음이 오니, 군자는 표변豹變하며 소인은 혁면革面한다. 정征하면 흉할
것이며, 정貞함에 머물러야 길하리라.

혁革은 혁명革命, 개혁改革, 혁신革新(innovation) 등을 의미한다.

앞서 주역은 군자가 왕권을 공고히 확립한 후 처음 해야 할 일로
곤困과 정井을 제시했다. 이는 공동체가 정립한 제도와 규범에 의문
을 제기하는 혼란 내지 갈등이 발생했을 때 이를 해결해 공동체를 재
통합하는 일이라고 할 수 있다. 주역은 왕이 그다음에 해야 할 일로
혁革과 정鼎을 제시한다.

정井의 길 다음에 혁革의 길이 이어지는 이유를 〈서괘전〉은 "정井
의 도道는 결국 혁革하지 않을 수 없으니 혁革괘로 받는 것이다[井道
不可不革 故受之以革]"라고 말한다. 정의 도는 우물을 보수해가며 계
속 사용하는 것인데, 시간이 흘러가면 결국 보수만으로는 해결할 수
없는 상황에 이르게 될 것이다. 그때는 혁革하지 않을 수 없다는 말
이다.

이에 혁革의 길은 군자가 어떤 제도나 상황을 근본적으로 혁하고
자 할 때 어떻게 해야 하는지를 설명하고 있다. 이때의 '혁'은 혁명일
수도 있고, 개혁일 수도 있고, 혁신일 수도 있다. 그러므로 혁의 도가
제시하는 변화의 원리는 역사적인 혁명에서부터 어떤 제도나 조직을
개혁하는 일, 또는 오늘날 많이 얘기되는 기업체의 혁신에 이르기까
지 무언가를 근본적으로 바꾸고자 할 때 폭넓게 적용할 수 있다.

初九 鞏用黃牛之革
초 구 공 용 황 우 지 혁
처음에 양이 오니, 황소의 가죽으로써 공고히 하라.

황색黃色은 중앙에 자리한 토土(황극皇極)의 색깔이므로 그 자체로 적중함[中]을 상징한다[〈그림 5〉(74쪽) 참조]. 그러므로 "황소의 가죽 [革]으로써 공고히 한다"는 말은 그 자체로 혁명의 대의를 공고히 한 다는 뜻을 내포한 것으로 볼 수 있다.

1효사에 대해 〈상전〉은 이렇게 풀이한다. "황소로써 공고히 하라 는 말은, 아직은 '유위有爲'가 불가하기 때문이다[鞏用黃牛 不可以有爲 也]." 이는 〈그림 5〉를 통해 살펴봤듯 중앙에 자리한 황색黃色이 '무위 지치無爲之治'를 상징하기도 하기에 가능한 풀이다. 아직은 유위有爲, 즉 구체적 행동을 일으킬 때가 이르지 않았기에 무위無爲로써 혁명 의 대의를 공고히 하면서 때를 기다리라는 말이다. '무위'가 '아무것 도 하지 않는다'는 뜻이 아님 역시 〈그림 5〉를 통해 살펴보았다.

六二 己日 乃革之 征 吉 无咎
육 이 기 일 내 혁 지 정 길 무 구
음이 두 번째에 온 것은, 기己의 날이 이른 것이니 이에 혁革을 결행하라. 정征하면 길하며 허물이 없으리라.

己(기)는 〈그림 36〉에서 보듯 10천간 중에서 6번째 천간인 기토己 土를 가리킨다. 오행 중에서 토土는 목에서 화를 통해 이어오던 양陽 의 생장生長 흐름을 음陰의 수장收藏 흐름(금 → 수)으로 돌려세우는 일을 담당하는데, 특히 토 중에서도 음토陰土인 '기토'가 그 역할을 맡는다. 이런 기토의 역할이 인간사의 혁革과 닮았기에 "기己의 날이 이르렀다"는 표현을 쓴 것이다. 즉 "기己의 날"이 이르렀다는 것은 혁革을 결행할 시기가 도래했다는 의미다.

　주역은 이처럼 기己의 날이 이르렀을 때는 과감히 정征하면 길하며 허물이 없을 것이라 조언한다. 〈상전〉은 이에 대해 다음과 같이 풀이한다. "기己의 날이 이르렀으니 혁革을 결행하라는 것은, 행하면 기림이 있을 것이기 때문이다[己日革之 行有嘉也]."

甲乙丙丁戊己庚辛壬癸
갑 을 병 정 무 기 경 신 임 계
목·화(양)　　토　　금·수(음)

그림 36 10천간天干의 배열

九三 征凶 貞 厲 革言 三就 有孚
구 삼 정 흉 정 려 혁 언 삼 취 유 부
양이 세 번째에 올 때는, 정征하면 흉하니 정貞하면 위태로우리라. 혁革하는 말은 세 번 성취함이 있어야 믿음이 생기는 법이로다.

　혁革의 길 3단계에서는 2단계의 정征함을 이어받아 계속 정征하면 흉할 것이라 경고한다. "정征한다"는 것은 혁革의 대의를 적극적으로 발휘해 상황을 바로 잡음을 말한다. 이어지는 "정貞하다"는 말은 혁하려는 시도를 올곧게 계속 밀고 나가는 것을 말한다. 이렇게

하면 위태로울 것이라 말하는데 왜 그럴까?

앞서 2단계에서 혁革을 결행해 정征하는 행동은 일차적 성과를 거둘 수 있었다. 그 이유는 그동안 쌓인 구악舊惡에 대한 대중의 공분이 있기 때문이다. 하지만 역사적으로 혁의 진행 과정을 보면 반드시 '반혁명反革命'이 일어나는 단계를 거친다. 이유는 여러 가지가 있겠지만 '변혁變革'의 기본 속성 자체가 사람들을 불확실성으로 끌고 가는 것이기 때문이라고 본다. 이는 기본적으로 사람들을 두렵게 만드는 것이다. 그러므로 혁을 결행해 정征하는 행동이 일차적 성공을 거두어 최소한의 구악을 청산하고 나면, 혁을 지속하고 확산시키는 것에 사람들이 경계 심리를 품게 되는 것이 아닌가 한다. 이를 틈타 반혁명의 기운이 일어나는 것이다. 따라서 계속 정征하는 것은 흉하리라 경고한다고 본다.

그렇다면 혁革이 아직 미진하다고 판단해 계속 추진하려 하는 군자는 어떻게 행동해야 할까? 이어지는 구절에 조언이 나온다. "혁革하는 말은 세 번 성취함이 있어야 믿음이 생기는 법"이라고 한다. 이 말은 혁명·개혁·혁신을 시도하려는 모든 이에게 주는 주역의 소중한 충고다. 혁하는 말은 세 번 성취함이 있어야 비로소 사람들에게 '혁'에 대한 믿음을 심어줄 수 있다는 말이다.

"믿음이 생긴다[有孚]"고 할 때 孚(부)는 새가 발톱으로 알을 굴리면서 품는 모습을 형상화한 글자임을 살펴봤었다. 그렇게 계속 품으면 자기 자식이 나올 것을 믿기에 극지방의 눈보라, 혹한, 굶주림과 싸우면서도 목숨을 걸고 알을 품는 것이다. 만약 군자가 혁革을 하면 어떤 점이 좋은지 세 번의 성취를 보여줌으로써 사람들의 마음속에 혁에 대한 믿음을 심어주면, 사람들은 눈보라, 혹한, 굶주림이 닥칠지라도 이를 이겨내고 혁의 알을 계속 품어 새 생명의 탄생을 이루어낼 것이다. 그러므로 혁의 길은 3단계에서 확산과 쇠퇴의 분기점에 놓인다고 할 수 있다.

혁革을 하려는 이라면 '세 번의 성취'가 반드시 있어야 한다는 점을 미리 염두에 두고 사전에 준비를 갖춰야 할 것이다. 사람들에게 세 번의 성취를 보여주지도 못하면서 혁의 대의만을 강변하며 밀고 나가는 것은 위태로운 결과를 초래할 터다. 주역은 그렇게 말하고 있다. 이러다 혁革이 실패로 끝나면 구체제는 더욱 공고해지고 마는 것이니, 혁을 시도하지 아니함만 못한 결과가 되고 말 것이다.

九四 悔亡 有孚 改命 吉
구 사 회 망 유 부 개 명 길
양이 네 번째에 오니, 회悔가 사라지며 믿음이 생기리라. 명命을 고치면 길하리라.

혁革의 길 4단계에서는 회悔가 사라지며 믿음이 생긴다고 한다. 이는 군자가 세 번의 성취를 보여주자 사람들의 마음에 마지막까지 남아 있던 회悔가 사라지면서 믿음이 생겨나는 것이다. 주역은 이때 명命을 고치면 길하리라고 한다.

혁革의 괘상을 보면 하괘는 리離로 광명의 진리를 상징한다. 혁의 길 1~3단계는 이를 반영해, 진리의 불꽃을 밝힘으로써 구악을 '혁파' 하는 단계라고 할 수 있다.

상괘는 태兌로 '벗어남'을 상징한다. 이를 반영해 4~6단계에서는 천명天命을 고침으로써 구체제에서 벗어나 완전히 새로운 질서를 수립하는 것이다.

〈상전〉은 4효사에 대해 "명命을 고치면 길한 것은 뜻을 믿기 때문[改命之吉 信志也]"이라고 하여 믿음의 중요성을 재차 강조하고 있다.

九五 大人 虎變 未占 有孚
구오 대인 호변 미점 유부

양이 다섯 번째에 오니, 대인이 호변虎變하였으나 아직 조짐으로 나타나지는 않는 상황이다. 믿음을 가져라.

대인은 권세나 이익이 아니라 대의에 따라 행동하는 사람을 가리킨다. "호변虎變"은 호랑이 가죽의 무늬와 같이 아름답게 변하여 빛난다는 뜻이다.

대인이 호변虎變하였다는 말은, 공동체의 구성원들 중에서 대인들은 군자가 추진하는 혁명의 뜻에 공감해 찬성하는 쪽으로 바뀌었다는 말이다. 이처럼 이미 바뀌었지만 대인은 행동이 진중하기에 아직 겉으로 변화가 드러나지는 않는다는 것이다. 하지만 수면 아래서는 바뀐 것이 분명하니 믿음을 가지라고 주역이 격려하고 있다.

上六 君子 豹變 小人 革面 征凶 居貞 吉
상륙 군자 표변 소인 혁면 정 흉 거정 길

극상의 자리에 음이 오니, 군자는 표변豹變하며 소인은 혁면革面한다. 정征하면 흉할 것이며, 정貞함에 머물러야 길하리라.

"표변豹變"은 표범의 무늬가 가을이 되면 뚜렷하고 아름답게 변한다는 말이다. 원래는 허물을 고쳐 말과 행동이 이전보다 좋게 달라지는 변화를 가리키는 말이었는데, 이후 '갑자기 달라진다'는 의미로 변했고, 그에 따라 '돌변'과 유사하게 부정적인 함의를 갖는 단어로 변했다. 여기서는 '갑자기 달라진다'는 의미로 쓰였다.

혁革을 앞장서 이끌어오던 군자가 갑자기 달라진다는 것은, 군자가 이제 더 이상 적극적으로 혁을 추진하지 않는다는 말이다. 혁의 길 6단계에 이르러 군자가 이처럼 갑자기 달라지는 이유는 무엇일까?

이는 괘상과 같이 살펴볼 필요가 있다. 혁革의 상괘는 태兌인데, '태'의 마지막 효에 음이 놓인 것은 적극적인 자기주장(벗어나려는 행동)이 여기에 이르러서는 완화되어야 한다는 뜻이다(〈부록 4〉참조). 그래야 태兌의 도가 제대로 완성되는 것이다. 혁의 상괘가 태라는 것은, 혁의 길 6단계에 이르러서는 혁하려는 주장이 완화되어야 혁의 도가 완성을 볼 수 있다는 말이다. 그 때문에 군자가 6단계에 이르면 갑자기 달라지는 것이다.

이에 비해 소인은 도리어 '혁면革面'하고 나선다. '혁면'은 '혁명을 얼굴에 걸고 다닌다' 정도의 의미로 해석할 수 있다. 혁革의 길 6단계는 혁명의 성공이 확실해 보이는 단계라고 할 수 있다. 그러므로 그동안 혁명의 대의를 외면하던 소인들이 안면을 확 바꾸어 '혁명을 얼굴에 걸고 다니는' 것이다. 이들은 성공이 확실해 보이는 혁명의 대열에 동참하는 것이 늦었다. 그래서 그 과실을 놓칠세라 그동안 애써 혁명을 선도해온 군자나 앞장서 지지했던 대인들보다도 더욱 과격하게 목소리를 높인다. 통상적으로 혁명의 후반부는 과격화로 치닫는데, 주역에 따르면 그 원인은 소인들 때문인 셈이다.

이들의 과격한 행동으로 인해 혁명이 과잉으로 치달으면서 부작용이 초래되기 때문에 그대로 정征하면 흉하리라고 주역이 경고하는 것이다. 이미 성공한 것처럼 보이는 혁명이 이러한 부작용으로 인해 실패할 수 있다는 말이다. 이런 식의 사태 진행은 여러 혁명의 역사에서 자주 관찰할 수 있는 것이기도 하다.

"정貞함에 머물러야 길하리라"는 것은, 음효인 6효(태兌의 3효)의 취지를 올곧게 고수해야 길하리라는 말이다. 따라서 군자는 혁명의 과격화를 막음으로써 혁명을 최종적으로 완성하기 위해 동분서주하는 것이다. 이런 군자의 모습이 갑자기 달라진 것처럼 보이기에 "표변豹變한다"는 표현이 쓰인 것이다.

혁革의 길 6단계에서 혁명의 최종적인 성공 여부는 '표변'으로 묘사된 군자와 '혁면'으로 묘사된 소인들 중에서 어느 쪽이 사태를 주도하느냐에 달렸다. 소인의 '혁면'이 주도해 정征하게 되면 흉한 결과가 초래될 것이며, 군자의 '표변'이 주도해 정貞함에 머무를 수 있다면 길한 결과가 초래될 것이다.

革 己日 乃孚 元亨 利貞 悔亡
혁 기 일 내 부 원 형 이 정 회 망
혁革의 길은, 기己의 날이 이르면 이에 믿음을 가져야 으뜸으로 형통하리라. 정貞해야 이로우니 (그리하면) 회悔가 사라지리라.

"기일 내부己日 乃孚"에 대해 〈단전〉은 이렇게 풀이한다. "기己의 날이 이르면 이에 믿음을 가지라는 것은 혁革을 하는데 신념을 가지라는 말이다[己日乃孚 革而信之]." 혁革의 때가 도래했을 때는 믿음을 가지고 밀고 나가라고 조언하는 것이다.

그렇게 하면 으뜸으로 형통한 이유에 대해서는 다음과 같이 풀이한다. "문명文明으로써 벗어나는 것이기에 올바름[正]으로 인해 크게 형통한 것이다. 혁革을 행함이 마땅하니 그 회悔가 이에 사라지는 것이다[文明以說 大亨以正 革而當 其悔乃亡]." 그러므로 시종일관 올곧게 정貞하면 회悔가 사라지면서 사태가 풀려나갈 것이다.

　주역이 우리에게 주는 여러 충고 중에서 가장 중심이 되는 것은 언제나 '믿음을 가지라[有孚]'는 말이다. 믿음을 갖고 이를 올곧게 고수하는 자가 사태를 주도해나갈 수 있다고 말하는 것이다. 용자勇者만이 미인을 차지할 수 있다는 서양 속담의 취지가 이와 유사할 것이다.

정鼎 전통을 회복하다

鼎 元吉 亨
정 원길 형

정鼎의 길은 으뜸으로 길하며 형통하리라.

初六 鼎顚趾 利出否得妾 以其子 无咎
초 륙 정 전 지 이 출 비 득 첩 이 기 자 무 구

처음에 음이 오니, 정鼎이 발을 뒤집는 상이로다. 막히는 것들을 내치고 첩妾을 얻으면 이로우리라. 그 남자들로 인해 허물이 없으리라.

九二 鼎有實 我仇有疾 不我能卽 吉
구 이 정 유 실 아 구 유 질 불 아 능 즉 길

양이 두 번째에 오니, 정鼎에 내용물이 충실하게 담긴 상이로다. 나의 동반자에게 질병이 있다면 나에게 가까이 올 수 없게 해야 길하리라.

九三 鼎耳革 其行塞 雉膏不食 方雨虧悔 終吉
구 삼 정 이 혁 기 행 색 치 고 불 식 방 우 휴 회 종 길

양이 세 번째에 오니, 정鼎의 귀를 고치는 상이로다. 그 행함이 막혀서 꿩기름조차 먹을 수 없는 지경이로다. 바야흐로 비가 내리면 회悔가 줄어들 것이니 종국에는 길하리라.

九四 鼎折足 覆公餗 其形渥 凶
구 사 정 절 족 복 공 속 기 형 악 흉

양이 네 번째에 오니, 정鼎이 다리를 부러뜨리는 상이로다. 공적인 음식물을 엎질러서 그 몸체가 젖으니 흉하리라.

六五 鼎黃耳 金鉉 利貞
육 오 정 황 이 금 현 이 정

음이 다섯 번째에 오니, 정鼎에 황색 귀가 달린 상이로다. 쇠로 된 고리를 거니 정貞해야 이로우리라.

上九 鼎玉鉉 大吉 无不利
상구 정옥현 대길 무불리

극상의 자리에 양이 오니, 정鼎에 옥으로 된 고리가 걸리는 상이로다. 대길하며 불리할 것이 없으리라.

鼎(정)은 보통 '솥'으로 새기지만, 단순한 솥이 아니라 전통시대에 제사를 지낼 때 사용하던 중요한 제기祭器다. 전통시대에 제사는 의례 행위로 종족의 전통을 재확인함으로써 공동체의 통합을 도모하는 중요한 행사였다. 이러한 의례 행위에서 정鼎은 핵심적인 상징물이었다. 그러므로 두 나라 사이에 전쟁이 벌어져 한 나라가 다른 나라를 정복할 경우 맨 먼저 하는 일이 그 나라의 '정'을 부수어버리는 일이었다. 이를 통해 고대에 '정'이 가장 중요한 상징물이었음을 알 수 있다.

괘명으로 사용된 정鼎은 과거로부터 면면히 이어져 내려온 '전통'을 상징하는 표상으로 쓰였다. 〈단전〉은 "정鼎은 상象이다[鼎 象也]"라고 풀이하는데, 이는 괘명 '정'이 표상表象으로 쓰였음을 지적한 것이다.

앞의 혁革은 군자가 기존의 어떤 가치나 제도를 근본적으로 바꾸는 길이었음에 비해, 정鼎은 과거로부터 면면히 이어져 내려오던 전통의 퇴색이 문제의 근원이라 보고 오히려 전통을 회복하는 길로 나아가는 것이다. 이렇게 해서 혁과 정이 서로 대대를 이루는 것이다.

정井(48)의 도는 우물을 보수해가며 계속 사용하는 것인데, 여러 차례 보수가 반복되다 보면 전통이 퇴색해 문제가 될 수 있다. 이때는 제도를 근본적으로 바꾸는 것이 아니라 도리어 전통을 회복하는 것이 올바른 해결책이 된다. 혁革과 정鼎의 갈림길에서 어느 쪽 길로 나아갈지는 군자의 판단에 달렸다.

初六 鼎顚趾 利出否得妾 以其子 无咎
초 륙 정 전 지 이 출 비 득 첩 이 기 자 무 구

처음에 음이 오니, 정鼎이 발을 뒤집는 상이로다. 막히는 것들을 내치고 첩妾을 얻으면 이로우리라. 그 남자들로 인해 허물이 없으리라.

"정鼎이 발을 뒤집는다"는 것은 '정'이 뒤집힌다는 말이다. 정은 신성한 제기이므로 언제나 그 자리에 흔들림 없이 서 있어야 하므로 정이 뒤집힌다는 것은 사고가 벌어진 것이다. 이는 전통이 퇴색해 제기능을 발휘하지 못하는 일이 벌어졌음을 상징한다.

이러한 사고는 제사의 주재자이며 관리 책임자인 왕(군자)의 과실에 해당한다. 그런데 이에 대해 〈상전〉은 다음과 같이 풀이한다. "정鼎이 발을 뒤집는 것은 패악悖惡까지는 아니다[鼎顚趾 未悖也]." 과실이긴 하지만 패악까지는 아니라는 것이다.

주역은 오히려 이 기회를 적절히 활용하라고 조언한다. 오랜 세월 정鼎이 가만히 서 있다 보니 그 안에 담기게 된 온갖 막히는 것들[否]을 이참에 쏟아버리고 대신 첩妾을 얻으라고 한다. "출비득첩出否得妾"에서 비否는 비否괘(12)의 소통이 막히는 상황을 초래하는 비인匪人을 가리킨다고 볼 수 있다. 이에 비해 '첩'은 '여자 신하' 정도의 함의를 지닌 말이다. 주역의 세계에서 여자는 군자의 조력자를 상징하므로, 첩妾은 군자에게 있어서 신臣보다 더욱 충실한 조력자라고 할 수 있다. 그러므로 "출비득첩出否得妾"은 정이 뒤집힌 상황을 활용해 소통이 막히는 상황을 초래하는 비인을 쏟아버리고 충실한 조력자인 첩을 얻으라는 말이다.

그런데 정鼎이 뒤집힌 것은 군자의 과실이므로 군자의 이런 행동은 구설에 오를 수밖에 없다. 이에 대해 주역은 "그 남자들로 인해 허물이 없을 것"이라 조언한다. 여기서 "남자들[子]"은 앞서 몽蒙(4)의 길 2효에서 살펴봤듯 첩妾 쪽의 집안 남자들이다. 이들은 혼인동맹을 통해 군자와 하나의 가家를 이루게 된다. 첩을 들이는 군자의 행동은 말이 나겠지만, 그로 인해 그쪽 남자들을 얻어 세력을 키우는 성과를 올리면 허물이 없을 것이라는 말이다. 이상과 같은 사정을 종합하면, 정의 길 1단계에서 정이 뒤집히는 사고가 벌어지는 것은 저절로 벌어진 사고일 수도 있겠고, 다른 한편으로는 짐짓 벌어지도록 군자가 방치한 사고일 수도 있겠다는 생각을 해본다. 어느 쪽이든 정의 길은, 정이 뒤집히는 사고가 벌어졌을 때 그 틈을 활용해 소통이 막히는 상황을 초래하는 비인匪人을 쏟아버리고 충실한 조력자인 첩을 얻는 것이 1단계라고 한다.

九二 鼎有實 我仇有疾 不我能卽 吉
구 이 정 유 실 아 구 유 질 불 아 능 즉 길
양이 두 번째에 오니, 정鼎에 내용물이 충실하게 담긴 상이로다. 나의 동반자에게 질병이 있다면 나에게 가까이 올 수 없게 해야 길하리라.

정鼎의 길 2단계에는 양효가 놓이면서 상황이 호전된다. 1단계에서 뒤집혀 속이 비어버린 정이 2단계에 이르면 바로 서서 그 안에 내용물이 충실히 담기는 것이다. 이제 제사를 올릴 수 있게 되었다.

仇(구)는 흔히 '원수'로 새기는데, 정반대 의미인 '짝·동반자'라는 뜻도 있다. 구仇가 갖는 의미를 정확히 이해하려면, 나이 든 부인이 남편을 "이 원수덩어리"라고 부르는 상황을 상상하면 정확할 것이다.

나이 든 부인에게 남편은 원수이면서 동시에 어쩔 수 없는 동반자다. 가족이 대체로 그러할 것이며 사업상의 동업자 역시 그러할 것이다.

인간은 완벽할 수 없기에 서로 깊은 관계를 맺고 상대방을 속속들이 알게 되면 상대에게 100퍼센트 만족하기 어렵다. 결혼을 연애의 무덤이라고 하는 이유가 이 때문이다. 연애 시절에는 상대방을 온전히 알지 못한다. 상대방의 좋은 점만 보면서 즐겁게 연애할 수 있다. 하지만 결혼을 하면 로맨틱한 상황만 계속 이어질 수는 없다. 그래서 부부는 짝·동반자이면서 동시에 서로에게 '원수'일 수 있다. 사업상의 동업자도 마찬가지일 것이다. 출생·성장 배경이 다른 성인이 만나 사업을 같이하는데 호흡이 척척 잘 맞기만 할 수는 없다.

구仇는 이상과 같은 뜻을 갖는 글자다. 원수·적이면서 동시에 짝·동반자의 관계에 있는 상대방을 가리킨다. 그러므로 이 글자를 순수한 '원수'로만 새긴다면 올바른 해석이 될 수 없으며, 2효사에서는 '동반자'의 뜻에 보다 가까운 것이다.

그런데 주역은 정鼎에 내용물이 충실히 담겼음에도 불구하고 나(군자)의 동반자에게 질병이 있다면 나에게 가까이 올 수 없게 해야 길할 것이라 말한다. 그 이유에 대해 〈상전〉은 "정鼎에 내용물이 담겼으면 가는 바를 삼가야 하기 때문이다[鼎有實 愼所之也]"라고 적절히 풀이한다. 정에 내용물이 담겼다는 것은 이제 곧 신성한 제사를 올릴 예정이라는 말이다. 신성한 제사는 부정 타는 일이 있어서는 안 되므로 나(왕으로서 제사를 주재하는 군자)의 동반자에게 질병이 있다면 나에게 가까이 올 수 없게 해야 하는 것이다.

이런 상황은 나의 동반자에게 서운한 감정을 불러일으킬 것이다. 전통시대에 제사는 가장 중요한 행사였다. 군자가 제사를 주재하면서 동반자에게 가까이 올 수 없도록 한다면 서운한 감정과 탓하는 마음이 없을 수 없다. 그럼에도 2단계의 결과가 길할 수 있는 이유는 무엇일까?

이에 대해 〈상전〉은 다음과 같이 적절히 풀이한다. "나의 동반자에게 질병이 있어서이니 종국에는 탓하는 마음이 사라질 것이다[我仇有疾 終无尤也]." 결국은 동반자 본인에게 질병이 있어서 그런 것이니 종국에는 탓하는 마음이 사라질 것이라는 말이다.

〈상전〉의 풀이는 정鼎의 길 2단계에서 군자가 유념해야 할 중요한 사항을 지적한 것이다. 군자가 퇴색해버린 전통을 일신하는 작업에 착수했다면 자신의 최측근 세력들에게도 동일한 기준을 적용해야 하며, 또한 가장 먼저 적용해야 하는 것이다. 그래야 공동체의 구성원들이 군자의 쇄신 노력에 동참할 것이다. 이후 살펴보겠지만 정의 길은 많은 원성을 초래하는 길이다. 그러므로 군자가 최측근 세력들에게도 똑같이 엄정한 기준을 적용하지 않는다면 향후 빚어질 여러 원성에서 중심을 잡고 나아갈 방법이 없을 것이다. 이때 최측근 세력들이 군자에 대해 갖게 되는 서운한 감정과 탓하는 마음은 종국에는 사라질 것이라고 조언함으로써 군자가 용기를 낼 수 있도록 격려하고 있다.

九三 鼎耳革 其行塞 雉膏不食 方雨虧悔 終吉
구 삼 정 이 혁 기 행 색 치 고 불 식 방 우 휴 회 종 길

양이 세 번째에 오니, 정鼎의 귀를 고치는 상이로다. 그 행함이 막혀서 꿩기름조차 먹을 수 없는 지경이로다. 바야흐로 비가 내리면 회悔가 줄어들 것이니 종국에는 길하리라.

정鼎의 귀는 손잡이 고리를 걸어서 정을 들어 옮길 때 사용하는 부위를 가리킨다. 정은 고기를 삶아 올리는 용도로 쓰기 때문에 뜨거워서 귀에 고리를 걸어야만 들어 옮길 수 있다. 그런데 정의 귀 부위에 문제가 생겨 이를 고쳐야 한다면 정을 들어 옮길 수가 없으니 제사를 올릴 수 없고, 그에 따라 정에 담긴 음식을 먹을 수도 없게 된다.

꿩 대신 닭이라는 말이 있듯 고대에는 꿩을 고급으로 쳤으므로, "꿩기름"은 가장 고급스러운 음식을 상징하는 표현이라고 본다. 앞서 2단계에서 기껏 음식을 마련해 정鼎에 담아 제사를 올리려고 했는데, 막상 정을 들어 옮기려고 보니 문제가 발생해 제사를 올리지 못하고, 그에 따라 꿩기름조차 먹을 수 없는 지경이 되고 말았다. '정'으로 표상되는 전통을 바로 세우려 하는 군자로서는 난감한 상황의 연속이라고 할 수 있다.

상황이 이러하니 군자의 주변 사람들에게 불만이 없을 수 없다. 하지만 주역은 이에 대해 "바야흐로 비가 내리면 회悔가 줄어들 것"이라 조언한다. 앞서 소흑小畜(9)의 길 6효에서 살펴봤듯 비는 전통시대 농경 사회에서 절대적으로 소중한 것이기 때문에 비가 내린다는 것은 바라던 성과가 달성됨을 상징하는 표현이다. 즉 정鼎의 귀를 다 고쳐서 성과를 내면 회悔는 줄어들고 종국에는 길하리라는 말이다. 그러므로 당장은 불만을 살지라도 정의 귀를 근본적으로 고치는 작업에 착수하도록 격려하는 것이다.

이리하여 군자는 정의 길 3단계에서 본격적으로 전통을 쇄신하는 작업에 착수하고 있다.

九四 鼎折足 覆公餗 其形渥 凶
구 사 정 절 족 복 공 속 기 형 악 흉

양이 네 번째에 오니, 정鼎이 다리를 부러뜨리는 상이로다. 공적인 음식물을 엎질러서 그 몸체가 젖으니 흉하리라.

4단계에서는 정鼎의 발이 부러지면서 제사에 올릴 음식물을 엎지르고 마는 실수가 벌어진다. 그로 인해 정의 몸체가 젖으니 흉할 것이라 한다. 앞서 3단계에서 본격적으로 전통을 쇄신하는 작업에 착수했는데, 그 작업이 완료되기 전에 최악의 실수를 저지르고 만 것이다.

'절족복속折足覆餗'이라는 말이 있는데, 정鼎의 발을 부러뜨려 음식을 엎지른다는 뜻으로, 나라를 다스림에 있어 소인을 쓰면 그 임무를 감당하지 못해서 나라를 위태롭게 만든다는 의미로 쓰이는 표현이다. 그러므로 4단계에서 벌어진 실수는 심각한 것이며, 위기의 단계에 해당한다. 〈상전〉은 이에 대해 다음과 같이 풀이한다. "공적인 음식물을 엎질렀으니 믿음이 어찌 되겠는가[覆公餗 信如何也]."

정鼎의 괘상을 참조하면, 2·3·4효에 연속으로 세 번에 걸쳐 양이 놓인 점이 주목된다. 이는 군자가 세 단계에 걸쳐 연속해서 '강·강·강'으로 전통을 쇄신하는 작업을 강행해왔음을 반영하는 것이다. 세 번 연속으로 강행했으니 주역의 일반 법칙에 따라 반작용이 없을 수 없다. 하지만 동시에 2·3·4효가 건乾괘를 이룬다는 점 역시 주목된다. '건'은 자기 확신을 바탕으로 강건하게 주장을 계속 밀고 나감을 기본 특성으로 한다. 그러므로 정의 2·3·4단계가 건을 이룬다는 것은, 정의 길에서는 그와 같이 군자가 자기 확신을 품고 강하게 주장을 계속 밀고 나가지 않으면 안 된다는 말이기도 하다.

지금까지 걸어온 정鼎의 길을 되돌아보면, 1단계에서 4단계까지

한 단계도 거르지 않고 주변 사람들로부터 원성을 사고 있다는 점이 눈에 띈다. 이는 전통을 회복하는 일이 그만큼 지난함을 상징할 텐데, 어째서 그토록 어려운 것일까?

이는 전통 그 자체의 특성 때문이다. 면면히 이어질 전통을 확립하는 것은 오랜 시간이 걸리는 어려운 일이다. 그러므로 전통이 한 번 확립되고 나면 퇴색해 제 기능을 상실할 때까지도 오랜 시간이 걸린다. 따라서 이렇게 제 기능을 상실한 전통을 되살리는 일 역시 오랜 시간이 걸리는 어려운 작업일 것이 당연한 이치다. 그러므로 군자가 전통을 되살리는 정鼎의 길로 가기로 마음먹었다면 그에 합당하게 단단한 마음가짐이 필요한 것이다. 또한 정의 길이 이처럼 원성을 사는 길임을 감안하면 그 출발인 1단계에서 충실한 조력자인 첩妾을 얻는 일이 매우 긴요함을 알 수 있다.

六五 鼎黃耳 金鉉 利貞
육 오 정 황 이 금 현 이 정
음이 다섯 번째에 오니, 정鼎에 황색 귀가 달린 상이로다. 쇠로 된 고리를 거니 정貞해야 이로우리라.

3단계에서 시작된 정鼎의 귀를 근본적으로 고치는 작업이 드디어 완료되어 정에 황색 귀가 달렸다. 앞서 혁革괘 1효에서 살펴봤듯 황색은 오행에서 토土를 상징하며, 우주의 중심인 황극의 자리(왕의 자리)를 상징하는 색이다. 황색 귀가 달렸으니 이제 제대로 정을 들어 옮길 수 있게 되었다. 그에 따라 제사를 올릴 수 있으니, 이제 전통이 회복되어 다시 제 기능을 발휘할 수 있게 된 것이다. 〈상전〉은 이에

대해 다음과 같이 풀이한다. "정鼎에 황색 귀가 달렸다는 것은 적중함 [中]으로써 (전통을) 충실하게 하였다는 말이다[鼎黃耳 中以爲實也]."

그런 황색 귀에 거는 고리가 특별히 "쇠로 되었다"는 것은, 강직하고 튼튼한 고리임을 표상한 것이다. 그 의미는 5효에 음이 놓인 점과 함께 살필 필요가 있다. 음효는 현재의 상황이 진리에 비추어 마땅한지를 살펴야 함을 상징한다. 정의 길에서는 현재의 상황이 면모를 일신한 전통에 비추어 마땅한지를 살펴야 함을 의미한다. 이때 강직하고 튼튼한 쇠로 된 고리가 걸렸다는 것은, 정의 길 5단계에서는 이처럼 강직하고 튼튼하게 전통을 준수해야 함을 상징한다. 이제 막 면모를 일신한 상황인 만큼 5단계에서는 보다 강하게 전통을 준수함으로써 그에 대한 공동체 구성원들의 믿음을 강화해야 하는 것이다. 그래서 5효사의 말미에 "정貞해야 이로우리라"는 조언이 덧붙었다.

上九 鼎玉鉉 大吉 无不利
상 구 정 옥 현 대 길 무 불 리
극상의 자리에 양이 오니, 정鼎에 옥으로 된 고리가 걸리는 상이로다. 대길하며 불리할 것이 없으리라.

옥은 고대에 황금보다 귀하게 여기던 보배다. 그러므로 6단계에서 "정鼎에 옥으로 된 고리가 걸렸다"는 말은, 6단계가 절정의 단계라는 의미다. 이는 앞서 한 박자 늦게 4효가 위기의 단계였기에 절정의 단계 역시 한 박자 늦게 찾아오는 것으로 볼 수 있다.

6효의 "옥으로 된 고리"의 의미 역시 6효에 양이 놓였다는 점과 함께 살필 필요가 있다. 양효는 음효와 달리 자기 판단에 따른 주장을 펼쳐나감을 상징한다. 앞서 쇠로 된 고리가 걸렸고 음효가 왔던 5단계에서 강하게 전통을 준수함으로써 그에 대한 믿음을 강화하는 과정을 한번 거쳤기에, 6단계에 이르면 전통을 기반으로 하되 어느 정도 자기 판단에 따른 재량을 발휘할 수 있게 되는 것이다. 그리하면 정의 길이 절정에 이를 수 있기에, 절정의 단계임을 상징하기 위해 고리가 "옥으로 된 고리"로 바뀐 것이다.

　그리고 이렇게 해서 정鼎의 길이 절정에 이르자 "대길하다"는 점사가 주어진다. "불리할 것이 없다"는 점사가 덧붙은 이유는 양효의 의미에 따른 것이다. 즉 양효가 놓인 6단계에서는 전통을 기반으로 하되 어느 정도 자기 판단에 따른 재량을 발휘하더라도 불리할 것이 없다는 뜻이다.

鼎 元吉 亨
정 원 길 형
정鼎의 길은 으뜸으로 길하며 형통하리라.

　정鼎의 괘사에서는 다시 한번 "으뜸으로 길하며 형통하다"는 최상급 점사가 주어진다. 이는 성과를 달성하기까지 지난한 과정을 거치고 오랜 시간이 걸리긴 하지만 대신 "으뜸으로 길하며 형통한" 최상급의 성과를 달성할 수 있는 정의 길의 특성을 반영한 것이다.

진震 : 간艮

전격적인 충격요법을 쓰는 길과

버티며 하지 않는 길

진震 전격적인 충격요법을 쓰다

☳☳

震 亨 震來虩虩 笑言啞啞 震驚百里 不喪匕鬯
진 형 진 래 혁 혁 소 언 액 액 진 경 백 리 불 상 비 창

진震의 길은 형통하리라. 우레가 칠 때는 두렵고도 두렵겠지만, 웃음소리가 들리게 될 것이다. 우레가 백리百里를 놀라게 하겠지만, 제사 올리는 숟가락과 술을 잃는 일은 없어야 하리라.

初九 震來虩虩 後 笑言啞啞 吉
초 구 진 래 혁 혁 후 소 언 액 액 길

처음에 양이 오니, 우레가 들이칠 때는 두렵고도 두려울지라도 추후 웃음소리가 들릴 것이니 길하리라.

六二 震來 厲 億喪貝 躋于九陵 勿逐 七日得
육 이 진 래 려 억 상 패 제 우 구 릉 물 축 칠 일 득

음이 두 번째에 올 때는, 우레를 들이쳐야 하리라. 위태로우니 (백성들이) 재화를 잃을까 미리 걱정하여 아홉 언덕으로 올라가는 상이로다. 쫓지 말라. 7일이면 얻으리라.

六三 震蘇蘇 震行 无眚
육 삼 진 소 소 진 행 무 생

음이 세 번째에 올 때는, 우레를 거듭 되풀이해야 하리라. 우레를 행함에 잘못된 결과를 초래함이 없어야 하리라.

九四 震遂泥
구 사 진 수 니

양이 네 번째에 올 때는, 우레가 잠시 머물러야 하리라.

六五 震往來 厲 億 无喪有事
육 오 진 왕 래 려 억 무 상 유 사

음이 다섯 번째에 올 때는, 우레가 갔다가 (다시) 와야 하리라. 위태로우니 미리 헤아려서 맡은 일을 잃는 사태가 없도록 하라.

上六 震索索 視矍矍 征 凶 震不于其躬 于其鄰 无咎 婚媾 有言
상 륙 진 색 색 시 확 확 정 흉 진 불 우 기 궁 우 기 린 무 구 혼 구 유 언

극상의 자리에 음이 오니, 우레가 들이칠 자리를 찾느라 눈을 두리번거리는 상이로다. 정征하면 흉하리라. 우레가 그 몸에 떨어지지 않고 그 이웃에게 떨어지면 허물이 없긴 하리라. 혼인을 맺는 것은 말이 날 것이다.

앞서 군자는 정鼎의 길을 통해 과거로부터 면면히 이어져 내려오던 전통을 회복함으로써 공동체의 면모를 일신했다. 하지만 그 어떤 전통도 영원히 긍정적 작용만 지속할 수는 없는 법이다. 공동체가 계속해서 전통에만 안주할 경우 그 공동체는 정체에 빠지게 된다. 그러므로 공동체는 정체 상태에서 탈피하기 위해 새롭고 참신한 사조思潮를 받아들일 필요가 있는 것이다.

하지만 과거로부터 면면히 이어져온 전통이 확고히 자리 잡은 영역에서 새로운 사조를 불러일으키는 것은 쉬운 일이 아니다. 이 때문에 천둥·벼락이 들이치는 듯한 충격요법이 필요하게 되니, 진震의 길이 바로 그런 경우에 해당한다. 震(진)은 우레(천둥과 번개)를 뜻한다. 천둥·번개가 들이치는 듯한 충격요법을 쓰는 것이다. 진의 괘효사를 보면 이와 같은 충격요법이 여러 번 되풀이되는데 이는 전통이 그만큼 강하게 자리 잡고 있기 때문이다.

初九 震來虩虩 後 笑言啞啞 吉
초 구 진 래 혁 혁 후 소 언 액 액 길

처음에 양이 오니, 우레가 들이칠 때는 두렵고도 두려울지라도 추후 웃음소리가 들릴 것이니 길하리라.

진의 길에서 1효에 양이 온 것은, 나라의 왕인 군자가 전통과 결별하는 새로운 준칙을 내세움을 상징한다. 나라가 전통에 익숙한 나머지 정체 상태에 접어들었다고 판단한 국왕이 나라를 정체에서 탈피시키고자, 완전히 일신한 준칙을 백성들에게 제시하고 이에 따르도록 요구하는 것이다.

　이렇게 되면 과거로부터 내려오는 익숙함에 안주하던 백성들은 충격을 받을 수밖에 없다. 익숙함과 결별하는 것은 고통스럽고, 낯선 준칙을 새로이 따라야 하는 것은 불확실성으로 인해 두렵기 때문이다.

　그럼에도 국왕이 이런 진의 길에 나서는 이유는 무엇인가? 〈상전〉이 적절히 풀이해주고 있다. "우레가 들이쳐서 두렵고도 두렵게 하는 것은, 공포스럽지만 결국 복에 이를 것이기 때문이다. 웃음소리가 들리게 되는 것은, 추후 바른 준칙이 확립되기 때문이다[震來虩虩 恐致福也 笑言啞啞 後有則也]." 새로운 준칙을 제시하고 따르도록 요구하는 조치가 당장은 두렵고 싫겠지만, 그로 인해 올바른 준칙이 새로이 확립되면 나라가 정체 상태에서 탈피함으로써 모두가 복된 결과에 이를 터다. 결국 모두가 웃을 수 있는 좋은 결과를 맞이하는 것이다.

六二 震來 厲 億喪貝 躋于九陵 勿逐 七日得
육 이 진 래 려 억 상 패 제 우 구 릉 물 축 칠 일 득
음이 두 번째에 올 때는, 우레를 들이쳐야 하리라. 위태로우니 (백성들이) 재화를 잃을까 미리 걱정하여 아홉 언덕으로 올라가는 상이로다. 쫓지 말라. 7일이면 얻으리라.

　2효에 음이 온 것은, 앞서 왕 자신이 내세운 새 준칙에 따라 나라가 합당히 운영되는지를 살피고 헤아리는 과정을 상징한다. "음이 두

번째에 올 때는 우레를 들이쳐야 한다"는 말은, 이처럼 살피고 헤아리는 과정에서 왕이 새로 세운 준칙을 따르지 않는 사례가 발견되면 우레를 들이치는 듯한 처벌이 이루어져야 한다는 뜻이다.

조개[貝]는 고대에 화폐로 쓰였으니 "상패喪貝"는 재화를 잃는다는 뜻이다. 언덕[陵]은 앞의 〈그림 2〉(32쪽)에서 전田의 영역 군데군데 자리 잡은 촌락[村] 지역을 가리키는 표현이다. 고대에는 오늘날 같은 치수 기술이 부족해서 물 빠짐 상태가 좋지 않았기 때문에 농촌 지역의 촌락은 모두 배수를 고려해 언덕 위에 자리 잡았다. 그러므로 2효사에서 백성들이 언덕으로 올라간다는 말은, 읍내에 자리 잡았던 백성들 일부가 우레가 들이치는 것에 미리 겁을 먹고 자신의 출신지인 농촌 지역 고향 마을로 도망가버리는 상황을 묘사한 것이다. "아홉 언덕[九陵]"이라 하여 숫자 9를 언급한 이유는, '구천九天'의 용례에서 보듯 이 숫자가 '많은 수'를 의미하기 때문이다. 백성들이 각자 '수많은' 고향 마을로 뿔뿔이 흩어져 도망간다는 함의를 띤 표현이다.

이에 대해 주역은 7일이라는 짧은 시간이면 다시 얻을 수 있으니 이들을 구태여 쫓을 필요가 없다고 조언한다. 앞서 복復(24) 괘사에서 살폈듯 '7일'은 '짧은 시간'을 의미한다.

六三 震蘇蘇 震行 无眚
육 삼 진 소 소 진 행 무 생
음이 세 번째에 올 때는, 우레를 거듭 되풀이해야 하리라. 우레를 행함에 잘못된 결과를 초래함이 없어야 하리라.

진의 길 3효는 또다시 음의 단계이니, 2효에 이어 "우레를 거듭 되

풀이해야 한다"고 한다. 우레는 왕이 새로 세운 준칙을 따르지 않는 사례를 처벌하는 것인데, 이와 같은 처벌을 거듭 되풀이하는 것은 바람직한 일이 아니다. 게다가 새로운 준칙이 기존 전통에 어긋나는 것이기에 처벌에 대한 반발이 커질 수밖에 없다. 그에 따라 주역은 "우레를 행함에 잘못된 결과를 초래함이 없도록" 주의하라고 경계하는 것이다.

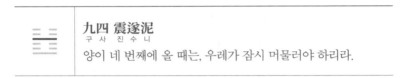

九四 震遂泥
구 사 진 수 니
양이 네 번째에 올 때는, 우레가 잠시 머물러야 하리라.

4효에는 양이 오고 있다. 이는 상황을 주도하는 왕의 행동이 2·3효와는 달라져야 함을 상징한다. 그에 따라 효사 역시 "우레가 잠시 머물러야 하리라"고 조언한다. 그 이유는 그동안 익히 살펴온 주역의 일반 법칙에 따라 우레가 세 번 연속으로 오는 것은 곤란하기 때문이다.

그러므로 왕은 진의 길 4단계에서는 우레를 쉬어가야 한다. 대신 앞서 양효가 왔던 1단계의 경우처럼 백성들에게 새로운 준칙을 거듭 내세우면서, 익숙함을 떨쳐버리고 새로운 준칙을 따르도록 말로 타이르는 것이다.

六五 震往來 厲 億 无喪有事
육 오 진 왕 래 려 억 무 상 유 사

음이 다섯 번째에 올 때는, 우레가 갔다가 (다시) 와야 하리라.
위태로우니 미리 헤아려서 맡은 일을 잃는 사태가 없도록 하라.

5효에는 다시 음의 단계가 온다. 그에 따라 진의 길 5단계에서는
새로운 준칙에 합당하게 나라가 운영되고 있는지를 또다시 살피고
헤아려서 우레로 상징되는 처벌을 행해야 한다. 앞서 4단계에서 우
레를 멈췄기 때문에, 5단계에서의 처벌 재개를 "우레가 갔다가 (다시)
오는" 것으로 묘사하고 있다.

이처럼 처벌을 재개하면 전통에 익숙한 백성들의 반발로 위태로움
이 초래된다. 그에 따라 주역은 상황을 미리 헤아려서 진행 중인 일
을 잃는 사태가 없도록 하라고 충고하는 것이다.

上六 震索索 視矍矍 征 凶 震不于其躬 于其鄰 无咎
상 륙 진 색 색 시 확 확 정 흉 진 불 우 기 궁 우 기 린 무 구
婚媾 有言
혼 구 유 언

극상의 자리에 음이 오니, 우레가 들이칠 자리를 찾느라 눈을
두리번거리는 상이로다. 정征하면 흉하리라. 우레가 그 몸에
떨어지지 않고 그 이웃에게 떨어지면 허물이 없긴 하리라. 혼
인을 맺는 것은 말이 날 것이다.

진의 길에서 6효는 과잉의 단계에 해당한다. "우레가 들이칠 자리
를 찾느라 눈을 두리번거린다"는 것은, 또다시 처벌을 되풀이하려는
모습을 묘사한 것이다. 이처럼 처벌을 자꾸 반복하는 것은 국왕의 리
더십으로서는 바람직하지 않기 때문에, 왕은 앞서 5단계에서 진의

길을 완수할 수 있도록 노력해야 한다.

단 피치 못할 사정으로 6단계에서 처벌이 반복될 경우는 "우레가 그 몸에 떨어지지 않고 그 이웃에게 떨어지면 허물이 없긴 하리라"고 한다. 국왕이 새로운 준칙을 제시했으면 왕 역시 그 준칙을 지켜야 한다. 그러므로 "우레가 그 몸에 떨어지지 않는다"는 것은 국왕은 준칙을 어기는 잘못을 범하지 않았음을 말하고, "우레가 그 이웃에게 떨어진다"는 것은 국왕이 아닌 이웃들이 준칙을 어기는 잘못을 범했음을 말한다. 이런 경우라면 허물이 없는 이유에 대해 〈상전〉은 이렇게 풀이한다. "비록 흉하지만 허물이 없다는 것은, 이웃들을 두렵게 하여 경계가 되기 때문이다[雖凶无咎 畏鄰戒也]." 잘못에 대한 처벌이 이웃들을 두렵게 만들어 경계가 될 것이니 허물이 없다는 뜻이다. 반면 그럼에도 흉하다는 것은 그처럼 처벌이 자꾸 반복되는 상황이 국왕의 리더십으로서는 바람직하지 않기 때문이다.

이러한 상황에서 왕이 혼인동맹을 맺는 것은 말이 날 것이라 경계하고 있다. 이때 혼인동맹은 내치內治(치국의 도)가 아니라 외치外治(평천하의 도)의 문제에 해당한다. 향후 점漸(53)과 귀매歸妹(54)의 길부터는 평천하의 길에 해당하는데, 점과 귀매의 길 모두 혼인동맹에 대해 말한다. 그러므로 왕이 "혼인을 맺는 것은 말이 날 것"이라는 표현은, 현재 내치가 안정되지 못한 상황에서 외치에 나서면 구설을 초래할 것이라는 뜻이다.

지금 군자의 나라는 거듭되는 우레(충격요법)로 인해 혼란에 빠진 상황이다. 또한 이런 상황은 어쨌든 왕이 초래한 것이니, 이처럼 내치가 안정되지 못한 상황에서는 외치에 나설 일이 아니다. 이는 치국의 도가 완성되기 전에 평천하의 도를 추구하지는 말라는 뜻으로 볼 수도 있다.

震 亨 震來虩虩 笑言啞啞 震驚百里 不喪匕鬯
진 형 진 래 혁 혁 소 언 액 액 진 경 백 리 불 상 비 창

진震의 길은 형통하리라. 우레가 들이칠 때는 두렵고도 두렵겠
지만, 웃음소리가 들리게 될 것이다. 우레가 백리百里를 놀라게
하겠지만, 제사 올리는 숟가락과 술을 잃는 일은 없어야 하리라.

진震의 길을 종합 서술하는 괘사에서 1효의 문구를 반복하고 있
다. 이를 통해 진의 길의 취지가 어디에 있는지를 거듭 밝힌 것이다.
진의 효사들을 돌아보면 온통 처벌에 대한 이야기만 남아 있다. 그에
따라 진의 길의 취지 자체를 오해할 수 있겠다고 판단한 점인들이 괘
사를 보충함으로써 취지를 다시 한번 밝힌 것이다.

진의 길에서 우레를 여러 번 되풀이해야 했던 이유는 기존의 전통
이 그만큼 강하게 자리 잡고 있었기 때문이고, 그로 인해 초래된 사
회의 정체 상태가 그만큼 뿌리 깊었기 때문이다. 이를 끊어내고 올바
른 준칙이 새로이 자리 잡도록 하려고 그처럼 우레를 반복해야 했던
것이다. 물론 그 목적은 정체를 끊어내고 새로운 준칙을 세움으로써
모두가 웃을 수 있는 복된 결과를 맞이하기 위함이다.

괘사에서 "우레가 백리百里를 놀라게 만드는" 상황이란, 2효에서
6효까지 이어지는 혼란 상황을 의미한다. 고대에 '백리'는 '읍국邑國'
의 영토 범위를 이르는 상징적 표현이었다. 그러므로 여기서 "백리를
놀라게 한다"는 것은 읍국 전체를 놀라게 한다는 말이다. 그리하여
백성들이 농촌 지역의 고향 마을로 도망치는 사태까지 빚어졌던 것
이다.

이처럼 나라가 어수선해질지라도 그로 인해 자칫 국왕이 중심을 잃는 일이 있어서는 안 된다는 뜻을, "제사 올리는 숟가락과 술을 잃는 일은 없어야 할 것"이라는 표현에 담고 있다. 이는 앞서 5단계에서 "맡은 일을 잃는 사태가 없도록 하라"던 말과 상통하는 표현이다.

종합적으로, 진의 길은 전통과 단절하는 일이 얼마나 어려운지를 잘 보여준다. 설령 왕의 명령이라 할지라도 주도면밀하게 우레를 여러 번 반복하지 않고서는 그 실행을 보지 못하는 것이다. 그러므로 왕은 진의 길에 나설 때 그 지난함을 미리 염두에 두고 사전 준비를 단단히 갖추어야 한다.

52

艮 버티며 하지 않다

☶

艮其背 不獲其身 行其庭 不見其人 无咎
간 기 배 불 획 기 신 행 기 정 불 견 기 인 무 구

그 등에서 버틴다면 그 몸통을 얻을 수 없으니, 그 정庭에서 행할 때 합당한 사람을
만날 수 없게 되리라. (그래도) 허물이 없기는 하리라.

初六 艮其趾 无咎 利永貞
초 륙 간 기 지 무 구 이 영 정

처음에 음이 오니, 그 발에서 버티는 상이어서 허물이 없으리라. 오래 정貞해야 이로
우리라.

六二 艮其腓 不拯其隨 其心不快
육 이 간 기 비 부 증 기 수 기 심 불 쾌

음이 두 번째에 오니, 그 장딴지에서 버티는 상이로다. 그 합당한 따름을 받아들이지
않으니, 그 마음을 풀지 말아야 하리라.

九三 艮其限 列其夤 厲 薰心
구 삼 간 기 한 열 기 인 려 훈 심

양이 세 번째에 올 때는, 버팀에 그 한계를 두어라. 그 등골을 폈다면 위태롭더라도
마음을 훈훈하게 하라.

六四 艮其身 无咎
육 사 간 기 신 무 구

음이 네 번째에 오니, 그 몸통에서 버티면 허물이 없으리라.

六五 艮其輔 言有序 悔亡
육 오 간 기 보 언 유 서 회 망

음이 다섯 번째에 오니, 광대뼈에서 버티는 상이로다. 말에 순서가 잡히니 회悔가 사
라지리라.

上九 敦艮 吉
상 구 돈 간 길
극상의 자리에 양이 오니, 돈독하게 버티는 상이로다. 길하리라.

艮(간)에 대해 〈설괘전〉과 〈서괘전〉은 모두 "간艮은 그치는 것[艮者 止也]"이라 말한다. 하지만 간艮은 단지 '그친다[止]'는 뜻에 한정되지는 않는다. 이에 대해서는 정이가 다음과 같이 적절히 풀이한다. "간艮은 그치는 것[止]이다. (그럼에도) '그침[止]'이라 말하지 않는 것은 간艮이 산山의 상象이어서 편안히 중후하며 견실한 뜻이 있어서 그침[止]의 뜻으로는 다할 수 있는 것이 아니기 때문이다[艮者 止也 不曰止者 艮 山之象 有安重堅實之意 非止義可盡也]."

艮(간)의 자형을 보면 '目(눈 목) + 匕'의 구조로 이루어진 글자인데, 匕는 사람이 반대 방향으로 몸을 돌리고 있는 것을 표현한 부분이다. 사람이 몸은 돌린 채 고개만 돌려서 상대를 쳐다보고 있는 형상인 것이다.

艮(간)의 뜻을 자전에서 찾아보면, '멈추다, 머무르다; 견고하다; 어긋나다, 거스르다' 등의 뜻이 있다. 이를 종합하면 간艮은 산처럼 견고히 제자리를 지키며 머무르는 모습이라고 할 수 있다. '어긋나다, 거스르다'라는 뜻은 艮의 자형을 상상하면 이해할 수 있다. 몸은 돌린 채 고개만 돌려서 상대를 쳐다본다는 것은, 상대의 요청에 부응해 주지 않는다(상대의 뜻을 거스르다)는 함의가 있다. 이런 함의까지 고려하면 艮의 한글 번역어로는 '버틴다'가 적절하다.

간艮의 길은 진震의 길과 대대를 이룬다. 진의 길은 군자가 우레가 들이치듯 전격적인 충격요법을 적극 실시하는 것이었다. 이에 비해 간의 길은 공동체의 구성원들이 군자에게 요청하는 어떤 일을 군자가 끝끝내 거부해 들어주지 않는 것을 의미한다. 이렇게 해서 서로 대대를 이루는 것이다.

인간은 사회적 동물이므로 공동체가 개인에게 가하는 압력은 강한 것이다. 이런 상황은 자신의 판단이 공동체의 판단과 다를 때 개인에게 문제를 초래한다. 자신이 속한 공동체에 순응하고 싶은 것이 인지 상정이다. 하지만 공동체의 요구가 부당한 것이라고 군자가 판단했다면, 어려운 상황 속에서도 흔들리지 않고 산처럼 굳건히 자기 생각을 지켜내야 하는 것이다.

初六 艮其趾 无咎 利永貞
초 륙 간 기 지 무 구 이 영 정
처음에 음이 오니, 그 발에서 버티는 상이어서 허물이 없으리라. 오래 정貞해야 이로우리라.

간의 길 1효에는 음이 오고 있다. 이는 현재 상황이 하늘의 뜻에 비추어 마땅한지를 살피고 헤아려야 함을 상징한다. 그에 따라 군자는 주변 사람들이 자신에게 이러저러한 일을 해달라고 요청해올 때 이를 거부하며 버틴다. "그 발에서 버틴다"는 표현은, 일의 단계가 발전되어가는 양상을 신체의 발에서 시작해 얼굴에 이르는 과정으로 비유해서 설명하는 패턴이 다시 나온 것이다.

1단계에서는 우선 "그 발에서 버티는" 정도로 시작하면 허물이 없을 것이라고 한다. 대신 "오래 정貞해야 이로울 것"이라고 한다. 앞으로 살펴보겠지만 간의 길은 오랫동안 인내를 요하는 길이다. 그러므로 시작 단계인 1단계에서 미리 조언하는 것이다.

六二 艮其腓 不拯其隨 其心不快
육 이 간 기 비 부 증 기 수 기 심 불 쾌
음이 두 번째에 오니, 그 장딴지에서 버티는 상이로다. 그 합당
한 따름을 받아들이지 않으니, 그 마음을 풀지 말아야 하리라.

2효에는 다시 음이 오고 있다. 그에 따라 군자는 장딴지로 수준을
높여 자신의 뜻(군자의 도道)을 고수하며 버티고 있다. 그런데 군자의
주변 사람들은 마땅히 따라야 할 일인데도 그 합당한 따름을 받아들
이지 않는다.

"부중기수不拯其隨"에 대해 〈상전〉은 "그 합당한 따름을 받아들이
지 않는다는 것은, 물러서서 귀 기울여 듣지 않는다는 말[不拯其隨 未
退聽也]"이라고 적절히 풀이한다. 군자가 도道를 펼치고자 어떤 말을
하면 주변 사람들이 물러서서 그 말을 들어야 할 텐데 그렇게 하지
않는다는 뜻이다. 여기서 물러선다[退]는 것은 주변 사람이 자기 말
을 앞세우지 않고 먼저 군자의 말을 듣는다는 뜻이다.

이처럼 군자의 주변 사람들이 아직 합당한 따름을 받아들이지 않
고 있으니 군자 역시 굳게 버티는 마음을 풀어서는 안 된다고 조언한
다. 이렇듯 특별히 조언하는 이유는 간의 길 2단계에서 재차 상대의
요청을 거절하면서 자신의 뜻을 버티어내는 일이 심리적으로 쉽지
않기 때문이다.

1효에 이어 두 번 연속으로 상대의 뜻을 거절했으므로 상대 역시
크게 기분이 상할 것이다. 어쩌면 관계를 끊겠노라 노발대발하거나,

하경

자신이 가만히 있을 줄 아느냐고 협박조로 나올 수도 있다. 그러므로 마음 약한 사람은 두 번 연속으로 상대의 뜻을 거절하는 일이 심리적으로 어려울 수 있다. 하지만 이에 대해 주역은 걱정하지 말고 거절해도 된다고 조언하는 셈이다. 주역이 제시한 일반 법칙에 따르면, 같은 행동을 세 번 연속으로 하면 싸움이 벌어질 수 있지만 두 번까지는 괜찮다. 즉 연속해서 두 번 거절당한 상대가, 내가 가만히 있을 줄 아느냐며 위협적으로 나오더라도 그냥 말에 그칠 뿐 실행에 옮기지는 않는다는 것이다. 대신 세 번째에 들어주면 되는데, 간의 길 3단계가 바로 그런 경우에 해당한다.

九三 艮其限 列其夤 厲 薰心
구 삼 간 기 한 열 기 인 려 훈 심

양이 세 번째에 올 때는, 버팀에 그 한계를 두어라. 그 등골을 폈다면 위태롭더라도 마음을 훈훈하게 하라.

3효에는 앞서와 달리 양이 온다. 이는 1·2효와 달리 군자가 재량껏 상대의 뜻을 받아들여주는 행동을 상징한다. 세 번째에도 거절하면 그때는 실제로 싸움이 벌어지거나 관계가 아예 끊어질 수도 있으니, 굳게 버티는 태도를 어느 정도 완화하는 것이다.

그에 따라 주역은 3단계에서라면 버팀에 일정한 한계를 두라 조언한다.

"등골을 편다"는 '등골이 휜다'와 상대되는 표현이다. 등골이 휜다는 것은 견디기 어려울 정도로 몹시 힘든 상황을 말한다. 그러므로 "그 등골을 폈다"는 것은, 간의 길이 3단계에 이르면 견디기 어려울 정도로 몹시 힘든 상황에서는 어느 정도 벗어날 수 있다는 말이다. 앞서 1·2단계에서 굳게 버팀을 통해 최소한의 자기 입지를 확보할 수 있기 때문이다.

"마음을 훈훈하게 하라"는 말은 군자가 주변 사람들을 대하는 마음을 훈훈하게 하라는 뜻이다. 2효에서는 주변 사람들을 상대로 굳게 버티는 마음을 풀지 말라고 했다. 그 이유는 주변 사람들이 합당한 따름을 아직 받아들이지 않았기 때문이다. 그러다가 3효에 이르자 군자는 '등골을 펴는' 일정한 성과를 거두게 됐다. 그에 따라 군자가 주변 사람들을 상대로 굳게 버티던 마음을 풀고 훈훈하게 대하는 것이다.

종합적으로 3효사는 군자가 간의 길 3단계에 이르러 몹시 힘든 상황으로부터 어느 정도 벗어났다면 아주 만족스럽지는 않더라도 자신의 마음을 훈훈하게 풀어서 상대의 뜻을 어느 정도 받아들이라 조언한다. 이는 1·2·3효가 팔괘의 간艮을 이루는 괘상과 부합하는 흐름이다. 음이 놓이는 2단계까지 굳게 버팀으로써 최소한의 핵심 가치를 확보한 후 양이 오는 3단계에서는 굳게 버티는 태도를 어느 정도 완화하는 것이다(이에 대해서는 〈부록 4〉 참조).

六四 艮其身 无咎
육 사 간 기 신 무 구
음이 네 번째에 오니, 그 몸통에서 버티면 허물이 없으리라.

4효에는 다시 음이 온다. 그러므로 군자는 3효에서 잠시 완화하는

단계를 거친 후 4효에 이르면 다시금 자신의 뜻을 지키려 굳게 버티는 흐름을 재개해야 한다.

앞서 2단계에서는 장딴지에서 버티던 것이 4단계에 이르면 '몸통'으로 그 수준이 높아진다. 3단계에서 등골을 곧게 폈기 때문에 그 성과를 계승해 4단계에서는 보다 수준이 높은 몸통에서 굳게 버틸 수 있는 것이다.

六五 艮其輔 言有序 悔亡
육 오 간 기 보 언 유 서 회 망
음이 다섯 번째에 오니, 광대뼈에서 버티는 상이로다. 말에 순서가 잡히니 회悔가 사라지리라.

광대뼈는 말을 할 때 움직이는 부위다. 그러므로 광대뼈에서 굳게 지켜내는 것을, 말에 순서가 잡히는 것과 연결하고 있다. "말에 순서가 잡힌다"고 할 때 '순서[序]'는 '질서秩序'라는 용례에서 보듯 공동체에 올바른 질서가 확립되어감을 상징한다.

그동안은 공동체에서 줄곧 군자의 주변 사람들이 군자에게 이것을 해달라 저것을 해달라 말을 해왔고, 군자가 어떤 말을 하면 귀담아듣지 않았다. 이런 상황에서 군자가 산처럼 굳건히 버틴 결과, 이제 공동체에는 "말에 순서가 잡히고" 있다. 이는 군자의 주변 사람들이 자기 말보다 군자의 말을 들음이 먼저라는 것을 깨달아감을 상징한다.

이처럼 '말의 순서'를 '질서'와 연결한 관점은 탁월하다. 인간이 모인 공동체 또는 조직에서 빚어지는 혼란의 근원은 말의 순서가 잡히지 않는 것에 있기 때문이다. 《성경》에서 바벨탑이 무너진 것은 언어의 혼란 때문이었다. 오늘날에도 어떤 조직에서 누구의 말이 우선하는가 하는 말의 순서에 혼란이 초래되면 그 조직은 무너지고 말 것이다.

인간이 모인 조직에는 그 개념 정의상 '질서'가 있는데 이는 곧 누구의 말이 우선하는가를 정해놓은 것이라 할 수 있다. 인간은 말로 의사소통을 하는 존재이기 때문에 인간이 모인 조직은 결국 말을 통해 유지되고 운영되는 것이다. 결국 군자가 힘든 상황 속에서도 산처럼 버티며 흔들림 없이 간艮의 길을 걸어온 이유는 공동체에 말의 순서를 확립하려는 것이었다. 그 목표가 5단계에 이르러 비로소 달성되는 것이다.

그렇게 되면 주변 사람들의 마음에서 회悔가 사라질 것이라 한다. 앞서 군자가 굳게 버티면서 주변 사람들의 뜻을 들어주지 않는 과정에서 생겨났던 마음의 회悔가 사라지는 것이다.

이처럼 말의 순서가 잡혀 주변 사람들이 군자의 말을 진지하게 듣기 시작하면 공동체에 존재했던 혼란이 바로잡힐 것이다. 상황을 이렇게 개선할 수 있는 원동력은 군자가 계속 버티어낸 노력 덕분이다. "사람들이 내 말에 귀를 안 기울여준다"는 불평을 주변에서 자주 접하게 되는데, 주역은 이에 대해 "그건 당신이 자초한 것"이라 말하는 셈이다. 〈설괘전〉은 팔괘 중의 간艮괘를 설명하면서 "간艮에서는 말을 이루어낸다[成言乎艮]"(5장)고 적절히 풀이한다. "말을 이루어낸다"는 것은, 나의 말이 말로써 이 세상에서 작동하도록 만드는 것을 뜻한다. 나의 말이 '말이 아닌' 상황으로 떨어지지 않도록 하는 것이다. 〈설괘전〉의 관점에 따르면, 간艮에서 굳게 버팀으로써 나의 말을 말로써 이루어내는 것은 인간 세상을 움직이는 여덟 가지 기본 요소

하경

중 하나다. 사람들이 내 말에 귀를 안 기울이도록 방치했다면 여덟 가지 기본 요소 중 하나를 소홀히 한 것이다.

上九 敦艮 吉
상 구 돈 간 길
극상의 자리에 양이 오니, 돈독하게 버티는 상이로다. 길하리라.

"돈독하게 버틴다[敦艮]"는 것은, 군자가 자신의 뜻을 관철하고자 버티는 경우에도 아랫사람들과의 돈독한 관계가 깨지지 않도록 해야 한다는 말이다. 이를 상괘 간艮의 괘상으로 보면, 음이 놓인 4·5단계에서 굳게 버팀으로써 말의 순서가 잡히는 성과(핵심 가치)를 확보했으므로, 양이 오는 6단계에서는 굳게 버티던 태도를 재량껏 완화하는 것이다.

또한 간艮의 길이 6단계에 이르면 군자가 "돈간敦艮"의 경지에 오를 수 있다는 뜻이기도 하다. "돈간敦艮"의 경지는 군자가 자신의 뜻을 관철하고자 버티면서도 아랫사람들과의 돈독한 관계가 깨지지 않도록 할 수 있는 경지를 말한다.

간艮의 길에서는 6효에 이르러 처음으로 "길하다"는 평가가 주어진다. 이처럼 간의 길은 시간이 걸리고 인내를 요하는 길이라 할 수 있다. 6단계에 이를 때까지 계속 버텨내야 한다. 그래서 1효에서 "오래 정貞해야 이로울 것"이라 조언했던 것이다. 대신 "말에 순서가 잡히는" 질서를 공동체(또는 조직) 내에 확립할 수만 있다면 이후 큰 성과를 달성할 수 있을 것이다.

艮其背 不獲其身 行其庭 不見其人 无咎
간 기 배 불 획 기 신 행 기 정 불 견 기 인 무 구

그 등에서 버틴다면 그 몸통을 얻을 수 없으니, 그 정庭에서 행할 때 합당한 사람을 만날 수 없게 되리라. (그래도) 허물이 없기는 하리라.

背(배) 자는 기본적으로 신체의 등을 뜻하지만 '등지다, 배반하다'라는 뜻도 있다. 그러므로 "그 등에서 버틴다"는 말은, 군자가 자신의 뜻을 관철하고자 굳게 버티다가 주변 사람과 등지게 되는 상황에 처한 경우를 뜻한다. 보다 구체적으로는 간艮의 길이 6단계 "돈간敦艮"의 경지에 이르는 데 실패한 경우라고 할 수 있다. 간의 길은 굳게 버티되 완급 조절을 통해 자신의 뜻을 관철하면서도 주변 사람들과의 돈독한 관계가 깨지지 않도록 해야 하는데, 이에 실패한 경우인 것이다.

"행기정行其庭"에서 정庭은 왕의 궁정에 있는 정원을 가리킨다. 그러므로 "그 정庭에서 행한다[行其庭]"는 말은 '그 정원을 거닌다'는 뜻과 '그 정원에서 정사政事를 행한다'는 이중의 의미를 갖는다. 이처럼 괘사에 왕의 정원이 등장하는 이유는 간艮의 도가 치국의 길에 속하기 때문이다. 현재 군자는 왕으로서 치국의 길을 걷고 있는 중이므로 지금까지 살펴본 간의 도는 기본적으로 왕의 일에 해당하는 것이다. 다만 간의 도가 일반인에게도 폭넓게 적용될 수 있기에 그동안 굳이 왕을 언급하지는 않았다. 한편으로 이는 왕조차도 그 자신의 말이 먹히지 않는 상황에 빠질 수 있음을 뜻한다. 그러하니 일반인의 경우라면 오죽하겠는가.

이처럼 간艮의 도가 왕의 일에 해당한다는 점을 염두에 두면 괘사

를 이해할 수 있다. 왕이 간의 도를 행하다가 신하들과 등을 지는 상황에 빠지면 그 정사를 행할 때 합당한 인재를 얻지 못하게 된다는 뜻이다. 그럼에도 허물이 없을 것이라 평가하는 이유는, 왕의 말이 먹히지 않는 리더십 붕괴 상태를 그대로 방치할 수는 없기 때문이다. 설령 신하들과 등을 지게 되는 상황이 발생하더라도 왕의 리더십을 회복하는 것이 우선이기에 허물이 없으리라 평가하는 것이다.

　기본적으로 간艮의 괘사는 간의 도가 과잉의 단계에 이른 경우에 대해 말한다. 통상적인 경우라면 6단계에서 말할 내용인데, 간의 길은 6단계에서야 절정에 이르기 때문에 효사에서는 말하지 못하고 지나갔다. 이에 점인들이 괘사에다 그 내용을 보충해 집어넣은 것이다.

점漸 : 귀매歸妹

점진적으로 높여가며 협상을 주도하는 길과

불리한 조건을 감수하는 길

점漸 점진적으로 높여가며 협상을 주도하다

漸 女歸 吉 利貞
점 여 귀 길 이 정

점漸의 길은 여자가 시집으로 와야 길하리라. 정貞하는 것이 이로우리라.

初六 鴻漸于干 小子 厲 有言 无咎
초 륙 홍 점 우 간 소 자 려 유 언 무 구

처음에 음이 오니, 큰 기러기가 물가로 나아가는 상이로다. 소자小子라면 위태로우리라. 말이 나겠지만 허물은 없으리라.

六二 鴻漸于磐 飲食衎衎 吉
육 이 홍 점 우 반 음 식 간 간 길

음이 두 번째에 오니, 큰 기러기가 반석으로 나아가는 상이로다. 음식을 즐기고 즐기니 길하리라.

九三 鴻漸于陸 夫征不復 婦孕不育 凶 利禦寇
구 삼 홍 점 우 륙 부 정 불 복 부 잉 불 육 흉 이 어 구

양이 세 번째에 오니, 큰 기러기가 육지로 나아가는 상이로다. 지아비가 정征하러 가서 돌아오지 않으면, 부인이 잉태해서 기르지를 않으리니 흉하리라. 적의 침범을 방어하는 것이 이로우리라.

六四 鴻漸于木 或得其桷 无咎
육 사 홍 점 우 목 혹 득 기 각 무 구

음이 네 번째에 오니, 큰 기러기가 나무로 나아가는 상이로다. 혹 서까래같이 튼튼한 나뭇가지를 얻는다면 허물은 없으리라.

九五 鴻漸于陵 婦三歲不孕 終莫之勝 吉
구 오 홍 점 우 릉 부 삼 세 불 잉 종 막 지 승 길
양이 다섯 번째에 오니, 큰 기러기가 언덕으로 나아가는 상이로다. 부인이 3년이 지나도 잉태하려 하지 않으나 종국에는 이길 수 없으리니 길하리라.

上九 鴻漸于陸 其羽可用爲儀 吉
상 구 홍 점 우 륙 기 우 가 용 위 의 길
극상의 자리에 양이 오니, 큰 기러기가 육지로 나아가는 상이로다. 그 깃털이 가히 법식으로 삼을 만하니 길하리라.

주역의 괘서卦序로 보면, 앞서 간艮의 길이 6단계에서 절정에 오름으로써 치국治國의 도가 완성된다. 군자가 손損(41)에서 간艮(52)까지 이어지는 열두 길을 답파함으로써 나라를 건국하고 왕으로서 내치를 안정시켜낸 것이다. 그러므로 이제는 군자가 외치外治에 나서 평천하平天下의 길을 걸을 때가 되었다. 주역은 왕으로서 군자가 외치에 나섰을 때 첫 번째로 마주치는 갈림길이 점漸과 귀매歸妹의 길이라 말한다.

漸(점)은 '점점, 차츰'이라는 부사로서의 뜻과 '점진적으로 나아간다'는 동사로서의 뜻을 갖는다. 〈서괘전〉은 "점漸은 진進이다[漸者 進也]"라고 하여, 괘명 점漸이 進(진)을 의미한다고 풀이한다. '점진적漸進的으로 나아간다'는 뜻으로 본 것이다.

점漸의 길이 어떤 경우인지 이해하려면 대대를 이루는 귀매歸妹의 길과 견주어보는 것이 필수다. 귀매의 길은 타국과 협상할 때 군자가 객관적으로 불리한 상황에 놓여 있어서 다소 손해를 보는 조건일지라도 그대로 받아들여 일을 성사해야 하는 경우를 가리킨다. 주역은 이런 경우를 혼주로서는 아직 젊은 군자가 누이동생을 타국의 왕에게 시집보내 혼인동맹을 맺는 상황에 비유해 설명한다. 이에 비해 점

의 길은 군자가 타국과 혼인동맹을 맺을 때 형편에 보다 여유가 있어 가장 유리한 조건으로 동맹을 성사하려고 상황을 주도하면서 점진하는 경우에 해당한다. 주역은 이를 군자가 장가를 가는 것에 비유해 설명한다. 이렇게 해서 '점'과 '귀매'가 서로 대대를 이루는 것이다.

初六 鴻漸于干 小子 厲 有言 无咎
초 륙 홍 점 우 간 소 자 려 유 언 무 구

처음에 음이 오니, 큰 기러기가 물가로 나아가는 상이로다. 소자小子라면 위태로우리라. 말이 나겠지만 허물은 없으리라.

큰 기러기는 별명이 '양조陽鳥'로 불릴 만큼 양 기운의 상징으로 쓰이는 새다. 양조인 큰 기러기는 군자를 상징한다. 또한 기러기는 암컷이 수컷을 따르는 새여서 전통시대의 혼례에서 처가 지아비를 따르는 상징으로 사용되었다. 신랑이 신붓집에 가서 맨 처음 행하는 것이 전안례奠雁禮인데, 신랑 측이 들고 온 기러기를 신부 측에 전달함으로써 혼례가 공식적으로 시작되는 것이다. 그러므로 "기러기가 ~로 나아간다"는 말은, 혼례를 올리자고 제안하는 의미로 볼 수 있다.

干(간)은 '물가'의 뜻으로 쓰였다.[29] 기러기는 물이 삶의 터전이므로 물가는 물을 벗어난 기러기가 첫발을 내딛는 곳이며, 기러기에게는 가장 익숙하고 편안한 공간이다. 점漸의 길 1단계에서 기러기로 상징된 군자는 물가로 나아가 상대에게 이곳에서 혼례를 올리자고 제안하는 것이다. 물가는 기러기에게 가장 편안한 공간이므로, 군자가 물가에서 혼례를 올리자고 제안하는 것은 가장 유리한 조건으로 혼인동맹을 맺으려 하는 것이다. 반면 상대는 3효에 등장하는 '육지

[陸]'로부터 왔기 때문에, 이런 제안은 상대 입장에서는 가장 박한 조건을 제안받은 것이다. 이는 상황의 주도권이 군자에게 있기 때문에 우선 가장 낮은 조건을 제시한 것이다.

"소자小子"는 앞서 수隨(17)의 2효사에도 등장했는데, '아직은 남 밑에서 더 배워야 하는 사람'을 가리킨다. 이에 비해 '소인小人'은 경험의 유무에 따른 개념이 아니므로 '소자'와는 구분된다.

"소자小子라면 위태로우리라"고 말하는 것은, 협상을 이끌어가는 군자에게 경험과 노련미가 부족할 경우 위태로울 수 있다는 뜻이다. 1단계에서는 먼저 가장 낮은 조건을 제시하는 것이기에, 노련미가 부족할 경우 상대의 감정을 상하게 하는 등으로 해서 협상을 위태롭게 만들 수 있기 때문이다. 그 결과 말은 나겠지만 허물은 없을 것이라 한다. 이에 대해 〈상전〉은 다음과 같이 풀이한다. "소자小子의 위태로움은 의義로는 허물이 없는 것이다[小子之厲 義无咎也]." 군자가 소자일 경우 경험과 지식이 부족하기에 협상에서 위태로움을 초래할 순 있지만 의에 어긋나는 점은 없기에 허물로 남지는 않는다는 말이다.

이처럼 군자가 구설수에 오를 위험까지 감수하면서 박한 조건을 제시하는 이유는, 협상 주도권이 군자에게 있기 때문이다. 군자는 자신의 주도권을 최대한 활용해 가장 유리한 조건으로 협상을 성사하려는 것이다.

六二 鴻漸于磐 飲食衎衎 吉
육 이 홍 점 우 반 음 식 간 간 길

음이 두 번째에 오니, 큰 기러기가 반석으로 나아가는 상이로다. 음식을 즐기고 즐기니 길하리라.

반석은 물가에 존재하는 넓은 바위를 가리킨다. 1단계에서 기러기가 혼례 장소로 제안한 물가는 습한 곳이어서 기러기에게는 편안한 곳이지만, 뭍에서 온 상대에게는 편안한 곳이 못 된다. 그러므로 기러기가 근처에 있는 넓은 바위로 올라간다는 것은, 군자가 조금 양보해서 상대에게 조금은 나은 조건을 제시하는 것이다.

그럼에도 여전히 물가 지역을 고수하고 있다는 점에서 2단계의 조건 역시 군자에게 유리한 것이다. 이는 점漸의 하괘가 간艮괘라는 점에서 끌어낼 수 있는 해석이다. 간괘는 2단계까지 굳게 버팀으로써 2단계에서 핵심 가치를 확보함을 상징하기 때문이다.

"음식을 즐기고 즐긴다"는 것은 2단계에서 혼례를 올림을 상징하는 표현이다. 아울러 그 혼례의 조건이 군자에게 만족스러움을 상징한다. 이에 대해 〈상전〉은 다음과 같이 풀이한다. "음식을 즐기고 즐기는 것은 본디 그렇게 배부를 수 있는 것이 아니다[飮食衎衎 不素飽也]." 혼례의 조건이 군자에게 만족스러운 것은 본디 그렇게 될 수 있는 것이 아니라 군자의 특별한 노력이 있었기 때문이라는 것이다. 그 원동력은 앞서 1단계에서 기준을 박하게 낮춰놓은 데에 있다. 1단계에 비해서는 좀 더 나은 조건을 2단계에서 제시하자 혼인동맹의 상대 측에서 이를 받아들여 혼례를 치르는 것이다.

九三 鴻漸于陸 夫征不復 婦孕不育 凶 利禦寇
구 삼 홍 점 우 륙 부 정 불 복 부 잉 불 육 흉 이 어 구

양이 세 번째에 오니, 큰 기러기가 육지로 나아가는 상이로다. 지아비가 정征하러 가서 돌아오지 않으면, 부인이 잉태해서 기르지를 않으리니 흉하리라. 적의 침범을 방어하는 것이 이로우리라.

점漸의 길 3단계에서는 큰 기러기가 물가의 반석에서 벗어나 신부 측의 본거지인 육지로 나아가고 있다. 전통시대의 혼인 풍습으로는 지아비가 일정 기간 신부 쪽 집으로 옮겨가 처가살이를 해야 한다. 그에 따라 군자가 처가살이를 위해 옮겨가는 것이다.

그런데 이때 "지아비가 정征하러 가서 돌아오지 않으면, 부인이 (아이를) 잉태해서 기르지를 않으리니 흉할 것"이라 말한다. 주역의 시대는 전쟁이 일상다반사이던 시절이어서 각 가문은 자신들의 생존을 위해 혼인동맹이 필수였다. 만약 군자가 아이를 낳지 않은 상태에서 전쟁에 나섰다가 전사해 돌아오지 못하면 신부 측 가문은 새로운 혼인동맹을 구하는 것이 당시에는 자연스러운 일이었다. 반면 군자와 부인이 아이를 낳았다면 군자가 전사하더라도 부인의 가문은 군자의 후계자인 아이를 위해 동맹에 계속 충실하게 된다.

그에 따라 부인이 아직 아이를 낳지 않았다면 적의 침범을 방어하는 정도로만 동맹 상대에게 협조할 일이지, 적극적으로 정征하러 나아가지는 말라고 주역이 조언하는 것이다. 〈상전〉은 이에 대해 다음과 같이 풀이한다. "이로운 것은 적의 침범을 방어하는 것이라는 말은, 순리대로 서로 지켜주는 것이다[利用禦寇 順相保也]." 서로 지켜주는 것이 혼인동맹의 기초이기 때문에 그처럼 적의 침범을 방어하는 정도로도 동맹의 순리를 다한 것이라는 말이다.

이런 내용은 괘상과도 들어맞는다. 점漸의 하괘 간艮은 굳게 버팀으로써 2단계에서 핵심 가치를 확보한 후 3단계에서는 상대의 청을 조금 들어주는 것이다. 이때 주의할 점은 핵심 가치를 훼손해서는 안된다는 점인데, 점의 길에서 군자는 이에 부합하게 행동한다.

六四 鴻漸于木 或得其桷 无咎
육사 홍점우목 혹득기각 무구

음이 네 번째에 오니, 큰 기러기가 나무로 나아가는 상이로다.
혹 서까래같이 튼튼한 나뭇가지를 얻는다면 허물은 없으리라.

점漸의 길 4단계에서는 큰 기러기가 육지[陸]에서 물러나 나무로
옮겨가고 있다. 이는 군자가 처가살이를 짧게 끝내기 위해 처가로부
터 분가하는 상황에 해당한다.

이후 5단계에서 군자의 본거지로 다시 돌아가게 되는데, 이에 앞
서 나무로 옮겨가는 4단계는 일종의 과도기를 거치는 것이라고 할
수 있다. 나무는 새인 큰 기러기에게 땅인 육지보다는 좀 더 나은 환
경인데, 그럼에도 육지에 있긴 하므로 부인의 입장에서도 받아들일
수 있는 조건이다.

"혹 서까래같이 튼튼한 나뭇가지를 얻는다면 허물은 없으리라"는
구절에 대해 〈상전〉은 이렇게 풀이한다. "혹 서까래같이 튼튼한 나
뭇가지를 얻는다는 것은, 순리로써 공손히 대하는 것이다[或得其桷
順以巽也]." 여기서 공손히 대한다[巽]는 말은 괘상에서 점의 상괘가
손巽을 이루는 것과 관련이 있다. 손巽의 도는 그 시작점인 음효에서
는 순리에 따름으로써 자기주장을 유보한 후, 이어지는 양효에서 자
기주장을 펼치기 때문이다. 이처럼 점의 길 4단계에서는 군자가 자
기주장을 유보한 채 순리로써 공손하게 대하고 있기 때문에 허물이
없을 것이라는 말이다.

九五 鴻漸于陵 婦三歲不孕 終莫之勝 吉
구 오 홍 점 우 릉 부 삼 세 불 잉 종 막 지 승 길

양이 다섯 번째에 오니, 큰 기러기가 언덕으로 나아가는 상이
로다. 부인이 3년이 지나도 잉태하려 하지 않으나 종국에는 이
길 수 없으리니 길하리라.

5단계에서 큰 기러기는 나무를 떠나 언덕으로 나아간다. 언덕[陵]
은 앞서 진震(51)의 길 2효에서 살펴봤듯 '자신의 출신지'인 고향을
상징하는 표현이다. 즉 점漸의 길 5단계에서 군자는 부인을 데리고
자신의 출신지로 돌아가는 것이다.

그러고 나서 군자는 자신이 혼인을 맺은 목적인 자식을 보려고 노
력하는데, 부인이 3년이 지나도 잉태하려 하지 않는다. 그 이유는 군
자에 대한 불만 때문이다. 지금까지 걸어온 점漸의 길을 돌아보면 부
인이 군자에게 불만을 품는 것도 당연하다 할 수 있다. 앞서 3단계에
서 군자가 부인의 본거지인 육지[陸]로 옮겨서 처가살이를 하긴 했지
만, 방어만 도왔을 뿐 적극적인 공격(정征하는 것)에 나서는 것은 거부
했다. 그러더니 5단계에 이르자 자신의 출신지로 돌아가자고 강권하
는 것이다. 4단계와 달리 5단계에 양효가 놓인 것은, 군자가 부인의
의사를 거스르고 적극적으로 복귀를 주장함을 반영한다. 앞서 4단계
의 나무 정도라면 부인 입장에서도 받아들일 수 있는 조건이지만, 군
자의 출신지로 완전히 돌아감으로써 친정과 멀어지는 것은 부인이
원하는 바가 아니기 때문이다. 그에 따라 군자에 대한 불만을 가진
부인이 3년이 지나도 잉태하려 하지 않는 것이다.

하지만 주역은 군자가 포기하지 않고 계속 공을 들이면 결국 부인
이 고집을 꺾고 군자의 뜻을 따라 잉태하게 될 것이라 말한다. 그 이

유는 우선 3단계에서 군자가 적극적으로 나아가 정征하는 것을 거부
하긴 했지만, 적의 침범을 방어하는 정도로도 동맹의 순리는 다한 것
이기 때문이다. 괘상으로 보면 3·4·5효가 리離괘를 이루고 있기도
하다. 이는 5단계에서 군자와 부인이 도달한 타협점이 양자 사이에
새로운 규범으로서 타당한 것이라는 의미가 된다. 그에 따라 부인이
승복하고서 아이를 낳는 것이다. 5효사의 말미에 "길하다"는 점사가
붙은 것은 군자가 원하는 바를 달성한다는 뜻이다.

上九 鴻漸于陸 其羽可用爲儀 吉
상 구 홍 점 우 륙 기 우 가 용 위 의 길
극상의 자리에 양이 오니, 큰 기러기가 육지로 나아가는 상이
로다. 그 깃털이 가히 법식으로 삼을 만하니 길하리라.

6단계에서 군자는 다시 한번 육지로 나아간다. 단 이때 나아감은
부인과 함께 거처를 옮기는 것이 아니라 혼인동맹인 처가를 돕기 위
해 군자가 출병하는 것을 말한다. 부인은 앞서 5단계에서 시집(군자
의 본거지)으로 옮겼고, 또 거기서 아이를 낳았기 때문에 이제 완전히
시집의 일원이 된 상태다.

그리고 이번에는 군자가 적의 침범을 방어하는 정도에만 그치는
것이 아니라 적극적인 공격(정征하는 것)도 주저하지 않는다. 이제는
부인이 자신의 아이를 낳았으므로 자신이 전사하더라도 부인의 가문
이 동맹에 계속 충실할 것임을 믿을 수 있기 때문이다. 이는 군자의
가문과 처가가 명실상부한 공동운명체가 되었음을 뜻한다. 군자와
부인이 아이를 낳음으로써 시집과 처가가 진정한 가족을 이룬 것이

며, 가인家人(37)의 도를 달성한 것이다.

6단계에서 군자가 육지로 나아가자 앞서 3단계에서와 달리 처가 쪽 사람들부터도 찬탄과 존경을 받는다. "그 깃털이 가히 법식으로 삼을 만하다"는 표현이 그런 정황을 상징한다. 고대에 새의 깃털은 신분과 지위를 상징하는 표상이었다. 고구려의 귀족들이 깃털 달린 모자인 조우관鳥羽冠을 썼던 사례 등이 이에 해당한다. 점의 길은 이렇게 6단계에 이르러 군자의 깃털이 가히 법식으로 삼을 만하다는 찬탄을 상대측으로부터도 이끌어내면서 절정에 이른다.

漸 女歸 吉 利貞
점 여귀 길 이정
점漸의 길은 여자가 시집으로 와야 길하리라. 정貞하는 것이 이로우리라.

歸(귀)의 자형을 보면, 追(따라가다 추)의 변형과 婦(부인 부)의 생략형인 帚(추)로 이루어져 있다. "부인이 (남편을) 따라간다"는 뜻이다. 고대에는 남자가 혼인하면, 처가에서 일정 기간 살며 노동을 제공한 후에야 부인을 데리고 자기 집으로 돌아갔다. 여기서 '돌아가다'는 뜻과 '시집가다'의 뜻이 같이 나온 것이다.

"여자가 시집으로 와야 길하다"는 말은 5효와 6효의 상황을 가리킨다. 점의 길은 이처럼 5·6효의 상황을 이끌어내야 길하다는 뜻이다.

점漸의 길은 서두에서 살펴봤듯 혼인동맹을 맺을 때 군자의 형편에 보다 여유가 있기 때문에 군자가 상황을 주도하면서 점진적으로 조건을 제시한 끝에 가장 유리한 조건으로 혼인동맹을 체결하는 길이다.

그렇게 해서 여자가 시집으로 오도록 해야 길할 것이라는 말이다.

　지금까지 걸어온 점漸의 길을 돌아보면 군자가 자기에게 유리한 상황을 적극 활용해 동맹의 조건을 자기 뜻대로 이끌었다. 하지만 최종 결과는 양자 모두를 만족시키고 있음을 주목할 필요가 있다. 만약 군자가 3단계에서 동맹 상대방의 요청에 휘둘려서 적극적으로 정征하러 나갔다면 어떻게 되었을까? 그랬다면 군자는 돌아오지 못했을 것이며, 그에 따라 부인은 아이를 낳아 기를 수 없었을 것이니 최종적으로 양자 모두에게 흉한 결과가 되었을 것이다. 군자와 부인의 세력이 혼인동맹을 맺고 나서 아이를 낳아 기른다는 것은 단지 후계자의 출산만을 의미하는 것은 아니며 동맹의 세력을 더욱 강화하는 성과를 거둔다는 함의가 있다. 그러므로 그 이전인 3단계에서라면 적극적인 공격(정征하는 것)에 나설 것이 아니라, 적의 침범을 방어하는 동시에 아이를 낳아 기름으로써 세를 보다 키움이 올바른 전략이었던 것이다. 결국 5단계에 이르러 아이를 낳아 기름으로써 세를 보다 강화했고, 이를 바탕으로 재차 육지로 나아가 처가를 도움으로써 큰 성과를 거둘 수 있었던 것이다.

　결국 군자는 도道의 길을 가려고 노력하는 사람이니, 그가 동맹 세력의 불만을 초래하면서까지 적극적으로 상황을 주도한 것은, 그 방향이 최종적으로 올바른 전략이며 모두에게 도움이 되는 길이라고 판단했기 때문이다. 점漸의 길에서 3단계와 5단계의 상황은 부인 입장에서는 대단히 불만스러운 것이었다. 하지만 6단계에 이르고 보니 상황이 달리 보인다.

　6효사에서 큰 기러기(군자)의 깃털이 가히 법식으로 삼을 만하다고 한 것은, 군자에게 더없이 적절한 찬사다. 부인이 3년이 지나도 잉

　　　　　　　　　　　　　　　　　　　하경

태하려 하지 않을 정도로 불만인 상황을 초래했다면 이는 군자에게 수치스러운 상황이라고 할 수 있다. 하지만 군자는 당장의 수치를 감수하면서 심모원려의 길을 묵묵히 걸어간 것이다. 그리고 끝내는 군자의 깃털이 가히 법식으로 삼을 만하다는 찬탄을 상대측으로부터도 이끌어내는 것이다. 이러한 점漸의 길은 군자의 처신이 어떠해야 하는지를 잘 보여주는 길이라고 할 수 있다.

귀매歸妹 불리한 조건을 감수하다

䷵

歸妹 征 凶 无攸利
_{귀 매 정 흉 무 유 리}

귀매歸妹의 길에서 정征하는 것은 흉하리라. 이로울 바가 없다.

初九 歸妹以娣 跛能履 征 吉
_{초 구 귀 매 이 제 파 능 리 정 길}

처음에 양이 오니, 누이동생을 작은 부인으로 시집보내는 상이로다. 절름발이라도 능히 밟아나갈 수 있으니 정征하면 길하리라.

九二 眇能視 利幽人之貞
_{구 이 묘 능 시 이 유 인 지 정}

양이 두 번째에 또 오니, 애꾸눈이라도 능히 볼 수 있는 상이로다. 유인幽人의 정貞함을 지녀야 이로우리라.

六三 歸妹以須 反歸以娣
_{육 삼 귀 매 이 수 반 귀 이 제}

음이 세 번째에 오니, 누이동생을 시집보내려는데 '모름지기'로써 해야 하는 상이로다. 작은 부인으로 시집보내려던 것을 뒤집는다.

九四 歸妹愆期 遲歸有時
_{구 사 귀 매 건 기 지 귀 유 시}

양이 네 번째에 오니, 누이동생을 시집보냄에 기일을 지나치는 상이로다. 시집보내기를 늦추는 것은 때가 있기 때문이다.

六五 帝乙歸妹 其君之袂 不如其娣之袂 良 月幾望 吉
_{육 오 제 을 귀 매 기 군 지 몌 불 여 기 제 지 몌 량 월 기 망 길}

음이 다섯 번째에 오니, 제을이 누이동생을 시집보내는 상이로다. 그 군부인의 소매가 그 작은 부인의 소매만 같지 못해도 좋은 상이로다. 달이 거의 보름에 찼으니 길한 것이다.

上六 女 承筐无實 士 刲羊无血 无攸利
상 륙 여 승 광 무 실 사 규 양 무 혈 무 유 리

극상의 자리에 음이 오니, 여자가 광주리를 이어도 담긴 과실이 없고, 사내가 양을 찔
러도 피가 나오지 않는 상이로다. 이로울 바가 없으리라.

　歸妹(귀매)에서 歸(귀)는 앞서 점漸괘에서 살펴봤듯 '시집가다(보내
다)'라는 뜻으로 쓰였다. 妹(매)는 '누이동생'을 뜻하니, 괘명으로 사
용된 '귀매歸妹'는 '누이동생을 시집보낸다'는 뜻이다. 문제는 '누이
동생을 시집보낸다'는 말이 함축한 의미, 주역이 귀매의 길을 통해
우리에게 전하고자 하는 메시지가 무엇인가 하는 점이다.

　우선 '누이동생을 시집보낸다'는 말은, 혼사를 추진하는 혼주가 아
직 젊다는 것을 뜻한다. 혼주의 나이가 많다면 딸의 혼사를 추진할
것이다. 누이동생은 이미 시집을 간 상황일 것이기 때문이다. 혼주가
젊다는 것은, 혼주의 세력이 아직 강하지 못함을 암시한다. 세력이란
연륜과 더불어 커지기 때문이다. 그래서 누이동생의 혼사를 추진하
는 혼주는 혼인(동맹 관계의 수립)에서 불리한 조건을 감수할 수밖에
없다. 상황을 이렇게 볼 때라야 귀매歸妹의 괘효사 전체를 합리적으
로 이해할 수 있다.

　앞서 점漸의 길은 군자가 협상의 상대보다 유리한 위치에 있을 때
이를 십분 활용해 상황을 주도하면서 협상에서 최대한 이로운 결과
를 끌어내는 길이었다. 이에 비해 귀매歸妹는 군자가 협상의 상대보
다 불리한 위치에 있을 때 다소 손해를 보는 조건일지라도 이를 받아
들여 일을 진행해야 하는 경우에 대해 말한다. 점의 길이 유리한 상
황에서 성과를 극대화하는 협상의 기술에 대해 말한다면, 귀매의 길
은 불리한 상황에서 피해를 최소화하는 길이라고 할 수 있다.

주역이 외치에 나선 군자가 첫 번째로 마주치는 갈림길이 점漸과 귀매歸妹라고 판단한 것은 그럴 법하다. 인생을 살다 보면 누구나 점과 귀매의 갈림길을 마주하게 된다. 두 길이 갈림길을 이룬다는 것은, 어떤 협상을 마주했을 때 가장 먼저 할 일은 내가 주도할 수 있는 '점'의 길인지, 수습에 의미를 둬야 하는 '귀매'의 길인지를 판단해야 한다는 뜻이다. 만약 그 길이 귀매의 길이라면 피해를 최소화하는 것에 주안점을 두고 사태를 빨리 수습해야 한다. 역량의 차이는 점의 길보다도 귀매의 길에서 판가름 나는 것이 아닌가 한다.

初九 歸妹以娣 跛能履 征 吉
초 구 귀 매 이 제 파 능 리 정 길
처음에 양이 오니, 누이동생을 작은 부인으로 시집보내는 상이로다. 절름발이라도 능히 밟아나갈 수 있으니 정征하면 길하리라.

娣(제)는 오늘날 손아래 누이나 손아래 동서를 가리키는 표현으로 사용하고 있지만, 고대에는 다른 의미를 가지고 있었다. 고대에는 왕이나 제후, 대부大夫의 아내로 출가하는 여자가 그의 여동생을 데리고 가서 함께 부인이 되는 결혼 풍습이 있었다. 이를 '제잉제娣媵制'라 하는데, 이때의 '제娣'는 언니를 따라 함께 출가해서 작은 부인이 되는 여동생을 지칭하는 표현이었다. 그러므로 1효사에 쓰인 제娣 역시 고대의 용례에 따라 '작은 부인'의 의미로 쓰인 것이다.

누이동생의 혼사를 추진하는 혼주는 아직 젊기 때문에 세력이 강하지 못하다. 군자가 혼인동맹을 맺기를 바라는 상대국의 세력이 군자의 세력보다 더 큰 것이다. 그러므로 군자의 누이동생을 자신보다 더 상위에 있는 나라 왕의 '작은 부인'으로 시집보내려는 것이다. 불리한 혼인 조건(동맹 조건)을 받아들이는 것인데, 대신 이를 통해 자신보다 더 큰 세력과 튼튼한 동맹 관계를 맺으려는 것이다.

"파능리跛能履"는 리履괘(10) 3효사에 이미 등장했던 표현이다. 절름발이라도 능히 밟아나갈 수 있을 만큼 쉽고 확실한 상황임을 상징한다. 군자가 자신의 누이동생을 작은 부인으로 시집보내기로 결정한 이상 혼인에 있어 가장 커다란 조건을 양보한 것이므로, 이렇게 양보해서 동맹을 맺는 것은 아주 쉽게 할 수 있는 일이라는 말이다.

그에 따라 주역은 "정征하면 길할 것"이라 말한다. 그런데 이때 '왕往'이 아니고 '정征'을 쓴다는 점에 유의할 필요가 있다. '혼사를 그대로 진행하는 것이 길하다'는 의미라면 '정征'이 아니라 '왕往'으로 써야 한다. 그렇지 않고 '정征'을 쓴 것은 '무엇인가를 적극적으로 바로잡으라'는 의미가 된다. 이를 종합해서 보면, 군자가 동맹 조건을 협상함에 있어 가장 큰 조건을 양보한 이상 나머지 여러 작은 조건들에 대해서는 적극적으로 주장해서 군자에게 유리하도록 바로잡으라는 의미로 보인다.

이는 협상이나 거래의 일반 원칙에 비추어볼 때 타당하다. 협상이나 거래에서 큰 양보를 했다면 그 대가로 얻는 것도 있어야 한다. 상대방 나라가 군자의 왕국보다 우위에 있긴 하지만 세상에 '전부'나 '전무'는 없는 법이기 때문이다. 이에 대해 〈상전〉은 다음과 같이 풀이한다. "절름발이라도 능히 밟아나갈 수 있으니 길하리라는 것은, 서로를 받들기 때문이다[跛能履吉 相承也]." 협상의 양 당사자가 서로를 받들고 있기 때문에, 상대가 자신이 원하는 가장 큰 것을 얻은 이상 다른 사항에 대해서는 양보할 생각이 있는 법이며 그에 따라 길하리라는 것이다. 그러므로 큰 조건을 양보한 군자는 이런 상황을 잘 활용할 수 있어야 하기에 주역이 이에 대해 충고하는 것이다. 귀매歸妹의 길이 불리한 상황에서 걸어가는 길이라고 해서 무조건 끌려가기만 하는 것이 아닌 셈이다.

九二 眇能視 利幽人之貞
구 이 묘 능 시 이 유 인 지 정
양이 두 번째에 또 오니, 애꾸눈이라도 능히 볼 수 있는 상이로다. 유인幽人의 정貞함을 지녀야 이로우리라.

"묘능시眇能視" 역시 리履괘(10) 3효사에 등장했던 표현이다. 애꾸눈이라도 능히 볼 수 있을 만큼 쉽고 확실한 상황임을 상징한다.

"유인幽人" 역시 리履괘 2효사에 등장했던 표현이다. 속세를 떠나 조용히 살면서 남들과 다툼을 빚지 않는 사람을 가리킨다. 그에 따라 "유인의 정貞함"이란 속세를 떠나 조용히 사는 사람처럼 남들과 다툼을 빚지 말고 자중하는 모습을 갖추라는 뜻이다(〈부록 3〉 참조). 귀매歸妹의 길 2단계에 이런 조언이 등장하는 이유는 앞서 1단계에 비해 시간이 흘렀기 때문이다. 모든 일에는 때가 있는 법인데 시간이 흘렀기 때문에 부수적 조건들을 협상하느라 시간을 더 끌다가는 자칫 때를 놓치는 우를 범할 수 있으므로 "유인幽人의 정貞함을 지녀야 이로우리라"고 조언하는 것이다. 부수적 조건들을 협상할 때 스스로 분란을 만들지 말고 서둘러 타결해야 이롭다는 뜻이다.

그에 따라 2효사를 1효사와 대조했을 때 "정征하면 길할 것"이라는 점사가 없기도 하다. 역시 부수적 조건들을 협상하느라 시간을 더 끌지 말라는 취지다. 귀매歸妹의 길에서 시간은 군자의 편이 아닌 것이다. 그럼에도 주역은 지금이라도 원래의 의도대로 작은 부인으로 시집보내는 것이 이로우니 그렇게 하라고 조언한다.

六三 歸妹以須 反歸以娣
육 삼 귀 매 이 수 반 귀 이 제

음이 세 번째에 오니, 누이동생을 시집보내려는데 '모름지기'로써 해야 하는 상이로다. 작은 부인으로 시집보내려던 것을 뒤집는다.

군자가 앞서 2단계에서도 혼인동맹 협상을 타결 짓지 못했을 경우 귀매歸妹의 길은 3단계에 이르게 된다. 그런데 3효에는 지금까지와 달리 음이 온다. 이는 기존 1·2단계 양효에서 이어오던 흐름과 크게 달라지는 상황 변화가 있음을 상징한다.

須(수)는 '모름지기 수'로 비賁(22)의 길 2효에 등장했던 표현인데, '모름지기'란 '사리를 따져 보건대 마땅히'라는 뜻이다. 그러므로 "누이동생을 시집보내려는데 '모름지기'로써 해야 한다"는 것은, 이제 3단계에서서라면 사리의 마땅함을 따져봐야 한다는 뜻이다. 이에 대해 〈상전〉은 이렇게 풀이한다. "누이동생을 시집보내려는데 모름지기로써 해야 한다는 말은, 합당하지 않다는 뜻이다[歸妹以須 未當也]." 이제 3단계에서서라면 누이동생을 작은 부인으로 시집보내는 조건이 합당하지 않다는 것이다.

그 이유는 이제는 적정한 '때'가 지나가버렸기 때문이다. 앞서 1·2단계에서서라면 군자의 누이동생을 작은 부인으로 시집보내는 불리한 조건을 감수하더라도 대신 빨리 동맹을 체결하고 군자가 그 동맹세력을 동원함으로써 원하는 성과를 달성할 수 있는 상황이었다. 그에 비해 3단계에서는 동맹 체결의 시기가 늦어져버렸기 때문에 작은 부인으로 시집보내는 조건으로는 군자가 원하는 성과를 달성할 수 없게된 것이다. 그에 따라 군자는 누이동생을 "작은 부인으로 시집보내려던 것을 뒤집"기에 이른다.

九四 歸妹愆期 遲歸有時
구 사 귀 매 건 기 지 귀 유 시
양이 네 번째에 오니, 누이동생을 시집보냄에 기일을 지나치는 상이로다. 시집보내기를 늦추는 것은 때가 있기 때문이다.

앞서 3단계에서 군자는 1~3효에 걸쳐 진행해온 혼인동맹 협상을 포기하는 결정에 이르렀는데, 이어지는 4단계에서는 다른 혼처를 두고 협상을 서두르는 일 없이 누이동생을 시집보내는 기일을 지나치고 있다. 〈상전〉은 이에 대해 다음과 같이 풀이한다. "기일을 지나치는 뜻은, 대우함이 있을 때 행하려는 것이다[愆期之志 有待而行也]." 이제는 제대로 대우해주는 곳이 나타날 때 행하고자 기일을 지나친채 기다린다는 말이다. 이에 대해 주역 스스로도 "시집보내기를 늦추는 것은 때가 있기 때문이다"라고 말한다.

1·2효에서 군자가 누이동생을 작은 부인으로 시집보내는 불리한 조건을 감수하려 했던 것은, 그런 양보를 통해 서둘러 동맹을 체결하고 그를 통해 달성할 수 있는 성과가 있었기 때문이다. 그런데 그와 같은 효과를 거둘 수 있는 적절한 '때'가 지나가버렸다면 더 이상 불리한 조건을 감수할 이유가 없다. 그에 따라 군자는 그동안 진행해온

혼인동맹 협상을 포기하고 새로이 적절한 기회를 기다리기로 하는 것이다. 이는 군자가 불리한 위치에서 피해를 최소화하기 위한 길을 모색하는 상황에서도, 상황에 일방적으로 끌려다니지 않고 자기 중심을 잡아 냉철히 상황을 판단함을 보여주는 것이다.

> **六五 帝乙歸妹 其君之袂 不如其娣之袂 良 月幾望 吉**
> 육 오 제 을 귀 매 기 군 지 몌 불 여 기 제 지 몌 량 월 기 망 길
> 음이 다섯 번째에 오니, 제을이 누이동생을 시집보내는 상이로다. 그 군부인의 소매가 그 작은 부인의 소매만 같지 못해도 좋은 상이로다. 달이 거의 보름에 찼으니 길한 것이다.

"제을귀매帝乙歸妹"는 태泰괘(11) 5효사에 등장했던 표현이다. 은나라의 천자인 제을은 자기 누이동생을 누구에게 시집보내든 자기보다 지위가 낮은 이에게 시집보내게 된다.[30] 은나라에 천자인 제을과 대등한 이는 없기 때문이다. 그러므로 "제을이 누이동생을 시집보내는 상"이라는 말은, 군자가 제을이 그러했던 것처럼 자신의 누이동생을 자신보다 지위가 낮은 이에게 시집보내는 선택을 한다는 뜻이다.

5효사의 君(군)은 '군부인君夫人'의 뜻으로 쓰인 것이다. "나라 임금의 아내를 (…) 나라 사람들이 칭할 때는 '군부인'이라 한다[邦君之妻 (…) 邦人稱之曰君夫人]"(《논어》〈계씨季氏〉 14장 1절)는 구절을 통해 군부인이 나라 임금의 아내를 지칭하는 표현임을 알 수 있다. 즉 5단계에서 군자가 자신의 누이동생을 다른 나라 왕의 정실부인으로 시집보냈음을 알 수 있다. 단 그 나라는 군자의 왕국보다 지위가 낮은 나라여서 정실부인이 된다고 한들 객관적 여건만 따지면 이전에 혼담이 오가던 큰 나라 왕의 작은 부인이 되는 것만 같지 못한 상황이

다. 그럼에도 "좋다"고 말하는 이유에 대해 〈상전〉은 다음과 같이 풀이한다. "제을이 누이동생을 시집보내는 상이니 그 작은 부인의 소매만 같지 못해도 좋다는 것은, 그 자리가 적중한 것이니 이를 귀히 여겨 행하는 것이다[帝乙歸妹 不如其娣之袂良也 其位在中 以貴行也]."

결국 한 나라 왕인 군자의 누이동생은 다른 나라 왕의 정실부인으로 가는 것이 합당한 자리다. 작은 부인은 첩에 불과하니 특별한 이유가 없다면 군자로서는 받아들일 수 없는 조건이다. 그 때문에 1·2단계에서는 그 조건을 받아들이려 했던 군자가 3단계에서는 거부했던 것이다. 또한 두 번째 이유가 있으니 이어지는 구절에 나온다.

"달이 거의 보름에 찼다"는 것은 음 기운이 극성한 시기를 가리킨다. 이는 양 기운의 상징인 군자로서는 위태로운 시기다. 그러므로 자신의 왕국보다 지위가 낮은 나라로 누이동생을 시집보내는 선택이라도 해야 하는 것이다. 그 나라는 신분적 지위는 군자의 나라보다 못하지만 군사력은 충실한 나라일 것이다. 그러하기에 군자가 그 나라를 혼인동맹의 상대로 선택한 것이다.

上六 女 承筐无實 士 刲羊无血 无攸利
상 륙 여 승 광 무 실 사 규 양 무 혈 무 유 리
극상의 자리에 음이 오니, 여자가 광주리를 이어도 담긴 과실이 없고, 사내가 양을 찔러도 피가 나오지 않는 상이로다. 이로울 바가 없으리라.

귀매歸妹의 길에서 6단계는 군자가 앞서 5단계에서도 혼인동맹을 체결하지 못한 경우를 말한다. 5단계는 "달이 거의 보름에 찬" 위태로운 상황이므로 상대가 자신보다 지위가 낮은 집안일지라도 서둘러

시집을 보냈어야 하는데, 그만 '때'를 놓치고 만 것이다.

　김석진은 6효사에 등장하는 광주리를, 여자가 시집갈 때 시부모께 드리는 폐백으로 대추와 밤을 담아 가는 광주리로 해석했는데 이에 동의한다. 대추는 꽃이 피면 반드시 열매를 맺기 때문에 자손의 번성을 상징한다. 그러므로 대추를 담아 가는 것은 자녀를 많이 낳겠다는 약속이 된다.

　밤은 대부분의 다른 씨앗과 달리 씨밤알 속에서 싹이 나서 올라온다. 그리고 그 싹이 큰 나무로 자라나 자신의 열매를 맺은 뒤에야 원래의 씨밤알이 비로소 뿌리에서 떨어져 나간다. 이는 자식이 어른으로 자라서 그 자신의 자식을 볼 때까지 계속 관심을 갖고 지켜보며 돌보는 부모(조상)의 음덕을 상징한다. 그러므로 밤을 담아가는 것은 조상의 음덕을 잊지 않고 제사를 잘 모시겠다는 약속이 되는 것이다.

　시집가는 여자가 폐백 광주리를 이어도 거기에 담긴 과실이 없다는 말은, 이상에서 설명한 대추와 밤이 들어 있지 않다는 말이다. 따라서 시집가더라도 자녀를 낳지 못한다는 말이며, 조상 제사를 제대로 모시지 못한다는 의미가 되는 것이다. 이제는 혼인동맹을 맺는다고 해도 원하는 성과를 달성할 수 없다는 말이다.

　또한 고대에는 제사를 올리기 전에 짐승의 피를 뿌려서 장소를 신성한 곳으로 만들고, 거기에 조상신이 강림하기를 기대했다. 큰 제사에서는 소의 피를 뿌리고, 그보다 작은 제사에서는 양의 피를 뿌렸다고 한다. 그러므로 "사내가 양을 찔러도 피가 나오지 않는다"는 말은, 제사를 올리려고 노력해봐도 제사를 제대로 올릴 수 없는 상황을 말하는 것이다.

　일이 이렇게 되어버린 이유는, 근본적으로 '때'를 놓쳤기 때문이다.

마지막 기회였던 5단계에서 시기를 놓친 이상 이제는 달리 어쩔 도리가 없는 것이다.

歸妹 征 凶 无攸利
귀 매 정 흉 무 유 리
귀매歸妹의 길에서 정征하는 것은 흉하리라. 이로울 바가 없다.

　귀매歸妹의 길에서 정征한다는 것은, 협상에서 불리한 조건을 바로잡으려 드는 것을 말한다. 처음 1단계에서는 비교적 시간 여유가 있는 상황이었으므로 정征하는 것이 길하다고 했지만 그 역시 부수적 조건에 한하는 것이었고, 이후부터는 정征하려는 시도가 흉한 결과를 초래할 수밖에 없다. 귀매의 길은 어디까지나 군자가 불리한 상황에서 혼인동맹을 추구하는 것이며 늦지 않게 동맹을 성사해야 하는 상황이기 때문이다.

　〈상전〉은 귀매歸妹의 길에 대해 이렇게 풀이해서 참고가 된다. "귀매歸妹는 군자가 그로써 오래 끌다가 끝맺음에 있어 폐단을 아는 것이다[歸妹 君子以永終知敝]." 위기 상황에서는 조건의 유불리를 따지며 시간을 오래 끄는 것은 위험하다. 군자는 그 폐단을 알기에 다소 불리한 조건이라도 받아들여서 빨리 동맹을 성사하는 길을 택하는 것이 귀매의 도라는 것이다. 시중時中의 도라고 할 수 있다.

풍豐 : 려旅

관계를 더욱 풍성하게 강화하는 길과

목표를 좇기 위해 나그네를 자처하는 길

풍豐 관계를 더욱 풍성하게 강화하다

䷶

豊 亨 王假之 勿憂 宜日中
풍 형 왕 격 지 물 우 의 일 중

풍豐의 길은 형통하리라. 왕이 이르리니 우려하지 말라. 의당 해가 중천에 오르리라.

初九 遇其配主 雖旬 无咎 往 有尙
초 구 우 기 배 주 수 순 무 구 왕 유 상

처음에 양이 오니, 그 배우자 집안의 주인을 만나는 상이로다. 비록 열흘이라도 허물이 없으리니 왕往하면 숭상받음이 있으리라.

六二 豊其蔀 日中見斗 往 得疑疾 有孚發若 吉
육 이 풍 기 부 일 중 견 두 왕 득 의 질 유 부 발 약 길

음이 두 번째에 오니, 그 빈지문을 덧대는 상이로다. 해가 중천에 떴는데 북두칠성을 볼 수 있는 상이다. 왕往하면 의심과 질시를 사게 되리라. 믿음을 가지고 펼쳐 보인다면 길하리라.

九三 豊其沛 日中見沫 折其右肱 无咎
구 삼 풍 기 패 일 중 견 말 절 기 우 굉 무 구

양이 세 번째에 오니, 그 늪을 더하는 상이로다. 해가 중천에 떴는데도 물거품이 되는 걸 보게 되리라. 그 오른 팔뚝을 잘라내야 허물이 없으리라.

九四 豊其蔀 日中見斗 遇其夷主 吉
구 사 풍 기 부 일 중 견 두 우 기 이 주 길

양이 네 번째에 오니, 그 빈지문을 덧대고, 해가 중천에 떴는데 북두칠성을 볼 수 있는 상이로다. 그 이夷의 주인을 만나면 길하리라.

六五 來章 有慶譽 吉
육 오 래 장 유 경 예 길
음이 다섯 번째에 올 때는, 장章이 오도록 하니 경사와 명예가 생기는 상이로다. 길하
리라.

上六 豐其屋 蔀其家 闚其戶 闃其无人 三歲不覿 凶
상 륙 풍 기 옥 부 기 가 규 기 호 격 기 무 인 삼 세 부 적 흉
극상의 자리에 음이 오니, 지붕을 덧대고 집에 빈지문을 덧대는 상이로다. 그 문틈으
로 엿보며 사람이 없는 틈을 살피는 상이로다. 3년이 지나도 볼 수 없으니 흉하리라.

풍豐은 '풍부하다, 풍성하다'는 뜻이다. 군자는 앞서 점漸이나 귀
매歸妹의 길을 통해 동맹 관계를 맺었는데, '풍'은 이렇게 맺은 기존
동맹 관계를 보다 풍성하게 강화함으로써 어떤 일을 도모하려는 것이
다. 이렇게 보면 풍의 길은 언뜻 단순해 보인다. 하지만 특정 세력과의
관계를 강화하는 것은 다른 세력의 반발을 부르기 때문에 단순한 일
이 아니다. 이는 외교에 있어서 특수 관계를 기정사실로 인정받는 것
에 해당하는데, 이를 성취하려면 상당한 균형감각과 외교력을 요한다.
풍의 길은 왕으로서 군자의 외교력이 본격적인 시험대에 오르는 경우
라고 할 수 있다. 자기 인생의 왕인 우리 각자의 경우도 마찬가지다.

주역이 풍豐의 길을 64개의 길 중 하나로 설정했다는 것은, 인생살
이에서 특수 관계의 형성이 필요하다고 판단한 것이어서 흥미롭다.

初九 遇其配主 雖旬 无咎 往 有尙
초 구 우 기 배 주 수 순 무 구 왕 유 상
처음에 양이 오니, 그 배우자 집안의 주인을 만나는 상이로다.
비록 열흘이라도 허물이 없으리니 왕往하면 숭상받음이 있으
리라.

군자가 자신의 배우자 집안(혼인동맹을 맺은 세력)의 주인을 만남으로써 동맹 관계를 보다 강화하려 하고 있다. 이때 만남에 열흘을 할애한다는 것은 특별히 긴 시간을 할당함을 뜻한다. 혼인동맹을 맺은 사돈은 원래가 돈독한 특수 관계일 수밖에 없다. 군자가 혼인을 통해 인척 관계를 맺은 이상 그 세력과 특수 관계에 놓여 있다는 것은 주변의 여타 세력도 인정하는 바다. 그러므로 상대적으로 긴 열흘의 시간을 할애하는 정도는 주변 세력들도 이해할 것이다. 그러니 허물이 없을 것이라 말한다.

하지만 이에 대해 〈상전〉은 "비록 열흘이라도 허물이 없다는 것은, 열흘을 넘기면 재앙이 된다는 뜻[雖旬无咎 過旬 災也]"이라고 풀이한다. 이는 아무리 특수 관계에 있다 하더라도 군자가 일방적으로 어느 한 세력에 경도된 모습을 보이는 것은, 나머지 다른 세력들의 반발을 부를 것이기 때문이다.

이는 '친친親親'과 '존존尊尊'의 문제를 어떻게 조화할 것인가 하는 동양학의 기본 문제로 볼 수 있다. 《중용》은 가족을 친애하는 데에도 일정한 차이가 있고[親親之殺], 현인을 존중하는 데에도 일정한 차등이 있다[尊賢之等]고 말한다. 인간 사이의 예禮가 바로 여기서 생겨난다[31]고 했으니, 《중용》은 인간관계의 핵심이 어떻게 사람들을 차등 있게 대할 것인가에 있다고 본 셈이다. 풍豐의 도가 다루는 주제는 바로 이 문제에 대한 것이라 할 수 있다. 군자가 주변의 여러 세력과 관계를 맺음에 있어 어떻게 적절히 차등 있게 대할 것인가에 대해 얘기하는 것이다.

차등 있게 대한다는 것이 누구를 차별하는 문제가 아니라는 점을 유념할 필요가 있다. 《중용》은 가족을 대할 때조차도 차등 있게 대해야 한다 말한다. 이는 누구를 차별하려는 것이 아니라, 제대로 존중해야 할 사람을 제대로 존중하려는 것이 핵심이다. 모든 사람을 똑같이 존중한다고 하면 언뜻 듣기에는 좋아 보이지만, 예를 들어 부모와 이웃 사람을 똑같이 존중한다는 말은 부모를 소홀히 한다는 말에 다름 아니다. 결국 각자를 합당하게 존중한다면 '차등'은 저절로 생겨날 수밖에 없는 것이다.

풍豐의 길 1단계에서는, 혼인동맹이라는 특수 관계에 있는 세력에게 열흘이라는 상당한 기간을 할애함으로써 여타 세력과는 '차등 있게' 우대하라고 충고한다. 이를 통해 동맹 관계를 더욱 돈독히 다지는 것이며, 또 그런 관계를 주변에 과시하는 것이기도 하다. 군자가 이처럼 공고한 동맹 세력을 우군으로 갖고 있으니 주변의 여러 세력은 군자를 더욱 존중하게 된다. "왕往하면 숭상받음이 있을 것"이라는 말은 이를 두고 하는 말이다.

하지만 동시에 주역은 적절한 정도를 넘어 지나치게 경도된 모습을 보이지는 말라고 충고한다. 어디까지나 적절한 균형감각을 가지고, 적절한 수준에서 '차등 있게' 주변 여러 세력과의 관계를 관리해 나가야 하는 것이다.

六二 豊其蔀 日中見斗 往 得疑疾 有孚發若 吉
육 이 풍 기 부 일 중 견 두 왕 득 의 질 유 부 발 약 길

음이 두 번째에 오니, 그 빈지문을 덧대는 상이로다. 해가 중천에 떴는데 북두칠성을 볼 수 있는 상이다. 왕往하면 의심과 질시를 사게 되리라. 믿음을 가지고 펼쳐 보인다면 길하리라.

蔀(부)는 문이나 창문 위에 다시 덧대는 빈지문을 가리킨다. 이렇

게 문을 이중으로 덧대면 빛이 들지 않아 한낮이라도 집 안이 컴컴하게 된다. 또한 밖에서는 집 안에서 어떤 일이 진행되는지 전혀 알 수 없게 된다.

이는 1효에서 시작된 혼인동맹 세력과의 밀월 관계가 지나치게 밀착되는 상황을 상징적으로 표현한 것이다. 군자는 1효에서 열흘이라는 긴 시간 동안 동맹 세력을 만남으로써 특별히 우대했는데, 이번에는 그 만남이 진행되는 동안 집에 빈지문을 덧대서 군자와 동맹세력 사이에 어떤 밀담이 오가는지 주변 세력들은 전혀 알 수 없도록 차단하고 있다. 이 때문에 주변 세력들의 의심과 질시를 사게 되는 것이다.

반대로 군자와 동맹세력 사이의 관계는 최고로 긴밀해지고 있다. 이를 "일중견두日中見斗"로 표현한다. "일중견두日中見斗"는 많은 의미 요소를 내포한 표현이므로 우선 한 가지씩 살펴볼 필요가 있다.

해가 중천에 뜬 것[日中]은 양의 기운이 최고로 강한 정오를 말하므로 양 기운의 상징인 군자에게는 더할 나위 없이 좋은 시기를 뜻한다. 반면 북두칠성이 뜨는 시간은 음의 기운이 강한 한밤중으로 군자에게는 불리한 시기에 해당한다. 하지만 북두칠성을 본다는 것은 한밤중임에도 길을 잃지 않을 수 있는 좌표를 확보한다는 뜻이 된다. 이상의 세 가지 의미를 종합하면, 군자와 동맹 세력은 모든 조건이 자신들에게 유리한 시기임에도 향후 다가올 수 있는 어려운 시기를 대비하기 위해 다른 세력들을 배제한 채 내밀한 비밀 맹약을 맺는 것이다. 더할 나위 없이 좋은 '정오'의 때에 미리 '한밤중'의 불리한 시기를 대비하기 위해 '북두칠성' 같은 좌표를 모색해놓는 것이다. 이와 같은 상황을 상징적으로 표현한 것이 "일중견두日中見斗"다. 그러므로 일각에서 이를 단지 '한낮인데도 컴컴하다' 정도로 해석하는 경우가 있는데, 그 견해에는 동의하기 어렵다.

상황이 이렇게 진행되니 주변 세력들의 의심과 질시를 사는 것은 당연하다. 하지만 그럼에도 주역은, 믿음을 가지고 군자의 속마음을 펼쳐 보임으로써 주변 세력들을 설득하고 안심시킬 수 있다면 길할 것이라고 한다. 〈상전〉은 "'유부발약有孚發若'은 믿음으로써 뜻을 펼쳐 보이는 것이다[有孚發若 信以發志也]"라고 적절히 풀이한다.

이처럼 주역이 주변 세력들의 의심과 질시를 무마해낼 수 있다면 길하리라고 말함은, 풍豐의 길 2단계에서 군자가 동맹 세력과 비밀 맹약을 맺음으로써 특수 관계를 형성하는 선택 자체는 잘못된 것이 아니라고 평가하는 셈이다. 오히려 풍의 괘효사 전체 맥락을 보면 주역은 왕에게 이런 특수 관계를 맺은 동맹 세력이 필요하다고 본다. 하지만 이러한 특수 관계를 주변의 여러 세력에게 공인받음으로써 안정시키는 것은 쉬운 일이 아니다. 주변 세력들의 의심과 질시를 달래고 그들의 반발을 무마함으로써 어떻게든 특수 관계를 기정사실로 인정받아야 한다. 이렇게 하려면 상당한 균형감각과 외교력을 요하는 것이다. 군자의 외교력이 본격적으로 시험대에 오른 국면이 풍의 길 2단계라고 할 수 있다.

九三 豐其沛 日中見沫 折其右肱 无咎
구 삼 풍 기 패 일 중 견 말 절 기 우 굉 무 구

양이 세 번째에 오니, 그 늪을 더하는 상이로다. 해가 중천에 떴는데도 물거품이 되는 걸 보게 되리라. 그 오른 팔뚝을 잘라내야 허물이 없으리라.

3효는 위기일발의 상황이다. 2효에서 믿음을 가지고 군자의 속마음을 펼쳐 보임으로써 주변 세력들을 설득하고 안심시킬 수 있다면 길하다고 했는데, 이에 실패한 것이다. 그와 같은 군자의 노력은 "늪을 더하는" 꼴이 되고 만다. 군자가 노력하면 할수록 오히려 점점 더 늪에 깊이 빠져드는 듯한 상황을 상징적으로 표현한다.

이러다간 해가 중천에 떴는데도 모든 것이 물거품이 되고 말 상황이다. 해가 중천에 떴다는 것은 군자에게 매우 좋은 여건을 상징한다. 그럼에도 모든 것이 물거품이 되고 말 위기일발의 상황인 것이다. 그래서 주역은 오른 팔뚝을 잘라내는 결단을 내려야 한다고 충고한다. 여기서 오른 팔뚝은 혼인동맹을 맺은 상대 세력을 가리키는 표현이다. 1·2효에 걸쳐 동맹 관계를 보다 강화하는 특수 관계를 형성하려고 노력해왔는데, 일이 잘못되어 판 전체를 그르치게 될 위기에 처한 것이다. 어쩔 수 없이 읍참마속의 심정으로 잘라내야 허물이 없을 것이라고 한다.

상전은 3효사에 대해 이렇게 풀이한다. "그 늪을 더하는 상이 되니 큰일을 도모하기는 불가한 것이다. 그 오른 팔뚝을 잘라내라는 것은 끝내 쓸 수 없기 때문이다[豊其沛 不可大事也 折其右肱 終不可用也]."

九四 豊其蔀 日中見斗 遇其夷主 吉
구 사 풍 기 부 일 중 견 두 우 기 이 주 길

양이 네 번째에 오니, 그 빈지문을 덧대고, 해가 중천에 떴는데 북두칠성을 볼 수 있는 상이로다. 그 이夷의 주인을 만나면 길하리라.

夷(이)는 명이明夷괘(36)에 등장했던 표현이다. 풍豐의 길 4효에 등

장하는 夷는 전후 맥락으로 볼 때 중국 본토 민족인 하족夏族이 아닌 이족夷族을 가리키는 표현으로 사용되었다.

3효에서 군자는 그동안 긴밀하게 동맹 관계를 유지해온 세력을 잘라내는 결단을 내림으로써 위기 상황에서 벗어날 수 있었다. 하지만 동시에 그동안 관계를 다져온 동맹 세력을 잃어 고립무원의 처지에 놓이고 말았다. 이런 상황에서는 군자가 어떤 일을 하고자 할 때 제대로 힘을 쓰기 어렵다. 이제 어떻게 할 것인가?

주역은 이夷의 주인을 만나 그와 동맹을 맺으라 조언한다. 여기서 동맹의 상대로 '이'를 언급하는 점이 주목된다. 그렇다면 지금까지 등장했던 군자의 동맹 세력이나 기타 주변 세력은 모두 하족夏族이었던 셈이 된다. 그런데 지금에 이르러 주역은 이 하족의 범위 밖에서 새로운 동맹 세력을 구하라고 조언하는 것이다. 이는 풍豐의 상괘가 새로운 대상을 받아들임을 상징하는 진震을 이루는 점과 부합한다. 하괘 리離에서 기존 동맹 세력과 특수 관계를 공고히 함으로써 진리·광명의 관계를 확립하려다 실패하자, 상괘에 이르러서는 새로운 동맹 세력을 구하는 것이다.

이런 시도는 군자의 주변 세력들(모두 하족夏族)이 예상할 수 있는 범위를 벗어난 선택이라는 점이 주목된다. 군자의 주변 세력들은 앞서 3효에서 군자가 강력한 동맹 관계를 구축하는 것에 맹렬히 반발함으로써 군자의 동맹을 파탄 내고 말았다. 그러므로 이제 군자는 새로운 동맹을 추구함에 있어 주변 세력들의 눈을 의식하지 않을 수 없다. 여기서 주역은 주변 세력들의 의표를 찌르는, 뜻밖의 곳에서 동맹자를 구하라고 조언하는 것이다. 그 세력과 동맹을 맺되 2효에서 시도했던 고강도의 비밀 동맹을 맺으라고 한다.

그리고 이번에는 그 시도가 성공한다. 그 이유는 역시 주변 세력들이 예상할 수 있는 범위를 벗어난 곳에서 비밀리에 동맹을 추진했기 때문일 것이다. 제대로 의표를 찌른 것이다. 주역은 이렇게 하면 길할 것이라 말한다.

六五 來章 有慶譽 吉
육 오 래 장 유 경 예 길

음이 다섯 번째에 올 때는, 장章이 오도록 하니 경사와 명예가 생기는 상이로다. 길하리라.

5효는 4효에서 체결한 새로운 비밀 동맹이 성과를 만들어내는 단계다. 군자가 고강도의 비밀 동맹을 통해 장章이 오도록 만드는 성과를 낸다.

장章은 곤坤(2)의 길 3효에 등장했던 개념으로, 군자가 실현하고자 애쓰는 이상과 가치의 요체가 무엇인지 그 핵심을 짧게 정리한 말이나 글을 가리킨다. 그 원형적 의미는 제사상에 올릴 청동기에 한 사람의 일생을 요약해서 짧게 새겨넣은 글이기도 하다. 그러므로 5효에서 "장章이 오도록 한다"는 것은, 그동안 군자가 실현하고자 애써온 이상과 가치를 이뤄낸다는 뜻이며, 그 성과가 청동기에 새길 만한 큰 성과임을 뜻하는 것이다.

이처럼 큰 성과를 이뤄내니 그로 인해 군자에게 "경사와 명예가 생길 것"이라 한다. 〈상전〉은 5효사에 대해 이렇게 풀이한다. "음이 다섯 번째에 올 때 길한 것은 경사가 있기 때문이다[六五之吉 有慶也]." 이와 같은 〈상전〉의 풀이는 5단계의 핵심이 경사[慶]에 있음을 적절히 지적한다고 본다.

5효사의 취지를 이해하려면 경사[慶]와 기쁨[喜]을 구분해 인식할
필요가 있다. 기쁨[喜]은 주역 경문에서 4회 등장함에 비해 경사[慶]
는 여기가 유일한데, 주역은 두 개념을 구분해 사용한다. 기쁨[喜]은
개인 차원의 일임에 비해 경사[慶]는 다 같이 기뻐하며 축하할 만한
일이다. 그러므로 풍豐의 길 5단계에서 군자가 동맹 세력과 더불어
이룩한 성과가 경사[慶]라는 것은, 군자와 동맹 세력만이 아니라 주
변의 여타 세력 모두가 같이 기뻐하며 축하할 만한 일이라는 의미가
된다. 명예 역시 이 때문에 생기는 것이다.

이로 인해 풍豐의 길은 5단계에서 절정에 이른다. 그동안 주변의
여타 세력은 군자와 동맹 세력의 특수 관계를 의심과 질시의 눈초리
로 바라봤다. 그러나 군자의 목적이 특수 관계를 통해 모두가 기뻐하
며 축하할 만한 일을 이루어내는 것이지, 다른 데 있지 않음을 확인
하는 것이다. 이제 의심과 질시의 눈초리를 거둘 것이며, 군자와 동
맹 세력의 특수 관계를 기정사실로 인정하고 받아들이게 되는 것이
다. 그리고 이처럼 특수 관계를 가진 동맹 세력을 거느린 군자는 그
로 인해 주변의 여타 세력에게 더욱 존중받게 될 것이다. 외치外治의
길(평천하平天下의 길)에 나선 군자의 대외적 위상이 한껏 올라가는 상
황이라고 할 수 있다.

上六 豊其屋 蔀其家 闚其戶 闃³²其无人 三歲不覿 凶
상 륙 풍 기 옥 부 기 가 규 기 호 격   기 무 인 삼 세 부 적 흉

극상의 자리에 음이 오니, 지붕을 덧대고 집에 빈지문을 덧대
는 상이로다. 그 문틈으로 엿보며 사람이 없는 틈을 살피는 상
이로다. 3년이 지나도 볼 수 없으니 흉하리라.

6단계는 과잉의 단계에 해당한다. 4단계에서 체결한 고강도 비밀 동맹으로 인해 5단계에서 좋은 성과를 내자, 그 성과에 취해 동맹 관계를 더욱더 비밀스러운 것으로 만드는 데 집착하고 있다.

〈상전〉은 6효사에 대해 이렇게 풀이한다. "지붕을 덧대는 것은 하늘과 맞닿은 곳을 경계하는 것이다. 그 문틈으로 엿보며 사람이 없는 틈을 살피는 것은 스스로 감추는 것이다[豊其屋 天際翔也 闚其戶闃其 无人 自藏也]." 이번에는 빈지문을 덧대는 것으로도 모자라 지붕까지 추가로 덧댐으로써 하늘로부터도 사실을 감추려 들고 있다.

"사람이 없는 틈을 살핀다[闚其无人]"는 말은, 동맹의 비밀스러움을 유지하는 데 집착해 다른 사람이 없는 틈에만 움직이려고 살핀다는 뜻이다. 〈상전〉의 풀이처럼 스스로 감추는 데만 집착하는 것이다. 그 결과 3년이 지나도 어떤 일을 하는 것을 볼 수 없으니 결과가 흉하게 나올 수밖에 없다.

6단계는 풍豊의 길이 과잉에 이른 나머지 주객이 전도되어버린 상황이라고 할 수 있다. 군자가 동맹 세력과 특수 관계를 형성하는 것은, 이를 통해 전반적인 관계 안에서 보다 바람직한 결과를 이루어내기 위한 것이다. 특수 관계는 어디까지나 수단에 불과하지 그 자체가 목적은 아니다. 그런데 6단계에서는 특수 관계 자체에 집착하다 보니 전반적인 관계를 해치고 있어 주객전도에 이르고 말았다.

豊 亨 王假之 勿憂 宜日中
풍 형 왕 격 지 물 우 의 일 중
풍豊의 길은 형통하리라. 왕이 이르리니 우려하지 말라. 의당 해가 중천에 오르리라.

假(격)은 '이른다'는 뜻으로 쓰였다. 이는 가인家人괘(37) 5효, 췌萃(45)의 괘사 등에서 쓰인 용례와 같다.

"왕이 이른다"는 것은, 왕이 동맹 세력과 특수 관계를 형성한 풍豐의 상태에 이른다는 뜻이면서 동시에, 왕이 진정한 왕의 상태에 이른다는 복합적인 의미를 띤다. 이는 왕에게 특수 관계를 맺은 동맹이 있어야 비로소 진정한 왕 노릇을 할 수 있다는 뜻이다. "우려하지 말라"는 말은, 이럴 경우 주변의 여타 세력이 그런 특수 관계를 의심과 질시의 눈초리로 바라보기 쉬운데, 그처럼 우려할 필요가 없다고 주역이 조언하는 것이다.

"의일중宜日中"에 대해 〈상전〉은 이렇게 풀이한다. "의당 해가 중천에 오르리라는 것은, 의당 천하를 고루 비출 것이라는 말이다[宜日中宜照天下也]." 이는 "왕이 이르리니 우려하지 말라"고 한 앞 구절의 이유를 설명하는 대목이다. 군자가 특정 세력과 특수 관계를 형성하는 모습을 보고 주변 세력들이 우려할 수 있겠으나, 군자가 그렇게 하는 이유는 천하를 고루 비추려는 것이므로 우려할 필요가 없다는 말이다. 이는 앞서 5단계의 상황을 가리키는 것이라 할 수 있다.

"의당 천하를 고루 비출 것"이라는 〈상전〉의 풀이는 군자가 평천하平天下의 길에 나선 상황을 적절히 반영한 풀이이기도 해서 흥미롭다.

려旅 목표를 좇기 위해 나그네를 자처하다

旅 小亨 旅 貞 吉
려 소 형 려 정 길

려旅의 길은 조금 형통하리라. 나그네는 정貞해야 길하리라.

初六 旅瑣瑣 斯其所取災
초 륙 려 쇄 쇄 사 기 소 취 재

처음에 음이 올 때, 나그네가 자디잔 모습을 보인다면 이는 그가 재앙을 취하는 것이다.

六二 旅卽次 懷其資 得童僕貞
육 이 려 즉 차 회 기 자 득 동 복 정

음이 두 번째에 오면, 나그네가 임시 거처에 이르러 그 밑천을 품고 어린 종의 정貞함을 얻으리라.

九三 旅焚其次 喪其童僕貞 厲
구 삼 려 분 기 차 상 기 동 복 정 려

양이 세 번째에 오면, 나그네가 그 임시 거처를 불사르는 상이로다. 그 어린 종의 정貞함을 잃게 되니 위태로우리라.

九四 旅于處 得其資斧 我心不快
구 사 려 우 처 득 기 자 부 아 심 불 쾌

양이 네 번째에 오면, 나그네가 처소에 이르리라. 그 밑천과 도끼를 얻으나, 자기를 고집하는 마음을 풀지 말아야 하리라.

六五 射雉 一矢亡 終以譽命
육 오 석 치 일 시 망 종 이 예 명

음이 다섯 번째에 올 때, 꿩을 쏘아 잡으면 화살 하나를 잃더라도 종국에는 이로써 영예로운 지위에 오르리라.

上九 鳥焚其巢 旅人 先笑後號咷 喪牛于易 凶

상구 조분기소 려인 선소후호도 상우우역 흉

극상의 자리에 양이 오니, 새가 그 둥지를 불사르는 상이로다. 나그넷길에 나선 사람은 먼저는 웃겠지만 나중에는 부르짖으며 울게 되리라. 경계에서 소를 잃으니 흉하리라.

旅(려)는 '나그네, 여행하다, 객지살이하다; 군대' 등의 뜻으로 쓰인다. 려旅는 '方 + 从'로 이루어졌는데, 方(언)은 기치가 나부끼는 모양을 형상화한 글자다. 그러므로 旅의 원형적 의미는, 기치[方]를 내걸고 이를 따라 이동하는 일단의 사람들[从]을 뜻한다. 여기서 '군대'의 의미가 나왔다. 군대는 기치를 내걸고 이를 따라 이동하기에 이로부터 '이동하다, 옮겨 다니다, 여행하다, 이동하는 사람, 나그네' 등의 뜻이 파생된 것이다.

앞서 풍豐은 기존의 동맹 관계를 보다 풍성히 강화해 특수 관계를 형성하고 이를 통해 일을 도모하려는 것이었다. 이에 비해 려旅는 기존에 맺어둔 어떤 관계에 구애받지 않고 오직 기치[方] 하나를 높이 쳐든 채 자유로이 옮겨 다니는 것을 뜻한다. 그처럼 옮겨 다니는 이유는 기치로 상징되는 이루고자 하는 뜻이 있기 때문이다. 대의大義를 이루고자 어떤 목표를 좇을 때는 자유로이 옮겨 다닐 필요가 있을 수 있다. 이런 경우는 누군가와 긴밀한 관계를 맺는 것이 도리어 방해가 될 수 있다. '관계'에는 필연적으로 구속이 따르기 때문이다. 그러므로 군자가 려旅의 길에 나섰을 때는 관계를 친밀하게 맺는 것을 스스로 거부하고 대신 기동성 있게 움직일 수 있는 자유를 택하는 것이다. 이렇게 해서 '풍'과 '려'가 서로 대대를 이룬다. 그러므로 〈잡괘전〉의 "친밀함이 적은 것이 려旅다[親寡 旅也]"라는 풀이는 적절한 것이다.

군자가 나그네의 방랑길에 나선 이유는, 기존에 맺어둔 관계망에
안주하는 것만으로는 어떤 뜻을 이루기에 부족하다고 판단했기 때문
이다. 그러므로 관계망의 안락함을 과감히 떨치고 나그넷길에 나선
것이다. 이처럼 나그네가 되는 길을 자청한 이상 자디잔 모습을 보여
서는 안 된다고 주역이 조언하고 있다.

1효사에 대해 〈상전〉은 "나그네가 쇄쇄瑣瑣하면 뜻이 궁색하여
재앙이 된다[旅瑣瑣 志窮 災也]"고 적절히 풀이한다. 리하르트 빌헬
름Richard Wilhelm 역시 적절한 풀이를 제공한다. "나그네는 방랑길에
마주치는 사소한 문제를 가지고 품위를 잃거나 거기에 매달리는 모
습을 보여서는 안 된다. 그의 대외적 지위가 취약하면 취약할수록 더
욱더 자신의 품위를 유지해야 한다. 이방인이 유머와 익살을 제공함
으로써 우호적인 환대를 받을 것으로 기대한다면 오산이기 때문이
다. 결과는 멸시와 모욕적인 대접뿐일 것이다."

려旅의 길에 나선 군자는 기존에 맺어두었던 연고(동맹)를 과감하
게 떠나온 상황이다. 그렇다면 그에 합당한 높은 뜻이 있어야 한다.
그렇지 않다면 애초에 떠나올 이유가 없다. 만약 합당한 뜻이 없는데
떠나왔다면 꼴만 우스운 것이다. 게다가 인간은 사회적 존재이므로,
관계망을 떠난 인간은 취약한 법이다. 방랑길에 마주치는 사소한 문
제들까지 일일이 해결하겠다고 들었다간 험한 꼴을 당하기 십상인
것이다. 그러므로 군자가 나그네 신세를 자처했다면 그에 합당한 높

은 뜻(기치로 상징되는 대의)으로 승부해야 한다. 사소한 문제는 그냥 지나쳐버려야 한다. 그러지 않고 일일이 매달린다면 꼴만 우스워지는 것이다.

또는 나그네가 대의로 정면 승부하지 않고, 자잘한 기교를 구사하려 든다면 경멸을 살 뿐이라는 경고의 의미로 해석할 수도 있다.

六二 旅卽次 懷其資 得童僕貞
육 이 려 즉 차 회 기 자 득 동 복 정
음이 두 번째에 오면, 나그네가 임시 거처에 이르러 그 밑천을 품고 어린 종의 정貞함을 얻으리라.

려旅의 길에 오른 군자는 1단계에서 잠시 실수도 있었지만 이를 극복하고 이제 2단계에 이르렀다. 2단계에서 군자는 어느 정도 성과를 달성한다. 그 성과가 임시 거처에 이르는 것과 향후 요긴하게 쓰일 밑천을 품는 것으로 표현된다. 또한 군자를 돕겠다는 어린 종이 생겨난다.

군자가 려旅의 길 2단계에서 이런 성과를 올릴 수 있었던 이유는 무엇일까? 려의 괘상을 보면 그 이유를 알 수 있다. 려의 하괘는 간艮으로 굳게 버팀으로써 핵심 가치를 확보함을 상징한다. 즉 려의 길 2단계에서 군자는 자신이 추구하는 대의를 굳게 지킴으로써 주변 사람들의 일정한 수긍과 공감을 이끌어내는 것이다. 그러므로 군자를 돕겠다는 어린 종도 생겨나는 것이다.

九三 旅焚其次 喪其童僕貞 厲
구 삼 려 분 기 차 상 기 동 복 정 려

양이 세 번째에 오면, 나그네가 그 임시 거처를 불사르는 상이
로다. 그 어린 종의 정貞함을 잃게 되니 위태로우리라.

3단계는 위기의 단계에 해당한다. 3단계에서 군자는 앞의 단계에
서 달성했던 성과를 모두 잃는다. 임시 거처를 태워먹으며 어린 종의
정貞함마저 잃게 되니 군자의 처지가 위태로워졌다. 그 이유는 무엇
일까?

이에 대해 〈상전〉이 주목할 만한 풀이를 내놓는다. "나그네로서 아
랫사람과 더불어 같이 있는다는 것은 그 의義를 잃은 것이다[以旅與
下 其義喪也]." 〈상전〉은 군자가 애초에 나그넷길에 나섰던 의義가 어
디에 있는가를 묻고 있다. 나그네란 좇는 목표가 있기에 기존에 맺어
두었던 안락한 관계망을 떠나온 사람이다. 그런데 그 나그네가 아랫
사람을 둔다는 것은 관계의 편안함에 다시 안주하는 것이다. 따라서
이는 그 의義를 잃은 것이며, 그로 인해 성과를 상실한다는 것이 〈상
전〉의 해석이다.

이를 려旅의 하괘 간艮의 괘상으로 보면, 3효에 양이 놓인 것은 앞
서 2단계에서 핵심 가치를 확보한 후에 3단계에서는 조금 유연한 태
도를 취할 수 있음을 상징한다. 하지만 이때 주의할 점은 핵심 가치
를 훼손해서는 안 된다는 것이다. 그런데 려의 길 3단계에서는 군자
가 취했던 유연한 태도(아랫사람을 둔 안락함에 안주)가 핵심 가치를 훼
손하기에 위기가 발생한 것이다.

九四 旅于處 得其資斧 我心不快
구 사 려 우 처 득 기 자 부 아 심 불 쾌
양이 네 번째에 오면, 나그네가 처소에 이르리라. 그 밑천과 도
끼를 얻으나, 자기를 고집하는 마음을 풀지 말아야 하리라.

앞서 2·3효에 등장했던 次(차)가 '임시 처소, 피난처'의 뜻이라면,
4효의 處(처)는 정상적인 숙소다. '어떤 존재가 합당하게 있어야 할
바로 그곳' 정도의 함의를 띤다.

'도끼[斧]'는 고대에 무력의 상징이자 권력의 상징으로 사용되었다.
군자는 3효의 위기를 극복하고자 노력한 끝에 이제 보다 발전한 4단
계에 이른 것이다. 제대로 된 처소에 이르러 향후의 밑천과 권력을
얻는 성과를 이루었다.

그런데도 "자기를 고집하는 마음을 풀지 말라"고 조언하는 것은,
앞서 3단계의 실수를 반복하지 말라는 뜻이며, 군자가 애초에 나그
넷길에 나섰던 의義가 어디에 있는가를 잊지 말라는 뜻이다. 나그넷
길을 떠나올 때 품었던 군자의 대의는 아직 이루어지지 않았기 때문
이다. 4단계에서 얻은 밑천과 권력은 그 대의를 이루기 위한 과정일
뿐이니 아직 샴페인을 터뜨리기에는 이른 것이다.

六五 射雉 一矢亡 終以譽命
육 오 석 치 일 시 망 종 이 예 명
음이 다섯 번째에 올 때, 꿩을 쏘아 잡으면 화살 하나를 잃더라
도 종국에는 이로써 영예로운 지위에 오르리라.

마침내 군자는 5단계에 이르러 애초에 나그넷길을 떠나올 때 품었

던 대의를 달성하게 된다. 주역은 이를 꿩을 쏘아 잡는 것으로 표현한다.

이는 아마도 전통시대에 꿩 깃털이 신분의 상징처럼 쓰였던 것과 관련이 있지 않을까 한다. 꿩의 깃털은 색상이 화려하고 아름답다. 공작 역시 꿩과에 속하는 새다. 그래서 꿩 깃털은 신분을 과시하는 상징으로 사용되었다. 조선시대 무관들이 착용하던 전립을 꿩 깃털로 장식한 사례를 볼 수 있으며, 고구려 벽화에 등장하는 조우관 역시 꿩 깃털이 아닐까 한다. 정鼎괘(50) 3효사에서 꿩기름이 가장 고급스러운 음식의 상징으로 쓰인 사례 역시 참고가 된다.

꿩을 쏘아 잡는다고 하는 소기의 목적을 달성한 이상 그 과정에서 화살 하나쯤 잃어버렸다고 해서 큰 문제가 되지는 않는다. 주희 역시 비슷한 취지로 해석한다. "비록 화살을 잃은 낭비가 없지 않으나, 잃어버린 바가 많지 않으니 끝내는 영예로운 지위를 얻게 되는 것이다[雖不无亡矢之費而所喪不多 終有譽命也]."

결국 군자는 대의를 이루겠다는 일념 하나로 정처 없는 나그넷길에 나선 후 우여곡절을 겪은 끝에 마침내 대의를 달성했고, 그로 인해 영예로운 지위에 올랐다. 평천하平天下에 기여하고자 외치에 나섰던 군자의 대외적 위상이 한껏 강화된 것이다. 풍豊의 길과 거쳐가는 과정은 달랐지만 같은 결과에 도달하는 셈이다.

군자가 소기의 목표를 달성하면서도 화살 하나를 잃어버리는 어떤 문제가 발생했다는 사실이 주목된다. 이는 아마도 군자가 '나그네 신세'이기 때문이 아닌가 한다. 인간은 어디까지나 사회적 존재이므로 관계망을 벗어난 인간은 취약한 존재일 수밖에 없다. 군자가 최선의 노력을 기울여 절정의 단계에 이르렀는데도 끊임없이 어떤 문제들이 발생하는 것이다. 그만큼 려旅의 길은 어려운 길이라고 할 수 있다. 그러므로 군자가 려의 길에 나선 이상 높은 뜻으로 정면 승부해야지 사소한 일에 구애돼서는 안 되는 것이기도 하다.

또 다른 관점에서 보자면, 려旅의 길 5단계에서는 화살 하나를 잃어버리는 문제가 발생하더라도 꿩을 쏘아 잡는다는 소기의 목적을 달성하기만 하면 종국에는 영예로운 지위에 오를 수 있다는 말이기도 하다. 그러므로 군자는 화살 하나를 잃는 문제가 발생하더라도 괘념치 말고 꿩을 쏘아 잡아야 하는 것이다. 하지만 서합噬嗑괘(21) 4효사에서 살펴봤듯 화살이 곧바르며 적중한 법 집행을 상징한다는 사실을 고려하면, 화살을 잃는다는 것은 원칙을 구부려야 하는 사태가 발생한다는 뜻이니 작은 문제가 아니다. 그럼에도 "꿩 잡는 게 매"라는 말이 있듯이, 려의 길에서라면 군자는 어떻게든 꿩을 잡아내는 매가 되어야 하는 것이다. 그 이유는 역시 군자가 취약한 상태에 놓여 있기 때문이다. 그로 인해 무결점으로 완벽하게 목적을 달성해내기는 어려운 것이며, 군자는 화살 하나를 잃는 문제에 괘념치 말고 꿩을 쏘아 잡는다는 소기의 목적에만 집중해야 하는 것이다.

上九 鳥焚其巢 旅人 先笑後號咷 喪牛于易 凶
상 구 조 분 기 소 려 인 선 소 후 호 도 상 우 우 역 흉

극상의 자리에 양이 오니, 새가 그 둥지를 불사르는 상이로다. 나그넷길에 나선 사람은 먼저는 웃겠지만 나중에는 부르짖으며 울게 되리라. 경계에서 소를 잃으니 흉하리라.

6효에 새가 등장하는 것은 려旅의 상괘가 리離괘를 이루는 점과 관련이 있다. 여기서 새는 하늘로 날아올랐다가도 다시 땅으로 돌아

와야 하는 존재를 상징한다. 이것이 리離의 그물에 걸린 상태라고 할 수 있다.

6효에서는 이를 통해 인간 존재를 새에 비유한다. 자유로운 비상飛上, 하늘로의 비상을 갈구하지만 다시 땅의 세계로, 공동체의 구속으로 돌아와야 하는 존재라는 것이다. 반대로 공동체의 그물에 안주하기만 할 것도 아니다. 이는 새가 땅 위를 걸어 다니기만 한다는 말이 될 것이니, 새의 잠재력을 온전히 실현한 것이 아니다. 새라면 응당 끊임없이 날개를 활짝 펴고 푸른 하늘로 날아올라야 한다. 다만 그 비상이 영원히 지속될 수는 없는 것이니 땅 위의 둥지도 소중히 여기라는 뜻이다.

이와 같은 새의 비유는 두 가지 점에서 절묘하다. 우선 인간 존재가 하늘로 비상하는 영성과 살덩이 육체를 함께 지닌 존재라는 점을 잘 표현한다. 인간은 새처럼 하늘에 속하는 영성과 땅에 속하는 몸뚱이를 둘 다 소중히 여겨야 한다는 것이다. 둘째로는 자유를 희구하는 인간 개체와, 공동체의 구속(관계망의 그물)을 완전히 뿌리치지 못하는 사회적 존재 사이의 갈등 내지 양면성을 잘 표현한다. 결국 건강한 관계는 양자 사이의 역동적인 균형일 터다.

그런데 려旅의 길 6단계에서는 새가 그 둥지를 불살라버리고 있다. 이는 새가 하늘로의 비상을 영원히 지속할 수 있다는 착각에 빠져서, 다시는 비천한 땅의 세계로 돌아가지 않겠다고 선언하는 것이다. 물론 이는 단순 착각일 뿐이다. 새는 육肉의 존재이므로 곧 날개에 힘이 빠질 것이며 땅의 세계로 돌아가야 하기 때문이다. 그러므로 새인 사람에게 바람직한 상태는 영혼의 비상이 요구될 때 한번 창공으로 날아올랐다가 다시 땅의 세계로 내려오는 것이다. 그리고 땅 위

그물의 비유

주역이 공동체의 관계망에 놓인 인간 개체를 그물에 걸린 새에 비유한 것은 절묘한 점이 있다고 생각한다. 공동체 안의 개인은 언제나 그물에 걸려 있는 것이 사실이며, 그물은 분명 '구속'이다. 그런데 그물은 구속이라 느끼고 몸부림을 치면 칠수록 더욱 옥죄어든다. 반면 그물의 결을 읽고 결을 따라 빠져나가면 덜 옥죄어든다. 그물의 벼리를 찾아내 당기면 개인이 전체 그물을 부릴 수도 있다. '경륜經綸'이 있다는 말이 바로 벼리를 당김으로써 전체 그물을 부릴 줄을 안다는 말이다.

에서 힘을 비축하다가 비상이 요구될 때 또다시 날아오르는 것이다.

그럼에도 6단계에서 새(나그네)가 착각에 빠진 이유는 5효에서 달성한 성과에 도취되었기 때문이다. 숭고한 이상의 기치를 치켜들기만 하면 언제까지나 자유로운 방랑자의 삶을 살 수 있으리라 착각한 것이다.

이에 대해 주역은 "나그넷길에 나선 사람은 먼저는 웃겠지만 나중에는 부르짖으며 울게 될 것"이라 말한다. 나그넷길에 나선 사람이 먼저는 웃을 수 있는 이유는, 관계의 구속에서 벗어남으로써 원할 때면 언제든지 기동성 있게 움직일 수 있는 자유를 얻었기 때문이다. 인간 존재는 본능적으로 자유를 희구한다. 게다가 기동성을 확보하면 특정 목표를 달성하는 데는 우선 효율적일 수 있다. 그러므로 나그넷길을 선택한 것이 훨씬 좋아 보이기에 먼저는 웃는 것이다.

하지만 주역은 "나중에는 부르짖으며 울게 될 것"이라 경고한다. 그 이유는 인간이 사회적 존재이기 때문이다. 사회적 관계망을 떠나 홀로 존재하는 인간은 취약하며, 자신이 지닌 잠재력을 충분히 실현할 수 없다. 영원한 방랑자의 삶으로는 군자의 도道를 실현할 수 없다. 사회적 관계망(그물)이 분명 '구속'이라는 성격을 갖지만, 그럼에도 인간은 합당한 관계망에 머물러야 하는 것이다. 그 안에서라야 인간이 자신의 존재를 실현할 수 있기 때문이다.

군자가 려旅의 길에 나선 이유는, 기존의 관계망에 안주해서는 이룰 수 없는 어떤 특정한 목표를 달성하기 위해서였을 뿐이다. 그러므로 그 목표를 달성한 이상 다시 사회적 관계망으로 돌아가야 하는 것이다. 그래서 주역은 "나그넷길에 나선 사람은 먼저는 웃겠지만 나중에는 부르짖으며 울게 될 것"이라 경고하는 것이다.

"상우우역喪牛于易"은 대장大壯괘(34) 5효에 등장했던 "상양우역喪羊于易"과 유사한 표현이다. "상양우역喪羊于易"의 양羊은 미토未土의 작용을 상징하는 것이었다. 이와 유사하게 "상우우역喪牛于易"의 우牛는 축토丑土의 작용을 상징한다. 축丑은 12지지 중 음력 12월에 해당하는 지지로, 동물로는 소[牛]를 뜻한다. 음력 12월에 위치한 축토丑土는 음 기운의 절정인 겨울을 양 기운인 봄으로 돌려세우는 역할을 한다. 그러므로 "경계에서 소를 잃었다[喪牛于易]"는 말은, 음 기운과 양 기운의 경계에서 음 기운을 양 기운으로 돌려세우는 일이 제대로 이루어지지 못했음을 뜻한다.

려旅의 길에서 음 기운을 양 기운으로 돌려세운다는 것은, 나그넷길을 접고 관계에 정착한다는 말이다. 앞서 4효사에서 려의 길에 나선 이상 "자기를 고집하는 마음을 풀지 말라"고 조언했듯 나그넷길은 어떤 목표 한 가지를 달성하기 위해 노력을 집중하는 길(응축하는 길)이므로 음에 해당한다. 반면 사람이 사회적 관계망에 합류하는 것은 양이라고 할 수 있다. 사람은 사회적 동물이므로 관계를 통해 자신을 발산할 수 있기 때문이다.

돌이켜보면 려旅괘의 여섯 효 중에는 '길하다'는 평가를 받는 효가 하나도 없다. 이는 주역이 보기에 려의 길은 어떤 목표를 달성하기 위한 '과도기'로서만 의미가 있을 뿐, 그 자체로 길하지는 못하다는 판단으로 보인다. 그러므로 나그넷길은 애초에 길 떠나온 목표를 달성했다면 바로 끝을 맺어야 하는 것이다. 그런데 5효에서 이미 목표를 달성했음에도 불구하고 6효에서 나그넷길을 계속 이어가고 있다. 그래서 흉하다는 평가를 내리는 것이다.

 旅 小 亨 旅 貞 吉
려 소 형 려 정 길
려旅의 길은 조금 형통하리라. 나그네는 정貞해야 길하리라.

나그네는 정貞하라는 말은, 애초에 나그넷길을 떠나온 목표에 충실하라는 뜻이다. 정貞하다면 그 목표를 달성했을 때 바로 나그넷길을 끝맺을 것이다. 그러므로 길하리라 말하는 것이다.

이처럼 려旅의 길은 종합 평가를 하는 괘사에 이르러서 그 목표에 충실했을 때 유일하게 '길하다'는 평가를 허용한다. 나그넷길 자체를 '과도기'로 보는 것이며, '과도기'로서는 의미가 있기에 1~5효는 '흉하다'는 평가 역시 내리지 않는다. 단 6효는 나그네가 정貞하지 못한 경우에 해당하므로 '흉하다'는 평가를 직접적으로 내린다.

57·58

손巽 : 태兌

대세를 따라 자기 뜻을 굽히는 길과
남의 영향력에서 벗어나는 길

손巽 대세를 따라 자기 뜻을 굽히다

巽 小亨 利有攸往 利見大人
손 소 형 이 유 유 왕 이 견 대 인

손巽의 길은 조금 형통하리라. 가려는 바가 있어야 이로우리라. 대인을 만나야 이로우리라.

初六 進退 利武人之貞
초 륙 진 퇴 이 무 인 지 정

처음에 음이 오니, 나아갔다 물러나는 상이로다. 무인武人의 정貞함을 지녀야 이로우리라.

九二 巽在牀下 用史巫紛若 吉 无咎
구 이 손 재 상 하 용 사 무 분 약 길 무 구

양이 두 번째에 오니, 상牀 아래 굽히고 들어갈 때 사史와 무巫로써 섞이면 길하며 허물이 없으리라.

九三 頻巽 吝
구 삼 빈 손 린

양이 세 번째에 오니, 빈번하게 굽히고 들어가는 것은 인색하리라.

六四 悔亡 田獲三品
육 사 회 망 전 획 삼 품

음이 네 번째에 오면, 회悔가 사라지리라. 사냥터에서 삼품三品을 다 잡을 수 있으리라.

九五 貞 吉 悔亡 无不利 无初有終 先庚三日 後庚三日 吉
구 오 정 길 회 망 무 불 리 무 초 유 종 선 경 삼 일 후 경 삼 일 길

양이 다섯 번째에 올 때는, 정貞하면 길하리라. 회悔는 사라지리니 불리할 것이 없으리라. 처음부터 유종의 미를 거둘 수는 없는 법이니, 선경삼일先庚三日과 후경삼일後庚三日 동안 유의하면 길하리라.

上九 巽在牀下 喪其資斧 貞 凶
상 구 손 재 상 하 상 기 자 부 정 흉

극상의 자리에 양이 올 때, 상牀 아래 굽히면 그 밑천과 도끼를 잃게 될 것이니 그대로 정貞하면 흉하리라.

손巽의 의미에 대해 〈상전〉은 다음과 같이 풀이한다. "바람을 따르는 것이 손巽이니, 군자는 이로써 명命을 펼치고 일을 행하는 것이다 [隨風 巽 君子以申命行事]."

"바람을 따른다[隨風]"는 말은 바람을 거스르지 않는다는 말이며, 공동체의 대세를 거스르지 않고 그대로 따른다는 말이다. "명을 펼친다[申命]"는 말은 군자에게 부여된 군자 몫의 천명天命을 펼친다는 말이니, 자신에게 부여된 천명대로 산다는 말이다. 그런데 자신에게 부여된 천명대로 사는 것이 어째서 바람을 따르는 일이 될까? 율곡 이이의 〈경포대부鏡浦臺賦〉[33]가 이에 대해 잘 설명해준다.

나아가 행하고 물러나 머무는 것은 운을 말미암고 화禍와 복福은 시기가 있는 법.

구해도 얻을 수 없고 버려도 버려지지 않는다.

되었도다, 끝내 인력으로 취할 수 있는 것이 아니니.

명命이라, 마땅히 조화가 이루는 바를 들어야 하리.

그런데 하물며 형상이 나뉘면 비록 만 가지라 해도 리理를 합하면 하나 임에랴.

오히려 죽고 사는 것도 변별하지 못하거늘 하물며 오래 걸리고 빨리 이룸에 분별을 두겠는가.

行藏由運 禍福有期

| 57 | 손巽   ——— 789

求之而不可得 捨之而不能遺

已乎終非人力之可取 命也當聽造化之所爲

而況形分雖萬 理合則一

尚不辨於死生 矧有分於久促

　‘진인사대천명盡人事待天命’이라는 말이 있듯 군자는 목표를 이루기 위해 자신이 할 수 있는 일을 다하지만, 그 일을 언제 이룰지는 하늘의 계획에 달렸다. 그러므로 군자는 자신을 굽히고 불어오는 바람에 따르는 것이다. 형상이 나뉘면 만 가지라 해도 리理가 합하면 하나이듯, 현재 군자가 마주한 현실이 군자의 뜻대로 풀리지 않는 것이라 해도 그 역시 하늘의 조화에 따른 결과이며, 하나인 ‘리’의 작용인 것이다. 그러므로 그러한 하늘의 조화에 따르지 않고 빨리 이루고자 고집함은 천명을 따르는 태도가 아닌 것이다.

　《중용》에서는 “군자의 도道는 (…) 바람이 어디서 불어오는지를 안다[君子之道 (…) 知風之自]”(《중용》33장 1절)고 하여, 군자라면 마땅히 바람이 불어오는 방향을 알아야 함을 강조한다. 이처럼 바람이 불어오는 방향을 알고, 그 바람의 방향에 맞추어 순풍을 타고 일을 해야 일이 순조롭게 풀린다. 바람을 거스르려고만 해서는 일이 풀리지 않는 것이다.

　〈서괘전〉은 려旅의 길 다음에 손巽의 길이 오는 이유에 대해 다음과 같이 설명한다. “나그네는 쉽게 용납되는 곳이 없는 고로 손巽으로 받는 것이다. 손巽은 (굽히고) 들어간다는 뜻이다[旅而无所容 故受之以巽 巽者 入也].” 〈잡괘전〉은 좀 더 구체적으로 “손巽은 엎드린다(복종한다)는 뜻이다[巽 伏也]”라고 말한다. 이처럼 ‘손’은 불어오는 바람을 거스르지 않고 그대로 따르는 것[隨風], 남 밑으로 굽히고 들어가는 것[入], 남 밑에 엎드리는 것[伏]을 말한다.

군자가 이렇게 해야 하는 이유는 〈상전〉이 적절히 풀이했듯 "이로써 명을 펼치고 일을 행하기 위한 것"이다. 군자가 자신의 명을 펼치고 일이 되도록 하기 위해서는, 대세를 따름으로써 순풍을 받으며 일을 해나가야 할 때도 있다는 뜻이다. 물론 이는 예禮와 의義가 확립된 하경의 세상을 전제로 하는 말이다.

初六 進退 利武人之貞
초 륙 진 퇴 이 무 인 지 정
처음에 음이 오니, 나아갔다 물러나는 상이로다. 무인武人의
정貞함을 지녀야 이로우리라.

손巽의 괘상을 보면, 음효는 '손'의 취지에 따라 자기주장을 굽히고 들어가는 것이고, 양효는 그렇게 하지 않는 것이다(이에 대해서는 〈부록 4〉 참조). 그러므로 음효가 놓인 1단계에서 군자가 나아갔다 물러난다는 것은, 대세에 따라 자기주장을 굽히고 들어가려 했으나 그러지를 못하고 물러난다는 말이다.

주역은 이때 무인의 정貞함을 지녀야 한다고 충고한다. 이에 대해 〈상전〉은 다음과 같이 적절히 풀이한다. "나아갔다 물러나는 것은 뜻이 머뭇거리는 것이다. 무인의 정貞함을 지녀야 이롭다는 말은 뜻을 다스리라는 말이다[進退 志疑也 利武人之貞 志治也]." '무인武人'은 뜻이 한번 정해진 이상 망설이며 머뭇거리거나 뜻을 바꾸는 일이 없이 그대로 행해야 한다. 그러므로 무인의 정貞함을 지니라는 말은, 머뭇

거리지 말고 그대로 행하라는 말이다. 손巽의 길 1단계에서 군자가
대세에 따라 뜻을 굽혀야 할 때라고 판단했다면, 머뭇거리지 말고 그
대로 행하라는 조언인 셈이다.

九二 巽在牀下 用史巫紛若 吉 无咎
구 이 손 재 상 하 용 사 무 분 약 길 무 구

양이 두 번째에 오니, 상牀 아래 굽히고 들어갈 때 사史와
무巫로써 섞이면 길하며 허물이 없으리라.

'상牀'은 앞서 박剝괘(23)에서 살펴봤듯 주재자가 앉아 사무를 보
는 상을 가리킨다. 그러므로 군자가 상牀 아래 굽힌다는 말은, 누군
가를 주재자로 인정하고 그 밑으로 굽히고 들어간다는 뜻이다.

이때 "사史와 무巫로써 섞여야 한다"는 조건이 붙는다. 여기서
'사史'는 점인占人이 담당하던 사관의 역할을 가리키며, '무巫'는 신
내림을 받은 샤먼을 가리킨다. 고대에 이들은 왕에게 조언을 제공하
는 참모 역할을 담당했다. 또한 "섞인다"는 말은 군자가 주재자와 서
로 얽힌 관계를 맺는다는 뜻이다. 그러므로 "사史와 무巫로써 섞인
다"는 말은, 군자가 상대를 주재자로 인정하고 그 밑으로 굽히고 들
어가 관계를 맺을 때 참모 역할을 수행한다는 뜻이다.

참모란 남 밑에 있더라도 자기주장을 펼 수 있는 자리다. 그러므로
2효사의 조언은 군자가 남 밑으로 굽히고 들어갈 때도 일방적 복종
의 관계를 맺을 것이 아니라 조언을 제공하는 참모로서 자기 입지를
확보해야 한다는 뜻이다. 그래야 손巽의 길 2효에 양이 놓인 취지에
부합할 수 있다. 그래서 2효사의 말미에 그렇게 할 수 있어야 길하며

허물이 없을 것이라는 점사가 붙은 것이다.

☰ **九三 頻巽 吝**
구 삼 빈 손 린
양이 세 번째에 오니, 빈번하게 굽히고 들어가는 것은 인색하리라.

3효에는 2효에 이어 또다시 양이 온다. 3효사 역시 "빈번하게 굽히고 들어가는 것은 인색한" 결과를 낳을 것이라 경고한다. 그러므로 군자는 손巽의 길 3단계에서라면 남 밑에 있더라도 자신의 뜻을 굽히지 않음으로써 자기 입지를 확보할 수 있도록 신경 써야 한다.

손巽의 취지는 상황에 유연히 대처하기 위해 대세에 따라 일단 자기 뜻을 굽혔다가 다시 펴는 것이라고 할 수 있다. 결국 나중에 자신의 뜻을 다시 펴기 위해 우선은 잠시 접어두는 것이라고 할 수도 있다. 이때 중요한 것은 자기 뜻을 다시 펼 때 상대방과의 관계 설정이다. 관계의 전환이 매끄럽게 이루어져야 유연한 대처가 되는 것이지, 투박하게 이루어진다면 상대와의 마찰이 불가피할 것이다. 이렇게 되면 애초에 상대의 요구(공동체의 요구)에 유연히 대처하고자 자기 뜻을 굽혔던 취지가 모두 퇴색하고 말 것이다.

☰ **六四 悔亡 田獲三品**
육 사 회 망 전 획 삼 품
음이 네 번째에 오면, 회悔가 사라지리라. 사냥터에서 삼품三品을 다 잡을 수 있으리라.

손巽의 길에서는 4단계에 음이 오면 회悔가 사라진다고 한다. 여기서 회悔는 앞서 3단계에서 군자가 자신의 뜻을 굽히지 않는 처신을 하자 그에 따라 상대방의 마음에 생겨난 회悔다. 하지만 4단계에 이르러 군자가 음에 해당하는 처신, 즉 상대에게 굽히고 들어가는 처신을 다시 하면 상대방에게 생겨났던 회悔는 사라진다는 것이다.

"삼품三品"은 사냥감을 세 등급으로 나누는 것인데, 1등품은 종묘 제수용으로 쓰고, 2등품은 빈객을 접대하는 데 사용하며 남는 것이 있으면 수라간에 보관한다. 3등품은 사냥을 도운 시종들에게 나누어 준다.[34] 그러므로 "사냥터에서 삼품三品을 다 잡을 수 있다"는 것은, 모두가 만족할 수 있는 성과를 거둘 수 있다는 말이다. 즉 상대방과 군자 모두가 만족할 수 있는 성과를 거둘 수 있다는 뜻이다.

손巽의 길 4단계에서는 군자가 상대에게 굽히고 들어가는 처신을 하는데도 군자 역시 만족할 수 있는 성과를 거둘 수 있다는 점이 주목된다. 그 비결은 1단계의 굽힘과 2·3단계의 자기주장에 뒤이어 다시 굽혔기 때문이다. 2·3단계의 자기주장에 뒤이어 다시 굽혔기 때문에 상대방은 군자의 굽힘에 대해 기뻐하는 마음을 갖게 되는 것이다. 그에 따라 상대는 군자에게 일정한 성과를 나눠 주는 것이다. 결국 손의 길이 상대에게 굽히고 들어가는 길이라고 해서 계속 굽히기만 하는 것이 아니라 '약·강·약'의 일정한 리듬을 탈 때 소기의 성과를 달성하고 있다.

九五 貞 吉 悔亡 无不利 无初有終 先庚三日
구 오 정 길 회망 무 불 리 무 초 유 종 선 경 삼 일
後庚三日 吉
후 경 삼 일 길
양이 다섯 번째에 올 때는, 정貞하면 길하리라. 회悔는 사라지
리니 불리할 것이 없으리라. 처음부터 유종의 미를 거둘 수는
없는 법이니, 선경삼일先庚三日과 후경삼일後庚三日 동안 유
의하면 길하리라.

　5단계에 양이 올 때는 정貞하면 길할 것이라고 한다. 여기서 '정貞
한다'는 말은 양이 놓인 5효의 취지에 충실한 태도를 고수하라는 말
이다. 그러므로 5단계에서는 자기주장을 세울 수 있어야 한다. 그렇
게 하면 길할 것이라고 격려한다.
　"회悔가 사라진다"는 말은 5단계의 초입에서 다시 회悔가 생겨남
을 전제로 한 표현이다. 5단계의 초입에서 군자가 양陽의 처신을 하
면, 즉 남 밑에 있으면서도 자기주장을 세우면 상대방에게 다시 회悔
(마음에 걸리는 그 무엇)가 생겨나는 것이다. 하지만 결국 사라질 것이
니 불리할 것이 없으리라고 주역이 격려해주고 있다.
　5단계에서 군자가 양이 놓인 취지에 충실한 태도를 고수하면 길한
결과를 낳을 수 있고, 상대의 회悔도 결국 사라짐으로써 불리할 것이
없는 이유는 무엇일까? 괘상으로 보면 3·4·5효가 리離괘를 이루기
때문이다. 군자가 5단계에서 양효의 취지에 충실한 행동을 하면 리
괘가 확립된다. 이는 군자와 상대방 사이에 규범이 확립된다는 말인
데, 손巽의 길에서라면 군자가 존중받는 참모로서 자리를 잡게 된다
는 뜻이다. 그 새로운 규범에 따라 군자와 상대방 사이에 새로운 균
형(타협점)이 이루어지니 상대방의 회悔가 지속될 이유가 없는 것이

다. 주역은 이처럼 군자가 양효의 취지에 정정貞하면 새로운 규범이 확립될 것이니 불리할 것이 없으리라고 말하는 셈이다.

하지만 "처음부터 유종의 미를 거둘 수는 없는 법"이라고 말함으로써 조급증에 대해서는 경계한다. 군자가 상대에게 굽히고 들어가다가 자기주장을 회복하면 상대방과의 관계를 재설정하기 위해 시간이 필요하게 된다. 그러므로 종국에는 길하며 상대방의 회悔도 사라지겠지만, 그렇게 되기까지 시간이 걸릴 것이므로 조급하게 굴지 말도록 경계하는 것이다.

"선경삼일 후경삼일先庚三日 後庚三日"은 앞서 고蠱(18)의 길에서 살펴본 "선갑삼일 후갑삼일先甲三日 後甲三日"과 궤를 같이하는 표현이다. 이에 대해 정이는 다음과 같이 풀이한다. "갑甲은 일의 시초이며, 경庚은 변경變更함의 시작이다. 십간十干은 무기戊己를 중中으로 하고 중中을 지나치면 변하게 된다. 고로 경庚을 말하는 것이다. 일을 고쳐 바꿈에는 의당 시작을 거슬러 살펴서 끝맺음을 이루어야 하니 '선갑후갑先甲後甲'의 뜻과 같다. 이와 같이 하면 길할 것이다. 풀이는 고괘에 있다[甲者 事之端也 庚者 變更之始也 十干 戊己爲中 過中 則變 故謂之庚 事之改更 當原始要終 如先甲後甲之義 如是則吉也 解在蠱卦]."

〈그림 37〉에서 보듯 십간 중의 경庚은 갑甲에서 시작된 일의 흐름(생장生長의 흐름)을 수장收藏으로 고쳐 바꾸는 시작점이다. 그러므로 "선경삼일先庚三日과 후경삼일後庚三日 동안 유의하라"는 말은, 이처럼 기존에 이어오던 흐름을 돌려세우는 변경이 이루어지는 미묘한 시점이기에, 그런 변경을 이루기 전후에 충분한 주의를 기울이도록 조언하는 것이다.

이를 손巽의 길에서 구체적으로 살펴보면, '변경'은 4단계 음효였던 것에서 5단계에 이르러 양효로 바뀌는 것을 가리킨다.

군자가 자기주장을 유보했다가 다시 회복하는 것이므로, 이때는 상대와 군자 사이의 관계에 미묘한 변화가 일어난다. 손의 길에서는 이 시점의 관계 전환이 중요하기에, 군자가 4단계의 상태에 변경을 가하기 전후에 충분한 주의를 기울이도록 조언하는 것이다.

지금까지 살펴본 5효사의 내용을 보면, 주역이 매우 세심히 조언을 한다는 느낌을 준다. 이는 손의 도道를 완성하려면 그만큼 세심한 대응이 필요하기 때문이다.

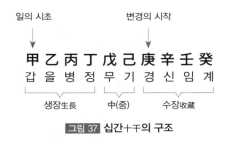

그림 37 십간+干의 구조

上九 巽在牀下 喪其資斧 貞 凶
상 구 손 재 상 하 상 기 자 부 정 흉

극상의 자리에 양이 올 때, 상牀 아래 굽히면 그 밑천과 도끼를 잃게 될 것이니 그대로 정貞하면 흉하리라.

손의 길에서 6단계에 양이 올 때 상牀 아래에 굽히면, 그 밑천과 도끼를 잃게 될 것이라고 한다. 이는 군자가 앞서 5단계에서 양陽의 처신을 확립하지 못함으로 인해 6단계에 이르러서도 상대에게 계속

굽혀야 하는 상황에 처한 경우를 묘사하는 것이다.

이렇게 군자가 자기 입지를 확보하지 못하고 상황에 떠밀려 연거푸 굽히고 들어가게 되면, 얻을 수 있는 것은 상대방의 멸시뿐일 것이다. 여기서 "정貞한다"는 것은 상牀 아래 굽히는 태도를 지속하는 것을 말한다. 그렇게 계속하면 애써 장만한 밑천과 도끼(권력의 상징)마저 잃게 될 것이라 경고한다.

여기서 언급하는 밑천과 도끼는 앞서 려旅의 길 4단계에서 얻었던 것이다. 이를 통해 주역이 려의 길 다음에 손의 길이 이어지는 것으로 인식함을 알 수 있다.

巽 小亨 利有攸往 利見大人
손 소 형 이 유 유 왕 이 견 대 인
손巽의 길은 조금 형통하리라. 가려는 바가 있어야 이로우리라. 대인을 만나야 이로우리라.

손巽의 길은 조금 형통할 뿐이라 말하는데, 려旅의 괘사와 똑같은 평가다. 이는 손의 길이 려의 길과 마찬가지로 임시방편으로서만 추천된다는 점을 시사하는 것이라 본다. 더 큰 목적을 달성하기 위한 임시방편이므로, 5효에서 일정한 목표를 달성했으면 이제 손의 길에서 벗어나야 한다. 바로 다음 괘인 태兌가 바로 남의 영향력에서 벗어나는 길이다. 따라서 '손' 다음에 '태'로 이어지는 것이다.

이처럼 손巽의 길은 한 차원 높은 목적을 달성하기 위해 거치는 임시방편의 길이므로, "가려는 바가 있어야 이로우리라" 한다. 손의 길은 군자가 자기주장을 굽히고 들어가는 길인데, 군자가 그렇게 하는 이유는 가려는 바가 있기 때문이다. 애초에 가려는 바가 없다면 군자가 남 밑에 굽히고 들어갈 이유가 없는 것이다. 그러므로 군자가 손의 길을 밟으며 남에게 굽히는 동안에도 애초에 품었던 가려는 바를 잊으면 안 된다. 또한 5단계에서 일정한 목표를 달성했으면 이제 손의 길에서 벗어나 애초에 품었던 가려는 바의 길로 나아가야 하는 것이다.

한편 손巽의 길은 대세에 따르는 길이며, 결국 대세를 주도하는 누군가에게 굽히고 들어가는 길이다. 그러므로 군자가 자신의 뜻을 굽혀야 하는 상대(상牀 위에 앉은 주재자)가 대인이라야 이롭다고 말하는 것이다.

지금까지 걸어온 손巽의 길을 괘상을 통해 돌아보면, 적절한 시점에 응축과 팽창이 갈마드는 처신이 일정한 성과를 달성하고 있다. 결국 한 번은 음이었다 한 번은 양이었다 하는 것이 도道인 셈이다.

태兌 남의 영향력에서 벗어나다

兌 亨 利貞
태 형 이 정

태兌의 길은 형통하리라. 정貞해야 이로우리라.

初九 和兌 吉
초 구 화 태 길

처음에 양이 오니, 화합하여 벗어나는 상이로다. 길하리라.

九二 孚兌 吉 悔亡
구 이 부 태 길 회 망

양이 두 번째에 오니, 믿음을 준 채 벗어나는 상이로다. 길하며 회悔는 사라지리라.

六三 來兌 凶
육 삼 래 태 흉

음이 세 번째에 오니, 벗어남을 오게 하는 것은 흉하리라.

九四 商兌 未寧 介疾 有喜
구 사 상 태 미 녕 개 질 유 희

양이 네 번째에 오니, 헤아려서 벗어나는 상이로다. 안녕하지 못할 경우 질병거리를 격리하면 기쁨이 있으리라.

九五 孚于剝 有厲
구 오 부 우 박 유 려

양이 다섯 번째에 오니, 믿음이 박剝에 이르는 상이로다. 위태로움이 있으리라.

上六 引兌
상 륙 인 태

극상의 자리에 음이 오니, 이끌려서 벗어나는 상이로다.

兌(태)를 자전에서 찾아보면 '바꾸다, 기뻐하다, 통하다' 등의 뜻이 나온다. 이처럼 다양한 뜻이 나오게 된 원형적 의미에 대해 생각해볼 필요가 있다. 兌(태)는 兄(형) 위에 八이 더해진 모양이므로 우선 兄에 대해 살펴야 한다.

兄(형)은 '口(입 구) + 儿(어진 사람 인)'으로 이루어진 글자다. 이는 말을 하는 입을 크게 강조해서 그린 사람의 모습으로, 그 사람이 발언권을 지닌 중요한 인물임을 표현한 것이다. 예전에 고구려에 존재했던 小兄(소형), 大兄(대형) 등의 관직명에서 그 용례를 확인할 수 있다.

兄(형)의 머리 위에 더해진 八은 그 사람이 하늘의 기운과 통했음을 표상한 것이다. 고대에 샤먼이 황홀경에 들어 초월적인 세계와 통한 순간을 상상하면 이해하기 쉽다. 그 순간 샤먼은 세속에서 벗어나 초월의 세계와 연결된 존재로 바뀐다. 여기서 '바뀐다'는 뜻이 나왔다. 황홀경에 들었으므로 '기뻐한다'는 뜻이 나온 것이며, 초월의 세계와 통했기에 '통한다'는 뜻이 나온 것이다. 이렇게 보면 兌(태)가 지닌 다양한 뜻은 '세속에서 벗어나다'라는 원형적 의미에서 파생했음을 알 수 있다.

〈서괘전〉은 손巽의 길 다음에 태兌의 길이 오는 이유에 대해 이렇게 설명한다. "(굽히고) 들어간 이후 '說'하는 법이다. 그 때문에 태兌로 받는 것이다. 태兌는 '說'한다는 뜻이다[入而後 說之 故受之以兌 兌者 說也]."

'說'은 '말씀(설), 달래다(세), 기쁘다(열), 벗다(탈)' 등 다양한 뜻과 음을 갖는 글자이므로, 〈서괘전〉에 쓰인 '說'을 어떤 의미로 볼지가 문제다. 이에 대한 기존 해석을 보면 대체로 '기뻐하다(열)'로 새기고 있다. 하지만 '說'은 이미 소휵小畜괘(9) 3효와 규睽괘(38) 6효, 곤困괘(47) 5효에서도 사용된 글자인데, 이 세 곳에서는 '벗기다, 벗어나다(탈)'라는 뜻으로 쓰였다. 그러므로 〈서괘전〉의 '說' 역시 '벗어나다(탈)'로 쓰인 것이다.

〈서괘전〉의 문맥상으로도 '벗어나다'로 볼 때 자연스레 뜻이 통한다. "(굽히고) 들어간 이후 벗어나는 법이다"가 되는 것이다. "(굽히고) 들어간 이후 기뻐하는 법이다"로 새기는 것은 내용의 흐름이 자연스럽지 않다.

〈서괘전〉에 이어 〈단전〉 역시 "兌는 '說'한다는 뜻이다[兌 說也]"라고 쓰고 있는데, 이는 兌(태)가 지닌 원형적 의미인 '벗어난다'는 뜻을 가리킨 것이다. 이렇게 보면 태兌의 길이 손巽의 길과 어떻게 대대를 이루는지 이해할 수 있다. 손의 길은 일이 되도록 만들기 위해 군자가 자신의 뜻을 어느 정도 굽히고 대세를 따르는 길이었다. 그런데 군자가 속한 공동체에서 형성된 대세가 군자로서는 도저히 따를 수 없는 것이라면, 그 공동체에서 벗어나는 선택을 할 수밖에 없는 것이다. 이렇게 해서 손巽과 태兌가 서로 대대를 이룬다. 또는 손의 길이 대세를 주도하는 특정 상대에게 굽히고 들어가는 길이라면, 태의 길은 그런 상대의 영향력으로부터 벗어나는 길이라고 할 수 있다. 이에 비해 '태'를 '기뻐하는 것'으로 새길 경우 '손'과 어떻게 대대가 되는지 이해할 수 없다.

태兌는 주역의 58번째 괘의 이름이기도 하지만 기본 팔괘 중의 하나이기도 하다. 그러므로 '태'의 성격을 어떻게 이해하는가는 주역의 해석 전반에 영향을 미치는 요인이므로 분명히 해둘 필요가 있다. 태괘의 의미에 대한 기존 해석은 '기뻐하는 것'으로 새기는 견해가 대체로 통설을 이루나,[35] 필자는 '벗어나는 것'으로 본다. 그 의미는, 지금까지 자신이 관계를 맺고 있던 그 무엇, 자신이 몸담고 있던 그 무엇, 자신을 한계 지우던 그 무엇으로부터 벗어나는 것이다. 그 대상은 사람일 수도 있고 조직일 수도 있고 사상이나 관념, 규범일 수도 있다. 결국 태의 전반적 의미는 기존의 한계를 초월하는 것, 한계에서 벗어나는 것이라고 할 수 있다(보다 상세한 의미는 〈부록 4〉 참조).

태兌의 의미에 대한 필자의 새로운 해석은 백서 주역에서 태의 괘명을 '奪(탈)'로 쓴다는 사실을 통해서도 뒷받침된다. 《설문해자》는 탈奪의 의미를 "손에 잡고 있던 새를 잃는 것[手持隹 失之也]"이라 말한다. 奪의 자형을 보면 '大 + 隹 + 寸'으로 이루어졌는데, 大(대)는 새[隹]가 펼친 날개이고, 寸(촌)은 사람의 손을 형상화한 글자다. 결국 손에 잡고 있던 새가 날개를 펼쳐 날아가는 모습을 형상화한 글자이니, 《설문해자》의 풀이를 이해할 수 있다. 이처럼 奪은 흔히 '빼앗다'로 새기고 있지만, 원래의 뜻은 '벗어나(게 하)는 것'임을 알 수 있다.

이상의 검토를 종합해 필자는 태兌를 '벗어나다'는 뜻으로 보는 것이다. 그렇다면 누군가로부터 벗어난다는 것은 어떤 상태일까? 이를 이해하려면 글의 서두에서 살핀 兌(태)의 어원으로 돌아가볼 필요가 있다. 兌의 자형은 하늘과 직접 통하게 된 사람이 독자적인 발언권을 행사하는 모습이라고 할 수 있다. 누군가로부터 벗어난다는 것은 이처럼 말을 할 때 그의 권위에 의지하지 않는 것이다. 오로지 하늘만을 의지처로 삼을 뿐 독자적으로 발언하는 것이다. 그에 비해 누군가로부터 벗어나지 못한 사람은 말을 할 때 그의 권위에 의지하며, 말의 내용이 그 사람의 영향력에서 벗어나지 못하는 것이다.

이렇게 보면 '說' 자에 대해서도 새로이 이해할 수 있다. 說 자는

'言 + 兌'로 이루어진 글자로, 하늘과 직접 통하게 된 사람이 독자적 발언권을 행사해 내놓은 그 말을 가리킨다고 할 수 있다. 說 자가 '말씀 설'로 쓰이는 용례를 보면 학설學說, 연설演說, 설득說得 등인데, 모두 자기가 주체가 되어 독자적으로 발언하는 것이다. 하다못해 '욕설辱說'까지도 자기가 주체가 되어야 할 수 있는 말이다. 이렇게 보면 說 자는 兌(태)에서 파생된 글자이며, 兌는 說(말씀)의 의미를 그 안에 포함한다고 할 수 있다.

〈설괘전〉은 팔괘 중의 태兌괘를 풀이하면서 "태兌에서는 말을 설說한다[說言乎兌]"(5장)고 해서 兌(태)와 說(설)의 의미를 연결 짓는다. 이는 팔괘 중의 간艮괘를 풀이하면서 "간艮에서는 말을 이룬다[成言乎艮]"(5장)고 한 내용과 대비되는 것이다. 그러므로 태兌의 의미를 그 배합괘인 간艮(52)과 견주어보는 것도 필요하다.

간艮의 도道는 군자가 산처럼 버팀으로써 공동체에 말의 순서를 확립하는 것이었다. 그 목표는 5단계에 가서야 이루어지며 "언유서言有序"로 표현되었다. 이처럼 '간'에서는 공동체의 질서를 '말[言]'의 순서'와 연결한 관념을 접할 수 있는데, 그와 대대를 이루는 태兌에서는 인간관계를 '말[言]의 내용(의 독자성)'과 연결한 관념을 접할 수 있다. 결국 앞서 손巽의 길을 걸을 때 군자는 자신의 말에 대한 상대의 영향력을 받아들이는 것(자신의 말을 굽히는 것)이며, 새로이 태의 길을 걸을 때는 그런 관계에서 벗어나 자기 말의 독자성과 주체성을 확립하는 것이다. 이때 군자가 상대방과의 관계에서 벗어난다고 하여 상대방을 부정하는 것은 아님을 유의할 필요가 있다.

손巽의 길과 태兌의 길은 모두 하경의 길이라는 점을 유념해야 한다. 군자가 손의 길에서 맺었던 관계는 의리로 맺어진 관계였고, 예

의 규율을 적용받는다. 그러므로 태의 길을 통해 기존 관계에서 벗어
난다고 해도 그 과정은 여전히 예의 규율을 적용받는 것이며, 그 이
후로도 새로운 차원의 관계가 계속 이어지는 것이다. 태요의 효사를
통해 군자가 관계로부터 벗어나는 과정에서 상대에게 결례가 되지
않도록 사려 깊게 처신하는 모습을 확인할 수 있다.

태요의 길은 스승에게 배움을 마친 제자가 하산하는 과정을 생각
하면 이해하기 쉬울 것이다. 배움을 마쳤다면 제자는 하산해야 한다.
제자가 하산한다고 해서 스승을 부정하는 것이 아니다. 하산하기 전
에는 스승과 제자의 관계였다면, 하산 이후에는 같은 도道의 길을 걸
어가는 도반道伴으로서 새로운 차원의 관계가 계속 이어지는 것이다.

初九 和兌 吉
초 구 화 태 길
처음에 양이 오니, 화합하여 벗어나는 상이로다. 길하리라.

태요의 길은 군자가 상대의 영향력에서 벗어나 상대와 대등한 관
계로 재정립하는 길이라고 할 수 있다. 그 이전과 이후에 관계의 차
원이 달라지는 것이다. 그와 같이 새로운 차원의 관계 정립은 단번에
이루어지는 것이 아니다. 기존에 맺어진 관계의 행동 양식으로부터
여러 번 벗어나는 경험이 누적된 후에 관계 자체에서 최종적으로 벗
어나 새로운 차원의 관계가 정립되는 것이다.

그러므로 주역은 태요의 길 1단계에서는 우선 상대와 충분히 화합
해 벗어나는 경험을 쌓으라 조언한다. 기존에 맺어진 관계의 행동 양

식에서 벗어나는 어떤 행동을 하지만 그 행동은 일시적인 것이며, 상대도 군자가 그와 같이 행동할 필요가 있다는 사실을 충분히 납득하기 때문에 상대의 흔쾌한 동의하에 이루어지는 것이다.

상전은 이에 대해 "화태和兌가 길한 것은, 행함에 의혹이 남지 않기 때문이다[和兌之吉 行未疑也]"라고 적절히 풀이한다. 태兌의 길 1단계의 "화태和兌"가 길할 수 있으려면, 군자가 그와 같이 행동해야 하는 이유를 상대에게 충분히 납득시킴으로써 의혹을 남기지 않아야 하는 것이다. 그러므로 1단계에서 서두름은 금물이다.

九二 孚兌 吉 悔亡
구 이 부 태 길 회 망
양이 두 번째에 오니, 믿음을 준 채 벗어나는 상이로다. 길하며 회悔는 사라지리라.

2단계의 "부태孚兌"는 상대의 흔쾌한 동의라는 측면에서는 1단계의 "화태和兌"보다는 못한 것이다. 이는 주역이 "회悔가 사라질 것"이라 말하는 점에서 알 수 있다. 회悔가 사라진다는 것은 "부태孚兌"로 말미암아 상대에게 일단 회悔가 생겨난다는 말이다.

2단계의 "부태孚兌"는 군자가 기존 관계에서 벗어나는 행동을 할 때 상대가 이에 대해 1단계의 "화태和兌"만큼 납득하는 것은 아니지만, 최소한 군자의 행동 동기에 대해서는 여전히 믿음을 갖는 상태라고 할 수 있다. 군자는 자신이 그처럼 벗어나는 행동을 할 수밖에 없는 이유를 상대에게 설명하고 납득시키려고 노력하지만, 상대방이 납득지 못함으로써 흔쾌히 동의해주지는 않는 것이다. 하지만 최소한 군자가 불손한 사람은 아니라는 점, 군자의 동기가 순수하리라는 점에 대한 믿음은 남아 있는 것이다. 〈상전〉은 이에 대해 "부태孚兌가 길한 것은, 뜻을 믿기 때문이다[孚兌之吉 信志也]"라고 적절히 풀이한다.

이런 방식의 벗어나는 행동이 최선은 아니지만 차선은 된다고 할 수 있다. 군자의 이러한 행동으로 인해 일단 상대에게 회悔가 생겨나겠지만, 시간이 흐르면 그 회悔는 사라질 것이다.

六三 來兌 凶
육 삼 래 태 흉
음이 세 번째에 오니, 벗어남을 오게 하는 것은 흉하리라.

3효에는 지난 1·2효와 달리 음이 놓인다. 태兌의 괘상을 보면, 양효는 군자가 벗어나기 위해 적극적인 행동을 취함을 상징하고, 음효는 그런 행동을 자제함을 상징한다. 그러므로 3효에 음이 놓인 것은 군자가 그런 행동을 자제해야 하는 상황을 나타내는 것이다.

이는 주역에서 세 번 연속으로 같은 행동을 반복하면 바람직한 결과를 얻지 못하는 패턴과 일치한다. 앞서 군자는 1단계와 2단계에서 연속으로 벗어나는 행동을 취했기 때문에 3단계에서는 그와 같은 행동의 반복을 자제해야 한다. 그러므로 벗어나는 행동을 다시 하는 것은 흉하다고 말하는 것이다.

九四 商兌 未寧 介疾 有喜
구 사 상 태 미 녕 개 질 유 희

양이 네 번째에 오니, 헤아려서 벗어나는 상이로다. 안녕하지
못할 경우 질병거리를 격리하면 기쁨이 있으리라.

4효에는 다시 양이 놓이고 있다. 그러므로 태兌의 길을 걷는 군자
는 4단계에서는 다시 적극적으로 벗어나는 행동을 취해야 한다. 그
와 같은 경험을 반복해 쌓음으로써 최종적으로 관계를 새로이 정립
하는 것이 군자의 목표다. 이를 괘상으로 보면, 2·3·4효가 리離괘를
이루는 것으로 나타난다. 군자가 태의 길 4단계에서 양효의 취지에
충실한 행동을 하면 리괘가 확립되는 것이다. 이를 통해 군자와 상대
방 사이에 새로운 규범이 확립되면서 관계가 새로이 정립된다.

介(개)는 흔히 '낄 개'로 새기는 글자다. 하지만 '사이에 들다'는 뜻
이 원형에 가깝다. '사이에 드는' 것이 '끼는' 것이다.《강희자전》에는
"격리한다는 뜻도 있다[又隔也]"고 나온다. 둘 사이에 끼어드는 것이
곧 둘을 격리하는 것이다.

4단계에서 군자는 상황을 잘 헤아려서 벗어나는 행동을 취해야 한
다. 그런데 그로 인해 안녕하지 못한 상황이 초래되면, 그 상황을 초
래한 질병거리를 찾아내 격리하면 기쁨이 있을 것이라 조언한다. 질
병거리는 군자와 상대의 사이를 멀게 하는, 또는 '화태和兌'나 '부
태孚兌'가 이루어지지 못하도록 방해하는 어떤 요인을 지칭할 것이
다. 그 요인이 무엇인지 찾아내 격리하라는 조언이라고 할 수 있다.

九五 孚于剝 有厲
구 오 부 우 박 유 려

양이 다섯 번째에 오니, 믿음이 박剝에 이르는 상이로다. 위태
로움이 있으리라.

5효에는 재차 양이 놓이고 있다. 이는 군자가 5단계에서 재차 벗어
나려는 행동을 취함을 상징하는데, 5효사에는 지난 양효들의 경우와
달리 벗어남을 뜻하는 '태兌' 자가 들어 있지 않다. 그러므로 5단계에
서 군자는 벗어나고자 하는 행동을 취하긴 하지만 최종적으로 벗어
나는 결과에는 이르지 않아야 한다. 그 이유를 이어지는 구절이 설명
한다.

여기서 '박剝'은 박剝괘(23)의 상象을 지칭하는 표현이다. "믿음이
박剝에 이른다"는 말은, 상대가 군자에 대해 갖고 있던 믿음이 박괘
의 상처럼 마지막 하나가 간신히 남는 상태(그 하나마저 언제 떨어질지
모르는 상태)에 이른다는 뜻이다. 그 때문에 위태로움이 있을 것이라
경고한다.

이는 군자가 벗어나고자 하는 양의 행동을 취하는 것만으로도 그
처럼 위태로운 지경을 초래한다는 말이다. 그러므로 5단계에서 군자
는 하나 남은 그 믿음마저 사라지지 않도록 세심히 신경 써야 한다.
그 믿음은 이후 상대와 군자 사이에 새로운 관계를 정립하는 데 '석
과碩果'로 쓰일 것이기 때문이다. 그래서 군자는 벗어나고자 하는 행
동을 취하긴 하지만 실제로 벗어나는 결과에는 이르지 않도록 자신
의 행동을 세심히 조절함으로써 위태로움을 넘기는 것이다.

58 | 태兌

809

上六 引兌
상 륙 인 태
극상의 자리에 음이 오니, 이끌려서 벗어나는 상이로다.

6효에는 지난 4·5효와 달리 음이 놓인다. 태兌의 괘상에서 음효는 적극적 행동을 자제함을 상징한다. 그러므로 6효사의 해석에는 이를 반영해야 한다. 引(인)을 '이끌다'로 해석하지 않고 '이끌리다'의 수동형으로 해석한 이유가 바로 그 때문이다.

앞서 군자는 4단계와 5단계에서 연속으로 적극적 행동을 취했기 때문에 6단계에서 세 번째로 똑같이 적극적 행동을 취한다면 바람직한 결과를 얻기 어렵다. 그러므로 6단계에서 군자는 자신이 능동적으로 어떤 행동을 취해서는 안 되고, 주변 상황이 조성될 때 그 상황에 이끌려서 자연스레 벗어나는 것이다. 이는 앞서 곤坤(2)의 3효사에서 살펴본 "무성유종无成有終"의 행동 패턴이라고 할 수 있다.

또 다른 관점에서 볼 수도 있다. 음효는 관계가 하늘의 뜻에 비춰 마땅한지를 살피고 헤아리는 과정을 상징한다. 태의 길 6효에서는 상대방과 군자가 서로의 관계를 하늘의 뜻에 비춰 살피고 헤아리는 단계에 이르게 되리라는 정황을 나타낸다. 그 결과 상대방은 이제 더 이상 군자를 자신의 영향력하에 묶어둠이 합당하지 않다는 사실을 깨닫고 군자가 벗어나도록 허용하는 것이다.

이렇게 해서 태兌의 길은 6효에 이르러 최종적으로 그 목표를 달성하게 된다. 한 가지 주목할 점은 앞서 5단계에서 위태로운 지경에 이르기까지 '벗어나려는 행동'을 이미 해두었기에 6단계에 이르러 자연스레 벗어나는 결과에 이른다는 사실이다. 그러므로 5단계의 세심한 행동이 긴요했던 것이다.

그럼에도 6단계에서 '길하다'는 판단이 주어지지 않는 점 역시 주목할 만하다. 이는 태兌의 길을 제자가 하산하는 상황으로 놓고 보면 이해할 수 있다. 하산하는 제자 본인의 심정이나 제자를 하산시키는 스승의 심정을 고려하면 '길하다'는 점사를 붙이기에 부적절한 것이다.

兌 亨 利 貞
태 형 이 정
태兌의 길은 형통하리라. 정貞해야 이로우리라.

앞서 려旅의 길과 손巽의 길은 "조금 형통하다"고 했다. 이는 두 길이 임시방편으로서만 따를 수 있는 길이지 그 자체가 목적은 아니기 때문이다. 그에 비해 태兌의 길은 임시방편이었던 손의 길로부터 벗어나는 것이기에 형통한 것이다. 하지만 의리로 맺어진 관계에서 벗어나는 것이기에 심정적으로도 힘든 면이 있을 것이고, 그 과정에서 어려움이 없을 수 없다. 그 때문에 정貞해야 한다고 조언한다.

59·60

환渙 : 절節

도道를 찬란하게 선포하는 길과

절제하여 머무르는 길

渙 환 渙 도道를 찬란하게 선포하다

渙 亨 王假有廟 利涉大川 利貞
환 형 왕 격 유 묘 이 섭 대 천 이 정

渙환의 길은 형통하리라. 왕이 종묘를 두기에 이른다. 대천을 건너야 이로우리라. 정貞해야 이로우리라.

初六 用拯馬 壯 吉
초 륙 용 증 마 장 길

처음에 음이 오니, 받아들인 말로 써서 장壯하게 나아가면 길하리라.

九二 渙 奔其机 悔亡
구 이 환 분 기 궤 회 망

양이 두 번째에 오니, 환渙을 행함에 급히 제사를 드리러 가면 회悔가 사라지리라.

六三 渙其躬 无悔
육 삼 환 기 궁 무 회

음이 세 번째에 오니, 환渙으로 그 자신도 흩어야 회悔가 없으리라.

六四 渙其群 元吉 渙 有丘 匪夷所思
육 사 환 기 군 원 길 환 유 구 비 이 소 사

음이 네 번째에 오니, 환渙으로 그 무리를 흩어놓아야 으뜸으로 길하리라. 환渙을 행함에 언덕을 남겨두는 것은 이夷가 생각하는 바가 아니리라.

九五 渙 汗其大號 渙 王居 无咎
구 오 환 한 기 대 호 환 왕 거 무 구

양이 다섯 번째에 오니, 환渙을 행함에 그 대호령大號令을 발한發汗하듯 행하는 상이로다. 환渙을 행할 때 왕王으로 거하면 허물이 없으리라.

上九 渙其血去逖出 无咎
상 구 환 기 혈 거 적 출 무 구

극상의 자리에 양이 오니, 환渙을 행하여 그 피를 흩어서 나누어 마시고 두려움을 내
치면 허물이 없으리라.

渙(환)은 '흩(어지)다; 찬란하다, 빛나다; 호령을 발포發布하다' 등의
뜻을 갖는데 이를 종합하면, 널리 호령을 발해 퍼지게 하되 찬란히
하는 것을 가리킨다. 괘명으로 쓰인 환渙은 평천하平天下를 위한 군
자의 도道를 찬란히 선포하는 경우를 가리킨다.

앞서 군자는 왕으로서 내치內治를 안정시킨 후 평천하를 위한 외
치外治의 길에 나섰다. 이는 군자가 일국의 왕으로서 천하를 무대로
활동을 펼치는 것이다. 그 와중에 군자는 방금 태兌의 길을 답파했
다. 태兌의 의미는 자신을 한계 지우던 그 무엇으로부터 벗어나는 것
인데, 기본적인 속성은 개인이나 공동체가 성장을 이룰 경우 더 이상
맞지 않는 옷이 되어버린 기존 준칙에서 벗어나는 것이다. 왕으로서
천하를 무대로 활동하던 군자 입장에서는 천하에 자리 잡고 있던 기
존 준칙으로부터 벗어났다는 말이다. 그렇다면 이제 새로이 군자 자
신의 도道를 천하에 선포할 때가 온 것이다.

〈상전〉은 환渙에 대해 이렇게 풀이하고 있어서 흥미롭다. "환渙은
선왕先王이 그로써 상제에게 제사를 드리고 종묘를 세우는 것이다[渙
先王以享于帝立廟]." 여기서 '선왕先王'을 어떤 의미로 보아야 할까?

오늘날에는 선왕을 '선대의 임금'이나 '옛날의 성왕聖王'을 의미하
는 표현으로 받아들이고 있다. 이는 先(선)을 '먼저 돌아간'의 뜻으로
새기는 것이다. 하지만 先에는 '남보다 앞선, 남을 뛰어넘은, 남을 이
끄는' 등의 뜻도 있다. 《설문해자》는 "선先은 앞에서 나아가는 것이

다. 儿(어진 사람 인)과 之(갈 지)로부터 왔다[先 前進也 从儿从之]"고 풀이한다. 先이 儿과 之로부터 왔다는 것은, 先 자의 아랫부분이 儿이고, 윗부분이 之 자의 옛 형태인 것을 가리킨다.

이에 대해 송宋의 서현徐鉉이 주석을 달았는데, "다른 사람의 위에서 가는 것, 이것이 선先이다[之人上 是先也]"라고 풀이한 점이 주목된다. 즉 先(선)의 원형적 의미는 '다른 사람의 위에서 가는 것'을 의미하는 셈이다. 오늘날 先 자에 '남보다 앞선, 남을 뛰어넘은, 남을 이끄는' 등의 뜻이 담긴 것은 여기서 비롯된 것이다. 그러므로 〈상전〉이 말하는 선왕先王은 이런 원형적 의미로서, 다른 왕들보다 앞선, 다른 왕들을 뛰어넘은, 다른 왕들을 이끄는 왕을 의미한다. 결국 〈상전〉은 군자가 주변국의 다른 왕들을 뛰어넘은 '선왕'으로서 상제에게 제사를 드리고 종묘를 세우는 것이 환渙의 길이라고 풀이하는 셈이다. 환渙의 괘효사는 실제로 그와 같은 내용을 말하고 있다.

初六 用拯馬 壯 吉
초 륙 용 증 마 장 길
처음에 음이 오니, 받아들인 말로 써서 장壯하게 나아가면 길하리라.

환의 길 1효사는 앞서 명이明夷(36)의 길 2효사 후반부와 동일하며, 그 의미 역시 동일하다.

"받아들인 말[馬]로 쓰라"는 것은, 군자에게 귀의하는 무리가 있을 때 그들을 군자의 충직한 백성으로 받아들이라는 뜻이다.

"장壯하다"는 것은 앞서 대장大壯(34)의 도에서 살폈듯 보무도 당당히 씩씩하게 나아가는 모습을 말한다. 그러므로 "받아들인 말로 써서 장壯하게 나아가라"는 것은, 군자에게 귀의하는 무리를 충직한 백성으로 받아들여 장壯하게 나아가는 모습을 보이라는 뜻이다. 향후 군자는 선왕先王으로서 자신의 도를 천하에 선포할 포부를 품고 있다. 그러므로 이를 염두에 두고 귀의한 무리를 우대하면서 장壯하게 나아가는 모습을 보여주라는 것이다.

군자가 그렇게 행동하면 길한 이유를 〈상전〉은 다음과 같이 풀이한다. "처음에 음이 왔을 때 길한 것은 순명하기 때문이다[初六之吉順也]." 군자가 1효에 음이 온 취지에 맞춰 하늘의 뜻에 순명하는 모습을 보이면, 새로이 귀의한 백성들이 이를 보고 감화되어 역시 순명하기 때문에 길하리라는 것이다.

九二 渙 奔其机 悔亡
구 이 환 분 기 궤 회 망

양이 두 번째에 오니, 환渙을 행함에 급히 제사를 드리러 가면 회悔가 사라지리라.

앞서 1단계에서 장壯한 모습을 보인 군자는 그 기세를 바탕으로 2단계에서 드디어 환渙을 행한다. 이는 평천하를 위한 군자의 도道를 찬란히 선포하는 것을 말한다. 보다 구체적으로는 군자가 선왕先王으로서 타국의 왕들을 뛰어넘는 존재임을 선언하는 것이며, 앞으로는 선왕으로서 다른 왕들을 대상으로 호령을 발하겠으니 이를 따르라고 선포하는 것이다.

군자가 이처럼 환渙을 행하면 일부에서 반발이 일어날 수 있다. 주역은 이때 제사를 활용하라 조언한다. 机(궤)는 흔히 '책상'으로 새기지만, 几(궤)와 서로 뜻이 통한다.[36] 궤几는 제사를 드릴 때 사용하는 기구의 일종이다. 그러므로 궤机를 향해 간다는 말이, 제사를 드리러 간다는 말이 되는 것이다.

주역은 군자가 타이밍을 놓치지 않도록 서둘러 제사를 드려야 한다고 조언한다. 이는 전통시대에 공동체의 화합·단합을 도모하던 제사의 기능을 활용하라는 의미이며, 그리하면 회悔가 사라질 것이라 한다. 〈상전〉은 이에 대해 "환渙을 행함에 급히 제사를 드리면 원하는 바를 얻을 수 있을 것[渙奔其机 得願也]"이라 풀이한다.

六三 渙其躬 无悔
육 삼 환 기 궁 무 회
음이 세 번째에 오니, 환渙으로 그 자신도 흩어야 회悔가 없으리라.

3효에는 음이 오고 있다. 이는 3단계에서 군자가 자신이 처한 상황이 하늘의 뜻에 비추어 마땅한지를 살피고 헤아려야 함을 상징한다.

"환渙으로 그 자신도 흩어놓는다"는 말은, 군자가 아상我相이나 아집我執을 흩어 없애고 자신도 진리인 도道에 복종시킨다는 뜻이다. 이에 대해 〈상전〉은 다음과 같이 풀이한다. "환渙으로 그 자신을 흩어놓는 것은 뜻이 외부에 있기 때문이다[渙其躬 志在外也]." 군자의 뜻이 자기 또는 집안의 이익을 도모하는 데 있지 않고 평천하를 도모하는 데 있다는 말이다. 군자가 이처럼 스스로를 흩어서 자신마저도 평천하의 도에 복종시키면, 주변국의 왕을 비롯한 천하의 사람들이 군자가 선포한 평천하의 도에 대한 의혹을 품지 않으리라는 뜻이다.

六四 渙其群 元吉 渙 有丘 匪夷所思
육사 환기군 원길 환 유구 비이소사
음이 네 번째에 오니, 환渙으로 그 무리를 흩어놓아야 으뜸으로 길하리라. 환渙을 행함에 언덕을 남겨두는 것은 이夷가 생각하는 바가 아니리라.

3효에 이어 4효에도 음이 오고 있다. 그에 따라 4효사를 해석함에는 음효가 온 취지를 반영해야 한다.

"환渙으로 그 무리를 흩어놓는다"는 말은, 군자를 따르는 무리를 흩어놓아야 한다는 뜻이다. 앞서 3단계에서는 군자 자신을 흩어놓았는데, 음이 연속되는 4단계에 이르면 더 나아가 군자를 따르는 무리까지 흩어놓아야 하는 것이다.

군자가 이렇게 4효의 취지를 완수하면, 환의 2·3·4효는 진震을 이루게 된다. 진에서 처음에 놓인 양효는 무언가 기존의 신념 체계와는 다른 새로운 대상이 제시되는 상황을 표상한다(〈부록 4〉 참조). 환의 길에서라면 군자가 자신을 선왕先王으로 선포하는 것이 그에 해당한다. 진震에서 그다음에 이어지는 음효는 새로운 대상이 하늘의 뜻에 비추어 마땅한지를 살피고 헤아리는 과정을 표상한다. 이런 과정을 두 번 연속으로 거침으로써 처음에는 반발하던 사람들의 마음이 새로운 대상에 공감하고 그를 수용하게 된다. 이렇게 수용되고 나면 그 새로운 대상은 이제 사람들의 믿음·신념·가치 체계에 포함된다. 그리하여 사람들의 새로운 준칙으로 자리 잡는 것이다. 이러한 진震의 도가 환의 2·3·4효에 그대로 적용된다. 군자가 두 번 연속으로 자신이 선포한 환의 도에 스스로 순명하는 모습을 보여주면, 처음에는 반발하던 주변국의 왕들이 군자가 선포한 환의 도를 받아들이게 되는 것이다.

〈상전〉은 4효사에 대해 이렇게 풀이한다. "환渙으로 그 무리를 흩어놓아야 으뜸으로 길한 것은 광대하기 때문이다[渙其群 元吉 光大也]." '광대光大'하다는 것은 '찬란히 빛나서 위대하다'는 뜻이다. 군자가 두 번 연속으로 자신이 선포한 환의 도에 스스로 순명하는 모습을 보여주면, 그 모습이 찬란히 빛나서 위대하기에 으뜸으로 길한 결과에 이른다는 뜻이다.

단, 군자가 환渙의 길 4단계에서 자신을 따르는 무리를 흩어놓을 때, 그에 앞서 1~3단계에서 감坎의 길을 먼저 거친다는 점을 주목할 필요가 있다. 군자가 선포하는 평천하의 도가 감坎으로 상징되는 단련의 과정을 거쳐 옹골차진 후라야 자신의 무리를 흩어놓을 수 있는 것이다.

4효사에서는 후반부 구절의 해석이 어려워서 다양한 의견이 존재한다. 우선 丘(구)를 어떻게 해석할 것인가가 문제 된다. 그런데 丘는 비賁괘(22) 5효사와 이頤괘(27) 2효사에서 이미 등장했던 표현이다. 원래는 성읍 밖에 있는 농민의 거주 지역을 상징하는 말인데, 주역 경문에서는 문명 세계가 아닌 시골 지역을 상징하는 표현으로 쓰인다. 그러므로 여기서도 달리 볼 이유가 없다. 군자가 자신이 주도하는 평천하의 도를 선포할 때, 주변부라고 해서 예외 지역으로 남겨두지 말라는 뜻이다.

여기서 夷(이)는 풍豊(55)의 길 4효사에 등장했던 夷에 해당한다. 이는 환渙과 풍이 배합괘로서 서로 대대를 이루며, 같은 4단계에 夷가 등장하는 점을 통해 알 수 있다. 아울러 주역 경문이 서로 다른 괘사이에도 치밀한 상호 관련을 맺고 있다는 점을 알 수 있다. 앞서 풍의 길에서 군자는 이夷와 특수한 동맹을 맺었다. 이러한 특수관계 역시 군자의 무리에 속하므로, 이제 환의 길 4단계에 이르러 군자가 자신의 무리를 흩어놓을 때는 이夷와 맺은 특수 관계 역시 해체해야 하는 것이다. 이들 이夷의 무리는 기꺼이 군자가 선포하는 평천하의 도에 동참하고자 한다. 그래서 주역은 군자가 평천하의 도를 선포할 때이夷를 남겨두는 것은 그들이 의도하는 바가 아니니, 유보하지 말고포함해 시행하라 조언하는 것이다.

九五 渙 汗其大號 渙 王居 无咎
구 오 환 한 기 대 호 환 왕 거 무 구

양이 다섯 번째에 오니, 환渙을 행함에 그 대호령大號令을 발한發汗하듯 행하는 상이로다. 환渙을 행할 때 왕王으로 거하면 허물이 없으리라.

汗(한)의 의미는 주희가 적절히 풀이해주고 있다. "한汗은 땀이 흘러나오면 되돌아 들어가는 법이 없는 것처럼 하는 것을 말한다[汗 謂如汗之出而不反也]." 그러므로 대호령을 발한發汗하듯 시행한다는 말은, 군자가 선왕으로서 한번 호령을 내린 이상 반드시 그 말대로 시행되어야지 절대 무르는 법이 없이 지엄하게 행한다는 뜻이다. 이는 "한번 칼을 뽑았으면 썩은 호박이라도 베야 한다"는 격언과 비슷한취지의 말이다. 결국 주역은 환渙의 길 5단계에서는 이처럼 엄정하게 군자의 도를 시행해야 한다고 조언한다.

이렇게 엄정히 군자의 도를 행하면 우려와 반발이 없을 수 없다. 이에 대해 주역은 군자가 환渙의 도를 행할 때 왕王으로 거하면 허물이 없을 것이라고 한다. "왕王으로 거한다"는 말은, 왕의 자리에 거한다는 말로서 불편부당한 토土의 자리이자 적중的中한 중앙에 자리 잡아 사방의 일을 치우침이 없이 공평무사하게 중재하고 심판한다는 말이다. 이렇게 하면 평천하의 도를 발한發汗하듯 엄정하게 집행하더라도 허물이 없을 것이라 말하는 것이다.

上九 渙其血去逖出 无咎
상구 환기혈거적출 무구

극상의 자리에 양이 오니, 환渙을 행하여 그 피를 흩어서 나누어 마시고 두려움을 내치면 허물이 없으리라.

"환기혈거적출渙其血去逖出" 관련해서는 소혹小畜괘(9) 4효사에 "혈거척출血去惕出"이란 유사한 표현이 등장했었다. 여기서도 비슷하게 去(거)는 '덜어낸다'는 뜻으로 쓰였으며, "혈거血去"는 피를 덜어내어 나누어 마시는 고대의 맹세 의식을 묘사한 표현이다.

6단계에서는 앞서 5단계에서 생겨난 우려와 반발을 없애는 방법에 대해 말한다. 피를 나누어 마시는 굳은 맹세의 의식을 엄숙히 치름으로써 상호 간의 불신에 따른 두려움을 내치라는 조언이다. 이렇게 해서 우려와 반발을 잠재우면 허물이 없을 것이라 한다.

이러한 풀이는 괘상으로도 뒷받침이 된다. 환渙의 상괘는 손巽으로 '유연한 대응'을 표상한다. 군자의 입장에서 보면 4효에서 유연한 대응을 한 후 5·6효에서 자신의 뜻을 실현하는 과정을 표상하는 것이며, 군자가 이렇게 처신할 경우 주변 사람들은 큰 반발 없이 군자의 선도를 따를 것임을 나타낸다.

渙 亨 王假有廟 利涉大川 利貞
환 형 왕격유묘 이섭대천 이 정

환渙의 길은 형통하리라. 왕이 종묘를 두기에 이른다. 대천을
건너야 이로우리라. 정貞해야 이로우리라.

　"왕격유묘王假有廟"는 췌萃(45)의 괘사에 이미 등장했던 구절이다.
"왕이 종묘를 둔다"는 것은 자신의 왕국을 영속하도록 만드는 체제
안정화 작업을 완수했다는 상징적 표현이다. 그런데 이미 췌萃의 길
에서 종묘를 두었는데, 이곳 환渙의 길에서 다시 종묘를 두고 있다는
점이 주목된다. 이는 "환渙은 선왕先王이 그로써 상제에게 제사를 드
리고 종묘를 세우는 것[渙 先王以享于帝立廟]"이라 했던 〈상전〉의 풀
이를 참조하면 합리적으로 이해할 수 있다. 환의 괘사에서 말하는 종
묘는 군자가 주변국의 다른 왕들을 뛰어넘은 선왕의 지위에 오른 후
그 지위를 공식적인 것으로 만들기 위해 다시 세운 종묘인 것이다.

　"대천을 건너야 이롭다"는 말은 3효와 4효의 경우를 가리킨다. 3효
에서는 군자가 자신을 흩어놓아야 했고, 4효에서는 자신을 따르는
무리까지 흩어놓아야 했는데, 이는 옹졸한 좁은 시야로는 가능한 일
이 아니다. 그러므로 인식의 지평을 넓혀야 이로울 것이라 조언하는
것이다.

　이처럼 군자가 환渙의 길을 통해 자신이 주도하는 평천하의 도를
선포하고, 선왕先王으로서의 지위를 공식화하기 위해 종묘를 새로이
세웠을 때, 점漸(53)을 통해 외치外治의 길에 나선 군자의 위상이 절
정에 이른다고 할 수 있다.

60

절節 절제하여 머무르다

☰

節 亨 苦節 不可貞
절 형 고 절 불 가 정

節의 길은 형통하리라. 괴롭게 절제하고 있다면 정貞하는 것은 불가하다.

初九 不出戶庭 无咎
초 구 불 출 호 정 무 구

처음에 양이 올 때는, 호정戶庭 밖으로 나가지 않아도 허물이 없으리라.

九二 不出門庭 凶
구 이 불 출 문 정 흉

양이 두 번째에 올 때는, 문정門庭 밖으로 나가지 않으면 흉하리라.

六三 不節若 則嗟若 无咎
육 삼 부 절 약 즉 차 약 무 구

음이 세 번째에 왔는데, 절제하지 않았다면 탄식을 하면 허물이 없으리라.

六四 安節 亨
육 사 안 절 형

음이 네 번째에 오니, 편안하게 절제에 머무르면 형통하리라.

九五 甘節 吉 往 有尙
구 오 감 절 길 왕 유 상

양이 다섯 번째에 오니, 달게 절제하는 상이로다. 길하리라. 왕往하면 숭상받음이 있으리라.

上六 苦節 貞 凶 悔亡
상 륙 고 절 정 흉 회 망

극상의 자리에 음이 오니, 괴롭게 절제하는 상이로다. 정貞하면 흉하리라. 회悔는 사라지리라.

節(절)은 '마디; 절도, 알맞은 정도; 절약하다, 절제하다' 등의 뜻을 갖는다. 節의 본래 뜻은 대나무의 마디를 가리킨다. 대나무의 마디는 일정한 만큼씩 매듭이 지어져 있다. 대나무는 이렇게 중간중간 매듭 지어진 마디가 존재하기 때문에 가느다란 몸체로도 높이 올라갈 수 있는 것이다. 이러한 대나무의 마디가 지니는 이미지로부터 알맞은 정도를 의미하는 '절도節度'의 뜻이 나오고, 절약節約, 절제節制 등의 뜻이 나온 것이다.

'예절禮節'에도 절節이 들어 있다. 사람마다 예禮의 적절한 수준에 대한 생각이 각기 다르기 때문에 어떤 사람은 과하게 행하고 어떤 사람은 부족하게 행할 수 있다. 그러한 과부족을 방지하고자 알맞은 정도를 매듭지어 정해놓은 것이 '예절'이다.

괘명으로 사용된 절節의 의미에 대해서는 주희가 다음과 같이 적절히 풀이했다. "절節은 한계를 두고 거기에 머무르는 것이다[節 有限而止也]." 절節과 대대를 이루는 환渙의 길은 평천하를 위한 군자의 도道를 찬란히 선포하는 경우였다. 보다 구체적으로는 군자가 선왕先王으로서 타국의 왕들을 뛰어넘는 존재임을 선언하고, 평천하의 도를 앞장서서 이끌겠다는 뜻을 내걸고 그리 행하는 경우였다. 하지만 군자가 선왕의 위치에 올라섰다고 해도 그다음은 스스로 한계를 설정하는 절節의 길로 나아가야 한다. 이러한 절의 길이 어떤 의미를 갖는지는 빌헬름이 탁월하게 풀이한 바 있다.

> 인간의 삶에서도 개인이 의의significance를 획득하려면 구별discrimination과 한계limits의 설정을 통해야 한다. 그러므로 여기서 우리에게 중요한 것은 이 구별을 분명하게 규정하는 문제인 것이다. 그 구별은, 말하자

면 도덕의 주축이 되는 것이다. 무한한 가능성은 사람에게 적합한 것이 아니다. 만약 그런 게 존재한다면, 사람의 삶은 무한 안에서 흩어져 사라질 뿐일 것이다. 강해지기 위해서는 사람의 삶은 한계the limitations를 필요로 한다. 의무duty에 의해 부여되었고 자발적으로 받아들인 한계를 말함이다. 개인이 자유정신으로서 의의를 얻을 수 있는 유일한 방법은 그 자신을 이러한 한계로 둘러치고, 자신의 의무가 무엇인지를 스스로 결정하는 것이다.[37]

《역경 혹은 변화의 책》

이상과 같은 풀이를 보면, 신학자이자 선교사였던 빌헬름 자신이 깨달음을 얻은 사람이 아니었나 싶다. 개별자로서 인간 존재에게 '절節(매듭지음, 한계 지음)'이 근본적으로 어떤 의미가 있는지에 대한 탁월한 통찰이다.

윗글에서 빌헬름이 말한 의무는 '천명'에 해당한다. 동양학의 용어로 그의 말을 재정리하면, 자신에게 부여된 천명을 분명히 인식하고 그에 전념(헌신)하겠다고 스스로 결단을 내리는 것이 '절節'이라고 할 수 있다.

"무한한 가능성은 사람에게 적합한 것이 아니다." 빌헬름의 이 말은 〈부록 5. 리일분수理─分殊〉의 태극과 64괘의 관계도를 보면 이해하기 쉽다. 율곡 이이가 〈경포대부〉에서 적절히 지적했듯 형상이 나뉘면 비록 만 가지라 해도 리理를 합하면 하나일 뿐이다[形分雖萬 理合則一]. 인간 세상의 변화가 비록 64가지 경우의 수로 번잡하게 나뉜다고 하나 결국 '리'는 하나일 뿐이니, 무극無極(태극太極)이 그에 해당한다. 그렇다면 어째서 인간은 번잡하게 64괘를 변별하고 분별을 두어야 하는 것일까?

그 이유는 "무한한 가능성은 사람에게 적합한 것이 아니기" 때문이다. 유한한 인간은 무한한 리理를 직접 감당할 수 없다. 그 때문에 무한의 한 조각인 유한을 붙들고 씨름하는 것이다. '일미진중함시방一微塵中含十方'이라 티끌 하나 안에 온 우주를 머금었으니, 한 조각의 유한을 붙들고 씨름하는 것도 나름의 의미가 없다 할 수 없고, 많은 수의 유한한 인간이 각자에게 부여된 한 조각의 유한을 붙들고 열심히 씨름할 때, 인간이 모인 공동체 전체로는 총천연색의 모자이크를 이룰 것이다. 그 모자이크 전체는 무한인 '리'에 조금쯤 다가선 것일 수 있으리라. 그래서 군자는 64갈래의 미로 속을 헤매며 끊임없이 길흉회린吉凶悔吝과 마주하면서 고뇌하는 것이다.

〈상전〉은 절節의 길에 대해 이렇게 풀이한다. "절節은 군자가 그로써 수數와 도度[38]를 제정하고 덕행을 의논하는 것이다[節 君子以制數度議德行]."

무한한 리理의 상태 그대로라면 선악의 분별이 없으므로 덕행을 의논할 수 없으며, 수數와 도度를 제정할 수도 없을 것이다. 이 역시 절節의 취지를 적절히 풀이한 말이라고 할 수 있다.

初九 不出戶庭 无咎
초 구 불 출 호 정 무 구
처음에 양이 올 때는, 호정戶庭 밖으로 나가지 않아도 허물이 없으리라.

戶(호)는 흔히 '집'으로 새기지만, 원래는 지게문(돌쩌귀를 달아 여닫

는 문) 반쪽을 형상화한 글자다. 지게문[戶]은 전체 가옥 구조에서 바깥쪽이 아니라 안쪽에 다는 약식 문이고, 門(문)이 바깥과의 출입구에 다는 정식 문이다. 정이에 따르면, "호정戶庭은 지게문 밖의 정원이고 (2효에 등장하는) 문정門庭은 문門 안에 있는 정원이다[戶庭 戶外之庭 門庭 門內之庭]". 호정戶庭은 가옥 구조에서 안쪽에 있는 정원이고, 문정門庭은 그보다 바깥에 있는 정원인 셈이다.

절節의 길 1효사의 의미를 제대로 이해하려면 괘상과 같이 살펴볼 필요가 있다. 절節의 하괘는 태兌로, 기존의 한계로부터 '벗어남'을 표상한다. 그러므로 1효에 양이 왔을 때는 군자가 적극적으로 호정 밖으로 나가는 것이 정상적인 반응이다. 그래서 주역이 호정 밖으로 나가지 않아도 "허물이 없다"고 평하는 것이다. 이처럼 "허물이 없다"는 평자체가, 호정 밖으로 나가는 것이 정상적인 반응임을 전제한 것이다.

〈상전〉은 1효사에 대해 이렇게 풀이한다. "호정戶庭 밖을 나가지 않는 것은 소통이 막혔음을 알기 때문이다[不出戶庭 知通塞也]." 1효에 양이 놓이긴 했지만, 주변 상황을 볼 때 소통이 막혀 있어서 밖으로 나갈 때가 아님을 알기 때문이라는 것이다.

군자가 절節의 길 1단계에서 이처럼 다소 소극적으로 반응하는 이유는 역시 절의 길이 절제節制하는 길이기 때문이다. 그러므로 다른 길의 경우보다 더욱 신중히 대처하는 것이다.

九二 不出門庭 凶
구 이 불 출 문 정 흉
양이 두 번째에 올 때는, 문정門庭 밖으로 나가지 않으면 흉하리라.

하경

양이 두 번째에 다시 오자, "문정門庭 밖으로 나가지 않으면 흉할 것"이라 말하고 있다. 앞서 1단계에서 양이 처음 놓였을 때는 신중히 대처하는 것이 허물이 없다고 했지만, 이제 양이 두 번째로 또 왔으니 군자로서는 때가 무르익었다는 사실을 재차 확인한 것이다. 그렇다면 이제는 과감히 문밖으로 나서야 하는 것이며, 계속 문 안에서 머뭇거리고만 있으면 흉할 수밖에 없다. 그래서는 군자가 시중時中의 도를 잃게 되는 것이다. 〈상전〉 역시 이에 대해 다음과 같이 풀이한다. "문정門庭 밖으로 나가지 않으면 흉한 것은, 때를 잃는 정도가 극심하기 때문이다[不出門庭凶 失時極也]."

절節의 길 2단계에서 주목할 점은, 절의 길임에도 불구하고 적극적으로 문정 밖으로 나가 자신의 주장을 펼쳐야 한다고 주역이 조언한다는 점이다. 절節의 괘상과 효사를 같이 놓고 살피면, 절의 하괘는 태兌로, 기존의 한계로부터 '벗어남'을 표상한다는 점을 주목하지 않을 수 없다. 자신을 절제하는 길의 전반부에서는 도리어 자신의 한계로부터 벗어나서 적극적으로 자기주장을 펼쳐야 하는 것이다. 전반부에서 그처럼 자신의 한계를 극복하고 주장을 펼친 후 후반부에서 절제하는 것이 '절'의 도道라는 사실을 가장 먼저 유념할 필요가 있다.

六三 不節若 則嗟若 无咎
육 삼 부 절 약 즉 차 약 무 구
음이 세 번째에 왔는데, 절제하지 않았다면 탄식을 하면 허물이 없으리라.

3효에서는 효가 음으로 바뀌고 있다. 하괘 태兌의 괘상으로 보더라도 3효에서는 그동안의 자기주장을 접고 절제로 돌아서야 한다. 그러므로 절節의 길 3단계에서는 2단계의 자기주장을 접고 절제로 돌아서는 것이 온당한 행동이다.

"절제하지 않았다면 탄식을 한다"는 것은, 절제하지 않은 행동이 잘못이었음을 깨닫고 후회하는 것을 말한다. 이렇게 하면 허물이 없을 것이라 말하는 이유는, 뒤늦게라도 후회를 하니 다음 4단계에 이르면 절제를 할 것이기 때문이다. 결국 주역은 3단계에서의 '절제하지 않음'에 대해서도 상당한 허용의 여지를 열어둔 셈이다. 이 역시 절節의 길 후반부에서의 절제를 앞두고 전반부에서는 자기주장을 가급적 허용하는 취지에서 비롯한 것이다.

六四 安節 亨
육 사 안 절 형
음이 네 번째에 오니, 편안하게 절제에 머무르면 형통하리라.

4효에 음이 두 번째로 다시 오니 "편안하게 절제에 머무르면 형통할 것"이라 한다. 우선 4단계에서는 음이 두 번째로 다시 왔기 때문에 절제할 때가 되었다는 신호를 거듭 확인한 셈이다. 따라서 이제 절제해야 한다는 의사 결정은 쉽게 할 수 있는 상황이다. 그렇다면 "편안하게 절제에 머무른다[安節]"는 것은 어떤 상태일까?

安(안)은 앞서 곤坤(2)의 괘사에서 살펴봤듯 스스로 한계를 둘러치고 그 안에 편안히 머무르는 상태를 뜻한다. 그러므로 "안절安節"에

——— 하경

서 핵심은 스스로 한계를 둘러치는 것에 있다. 서두에서 언급한 주희의 풀이를 다시 살펴보면 "절節은 한계를 두고 거기에 머무르는 것[節 有限而止也]"이라고 했다. 이렇듯 절의 길에서 핵심은 스스로 한계를 둘러치는 것에 있다. 그렇다면 무엇으로 한계를 둘러칠 것인가?

그것이 바로 천명이다. 자신에게 부여된 천명이 무엇인지를 분명히 정립하고 그에 전념하는 것이 스스로 한계를 둘러치는 것이다. 자신에게 부여된 천명에 집중하는 것으로 한계를 두르고 거기에 머무른다면 가장 편안히 절제에 머무를 수 있다. 또한 그렇게 해야 노력을 집중할 수 있어서 자신에게 부여된 소명을 완수할 수 있는 것이다.

절節의 길은 려旅(56)의 길과 배합괘로서 대대를 이룬다. 이는 사람이 절의 길에 들어섰다면 더 이상 나그네 방랑길에 나서서는 안 된다는 뜻이다. 이는 개체로서 사람에게 부여된 생명의 기운에 일정한 한계가 있기 때문이다. 절節의 취지는 자신에게 부여된 유한한 생명의 기운을 아끼라는 것이다. 천명의 범위를 벗어나는 싸움을 계속하느라 기운을 소모하면 천명에는 소홀할 수밖에 없다. 사람에 따라서는 기질적으로 절제가 잘되는 사람이 있는가 하면 잘되지 않는 사람도 있다. 후자의 경우는 자신의 소중한 기운을 사방팔방으로 낭비하다 뒤늦게 땅을 치고 후회하는 결과에 이를 수 있으니 유의할 일이다.

九五 甘節 吉 往 有尙
구 오 감 절 길 왕 유 상

양이 다섯 번째에 오니, 달게 절제하는 상이로다. 길하리라. 왕往하면 숭상받음이 있으리라.

4효의 "안절安節"에 뒤이어 "감절甘節"이 등장하고 있다. "감절甘節"을 포함하는 5효사는 문장의 뜻을 해석하기에는 어려움이 없으나, 그 문장을 통해 전달하고자 하는 의미가 무엇인지 파악하려면 효사의 의미를 괘상과 더불어 살펴볼 필요가 있다.

절節의 3·4·5효는 간艮을 이룬다. 간艮은 군자가 두 번 연속으로 성찰의 과정을 거친 후, 이를 바탕으로 세 번째 양효에 이르러 "이것만은 양보할 수 없다"고 하는 자신의 핵심 가치를 주장하는 것이다. 이를 절의 길에 적용하면, 앞서 3단계와 4단계의 음효에서 두 번 연속으로 절제의 과정을 거친 후 5단계에 이르러 양보할 수 없는 핵심 가치를 주장하는 것이다. 4단계에서 스스로 한계를 둘러쳤으니, 5단계에서 펼치는 자기주장은 바로 그 스스로 둘러친 한계의 범위 안에서 반드시 얻어내야 할 핵심 가치를 주장하는 것이다.

"길하리라"는 점사는 바라는 결과를 얻게 됨을 가리킨다. 그러므로 주역은 군자가 3·4단계의 절제를 거쳐 5단계에서 자신의 핵심 가치를 주장하면 그 바라는 결과를 얻게 된다고 말하는 것이다. 주역이 5단계를 "달게 절제하는 상"이라 말하는 이유는 그 때문이다. 앞서 4단계에서 스스로 한계를 둘러치는 "안절安節"의 길을 가야 했던 이유는 이처럼 5단계에서 자신이 양보할 수 없는 핵심 가치를 획득해내기 위한 것이었다고 할 수 있다.

또한 이처럼 자신의 천명에 편안히 머무르면서도 핵심 가치를 얻어내는 그 모습이 존경스럽기에 "왕往하면" 남들로부터 숭상받음이 있을 것이라고 한다. "왕往한다"는 말은 '행行한다'는 말과 대비되는 개념으로서 '정해진 한 방향으로 나아가는 것'을 가리키며, 또한 그처럼 나아가야 할 방향이 정해져 있을 때 망설임 없이 그 길을 걸어나간다는 뜻이기도 하다(〈부록 3〉 참조). 이는 우선 절의 길 5단계에서 자기주장을 펼치더라도 천명에 의해 정해진 한 방향을 벗어나지 말아야 함을 뜻한다. 동시에 나아가야 할 방향이 정해져 있다면 주저하거나 망설임 없이 그 길을 걸어내야 함을 뜻한다. 그래야 남들로부터 숭상받음이 있으리라는 말이다.

上六 苦節 貞 凶 悔亡
상 륙 고 절 정 흉 회 망
극상의 자리에 음이 오니, 괴롭게 절제하는 상이로다. 정貞하면 흉하리라. 회悔는 사라지리라.

절節의 길 6단계에서는 "고절苦節"이 등장한다. 사람이 자신의 천명에 머무른다면 '안절安節'과 '감절甘節'이 가능할 것인데, "고절苦節"을 하고 있다면 이는 절節의 길에서 과잉의 단계에 해당한다.

6단계에서 "고절苦節", 즉 괴롭게 절제함에 이르는 이유는 절의 길이 5단계의 "감절甘節"을 완수하지 못했기 때문이다. "감절甘節"을 완수하려면 '왕往'을 해내야 한다. 사람이 천명으로 자신의 한계를 둘러쳤다면, 이후는 천명이 지시하는 길, 나아가야 할 그 길을 망설임 없이 걸어가서 핵심 가치를 얻어내야 하는 것이다. 하지만 용기가 부족해서 '왕往'하지는 못하고 계속해서 절제하기만 하는 것이 6단계의 "고절苦節"이다.

애초에 군자가 절節의 길로 나아간 이유는, 절제를 통해 기운을 집중해서 핵심 가치를 이루어 내기 위함이지 절제를 위한 절제를 하려는 것은 아니다. 그러므로 괴롭게 절제만 계속한다면 흉할 수밖에 없다.

6효사의 후반부는 그럼에도 회悔는 사라질 것이라 말한다. '무회无悔', 즉 회悔가 없을 것이다가 아니라 "회망悔亡", 즉 회悔가 일단 생기겠지만 사라질 것이라 말한다. 회悔가 생기는 이유는 괴롭게 절제하고 있기 때문이다. 이후 회悔가 사라지는 이유는, 사람이 나이가 들어갈수록 기운이 부족해서라도 저절로 절제하지 않을 수 없게 되기 때문이다. '감절甘節'을 이루었는지 여부와 상관없이 어쨌든 절제를 하는 결말에 이르게 되므로 회悔는 사라지는 것이다.

節 亨 苦節 不可貞
절 형 고 절 불 가 정
절節의 길은 형통하리라. 괴롭게 절제하고 있다면 정貞하는 것은 불가하다.

절節의 괘사에서 "괴롭게 절제하고 있다면 정貞하는 것은 불가하다"고 다시 말하는 이유는, 지금이라도 '왕往'함으로써 '고절苦節'의 상황을 깨고 '감절甘節'로 나아갈 수 있다면 그렇게 하도록 권면하는 것이다.

그 외에 절節의 길에서 음미할 사항은 전반부와 후반부의 리듬이다. 주역은 절의 길이라고 해서 절제의 필요성만을 강조하지 않는다. 후반부에서 본격적인 절제를 하기 위해서라도 미리 전반부에서는 자기주장을 펼쳐서 확장을 해놓을 필요가 있다. 그래야 전체로서 음양의 균형을 이룰 수 있는 것이다.

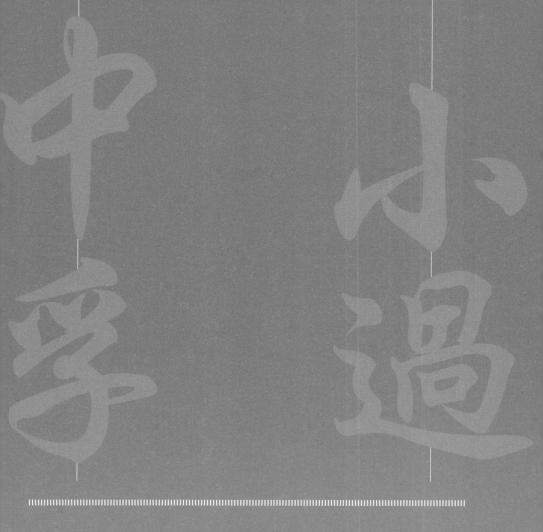

61·62

중부中孚 : 소과小過

믿음을 다지는 길과

믿음을 다소 과하게 실천하는 길

중부中孚 믿음을 다지다

中孚 豚魚 吉 利涉大川 利貞
중 부 돈 어 길 이 섭 대 천 이 정
중부中孚의 길은 물고기를 살찌우면 길하리라. 대천을 건너는 것이 이로우리라. 정貞
하는 것이 이로우리라.

初九 虞 吉 有他 不燕
초 구 우 길 유 타 불 연
처음에 양이 올 때는. 염려하여 잘 헤아리면 길하리라. 다름이 있다면 편안히 여길 일
이 아니로다.

九二 鳴鶴在陰 其子和之 我有好爵 吾與爾靡之
구 이 명 학 재 음 기 자 화 지 아 유 호 작 오 여 이 미 지
양이 두 번째에 오니, 우는 학이 그늘에 있더라도 그 자식이 화답하는 상이로다. 우리
에게는 좋은 술잔이 있으니, 나는 그대와 더불어 술잔을 기울인다.

六三 得敵 或鼓或罷或泣或歌
육 삼 득 적 혹 고 혹 파 혹 읍 혹 가
음이 세 번째에 오니, 호적수를 만나서, 혹은 북을 울리고 혹은 파하고 혹은 눈물을
흘리고 혹은 개가를 부르고 하리라.

六四 月幾望 馬匹亡 无咎
육 사 월 기 망 마 필 망 무 구
음이 네 번째에 올 때는, 달이 거의 보름에 찼으니 마필을 없이하여야 허물이 없으리라.

九五 有孚攣如 无咎
구 오 유 부 연 여 무 구
양이 다섯 번째에 오더라도, 믿음을 갖고 이어져 있구나. 허물이 없으리라.

上九 翰音 登于天 貞 凶
상 구 한 음 등 우 천 정 흉

극상의 자리에 양이 오니, 날아오르는 소리가 하늘로 올라가는 상이로다. 그렇게 계속 정貞하는 것은 흉하리라.

中孚(중부)라는 괘명에서 우선 주목되는 점은 '孚(부)'가 아니라 '中孚(중부)'로 쓰고 있다는 사실이다. 단지 '믿음'을 의미할 것이면 孚로 써야 한다. 孚가 아니라 中孚로 썼다는 것은 단지 '믿음' 이상의 의미를 나타내려는 것이다. 그러므로 중부中孚라는 괘명의 뜻을 알려면 '중中' 자의 의미를 살려서 새겨야 한다.

중中은 '가운데, 안, 속' 등을 의미한다. 따라서 중부中孚는 우선 '안에 있는 믿음'이라는 뜻으로 새길 수 있다. 이렇게 새기면 개인적인 믿음의 문제가 된다. 그런데 '가운데'라는 뜻은, 여럿이 존재할 때 그 가운데를 의미하기도 한다. 이렇게 보면 '중부'는 여럿 가운데에 존재하는 믿음을 가리키는 것으로 볼 수 있다. 이때는 개인적인 믿음이 아니라 공동체에 존재하는 믿음의 문제가 된다. 중부의 괘효사 중에서 2효사와 5효사를 보면, 공동체에 존재하는 믿음에 대해 말함을 알 수 있다. 그러므로 중부는 우선 공동체의 믿음에 대해 말한다고 새겨야 할 것이다. 하지만 개인의 믿음에 적용해도 들어맞기 때문에 배제할 것은 아니고 폭넓게 생각하면 될 것이다.

주역의 괘서卦序에서 절節의 길 다음에 중부中孚의 길이 이어지는 이유는 무엇일까? 〈서괘전〉은 그 이유를 다음과 같이 말한다. "절節하면 그것을 믿게 된다[信]. 그러므로 중부中孚로 받는 것이다[節而信之 故受之以中孚]."

"절節하면 그것을 믿게 된다[信]", 이 짧은 한 구절은 믿음에 대한,

인간 존재에 대한 탁월한 통찰이다. 절節의 근본적 의미는 '매듭지음, 한계 지음'이다. 앞서 빌헬름은 인간 존재에게 있어 한계의 설정을 선명히 정립하는 일이 중요함을 지적했다. "절節하면 그것을 믿게 된다[信]"는 말은, 인간이 무한無限 속에서 자신의 '한계限界'를 스스로 선명히 정립했을 때, 이를 통해 자기 삶의 의의를 분명히 파악했을 때, 그것을 믿게 된다는 말이다.

인간이 무한 속에서 자신의 한계를 선명히 정립한다는 것은, 하늘이 자신에게 명한 바인 천명天命을 선명히 인식하고 정립한다는 말이기도 하다. 이렇게 하면 '믿게 된다[信]'는 것인데, 여기서 '믿게 된다[信]'는 말은 신념信念을 갖게 된다는 말이며, 어떤 경우엔 신앙信仰을 갖게 된다는 말이기도 하다. 결국 "절節하면 그것을 믿게 된다[信]"는 말은 자신에게 부여된 천명을 선명히 인식하고 정립했을 때 그에 대한 신념이나 신앙을 갖게 된다는 말이다. 개인만이 아니라 공동체 역시 그러하다는 것이다. 그 때문에 절節 다음에 중부中孚의 길이 이어지는 것이다.

또 다른 이유로는, 공동체가 혼연일체가 되어 수행해야만 하는 필생의 과업을 성취하기 위해 중부中孚가 필요하다고 말한다. 주역 경문에서 그 과제는 '섭대천涉大川'으로 표상되는데, 지금 군자가 이끄는 공동체는 그 최종적인 도전을 앞두고 있다. 다음에 오는 기제旣濟와 미제未濟의 갈림길에서 섭대천을 감행해야 하는 것이다. 이는 주역 64괘의 마지막에 놓인 갈림길이므로 여기서 '섭대천'은 중간 목표가 아니라 최종 목표에 해당한다. 대천大川을 건너 피안彼岸의 세계에 도달하는 것이다. 이는 공동체가 꿈꾸어온 이상을 실현하려는 것이다. 결국 군자가 수신제가치국평천하의 도를 닦은 후 공동체의 최종 목표를 달성하는 문제에 대해 말하는 것이 마지막에 남아 있는 네 개의 길이라고 할 수 있다.

그런데 공동체가 필생의 도전에 나서기 전에 중부中孚의 길을 거쳐야 하는 것은, 군자가 앞서 환渙의 길을 통해 공동체에 군자의 도道를 새로이 선포함으로써 기존 규범을 일신한 것만으로는 충분치 않다고 말하는 셈이다. 이는 공동체의 완성은 규범만으로는 불충분하고 여기에 구성원들의 믿음이 더해질 때라야 가능하다는 뜻이 된다. 게다가 중부의 길이 4단계에 이르면 군자도 자신의 기득권을 내려놓아야 한다고 말해서 흥미롭다.

어쨌든 군자가 환渙의 길에서 선포한 것은 기본 규범일 뿐 공동체의 '믿음'은 아니었다. 이제 군자가 걸어야 할 중부中孚의 길은 공동체가 일차적인 규범을 넘어 믿음으로 더욱 굳게 통합되는 길이라고 할 수 있다. 공동체가 섭대천涉大川이라는 지난한 과제에 도전하려면 그 구성원들이 공유하는 믿음이 확립되어야 한다고 주역은 말하는 것이다. 중부中孚의 괘효사는 공동체 안에서 믿음이 어떤 과정을 거치며 확립되는지 그 법칙에 대해 서술한다.

初九 虞 吉 有他 不燕
초 구 우 길 유타 불연
처음에 양이 올 때는, 염려하여 잘 헤아리면 길하리라. 다름이 있다면 편안히 여길 일이 아니로다.

중부中孚의 길 1단계는 공동체에 믿음이 형성되는 과정 중 첫째 단계에 해당한다. 아직 1단계이기에 조심스러운 면이 있다. 그러므로 어떤 일이 있을 때 염려하여 잘 헤아리면 길할 것이라 말한다. 이어지는 구절이 그 의미를 보충 설명해준다.

"다름이 있다[有他]"는 표현에서 '다르다'는 뜻으로 쓰인 '他(타)' 자는 앞서 비比(8)의 1효사에서 쓰였던 용례와 같이 '사람이 다르다'는 뜻으로 쓰였다. 좀 더 구체적으로는 다른 뜻을 품은 사람을 의미한다. 공동체의 믿음과는 다른 뜻을 품은 사람이 있다면 공동체가 편안치 못할 것이니 유의해야 한다는 말이다.

〈상전〉은 1효사에 대해 이렇게 풀이한다. "처음에 양이 올 때 염려하여 잘 헤아리면 길하다는 것은 뜻이 변하지 않아야 한다는 말이다[初九虞吉 志未變也]." 공동체에 어떤 일이 있을 때 염려하여 잘 헤아림으로써 사람들의 뜻이 변하지 않도록 해야 길할 것이라는 말이다.

九二 鳴鶴在陰 其子和之 我有好爵 吾與爾靡之
구 이 명 학 재 음 기 자 화 지 아 유 호 작 오 여 이 미 지
양이 두 번째에 오니, 우는 학이 그늘에 있더라도 그 자식이 화답하는 상이로다. 우리에게는 좋은 술잔이 있으니, 나는 그대와 더불어 술잔을 기울인다.

학鶴은 청력이 좋아서 울음소리를 통해 여러 마리가 섞인 가운데서 자신의 가족을 구별한다고 한다. 그러므로 우는 학이 눈에 잘 띄지 않는 그늘에 있더라도 그 자식은 어미 학의 울음소리를 알아듣고 화답하는 것이다.

그런데 우는 학이 양지가 아닌 그늘에 있다는 것은 공동체 안에서 아직 그 존재가 두드러지지 못하다는 말이다. 그러므로 이 구절은 아직 공동체 안에서 믿음이 강하게 자리 잡지 못한 상태에서 먼저 듣는

귀가 있는 사람들이 믿음을 공유하면서 다져가는 단계를 설명하는 표현이다.

2효사의 후반부는 '헌수獻酬'의 예禮를 생각나게 한다. 헌수는 주인과 손님이 하나의 술잔을 서로 주거니 받거니 하는 예를 가리킨다. 우리에게 좋은 술잔이 있다는 말은 서로 주거니 받거니 공유할 수 있는 좋은 술잔이 있다는 말이다. 그러므로 역시 우리가 공유할 수 있는 믿음이 있다는 비유로 쓰인 표현이다. 이처럼 서로 믿음을 공유하고 있기에, 내가 그대와 더불어 술잔을 주거니 받거니 하면서 믿음을 다져가는 것이다.

중부中孚의 길 2단계에서는 공동체가 공유하는 믿음이 발전되어 가는 모습을 확인할 수 있다.

六三 得敵 或鼓或罷或泣或歌
육 삼 득 적 혹 고 혹 파 혹 읍 혹 가

음이 세 번째에 오니, 호적수를 만나서, 혹은 북을 울리고 혹은 파하고 혹은 눈물을 흘리고 혹은 개가를 부르고 하리라.

敵(적)은 보통 '원수, 적'으로 새기는데, 원래의 뜻은 '나와 필적하는 상대방'이다. 공동체의 안위를 흔들어놓을 수 있는 호적수를 만난 것이다. 고대에 전투를 벌일 때는 북을 울림으로써 진군시켰기 때문에, 북을 울린다는 말은 호적수와 전투를 벌이고자 적극적으로 진군한다는 말이다. '파한다'는 말은 진군을 그만둔다는 말이다. 호적수와의 전투에서 패배를 겪었기에 눈물을 흘리는 것이고, 승리했기에 개가를 부르는 것이다. 상대가 막상막하의 호적수이기 때문에 일진일

퇴의 공방전이 벌어지는 상황을 빗대어 표현했다. 마지막에 개가를 부른다는 것은, 공동체가 패배의 눈물을 흘리고 나서 절치부심 끝에 최종 승리를 거두는 상황을 의미한다.

3효는 지금까지와 달리 음으로 바뀐다. 음효는 응축하는 것으로 중부中孚의 길에서는 음효가 공동체의 믿음이 다져짐을 상징한다. 그러므로 3효에 음이 놓인 것은 공동체가 외부의 호적수를 만나 힘든 전투를 치르는 과정을 통해 공동체의 믿음이 다져지는 것을 상징한다.

六四 月幾望 馬匹亡 无咎
육 사 월 기 망 마 필 망 무 구
음이 네 번째에 올 때는, 달이 거의 보름에 찼으니 마필을 없이 하여야 허물이 없으리라.

4효에는 다시 음이 오고 있다. 3효에 이어 음효가 거듭되는 것은 시간이 흐름에 따라 공동체의 믿음이 더욱 다져짐을 상징하는 것이다.

"달이 거의 보름에 찼다[月幾望]"는 말은, 음의 도道가 거의 절정에 이르렀음을 상징하는 표현으로, 중부中孚의 길에서라면 공동체의 믿음이 거의 절정에 이르렀음을 상징한다. 이는 3·4·5효가 간艮괘를 이루는 괘상을 통해서도 확인할 수 있다. 간괘에서는 두 번째 음효에서 핵심 가치(여기서는 공동체의 믿음)를 확보하는 것이다.

4효사에서 주목되는 표현은 "마필망馬匹亡"이다. 이를 백서 주역에서는 "馬必亡"으로 쓰고 있다. 그러므로 "마필망馬匹亡"은 '마필을 잃는다'는 뜻이 아니라 '마필을 없이해야 한다'는 뜻이다.

말[馬]은 명이明夷(36) 2효사의 사례처럼 충직하게 군자를 따르는 병력이나 추종 세력을 상징한다. 그러므로 4효사의 의미는, 공동체의 믿음이 거의 완성 단계에 이르렀으니 군자가 자신의 추종 세력을 해체해야 허물이 없을 것이라는 뜻이다.

〈상전〉 역시 이 구절에 대해 다음과 같이 풀이한다. "마필을 없이 해야 한다는 말은 무리를 끊어내어 위로 올라가라는 말이다[馬匹亡 絶類 上也]." 여기서 위로 올라가라[上]는 말은 5단계로 올라가라는 뜻이다. 그러므로 〈상전〉의 풀이는 군자가 자신의 무리를 끊어내야 중부中孚의 길에서 절정의 단계인 5단계로 올라갈 수 있다는 뜻이 된다.

이는 공동체를 여기까지 이끌어온 군자가 중부의 길 4단계에 이르러서는 자신의 기득권을 스스로 내려놓아야 한다는 뜻이다. 다만 군자가 그렇게 하지 않을 경우 "흉할 것"이라 평하지는 않고 "허물(불명예)로 남을 것"이라 말하는 셈이다.

九五 有孚攣如 无咎
구 오 유 부 연 여 무 구
양이 다섯 번째에 오더라도, 믿음을 갖고 이어져 있구나. 허물이 없으리라.

5효에는 다시 양이 오고 있다. 중부中孚의 길에서 양효는 공동체의 믿음이 응축되는 음효와는 반대 상황을 상징한다. 그러므로 양효는 공동체의 믿음으로부터 벗어나고자 하는 여러 가지 양상들을 의미한다. 공동체의 믿음은 이러한 시도들에 대해 규범력을 발휘해야 하는 것이다.

5단계에서 양이 오더라도 믿음을 갖고 이어져 있다는 말은, 믿음에서 벗어나려는 시도들에 대해 공동체의 믿음이 적절히 규범력을 발휘한다는 뜻이다. 그래서 양이 오더라도 허물이 없으리라 평하는 것이다. 이로써 중부中孚의 길은 공동체의 구성원들이 모두 믿음으로 통합된 상태에 도달하고 있다.

上九 翰音 登于天 貞 凶
상 구 한 음 등 우 천 정 흉
극상의 자리에 양이 오니, 날아오르는 소리가 하늘로 올라가는 상이로다. 그렇게 계속 정貞하는 것은 흉하리라.

6단계에 양효가 놓인 것은, 공동체에서 믿음으로부터 벗어나고자 하는 양상이 5단계에 이어 지속된다는 뜻이다.

"날아오르는 소리가 하늘로 올라간다"는 말은 새가 날아오른다는 뜻이다. 여기서 새의 비유가 등장하는 이유는, 중부中孚의 전체 괘상이 팔괘 중의 리離(☲)를 닮은 '대리大離'에 해당하기 때문이다. 이에 대해 정약용 역시 "중부中孚는 대리大離로 본다[中孚者 大離也]"는 견해를 제시한 바 있다《주역사전周易四箋》권7, 〈대상전大象傳〉). 이는 주역이 인간 공동체의 규범은 '리'로 보고, 인간 공동체의 믿음은 '대리'로 본다는 의미가 될 수 있으므로, 흥미로운 관점이다.

새가 날아오른다는 것은 리離의 그물로부터 벗어나서 날아오른다는 말인데, 중부의 길에서라면 공동체의 비상을 의미한다. 믿음이 강화됨으로써 공동체의 역량이 극대화되어 원하는 목표를 달성하는 모습을 하늘로의 비상에 비유한 것이다. 다음에 이어지는 "하늘로 올라간다[登于天]"는 표현이 새의 비상을 말하는 것으로, 중부의 길은 이 지점에서 절정을 이룬다. 물론 새의 비상은 영원히 계속될 수 없으니 다시 내려와야 한다. 그래서 6효사 후반부에서 그렇게 계속 정貞하는 것은 흉하리라 말하는 것이다. 6효사 후반부는 과잉의 단계에 해당한다.

6효의 양은 믿음에서 벗어나고자 하는 행동인데, 어째서 중부의 길에서 절정이 될 수 있는 것일까? 그 이유는 믿음이 규범력을 발휘해 새를 붙들어주기 때문이다. 이를 괘상으로 보면, 중부中孚괘는 3·4효 두 음효가 5·6효 두 양효에 대해 규범력을 발휘하는 '대리大離'의 상을 이룬다. '리離'에서라면 규범이 하나의 음효이기에 하나의 양효에 대해서만 힘을 미칠 수 있지만, '대리'를 이루는 중부괘에서는 믿음이 두 개의 음효이므로 두 개의 양효에 대해 힘을 미친다. 규범력을 발휘해 믿음에서 완전히 벗어나지는 못하도록 붙들어주는 것이다. 이렇게 되면 양효의 능동적인 에너지 중에서 긍정적인 작용만 남게 된다. 이는 새의 건전한 비상이라고 할 수 있다. 새는 푸른 하늘로 비상했지만 믿음으로부터 완전히 떠나려는 비상이 아니므로 조만간 믿음으로 복귀할 것이다. 따라서 6효가 양효임에도 불구하고 6효사의 전반부가 공동체의 믿음의 길에서 절정이 될 수 있는 것이다.

하지만 6효사의 후반부로 가면 믿음의 힘이 충분히 미치지 못하게 되면서 과잉의 단계로 넘어가게 된다. 양효의 에너지가 믿음의 규범력에서 벗어나면서 부정적으로 쓰일 수 있는 것이다. 이를 괘상으로 보면, 중부의 상괘 손巽이 '유연한 대응'을 상징한다는 점이 눈에 띈다. 믿음의 길에서 '유연한 대응'이란 믿음의 남용을 의미할 수 있다.

상괘 손巽에서 음효는 공동체의 '믿음'을 받아들이고 따르는 것이다. 하지만 '손'에서 처음의 음효를 받아들이는 것은, 이어지는 두 양효에서 자기주장을 펼치기 위한 임시 조치일 뿐이다. 그리고 6효의 전반부까지는 믿음의 규범력이 발휘되어 부작용을 막지만 후반부까지는 규범력이 미치지 못한다. 결국 후반부에 이르면 믿음에 대해 유연하게 대응해버리는 부작용이 나타나는 것이다. '손'에서 처음의 음효(공동체의 믿음)를 받아들인 것이 이어지는 두 양효에서 자기의 뜻을 펼치기 위한 임시 조치였다는 것은, 공동체의 믿음을 자기 뜻(사리사욕)을 펼치기 위한 수단으로 이용할 수도 있다는 말이 된다. 사실 이러한 모습은 우리 사회에서도 꽤 목격할 수 있는 것이 아닐까? 그러므로 주역은 6효사의 후반부에서 그렇게 계속 정貞하는 것은 흉하리라고 경계하는 것이다. 괘사에서도 이를 경계하는 말이 다시 나오는 것을 보면, 주역은 중부中孚의 과잉을 상당히 경계하는 것으로 보인다.

中孚 豚魚³⁹ 吉 利涉大川 利貞
중 부 돈 어   길 이 섭 대 천 이 정
중부中孚의 길은 물고기를 살찌우면 길하리라. 대천을 건너는 것이 이로우리라. 정貞하는 것이 이로우리라.

'물고기[魚]'는 순명順命하는 존재의 상징으로 앞서 구姤(44)의 길에서 여러 번 등장했었다. 그러므로 "물고기를 살찌우면 길할 것"이라는 말은, 공동체의 믿음이 구성원들로 하여금 믿음에 순명하는 태도를 살찌우게 할 때 길하다는 뜻이다. 이는 중부中孚의 길이 6효사

하경

후반부에서 공동체의 믿음이 남용되는 사태에 이르는 것을 경계한 표현이라고 생각한다.

이제 공동체에 굳건한 믿음이 확립되었으니, 이로운 것은 대천을 건너는 것이다. 이제 군자가 이끄는 공동체가 '섭대천涉大川'이라는 필생의 도전에 나설 수 있는 준비가 갖추어진 것이다.

마지막으로 중부中孚의 괘상에 대해 다시 한번 생각해보고자 한다.

중부의 상괘(천도天道)는 손巽이고 하괘(지도地道)는 태兌로 서로 다르다. 이는 하늘의 뜻과 이 땅 위의 현실 사이에 어긋남이 있다는 말이다. 그런데 그 둘이 합쳐져 중부의 길을 이룬다는 것은, 하늘의 뜻과 땅 위의 현실이 어긋날 때 사람이 그 도리(인도人道)를 다한다면 공동체의 믿음을 빚어낼 수 있다는 말이다.

상괘 단독으로는 손巽인데, 손巽에서는 4효의 규범력이 5효까지만 미칠 수 있다. 하지만 사람이 하늘과 땅 사이에서 할 수 있는 도리를 다한다면, 3·4·5효가 간艮괘로 확립되면서 핵심 가치(공동체의 믿음)가 확보될 것이며, 이를 통해 3·4효 두 음효가 5·6효 두 양효에 대해 규범력을 발휘할 수 있게 된다. 이는 두 음효로 상징되는 공동체의 믿음이 하늘의 뜻과 땅 위의 현실 사이에서 빚어지는 모순과 갈등을 조화하는 구실을 할 것이라는 말이다. 이를 통해 6효에서 인간 존재(새)는 하늘로 비상할 수 있게 되며, 믿음의 길이 절정에 이르는 것이다.

반면 사람의 도리가 3·4·5효 간艮괘를 확립해내지 못하면, 공동체에 믿음이 자리 잡지 못할 것이며, 하늘의 뜻과 땅 위의 현실은 계속 불화하며 모순과 갈등이 증폭될 것이다.

다음으로 하괘를 보면, 태兌는 한계로부터의 벗어남을 상징한다. 이는 공동체의 '믿음'이 공동체의 기존 한계를 넘어서게 해준다는 뜻이다. 중부中孚의 길을 밟아나가는 공동체가 3단계에서 마주친 호적수를 끝내 물리치고 마지막에 개가를 부를 수 있는 이유는, 믿음이 공동체로 하여금 기존 한계를 넘어서서 자신의 역량을 극대화할 수 있도록 해주기 때문이다. 바로 이 점 때문에 공동체가 최종 목표를 이루기 위한 도전에 앞서 중부의 길을 거쳐야 하는 것이다.

결국 괘상으로 볼 때, 공동체의 구성원들이 믿음으로 통합되는 중부中孚의 길은, 전반부에서는 공동체의 기존 한계를 넘어서게 해주며, 후반부에서는 공동체의 역량을 비상하도록 해준다. 공동체가 지닌 믿음의 역할이 어떤 것인지에 대한 흥미 있는 통찰이 아닐 수 없다.

62

소과小過 믿음을 다소 과하게 실천하다

小過 亨 利貞 可小事 不可大事 飛鳥遺之音 不宜上 宜下 大吉
<small>소 과 형 이정 가소사 불가대사 비조유지음 불의상 의하 대길</small>
소과小過의 길은 형통하리라. 정貞해야 이로우리라. 소사小事는 가하고 대사大事는
불가하리라. 날아오른 새가 남기는 소리는 올라가서는 안 되고 의당 내려와야 대길하
리라.

初六 飛鳥 以凶
<small>초 륙 비조 이흉</small>
처음에 음이 올 때는, 날아가는 새의 상이라면 흉하리라.

六二 過其祖 遇其妣 不及其君 遇其臣 无咎
<small>육 이 과 기조 우 기비 불급 기군 우 기신 무구</small>
음이 두 번째에 올 때는, 그 할아버지를 지나쳐서 그 할머니를 만나며, 그 군주에게
이르지 못해서 그 신하를 만나는 정도는 허물이 없으리라.

九三 弗過防之 從或戕之 凶
<small>구 삼 불과방지 종 혹 장지 흉</small>
양이 세 번째에 올 때는, 과하게 막지 못하도록 해야 하리라. 따라가다가 혹 손상을
입히는 것은 흉하리라.

九四 无咎 弗過遇之 往 厲 必戒 勿用永貞
<small>구 사 무구 불과우지 왕 려 필계 물용영정</small>
양이 네 번째에 오는 것은, 허물이 없으리라. 만남을 지나치지는 못하도록 해야 하리
라. 왕往하면 위태로우니 필히 경계해야 하리라. 오래도록 정貞하지는 말라.

六五 密雲不雨 自我西郊 公弋取彼在穴
육 오 밀 운 불 우 자 아 서 교 공 익 취 피 재 혈

음이 다섯 번째에 오니, 빽빽한 구름이 비를 내리지 않은 채 우리 서쪽 교외로부터 다가오는 상이로다. 공공의 질서가 주살로 그[彼]를 잡아 혈처에 두어야 하리라.

上六 弗遇 過之 飛鳥離之 凶 是謂災眚
상 륙 불 우 과 지 비 조 리 지 흉 시 위 재 생

극상의 자리에 음이 올 때는, 지나침[過]을 만나지 못하도록 해야 하리라. 날아오른 새가 떠나려 드는 것은 흉하리라. 이는 재앙과 잘못됨이 겹친다고 할 만하리라.

〈서괘전〉은 중부中孚의 길 다음에 소과小過가 놓인 이유를 다음과 같이 설명한다. "그 믿음을 지닌 사람은 필히 실천하게 되니 소과小過로 받는 것이다. 사물을 지나침이 있는 자는 필히 건너게 된다[有其信者 必行之 故受之以小過 有過物者 必濟]."〈서괘전〉의 이러한 설명은 흥미로운 점이 있다. 믿음을 실천하는 것, '소과', '과물過物' 이 세 가지가 같은 것이라 말하기 때문이다. 여기서 '과물過物'은 '사물을 지나감'으로 새길 수도 있고, '사물을 지나침'으로 새길 수도 있다.

〈상전〉은 '과過'를 '지나침'의 취지로 풀이한다. "소과小過는 군자가 그로써 공손함에 대해 과하게 행하고, 슬픔에 대해 과하게 애달파하고, 검약에 대해 과하게 쓰는 것이다[小過 君子以行過乎恭 喪過乎哀 用過乎儉]."〈상전〉은 군자가 항상 공손하기만 한 것이 아니고, 항상 검약하기만 하는 것이 아니라 말한다. 군자가 공손하지 않고 과하게 행동하는 때가 있고, 검약하지 않고 과하게 쓰는 때가 있다는 것이다. 군자가 이렇게 행동하는 이유에 대해 〈서괘전〉은 '믿음을 실천하기 위해서'라고 새기는 셈이다. 어째서 믿음을 실천하는 일이 '작은 과오[小過]'나 '사물을 지나치는 일[過物]'이 되는 것일까?

우선 '믿음을 실천한다'는 것은, 그 믿는 바의 가치가 공동체에 '새

로이' 자리를 잡도록 하는 일이다. 그런데 기존에 없던 새로운 가치가 사람들 사이에 자리를 잡는 것은 쉽지 않다. 이미 그 자리에 기존의 어떤 가치가 자리를 잡고 있는데, 이를 밀어내고 새로이 자리를 잡아야 하기 때문이다. 기존의 가치는 사람들 사이에 이미 자리 잡은 가치이므로 사람들은 당연히 이를 존중할 수밖에 없다. 그러므로 자신이 믿는 바의 가치를 공동체에 새로이 보급하려는 사람의 실천이 웬만한 수준에서 멈춘다면, 그 공동체의 관행은 기존 가치로 돌아가 버릴 것이다.

결국 믿음을 지닌 사람이 자신이 믿는 바의 가치를 실현하려고 노력할 때는 그 가치가 뿌리내릴 수 있도록 하기 위해 '지나치게' 노력하게 된다. 이를 두고 〈서괘전〉은 "사물을 지나침이 있는 자는 필히 건너게 된다[有過物者 必濟]"고 말하는 것이다. 이는 달리 보면 '사물을 지나침이 없는 자는 건너기 어렵다[無過物者 難濟]'는 말도 될 것이다. 대충 노력해서는 새로운 가치가 자리를 잡도록 만들 수 없는 것이다. 그래서 '지나친' 노력을 경주하는 것인데, 이 과정에서 반대 입장에 대해서는 귀담아듣지 않고 '지나치게' 된다. 여기서 '지나침'인 과過가 발생하는 것이다.

왜 이런 과過가 발생하는가 하면, 새로운 가치에 기반한 새로운 시대의 서막을 열기 위해서다. 비행기가 이륙하는 순간에는 평지를 달릴 때보다도, 그리고 이륙한 후 공중에 떠 있을 때보다도 훨씬 더 많은 에너지가 필요하다. 이를 '빅 푸시big push'가 필요하다고 표현한다. 비행기를 새로운 차원의 단계로 '도약'시키기 위해 '빅 푸시'가 필요한 것이다. 이처럼 새로운 시대를 열기 위해서는 '지나침'을 필요로 하는 것이다.

이런 지나친 에너지가 없다면, 인간 사회는 관성의 법칙에 의해 기존의 추세가 영원히 계속되기만 할 것이다. 기존의 추세(흐름)에서 벗어나는 새로운 추세를 확립하기 위해서는 지나친 에너지가 꼭 필요한 것이다. 결국 변화를 일으키기 위해 과過가 필요하다. 구시대를 청산하고 새로운 시대를 열기 위해 필요한 것이다.

'과물過物'의 또 다른 속성은 중간에 놓인 '물物'을 지나쳐버린다는 점이다. 중간에 놓인 사물事物들을 일일이 상대하지 않고 그냥 지나가버리는 것이다. 중간 단계를 생략하는 것이라고 할 수 있는데, 이 사실로부터 '지나침'인 과過가 발생한다. 이러한 '과'가 발생하는 이유 역시 새로운 시대, 새로운 단계로 도약하기 위해서라고 할 수 있다.

주역은 대과大過(28)의 길에 대해 이미 말한 바 있는데, 다시 여기서 소과小過의 길에 대해 말한다. 주역은 인간 세상에서 나타나는 모든 변화를 단지 64개의 범주로 대별하는데, 그중에 대과와 소과를 각기 별개로 할당한다는 점에 주목하지 않을 수 없다. 이는 소과와 대과에 적용되는 법칙이 서로 다르다는 사실을 반영하는 것인데, 이 점에 대해서는 괘사에서 살펴보고자 한다.

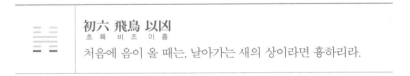

初六 飛鳥 以凶
초 륙 비 조 이 흉
처음에 음이 올 때는, 날아가는 새의 상이라면 흉하리라.

소과小過의 길에서 다시 한번 새의 상징이 등장한다. 그 이유는 중부中孚와 대대를 이루는 소과의 길이 믿음을 다소 과하게 실천하다

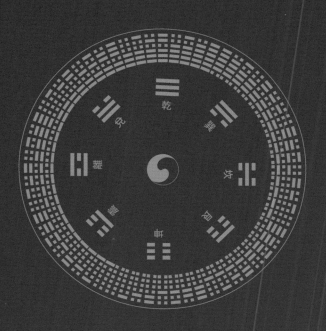

안녕하세요. 《주역독해》의 저자 강기진입니다.

《주역독해》가 초판을 넘어 개정판 출간에 이른 것은 저에게 큰 기쁨입니다. 8년 전 초판이 출간되던 무렵, 과연 1000페이지가 넘는 이 책이 얼마나 많은 독자님을 만날 수 있을지 두려움과 설렘이 교차했습니다. 하지만 출간 후 끊임없이 성원해주신 독자님들 덕에 용기를 얻을 수 있었고, 이제는 이렇게 더욱 성장한 개정판으로 재탄생을 보기에 이르렀습니다. '일음일양지위도一陰一陽之謂道'라는 구절을 접한 이래 주역에 사로잡혀 살아온 지난 세월은 연구 과정이 치열했던 만큼 고달픈 시간이었으나, 독자님이 계셔주셨기에 즐거운 여행길이었습니다.

그리고 이렇게 면모를 일신한 개정판으로 새로이 독자님을 만나게 되니 이 또한 즐거움입니다. 제 책을 찾아주신 독자님께 거듭 감사드리며, 독자님의 삶의 여행길에도 즐거움이 가득하시길 기원하겠습니다. 감사합니다.

가 과過를 빚는 길이기 때문이다. 믿음의 길에서 과를 빚는다는 것은 믿음으로부터 벗어난다는 말이다. 그러므로 새의 상징이 사용된 것이다.

1효에는 음이 오는데, 소과의 길에서 음효는 믿음을 다지는 행위를 상징하며, 양효가 과를 빚는 행위를 상징한다. 소과의 괘상이 의미하는 것은, 소과를 행하려면 먼저 믿음을 다져야 하고(처음의 두 음효), 소과를 행한 후(중간의 두 양효) 다시 믿음을 다져야 한다(나중의 두 음효)는 것이다. 그래야 중간의 행동이 소과小過, 즉 조금 과한 행동에 그칠 수 있다는 것이다.

군자가 과過를 행한다는 것은, 앞서 〈상전〉의 설명에서 보듯 '의식적인 행동'이며 선택이다. 그러므로 과를 행할 때도 적절한 수준의 것이 되도록, 즉 대과大過에 이르지 않도록 조절이 필요한 것이다. 소과의 괘상은 이 길이 적절한 수준의 것이 되려면 약·강·약의 리듬이 필요하다고 말하는 셈이다.

그러므로 소과의 길 1효에 음이 올 때는, 믿음을 다져야 하는 시기이므로 날아가는 새의 상(믿음으로부터 지나치게 벗어나는 것)이라면 흉하다는 말이다. 새는 앞으로 양효가 놓이는 3·4단계에서 날아야 하는 것이다. 〈상전〉은 이에 대해 다음과 같이 풀이한다. "날아가는 새의 상이어서 흉한 것은 어찌하더라도 불가한 것이다[飛鳥以凶 不可如何也]." 소과의 길 1단계에서 과過를 행함에 있어 날아가는 새의 상과 같을 정도로 과도하다면 달리 방법이 없다는 말이다.

六二 過其祖 遇其妣 不及其君 遇其臣 无咎
육 이 과 기 조 우 기 비 불 급 기 군 우 기 신 무 구

음이 두 번째에 올 때는, 그 할아버지를 지나쳐서 그 할머니를
만나며, 그 군주에게 이르지 못해서 그 신하를 만나는 정도는
허물이 없으리라.

2효에서는 군자가 과過를 행함으로써 달성하고자 하는 목표를, 합
당한 사람과의 만남[遇]으로 설정해 상황을 설명한다.

주역에서 여자는 남자의 주변 세력이다. 그러므로 할머니가 아니
라 할아버지를 만나야 하는 것인데 거꾸로 할아버지를 지나쳐서 할
머니를 만나고 있다. 그와 같은 과過(지나침)가 벌어지는 것을 방지하
고자 노력했더니 후반부에서는 반대로 '불급不及'한 상황이 벌어진
다. 군주를 만나고자 하는데, 군주에게까지 이르지 못해서 그 신하를
만나는 것이다. 이러한 과過와 불급不及은 둘 다 바람직한 것이 못
된다.

하지만 최소한 만나야 할 그 사람 바로 옆에 있는 2인자는 만난다
는 점에서 과過 중에서도 아주 작은 과에 속한다. 〈상전〉은 이에 대
해 다음과 같이 풀이한다. "그 군주에게 이르지 못했다면 신하는 지
나칠 수 없는 것이다[不及其君 臣不可過也]."〈상전〉 역시 그 군주를
만나지 못했다면 그 신하라도 반드시 만나야 한다는 취지로 새기는
것이다.

소과의 길 2단계에도 음이 오므로, 여전히 과오를 막고 믿음을 다
져야 하는 시기에 해당한다. 그러므로 큰 과오는 허용될 수 없지만
이상에서 살펴본 정도의 아주 작은 과過라면 2단계에서는 허용될 수
있다는 취지에서 "허물이 없을 것"이라 평하는 것이다.

九三 弗過防之 從或戕之 凶
구 삼 불 과 방 지 종 혹 장 지 흉

양이 세 번째에 올 때는, 과하게 막지 못하도록 해야 하리라.
따라가다가 혹 손상을 입히는 것은 흉하리라.

주역에서 '弗(불)~'은 '~하지 못하다'라는 뜻으로 쓰인다(이에 대해
서는 〈부록 3〉 참조). 그러므로 "불과방지弗過防之"는 '과하게 막지 못
하도록 해야 하리라'로 새겨야 한다.

3효에는 1·2효와 달리 양이 오고 있다. 소과의 길에서 양효는 과過
한 행동을 허용하는 것이다. 이는 하괘 간艮의 괘상으로도 유추할 수
있다. 그러므로 "과하게 막지 못하도록 해야 한다"는 말은, 앞서 1·2효
에서 과오가 벌어지지 않도록 막던 조치가 과한 것이 되지 않도록 해
야 한다는 뜻이다. 이제 새가 본격적으로 날아오를 때가 된 것이다.

"따라간다[從]"는 주변의 상황 전개를 수동적으로 따라가는 것을
말한다. 그러다가 군자가 추구하는 목적에 손상을 입히는 것은 흉하
다는 말이다. 군자가 소과小過(조금 지나친 행동)를 행하는 것은 바로
이런 경우가 발생하는 것을 막기 위해서다. 그러므로 주변의 상황 전
개를 수동적으로 따라가기만 할 수는 없는 것이며, 그에 따라 주역이
"과하게 막지 못하도록 해야 한다"고 조언하는 것이다.

九四 无咎 弗過遇之 往 厲 必戒 勿用永貞
구 사 무 구 불 과 우 지 왕 려 필 계 물 용 영 정

양이 네 번째에 오는 것은, 허물이 없으리라. 만남을 지나치지
는 못하도록 해야 하리라. 왕往하면 위태로우니 필히 경계해
야 하리라. 오래도록 정貞하지는 말라.

3효에 이어 4효에도 재차 양이 온다. "양이 네 번째에 왔다"는 것은, 4단계에서 과過한 행동(지나친 행동)을 실행한다는 뜻이다. 이렇게 하는 것은 "허물이 없으리라"고 한다.

단, 이때 만남을 지나치지는 못하도록 해야 한다고 조언한다. 앞서 2효에서부터 군자가 과過를 행함으로써 달성하고자 하는 목표가, 합당한 사람과의 만남[遇]으로 상정되고 있다. 그러므로 여기서 언급하는 '만남'은 군자가 과를 행하는 목표 그 자체인 것이다. 만약 만나야 할 사람이 눈앞에 나타나서 만날 수 있는데도 이를 만나지 못하고 지나친다면 과도한 지나침이며 허물이 될 수밖에 없다. 이는 군자가 3효에 이어 4효에서도 재차 과를 행하고 있기 때문에 자칫 과의 도道가 지나쳐서 본연의 목적조차 지나쳐버리는 일이 벌어지지 않도록 주의를 촉구하는 것이다. 사람이 일을 하다 보면 과정에 사로잡혀 목적 자체를 망각하는 일이 종종 벌어지기에 특별히 경계하는 것이다.

"왕往한다"는 것은, 과過를 행하되 거침없이 행한다는 의미다. 그렇게 하면 위태로우니 필히 경계하라고 조언하는 이유는, 역시 과過한 행동이 3효에서부터 계속 이어지고 있기에 과잉에 이르지 않도록 경계하는 것이다. 군자는 현재 하경의 길을 걷고 있는데 자칫 소과小過가 대과大過로 커져 예를 잃는 지경이 되는 것은 불가하기 때문이다.

〈상전〉은 이를 다음과 같이 풀이한다. "왕往하면 위태로우니 필히 경계해야 한다는 말은, 종국에는 오래 끌 수 없기 때문이다[往厲必戒終不可長也]." 이는 소과의 길에서는 과過한 행동을 오래 끌어서는 안 된다는 말이다. 현재 4단계에 있는데 이후 5단계부터는 '과'한 행동을 억제해야 하기 때문이다. "오래도록 정貞하지는 말라"는 주역의 조언 역시 〈상전〉의 취지와 같은 뜻이다.

종합적으로 소과의 길은 지극히 노련미가 필요한 길이라고 할 수 있다. 그 길이 주역의 마지막에 놓인 이유가 그 때문이라고 할 수 있다.

六五 密雲不雨 自我西郊 公弋取彼在穴
육 오 밀 운 불 우 자 아 서 교 공 익 취 피 재 혈

음이 다섯 번째에 오니, 빽빽한 구름이 비를 내리지 않은 채 우리 서쪽 교외로부터 다가오는 상이로다. 공공의 질서가 주살로 그[彼]를 잡아 혈처에 두어야 하리라.

5효에서는 다시 음으로 바뀌고 있다. 앞서 3·4효에서 연속되었던 새의 비상(過過한 행동)을 접고 다시 믿음을 다져야 하는 때인 것이다.

"밀운불우 자아서교密雲不雨 自我西郊"는 소흑小畜(9)의 괘사에서도 나왔던 표현이다. 성취가 임박했음을 알려주는 징조로, 이는 선행하는 4효의 결과다. 4효사의 조언을 잘 따랐다면, 군자는 過過를 행해 달성하고자 했던 '만남'을 성사시켰을 터다.

그 만남이 일단 성사됨으로써 이제 막 비가 내릴 수 있는 단계까지 온 것이다. 하지만 이 구름이 최종적으로 비를 내리려면 5효사 후반부의 조치가 취해져야 한다.

주살[弋]은 새를 잡는 도구다. 그러므로 이 구절에 등장하는 '그[彼]'는 새이며, 1효에 등장했던 새(믿음으로부터 벗어남을 상징하는 존재)를 가리킨다. 1효의 새는 음효가 이어지던 1·2단계에서는 행동이 억제되어 날아다닐 수 없었다. 하지만 양효가 오는 3·4단계에서는 날아올랐던 것이다. 그러다가 이제 過過한 행동을 억제해야 하는 5단계에 이르렀으니 새를 잡아 혈처에 둠으로써 믿음으로부터 벗어나고자 하는 행동을 억제해야 한다.

여기서 '공公'은 '공공公共'을 의미한다. 믿음으로부터 벗어나 자유롭고자 하는 새의 움직임을 공공의 질서로서 제어한다는 뜻이다. 혈처[穴]는 앞서 수需(5)의 길 4·6효에 등장했던 표현으로 자신의 본거지인 읍국을 가리킨다.

5단계의 후반부에서 소과의 길은 절정에 이른다. 자유롭게 날아다니는 새를 잡아 본거지 혈처에 두었다는 것은, 이제 새의 과過한 행동이 억제되었다는 말이다. 이로써 3·4단계에서 연속되었던 과過가 적절한 순간(그 사람과의 만남이 성사된 순간)에 억제됨으로써 '소과小過'에 그칠 수 있는 것이다. 만약 여기서 억제되지 못한다면 자칫 '대과大過'로 커져버릴 수 있다. 적절한 순간에 억제됨으로써 소과의 도가 완성되어 구름이 비를 내리게 되는 것이다.

上六 弗遇 過之 飛鳥離之 凶 是謂災眚
상 륙 불 우 과 지 비 조 리 지 흉 시 위 재 생
극상의 자리에 음이 올 때는, 지나침[過]을 만나지 못하도록 해야 하리라. 날아오른 새가 떠나려 드는 것은 흉하리라. 이는 재앙과 잘못됨이 겹친다고 할 만하리라.

"지나침[過]을 만나지 못하도록 해야 하리라"는 말은, 6단계에서는 과過를 용납해서는 안 된다는 뜻이다. 〈상전〉은 이에 대해 다음과 같이 풀이한다. "지나침을 만나지 못하도록 해야 하는 것은, 이미 극상의 자리에까지 왔기 때문이다[弗遇過之 已亢也]." 소과의 길이 이미 극상의 자리인 6단계에 이르렀기 때문에, 여기서 더 과過를 용납해서는 안 된다는 말이다. 소과小過의 길이 과잉에 이르는 것을 경계하고 있다.

"날아오른 새가 떠나려 드는 것은 흉할 것"이라는 말 역시 소과小
過의 길이 과잉에 이름을 경계하는 표현이다. 5단계 후반부에서 새
의 행동이 억제된 바 있는데, 그 새가 날아올라 떠나면 이는 소과의
길에서 과잉일 수밖에 없다.

주역은 이 상황을 일러 재앙[災]과 잘못됨[眚]이 겹친다고 할 만하
다고 평한다. 주역이 '재災'와 '생眚'을 같이 말하는 경우는 복復괘
(24) 6효사와 이곳 두 군데뿐이므로 주목할 만한 대목이다. 우선 소
과의 길 6단계에서 새가 다시 날아올라 떠난다면 이는 새의 잘못이
다. 그러므로 자신의 오판과 잘못으로 인해 초래되는 '생眚'을 말한
것이다. 또한 새가 그렇게 행동한다면 외부로부터 주어지는 재앙도
이를 것이라는 취지에서 '재災'를 말한 것이다.

小過 亨 利貞 可小事 不可大事 飛鳥遺之音 不宜上
<small>소 과 형 이 정 가 소 사 불 가 대 사 비 조 유 지 음 불 의 상</small>
宜下 大吉
<small>의 하 대 길</small>
소과小過의 길은 형통하리라. 정貞해야 이로우리라. 소사小事
는 가하고 대사大事는 불가하리라. 날아오른 새가 남기는 소
리는 올라가서는 안 되고 의당 내려와야 대길하리라.

괘사 서두에 대해 〈단전〉은 이렇게 풀이한다. "과過로써 정貞해
야 이롭다는 말은 때와 더불어 행하기 때문이다[過以利貞 與時行也]."
'과過'임에도 불구하고 정貞해야 이로운 이유는 시중時中의 도에 부
합하기 때문이라는 것이다. 소과小過의 길이 형통한 것 역시 같은 이
유 때문이다.

날아오른 새는 비상의 목적을 달성했으면 의당 내려와야 한다. 내

려오지 않고 더 올라간다면 적절한 과過의 도를 잃고 마는 것이다. 새가 적절한 과의 도를 지켜 내려온다면 대길할 것이라 말한다.

〈단전〉은 이 구절을 다음과 같이 풀이한다. "날아오른 새가 남기는 소리는 올라가서는 안 되고 의당 내려와야 대길하다는 것은, 올라가는 것은 거스르는 것이고 내려오는 것이 순명하는 것이기 때문이다 [飛鳥遺之音不宜上宜下大吉 上逆而下順也]." 새가 하늘로 올라가는 것은 공동체의 규범이나 믿음으로부터 벗어나는 일이고, 내려오는 것이 그를 따르는 일이기 때문이라는 말이다.

주역은 지금까지 소과小過의 길 여섯 단계가 전개되는 동안 한 번도 '길하다'는 평가를 허용하지 않았다. 이는 소과의 길이 본질적으로는 '과過'가 빚어지는 길이므로 당연하다고 할 수 있다. 그런데 괘사에서는 '길하다'도 아닌 '대길하다'는 평가를 허용한다. 주역이 '대길大吉'을 말하는 경우는 총 다섯 번으로 그리 많지 않기에(〈부록 3〉 참고), 여기서 특별히 이를 쓴 이유에 대해 생각해볼 필요가 있다.

날아오른 새가 목적지에 이르러 내려온다는 것은, 군자가 과過의 도를 행하되 노련미와 경륜을 바탕으로 그 정도를 적절한 수준에서 잘 조절한다는 말이다. 이렇게 하면 통상적인 '이행履行'의 경우보다도 더 길한 결과를 가져올 수 있다는 의미다. 왜 그럴까?

소과小過의 길은 과過한 행동을 하는 것이므로 바둑으로 치면 강수를 두는 것이라고 할 수 있다. 바둑을 두다 보면 항상 물 흐르듯 자연스러운 수만 둘 수도 없는 노릇이다. 강수가 성공할 경우는 통상적인 수에 비해 더 큰 성과를 달성하게 된다.

'과물過物'은 그 속성상 중간에 놓인 사물事物들을 일일이 상대하지 않고 그냥 지나쳐버리는 것이라고 설명했다. 이는 중간 과정을 건너뛰는 것이라고 할 수 있다. 이 때문에 지나친 '과過'가 발생하는 것이지만, 그로 인해 더 빨리 목표에 도달할 수 있기도 한 것이다. 날아오른 새가 목적지에 이르러 내려오듯 군자가 과過의 도를 행하되 그 정도를 적절한 수준에서 잘 조절한다면 '대길할 것'이라는 점사가 부여된 것은 이 때문이다.

하지만 동시에 소과小過의 길을 걸어나가는 여섯 단계의 고비마다 "흉하고" "위태로운" 순간이 넘쳐나며, 재앙과 잘못됨이 겹친 것과 같은 최악의 상황이 될 수도 있으니 유의할 일이다. 이런 모든 고비를 넘기고 소과의 도를 최종적으로 완성했을 때만 대길하다는 평가가 허용되는 것이다.

"소사小事는 가하고 대사大事는 불가할 것"이라는 말은, 소과小過의 도를 소사小事에 적용하는 것은 가하지만, 대사大事에 적용하는 것은 불가하다는 말이다. 소과의 길은 강수 내지 무리수를 두는 길이므로 중요한 대사에 적용할 수는 없는 것이다.

이제 소과小過의 길까지 답파한 군자는 공동체를 이끌고 '섭대천涉大川'이라는 필생의 도전에 나설 수 있는 만반의 준비가 갖추어졌다. 군자의 앞에는 기제旣濟와 미제未濟의 갈림길이 놓여 있다. '섭대천'을 감행한 군자의 공동체가 성공하면 기제의 길로 들어설 것이고, 실패하면 미제의 길을 가게 될 것이다.

그런데 여기서 주목할 점은 '섭대천涉大川'이라는 마지막 도전에 나서기 직전에 소과小過가 놓였다는 점이다. 앞서 상경의 경우에도 마지막 갈림길 바로 앞에 대과大過가 놓였다. 이는 끝맺음을 보기 위해서는 과오의 가능성을 감수하지 않으면 안 된다는 시사로 볼 수 있다. 끝맺음을 본다는 것은 어떤 형태이든 결단決斷을 필요로 한다. 유한한 존재인 인간이 결단을 내린다면 그 판단에는 과오가 수반될 수 있다. 어쩌면 이런 과오의 가능성이 싫어서 사람은 누구나 결단을 미루는 면이 조금 있는 것이 아닌가 싶기도 하다.

군자가 이끄는 공동체가 주역의 마지막 갈림길인 기제既濟와 미제未濟의 갈림길에서 과감히 '섭대천涉大川'을 감행한다는 것은 이런 과오의 가능성을 감수하고 이루어지는 것이다.

63·64

기제旣濟 : 미제未濟

원대한 목표를 달성하는 길과

목표 달성이 지연되는 길

기제旣濟 원대한 목표를 달성하다

旣濟 亨 小 利貞 初吉終亂
기 제 형 소 이 정 초 길 종 란

기제旣濟의 길은 형통함이 작으리라. 정貞해야 이로우리라. 처음에는 길할 것이나 종국에는 어지러우리라.

初九 曳其輪 濡其尾 无咎
초 구 예 기 륜 유 기 미 무 구

처음에 양이 오니, 그 수레바퀴를 끌다가 그 후미를 적시는 상이로다. 허물이 없으리라.

六二 婦喪其茀 勿逐 七日 得
육 이 부 상 기 불 물 축 칠 일 득

음이 두 번째에 올 때는, 부인이 그 머리꾸미개를 잃는 일이 있었더라도 쫓지 말라. 7일이면 얻으리라.

九三 高宗伐鬼方 三年克之 小人勿用
구 삼 고 종 벌 귀 방 삼 년 극 지 소 인 물 용

양이 세 번째에 오니, 고종이 귀방을 칠 때 3년이 지나서야 이루어낼 수 있었던 상이로다. 소인은 쓰지 말라.

六四 繻 有衣袽 終日戒
육 사 유 유 의 여 종 일 계

음이 네 번째에 올 때는, 물이 배어서 옷이 해지는 일이 있으리라. 종일 경계해야 하리라.

九五 東隣殺牛 不如西隣之禴祭實受其福
구 오 동 린 살 우 불 여 서 린 지 약 제 실 수 기 복

양이 다섯 번째에 오니, 동쪽에 있는 이웃이 소를 잡는 상이로다. 서쪽에 있는 이웃이 봄의 약식 제사를 드려서 알차게 그 복을 받음만 같지 못해야 하리라.

上六 濡其首 厲
상 륙 유 기 수 려
극상의 자리에 음이 오니, 그 머리를 적시는 상이어서 위태로우리라.

〈서괘전〉은 소과小過의 길 다음에 기제旣濟가 놓인 이유를 다음과 같이 설명한다. "사물을 지나침이 있는 자는 필히 건너게 되니 기제旣濟로 받는 것이다[有過物者 必濟 故受之以旣濟]." 소과의 도를 통해 다소간의 지나침이 있긴 하지만, 이루고자 했던 목표를 확실하게 완수할 수 있게 되어 '기제'에 이른다는 것이다.

달리 보면, 군자가 이끄는 공동체가 '섭대천涉大川'이라는 필생의 도전을 감행하고 성공했을 때 열리는 길이 기제旣濟의 길이라고 할 수 있다. 섭대천은 큰 내[大川]를 건너 저쪽의 피안에 도달하고, 피안의 신세계를 개척하려는 도전이다. 기제旣濟는 그렇게 해서 꿈에 그리던 목표를 달성했을 때, 어떤 변화가 일어나는지 말한다.

初九 曳其輪 濡其尾 无咎
초 구 예 기 륜 유 기 미 무 구
처음에 양이 오니, 그 수레바퀴를 끌다가 그 후미를 적시는 상이로다. 허물이 없으리라.

1효에 등장하는 수레는 공동체의 구성원 모두를 태우고서 대천을 건너는 '대승大乘(큰 수레)'을 의미한다.

1효에 양이 온 것은, 군자의 공동체가 대천을 건너고자 수레를 끄는 적극적 실천에 나서는 정황을 상징한다. 그처럼 수레를 끌다가 후미를 적시게 되는 사고가 발생하는데, 그래도 허물이 없을 것이라 한다. 허물이 없는 이유는 계속 수레를 끌어서 결국 대천을 완전히 건너게 되기 때문이다. 이처럼 큰 목표를 달성한다면 수레의 후미를 조금 대천에 적시는 불의의 사고가 발생한다 해도 그로 인해 대세가 바뀌는 것은 아니기에 허물이 없는 것이다.

六二 婦喪其茀 勿逐 七日 得
육 이 부 상 기 불 물 축 칠 일 득
음이 두 번째에 올 때는, 부인이 그 머리꾸미개를 잃는 일이 있었더라도 쫓지 말라. 7일이면 얻으리라.

2효는 음으로 바뀌고 있다. 음효는 현재의 상황이 하늘의 뜻에 비추어 마땅한지를 살피고 헤아리는 과정을 상징한다.

양효가 놓인 1단계에서 군자의 공동체는 대천을 건넌다는 1차 목표를 달성했는데, 그 직후 2단계에서는 공동체가 처한 현재 상황이 마땅한지를 살피고 헤아리는 응축의 과정을 거친다. 이때 앞서 적극적 행동을 펼치는 과정에서 부인(군자의 조력자)이 머리꾸미개를 잃는 일이 있었음을 발견하게 되는 것이다. 하지만 그렇더라도 7일이면 얻을 것이니 그것을 되찾겠다고 쫓지는 말라고 조언한다. 현재 군자의 공동체는 큰 목표를 이루기 위해 노력하는 도중이기 때문에, 시간이 흐르기만 하면 해결될 주변적인 작은 문제는 그냥 지나쳐버려야 한다는 뜻이다.

九三 高宗伐鬼方 三年克之 小人勿用
구 삼 고 종 벌 귀 방 삼 년 극 지 소 인 물 용
양이 세 번째에 오니, 고종이 귀방을 칠 때 3년이 지나서야 이루어낼 수 있었던 상이로다. 소인은 쓰지 말라.

고종高宗은 은나라를 중흥시킨 무정武丁 임금의 존호이고, 귀방鬼方은 중국의 서북방에서 활동했던 유목민족의 이름이다. 귀방은 오랜 세월 동안 은나라를 괴롭히던 원수 같은 집단인데 고종이 이 귀방을 정벌하는 큰 업적을 세운 바 있다. 정이는 "귀방을 친다"는 표현에 대해 이렇게 풀이한다. "옛사람들이 힘을 크게 썼던 일이 귀방을 치는 것이었다. 그런 이유로 이로써 뜻을 삼은 것이다[古之人 用力之甚者 伐鬼方也 故以爲義]."

현재 군자의 공동체는 대천을 건넌다는 1차 목표를 달성해 꿈에 그리던 신천지에 도착했지만, 그 신천지가 단번에 평정되는 것은 아니다. 상황을 완전히 평정해 다스려내기까지는 시간이 오래 걸린다는 점을, 고종이 귀방을 정벌했던 고사를 예로 들어 설명한다. 〈상전〉은 "삼년극지三年克之는 (과정이) 고단할 것이라는 말이다[三年克之 憊也]"라고 적절히 풀이한다. 이처럼 상황을 완전히 평정하기까지는 앞으로도 시간이 많이 걸릴 테니 소인은 등용해 쓰지 말라고 경계하는 것이다.

3효사의 의미는 괘상에 비추어 살펴볼 필요도 있다. 기제旣濟의 하괘는 리離로 개인이나 공동체가 믿고 의지하는 규범의 확립을 의미한다. 이런 리의 괘상에 비추어 보자면, 기제의 1효에 놓인 양은 군자의 공동체가 대천을 건넘으로써 새로운 신천지에 도달하기 위한 노력을 상징하며, 3효에 놓인 양은 신천지에서 새로운 규범을 확립하는 과정을 상징한다. 앞서 군자는 환渙(59)의 길을 통해 자신이 주도하는 평천하의 도를 선포하고 선왕先王으로서 지위를 공식화했지만 이는 어디까지나 은나라로 표상되는 국가의 강역 내에서의 일이었고, 은나라 외부에는 '귀방'이라는 라이벌이 존재했던 것이다. 그러다가 이제 기제의 길을 통해 대천 너머 귀방의 영역에 이르러 귀방을 정벌함으로써 명실공히 천하의 패자 자리에 오르는 것이다. 그러므로 기제의 길 3효에서 완성되는 공동체의 규범은, 이제 군자가 수립한 평천하의 도가 대천 너머 귀방의 영역에까지 이르러 천하의 규범으로 자리 잡았음을 상징한다.

六四 繻 有衣袽 終日戒
육 사 유 유 의 여 종 일 계
음이 네 번째에 올 때는, 물이 배어서 옷이 해지는 일이 있으리라. 종일 경계해야 하리라.

4효에는 다시 음이 오고 있다. 이는 앞서 양효가 놓인 3단계에서 귀방을 정벌하는 목표를 달성한 후, 4단계에서는 공동체가 처한 현재 상황이 마땅한지를 살피고 헤아리는 응축의 과정을 거쳐야 함을 상징한다. 그렇게 하면 "물이 배어서 옷이 해지는 일이 있음"을 발견하리라는 말이다.

繻(유)는 천에 물이 배어 축축하게 된다는 뜻이다. 이에 비해 1효의 濡(유)는 직접적으로 물에 잠겨서 젖는다는 뜻이다. 후자는 직접 눈에 띄는 상황이므로 경계하기도 쉽다. 하지만 4효의 繻는 모르는 새에 조금씩 물이 배어 축축하게 되는 것이다. 이는 금방 눈에 들어오는 상황이 아니니 경계하기도 어렵다. 그래서 "종일 경계해야 한다"는 특별한 경고의 말이 달린 것이다.

앞서 3단계의 귀방 정벌은 은나라의 모든 국력을 기울이고도 3년이나 걸렸던 지난한 과제였다. 이처럼 큰 목표를 달성하고 난 후 4단계에 이르러, 모르는 새에 조금씩 물이 배어 옷이 해지는 형태의 사고가 발생하는 이유는 긴장이 풀렸기 때문이다. 지난했던 큰 목표를 달성하고 나니 긴장이 풀리는 것이고, 그와 같이 알게 모르게 스며드는 형태의 사고가 발생하는 것이다. 그에 따라 주역이 특별히 경계할 것을 촉구하고 있다.

괘상으로 보면 기제旣濟의 1·2·3효가 리離괘를 이룬 후 2·3·4효가 인도人道로서 감坎괘를 이룬다. 이는 3단계에서 정립된 리離(공동체의 새로운 규범)가 아직 확고하지 못하니, 4단계에서 사람의 노력을 통해 이를 옹골찬 것으로 다져내야 함을 상징한다(〈부록 4〉에서 팔괘 감의 속성 참조). 그에 따라 공동체가 처한 상황이 마땅한지를 살피고 헤아리는 응축의 과정을 거치는 것이다. "종일 경계해야 한다"는 주역의 조언에는 이러한 함의까지 포함된 것이다.

九五 東隣殺牛 不如西隣之禴祭實受其福
구 오 동 린 살 우 불 여 서 린 지 약 제 실 수 기 복

양이 다섯 번째에 오니, 동쪽에 있는 이웃이 소를 잡는 상이로다. 서쪽에 있는 이웃이 봄의 약식 제사를 드려서 알차게 그 복을 받음만 같지 못해야 하리라.

5효에는 양이 오고 있다. 이를 통해 기제의 3·4·5효는 다시 한번 리離를 이룬다. 이는 앞서 4단계에서 응축의 과정을 거치고 난 후 5단

계에서 공동체의 규범을 재차 확립하는 행위를 상징한다.

그리고 나서 군자의 공동체는 성대한 제사를 올린다. 제사는 공동의 뿌리를 인식시킴으로써 구성원 간의 믿음을 강화하고, 공동체의 단합과 통합을 도모하는 정치 행위다. 기제既濟의 길이 5효에 이르면 신천지를 경략해 새로이 군자의 강역에 포함했고 새로운 천하에 걸맞도록 공동체의 규범까지 일신했으니, 이제는 성대한 제사를 올림으로써 공동체의 단합과 통합을 도모해 체제를 안정시키려는 것이다.

이때 "동쪽에 있는 이웃이 소를 잡음"으로써 제사에 크게 기여하려고 한다. 이에 비해 서쪽에 있는 이웃이 "봄에 올린 약식 제사"는 소나 말 같은 큰 희생을 쓰지 않는 간소한 제사를 가리킨다. 봄은 시기적으로 수확기인 가을로부터 한참 지난 시점이므로 백성들의 살림이 곤궁해 제사도 간소히 지내는 것이다. 반면 가을에 드리는 제사는 소나 말 같은 큰 희생물을 씀으로써 성대히 지낸다. 방위상 동쪽은 봄을 상징하기 때문에, "동쪽에 있는 이웃"은 약식 제사를 드림으로써 충분하다. 그럼에도 이들이 소를 잡는 것은 뒤늦게 과잉 의욕을 보이는 행동이다.

5단계는 기제既濟의 절정이니, 이 단계에 이르러서야 군자가 원대한 목표를 달성했다는 점이 기정사실이 되어 동쪽 이웃들의 눈에 선명히 들어온다. 그러자 그동안 소극적으로 행동하던 동쪽 이웃들이 뒤늦게 과잉 의욕을 보이는 것이다. 하지만 이미 때가 늦었다. 이들이 소를 잡는 법석을 떨지만, 서쪽에 있는 이웃이 봄의 약식 제사를 드림만 같지 못하게 대우하라고 조언한다.

방위상 서쪽은 가을을 상징하기 때문에, "서쪽에 있는 이웃"이야말로 소를 잡는 성대한 제사를 올려야 하는 이들이다. 하지만 봄에 약식 제사를 올렸을 뿐이다. 이는 엄밀히 말하면 부족한 것이지만, 대신 이들은 군자에게 타인의 도움이 절실히 필요한 시기인 춘궁기 봄에 부족하나마 가능한 한 최선의 조력을 제공했던 것이다. 이들이 춘궁기 봄에 제사를 올렸다는 것은, 공동체의 목표 달성이 불확실해 보이던 힘든 시기(기제既濟 이전)에 조력을 제공했다는 말이다. 그래서 "동쪽에 있는 이웃이 소를 잡더라도, 서쪽에 있는 이웃이 봄의 약식 제사를 드려서 알차게 그 복을 받음만 같지 못해야 하리라"고 말하는 것이다. 모든 일은 '때'가 중요하기 때문이다. 〈상전〉은 이에 대해 다음과 같이 풀이한다. "동쪽에 있는 이웃이 소를 잡더라도, 서쪽에 있는 이웃이 때를 맞춤만 같지 못한 것이다[東隣殺牛 不如西隣之時也]."

종합적으로 5효사는 기제既濟의 목표를 달성한 절정의 단계에서 논공행상할 때 올바른 기준을 적용함이 중요하다고 조언한다. 그래야 재확립한 공동체의 규범이 공고해질 것이다.

上六 濡其首 厲
상 륙 유 기 수 려
극상의 자리에 음이 오니, 그 머리를 적시는 상이어서 위태로우리라.

6효는 과잉의 단계다. 어떤 이유인가로 해서 머리를 적시는 위태로움이 발생한다. "머리를 적신다"는 것은 지난 1효에서 꼬리(후미)를 적셨던 것과는 차원이 다른 사고다. 이는 대천에 머리가 처박힌 것인데 그대로 급류에 휩쓸리기라도 하면, 대천을 건넜던 성과가 모두 무위로 돌아갈 수도 있는 것이다.

주역은 무슨 이유로 이런 위기가 발생하는지는 얘기하지 않는다. 5효의 절정에 도취해 방심하기 때문일 수도 있겠고, 바라던 원대한 목표를 달성하고 난 뒤 좌표 상실에 따른 허탈감이 원인일 수도 있겠다.

연극 등의 공연을 해본 사람이라면 공연이 끝나고 무대의 막이 내려온 뒤 공연자들이 느끼는 허탈감이 어떠한지를 알 것이다. 꿈에 그리던 목표, 그 한 가지를 위해 다른 모든 것을 인내하며 기다려온 목표가 막상 달성되었을 때 사람은 도리어 허탈감과 상실감을 느낄 수 있다. 그동안 자신의 인생은 그 목표 한 가지를 좌표로 삼아 항해를 해왔는데, 어느 날 갑자기 목표로 삼을 좌표가 사라져버린 것이다. 이렇게 목표를 상실하면 사람은 방황하게 된다. 이러한 방황 때문에 6효의 사고가 빚어질 수 있다.

또는 꿈에 그리던 목표를 막상 달성하고 보니 '생각만큼 별다른 것이 없더라'와 같은 상태일 수도 있다. 세상에 그 무엇이 꿈에 그리던 모습과 똑같을 수 있을까? 이유야 어쨌건 필자는 자신이 줄기차게 추구하던 목표를 막상 달성하고 나서 허탈감에 빠지는 사람을 꽤 많이 보아왔기에 기제旣濟의 길 6단계의 위태로움이 자연스럽게 느껴진다.

旣濟 亨 小 利貞 初吉終亂
기 제 형 소 이 정 초 길 종 란

기제旣濟의 길은 형통함이 작으리라. 정貞해야 이로우리라. 처음에는 길할 것이나 종국에는 어지러우리라.

기제旣濟는 꿈에 그리던 목표를 달성한 것이기에 언뜻 생각하기에는 형통할 것 같다. 하지만 주역은 기제가 형통함이 작으리라고 한다. 그 이유는, 처음에는 길할 것이나 종국에는 어지러울 것이기 때문이다. 어지럽다는 것은 혼란이 발생할 것이라는 말이다. '형통하리라'는 말은 미래에 대한 평가이므로, 종국에는 어지럽게 되는 기제의 길은 형통함이 작을 수밖에 없다.[40]

꿈에 그리던 목표를 달성했을 때, 처음에만 길할 뿐 나중에는 혼란이 발생하는 이유는 6단계의 상황 때문이다. 대천을 건너겠다는 목표 그 한 가지를 위해 먼 길을 달려왔건만, 막상 그 숙원을 달성하고 나자 기쁨은 잠시일 뿐 대천에 머리가 처박히는 혼란이 발생한다.

또한 주역이 기제旣濟의 괘사에서 "종국에는 어지러울 것"이라 말하는 것은, 6효의 상황이 '일반적으로' 발생한다는 말이다. 이는 기제의 길에서 흥미로운 대목이다. 기제의 길을 돌아보면, 6효에 음이 놓임으로써 그 길이 최종적으로 감坎을 이루면서 끝을 맺는다. 그런데 6효에서 위태로움이 발생하는 상황이 일반적인 것이라고 하면, 이는 앞서 5단계에서 다시 한번 리離를 정립함으로써 공동체에 새로운 기준을 확립하려던 노력이 결국 실패로 귀결된다는 뜻이 아닌가 한다. 그동안 군자는 기제의 길에서 '리'와 '감'을 반복하며 질서(규범)를 확립하고자 노력했지만 최종적으로는 어지러움을 피할 수 없다는 뜻이 되는 것이다. 기제의 길은 오랫동안 꿈꾸던 목표를 달성한 후의 상황인데 어째서 이러한 결과가 나오는 것일까?

빌헬름은 기제旣濟의 괘상에 대해 한 가지 흥미 있는 지적을 한다. 기제괘는 홀수 자리인 1·3·5효는 모두 양이고, 짝수 자리인 2·4·6효는 모두 음이라는 것이다. 수에서는 홀수가 양이고 짝수가 음에 해당하므로 모든 자리에 음양의 성질이 부합하는 효가 오고 있다. 이 때 그 괘가 '기제旣濟'를 이룬다는 사실이 흥미롭다. 그런데 필자

는 여기서 한 걸음 더 나아가 그렇게 효가 놓였을 때 '수승화강水昇
火降'을 이룬다는 사실을 지적하고 싶다.

　수승화강水昇火降은 우리 몸에 있어서 차가운 수水 기운은 위로
올라가게 하고 뜨거운 화火 기운은 아래로 내려가게 해야 건강을 유
지할 수 있다는 한의학의 원리를 말한다. 차가운 수 기운은 그대로
두면 아래로 내려가는 성질이 있고, 뜨거운 화 기운은 위로 올라가는
성질이 있기에 수승화강을 이루면 이후 수 기운과 화 기운의 순환이
자연스레 일어나 우리 몸이 건강할 수 있다. 그에 따라 한의학에서는
차가운 수 기운을 상체로 올리고 뜨거운 화 기운을 하체로 내리는 것
을 치료의 기본으로 삼는다. 잠을 잘 때 머리는 시원하게 하고 발은
따뜻하게 하라는 말이나, 반신욕 같은 경우가 수승화강의 원리를 활
용한 것이다.

　그런데 기제旣濟괘가 바로 수승화강의 상태를 이루고 있는 것이
다. 기제의 괘상을 보면, 하괘는 리離로 불에 해당하고, 상괘는 감坎
으로 물에 해당한다. 이렇게 되면 수 기운의 내려가는 성질과 화 기
운의 올라가는 성질로 인해 자연스레 순환이 발생할 수밖에 없다. 이
처럼 '기제'의 괘상은 그 자체로 새로운 순환을 불러일으킬 수밖에
없는 상이다. 마치 충전이 완료된 배터리 같다고나 할까.

　이처럼 모든 효의 자리에 성질이 부합하는 효가 놓였을 때 그 괘가
'기제旣濟'를 이룬다는 사실, 더 나아가 그렇게 효가 놓였을 때 '수승
화강水昇火降'을 이루며, 이로 인해 새로운 순환이 일어날 수밖에 없
다는 사실이 흥미롭다. 모든 효의 자리에 성질이 부합하는 효가 놓였
을 때 '안정'을 이룰 것 같지만 그렇지 않은 것이다. 바로 이 때문에
'기제'가 "종국에는 어지러울 수"밖에 없는 것이 아닌가 한다. 그 자체

로 새로운 순환을 내포하기 때문이다.

이는 기제旣濟의 결[里] 자체가 본래 그러하다는 의미가 된다. 인간이 어떤 노력을 기울이느냐에 상관없이 기제의 길은 그 속성상 종국에는 어지럽게 된다는 뜻이다. 과연 기제의 길은 그렇게 귀결될 수밖에 없는 것일까?

이와 관련해 우리는 겸謙(15)의 서두에서 주역이 가장 싫어하는 것이 '가득 참'이라는 점을 배웠다. 하늘과 땅과 사람이 모두 싫어하고 미워하며 귀신까지도 해하고자 한다. 온 우주가 나서서 가득 찬 것을 이지러뜨리고 마는 것이다. 그런데 기제旣濟의 길은 평생에 걸쳐 꿈꾸던 목표를 달성한 것이니 바로 '가득 참'에 해당한다. 그러니 온 우주가 나서서 기제의 결과를 이지러뜨리는 것이다.

이런 결과는 우리 우주에 새겨진 결이 본디 그러하다는 것이니, 주역의 기본 법칙으로 받아들일 뿐 달리 이유가 없는 것이다. 굳이 이유를 대자면 음양이 균형 상태로 돌아가려는 것이 우리 우주의 기본 법칙이라고 하는, 또 다른 기본 법칙을 댈 수 있을 뿐이다.

이러한 결과가 사람에게 시사하는 바는 무엇일까? 꿈에 그리던 목표를 막 달성한 사람이 첫 번째로 할 일은, 큰 목표의 달성이란 그 자체의 속성상 이후 어지러운 혼란으로 이어질 수밖에 없다는 사실을 인식하고, 그와 같은 혼란에 대비하는 마음 자세를 갖추는 것이다. 〈상전〉의 괘사 풀이 역시 이러한 관점을 공유한다. "기제旣濟는 군자가 그로써 환란이 닥칠 것을 생각하며 미리 예방하기 위해 노력하는 것이다[旣濟 君子以思患而豫防之]."

한 가지 덧붙일 점은, 주역이 "처음에는 길할 것이나 종국에는 어지러울 것[初吉終亂]"이라 말했을 뿐 "처음에는 길할 것이나 종국에는 흉할 것[初吉終凶]"이라 말하지는 않았다는 점이다. 물론 '어지러움[亂]'은 '흉함[凶]'으로 이어지기 쉽다. 그러므로 기제旣濟의 길이 6단계에 이르렀다면 군자가 할 일은 '어지러움[亂]'이 '흉함[凶]'으로 비화하지 않도록 관리해내는 일이어야 한다.

그렇게 해낼 수 있는 비결을 암시하는 것이 있을까? 문제의 근원인 6효를 주목해야 할 것이다. 6효에 이르러 기제旣濟의 길이 어지러운 지경에 이르고 있지만, 그와 동시에 6효에 음이 놓이면서 수승화강水昇火降의 상태를 이루고 있기도 하다. 그런데 한의학에서는 오히려 수승화강의 상태를 이루는 것을 치료의 기본으로 삼는다. 수승화강을 이루면 새로운 순환이 일어날 수밖에 없고, 이렇게 해서 음양의 순환이 이루어지면 우리 몸이 건강을 회복할 수 있다는 것이다.

그렇다면 기제旣濟의 길 6효에서 수승화강이 이루어졌을 때 군자는 새로운 순환, 즉 새로운 여행길에 나서야 한다. 그렇게 해서 음양의 순환이 이루어지면 군자는 건강한 삶을 회복할 수 있을 것이다. 사실 주역이 진리를 '도道'로 칭함으로써 전하는 가장 근본적인 가르침은 이것이라고도 할 수 있다. 인간의 삶에서 좋은 일(진·선·미)은 무엇이건 길을 가는 동안 일어난다. 목적지에 도달했을 때 일어나는 것이 아니다. 기제의 괘사 역시 이를 말하는 것이다.

미제未濟 목표 달성이 지연되다

未濟 亨 小狐汔濟 濡其尾 无攸利
미 제 형 소 호 흘 제 유 기 미 무 유 리
미제未濟의 길은 형통하리라. 작은 여우가 거의 다 건넜어도 그 꼬리를 적신다면 이로
울 바가 없으리라.

初六 濡其尾 吝
초 륙 유 기 미 린
처음에 음이 올 때, 그 꼬리를 적시고 마니 인색하리라.

九二 曳其輪 貞 吉
구 이 예 기 륜 정 길
양이 두 번째에 오니, 그 수레바퀴를 끄는 상이로다. 정貞하면 길하리라.

六三 未濟 征 凶 利涉大川
육 삼 미 제 정 흉 이 섭 대 천
음이 세 번째에 오니, 아직 건너지 못했기에 정征하는 것은 흉하리라. 대천을 건너는
것이 이로우리라.

九四 貞 吉 悔亡 震用伐鬼方 三年 有賞于大國
구 사 정 길 회 망 진 용 벌 귀 방 삼 년 유 상 우 대 국
양이 네 번째에 오니, 정貞하면 길하리라. 회悔는 사라지리라. 진震으로써 귀방을 치
면 3년 후에 보상받음이 있어 대국이 됨에 이르리라.

六五 貞 吉 无悔 君子之光 有孚 吉
육 오 정 길 무 회 군 자 지 광 유 부 길
음이 다섯 번째에 올 때는, 정貞하면 길하리라. 회悔가 없으리라. 군자의 광채가 믿음
을 얻으니 길하리라.

上九 有孚于飮酒 无咎 濡其首 有孚 失是
<small>상 구 유 부 우 음 주 무 구 유 기 수 유 부 실 시</small>

극상의 자리에 양이 올 때, 믿음이 있어서 술을 마심에 이르는 것은 허물이 없으리라. 그 머리를 적시는 것은 얻은 믿음이 올바름을 잃는 것이다.

─────────────────────────────────

〈서괘전〉은 기제旣濟 이후에 미제未濟가 이어지는 이유를 다음과 같이 설명한다. "사물은 완전히 막힐 수는 없는 법이다. 고로 미제未濟로 받아서 끝을 맺는 것이다[物不可窮也 故受之以未濟 終焉]." "사물은 완전히 막힐 수는 없다", 단순하면서도 명쾌한 설명이다. 따라서 주역은 기제로 끝을 맺을 수 없고 미제로 맺는 것이다. 기제의 길 자체도 5단계에서 끝을 맺지 못하고 6단계로 이어지며, 6단계의 혼란(혼돈, 카오스)이 새로운 출발을 잉태한다.

결국 주역의 끝은 기제旣濟가 아니라 미제未濟다. 이처럼 주역이 기제가 아니라 미제로 끝을 맺는다는 것은, 서양사상과 대비되는 동양사상의 특징을 잘 보여주는 사례이기도 하다. 서양에서라면 직선적인 발전 사관에 따라 신의 의지가 실현됨[旣濟]으로써 이 세상이 끝을 맺는 것이 자연스럽다. 그에 대해 동양에서는 '사유종시事有終始'라는 한 구절로 대답할 수 있다. '사유종시'에 대해서는 겸謙(15)의 길 3효에서 이미 살펴봤는데, 〈단전〉은 "종즉유시 천행야終則有始 天行也"라고 풀이했고, 이에 대해 정이는 "끝마쳤다면 반드시 시작함이 있는 것이 하늘의 도道다[旣終則必有始 天之道也]"라고 해설한 바 있다. 이와 같은 동양학의 체계에는 이 세상이 완성에 도달함에 따라 끝이 난다[旣濟]는 사고방식은 존재하지 않는 것이다.

'사유종시事有終始'와 비슷한 취지의 말이 〈계사전〉에 실려 있기도 하다.

原始反終故 知死生之說
원 시 반 종 고   지 사 생 지 설

비롯함에 근원하여서 돌아가서 마치는 고로, 죽고 삶의 답[說]을 안다.

〈계사상전〉 4장

〈계사상전〉의 구절을 보면 '생사生死'라 말하지 않고 '사생死生'을 말하고 있다. 이는 시종始終이라 하지 않고 종시終始라 말했던 것과 유사하다.

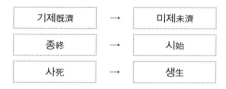

표 2 **사생死生과 종시終始**

'생사生死'라 말하면, 생生 다음에 사死가 옴으로써, 즉 죽음으로써 이 세상이 끝이라는 의미가 된다. 반면 '사생死生'이라 말하면, 사死 다음에 생生이 오는 것이니, 죽음은 새로운 삶으로 이어진다는 뜻이 된다. 영원한 순환이 존재할 뿐 이 세상의 끝은 존재하지 않는 것이다.

이렇게 보면 동양학에서는 "왜 죽는가"라는 질문에 대한 답이 명확하다. 새로 태어나기 위해 죽는 것이다. 또한 이와 같은 사고방식에서는 잘 태어나기 위해 잘 죽는 것이 중요하지, 죽음에 대해 두려워하거나 괴로워한다는 사고도 존재하지 않는 것이다.

이런 사고방식은 박剝(23)의 길이나 리離(30)의 길에서 군자가 무엇을 위해 노력했는지를 보면 알 수 있다. 굶어 죽을지언정 씨과실인 석과碩果를 남기고 죽겠다는 박의 길이나 리의 길 4효에서 보여준 군자의 살신성인은 잘 살겠다는 것이 아니라 잘 죽겠다는 것이다. 다음 세대에 새싹을 피워내기 위해 잘 죽겠다는 것이 군자의 태도였다. 이와 같은 동양학의 사고방식에서는 죽음으로 이 세상이 끝나지 않는 것이다.

반면 서양의 존 메이너드 케인스John Maynard Keynes는 "장기적으로는 우리는 모두 죽는다In the long run, we are all dead"는 유명한 말을 남겼다. '죽으면 끝'이라는 말인데, 이는 군자의 사고방식과 대비를 이룬다고 하겠다.

初六 濡其尾 吝
초 륙 유 기 미 린
처음에 음이 올 때, 그 꼬리를 적시고 마니 인색하리라.

기제의 길과 달리 미제의 길 1효에는 음이 온다. 음효는 현재 공동체가 처한 상황이 마땅한지를 살피고 헤아리는 과정을 상징한다. 하지만 그러다가 "꼬리를 적시고 마니 인색할 것"이라고 한다.

1효에 음이 놓이면서 "꼬리를 적시는 것"은 기제의 길 1효에 양이 놓이면서 꼬리를 적신 것과는 성격이 다르다. 기제의 길 1효에서는 대천을 건너기 위해 열심히 수레를 끌던 중에 잠시 꼬리를 적신 것뿐이다. 수레는 계속 나아가 대천을 건너게 되니 결국 '허물이 없을 것'이라는 평가를 받았다. 반면 이곳 미제의 길 1효에서 꼬리를 적시는 것은 대천을 건너는 목표 달성에 실패했기 때문에, 즉 대천을 다 건너지 못했기 때문에 빚어진 결과다. 이는 앞으로 괘사를 살펴보면 알 수 있다. 그러므로 결과가 '인색할 것'이라는 평가를 받는 것이다.

이에 대해 〈상전〉은 다음과 같이 적절히 지적한다. "그 꼬리를 적신 것은 역시 극진하게 할 줄을 몰랐기 때문이다[濡其尾 亦不知極也]." 대천을 건넌다고 하는 필생의 도전에 나섰다면 우선은 대천을 완전히 건너는 목표에 집중해 극진히 실천을 다해야 했다. 그럼에도 미제의 길 1효에서는 현재의 상황이 마땅한지를 살피고 헤아리는 성찰을 하느라 극진한 실천에 집중하지 못한 것이다. 결국 수레는 대천을 다 건너지 못해서 한가운데 서버렸고 꼬리를 적시는 사고가 빚어진 것이다.

九二 曳其輪 貞 吉
구 이 예 기 륜 정 길
양이 두 번째에 오니, 그 수레바퀴를 끄는 상이로다. 정貞하면 길하리라.

1효와 달리 2효에는 양이 오고 있다. 이는 1단계와 달리 2단계에서는 적극적인 실천에 나섬을 상징한다.

1단계에서 군자의 공동체는 큰 수레를 타고 대천을 건너는 '섭대천涉大川'의 도전에 나섰다가 실패하고 말았다. 그 실패를 거울삼아 2단계에서는 전열을 재정비하고서 적극적으로 수레바퀴를 끄는 극진한 실천에 나서는 것이다. 그러므로 "정貞하면 길할 것"이라는 평가가 주어지고 있다.

六三 未濟 征 凶 利涉大川
육 삼 미 제 정 흉 이 섭 대 천

음이 세 번째에 오니, 아직 건너지 못했기에 정征하는 것은 흉하리라. 대천을 건너는 것이 이로우리라.

3효에는 다시 음이 오고 있다. 앞서 2단계에서 한동안 적극적 실천을 행한 후에 현재 공동체가 처한 상황이 마땅한지를 살피고 헤아리는 성찰의 시간을 갖는 것이다.

하지만 아직 대천을 다 건너지 못한 상황이기에 "정征하는 것은 흉하리라"고 한다. "정征한다"는 말은, 적극적으로 불의를 바로잡는 행위를 뜻한다. 이는 2단계에서 정신을 차리고 전열을 재정비함으로써 급한 불을 끄고 나니, 3단계에서는 실패를 초래한 잘못이 누구에게 있는지 가려내 처벌하고자 하는 움직임이 벌어지는 것이다. 이에 대해 주역이 그렇게 하면 흉할 것이라 조언한다. 또한 "대천을 건너는 것이 이로울 것"이라 덧붙이고 있기도 하다. 지금 공동체가 탄 수레는 섭대천涉大川의 시도에 실패함으로써 대천의 급류 한가운데에 놓인 위급한 상황이다. 그러므로 현재 무엇보다 긴요한 일은 대천을 마저 건너는 것이다. 그러기 위해서는 공동체의 역량을 최대한 끌어모아야 하므로 지금은 잘잘못을 가리고 처벌을 논할 때가 아닌 것이다.

괘상으로 보면 미제未濟의 하괘 감坎은 물을 상징한다. 3효는 이 감괘의 세 번째 단계이므로 이제 조금만 더 노력해 전진하면 물(험난한 장애물)을 마저 건널 수 있는 상황이기도 하다.

九四 貞 吉 悔亡 震用伐鬼方 三年 有賞于大國
구 사 정 길 회 망 진 용 벌 귀 방 삼 년 유 상 우 대 국

양이 네 번째에 오니, 정貞하면 길하리라. 회悔는 사라지리라.
진震으로써 귀방을 치면 3년 후에 보상받음이 있어 대국이 됨
에 이르리라.

4효에 양이 놓인 것은, 이제 하괘인 감坎(험난한 물)을 완전히 건넜음을 상징한다. 즉 1차 시도의 실패에 따른 위기가 수습된 것이다. 그에 따라 그대로 계속 정貞하면 길할 것이라 한다.

여기서 "회悔는 사라질 것"이라는 말은, 앞서 3단계에서 미제未濟를 초래한 잘못이 누구에게 있는지를 두고 벌어졌던 공동체 내의 분란과 앙금이 사라질 것이라는 뜻이다. 이는 1차 실패를 딛고 목표 달성을 마저 완수해내기만 하면 1차 실패에 따른 분란과 앙금은 사라질 것이라는 말이다. 그러니 앞서 3단계에서 이에 대해 정征하는 것은 불필요하며 흉한 일이 되는 셈이다.

진震은 진震(51)의 도道를 말한다. 이제 대천을 건넜으니 천둥·번개가 들이치듯 신속히 귀방을 치면 3년 후에 보상받음이 있어 대국이 될 것이라고 한다.

여기서 주목되는 점은 미제未濟의 4효사가 기제既濟의 3효사와 거의 같다는 점이다. 그리고 보면 〈그림 38〉에서 보듯 미제의 괘상에서 1단계를 제외하면 기제의 괘상과 같다. 이는 미제가 한 걸음 늦게 기제의 길을 따라가는 것으로 볼 수 있다. 그에 따라 미제의 4단계는 기제의 3단계와 유사한 것이다. 그러므로 "귀방을 치면 (…) 보상받음이 있어 대국이 된다"는 말은, 군자가 대천 너머의 귀방을 정벌함으로써 대국을 이루어 명실공히 천하의 패자 자리에 오른다는 뜻이다.

미제의 2·3·4효가 리離를 이룸으로써, 군자가 수립한 평천하의 도가 귀방의 영역까지 아우르는 천하의 규범으로 자리 잡았음을 상징하는 것 역시 기제의 3단계와 동일하다. 대신 한 걸음 늦었기 때문에 이를 상쇄하기 위해 천둥·번개가 들이치듯 신속히 행동할 필요가 있어서 "진용震用"이라는 두 글자가 더 들어간 것이라 할 수 있다.

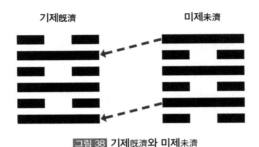

그림 38 기제旣濟와 미제未濟

  이는 주역이 보기에 미제와 기제의 차이가 그리 크지 않다는 말이된다. 목표 달성의 실패란 목표 달성이 잠시 지연되고 있는 것뿐이라는 얘기가 된다. 물론 현재 마주한 미제를 단지 한 걸음 지연된 기제로 만들려면, 실패를 겪은 후에 정신을 차리고 전열 재정비 및 새로운 모색에 나서는 2단계가 중요할 것이다.
  한 가지 주목할 점은 앞서 기제의 3효나 이곳 4효에서 모두 은나라 고종의 귀방 정벌 고사를 위대한 업적으로 인용한다는 사실이다. 이는 주周의 무왕이 은의 주왕을 정벌하고 나서 선포한 것이 '주역周易'이라는 점을 고려하면 이채로운 것이다. '주周나라의 역易'이라고 선포했음에도 불구하고, 주역을 마무리 짓는 주요 대목인 63·64번 괘에 은의 고사를, 그것도 위대한 성취를 뜻하는 중요한 상징으로 사용하고 있다. 그러고 보면 주역에는 제을, 기자, 고종 등 은나라 인물 셋이 등장해 모두 중요한 역할을 맡음에 비해, 주나라 인물은 진픔 (35)의 괘사에서 강후 한 명만 등장한다. 이런 부분은 주역이 은나라 《귀장역》의 괘효사를 차용해 만들어졌을 것으로 보는 주장[41]을 반영 하는 대목이 아닌가 한다. 이러한 주장은 갑골 유물의 출토 현황[42]으로도 뒷받침되기에 설득력이 있다고 본다.

> **六五 貞 吉 无悔 君子之光 有孚 吉**
> 육 오 정 길 무 회 군 자 지 광 유 부 길
> 음이 다섯 번째에 올 때는, 정貞하면 길하리라. 회悔가 없으리라. 군자의 광채가 믿음을 얻으니 길하리라.

5효에는 다시 음이 오고 있다. 이는 앞서 4단계에서 귀방을 정벌한 다는 지난한 목표를 달성하고 나서 공동체의 긴장이 풀림으로써 여러 사건·사고가 벌어질 수 있기 때문에, 현재의 상황이 마땅한지를 살피고 헤아리는 응축의 과정을 거쳐야 함을 상징한다.

이에 대해 주역은 "정貞하면 길할 것"이며 "회悔가 없을 것"이라 한다. 이는 주목할 만한 대목이다. 특히 〈그림 38〉을 보면 미제의 5효는 기제의 4효에 해당한다. 미제의 5효에 음이 놓임으로써 3·4·5효가 감坎괘를 이루는 패턴도 동일하다. 그러므로 이는 4단계에서 정립한 리離(공동체의 새로운 규범)가 아직 확고한 것이 되지 못하니, 5단계에서 사람의 노력을 통해 옹골찬 것으로 다져내야 함을 상징하는 점도 동일하다. 하지만 기제의 길에서는 사고가 발생하니 종일 경계하라고 촉구했음에 비해 미제의 길에서는 전혀 딴판일 만큼 "길하다"는 평가를 한다. 이토록 달리 말하는 이유가 무엇일까?

이는 미제의 길에서는 이미 1단계에서 실패를 맛본 적이 있기 때문이다. 기제의 길은 단번에 성공한 이후의 길이므로 방심하다가 알게 모르게 스며드는 형태의 실수나 사고가 발생하는 것에 비해, 이미 쓰라린 실패를 맛본 미제의 길에서는 양상이 달라지는 것이다. 5효에서 정貞한다는 말은, 3·4·5효 감坎괘가 긍정적인 작용을 하도록 애쓴다는 말이다. 즉 음효로 상징되는 성찰을 통해 앞서 4단계에서 공동체가 세운 규범을 더욱 옹골찬 것으로 다져내기 위해 애쓴다는 말이다. 이렇게 하면 길할 것이며 회悔도 없을 것이라는 말이다.

"군자의 광채가 믿음을 얻으니 길할 것"이라는 5효사의 후반부는 미제의 상괘가 리離를 이루는 괘상과 잘 부합하는 구절이다. '리'의 가운데 음효는 믿음을 표상하기 때문이다.

미제의 길 5단계에서 군자의 광채가 믿음을 얻을 수 있는 이유는 무엇일까? 그 이유는 1단계에서 쓰라린 실패를 겪었음에도 좌절하지 않고 2단계 이후 정신을 바짝 차리고 대응함으로써 실패를 한 걸음 늦었을 뿐인 성공으로 돌려세웠기 때문이다. 군자의 경륜이 빛을 발하는 순간이라고 할 수 있다. 그로 인해 군자의 광채가 사람들의 믿음을 얻게 되는 것이다. 그러고 보면 군자는 그동안 주역의 64가지 험난한 굴곡의 길을 걸어오면서 숱한 좌절을 맛보았지만 한 번도 믿음을 저버린 적은 없었다. 그와 같은 군자의 자세 및 태도가 미제의 길에서도 빛을 발해 사람들의 믿음을 얻는 것이라 할 수 있다.

결국 성공·실패라는 결과보다 그 과정이 더 중요한 것이다. 미제의 길은 한 걸음 늦게 기제의 길을 따라가고 있지만, 5단계에 이르면 기제의 길 4단계보다 더 나은 결과를 만들어내고 있다는 점이 주목할 만하다. 이는 한번 실패를 경험한 사람이 그로 인해 더욱 깊이를 갖춘 사람이 되는 것으로 볼 수 있다. 군자의 광채 역시 다른 곳이 아니라 실패를 경험하는 미제의 길에서 더욱 그 빛을 발한다.

> **上九 有孚于飮酒 无咎 濡其首 有孚 失是**
> 상구 유부우음주 무구 유기수 유부 실시
> 극상의 자리에 양이 올 때, 믿음이 있어서 술을 마심에 이르는 것은 허물이 없으리라. 그 머리를 적시는 것은 얻은 믿음이 올바름을 잃는 것이다.

6효에는 양이 오고 있다. 이를 통해 미제의 4·5·6효는 다시 한번 리離를 이룬다. 이는 앞서 5단계에서 응축의 과정을 거치고 난 후 6단계에서 공동체의 규범을 재차 확립하는 행위를 상징한다.

그러고 나서 군자는 백성들과 더불어 술을 마신다. 그 이유는 고대에 술이 특별한 것이었기 때문이다. 부유함을 뜻하는 富(부)의 자형을 보면, 집 안에 술 단지가 있는 모양을 형상화한 것이다. 고대에는 곡식이 귀했기 때문에, 끼니를 해결하고도 곡식이 남아서 술을 담그는 것이 '부자'의 상징이었다. 이를 보면 고대에는 술이라는 것이 오늘날처럼 쉽게 마실 수 있는 것이 아니며, 술을 마신다는 것은 특별한 의미를 담은 행사이자 의식임을 알 수 있다. 앞서 중부中孚(61)의 2효에서 '헌수獻酬'의 예를 통해 믿음을 나누는 모습을 확인하기도 했다.

미제의 6효사에서 주목할 점은, 그 내용이 기제의 5효사와 6효사를 합쳐놓은 것에 해당한다는 점이다. 이는 〈그림 38〉에서 살펴봤듯 미제의 길이 기제의 길을 한 걸음 늦게 따라가고 있기 때문에 마지막

6효에 이르러서는 기제의 5효와 6효를 합쳐놓은 내용에 해당하는 것으로 볼 수 있다. 이렇게 보면 미제 6효사의 전반부에 등장하는 음주는 기제 5효사에 등장하는 제사와 그 취지가 같음을 알 수 있다. 제사는 구성원 간의 믿음을 강화하고 공동체의 단합과 통합을 도모하는 행사인데, 미제의 길에서는 기제에 비해 시간이 부족하므로 제사 대신에 술을 같이 마심으로써 구성원들의 믿음을 강화하는 것이다.

상괘 리離의 괘상으로 볼 때 6효의 양은 5효의 믿음이 외부로 발현된 것이다. 그러므로 6효사에서 "믿음이 있어서"라고 말하는 것은 5효에서 군자가 얻은 믿음을 말한다. 그처럼 믿음이 있어서 술을 마심에 이르는 것은 허물이 없으리라고 한다.

6효에서 군자는 자신을 믿어주는 사람들과 더불어 술 한잔을 나누고 있다. 군자로서는 모처럼 기분을 낸다고 할까? 미제未濟의 길 1단계에서 섭대천涉大川에 실패한 이후 초래되었던 위기를 극복해오는 동안 쌓인 회포를 같이 푸는 것이다. 주역은 이렇게 하는 것까지는 허물이 없다 평한다.

하지만 이어지는 후반부에 대해서는 경계한다. 술을 마시다가 머리를 적시는 지경까지 이르러서는 안 된다는 것이다. 그래서는 얻은 믿음이 올바름을 잃는 것이라고 한다. 〈상전〉은 "술을 마시다 머리를 적시는 것은 역시 절節을 알지 못하기 때문이다[飲酒濡首 亦不知節也]"라고 풀이한다.

6효사의 후반부에 등장하는 "머리를 적신다"는 것은, 지난 3효에서 건너온 험한 물에 머리가 처박히는 것이다. 그대로 급류에 휩쓸리기라도 하면 애써 대천을 건넌 성과가 무위로 돌아가고 만다. 결국 미제의 6단계는 후반부에 이르러 과잉의 단계가 되고 있다. 그러한 과잉이 부작용을 초래하고, 그로 인해 또 새로운 순환이 촉발되는 것이다.

주목할 점 하나는 기제의 경우와 똑같이 험한 물에 머리가 처박히는 사고가 발생했지만 "위태로울 것"이라는 평가가 없다는 점이다. 이 또한 이미 미제의 길 1단계에서 실패를 맛본 적이 있기 때문에, 6단계에서 사고가 벌어지더라도 그에 맞게 대응을 잘해나갈 것으로 보는 것이다.

미제의 길을 마무리하는 시점에 〈그림 38〉을 통해 미제의 길과 기제의 길을 비교해보면, 미제의 길에는 1효에 음이 놓였음에 비해 기제의 길에는 6효에 음이 놓였다는 점을 제외하면 두 길이 서로 같다는 사실에 눈길이 간다. 이는 미제의 길이 1단계에서 뼈아픈 실패를 겪었기 때문인데, 이로 인해 길 전체의 구성은 미제의 경우가 더 좋다는 점이 흥미롭다.

기제의 길은 전반부가 리離요, 후반부가 감坎이다. 이는 전반부에서는 공동체가 믿고 의지하는 진리가 확립되지만, 후반부에 가서는 혼란이 발생하는 것이다. 그에 따라 기제의 괘사 역시 "처음에는 길할 것이나 종국에는 어지러울 것"이라 평한다. 이에 비해 미제의 길은 전반부가 '감'이요, 후반부가 '리'다. 이는 전반부에서는 1단계의 실패로 말미암아 혼란이 발생하지만, 후반부에 가서는 혼란을 극복하고 공동체가 믿고 의지하는 규범이 확립되는 것이다. 이는 사람의 인생에서도 실패를 겪은 후 한발 늦게 피는 꽃이 더 아름답게 피는 경우와 유사한 느낌을 주어 흥미롭다.

일이 이렇게 진행되는 이유는 항상 음양의 균형으로 돌아가는 주역의 기본 법칙 때문이다. 기제의 길은 전반부에서 실패 없이 단번에 성공했기에 후반부에서는 혼란이 발생하는 편이 전후의 균형이 맞고, 미제의 길은 그 반대가 되는 것이다. 이렇게 해서 주역은 어느 쪽에나 "가득 참"을 허용하지 않고 있다.

未濟 亨 小狐汔濟 濡其尾 无攸利
<small>미 제 형 소 호 흘 제 유 기 미 무 유 리</small>
미제未濟의 길은 형통하리라. 작은 여우가 거의 다 건넜어도 그 꼬리를 적신다면 이로울 바가 없으리라.

주역은 기제의 길에 대해 "형통함이 작으리라"고 평가했음에 비해 미제의 길은 "형통하리라"고 더 나은 평가를 내린다. 그 이유는 앞서 기제의 6효사 말미에서 살펴봤듯 "처음에는 길할 것이나 종국에는 어지러움"이 발생하기 때문이다.

〈단전〉은 괘사 후반부에 대해 이렇게 풀이한다. "작은 여우가 거의 다 건넜다는 말은 아직 (물) 가운데서 벗어나지 못한 것이다. 그 꼬리를 적신다면 이로울 바가 없으리라는 말은 지속함으로써 끝마치지를 못했기 때문이다[小狐汔濟 未出中也 濡其尾 无攸利 不續終也]." 이 구절은 앞서 1효사의 내용을 보충 설명한 것이다. 1효사의 "그 꼬리를 적신다[濡其尾]"는 표현만으로는 기제의 1효사와 별 차이가 없어 보이므로, 그 내용을 보충해서 미제의 길에서는 대천을 다 건너지 못해 꼬리를 적신 것으로 차이가 있음을 분명히 한 것이다.

종합적으로 미제未濟의 괘상은, 미제란 따로 없으며 기제既濟의 한 발짝 지연이 있을 뿐이라 말한다. 또한 기제를 이루었다고 해서 끝이 아니다. 기제는 그 자체로 새로운 순환을 내포한다. 결국 끝은 없으며 영원한 순환이 있을 뿐이다.

이는 목표의 달성이 중요한 것이 아니라는 말이다. 그보다는 64가지 길의 굽이굽이가 중요하며, 걸어가는 과정에 의미가 있다는 뜻이다. 굽이마다 마주치는 이름 모를 꽃 한 송이를 소중히 여겨야 한다는 말이다.

〈상전〉은 미제에 대해 "미제는 군자가 그로써 삼가 사물을 변별하고 방정함에 거하는 것이다[未濟 君子以愼辨物居方]"라고 적절히 풀이한다. 이는 군자가 실패 이후에 정신을 차리고 다시 일어나는 과정에 대한 설명이다. 또한 단번에 성공하는 기제의 경우는 "삼가 사물을 변별하고 방정함에 거할" 계기가 없기에 형통함이 작은 것으로 볼 수 있다.

미제의 길까지 답파함으로써 이제 군자는 64가지 길을 모두 답파했다. 그동안 부지런히도 걸어왔다. 그 끝에 놓인 것은 무엇인가?

또 다른 출발일 뿐이다. 이 세상에 끝이란 없기 때문이다[物不可窮也](〈서괘전〉).

자신을 믿어주는 사람들과 한잔 술을 나눈 군자는 다시 한번 삶의 여행길에 나선다. 군자의 앞길에는 또다시 64가지 형형색색의 파노라마가 펼쳐질 것이다.

그 길을 걸어가는 군자는 누구인가?

군자는 하늘의 뜻과 땅 위의 현실 사이에서 갈등하는 존재다. 한 마리 새가 되어 마냥 자유롭고 싶은 마음이 있으나 리離의 그물은 그를 놓아 보내지 않는다. 하늘과 땅 사이에 머물러야 하는 군자는 어느 한쪽에 온전히 속하지 못한 존재이기에 분열되어 괴로울 수밖에 없다. 이와 같은 괴로움은 군자의 숙명일까?

어쨌든 군자는 게으르지 않음을 미덕으로 삼기에 오늘도 64가지 길 위에서 또다시 길흉회린吉凶悔吝의 질곡을 마주해야 할 것이다. 때론 길운에 기뻐하고 때론 흉운凶運에 슬퍼할 것이다. 때론 가슴에 걸린 채 떨쳐지지 않는 회悔에 괴로워하며, 때론 인색한 결과에 아쉬워할 것이다.

주역은 64가지 길의 결[理]만을 제시할 뿐 구체적 형상을 제시하지 않았기에 다시 마주치는 길은 또 새로울 것이다. 기껏 허물이 없는 정도를 희망해야 할지 모른다.

다만 한 번의 경험이 쌓였기에 조금쯤 여유가 생겼을까? 이번에는 바람결에 실려 오는 꽃향기를 즐길 수 있을까?

부록 1

주역의 개요

주역은 상경上經·하경下經 및 10편의 전傳으로 구성되었다. 역전易傳 각각의 내용은 아래 〈표 3〉과 같다.

〈단전彖傳〉상·하 2편	64괘의 각 괘사만을 풀이하고 있다.
〈상전象傳〉상·하 2편	64괘의 괘사와 효사를 모두 풀이하고 있다.
〈문언전文言傳〉	건乾(1)과 곤坤(2) 두 괘만을 특별히 따로 풀이하고 있다.
〈계사전繫辭傳〉상·하 2편	주역의 철학적 원리와 개념을 서술하고 있다.
〈설괘전說卦傳〉	팔괘의 의미와 상징을 풀이하고 있다.
〈서괘전序卦傳〉	64괘의 순서가 지금처럼 배열된 이유를 풀이하고 있다.
〈잡괘전雜卦傳〉	64괘를 대대 관계로 묶어 각각을 짤막하게 풀이하고 있다.

표 3 주역 10편 '역전易傳'의 내용

주역 관련 출토 문물

현대에 이르러 중국의 국토 개발이 진전되면서 중국 각지에서 고대의 기록 유물이 대량으로 출토되고 있다. 주역 관련 기록 문물 역시 〈표 4〉에서 보듯 다양하게 출토되었다.

상박초간 주역 上博楚簡 周易	1994년 상하이박물관이 홍콩에서 사들인 대량의 죽간을 2003년에 《상해박물관전국초죽서上海博物館戰國楚竹書》(흔히 '상박초간上博楚簡'으로 약칭)라는 책으로 발간했는데, 여기에 주역이 수록되어 있어 '상박초간 주역'으로 불린다. 논란의 여지가 남아 있긴 하지만, 대체로 전국시대 후기에서 말기 사이의 어느 시점에 쓰인 것으로 추정하고 있다. 그동안 알려진 바가 없는 역易 관련 부호가 수록되어 관심을 끈다.
왕가대진간 《역점》 王家臺秦簡 《易占》	1993년에 후베이성의 왕가대王家臺 진묘秦墓에서 발굴된 《역점易占》 기록이다. 그 내용이 기존 문헌에 실린 《귀장역》에 관한 글과 일치해 주목을 끌고 있다. 아직까지 도판이 공개되지 않고 있어서 아쉬움을 남긴다.
마왕퇴한묘 백서 주역 馬王堆漢墓 帛書 周易	1973년 후난성 창사시의 마왕퇴馬王堆 한묘漢墓에서 대량의 백서帛書(글이 쓰인 비단)가 출토되면서 발견된 문헌이다. 흔히 '백서 주역'으로 불린다. 기록 연대는 기원전 168년(전한 시기)으로 추정된다. 1995년에 이르러 전체 석문釋文이 발표되었다. 현재의 통행본 주역과 비교하면 괘효사는 거의 유사하나, 괘명과 괘의 배열 순서가 크게 다르며, 역전易傳의 구성 역시 크게 달라서 주목된다.

부양한간 주역
阜陽漢簡 周易

1977년 안후이성 부양시의 쌍고퇴雙古堆 한묘漢墓에서 발굴된 죽간 기록이다. 기록 연대는 기원전 165년보다 이른 시기의 것으로 추정된다. 64괘 중 52괘의 내용을 판독할 수 있는데, 통행본에 비해 통가자通假字가 상당히 많다. 괘효사의 뒷부분에 길흉을 점친 다양한 내용의 복사卜辭가 수록되어 있어 주목된다.

표 4 **주역 관련 출토 문물**[1]

이로 인해 주역 연구는 이제까지와는 다른 새로운 차원으로 진입했다고 할 수 있다. 예를 들어 백서 주역을 보면, 괘명과 괘의 배열 순서, 역전의 구성이 우리가 지금까지 보아온 통행본 주역과 크게 다르다. 그로 인해 주역 연구자들이 통행본 주역을 절대적 존재가 아니라 상대적 존재로 바라볼 수 있는 계기가 되고 있다.

주역 관련 출토 문물에 대한 연구는 이제 막 시작된 참이라 아직까지는 연구자들이 많은 것을 알지 못하는 상태다. 하지만 학문 연구는 누적되는 것이므로 앞으로 점점 더 많은 사실을 알아낼 것이며, 그로 인해 주역에 대한 우리의 이해가 더욱 깊어질 수 있을 것이다.

자주 쓰이는 표현

* 필요한 경우 해당 표현이 쓰인 횟수를 표기했다.

견見, 시視, 관觀, 부적不覿

見(견)은 '보다, 만나보다, 보게 되다'라는 뜻으로 쓰이고 있다(20회).
: 건乾(1) 2·5효, 몽蒙(4) 3효, 고蠱(18) 4효 등

視(시)는 '살펴본다'는 뜻이다(5회). 어원에 대한 설명은 리履(10)
6효에 수록한 내용을 참고 바란다.
: 리履(10) 3·6효, 이頤(27) 4효, 진震(51) 6효, 귀매歸妹(54) 2효

觀(관)은 통찰을 얻기 위해 '관조觀照'하는 경우를 가리킨다(9회).
자세한 설명은 관觀(20) 2효에 수록한 내용을 참고 바란다.
: 관觀(20) 1·2·3·4·5·6효·괘사, 이頤(27) 1효·괘사

不覿(부적)은 '보지 못하다'라는 뜻으로 쓰이고 있다(2회).
: 곤困(47) 1효, 풍豐(55) 6효

길吉, 흉凶, 회悔, 린吝

주역은 이 세상에서 벌어지는 모든 일의 결과를 길·흉·회·린 네 가지로 평가하는데, 이에 대해 〈계사상전〉 3장은 이렇게 풀이한다. "길·흉이란 바라는 것을 잃고 얻는 경우를 말하는 것이고, 회·린이란 그것에 작은 하자가 있는 경우를 말하는 것이다[吉凶者 言乎其失得也 悔吝者 言乎其小疵也]."

길吉이란 '바라는 것을 얻는 경우'를 말하고, 흉凶은 '얻지 못하는 경우'를 말한다는 것이다. 이에 비해 회悔는 '바라는 것을 얻긴 얻었는데 무언가 마음에 걸리는 것(미련, 아쉬움, 회한, 후회 등)이 남는 경우'를 말하고, 린吝은 '바라는 결과를 얻긴 했지만 그 주어진 결과가 좀 인색한 경우'를 가리킨다.

'길吉'과 관련해서는 다음과 같이 '대길大吉'과 '원길元吉'이라는 표현이 따로 쓰이고 있다.

대길大吉

'크게 길하다'는 뜻이다(5회).
: 가인家人(37) 4효, 췌萃(45) 4효, 승升(46) 1효, 정鼎(50) 6효, 소과小過(62) 괘사

원길元吉

'으뜸으로 길하다'는 뜻이다(14회).
: 곤坤(2) 5효, 송訟(6) 5효, 리履(10) 6효, 태泰(11) 5효, 복復(24) 1효, 대축大畜(26) 4효, 리離(30) 2효, 손損(41) 5효·괘사, 익益(42) 1효·5효,

정井(48) 6효, 정鼎(50) 괘사, 환渙(59) 4효

'회悔'의 경우 단지 '후회'나 '회한'이라는 낱말로는 그 의미를 다 담아낼 수 없는 경우가 많기에 본문에서는 대체로 그냥 '회悔'라고 표현했다. 회悔에 대한 보다 자세한 설명은 예豫(16) 3효에 수록한 내용을 참고 바란다.

悔(회)는 예豫(16)의 3효와 가인家人(37) 3효에서 단독으로 쓰인 경우와 정鼎(50)의 3효에서 목적어로 쓰인 경우를 제외하면, '유회有悔'(4회)와 '무회无悔'(6회), '회망悔亡'(15회) 세 가지 표현으로 사용된다. '무회无悔'는 '회悔가 없으리라'는 뜻으로 회悔가 아예 생겨나지 않는다는 말이고, '회망悔亡'은 '회悔가 사라진다'는 뜻으로 일단 생겨났던 회悔가 사라진다는 말이니 함의가 서로 다르다.

'린吝'은 '인색하다'는 뜻인데, 주역 경문에서는 어떤 행동을 할 경우 그 성과가 박하게 나올 때에 '인색할 것[吝]'이라는 표현을 쓴다.

무구无咎

'무구无咎'는 '허물이 없다'는 뜻이다. 〈계사상전〉 3장은 '무구无咎'에 대해 이렇게 풀이한다. "허물이 없다는 것은 과오를 잘 보수했기 때문이다[无咎者 善補過也]." 과오로 인해 상처가 났지만, 상처를 잘 치유했기 때문에 흉터(허물)로 남지는 않는다는 말이다. 이는 과오를 고치기 위한 후속적인 노력을 충실히 해서 그 과오가 사람들의 기억에 계속 남게 되지는 않는 경우라고 할 수 있다.

관觀(20)의 1효사는 어린아이처럼 관망하는 행동에 대해 소인이라

면 허물이 없겠으나 군자는 인색할 것이라 평한다. 이를 보면 '무구无咎'는 '린吝'보다 나은 평가임을 알 수 있다. 또한 "허물을 없이 하고 명예도 없이 하라[无咎无譽]"라는 표현[곤坤 (2)의 4효사]을 보면, 주역에서는 허물[咎]과 명예[譽]가 서로 대대를 이룬다는 사실을 알 수 있다. 허물은 불명예에 해당하는 셈이다.

불不, 막莫, 불弗, 비匪, 물勿, 망罔

不(불)은 주역 경문에서 일반적인 부정의 뜻으로 가장 많이 쓰이는 표현이다(84회).
: 곤坤 (2) 2효, 둔屯 (3) 2·3·4효, 몽蒙 (4) 3·6·괘사, 수需 (5) 6효, 송訟 (6) 1·2·4효·괘사, 소축小畜 (9) 괘사 등

莫(막)은 '~가 (전혀) 없다'는 뜻으로 쓰이고 있다(3회).
: 둔遯 (33) 2효, 익益 (42) 6효, 점漸 (53) 5효

弗(불)은 '~하지 못한다'는 뜻으로 쓰이고 있다(9회).
: 동인同人 (13) 4효, 대유大有 (14) 3효, 손損 (41) 2·5·6효, 익益 (42) 2효, 소과小過 (62) 3·4·6효

匪(비)는 '~가 아닐 것이다'는 뜻으로 쓰이고 있다(13회). 100퍼센트가 아닌 80퍼센트 정도의 확률로 부정하는 것이다.
: 둔屯 (3) 2효, 몽蒙 (4) 괘사, 비比 (8) 3효, 비否 (12) 괘사, 대유大有 (14) 1·4효, 비賁 (22) 4효 등

勿(물)은 '~하지 말라'는 뜻으로 쓰이고 있다(26회).
 : 건乾(1) 1효, 둔屯(3) 괘사, 몽蒙(4) 3효, 사師(7) 6효, 태泰(11) 3·6
  효, 예豫(16) 4효 등

罔(망)은 '~을 아니한다'는 뜻으로 쓰이고 있다(2회).
 : 대장大壯(34) 3효, 진晉(35) 1효

왕往, 행行

주역 경문에서는 '왕往한다'와 '행行한다'가 두루 쓰이는데, 두 개념이 서로 대대를 이룬다는 점을 유념할 필요가 있다.

往(왕)은 '이미 정해진 한 방향으로 나아가는 것'을 말한다. 나아가야 할 방향이 정해져 있을 때 망설임 없이 그 길을 걸어나간다는 뜻이다. 이에 대한 자세한 설명은 무망无妄(25) 1효, 절節(60) 5효, 소과小過(62) 4효에 수록한 내용을 참고 바란다.

이에 비해 行(행)은 '행하다, 다니다'라는 뜻으로, 자기의 '의지'와 '판단'에 의해 방향을 선택해서 행行하는 경우를 말하고, 자신의 의지와 판단에 따라 자유롭게 '다니는' 경우를 이른다. 이에 대한 자세한 설명은 무망无妄(25) 6효에 수록한 내용을 참고 바란다.

이렇듯 往(왕)과 行(행)은 다르기 때문에 예를 들어, 주역에 자주 쓰이는 표현인 '유유왕有攸往'은 '유유행有攸行'이라고 쓸 수 없다. '가고자 하는 바'의 신념과 이상은 일정한 한 방향으로 정해진 것이기 때문이다.

유부有孚

'유부有孚'는 글자 그대로 '믿음이 있다'는 뜻이지만, 그 함의를 제대로 느껴볼 필요가 있다. 이에 대한 자세한 설명은 수需(5)의 괘사, 혁革(49)의 3효에 수록한 내용을 참고 바란다. 그 함의를 느낄 때라야 주역이 "有孚"라 말할 때의 뜻을 이해할 수 있을 것이다.

: 수需(5) 괘사, 대장大壯(34) 1효, 가인家人(37) 1·6효 등

信(믿을 신) 자는 주역 경문에서 두 차례 쓰인다. 쾌夬(43) 4효 "문언 불신聞言 不信"과 곤困(47)의 괘사 "유언 불신有言 不信"이 그것이다. 이를 보면 信(신) 자는 '사람의 말을 믿는다'는 뜻으로 한정해 쓰고 있다. 이는 信(신)의 자형이 'イ + 言'인 것과 부합한다.

: 쾌夬(43) 4효, 곤困(47) 괘사

재災, 생眚

災(재)는 자신의 잘못과는 무관하게 외부로부터 주어진 재앙을 의미한다. 자세한 설명은 무망无妄(25) 3효에 수록한 내용과 〈주〉 상경 47번을 참고 바란다.

: 복復(24) 6효, 무망无妄(25) 3효, 려旅(56) 1효, 소과小過(62) 6효

眚(생)은 災(재)와 달리 자신의 오판과 잘못(실수)으로 인해 초래된 '잘못된 결과'를 가리킨다. 자세한 설명은 송訟(6) 2효, 무망无妄(25) 6효에 수록한 내용과 〈주〉 상경 19번을 참고 바란다.

: 송訟(6) 2효, 복復(24) 6효, 무망无妄(25) 6효·괘사, 진震(51) 3효, 소과小過(62) 6효

- 복復(24) 6효, 소과小過(62) 6효에는 災(재)와 眚(생)이 같이 등장한다.
- 災(재)는 본문에서 '재앙'으로 번역했고, 眚(생)은 '잘못됨'으로 번역했다. 재災와 생眚을 '천재天災'와 '인재人災'로 번역할 수는 없다. 예를 들어 무망无妄(25)의 3효에서 읍인들에게 닥친 재앙은 재災에 해당하지만 천재天災는 아니다.

정貞

貞(정)은 '곧다, 지조가 굳다, 마음이 곧바르다; 점치다' 등의 뜻을 갖는 글자다. 자형을 보면 'ㅏ + 貝'으로 이루어졌는데, ㅏ(점칠 복)은 갑골점을 칠 때 갑골에 나타나는 갈라진 금을 형상화한 글자이며, 여기 쓰인 貝은 '조개'가 아니라 신성한 제기祭器인 '鼎(정)'의 생략형이다. 결국 貞은 신성한 제기인 정鼎에 하늘의 계시를 내려받는 모습을 형상화한 글자다. 그러므로 '점치다'는 뜻을 나타낸 것이며, 동시에 정鼎에 내려받은 하늘의 뜻을 받드는 마음 자세와 태도를 통해 '곧다, 지조가 굳다, 마음이 곧바르다'는 뜻을 나타낸 것이다.

주역에서 '정貞하다'는 표현은, 어려운 상황에서도 꺾이지 않고 처음에 품었던 뜻을 올곧게, 굳세게 지킨다는 의미로 쓰인다. 요즘 유행하는 말로는 '꺾이지 않는 마음'을 가리킨다고도 할 수 있겠는데, 구체적인 뜻은 매 경우마다 조금씩 달라진다.

기본적으로는 해당 괘의 취지에 충실한 태도와 자세를 고수한다는 말이지만, 경우에 따라서는 보다 좁혀서 해당 효의 취지에 충실한 태도와 자세를 고수한다는 말로 쓰이기도 한다. 경우마다 조금씩 함의가 다를 수 있으므로 그 의미를 명쾌히 우리말로 옮기기 어려워 '정貞하다'는 표현을 그대로 썼다.

이렇듯 주역에는 일반적인 '정貞' 외에 조금씩 함의가 다른 특수한 '정貞'의 사례들이 등장한다. 이를 보면 주역의 시대에는 사람의 '정貞함'에 대한 관념이 그만큼 발달했다는 사실을 짐작할 수 있다.

안정安貞

安(안)의 자형은 여자가 집안에 머무르는 모습을 형상화한 것인데, 이를 통해 스스로 한계를 둘러치고 그 안에 편안히 머무르는 상태를 뜻한다. 그러므로 '안정安貞'은 정貞하기는 하되 스스로 둘러친 한계 안에 머무르며 편안히 정貞하라는 말이다. 송訟의 4효에서는 상급자의 중재 결과를 받아들이고 그 안에 편안히 머무르라는 취지로 썼다.

: 곤坤(2) 괘사, 송訟(6) 4효

유인(지)정幽人(之)貞

유인幽人은 속세를 떠나 조용히 사는 사람으로 남들과 다툼을 빚지 않는 사람이다. "유인幽人의 정貞함을 지니라"는 조언은, 주인공이 자신감이 넘치는 상황에서 등장한다. 너무 지나친 자신감 때문에 공연히 남들과 다툼을 빚는 실수를 하지 않도록 경계하는 것이다. 그러므로 '유인의 정貞함'이란 속세를 떠나 조용히 사는 사람처럼 남들과 다툼을 빚지 말고 자중하는 모습을 갖추라는 뜻이다.

: 리履(10) 2효, 귀매歸妹(54) 2효

간정艱貞

상황을 다스리고자 하나 잘 다스려지지 않는 어려움 속에서도 올곧게 정貞해야 한다는 뜻이다. 보다 자세한 설명은 태泰(11) 3효에 수록한 내용을 참고 바란다.

: 태泰(11) 3효, 서합噬嗑(21) 4효, 대휵大畜(26) 3효, 명이明夷(36) 괘사

군자정君子貞

군자君子의 君(군)은 '尹 + 口'의 구조인데 여기서 尹은 손으로 지팡이를 짚고 있는 모습이다. 종합하면 君은 손으로 지팡이를 짚고서 말하는 사람을 형상화한 것이다. 고대에 지팡이는 권위의 상징이기 때문에 한 집단에서 오직 우두머리만이 지팡이를 짚고서 말할 수 있었다. 그러므로 지팡이를 짚고서 말하는 사람이란 권위에 있어 누군가에게 의존하지 않는 독립된 주체를 상징하며, 군자가 바로 그런 사람인 것이다. 따라서 군자의 정貞함이란 이처럼 누군가에게 의존하지 않는 독립된 주체로서의 올곧은 태도를 잃지 않고 계속 간직하는 것이다. 자신이 추구하는 대의 외에는 무엇에도 의지하지 않는 것이 군자의 정貞한 태도라고 할 수 있다.

비否의 길에서는 비인匪人과 소인에 둘러싸인 상황인데 군자가 이를 알지 못하고서 자신의 대의에 충실히 정貞한 태도를 계속 유지하면 도리어 불리하다고 했다.

: 비否(12) 괘사, 동인同人(13) 괘사

석서정鼫鼠貞

석서鼫鼠는 다람쥣과의 작은 동물로,《시경》에서 기장이든 보리든 닥치는 대로 먹어치우는 탐욕스러운 존재로 등장한다. '석서처럼 정貞하다'는 것은, 이런 석서처럼 너무 맹렬한 정貞함을 지니고 있어 사태를 맹렬히 몰아간다는 말이다. 주역은 이렇게 하면 위태롭다[厲]고 경계한다.

: 진晉(35) 4효

무인지정武人之貞

무인의 정貞함이란, 뜻이 불분명해서 머뭇거리는 일이 없도록 뜻을 분명하게 세워야 하고, 한번 뜻을 세운 이상 바꾸는 일이 없이 그대로 고수하는 자세를 가리킨다.

: 손巽(57) 1효

- 그 외에도 '여정女貞' '영정永貞'이라는 표현이 등장한다. 이에 대해 살펴보면, '여정女貞'은 '여자가 정貞하다' 또는 '여자를 정貞하게 한다'는 뜻이며, '영정永貞'은 '오래도록 정貞하다'는 뜻으로 일반적인 '정貞함'의 범주에 속한다.
- '거정居貞(정貞함에 머무른다)'이라는 표현이 또한 사용되는데, 이는 '정貞'과 함의가 조금 다르다. '정貞하다'는 것은 그 행동을 계속한다는 함의가 있고, '거정居貞'은 그 상태 그대로 머무른다는 함의가 있다. 사례를 통해 그 차이를 느껴보는 것이 좋다.

: 둔屯(3) 1효, 수隨(17) 3효, 이頤(27) 5효, 혁革(49) 6효

정征, 벌伐

征(정)은 '彳 + 正'으로 이루어졌는데, 彳은 넓은 대로인 네거리 모양
을 형상화한 글자다. 그러므로 '정征한다'는 말은, 바르지 못한 대상
을 바로잡기 위해 대로를 당당히 나아가는 것, 적극적으로 행동에 나
서는 것을 가리킨다(19회).
: 소흑小畜(9) 6효, 태泰(11) 1효, 겸謙(15) 6효 등

伐(벌)은 '彳 + 戈(창 과)'로 이루어져서, 날이 달린 창으로 사람의 목
을 베는 모습을 형상화한 글자다. 그러므로 벌伐하는 것은 상대를 목
베는 조치까지 포함한 행동이기에 정征하는 것보다 한 단계 더 나아
간 행동이라고 할 수 있다(4회).
: 겸謙(15) 5효, 진晉(35) 6효, 기제旣濟(63) 3효, 미제未濟(64) 4효

형亨

亨(형)은 한국어 '형통하다'에 해당한다. 형통하다는 말은, 어떤 일
이 자기가 뜻한 대로 막힘없이 잘되어가는 경우를 가리킨다. '吉(길)'
은 얻기를 바라는 어떤 결과를 얻게 되는 경우를 가리킴에 비해, '亨
(형)'은 어떤 막히는 상황이 있을 때 어떻게든 그 상황을 뚫고 나갈

수 있을 것이라는 뜻이다. '형통하다[亨]'와 관련해서는 다음과 같은
세 가지 표현이 등장한다.

원형元亨

'으뜸으로 형통하다'는 뜻이다(10회). '원형元亨'은 10회 모두 괘사
에만 쓰인다. '원형이정元亨利貞' 네 글자를 각각 인仁·예禮·의義·
지智 4덕에 해당하는 것으로 보는 견해도 있으나 필자는 이에 따르
지 않는다.

  : (이하 괘사) 건乾(1), 곤坤(2), 둔屯(3), 대유大有(14), 수隨(17), 고蠱
    (18), 림臨(19), 무망无妄(25), 승升(46), 혁革(49)

소형小亨

'조금 형통하다'는 뜻이다(2회).
  : (이하 괘사) 려旅(56), 손巽(57)

형소亨小

'형통함이 작다'는 뜻이다(3회). '조금 형통하다[소형小亨]'에 비해
형통함의 정도가 좀 더 작은 경우를 가리킨다.
  : (이하 괘사) 비賁(22), 둔遯(33), 기제旣濟(63)

팔괘의 속성

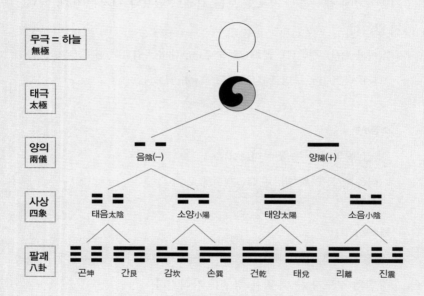

무극 = 하늘 無極	
태극 太極	
양의 兩儀	음陰(−)　　　　　　　　　　양陽(+)
사상 四象	태음太陰　소양小陽　태양太陽　소음小陰
팔괘 八卦	곤坤　간艮　감坎　손巽　건乾　태兌　리離　진震

그림 39 태극과 팔괘

역에는 태극이 있으니, 태극이 양의를 낳는다. 양의가 사상을 낳으며 사상이 팔괘를 낳는다.

易有太極 是生兩儀 兩儀生四象 四象生八卦

〈계사상전〉 11장

무극이면서 태극이니, 태극이 동동動動하여서 양陽을 낳는다. 동동動動이 극에 달하면 정정靜靜하게 된다. 정정靜靜하여서 음陰을 낳는다. 정정靜靜이 극에 달하면 다시 동동動動하게 된다. 한 번은 동동動動하고 한 번은 정정靜靜하니 서로 그 뿌리가 된다. 음으로 나뉘고 양으로 나뉘니 양의兩儀가 세워진다. (…) 음양은 하나의 태극이며, 태극은 본디 무극이다.

無極而太極 太極動而生陽 動極而靜 靜而生陰 靜極復動 一動一靜 互爲其根 分陰分陽 兩儀立焉 (…) 陰陽一太極也 太極本無極也

《태극도설》

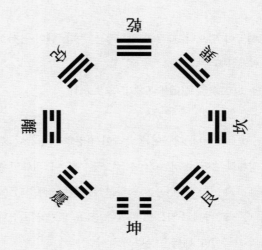

그림 40 **팔괘 배치도**　흔히 복희팔괘 방위도로 불리는 그림이다.

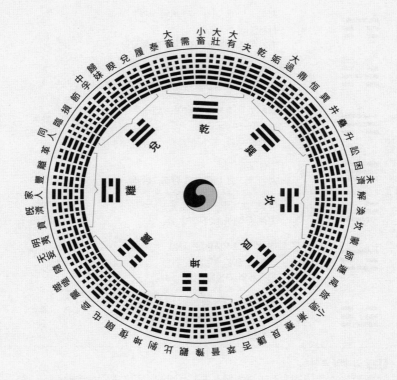

그림 41 **64괘와 팔괘** 팔괘를 상하로 중첩해서 64괘가 만들어진다(8괘×8괘=64괘).

괘상	이름	속성*	물상物象**
☷	곤坤	순順: 순명順命 (천명·진리에 대한) 공감·수용 자기를 완전히 비움	지地 (대지)
☶	간艮	지止: 진리에 머물러서 버팀 산처럼 굳게 버팀 자기주장 중에서 핵심 가치를 확보함	산山 (산)
☵	감坎	함陷: 깊은 성찰을 통한 단련 험험(〈단전〉): 험난한 시련을 통한 성찰 및 단련	수水 (물)
☴	손巽	입入: (자기주장을) 처음에는 굽히고 들어감 손손巽(〈단전〉): 공손함 유연한 대응	풍風 (바람)
☰	건乾	건健: 강건함 자기 확신을 바탕으로 한 자기주장	천天 (하늘)
☱	태兌	탈說: 벗어남 기존 준칙(한계)에서 벗어남	택澤 (연못)
☲	리離	려麗: 걸고 의지하는 규범 명明(〈단전〉): 광명을 밝힘 공동체의 규범을 밝힘	화火 (불꽃)
☳	진震	동動: 동動하게 함(마음이 움직임) 새로운 대상(생각)을 받아들임 새로운 준칙을 받아들임	뢰雷 (벼락)

표 5 **팔괘의 속성**

* 팔괘의 속성은 〈설괘전〉 7장에 실려 있다. 또한 〈단전〉에도 나오는데, 감坎·손巽·리離에 대해서
는 〈설괘전〉과 다른 표현을 쓰고 있다. 이들 세 괘의 속성에 대해서는 '(〈단전〉)'으로 표시하고 별
도로 밝혔다.

** 우리 조상들은 괘상을 암기할 때 팔괘의 물상物象을 이용했다. 예를 들어 〈그림 1〉(8쪽)의 가인괘
(37)는 손巽괘와 리離괘로 이루어졌는데 이를 '풍화가인風火家人'이라고 암기하는 식이다.

글은 말을 다하지 못하고 말은 뜻을 다하지 못한다. 그러한즉 성인의
뜻 그조차 나타낼 수 없음에랴! (이에) 성인이 상象을 세움으로써 뜻을
다하신 것이다

書不盡言 言不盡意 然則聖人之意 其不可見乎 聖人 立象以盡意

<계사상전> 12장

문자언어는 선형적이어서 뚜렷하다. 뚜렷하다는 장점이 있지만
상象이 담은 뜻을 다 담지 못하는 단점이 있다. 상이 담은 뜻을 왜곡
해 가리킬 위험도 있다. 그 때문에 괘상이 중요한 것이다. 괘상을 읽
음으로써 괘효사가 다하지 못한 뜻을 살필 수 있다.

아래에서는 팔괘의 속성을 문자언어로 풀이하는 시도를 해보았다.
하지만 이렇게 문자언어로 고정하는 순간 상이 담은 뜻을 다 담지 못
하며, 그 뜻을 왜곡하는 오류에 빠진다. 그러므로 상은 상 자체로 보
려는 노력을 끊임없이 계속해야 한다.

팔괘는 서로 간에 이행移行한다. 하나가 다른 하나로 바뀌는 것이
다. 이처럼 팔괘는 계속해서 이행되는 변화 중의 한 상태를 표상하는
상징이므로, 이를 염두에 두고 팔괘의 의미를 음미하면 이해에 도움
이 될 것이다.

곤坤 ☷

곤坤의 속성은 순명順命하는 것이다. 순명하는 사람은 천명(진리)
에 대해서는 공감하고 수용한다. 곤의 속성을 '공감' '수용'으로 표현

하는 것은 이런 의미에서다. 순명한다는 것은 소아小我를 버린다는 말이기도 하다. 소아를 버리고 하늘의 뜻(천명·진리)에 헌신한다. 곤의 속성을 '헌신적'이라 표현하는 것은 이런 의미에서다.

곤의 물상이 '대지[地]'인 이유는 이처럼 곤이 자기를 비운 채 천명에 대해 공감하고 수용하며 헌신하기 때문이다.

곤의 길은 이처럼 자신을 버리는 길이기에 순명할 대상에 대한 확신이 생길 때까지 시간이 걸릴 것은 당연하다. 천명임을 납득할 때까지 시간이 걸리는 것이며, 그때까지 신중히 자신을 성찰한다. 납득한 다음에는 순명하며 헌신한다. 그러므로 군자가 사람들을 곤의 길로 이끌려는 상황이라면, 천명임을 납득시키기 위한 노력에 나서야 하며, 이는 시간이 걸리므로 인내가 필요하다는 점을 유념해야 한다.

팔괘의 곤이 상하로 중첩한 64괘 곤坤(2)의 설명이 팔괘의 곤을 이해하는 데 도움이 될 것이다.

간艮 | ☶

간艮의 속성은 자기 자리를 굳게 지켜 머무르는 것[止]이다. 군자가 그렇게 하는 이유는 산처럼 흔들리지 않고 굳게 버팀으로써 자신의 핵심 가치를 지켜내기 위함이다.

간의 괘상에서 1효와 2효의 음은 주어진 상황이 하늘의 뜻에 비추어 마땅한지를 살피고 헤아리는 과정을 상징한다. 군자는 그런 과정을 두 번 연속으로 거친 끝에 3효의 양에 이르러서야 자기 판단에 따른 어떤 주장을 펼친다. 이때 군자가 펼치는 자기주장은 두 번 연속으로 성찰의 과정을 거쳤기 때문에, "이것만은 양보할 수 없다"고 하는 최소한의 것이며 가장 소중한 가치에 해당한다. 그러므로 군자는 이를 지켜내기 위해 산처럼 흔들림 없이 굳게 버티는 것이다.

3효의 양은 군자가 자기 재량에 따른 융통성을 어느 정도 허용하는 태도를 상징하기도 한다. 1·2효에서 굳게 버팀으로써 핵심 가치를 확보했기에 3효에서는 융통성 있는 태도를 취할 수 있는 것이다. 3효에서 주의할 점은 핵심 가치를 훼손해서는 안 된다는 점이다.

64괘 손損(41)의 상괘와 점漸(53)의 하괘가 간인데, 그 설명이 팔괘 '간'의 속성을 이해하는 데 도움이 될 것이다.

감坎

감坎의 속성은 깊은 성찰을 통해 자기를 단련하는 과정[陷]이자, 험난한 시련을 통해 자기를 성찰하고 단련하는 과정[險]이다.

이런 과정을 거침으로써 군자는 자신을 깊이 성찰하게 되며 이를 통해 자기 생각이 더욱 옹골차게 된다. 시련을 통해 단련되는 셈이다. 이는 감괘의 중앙 양효가 그 위아래에 있는 음의 응축 작용으로 단단히 여무는 상으로 표상된다.

감의 물상物象이 수水인 이유는, 오행 중 '수'의 덕목이 지智로서 응축을 통한 자기 성찰에 해당하기 때문이다.

감의 괘상에서 1효의 음은 자신의 생각이 하늘의 뜻에 비추어 마땅한지를 상세히 살피고 헤아리는 과정을 표상한다. 이 과정이 진행되는 동안 자신의 생각은 혼란에 빠지게 된다. 2효의 양은 이런 혼란과 성찰의 과정을 거친 후 도달하는 자기 확신이다. 3효의 음은 2효의 자기 확신이 하늘의 뜻에 비추어 마땅한지를 또다시 살피고 헤아리는 과정이다. 이처럼 두 번에 걸친 성찰의 과정이 진행됨으로써 자기 확신이 더욱 옹골차진다.

64괘 감坎(29)의 설명이 팔괘의 감을 이해하는 데 도움이 될 것이다.

손巽 | ☴

손巽의 속성은 처음에 자기주장을 굽히고 들어가는[入] 유연한 대응, 또는 공손한[巽] 대응이다. 군자가 그렇게 하는 이유는 일을 성사하기 위한 것이다. 일을 성사함으로써 자신의 명命을 펼치기 위해서는 대세를 따라 순풍을 받으며 일을 해나가야 하는 경우가 있다. 그러므로 손의 길은 '수풍隨風(바람을 따름)'이라 요약할 수 있다.

손의 1효는 음으로 '웅축'이다. 이는 대세에 맞추어 양으로 표상되는 자기주장(팽창)을 유보하는 것이다. 하지만 일시적인 유보이며, 2효부터는 자기주장을 회복한다. 상대의 입장에서 보면, 1효에서는 군자가 양보했고 2효에서 군자가 처음으로 자기주장을 내세운 것이므로 상대는 2효에서는 별다른 불만 없이 받아들인다. 이후 3효에서 군자의 자기주장이 계속되면 상대의 불만이 고개를 들게 되지만, 상대는 3효까지는 자신의 불만을 억제하면서 군자의 뜻을 그대로 따라간다. 이는 그다음 살펴볼 건乾의 3효에서 위기가 촉발되는 것과는 다른 진행이다.

64괘 손巽(57)의 설명이 팔괘의 손을 이해하는 데 도움이 될 것이다.

건乾 ☰

건乾의 속성은 강건함[健]이다. 군자는 자기 확신을 바탕으로 주장을 강하게 펼쳐나간다. 이는 '자강불식自彊不息' 네 글자로 표현된다. 스스로 굳세게 힘을 쓰며 그칠 줄을 모른다. 왜 그럴까? 생장生長을 이루기 위한 것이다. 군자가 품은 뜻, 그의 신념과 이상을 실현하기 위한 것이다.

건의 길에서는 군자의 자기주장이 세 번 연속으로 지속되므로, 그것을 실현하는 데는 최고의 성과를 달성할 것이다. 그러나 그에 상응하는 무리가 따른다. 건의 3효에서는 위기가 발생한다. 그러므로 이에 잘 대처하는 것이 중요하다. 〈설괘전〉은 건의 속성을 '戰(싸움 전)'으로 표현하고 있기도 하다. 건의 길을 갈 때는 싸울 각오를 해야 하는 것이다.

64괘 건乾(1)의 설명이 팔괘의 건을 이해하는 데 도움이 될 것이다.

태兌 ☱

태兌의 속성은 벗어남[說]으로, 기존에 지켜오던 준칙이나 한계로부터 벗어나는 과정을 상징한다.

개인이나 공동체가 성장을 이룰 경우 기존에 잘 작동하던 규범이 더 이상 맞지 않는 옷이 될 수 있다. 이제는 기존 규범이 사람을 구속하는 한계로 작용하는 측면이 더 커지는 것이다. 태兌는 이처럼 규범이 더 이상 맞지 않는 옷이 되어 구속이자 한계로 작용할 때 그로부터 벗어나는 것이다.

괘상으로 보면 1효와 2효의 양은 기존 규범을 넘어서는 자기주장을 상징하고, 3효의 음은 자기주장을 유보하고 기존 규범을 존중하는 태도로 복귀함을 상징한다. 이를 통해 기존 규범에서 벗어나되 그러한 결과를 원만히 달성할 수 있다. 이 점에서 이행移行의 순서상 앞서 온 건乾의 '자강불식'과 구별되는 것이다.

태의 전형적인 상황은 스승에게 배움을 마친 제자가 하산하는 경우라고 할 수 있다. 하산하는 제자는 이제 스승과 도반으로 관계를 재설정하게 된다. 스승의 규범력에서 벗어났다고 해서 스승에게 안하무인의 태도가 되는 것이 아니다. 태괘 3효의 음은 이러한 취지라고 할 수 있다.

태의 속성에 대한 기존 통설은 기뻐함[悅說]으로 새기는 것이다. 그러므로 이를 벗어남[脫說]으로 새기는 것은 필자의 주장이 통설과 크게 다른 부분이다. 필자가 이렇게 새기는 이유는 64괘 태兌(58)의 길에서 상세히 설명했으니 참고하시기 바란다.

태의 물상이 연못[澤]인 이유는 무엇일까? 주역에서 대천大川은 그 거센 물결에 휩쓸리면 사고를 당할 수도 있는 위험한 대상이다. 그 물결의 거센 흐름은 인간에게는 불가항력의 대상이어서 일방적으로 그 영향에 휘둘릴 수밖에 없다. 그에 따라 대천은 주역의 세계인 읍국 공동체의 경계요, 한계로 작용하는 것이다. 그에 비해 연못[澤]은 그런 대천이 가두어진 것이다. 이처럼 대천이 가두어지면 인간은 이제 그 거센 흐름의 영향력으로부터 벗어나게 되며, 그 물은 더 이상 읍국 공동체의 한계로 작용하지 못한다. 그리고 대천이 가두어진 연못은 오히려 인간에게 유익함을 주는 존재가 된다. 그래서 고대에 연못은 이익과 풍요를 가져다주는 존재로 인식되었고,[2] 오늘날에도 '윤택潤澤, 혜택惠澤, 덕택德澤'과 같은 단어들이 남아 있는 것이다. 그러므로 태의 물상이 연못인 이유는, 대천을 가두어 연못으로 만듦으로써 대천의 거센 흐름의 영향력으로부터 벗어남을 상징하는 것이라고 본다. 그 거센 흐름의 영향력에서 벗어난 후 연못으로부터 윤택함을 얻는 것은, 하산한 제자가 스승과 도반으로 관계를 재설정함으로써 그 관계로부터 유익을 얻는 것과도 닮았다.

리離 ☲

리離의 속성은 규범을 확립하고 그 규범에 따르는[麗] 것이자 광명을 밝히는[明] 것이다. 규범이란 개인이나 공동체가 삶 속에서 구체적인 가치판단의 문제에 부딪힐 때 의지하며 살아가는 행동 규범을 말한다.

리의 물상이 불꽃[火]인 이유는 64괘 리離(30)의 서두에서 설명했으니 참고하시기 바란다.

리의 괘상에서 1효의 양은 공동체에 새로운 규칙이 제안되는 상황을 표상한다. 2효의 음은 그 새로운 규칙이 하늘의 뜻에 비추어 마땅한지를 살피고 헤아리는 응축 과정이 진행됨을 표상한다. 이 과정을 거치며 공동체가 새로운 규칙을 받아들이고 내재화한다. 이리하여 규칙이 공동체의 신념으로 다져지고 옹골차진다. 이후 3효의 양은 공동체에서 무언가 새로운 시도가 일어나는데, 이때 그 시도에 대해 2효의 신념이 규범력을 발휘하게 된다. 이렇게 해서 공동체의 규범이 3효에서 최종 완성되는 것이다.

이렇게 완성된 규범은 공동체에서 벌어지는 온갖 새로운 시도들을 붙들어줌으로써 공동체의 통합을 유지하는 기능을 한다. 달리 보면 이는 당대의 신념이 구체적 상황을 만나 자신을 주장(적용)하면서 외부로 발산하는 것이기도 하다. 이런 측면에서 3효의 양은 겉으로 드러나 보이는 불꽃이며, 당대의 신념이 발하는 광채요 광명에 해당한다.

군자(의 공동체)가 리의 길을 밟아나간다는 것은, 이러한 규범을 확립해나가는 과정이라고 할 수 있다.

64괘 리離(30)의 설명이 팔괘의 리를 이해하는 데 도움이 될 것이다.

진震 ☳

진震의 속성은 동動하게 하는 것이다. '동動한다'는 말은 '회가 동하다'라고 할 때의 '동하다'에 해당한다. 마음이 움직여서 어떤 새로운 대상을 받아들였음을 의미한다.

사람이 기존의 믿음·신념·가치 체계로 마음이 굳어 있을 경우 그 마음을 움직여서 어떤 새로운 대상(생각)을 받아들이도록 하는 것은 쉽지 않다. 그렇다고 이 세상이 영원히 불변할 수는 없다. 이때 진震이 작용해 사람의 마음을 움직일 수 있다.

처음에 놓인 양효는 무언가 기존의 신념 체계와는 다른 새로운 대상을 일단 받아들이는 상황을 표상한다. 그다음에 오는 2효와 3효의 음은 1효에서 일단 받아들인 새로운 대상이 하늘의 뜻에 비추어 마땅한지를 살피고 헤아리는 과정을 표상한다. 이런 과정을 두 차례 거침으로써 사람의 마음이 새로운 대상을 완전히 공감하고 수용하게 된다. 이렇게 해서 수용되고 나면 그 새로운 대상은 이제 그 사람의 믿음·신념·가치 체계가 된다. 그리하여 그 사람에게 새로운 준칙으로 작용하게 되는 것이다.

주역은 이를 우레[雷]의 물상에 비유한다. 우레는 강렬한 충격을 주고는 사라진다. 하지만 사라지더라도 강렬한 인상이 남아 사람들에게 잊히지 않는다. 사람들은 그 우레를 잊지 않고 마음에 간직한 채 새 준칙으로 삼아 움직이게 되는 것이다.

64괘 환渙(59)의 2·3·4효가 진을 이루는데, 그 설명이 팔괘 진의 속성을 이해하는 데 도움이 될 것이다.

이상으로 오류의 가능성을 무릅쓰고 팔괘의 속성을 문자언어로 풀이하는 시도를 해보았다. 역시 글은 상을 다할 수 없음을 절감할 수밖에 없다. 필자가 적은 글은 팔괘의 상이 담은 의미를 다 풀어내지 못했음을 밝혀둔다. 그러므로 필자의 서술을 일별했다면 그다음은 팔괘의 상을 상 자체로 보아주실 것을 거듭 당부드린다.

주역의 64괘는 결국 팔괘로 이루어졌으므로 팔괘의 속성을 통해 64괘를 이해할 수 있다. 예를 들어 3효와 6효에서는 위기와 과잉이 발생하는 경우가 많은데 이는 해당 팔괘의 취지에 어긋나는 경우에 발생하는 것으로 볼 수 있다.

리일분수理一分殊[3]

理一(리일)

色卽是空(색즉시공)

理合則一(리합즉일)

月印(월인)

明月(명월)

不變(불변)

理法界(이법계)

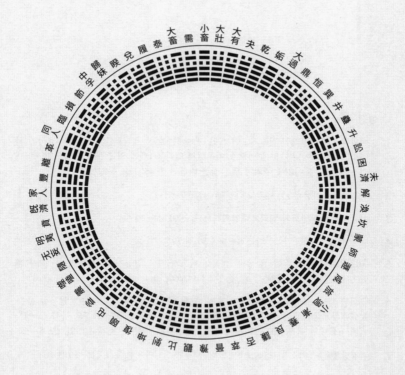

分殊(분수)

空卽是色(공즉시색)

形分雖萬(형분수만)

千江(천강)

萬川(만천)

應萬變(응만변)

事法界(사법계)

理事無礙法界(이사무애법계)

理分圓融(리분원융)

주

○ 상경

1 예외적으로 1번 괘인 건乾과 2번 괘인 곤坤에는 여섯 효 전체를 총평하는 효사가 하나 더 달려서 여덟 개의 문장으로 이루어져 있다. 64괘에 일곱 문장을 곱하면 448개의 문장이 되고 여기에 예외인 두 문장을 더하면 총 450개의 문장이 된다.

2 김홍호, 《주역강해 1》, 사색, 2003, 28~32쪽

3 한동석, 《우주 변화의 원리》, 대원기획출판, 2001(초판 1966).

4 같은 책, 5장 2절 〈인신상화론寅申相火論〉 참조.

5 《귀장역歸藏易》에 대해서는 다음 논문이 참고가 된다. 김성기, 〈歸藏易의 出土와 易學史的 意義〉, 《동양철학연구》 48, 동양철학연구회, 2006.

6 고회민高懷民, 《중국고대역학사中國古代易學史》, 숭실대학교 동양철학연구실 옮김, 숭실대학교출판부, 1990, 161~166쪽. 은허殷墟에서 발굴되는 갑골문 복사卜辭에는 어머니에 대한 것은 많고 아버지에 대한 것은 적다는 연구를 소개하고 있기도 하다.

7 김경방金景芳·여소강呂紹綱, 《주역전해周易全解 상》, 안유경 옮김, 심산, 2013, 48~49쪽.

8 이 점과 관련해, 주역이 건을 첫머리에 두고 곤을 그다음에 두고서야 "천지가 있은 뒤에 만물이 있다"거나 '64괘가 건과 곤에서 생겨난다'는 관념이 확립되었을 것으로 보고 있는데(같은 책, 116~117쪽), 설득력이 부족하다고 생각한다.

9 〈그림 3〉의 태극은 오늘날 태극기에 그려진 것과는 모양이 조금 다른데, 전통시대 태극의 모양은 원래 이런 모습이었다. 태극의 도안 관련해서는 그 회전 방향이 논란이 되기도 한다. 태극은 시계 방향으로 회전하는데, 회전하면서 점점 커지므로 〈그림 3〉과 같이 그리는 것이 맞다. 이를 반대 방향으로 그릴 경우는 회전하면서 점점 작아지므로 맞지 않다.

10 강기진, 《오십에 읽는 주역》, 유노북스, 2023, 141~169쪽 참조.

11 나중에 무無 자가 점차 '없다'는 뜻으로 쓰이게 되니, 舛(양쪽 발의 모양)을 더해 새로이 舞(무) 자를 만들어서 '춤추다'는 뜻으로 썼다.

12 "선미후득주 이先迷後得主 利…" 구절은 '先迷後得 主利…'로 끊어 읽는 경우가 많다. 전통시대에는 한문을 모두 붙여 썼기 때문에 어디서 끊어 읽을지를 두고 논란이 생기는 것이다.

이에 대해 생각해보면, 같은 괘사 내에 "利牝馬之貞"이라는 표현이 있고, 앞서 건괘에는 "利見大人"이 있고, 이어지는 둔屯괘에서는 "利建侯"가 나온다. 이처럼 '利~'(~하면 이로 우리라)라는 표현은 주역에 자주 쓰이는 패턴이며, 이 경우 역시 이에 속한다고 본다.

13 대니얼 J. 레빈슨Daniel J. Levinson, 《남자가 겪는 인생의 사계절The Seasons of a Man's Life》, 김애순 옮김, 이화여자대학교출판문화원, 1996. 저자는 책에서 성인기를 초기와 중기, 후기 셋으로 나누었는데(이는 인생의 여름, 가을, 겨울에 해당한다), 초기와 중기 사이에 존재하는 '중년의 전환기'가 "인생 주기에서 뚜렷하게 구분되는 두 시대를 연결하는 연결 고리라는 개념을 설정한 것이 이 연구의 가장 논쟁적인 측면 중의 하나"(53쪽)라고 쓰고 있다. 이는 동양학에서 파악한 '미토未土'에 다름 아니다. 만약 레빈슨 박사가 '미토'의 개념을 알았다면 그의 연구가 훨씬 쉬워지고 보다 명확해졌을 것이다.

14 '승마乘馬'는 전차를 끄는 말을 가리킨다.

15 子(자)는 오늘날 '아들 자'로 새기지만 원형적 의미는 '남자'다. 군자君子에 子가 쓰인 용례가 이에 해당한다. 자녀 중 남자아이를 가리키는 뜻은 나중에 여기서 파생된 것이다. '女子'는 '女의 子'(여자 쪽 남자)로 새겨야 한다. 女 단독으로 '여자'를 의미하기 때문이다. 이를테면, 이어지는 몽蒙괘 3효사를 보면 여자를 지칭할 때 女만 씀을 확인할 수 있다.

16 字(자)의 어원은 '宀' + '子'의 구조로 집안에 남자를 들이는 것이다. 여기서 '정혼하다' '아이를 낳다'라는 의미가 나온다. 오늘날 일반적으로 쓰이는 '글자'라는 의미는 나중에 더해진 것이다.

17 가이즈카 시게키貝塚茂樹·이토 미치하루伊藤道治, 《중국의 역사: 선진시대古代中国: 原始·殷周·春秋戦国》, 배진영 옮김, 혜안, 2011, 149쪽. 은나라 고종高宗의 왕비였던 부호婦好는 자신의 봉지封地를 받아 다스렸고, 왕을 대신해 제사를 지냈으며, 총사령관으로서 최대 1만 3000명의 군사를 이끌고 출정해 20여 개 방국을 정벌했다. 이에 대해서는 신영자, 《갑골문의 비밀》, 문, 2011, 73~93쪽 참조.

18 '婦의 子'가 부인 쪽 남자들을 의미하는 사례는 가인家人괘(37) 3효사에서도 찾아볼 수 있다.

19 眚(생)은 '生 + 目'의 구조로서 눈에 무언가가 생겨났음을 의미한다. 眚에 대해 《설문해자說文解字》는 "생眚은 눈에 병이 생겨 (눈이) 가려지는 것이다[目病生翳也]"라고 설명한다. 이처럼 眚의 원래 뜻은 눈병이 생겨 눈이 흐려지는 것인데, 이로부터 '눈이 흐려져서 실수하다' '잘못을 저지르다'라는 뜻이 파생된 것이다. 주역에서는 특히 주인공의 잘못(실수)으로 인해 어떤 잘못된 결과가 초래되는 경우를 가리킨다(〈부록 3〉 참조).

20 세 번 명을 받았는데 매번 더욱 공손했다. 고로 정鼎에 새겨놓은 명문銘文에 이르길, "첫 번째 명에 몸을 숙이고, 두 번째 명에 허리를 굽혀 절하고, 세 번째 명에는 큰절을 한 뒤 받았다"라고 했다[三命兹益恭 故鼎銘云: 一命而僂 再命而傴 三命而俯](《사기史記》 권47, 〈공자세가孔子世家〉 17).

21 "사혹여시師或輿尸" 구절을 '군사가 시동尸童을 수레에 싣는다'로 해석할 수 있는 가능성을 최초로 제기한 사람은 독일의 중국학자 리하르트 빌헬름Richard Wilhelm이다.

22 1효사의 '他(타)' 자는 흔히 '다르다'는 뜻으로 새기는데, 주역에서는 '它(타)' 자와 구별해 쓰고 있음을 유의해야 한다. 它가 '다르다'는 뜻으로 대과大過(28)의 4효사에 등장한다. 이 它와 대비해 여기의 他는 '사람이 다르다'는 뜻으로 쓰인 것이다.

23 畜馬乘 不察於鷄豚
伐氷之家 不畜牛羊
百乘之家 不畜聚斂之臣
與其有聚斂之臣 寧有盜臣
國不以利爲利 以義爲利
수레용 말을 기르는 사람은 닭과 돼지 치는 일은 살피지 않고,
얼음을 캐다 쓰는 집안은 소나 양은 기르지 않는 법이다.
수레 100대를 거느리는 집안(제후)에서는 재물 밝히는 신하를 기르지 말아야 하니,
재물 밝히는 신하를 두기보다는 차라리 도둑질하는 신하를 두는 편이 낫다.
나라는 이익으로써 이익을 도모하려 하지 말고 의義로써 이익을 도모해야 한다.
《대학장구大學章句》〈전傳〉 10장 22절)

24 리履의 도를 완수한 개인은 공자孔子가 예禮를 익힘으로써 30세에 도달했다고 한 '입立'의 경지(홀로 서는 경지)에 이른 것이라 할 수 있다. 不知禮 無以立也 不知言 無以知人也(《논어論語》〈요왈堯曰〉 3장)

25 泰極而否 城復于隍之象 戒占者 不可力爭 但可自守

26 '疇(주)'에는 '무리'라는 뜻도 있지만, 그 원형적 의미는 '경작하여 다스려온 밭[耕治之田也]'(《설문해자》)이다. 정성 들여 관리해온 밭을 가리키는 것이다. 그러므로 '무리'를 지칭할 경우도 비슷한 뉘앙스를 띈다.

27 '離'는 흔히 '떠날 리'로 새기는데, 그 뜻을 찾아보면 떠난다는 뜻 외에 '붙을 려'가 나온다. 정반대 뜻처럼 보이므로 당황스러울 수 있는데, 원형적 의미를 따져보면 이해에 도움이 된다. 離의 원형적 의미는 '대롱대롱 걸려 있는 상태'를 뜻한다. 그러므로 '붙다, 달라붙다'보다는 '걸리다, 걸려 있다'가 더 정확한 뜻이다[離의 어원 설명은 리離괘(30) 참조]. 4효사에서는 '離(려)가 원형적 의미인 '걸리다'라는 뜻으로 쓰인 것이다. 離를 '걸리다'라는 뜻으로 보지 않을 경우 문맥에 부합하는 해석을 찾을 수 없다.

28 君子之中庸也 君子而時中 小人之中庸也 小人而無忌憚也
: 君子之所以爲中庸者 以其有君子之德 而又能隨時以處中也(《중용장구中庸章句》 2장 2절)

29 주역에서 亨은 주로 '형통하다(형)'라는 뜻으로 쓰이는데, 3효사에서는 '드리다(향)'라는 뜻으로 쓰였다.

30 彭은 주로 '팽'이라는 성씨로 쓰이는 한자인데, '성대한 모양'을 뜻할 때는 발음이 '방'이다.

31 앞서 책의 서두 〈들어가며〉에서, 전통시대의 가家는 혈연을 넘어선 조직체라는 점을 살펴봤다. 하지만 '가'는 조직이면서도 그 기본 성격은 어디까지나 죽어도 같이 죽고 살아도 같이 사는 공동운명체로서 '가족'이다. 이러한 가족공동체는 외부에 존재하는 객관적 법칙이나 원리를 초월한다. 그래서 흔히 가족의 일은 외부의 제3자가 무어라고 할 수 없는 법이라고들 하는 것이다. 이처럼 가족공동체는 객관적 법칙이나 원리를 초월해 있기에 주역이 말하는 네 가지 조직 유형에는 해당하지 않는다.

32 '소이연所以然'은 '그리되는 까닭' 정도로 번역할 수 있다. 하지만 통상 번역하지 않고 그대로 '소이연所以然'으로 칭한다. 여기서는 '결과[終]를 불러올 수 있는 원인' 정도의 의미로 쓰였다.

33 豫(예)는 일반적으로 '미리, 먼저'라는 뜻으로 쓰이지만 그 외에 '편안하다, 즐기다'라는 뜻도 있어서, 예豫괘의 취지를 후자로 새기는 견해도 있다. 하지만 이렇게 새길 경우 예와 겸謙이 어떻게 서로 대대를 이루는지 설명할 수 없으므로 타당하지 않다.

34 盍簪喧櫪馬
列炬散林鴉
簪纓혼 사루미 모두니 멀허멧 무리 우르고
햇브를 버리니 수프렛 가마괴 흐러 가ᄂ다
비녀를 꽂은 사람이 모이니 마구간 말들이 울고
횃불을 벌려놓으니 수풀에 까마귀 흩어지도다.
《두시언해杜詩諺解》〈두위댁수세杜位宅守歲〉

35 태兌는 이후 태괘(58)로 다시 나온다. 팔괘 '태'가 '벗어남'을 상징한다는 사실에 대해서는 태괘에서 상세히 설명하고자 한다.

36 幹(간)은 흔히 '줄기 간'으로 새기지만, 일을 '한다'는 뜻도 있다. 어떤 일을 '한다'는 것은 곧 그 일을 바르게 하는 것을 의미하니, 고蠱의 길에서는 '바르게 한다, 바로잡는다'는 뜻으로 쓰였다. 《설문해자》는 幹에 대해 "담장을 쌓을 때 양쪽에 대는 나무를 말한다[築牆耑木也]"고 풀이한다. 담장을 쌓을 때 바르게 쌓을 수 있도록 양쪽에 대는 나무를 뜻하니, 幹에 '바르게 한다'는 뉘앙스가 담겨 있음을 알 수 있다. 이정조李鼎祚 역시 《주역집해周易集解》에서 간幹은 바로잡는다는 뜻[幹, 正也]이라고 풀이했다.

37 '함咸'은 이후 함咸괘(31)가 나오니 자세한 설명은 함괘를 참조해주시기 바란다. 간략하게 개념만 먼저 설명하면, '함'은 다수의 사람이 입장을 함께하는 길이라고 할 수 있다.

38 干(간)에도 '건조하다·말리다'라는 뜻이 있으므로 '간육干肉'은 '간육乾肉'과 같은 뜻이 된다. '간육干肉'의 예물 기록은 가이즈카 시게키·이토 미치하루, 《중국의 역사: 선진시대》, 254쪽 참조.

39 何(하)를 '메다[荷]'의 뜻으로 보아 '형구를 메어 귀를 멸하니 흉하다'로 새기는 견해가 있다. 하지만 이렇게 해석하면 뜻이 통하지 않는다. 우선 형구를 멘다고 해서 귀가 멸

해지지 않는다. 그리고 괘효사 전체의 맥락에 부합하지 않는다. 何는 본연의 뜻인 '어찌'로 해석함이 타당하다. 앞서 수隨(17)의 길 4효에서도 何가 '어찌'의 뜻으로 쓰였는데, 여기서 달리 볼 이유가 없다.

40 翰(한)을 '날아오르다'로 새긴 것은 이후 중부中孚(61)의 길 6효사에 이 한자가 다시 등장할 때 그 의미까지 고려해 판단한 것이다.

41 是故 得乎丘民而爲天子 得乎天子爲諸侯 得乎諸侯爲大夫
: 丘民 田野之民 至微賤也
《맹자집주孟子集註》〈진심하盡心下〉 14장 2절)
또 다른 사례로는 가이즈카 시게키·이토 미치하루, 《중국의 역사: 선진시대》, 297쪽. 이처럼 고대에 '丘(구)'가 농민의 거주 지역을 가리키는 말로 쓰인 것은, 물 빠짐이 좋은 구릉丘陵지대에 거주했기 때문이다.

42 '석과碩果'의 碩(석)에는 '크다'는 뜻도 있지만 '충실充實하다'는 뜻도 있다. '충실하다'는 말은 과실果實의 알맹이가 단단히 들어찼다는 말이다. 그러므로 '석과'는 충실히 영근 과실을 의미하며, 이런 과실을 골라 씨과실로 쓰는 것이다.

43 《논어》〈선진先進〉 7장.

44 《설문해자》는 '지祗'를 경건함[祗 敬也]으로 풀이한다.
祗(지)는 '示 + 氐(근원 저)'의 구조로, 여기서 示는 제단이고 氐는 자신의 근원을 뜻한다. 祗는 조상에게 제사를 올리는 제단 앞에서 자신의 근원에 대해 생각하며 경건하게 예를 올리는 모습을 형상화한 글자인 것이다. 그러므로 祗는 경건함 중에서도 특히 자신의 근원에 대한 경건한 자세와 태도를 가리킨다고 할 수 있다.

45 '7일'은 앞으로 진震괘(51) 2효사와 기제旣濟괘(63) 2효사에도 등장하는데, 모두 '짧은 시간'이라는 의미로 쓰인다.

46 畲(여)는 개간한 지 3년 된 밭이다. 화학비료가 없었던 고대에는 새로 막 개간한 밭에서는 좋은 수확을 내기가 어려웠기 때문에, 3년쯤 지난 밭이 좋은 밭이었다.

47 災(재)는 '巛 + 火'의 구조로 이루어진 글자다. 巛(천)의 옛 글자 모양은 巛으로 川(내 천) 자의 중간이 一로 가로막힌 모습을 형상화한 글자다. 《설문해자》는 이에 대해 "巛은 '해害'라는 뜻이다. 一이 하천을 막은 것이다. 《춘추전春秋傳》에 이르기를, 하천이 막혀서 못이 되니 흉하다고 했다[巛 害也 从一雝川 《春秋傳》曰 川雝爲澤 凶]"고 풀이한다. 결국 巛와 火가 결합된 災는 물로 인해 초래되는 재앙과 불로 인해 초래되는 재앙을 합쳐 표상한 글자인 셈이다. 그리고 이는 둘 다 외부로부터 주어진 재앙임에 주목할 필요가 있다. 이 점에서 이후 6효에 등장하는 眚(생)과 대비되기 때문이다(〈부록 3〉 참조).

48 逐(축)은 '추구해서 뒤쫓는다'는 뜻과 '쫓아낸다'는 뜻을 모두 갖고 있는데, 주역에서는 전자의 뜻으로 쓰였다. 이頤괘(27) 4효사, 규睽괘(38) 1효사, 진震괘(51) 2효사, 기제旣濟괘(63) 2효사에도 등장하는데 모두 '추구해서 뒤쫓는다'는 뜻이다.

"한여위閑輿衛"는 같은 구절을 상박초간上博楚簡 주역(〈부록 2〉 참조)에서 "반여위班輿衛"로 쓰고 있어 해석에 참고가 된다. 班(반)은 차례에 맞게 제자리를 잡고 질서정연하게 줄지어 벌려 섬을 가리킨다. 그러므로 "반여위"는 수레 앞에 질서정연하게 벌려 서서 수레를 보위한다는 뜻이다. 말 네 마리가 질서 있게 수레 앞에 벌려 선 모습을 묘사한 것이다.

《설문해자》는 "한여위閑輿衛"의 閑(한)을 '가로막는다[閑 闌也]'는 뜻으로 풀이한다. 그러므로 "한여위"는 '수레 앞에 막아서서 보위한다'는 뜻으로 "반여위班輿衛"와 비슷한 표현임을 알 수 있다.

49 爾(이)가 '그대'를 지칭하는 표현으로 쓰인 용례는 함咸(31)괘 4효, 중부中孚(61)괘 2효에서도 찾아볼 수 있다.

50 "궤이용부簋貳用缶" 네 글자는 '궤 두 개를 놓고 동이를 써서'로 해석하는 견해가 존재한다. 하지만 주역에는 '궤 두 개'를 말하는 구절이 따로 존재한다. 손損(41)의 괘사에 "이궤가용향二簋可用享"이라는 구절이 있다. '궤 두 개'라고 말할 때 '貳'가 아닌 '二'를 쓰는 것이다. 그러므로 4효사의 貳는 '거듭한다'는 의미로 쓴 것이다. 이런 용례는 《논어》에서도 찾아볼 수 있다. "화난 것을 남에게 옮기지 않고 잘못을 거듭 되풀이하지 않는다[不遷怒 不貳過]"(〈옹야雍也〉 2장).

51 《예기禮記》〈예기禮器〉 13장 참조.

52 其日 (…) 始虧 焚香伐鼓 明復而止(《세종실록世宗實錄》 권133, 〈오례五禮〉 군례의식軍禮儀式, 구일식의救日食儀)

○ 하경

1 子曰 可與言而不與之言 失人 不可與言而與之言 失言 知者不失人 亦不失言(《논어》〈위령공衛靈公〉 7장 1절)

2 백서 주역의 경우는 괘의 배열 순서가 통행본 주역의 경우와 다르며, 따라서 상·하경 체제를 따르고 있지 않다. 비슷한 시기에 쓰여진 부양한간阜陽漢簡 주역의 경우는 괘의 배열 순서가 통행본 주역의 경우와 같고 상·하경 체제를 따르고 있으므로, 상·하경 체제의 형성이 후대에 이루어진 것이라고 할 수는 없다. 어쨌든 백서 주역의 괘서卦序가 통행본 주역의 경우와 다르다는 점은 중요한 연구 과제가 되고 있다. 백서 주역의 괘서에 대해서는 〈부록 2〉 참조.

3 마국한馬國翰의 《옥함산방집일서玉函山房輯佚書》의 《육십사괘六十四卦》에도 '흠欽'으로 표기되었다.

4 김경방·여소강은 고대의 '감感'은 '함咸'으로 썼으며 '심心'자는 후대에 추가된 것이라는 견해를 제시했지만, 최소한 금문金文의 단계부터는 '감感'과 '함咸'이 같이 쓰였으므로 별도의 논거를 제시하지 않는 한 납득하기 어렵다.

5 원문 출전은 정병석, 《주역 하권》, 을유문화사, 2011, 15쪽의 각주 3번에서 재인용.

6 조지프 캠벨Joseph Campbell · 빌 모이어스Bill Moyers, 《신화의 힘The Power of Myth》, 이윤기 옮김, 이끌리오, 2002, 135쪽. (2020년 21세기북스 출판사에서 복간.)

7 달처럼 항상된 마음을 뜻하는 항恆의 도에 대한 자세한 설명은 강기진, 《오십에 읽는 주역》, 170~182쪽 참조.

8 "형소리정亨小利貞"에 대해서는 '亨 小利貞'으로 구분 짓는 견해를 〈단전象傳〉이 제시했다. 이에 영향을 받아 '형통하리라. 정貞하면 조금 이로우리라'는 취지로 새기는 견해가 통설을 이루고 있다. 하지만 '형소亨小'는 주역에 네 번 등장하는 표현인데[비賁(22), 둔遯(33), 기제旣濟(63), 미제未濟(64)], 기제旣濟에 이르면 도저히 그렇게 해석할 수 없어서 〈단전〉조차 해석의 취지를 바꾼다. 그러므로 괘효사 전체 문맥의 흐름으로 볼 때 '형소亨小'는 '형통함이 작다'는 취지로 해석하는 것이 타당하다.

9 "수자개복受玆介福"은 '(이) 큰 복을 받다'로 새기는 견해가 통설을 이루고 있다. 하지만 이 해석은 玆(자)의 의미를 제대로 살리지 못한 것이기에 동의하기 어렵다. 그런 뜻이라면 수천 년 동안 산삭을 거친 주역 텍스트의 특성을 고려할 때 玆가 진작에 삭제되었을 것이다. 또한 介(개)가 '크다'는 뜻으로 쓰인 경우는 거의 찾아보기 어려운 반면, '끼어들다'와 이에서 파생한 '돕다'가 원형적인 뜻이다. 예豫(16)의 길에서도 '끼어들다'라는 뜻으로 쓰였다. 그러므로 玆와 介의 의미를 살린 것이 필자의 해석이다.

10 是故 吉凶者 失得之象也(〈계사상전繫辭上傳〉 2장)

11 武王已克殷紂平天下 封功臣昆弟 (…) 康叔封冄季載皆少 未得封 (…) 周公旦承成王命伐誅武庚 (…) 分殷餘民為二 其一封微子啟於宋 以續殷祀 其一封康叔為衞君 是為衞康叔(《사기》 권35, 〈관채세가管蔡世家〉 5)

12 其一封康叔為衞君 是為衞康叔 封季載於冄 冄季康叔皆有馴行 於是周公舉康叔為周司寇 冄季為周司空 以佐成王治 皆有令名於天下(《사기》 권35, 〈관채세가〉 5)

13 上公之禮 (…) 三問三勞 諸侯之禮 (…) 再問再勞(《주례周禮》 〈추관 · 대행인秋官 · 大行人〉)

14 갑골문의 기록에 따르면 주왕紂王은 방탕한 왕이 아니었다고 한다. 그러므로 주왕에 덧씌워진 주지육림, 포락지형, 달기妲己 관련 고사 등 '방탕한 왕' 이미지는 역성혁명을 일으킨 주나라의 역사 조작일 가능성이 있다고 하겠다.

15 가이즈카 시게키 · 이토 미치하루, 《중국의 역사: 선진시대》, 213~222쪽.

16 '왕격유가王假有家' 구절에 대해서는 '격假' 자의 해석이 문제가 된다. 이에 대해 《설문해자》는 다음과 같이 풀이한다. "假은 참이 아니라는 말이다. (…) 한편에서는 至(지)의 뜻이라고 한다[假 非眞也 (…) 一曰至也]." 《예기》에는 "공이 태묘에 이르렀다[公假于大廟]"(《예기》 〈제통祭統〉 33장)는 용례가 등장한다. 주희는 이를 토대로 해서 '假'을 至의 의미로 보고 '~에 이르다'는 뜻으로 새겼다(假 至也 如假于大廟之假). 이에 대해 왕필王弼과 정이程頤는 '假'을 至의 의미로 보는 점은 같지만, '지극하다'는 뜻으로 새긴

다[假 至也 (…) 王至斯道 以有其家者也《주역주周易注》), 假 至也 極乎有家之道也《이천역전伊川易傳》)].

'왕격유가王假有家' 구절에 대한 현대의 해석을 살펴보면, "왕이 집안사람들을 감격시킨다"는 취지로 새기는 견해(김경방·여소강, 정병석), "왕이 집을 지극히 하니"로 새기는 견해(김석진), "왕이 집에 이르다"는 취지로 새기는 견해(고형高亨, 이기동, 황태연) 등이 제기되었다.

이상에 대해 생각해보자. 췌萃(45)의 괘사와 환渙(59)의 괘사에 "왕격유묘王假有廟"라는 비슷한 구절이 나오기 때문에 이와 묶어서 생각하면, '왕이 ~에 이른다'는 뜻임을 알 수 있다. 하지만 단지 '왕이 집에 이른다'는 취지로 새기는 견해에는 동의하기 어렵다. 이와 같은 해석은 문장에 등장하는 '有(유)'의 새김을 생략하거나 어조사로 보는 것이다. 후자의 견해는 일찍이 고형이 有를 어조사 於(어, '~에'라는 뜻)로 보는 견해를 제기한 바 있고, 황태연이 그 견해를 수용했다. 하지만 有는 어조사 於로 볼 수 없는 것이다. 고형은 有를 어조사 於로 볼 수 있는 근거를 아무것도 제시하지 않는다. 또한 1효에 이미 "유가有家"라는 표현이 등장하는데, 5효의 '유가有家'를 달리 새길 이유가 없다. 이는 어디까지나 글자 그대로 '가家를 둔다'는 뜻이다.

17 정재서 외,《동아시아 여성의 기원》, 이화여자대학교출판문화원, 2009, 269쪽.

18 孔子讀易 至於損益 喟然而歎 子夏避席問曰 夫子何歎焉 孔子曰 夫自損者 必有益之 自益者 必有決之 吾是以歎也《공자가어孔子家語》〈육본六本〉8장)
《회남자淮南子》의 다음 구절도 같은 취지를 말하고 있다. 孔子讀易 至損益 未嘗不憤然而歎 曰益損者 其王者之事與 事或欲與利之 適足以害之 或欲害之 乃反以利之 利害之反 禍福之門戶 不可不察也《회남자》〈인간훈人間訓〉3장)

19 朋(붕)은 은나라에서 화폐로 사용했던 보배조개 꿰미를 한 쌍으로 나란히 늘어뜨린 모양을 본뜬 글자다. 조개 다섯 개가 한 꿰미를 이루고, 두 꿰미를 한 쌍으로 나란히 늘어뜨린 것이 一朋(일붕)이다(조개 개수로는 열 개가 된다). 이때 두 꿰미는 서로 가치가 동일하다. 그래서 朋 자에는 '같다'는 뜻이 있다. 또한 가치가 동일한 둘이서 일체를 이룬다는 점에서 나와 동류同類인 '벗'을 의미하게 되었다. 이곳 5효사에서는 원형적 의미인 조개화폐 '一朋'의 의미로 쓰였다. 그러므로 "십붕지귀十朋之龜"는 '십붕十朋의 가치를 지닌 거북'을 뜻한다. 십붕十朋은 조개화폐 100개의 가치에 해당한다는 말이니 고가의 거북을 뜻한다. 거북점을 칠 때 영험한 효력을 발휘하는 거북이 고가에 거래되었으니, 이는 "신령스러운 거북"을 의미하는 것이다.

20 "불극위弗克違"에 쓰인 弗(불)은 일반적 부정사인 不(불)과는 함의가 다르다. 弗은 주역 경문에서 9회 쓰였는데(〈부록 3〉참조), '~할 수 없다' '~하지 못하다'라는 뜻으로 쓰였다. 그러므로 5효사의 의미는 '신령스러운 거북을 어길 수 없어야 한다' 내지 '신령스러운 거북을 어기지 못해야 한다'가 된다. 이는 그렇게 확립하라는 말이다.

21 《이아爾雅》〈석언釋言〉은 惠(혜)가 고대에는 順(순)하다는 뜻[惠 順也]으로 쓰였음을 알려준다. 순順하다는 것은 물론 오늘날 흔히 쓰이는 '부드럽다'는 뜻이 아니라 '순

명순命한다'는 뜻이다.

22 구姤괘 서두에서 다음과 같이 주석하고 있다. 決 判也 物之決判則有遇合

23 易中言雨者 皆謂陰陽和也

24 그에 따라 고대에 죄를 지었거나 전쟁에서 패배한 측은 자신의 안위를 전적으로 상대
의 처분에 맡긴다는 상징으로서 한 손에 양을 끌고[牽羊] 상대 앞에 나아가 엎드리곤
했다. 다음과 같은 미자微子의 사례가 대표적이다. 周武王伐紂克殷 微子乃持其祭器
造於軍門 肉袒面縛 左牽羊 右把茅 膝行而前以告 於是武王乃釋微子 復其位如故(《사
기》권38, 〈송미자세가宋微子世家〉)

25 김석진은 쇠비름이 음력 3월에 나온다고 했다. 그렇다면 이는 쾌夬괘가 음력 3월에
해당하는 괘라는 점과 부합한다.

26 5효사의 '說' 자를 '기쁠 열'로 새기는 견해가 다수를 이루고 있다. 하지만 주역 경문에
서 '기쁨이 있다'는 표현은 '유탈有說'이 아니라 '유희有喜'로 쓰고 있다. 후자의 사례
는 무망无妄(25) 5효, 손損(41) 4효, 태兌(58) 4효 등에서 찾아볼 수 있다. 그러므로 '有
說'은 '기쁨이 있다'가 아니라 '벗어남이 있다'로 새겨야 한다.

27 2효사와 5효사 모두 "제사를 드린다"고 번역했지만, 2효에서는 "향사亨祀"라 했고, 5효
에서는 "제사祭祀"라 했다. 이에 대해 정이는 다음과 같이 풀이하고 있어 참고가 된다.
"2효에서는 향사亨祀라 했고 5효에서는 제사祭祀라 했다. 큰 뜻으로 보면 의당 지극
한 정성을 기울여야 이에 복을 받을 수 있다는 말이다. 제향와 사祀, 향享은 넓게 말하
면 통할 수 있는 말들이다. 나누어서 말하면 제祭는 천신에 대한 것이고, 사祀는 지기
에 대한 것이며, 향享은 인귀에 대한 것이다. 5효는 군위君位이니 제祭를 말한 것이고,
2효는 아래에 있으니 향享을 말한 것이다. 각각 그 합당한 바로써 쓴 것이다[二云亨
祀 五云祭祀 大意則宜用至誠 乃受福也 祭與祀享 泛言之則可通 分而言之 祭 天神 祀 地祇
享 人鬼 五 君位 言祭 二 在下 言享 各以其所當用也]." 그런데 익益(42)의 2효사에는 "왕
용향우제王用享于帝"라는 표현이 있어서 정이의 설명과는 일치하지 않으니 연구가 더
필요하다.

28 井泉 以寒爲美(정이)

29 干 水涯也(《강희자전康熙字典》)

30 "제을귀매帝乙歸妹" 구절과 관련해서는 은殷의 제을帝乙이 주周 문왕文王에게 딸을
시집보낸 고사를 가리키는 것으로 새기는 견해(고힐강, 고형, 이상섭, 황태현)가 있어서
주목된다. 그런데 그와 같은 해석의 전거를 찾아보면, 고힐강이 《고사변古史辨》에서
처음 제시한 해석을 후대의 연구자들이 그대로 받아들인 것으로 보인다. 고힐강이 전
개한 논지를 살펴보면, 《시경詩經》〈대명大明〉편의 관련 구절을 해석하면서 주 문왕
의 부인으로 신莘의 태사太姒 이전에 은의 제을이 시집보낸 딸이 있었다고 주장한다.
하지만 이러한 고힐강의 주장에는 논지의 비약이 현저하기 때문에 받아들일 수 없는
해석이라고 생각한다.

관련《시경》구절은 다음과 같다. 天監在下 有命旣集 文王初載 天作之合 在洽之陽 在渭之涘 文王嘉止 大邦有子 大邦有子 俔天之妹 文定厥祥 親迎于渭 造舟爲梁 不顯 其光 有命自天 命此文王 于周于京 纘女維莘 長子維行 篤生武王 保右命爾 燮伐大 商(《시경》〈대명〉4·5·6장). 고힐강은 이상의《시경》구절에서 자신이 내세운 주장의 근거로 두 가지를 제시한다. 첫째는 "大邦有子 俔天之妹"라는 표현이 신莘의 태사에 는 부합하지 않는다는 것인데, 태사가 문왕의 부인이자 무왕武王의 어머니로 존경의 대상임을 고려하면 자연스러운 표현이라고 생각한다. 둘째는 "纘女"라는 표현이 둘 째 부인이라는 증거라고 주장하는데, 이는 태사가 태임太任의 뒤를 이은 존재라고 보 는 전통적인 견해 쪽이 더 자연스럽다고 생각한다. 이상에서 살펴본 고힐강의 주장 에 대해서는 그의 저서《古史辨(第三冊)》,《民國叢書》4, 上海: 上海書店, 1992의 上編 一一九 周易卦爻辭中的故事 (甲)積極方面 (三)帝乙歸妹的故事 참조.

31 親親之殺 尊賢之等 禮所生也(《중용·中庸》20장 5절)

32 閴(격)에 대해서는 '고요하다'는 뜻으로 새기는 견해가 일반적인 듯하다. 하지만 閴 자 를 '고요하다'는 뜻으로 새기게 된 것은,《설문해자》의 해설을 오해한 데서 비롯된 것 이 아닌가 한다.《설문해자》는 "격閴은 정靜이다[閴 靜也]"라고 풀이한다. 정靜은 흔히 '고요하다'는 뜻으로 새기는 글자다. 하지만《설문해자》는 "정靜은 살핀다는 뜻이다[靜 審也]"라고 풀이한다. 즉《설문해자》가 격閴의 뜻을 '정靜'으로 제시한 것은 '살피다'는 뜻으로 본 것이며, '고요하다'는 뜻으로 본 것이 아니다. 그러므로 6효사에 쓰인 '격'은 《설문해자》의 원래 취지 그대로 '살피다'는 뜻으로 쓰인 것이다. 이러한 의미는 '격' 의 어원을 통해서도 확인할 수 있다. 격閴은 '門+目+犬'으로 이루어졌는데, 이는 개 [犬]가 문틈[門]으로 엿보고 있음[目]을 의미한다. 6효사의 문장구조로 보더라도 閴은 闚(규)와 대구對句를 이루는 것으로 봄이 타당하다. 규闚는 '門+夫+見'으로 이루어진 글자로, 사람[夫]이 문틈[門]으로 엿보고 있음[見]을 의미하는 글자인 것이다.

33 《율곡선생전서습유栗谷先生全書拾遺》권1,〈부賦〉경포대부鏡浦臺賦

34 田獵之獲 分三品 一爲乾豆 一供賓客與充庖 一頒徒御(정이)

35 김경방·여소강, 이기동, 김석진, 정병석 등이 그러하다. 황태연은 태兌에 기쁨, 언설, 훼절, 강탈 등 다양한 의미가 있으며, 태괘의 각 효마다 다른 의미로 쓰였다고 해석했 는데, 이처럼 효마다 의미가 달라진다는 견해는 동의하기 어렵다.

36 机 與几通(《강희자전》)

37 Wilhelm, Richard(Baynes, Cary F., tr.), *The I Ching or Book of changes(3rd edition)*, Princeton, NJ: Princeton University Press, 1967, p.232.

38 도度는 도량형度量衡에서 길이의 단위를 말한다. "절節은 군자가 그로써 수數와 도度 를 제정한다"는 말은, 그로써 수數를 세거나 길이를 재는 등의 측정이 가능하도록 측 정 기준을 제정한다는 뜻이다.

39 괘사에 등장하는 "돈어豚魚"를 '돼지[豚]와 물고기[魚]'로 보고, '무지한 동물'의 상징

으로 쓰였다고 보는 견해가 대다수인 듯하다. 지극한 믿음은 돼지와 물고기 같은 무지한 동물조차 감동시킬 수 있기에, "돼지와 물고기도 길하다"고 새기는 것이다. 하지만 이렇게 새기면 전체 문맥과 따로 놀게 된다. 또한 물고기[魚]는 앞서 구내괘(44)에 여러 번 등장했었다. 구괘에서 물고기[魚]는 무지한 동물의 상징으로 쓰인 것이 아니라, 순명順命하는 존재의 상징이다. 또한 주역은 '돼지'의 뜻으로는 豕(시) 자를 쓰고 있기도 하다.

40 그러므로 '亨 小'의 小(소) 자의 존재를 무시하고 "기제의 길은 형통하리라"로 새기는 견해에는 동의하기 어렵다. '기제의 길은 형통하리라'로 새기는 견해에서는 〈단전〉이 제시하는 "旣濟亨小者亨也"라는 풀이를 "旣濟亨 小者亨也"로 구분해서 읽고 '기제의 길이 형통한 것은 작은 것이 형통한 것이다'라고 새기면서 이를 판단 근거로 삼는다. 하지만 이 구절은 "旣濟亨小者 亨也"로 구분해서 읽고 '기제의 길이 형통함이 작다는 것은 형통한 것이다'로 새기는 것이 타당하다. 형통함이 작다는 말은, 작긴 하지만 어쨌든 형통한 것이라는 뜻으로 푼 것이다.

41 이러한 관점은 송대宋代의 이과李過나 청말清末의 상병화尚秉和 등이 이미 언급했다. 이에 대해서는 정병석, 《주역 하권》, 11쪽 참조. 현대에 이르러서는 중국의 김경방·여소강이 〈설괘전說卦傳〉에 《귀장역》의 유설遺說이 담겨 있으며, 주역이 이를 계속 응용했다고 보았다(김경방·여소강, 《주역전해》, 593~600쪽).

42 1977년 주원周原(고공단보古公亶父가 주나라의 기틀을 다졌던 기산 남쪽 기슭의 벌판)에서 1만 5000점에 가까운 복점에 사용된 갑골(문자가 쓰여진 것은 127편)이 발견되었는데, 이는 주 문왕 시기의 것으로 분석되고 있다. 그런데 이들 갑골은 대부분 주원까지 이르렀던 은나라 사람들, 혹은 은의 정치적 영향을 강하게 받은 사람들의 것으로 추정되며, 주나라가 독자적으로 점친 기록은 나타나지 않는다고 한다. 게다가 은이 멸망하고 서주西周가 건국되었음에도 서주 초기의 갑골문은 출토되지 않는다고 한다. 이로 인해 학자들은 서주 문화가 은 문화를 계승한 것으로 보고 있다. 이상은 가이즈카 시게키·이토 미치하루, 《중국의 역사: 선진시대》, 179~188쪽 참조.

○ 부록

1 주역 관련 출토 문물에 대한 연구현황은 다음 논문이 참고가 된다. 강윤옥, 〈출토문헌 《周易》의 연구 동향과 향후 과제〉, 《中語中文學》 41, 한국중어중문학회, 2007.

2 不違農時 穀不可勝食也 數罟不入洿池 魚鱉不可勝食也 斧斤以時入山林 材木不可勝用也 穀與魚鱉不可勝食 材木不可勝用 是使民養生喪死無憾也 養生喪死無憾 王道之始也(《맹자》〈양혜왕상梁惠王上〉 3장 3절). 問國君之富 數地以對 山澤之所出(《예기》〈곡례하曲禮下〉 23장). 貧者亡立錐之地 又顓川澤之利 管山林之饒 荒淫越制(《한서漢書》 권24 상上, 〈식화지상食貨志上〉).

3 리일분수理一分殊라 하나인 이치가 나뉘어 다름[殊]을 이루는 것이니, 형상이 나뉘면

비록 만 가지라 해도 리理를 합하면 하나일 뿐이다[形分雖萬 理合則一].

인간 세상의 변화가 비록 64가지 경우의 수로 번잡하게 나뉜다고 하나, 결국 리理는 하나일 뿐이니 태극太極(무극無極)이 그것이다.

그럼에도 유한한 인간은 무한한 리理를 직접 감당할 수 없으니, 오늘도 무한의 한 조각인 유한을 붙들고 씨름한다.

참고문헌

○ 전통시대 주석서
공영달孔穎達,《주역정의周易正義》

왕필王弼,《주역주周易注》

우익지욱蕅益智旭,《주역선해周易禪解》; 길봉준 역주,《주역선해》, 운주사, 2016.

육덕명陸德明,《주역석문周易釋文》

이광지李光地,《주역절중周易折中》

이정조李鼎祚,《주역집해周易集解》

정약용丁若鏞,《주역사전周易四箋》

정이程頤,《이천역전伊川易傳》

《주역언해周易諺解》선조본宣祖本

주희朱熹,《주역본의周易本義》

○ 주역 해설서
고형高亨,《(고형의) 주역周易古經今注》, 김상섭 옮김, 예문서원, 1995.

김경방金景芳 · 여소강呂紹綱,《주역전해周易全解》, 안유경 옮김, 심산, 2013.

김상섭,《(내 눈으로 읽은) 주역》, 지호, 2006.

_____,《마왕퇴출토 백서주역》, 비봉출판사, 2012.

김석진,《대산 주역강의》, 한길사, 1999.

김흥호,《주역강해》, 사색, 2003.

등구백鄧球柏,《(역주) 백서주역교석帛书周易校释》, 황준연 옮김, 학고방, 2015.

이기동,《주역강설》(3판), 성균관대학교출판부, 2010.

정병석,《주역》, 을유문화사, 상권 2010, 하권 2011.

황태연,《실증주역》, 청계, 2008.

Huang, Alfred, *The Complete I Ching: 10th Anniversary Edition(2nd Edition)*, Rochester, VT: Inner Traditions, 2010.

Wilhelm, Richard(Baynes, Cary F., tr.), *The I Ching or Book of changes(3rd edition)*, Princeton, NJ: Princeton University Press, 1967.

今井宇三郎,《易経》, 東京: 明治書院, 1987.

○ **주역 관련서**

강기진,《삶이 불안할 땐 주역 공부를 시작합니다》, 위즈덤하우스, 2024.

_____,《오십에 읽는 주역》, 유노북스, 2023.

고회민高懷民,《中國古代易學史》, 숭실대학교동양철학연구실 옮김, 숭실대학교출판부, 1990.

맹난자,《주역에게 길을 묻다》, 연암서가, 2012.

문용직,《주역의 발견》, 부키, 2007.

신영복,《강의》, 돌베개, 2004.

_____,《담론》, 돌베개, 2015.

요명춘廖明春 · 강학위康學偉 · 양위현梁韋弦,《주역철학사周易研究史》, 예문서원, 1994.

주백곤朱伯崑,《주역산책易學漫步》, 김학권 옮김, 예문서원, 1999.

한규성,《역학원리강화》, 예문지, 1997.

한동석,《우주 변화의 원리》, 대원기획출판, 2001.

顧頡剛,《古史辨(第三冊)》,《民國叢書》4, 上海: 上海書店, 1992.

○ **기타 참고서적**

가이즈카 시게키貝塚茂樹 · 이토 미치하루伊藤道治,《중국의 역사: 선진시대古代中国: 原始 · 殷周 · 春秋戦国》, 배진영 옮김, 혜안, 2011.

고바야시 도쿠타로小林德太郎,《甲骨文字典》, 박희영 편역, 경인문화사, 1990.

김언종,《한자의 뿌리》, 문학동네, 2001.

김영미 · 김종미 · 김지선 · 박영희 · 송정화 · 송진영 · 정재서 · 조숙자 · 최진아,《동아시아 여성의 기원》(2판), 이화여자대학교출판문화원, 1996.

대니얼 J. 레빈슨Daniel J. Levinson, 《남자가 겪는 인생의 사계절The Seasons of a Man's Life》, 김애순 옮김, 이화여자대학교출판문화원, 2003.

미치오 카쿠加來道雄, 「평행우주Parallel Worlds」, 박병철 옮김, 김영사, 2006.

신영복, 《감옥으로부터의 사색》, 돌베개, 1988.

_____, 《(신영복의) 엽서》(개정판), 돌베개, 2003.

신영자, 《갑골문의 비밀》, 문, 2011.

왕휘王輝, 《商周金文》, 곽노봉 옮김, 학고방, 2013.

이낙의李樂毅, 《(한 자 한 획을 생생하게 그림으로 재현시킨) 漢字正解》, 박기봉 옮김, 비봉출판사, 1996.

조지프 캠벨Joseph Campbel · 빌 모이어스Bill Moyers, 《신화의 힘The Power of Myth》, 이윤기 옮김, 이끌리오, 2002.

캐런 암스트롱Karen Armstrong, 《축의 시대The Great Transformation》, 정영목 옮김, 교양인, 2010.

尾形勇, 《中國古代の「家」と國家: 皇帝支配下の秩序構造》, 東京: 岩派書店, 1979

徐中舒 主編, 《甲骨文字典》(第3版), 成都: 四川辭書, 2014.

○ 논문

강윤옥, 〈출토문헌《周易》의 연구 동향과 향후 과제〉, 《中語中文學》 41, 한국중어중문학회, 2007.

김교빈, 〈馬王堆 帛書의 연구경향 검토: 《주역》《노자》《황제서》를 중심으로〉, 《시대와 철학》 17, 한국철학사상연구회, 2006.

김상섭, 《《주역》의 '帝乙歸妹'의 고사를 기점으로 한 은과 주의 관계에 대하여〉, 《주역철학과 문화》 3, 한국역경문화학회, 2005.

김성기, 〈歸藏易의 出土와 易學史的 意義〉, 《동양철학연구》 48, 동양철학연구회, 2006.

최재용, 〈金文 분석을 통해 본 西周 軍制〉, 《복현사림(구 경북사학)》 24, 경북사학회, 2001.

표, 그림, 해설 목록

○ 표

1. 건乾의 도와 곤坤의 도 …… 61
2. 사생死生과 종시終始 …… 879
3. 주역 10편 '역전易傳'의 내용 …… 893
4. 주역 관련 출토 문물 …… 894
5. 팔괘의 속성 …… 912

○ 그림

1. 한 가족이 되는 길-가인家人괘(37) …… 8
2. 주역 시대의 읍국邑國 개념도 …… 32
3. 건乾·곤坤의 6단계와 태극의 관계 …… 62
4. 존재의 생성生成-태극 …… 63
5. 우주 순환의 중심에 놓인 왕의 자리 …… 74
6. 괄낭括囊을 의미하는 갑골문 …… 79
7. 서남 방향과 동북 방향의 의미 …… 93
8. 건乾과 곤坤의 영원한 순환 …… 97
9. 순환의 파동 …… 98

10. 읍국邑國과 대천大川 …… 136
11. 동인同人과 대유大有-도전괘倒顚卦 …… 246
12. 주역이 말하는 네 가지 조직 유형 …… 249
13. 수隨의 괘상 …… 285
14. 고蠱의 괘상 …… 288
15. 12벽괘辟卦 …… 299
16. 고대의 상牀 …… 341
17. 박剝의 괘상 …… 342
18. 복復의 괘상 …… 350
19. 대휵大畜과 소휵小畜의 괘상 비교 …… 371
20. 維(유)의 갑골문 …… 414
21. 離(리)의 갑골문 …… 418
22. 함咸의 괘상 …… 448
23. 항恒의 갑골문과 금문 …… 457
24. 항恒의 괘상 …… 459
25. 함咸과 항恒의 괘상 비교 …… 467
26. 진晉의 괘상 …… 501
27. 진晉과 명이明夷의 대대 …… 514
28. 건蹇괘의 대대 관계 …… 548
29. 해解의 괘상 …… 568
30. 손損과 익益의 괘상 …… 579

31. 友(우)의 갑골문과 자형의 변천
    …… 584
32. 夬(쾌)의 자형 …… 613
33. 진震과 췌萃의 괘상 비교 …… 639
34. 췌萃와 승升의 대대 관계 …… 648
35. 곤困과 정井의 대대 관계 …… 667
36. 10천간天干의 배열 …… 697
37. 십간十干의 구조 …… 797
38. 기제旣濟와 미제未濟 …… 884
39. 태극과 팔괘 …… 908
40. 팔괘 배치도 …… 910
41. 64괘와 팔괘 …… 911

○ 해설

주역의 구성 …… 26
역경의 6단계 …… 46
주역이 말하는 네 가지 조직 유형
    …… 248
군자의 이미지─유비군자有斐君子
    …… 257
팔괘와 64괘의 관계 …… 286
전사戰士의 이미지 …… 446
불변응만변不變應萬變 …… 471
그물의 비유 …… 783

찾아보기

ㄱ

가嘉 283, 425, 483, 697
가家 7, 123, 166, 345, 379, 523~533,
   591, 771
개介 267, 499, 808
객客 140
거래 753
《격몽요결擊蒙要訣》127
견牽 184, 618
경사[慶] 94, 669, 770
〈경포대부鏡浦臺賦〉789, 826
공公 242, 565, 599, 601, 711, 857
공동체 59~66, 187, 188
과過 393, 850~852, 859~862
과도기 393~395
관官 → 명리학
관계 773, 782~784
광光 142, 314, 620, 820, 885
교校 321
교交 239, 244, 277, 539
구속 183, 283, 446, 530, 782
국國 166, 172, 314, 355, 601
   대국大國 883
   읍국邑國 32, 262, 723
국군國君 → 군君
군君 757, 854

국군國君 355
   대군大君 166, 197, 304
군자君子 34, 317, 318, 339, 347, 348,
   470~474, 482, 489, 554, 555, 700,
   727, 789~791, 838, 839, 850, 879,
   880, 885, 891, 892
   유비군자有斐君子 256
굴레 181~183, 191~193
권력 6, 637, 654, 660, 661
궤簋 408, 592
그물 418, 782~784
금金 124, 324, 625, 672, 712
   황금黃金 326
기미 67, 68, 110, 111, 266, 314
기쁨[喜] 222, 366, 586, 771, 808
기토己土 → 음양오행론陰陽五行論
꿩[雉] 710, 779

ㄴ

나라 174~176, 249

ㄷ

달[月] 188, 457, 757, 842
대국大國 → 국國
대군大君 → 군君

대대待對 53~55, 420, 443, 445, 446

대인大人 31, 40, 154, 218, 221, 427, 553, 554, 647, 659, 677, 700, 798

대천大川 142, 154, 235, 254, 293, 378, 387, 388, 393, 604, 823, 846, 882

도道 12, 99, 183, 184, 197, 282, 357

도전괘倒顚卦 245

돌[石] 267, 671

《동몽선습童蒙先習》126

동무[友] → 582

동반자[仇] 707

돼지[豕] 377, 542, 625

둔豚臀 618, 628, 668

때 106, 114, 310, 477, 759

묘廟 647, 823

무성유종无成有終 71, 810

무위지치無爲之治 75~77

무인武人 197, 791

〈무진봉사戊辰封事〉225

무한無限 826, 827

문門 230, 277

문정門庭 → 정庭

물고기[魚] 344, 626, 630, 846

미토未土 → 음양오행론

믿음 142~144, 172, 186, 187, 245, 282, 283, 345, 346, 350, 413, 414, 487, 540, 541, 626, 627, 640, 698, 699, 702, 703, 809, 837~839, 850, 851, 886

ㅁ

말[馬] 333, 374, 505, 536, 842
　빈마牝馬 91
　승마乘馬 108, 112, 114
　증마拯馬 511, 816

멜팅 팟melting pot 321

명冥 271, 657

명리학
　관(성)官(星) 277
　식상食傷 191, 192, 607
　재성財星 191, 192, 607

모계 사회 54, 500

모자이크 330, 331, 827

목적 48~50, 101, 470

목표 49, 50, 100, 101, 470

ㅂ

바큇살[輻] → 수레

배합괘配合卦 246

백서 주역 195, 292, 293, 361, 894, 895

벗[朋] 91, 206, 270, 357, 450, 552, 562
　우友 → 동무

벼리[維] 414, 564

변화 98, 100~102

복
　복福 208, 499, 685, 718, 869
　지祉 212, 219

복토[輹] → 수레

본말本末 469, 471~473

부膚 322, 343, 541, 618, 628
부富 187, 191~193, 210, 261, 363,
379, 380, 527
부인[婦] 123, 188, 400, 525, 742, 745,
866
부인[婦人] 463
불변응만변不變應萬變 471
붕朋 → 벗[朋]
비[雨] 188, 190, 542, 617, 709, 857
비인匪人 173, 223
빈賓 314, 626
빈牝
빈마牝馬 → 말[馬]
빈우牝牛 → 소[牛]
뿔[角] 489, 504, 632

ㅅ

사냥 110, 174, 175, 556, 560, 561,
793, 794
사회적 존재 59, 776, 782, 783
산삭刪削 10
삼구三驅 174
삼양이음三陽二陰 → 음양오행론
상보성相補性 53
상생相生 95, 99
상화相火 → 음양오행론
새[鳥] 414, 418, 781, 844, 852, 858,
859
석石 → 돌[石]
석과碩果 347
성誠 361

세 사람[三人] 140, 582
소[牛] 364, 376, 538, 781, 869
빈우牝牛 426
황우黃牛 480, 696
소인小人 33, 166, 218, 242, 309, 347,
482, 489, 564, 700, 867
소자小子 279, 280, 740
손님 → 객客
쇠화살[金矢] → 화살[矢]
수레
수레[輿] 162, 164, 185, 347, 373,
374, 538
수레[車] 331, 542, 672
큰 수레[大輿] 59, 490
큰 수레[大車] 240
큰 수레[大乘] 59, 185, 865
바큇살[輻] 185
복토[輹] 373, 490
순명順命 56~58, 353, 642, 643
술[酒] → 술과 음식[酒食]
술과 음식[酒食] 139, 669
술[酒] 139, 408, 887
음식[食] 139, 208, 741
스승 281, 282, 805
승마乘馬 → 말[馬]
시矢 → 화살[矢]
시중時中 → 중中
식상食傷 → 명리학
신하[臣] 481, 550, 589, 854
실實 126, 390, 707, 713, 758, 869

ㅇ

양陽 → 음양오행론
양羊 489, 491, 492, 618, 758
어魚 → 물고기[魚]
《어린왕자Le Petit Prince》 182
언덕[丘] 334, 385, 819
여자[女] 108, 123, 124, 310, 396, 455, 531, 633, 747, 758
영성[靈] 474
예禮 183, 195, 764
　예절禮節 825
오운육기론五運六氣論 → 음양오행론
오행五行 → 음양오행론
옥獄 328
왕王 167, 174~176, 425, 597, 606, 621, 647, 655, 772, 815, 823
　왕사王事 71, 150
　왕의 역할 88~95, 675~678, 685, 821
외교 763
우友 → 동무
우雨 → 비[雨]
《우주 변화의 원리》 43
운우지정雲雨之情 542
원형이정元亨利貞 907
유부有孚 142~144, 469, 470
유비군자有斐君子 → 군자君子
유유왕有攸往 241, 469~471
유지維持 414
유한有限 827
음식[食] → 술과 음식[酒食]

음양오행론
　오운육기론五運六氣論 43, 307
　　상화相火 45, 46, 306
　　삼양이음三陽二陰 45
　음陰 784
　양陽 784
　오행五行 44~46, 75, 76
　토土 74, 75, 93
　　기토己土 696, 697
　　미토未土 93, 491, 492
　　축토丑土 93, 784
읍국邑國 → 국國
의義 63, 64
이夷 415, 508, 768, 819
이세理勢 492
이카로스의 날개 42
인仁 63, 64, 438

ㅈ

자유 182, 183, 446
장부丈夫 279, 280
장인丈人 167
재성財星 → 명리학
적중的中 → 중中
전사戰士 444~446
점사占辭 454
정貞 48, 469, 470
정庭 621, 734
　문정門庭 514, 828
　호정戶庭 827
제帝 597

제사 209, 210, 724

제자 281, 282, 805

조직 168, 169, 583~585, 589~591, 731, 732

존존尊尊 764

종시終始 258, 259, 879

좌청룡 우백호 66, 77, 88, 92

주식酒食 → 술과 음식[酒食]

죽음 879, 880

중中 160, 197, 255, 480, 561, 641, 713, 758, 773

　시중時中 225, 470, 760

　적중的中 161, 325

　중행中行 165, 206, 353, 599, 601, 619

증마拯馬 → 말[馬]

지아비[夫] 124, 177, 185, 396, 400, 539, 742

　지아비[夫子] 463

지祉 → 복

질疾 270, 357, 366, 481, 586, 707, 765, 808

　빠르다[疾] 512

질서 731, 732

ㅊ

차등 764, 765

처妻 185, 189, 396, 671

천명天命 826

천자天子 242

첩妾 481, 706

축토丑土 → 음양오행론

치雉 → 꿩[雉]

친친親親 764

ㅋ

콘드라티예프 파동 98

ㅌ

타他 172, 839

타它 398

태극 62, 63, 826, 908, 909

《태극도설太極圖說》 96, 97, 909

토土 → 음양오행론

ㅍ

파동 97, 98

펭귄 143

ㅎ

하늘[天] 40, 247, 377, 516, 568, 631, 844

하산 281~284, 805

항상성 101, 472, 473

해탈 45, 46

협상 751~753

호생지덕好生之德 438, 439

호정戶庭 → 정庭

화살[矢] 779

　쇠화살[金矢] 324

황시黃矢 560

황黃 88, 421, 712

　황금黃金 → 금金

　황상黃裳 83

　황우黃牛 → 소[牛]

　황시黃矢 → 화살

황극皇極 74, 75

희喜 → 기쁨[喜]

숫자

12벽괘辟卦 299

3년[三年] 867, 883

3년[三歲] 411, 745

3인三人 → 세 사람

인명 찾아보기

ㄱ

강숙康叔 → 강후

강후康侯 505, 506

고공단보古公亶父 655

고종高宗 864, 867, 884, 885

고흐, 빈센트 반Gogh, Vincent Van 191, 192

공영달孔穎達 432

공자孔子 12, 28, 45, 141, 150, 182, 183, 186, 223, 279, 345~347, 355, 363, 364, 369, 386, 394, 435, 458,

461, 462, 468, 537, 538, 553, 562, 577, 583~585, 593, 606, 609, 649

기자箕子 506~509, 515, 516, 885

김구 471

김동인 447

김종인 477

김흥호 28, 45

ㄴ

나폴레옹Bonaparte, Napoléon 83, 84

ㄷ

단옥재段玉裁 428, 444, 627, 665, 666

ㄹ

레빈슨, 대니얼 J.Levinson, Daniel J. 98

루벤스, 페테르 파울Ruben, Peter Paul 192

루소, 장 자크Rouseau, Jean Jacques 182

류영모 98

ㅁ

마르크스, 카를Marx, Karl Heinrich 5

맹자孟子 458, 464, 468, 769

무왕武王 326, 505, 509, 515, 884

문왕文王 326, 655

ㅂ

배철수 50, 51
보어, 닐스 Bohr, Niels 53, 54
빌헬름, 리하르트 Wilhelm, Richard 776,
　　825, 826, 838, 873

ㅅ

생텍쥐페리, 앙투안 드 Saint-Exupéry,
　　Antoine de 182
서현徐鉉 816
석가모니 45
성왕成王 505, 509
소왕昭王 513
쇼, 조지 버나드 Shaw, George Bernard 89
스미스, 애덤 Smith, Adam 43, 49

ㅇ

예수 28, 45, 60, 61, 64
왕안석王安石 444
왕필王弼 500, 511
유방劉邦 29
이방원 638
이성계 39, 637
이이 68, 127, 789, 826

ㅈ

자공子貢 346
자하子夏 585
정도전 39
정몽주 638
정정현鄭玄 670
제을帝乙 204, 212, 750, 757, 758, 885
조식 225
주왕紂王 513, 515, 884

ㅋ

캠벨, 조지프 Campbell, Joseph 39, 446
케인스, 존 메이너드 Keynes, John Maynard
　　880
콘드라티예프 Kondratiev, Nikolai Dmitrievich
　　98

ㅎ

한니발 Hannibal 200
한신韓信 29, 30
항우項羽 29
헤겔 Hegel, Georg Wilhelm Friedrich 7
호찌민胡志明 471
환공桓公 326

주역독해

1판 1쇄 인쇄 2025. 3. 25.
1판 1쇄 발행 2025. 4. 4.

지은이 강기진

발행인 박강휘
편집 이복규   디자인 조명이   마케팅 정희윤   홍보 반재서
발행처 김영사
등록 1979년 5월 17일 (제406-2003-036호)
주소 경기도 파주시 문발로 197(문발동) 우편번호 10881
전화 마케팅부 031)955-3100, 편집부 031)955-3200 | 팩스 031)955-3111

값은 뒤표지에 있습니다.
ISBN 979-11-7332-138-2 03140

홈페이지 www.gimmyoung.com   블로그 blog.naver.com/gybook
인스타그램 instagram.com/gimmyoung 이메일 bestbook@gimmyoung.com

좋은 독자가 좋은 책을 만듭니다.
김영사는 독자 여러분의 의견에 항상 귀 기울이고 있습니다.